# 皇極經世書

壹

［宋］邵雍／著
郭彧　于天寶／點校

上海古籍出版社

**圖書在版編目(CIP)數據**

皇極經世書／(宋)邵雍著；郭彧，于天寶點校.
—上海：上海古籍出版社，2017.1（2025.5 重印）
ISBN 978-7-5325-8239-6

Ⅰ.①皇… Ⅱ.①邵… ②郭… ③于… Ⅲ.①理學—中國—北宋 Ⅳ.①B244.31

中國版本圖書館 CIP 數據核字(2016)第 236624 號

**皇極經世書**
（全三册）
［宋］邵雍　著
郭彧　于天寶　點校
上海古籍出版社出版發行
（上海市閔行區號景路 159 弄 1-5 號 A 座 5F　郵政編碼 201101）
（1）網址：www.guji.com.cn
（2）E-mail：guji1@guji.com.cn
（3）易文網網址：www.ewen.co
浙江臨安曙光印務有限公司印刷
開本 890×1240　1/32　印張 47　插頁 9　字數 1,000,000
2017 年 1 月第 1 版　2025 年 5 月第10次印刷
印數：15,251—17,350
ISBN 978-7-5325-8239-6

B·970　定價：198.00 元

如有質量問題，請與承印公司聯繫

# 前言

## 一、邵雍的生平成就

邵雍，字堯夫，人稱安樂先生、百源先生。北宋真宗大中祥符四年（辛亥年，公元一〇一一年）十二月二十五日（辛丑月甲子日甲戌辰）生於衡漳（今河南林州康節村），卒於熙寧十年（丁巳年，公元一〇七七年），享年六十七歲，卒謚康節。幼年隨父邵古遷共城（今河南輝縣），三十七歲時移居洛陽。奇才蓋世，人品峻潔。名流學士如富弼、吕公著、程頤、程顥、張載等皆與之交遊，司馬光待之如兄長。以隱居不仕著稱。著有《皇極經世》《伊川擊壤集》《漁樵問對》等。其學問精湛，融會貫通，尤精於《易》，並創立先天之學。後人尊稱「邵子」。

邵雍祖上姬姓，出於召公世系，爲周文王後代。他早年即胸懷大志。居共城時，其母李氏過世，他便築廬於蘇門山，布衣蔬食守喪三年。時李挺之爲共城縣令，聽説邵雍好學，便造訪其廬。邵雍遂拜其爲師，從學義理之學、性命之學與物理之學。數年之後，邵雍學有所成，但不事張揚，所以瞭解他的人很少。時有新鄉人王豫同邵雍論學，他自恃自己學問足可當邵雍之師，誰知議論過後卻深爲邵雍的學識所折服，於是便虔誠地拜其爲師。邵雍移居洛陽之後，所悟「先天之學」進一步完善，又收張峄等爲弟子，傳授《先天圖》及「先天之學」。

邵雍四十五歲時娶王允修之妹爲妻，後二年得子，名伯温。嘉祐六年，邵雍五十一歲時，丞相富弼讓邵雍出來做官，甚至説「如不欲仕，亦可奉致一閑名目」，被他婉言謝絶。當時神宗下詔天下舉士，吕公著、吴充、祖無澤等人皆推薦邵雍，朝廷連下三道詔書，任命邵雍爲秘書省校書郎、潁川團練推官。邵雍再三推辭，不得已而受官，又稱病不肯赴職。

邵雍在洛陽閑居近三十年。冬夏則閉門讀書，春秋兩季出遊。樂天知命，常以詩言志，以園林景色、醇酒茗茶自娱平生。一心效法聖人，觀物得理，究天人之際，立言不朽。嘗有詩云：「秖恐身閑心未閑」「若藴奇才必奇用，不然須負一生閑」。的確是一位具有遠大抱負的儒者。

邵雍不支持王安石所推行的新法，但也不公開反對。他把這種不滿的心情通過吟詩唱和的形式表達出來。如「自從新法行，嘗苦樽無酒」「杯觴限新法，何故便能傾」「侯門深處還知否，百萬流民在露天」等詩句，反映了他對待新法的態度。他也是一位能夠權變知時的智者。有門生故舊爲反對新法要「投劾而去」，他勸説道：「此賢者所當盡力之時，新法固嚴，能寬一分，則民受一分賜矣。投劾何益耶？」

二程兄弟與邵雍同巷里居住近三十年，世間事無所不論。程顥嘗説：「堯夫於物理上盡説得，亦大段漏洩他天機。」又説：「堯夫之學，先從理上推意，言象數，言天下之理。」以「内聖外王之道」評價邵雍之學，以「振古之豪傑」評價邵雍其人。

熙寧十年三月，邵雍有病，後臥床百餘日而不能起。至七月四日病危，五日淩晨去世，享年六十七。遺囑命治喪之事從簡，如其父，葬從伊川先塋。邵雍病中，司馬光前來探視。邵雍對他說：「某病勢不起，且試與觀化一巡也。」司馬光寬慰他：「堯夫不應至此。」邵雍說：「死生亦常事耳。」當時正值張載從關中來，他給邵雍診脈後說：「先生脈息不虧，自當勿藥。」又要給邵雍推命吉凶，說：「先生信命乎？載試爲先生推之。」邵雍回答：「世俗所謂命者，某所不知，若天命則知之矣。」張載說：「既曰天命，則無可言者。」邵雍《閑行吟》云：「買卜稽疑是買疑，病深何藥可能醫。夢中說夢重重妄，牀上安牀疊疊非。列子御風徒有待，夸夫逐日豈無疲。勞多未有收功處，踏盡人間閑路岐。」可見他是一個不信世俗之命，不搞卜筮稽疑那一套智數的儒者。程頤前來探病，說：「先生至此，他人無以致力，願先生自主張。」邵雍說：「平生學道固至此矣，然亦無可主張。」又說：「正叔可謂生薑樹頭生，必是生薑樹頭出也。」其時邵雍聲息已很微弱，就舉起兩手做手勢，程頤不明白，問：「從此與先生訣矣，更有可以見告者乎？」邵雍說：「面前路徑常令寬，路徑窄則無著身處，況能使人行也！」邵雍病重之中猶有「以命聽於天，於心何所失」「唯將以命聽於天，此外誰能閑計較」「死生都一致，利害漫相尋。湯劑功非淺，膏肓疾已深。然而猶灼艾，用慰友朋心」等詩句，足見他對待生死的樂天態度。

邵雍去世後，邵伯温請程顥爲其父作墓誌銘。程顥月下踱步於庭，思索良久對程頤説：「顥已得堯夫墓誌矣。堯夫之學可謂安且成。」遂於墓誌中有「先生之學爲有傳也」「語成德者，昔難其居。若先生之道，就所至而論之，可謂安且成矣」等語。哲宗元祐中，賜謚「康節」。歐陽修之子歐陽棐作謚議：「君少篤學，有大志，久而後知道德之歸。且以爲學者之患，在於好惡先成於心，而挾其私智以求於道，則蔽於所好，而不得其真。故求之至於四方萬里之遠，天地陰陽屈伸消長之變，無所不可而必折衷於聖人。雖深於象數，先見默識，未嘗以自名也。其學純一不雜，居之而安，行之能成，平夷渾大，不見圭角，其自得深矣。按謚法，温良好樂曰康，能固所守曰節。」南宋咸淳三年正月，封邵雍爲新安伯，從祀孔廟。

程顥、張峄、歐陽棐皆評價邵雍之學「純一不雜」，則是因其學問不雜以「智數」。脱脱《宋史》將邵雍列入《道學傳》，李贄《藏書》將邵雍列入《德業儒臣傳》，則表明邵雍是有宋道學（或稱理學）的大家。邵雍亦自云：「君子之學，以潤身爲本，其治人應物皆餘事也。」又云：「物理之學既有所不通，不可以強通。強通則有我，有我則失理而入於術矣。」又云：「爲學養心，患在不由直道，去利欲。由直道，任至誠，則無所不通。天地之道直而已，當以直求之。若用智數由徑以求之，是屈天地而循人欲也，不亦難乎！」脱脱對此也有評論：一些人「因雍之前知」就説邵雍能從一切物體的聲音、氣色、動作方面推其吉凶之變，於是就摘取人世間那些已經發生的事，説邵雍都有言在先了。其實是「雍蓋未必然也」。對於邵雍的「遇事能前知」，程頤的分析是：「其心虚明，自能知之。」

邵雍作爲宋代著名的理學家、易學家、詩人、先天學説的創始人，與周敦頤、張載、程顥、程頤并稱「北宋五子」。他的著述及其所反映的理學思想，在中國哲學史、易學史及宋明理學史上均佔有重要地位。邵雍弟子張峪述邵雍行狀曰：「先生治《易》《書》《詩》《春秋》之學，窮意言象數之藴，明皇帝王霸之道。著書十萬餘言，研精極思三十年，觀天地之消長，推日月之盈縮，考陰陽之度數，察剛柔之形體，故經之以元，紀之以會，參之以運，終之以世。又斷自唐虞，迄于五代，本諸天道，質以人事，興廢治亂，靡所不載。」

## 二、邵雍的《皇極經世》及其先天之學

邵雍的易學成就，主要表現在「先天之學」方面。邵雍創建了先天象數學理論，成爲後代先天象數學派的開山者。邵雍以後湧現出一大批著名的象數學者，著名的宋代有王湜、張行成、祝秘、廖應淮，明代有朱隱老、黄畿，清代有王植、何夢瑤等。這些學者從不同的向度發揮或發展了邵雍的先天象數學説。

以先天學説爲基礎構建起來的《皇極經世》，是邵雍思想的代表作。該書體系龐大，内容涵蓋宇宙生成論、自然觀、歷史觀和社會政治理論等。關於「皇極經世」的含義，朱伯崑先生認爲，「其所謂皇極經世，即按三皇所立的至高法則，觀察和推測人類歷史的變化以御世。因爲此法

則爲伏羲氏所立，故又稱其易學著作爲《皇極經世》」。「皇極」最早出現在《尚書・洪範》中，有「建用皇極」「惟皇作極」的表述，言治道則上推三皇，有追尋道統本源之意；「經世」，是經邦濟世、治理人世之意。該書力求構造一個囊括宇宙、自然、社會、人生的完整的觀念體系。這是一個最高法則，以此，上應宇宙、下應人事而不惑。

邵雍把從傳説中的帝堯即位之甲辰年，到五代後周顯德六年己未（公元九五九年）這三千多年的重大歷史事件編在《皇極經世》書中的元會運世時間體系中。該書通過編年的形式表達作者的歷史哲學。作者中年以後卜居洛陽安樂窩，與司馬光、二程等名流吟詩唱和，探討學問，編撰《皇極經世》的思想構架就是在這一段時期形成的。與此同時，由於王安石變法，司馬光政治失意，亦隱居在洛陽，與邵雍爲鄰。司馬光著名的《資治通鑒》亦是在這個時期成書。司馬光非常尊重邵雍的學識，待之如兄長。《皇極經世》與《資治通鑒》在表達歷史哲學方面有異曲同工之妙。

邵雍受到《易傳》思想的啟發，對其思想加以發揮敷衍，成爲《皇極經世》最主要的思想來源。比如受到「天地定位」章啟發開出的「先天圖式」，從「易有太極，是生兩儀，兩儀生四象，四象生八卦，八卦定吉凶」而展開的八卦生成思想。老子的《道德經》中也提到「一生二，二生三，三生萬物」「人法地，地法天，天法道，道法自然」。揚雄通過擬《易》而作《太玄》，北周衛元嵩作《元包經傳》。邵雍的《皇極經世》，就是努力構造自己時空觀體系的一部書。在該體系中，表達了作者對歷史上的朝代消長、興替，萬物的存在狀態的看法，用其子邵伯温的話説就是：「窮日月星辰飛走動植之數，以盡天地萬物之理；述皇帝王霸之事，以明大中至正之道。陰陽之消長，古今之治亂，較然可見矣。故書謂之《皇極經世》，篇謂之《觀物》焉。」

朱熹云：「程、邵之學固不同，然二程所以推尊康節者至矣。蓋以其信道不惑，不雜異端，班於温公、横渠之間。」余敦康先生頗爲推崇邵雍的「宇宙意識與人文情懷」，認爲邵雍的「宇宙意識有似於道家，這種人文情懷就有似於儒家了」，稱讚邵雍是一個「儒道兼綜的人物，雖曠達而仍有執著的人文情懷……他的先天之學是一種内聖外王之道」。

今人研究邵雍的思想，如果想要全面準確地把握，那就必須對邵雍著作做深入研究。邵雍博大精深的思想對中國哲學史、易學思想史有着深遠的影響。邵雍的人文情懷、安樂精神和真善境界，不僅對後世易學家、理學家産生了重要影響，而且對當今的世俗人生仍然有着可資借鑒的意義。

劉師培在《漢宋學術異同論》中説：「宋人象數之學，精語尤多……而邵子《觀物内篇》曰『象起於形，數起於質，名起於言，意起於用』，其析理尤精，遠出周、張之上。又以水火土石爲地體，以代《洪範》之五行，地質之學已啟其萌。此則宋儒學術遠邁漢儒矣，與荒渺不經之説迥然殊途。」

## 三、此次整理情況

邵雍所撰《皇極經世》，宋代傳本不一，晁公武《郡齋讀書志》與陳振孫《直齋書録解題》著録十卷，《宋史》本傳則謂六十卷。明初《正統道藏》太玄部收録的《皇極經世》爲十二卷本，清乾隆年間修《四庫全書》時將《皇極經世書》收入子部術數類，爲十四卷本。儘管分卷不同，但内容差别不大。

道藏本《皇極經世》之元會運世部分，一至十二篇爲「以元經會」，十三至二十三篇爲「以會經運」，二十四至三十四爲「以運經世」，此三合爲先天象數之推演，以明歷史興衰演化回環之數。三十五至五十篇爲律吕聲音，排列四聲清濁律吕變化之規律；五十一至六十二篇爲觀物内篇，論所以爲書之意，窮日月星辰、飛走動植之數，以盡天地萬物之理，述皇帝王霸之事，以明大中至正之道；六十三至六十四爲觀物外篇，系康節歿後門弟子所編，内容爲門弟子記録其平昔言語，合爲二篇，雖傳録之際不能無差，然亦足以發明成書。

今整理《皇極經世》，以上海涵芬樓影印明《正統道藏》本（簡稱道藏本）爲底本。以下列出各部分之參校本：

（一）卷一至卷十（元會運世、聲音律吕），參校本爲文淵閣《四庫全書》本《皇極經世書》（簡稱四庫本）。

（二）卷十一（觀物内篇），參校本除文淵閣《四庫全書》本《皇極經世書》外，另有明胡廣《性理大全書》本《皇極經世書》（簡稱大全本）；《四庫全書》本張行成《皇極經世索隱》（簡稱索隱本）。

（三）卷十二（觀物外篇），參校本除文淵閣《四庫全書》本《皇極經世書》外，另有明胡廣《性理大全書》本《皇極經世書》；《四庫全書》本張行成《皇極經世觀物外篇衍義》（簡稱衍義本）。

爲便於讀者進一步理解《皇極經世》，本書另收録了邵雍之子邵伯温所撰《皇極經世系述》、南宋張行成所撰《皇極經世觀物外篇衍義》、《道藏輯要》之《皇極經世書》，以及整理者郭彧所撰《皇極經世三簡表》《皇極經世夏商周年表》《邵雍六十四卦易數表》等八個附録。

爲方便流通，此次出版沿用較常用之《皇極經世書》一名。

# 目録

附録

# 皇極經世卷第一

## 以元經會之一　觀物篇之一

日甲一月子一星甲一　辰子一　辰丑二　辰寅三

辰卯四　辰辰五　辰巳六

辰午七　辰未八　辰申九

星乙二　辰酉十　辰戌十一　辰亥十二

辰子十三　辰丑十四　辰寅十五

辰卯十六　辰辰十七　辰巳十八

辰午十九　辰未二十　辰申二十一

辰酉二十二　辰戌二十三　辰亥二十四

星丙三　辰子二十五　辰丑二十六　辰寅二十七

辰卯二十八　辰辰二十九　辰巳三十

辰午三十一　辰未三十二　辰申三十三

辰酉三十四　辰戌三十五　辰亥三十六

星丁四

辰子三十七　辰丑三十八　辰寅三十九

辰卯四十　辰辰四十一　辰巳四十二

辰午四十三　辰未四十四　辰申四十五

辰酉四十六　辰戌四十七　辰亥四十八

星戊五

辰子四十九　辰丑五十　辰寅五十一

辰卯五十二　辰辰五十三　辰巳五十四

辰午五十五　辰未五十六　辰申五十七

辰酉五十八　辰戌五十九　辰亥六十

星己六

辰子六十一　辰丑六十二　辰寅六十三

辰卯六十四　辰辰六十五　辰巳六十六

辰午六十七　辰未六十八　辰申六十九

辰酉七十　辰戌七十一　辰亥七十二

星庚七

辰子七十三　辰丑七十四　辰寅七十五

辰卯七十六　辰辰七十七　辰巳七十八

辰午七十九　辰未八十　辰申八十一

辰酉八十二　辰戌八十三　辰亥八十四

星辛八

辰子八十五　辰丑八十六　辰寅八十七
辰卯八十八　辰辰八十九　辰巳九十
辰午九十一　辰未九十二　辰申九十三
辰酉九十四　辰戌九十五　辰亥九十六

星壬九

辰子九十七　辰丑九十八　辰寅九十九
辰卯一百　辰辰一百一　辰巳一百二
辰午一百三　辰未一百四　辰申一百五
辰酉一百六　辰戌一百七　辰亥一百八

星癸十

辰子一百九　辰丑一百十　辰寅一百十一
辰卯一百十二　辰辰一百十三　辰巳一百十四
辰午一百十五　辰未一百十六　辰申一百十七
辰酉一百十八　辰戌一百十九　辰亥一百二十

星甲十一

辰子一百二十一　辰丑一百二十二　辰寅一百二十三
辰卯一百二十四　辰辰一百二十五　辰巳一百二十六
辰午一百二十七　辰未一百二十八　辰申一百二十九

辰酉一百三十　辰戌一百三十一　辰亥一百三十二

星乙十二

辰子一百三十三　辰丑一百三十四　辰寅一百三十五
辰卯一百三十六　辰辰一百三十七　辰巳一百三十八
辰午一百三十九　辰未一百四十　辰申一百四十一
辰酉一百四十二　辰戌一百四十三　辰亥一百四十四

星丙十三

辰子一百四十五　辰丑一百四十六　辰寅一百四十七
辰卯一百四十八　辰辰一百四十九　辰巳一百五十
辰午一百五十一　辰未一百五十二　辰申一百五十三
辰酉一百五十四　辰戌一百五十五　辰亥一百五十六

星丁十四

辰子一百五十七　辰丑一百五十八　辰寅一百五十九
辰卯一百六十　辰辰一百六十一　辰巳一百六十二
辰午一百六十三　辰未一百六十四　辰申一百六十五
辰酉一百六十六　辰戌一百六十七　辰亥一百六十八

星戊十五

辰子一百六十九　辰丑一百七十　辰寅一百七十一
辰卯一百七十二　辰辰一百七十三　辰巳一百七十四
辰午一百七十五　辰未一百七十六　辰申一百七十七

辰酉一百七十八　辰戌一百七十九　辰亥一百八十

星己十六

辰子一百八十一　辰丑一百八十二　辰寅一百八十三
辰卯一百八十四　辰辰一百八十五　辰巳一百八十六
辰午一百八十七　辰未一百八十八　辰申一百八十九
辰酉一百九十　辰戌一百九十一　辰亥一百九十二

星庚十七

辰子一百九十三　辰丑一百九十四　辰寅一百九十五
辰卯一百九十六　辰辰一百九十七　辰巳一百九十八
辰午一百九十九　辰未二百　辰申二百一
辰酉二百二　辰戌二百三　辰亥二百四

星辛十八

辰子二百五　辰丑二百六　辰寅二百七
辰卯二百八　辰辰二百九　辰巳二百一十
辰午二百一十一　辰未二百一十二　辰申二百一十三
辰酉二百一十四　辰戌二百一十五　辰亥二百一十六

星壬十九

辰子二百一十七　辰丑二百一十八　辰寅二百一十九
辰卯二百二十　辰辰二百二十一　辰巳二百二十二
辰午二百二十三　辰未二百二十四　辰申二百二十五

辰酉二百二十六　辰戌二百二十七　辰亥二百二十八

星癸二十

辰子二百二十九　辰丑二百三十　辰寅二百三十一

辰卯二百三十二　辰辰二百三十三　辰巳二百三十四

辰午二百三十五　辰未二百三十六　辰申二百三十七

辰酉二百三十八　辰戌二百三十九　辰亥二百四十

星甲二十一

辰子二百四十一　辰丑二百四十二　辰寅二百四十三

辰卯二百四十四　辰辰二百四十五　辰巳二百四十六

辰午二百四十七　辰未二百四十八　辰申二百四十九

辰酉二百五十　辰戌二百五十一　辰亥二百五十二

星乙二十二

辰子二百五十三　辰丑二百五十四　辰寅二百五十五

辰卯二百五十六　辰辰二百五十七　辰巳二百五十八

辰午二百五十九　辰未二百六十　辰申二百六十一

辰酉二百六十二　辰戌二百六十三　辰亥二百六十四

星丙二十三

辰子二百六十五　辰丑二百六十六　辰寅二百六十七

辰卯二百六十八　辰辰二百六十九　辰巳二百七十

辰午二百七十一　辰未二百七十二　辰申二百七十三

辰酉二百七十四
辰戌二百七十五
辰亥二百七十六

星丁二十四

辰子二百七十七
辰丑二百七十八
辰寅二百七十九
辰卯二百八十
辰辰二百八十一
辰巳二百八十二
辰午二百八十三
辰未二百八十四
辰申二百八十五
辰酉二百八十六
辰戌二百八十七
辰亥二百八十八

星戊二十五

辰子二百八十九
辰丑二百九十
辰寅二百九十一
辰卯二百九十二
辰辰二百九十三
辰巳二百九十四
辰午二百九十五
辰未二百九十六
辰申二百九十七
辰酉二百九十八
辰戌二百九十九
辰亥三百

星己二十六

辰子三百一
辰丑三百二
辰寅三百三
辰卯三百四
辰辰三百五
辰巳三百六
辰午三百七
辰未三百八
辰申三百九
辰酉三百一十
辰戌三百一十一
辰亥三百一十二

星庚二十七

辰子三百一十三
辰丑三百一十四
辰寅三百一十五
辰卯三百一十六
辰辰三百一十七
辰巳三百一十八
辰午三百一十九
辰未三百二十
辰申三百二十一

辰酉三百二十二　辰戌三百二十三　辰亥三百二十四

星辛二十八　辰子三百二十五　辰丑三百二十六　辰寅三百二十七

辰卯三百二十八　辰辰三百二十九　辰巳三百三十

辰午三百三十一　辰未三百三十二　辰申三百三十三

辰酉三百三十四　辰戌三百三十五　辰亥三百三十六

星壬二十九　辰子三百三十七　辰丑三百三十八　辰寅三百三十九

辰卯三百四十　辰辰三百四十一　辰巳三百四十二

辰午三百四十三　辰未三百四十四　辰申三百四十五

辰酉三百四十六　辰戌三百四十七　辰亥三百四十八

星癸三十　辰子三百四十九　辰丑三百五十　辰寅三百五十一

辰卯三百五十二　辰辰三百五十三　辰巳三百五十四

辰午三百五十五　辰未三百五十六　辰申三百五十七

辰酉三百五十八　辰戌三百五十九　辰亥三百六十

## 以元經會之二　觀物篇之二

月丑二　星甲三十一　辰子三百六十一　辰丑三百六十二　辰寅三百六十三

辰卯三百六十四　辰辰三百六十五　辰巳三百六十六
辰午三百六十七　辰未三百六十八　辰申三百六十九
辰酉三百七十　辰戌三百七十一　辰亥三百七十二

星乙三十二

辰子三百七十三　辰丑三百七十四　辰寅三百七十五
辰卯三百七十六　辰辰三百七十七　辰巳三百七十八
辰午三百七十九　辰未三百八十　辰申三百八十一
辰酉三百八十二　辰戌三百八十三　辰亥三百八十四

星丙三十三

辰子三百八十五　辰丑三百八十六　辰寅三百八十七
辰卯三百八十八　辰辰三百八十九　辰巳三百九十
辰午三百九十一　辰未三百九十二　辰申三百九十三
辰酉三百九十四　辰戌三百九十五　辰亥三百九十六

星丁三十四

辰子三百九十七　辰丑三百九十八　辰寅三百九十九
辰卯四百　辰辰四百一　辰巳四百二
辰午四百三　辰未四百四　辰申四百五
辰酉四百六　辰戌四百七　辰亥四百八

星戊三十五

辰子四百九　辰丑四百一十　辰寅四百一十一

辰卯四百一十二 辰辰四百一十三 辰巳四百一十四
辰午四百一十五 辰未四百一十六 辰申四百一十七
辰酉四百一十八 辰戌四百一十九 辰亥四百二十

星己三十六
辰子四百二十一 辰丑四百二十二 辰寅四百二十三
辰卯四百二十四 辰辰四百二十五 辰巳四百二十六
辰午四百二十七 辰未四百二十八 辰申四百二十九
辰酉四百三十 辰戌四百三十一 辰亥四百三十二

星庚三十七
辰子四百三十三 辰丑四百三十四 辰寅四百三十五
辰卯四百三十六 辰辰四百三十七 辰巳四百三十八
辰午四百三十九 辰未四百四十 辰申四百四十一
辰酉四百四十二 辰戌四百四十三 辰亥四百四十四

星辛三十八
辰子四百四十五 辰丑四百四十六 辰寅四百四十七
辰卯四百四十八 辰辰四百四十九 辰巳四百五十
辰午四百五十一 辰未四百五十二 辰申四百五十三
辰酉四百五十四 辰戌四百五十五 辰亥四百五十六

星壬三十九
辰子四百五十七 辰丑四百五十八 辰寅四百五十九

辰卯四百六十　辰辰四百六十一　辰巳四百六十二
辰午四百六十三　辰未四百六十四　辰申四百六十五
辰酉四百六十六　辰戌四百六十七　辰亥四百六十八

星癸四十
辰子四百六十九　辰丑四百七十　辰寅四百七十一
辰卯四百七十二　辰辰四百七十三　辰巳四百七十四
辰午四百七十五　辰未四百七十六　辰申四百七十七
辰酉四百七十八　辰戌四百七十九　辰亥四百八十

星甲四十一
辰子四百八十一　辰丑四百八十二　辰寅四百八十三
辰卯四百八十四　辰辰四百八十五　辰巳四百八十六
辰午四百八十七　辰未四百八十八　辰申四百八十九
辰酉四百九十　辰戌四百九十一　辰亥四百九十二

星乙四十二
辰子四百九十三　辰丑四百九十四　辰寅四百九十五
辰卯四百九十六　辰辰四百九十七　辰巳四百九十八
辰午四百九十九　辰未五百　辰申五百一
辰酉五百二　辰戌五百三　辰亥五百四

星丙四十三
辰子五百五　辰丑五百六　辰寅五百七

辰卯五百八
辰辰五百九
辰巳五百一十
辰午五百一十一
辰未五百一十二
辰申五百一十三
辰酉五百一十四
辰戌五百一十五
辰亥五百一十六

星丁四十四
辰子五百一十七
辰丑五百一十八
辰寅五百一十九
辰卯五百二十
辰辰五百二十一
辰巳五百二十二
辰午五百二十三
辰未五百二十四
辰申五百二十五
辰酉五百二十六
辰戌五百二十七
辰亥五百二十八

星戊四十五
辰子五百二十九
辰丑五百三十
辰寅五百三十一
辰卯五百三十二
辰辰五百三十三
辰巳五百三十四
辰午五百三十五
辰未五百三十六
辰申五百三十七
辰酉五百三十八
辰戌五百三十九
辰亥五百四十

星己四十六
辰子五百四十一
辰丑五百四十二
辰寅五百四十三
辰卯五百四十四
辰辰五百四十五
辰巳五百四十六
辰午五百四十七
辰未五百四十八
辰申五百四十九
辰酉五百五十
辰戌五百五十一
辰亥五百五十二

星庚四十七
辰子五百五十三
辰丑五百五十四
辰寅五百五十五

辰卯五百五十六　辰辰五百五十七　辰巳五百五十八

辰午五百五十九　辰未五百六十　辰申五百六十一

辰酉五百六十二　辰戌五百六十三　辰亥五百六十四

星辛四十八

辰子五百六十五　辰丑五百六十六　辰寅五百六十七

辰卯五百六十八　辰辰五百六十九　辰巳五百七十

辰午五百七十一　辰未五百七十二　辰申五百七十三

辰酉五百七十四　辰戌五百七十五　辰亥五百七十六

星壬四十九

辰子五百七十七　辰丑五百七十八　辰寅五百七十九

辰卯五百八十　辰辰五百八十一　辰巳五百八十二

辰午五百八十三　辰未五百八十四　辰申五百八十五

辰酉五百八十六　辰戌五百八十七　辰亥五百八十八

星癸五十

辰子五百八十九　辰丑五百九十　辰寅五百九十一

辰卯五百九十二　辰辰五百九十三　辰巳五百九十四

辰午五百九十五　辰未五百九十六　辰申五百九十七

辰酉五百九十八　辰戌五百九十九　辰亥六百

星甲五十一

辰子六百一　辰丑六百二　辰寅六百三

辰卯六百四　辰辰六百五　辰巳六百六
辰午六百七　辰未六百八　辰申六百九
辰酉六百一十　辰戌六百一十一　辰亥六百一十二
星乙五十二　辰子六百一十三　辰丑六百一十四　辰寅六百一十五
辰卯六百一十六　辰辰六百一十七　辰巳六百一十八
辰午六百一十九　辰未六百二十　辰申六百二十一
辰酉六百二十二　辰戌六百二十三　辰亥六百二十四
星丙五十三　辰子六百二十五　辰丑六百二十六　辰寅六百二十七
辰卯六百二十八　辰辰六百二十九　辰巳六百三十
辰午六百三十一　辰未六百三十二　辰申六百三十三
辰酉六百三十四　辰戌六百三十五　辰亥六百三十六
星丁五十四　辰子六百三十七　辰丑六百三十八　辰寅六百三十九
辰卯六百四十　辰辰六百四十一　辰巳六百四十二
辰午六百四十三　辰未六百四十四　辰申六百四十五
辰酉六百四十六　辰戌六百四十七　辰亥六百四十八
星戊五十五　辰子六百四十九　辰丑六百五十　辰寅六百五十一

辰卯六百五十二
辰辰六百五十三
辰巳六百五十四
辰午六百五十五
辰未六百五十六
辰申六百五十七
辰酉六百五十八
辰戌六百五十九
辰亥六百六十

星己五十六

辰子六百六十一
辰丑六百六十二
辰寅六百六十三
辰卯六百六十四
辰辰六百六十五
辰巳六百六十六
辰午六百六十七
辰未六百六十八
辰申六百六十九
辰酉六百七十
辰戌六百七十一
辰亥六百七十二

星庚五十七

辰子六百七十三
辰丑六百七十四
辰寅六百七十五
辰卯六百七十六
辰辰六百七十七
辰巳六百七十八
辰午六百七十九
辰未六百八十
辰申六百八十一
辰酉六百八十二
辰戌六百八十三
辰亥六百八十四

星辛五十八

辰子六百八十五
辰丑六百八十六
辰寅六百八十七
辰卯六百八十八
辰辰六百八十九
辰巳六百九十
辰午六百九十一
辰未六百九十二
辰申六百九十三
辰酉六百九十四
辰戌六百九十五
辰亥六百九十六

星壬五十九

辰子六百九十七
辰丑六百九十八
辰寅六百九十九

辰卯七百　辰辰七百一　辰巳七百二
辰午七百三　辰未七百四　辰申七百五
辰酉七百六　辰戌七百七　辰亥七百八

星癸六十

辰子七百九　辰丑七百一十　辰寅七百一十一
辰卯七百一十二　辰辰七百一十三　辰巳七百一十四
辰午七百一十五　辰未七百一十六　辰申七百一十七
辰酉七百一十八　辰戌七百一十九　辰亥七百二十

## 以元經會之三　觀物篇之三

月寅三星甲六十一

辰子七百二十一　辰丑七百二十二　辰寅七百二十三
辰卯七百二十四　辰辰七百二十五　辰巳七百二十六
辰午七百二十七　辰未七百二十八　辰申七百二十九
辰酉七百三十　辰戌七百三十一　辰亥七百三十二

星乙六十二

辰子七百三十三　辰丑七百三十四　辰寅七百三十五
辰卯七百三十六　辰辰七百三十七　辰巳七百三十八
辰午七百三十九　辰未七百四十　辰申七百四十一

辰酉七百四十二　辰戌七百四十三　辰亥七百四十四

星丙六十三　辰子七百四十五　辰丑七百四十六　辰寅七百四十七

辰卯七百四十八　辰辰七百四十九　辰巳七百五十

辰午七百五十一　辰未七百五十二　辰申七百五十三

辰酉七百五十四　辰戌七百五十五　辰亥七百五十六

星丁六十四　辰子七百五十七　辰丑七百五十八　辰寅七百五十九

辰卯七百六十　辰辰七百六十一　辰巳七百六十二

辰午七百六十三　辰未七百六十四　辰申七百六十五

辰酉七百六十六　辰戌七百六十七　辰亥七百六十八

星戊六十五　辰子七百六十九　辰丑七百七十　辰寅七百七十一

辰卯七百七十二　辰辰七百七十三　辰巳七百七十四

辰午七百七十五　辰未七百七十六　辰申七百七十七

辰酉七百七十八　辰戌七百七十九　辰亥七百八十

星己六十六　辰子七百八十一　辰丑七百八十二　辰寅七百八十三

辰卯七百八十四　辰辰七百八十五　辰巳七百八十六

辰午七百八十七　辰未七百八十八　辰申七百八十九

辰酉七百九十　辰戌七百九十一　辰亥七百九十二

星庚六十七

辰子七百九十三　辰丑七百九十四　辰寅七百九十五
辰卯七百九十六　辰辰七百九十七　辰巳七百九十八
辰午七百九十九　辰未八百　辰申八百一
辰酉八百二　辰戌八百三　辰亥八百四

星辛六十八

辰子八百五　辰丑八百六　辰寅八百七
辰卯八百八　辰辰八百九　辰巳八百一十
辰午八百一十一　辰未八百一十二　辰申八百一十三
辰酉八百一十四　辰戌八百一十五　辰亥八百一十六

星壬六十九

辰子八百一十七　辰丑八百一十八　辰寅八百一十九
辰卯八百二十　辰辰八百二十一　辰巳八百二十二
辰午八百二十三　辰未八百二十四　辰申八百二十五
辰酉八百二十六　辰戌八百二十七　辰亥八百二十八

星癸七十

辰子八百二十九　辰丑八百三十　辰寅八百三十一
辰卯八百三十二　辰辰八百三十三　辰巳八百三十四
辰午八百三十五　辰未八百三十六　辰申八百三十七

辰酉八百三十八 辰戌八百三十九 辰亥八百四十

星甲七十一

辰子八百四十一 辰丑八百四十二 辰寅八百四十三

辰卯八百四十四 辰辰八百四十五 辰巳八百四十六

辰午八百四十七 辰未八百四十八 辰申八百四十九

辰酉八百五十 辰戌八百五十一 辰亥八百五十二

星乙七十二

辰子八百五十三 辰丑八百五十四 辰寅八百五十五

辰卯八百五十六 辰辰八百五十七 辰巳八百五十八

辰午八百五十九 辰未八百六十 辰申八百六十一

辰酉八百六十二 辰戌六百八十三 辰亥八百六十四

星丙七十三

辰子八百六十五 辰丑八百六十六 辰寅八百六十七

辰卯八百六十八 辰辰八百六十九 辰巳八百七十

辰午八百七十一 辰未八百七十二 辰申八百七十三

辰酉八百七十四 辰戌八百七十五 辰亥八百七十六

星丁七十四

辰子八百七十七 辰丑八百七十八 辰寅八百七十九

辰卯八百八十 辰辰八百八十一 辰巳八百八十二

辰午八百八十三 辰未八百八十四 辰申八百八十五

辰酉八百八十六　辰戌八百八十七　辰亥八百八十八

星戊七十五

辰子八百八十九　辰丑八百九十　辰寅八百九十一
辰卯八百九十二　辰辰八百九十三　辰巳八百九十四
辰午八百九十五　辰未八百九十六　辰申八百九十七
辰酉八百九十八　辰戌八百九十九　辰亥九百

星己七十六

辰子九百一　辰丑九百二　辰寅九百三
辰卯九百四　辰辰九百五　辰巳九百六
辰午九百七　辰未九百八　辰申九百九
辰酉九百一十　辰戌九百一十一　辰亥九百一十二

星庚七十七

辰子九百一十三　辰丑九百一十四　辰寅九百一十五
辰卯九百一十六　辰辰九百一十七　辰巳九百一十八
辰午九百一十九　辰未九百二十　辰申九百二十一
辰酉九百二十二　辰戌九百二十三　辰亥九百二十四

星辛七十八

辰子九百二十五　辰丑九百二十六　辰寅九百二十七
辰卯九百二十八　辰辰九百二十九　辰巳九百三十
辰午九百三十一　辰未九百三十二　辰申九百三十三

星壬七十九　辰酉九百三十四　辰戌九百三十五　辰亥九百三十六

辰子九百三十七　辰丑九百三十八　辰寅九百三十九

辰卯九百四十　辰辰九百四十一　辰巳九百四十二

辰午九百四十三　辰未九百四十四　辰申九百四十五

星癸八十　辰酉九百四十六　辰戌九百四十七　辰亥九百四十八

辰子九百四十九　辰丑九百五十　辰寅九百五十一

辰卯九百五十二　辰辰九百五十三　辰巳九百五十四

辰午九百五十五　辰未九百五十六　辰申九百五十七

星甲八十一　辰酉九百五十八　辰戌九百五十九　辰亥九百六十

辰子九百六十一　辰丑九百六十二　辰寅九百六十三

辰卯九百六十四　辰辰九百六十五　辰巳九百六十六

辰午九百六十七　辰未九百六十八　辰申九百六十九

星乙八十二　辰酉九百七十　辰戌九百七十一　辰亥九百七十二

辰子九百七十三　辰丑九百七十四　辰寅九百七十五

辰卯九百七十六　辰辰九百七十七　辰巳九百七十八

辰午九百七十九　辰未九百八十　辰申九百八十一

辰酉九百八十二　辰戌九百八十三　辰亥九百八十四

星丙八十三

辰子九百八十五　辰丑九百八十六　辰寅九百八十七

辰卯九百八十八　辰辰九百八十九　辰巳九百九十

辰午九百九十一　辰未九百九十二　辰申九百九十三

辰酉九百九十四　辰戌九百九十五　辰亥九百九十六

星丁八十四

辰子九百九十七　辰丑九百九十八　辰寅九百九十九

辰卯一千　辰辰一千一　辰巳一千二

辰午一千三　辰未一千四　辰申一千五

辰酉一千六　辰戌一千七　辰亥一千八

星戊八十五

辰子一千九　辰丑一千一十　辰寅一千一十一

辰卯一千一十二　辰辰一千一十三　辰巳一千一十四

辰午一千一十五　辰未一千一十六　辰申一千一十七

辰酉一千一十八　辰戌一千一十九　辰亥一千二十

星己八十六

辰子一千二十一　辰丑一千二十二　辰寅一千二十三

辰卯一千二十四　辰辰一千二十五　辰巳一千二十六

辰午一千二十七　辰未一千二十八　辰申一千二十九

星庚八十七

辰酉一千三十　辰戌一千三十一　辰亥一千三十二

辰子一千三十三　辰丑一千三十四　辰寅一千三十五

辰卯一千三十六　辰辰一千三十七　辰巳一千三十八

辰午一千三十九　辰未一千四十　辰申一千四十一

星辛八十八

辰酉一千四十二　辰戌一千四十三　辰亥一千四十四

辰子一千四十五　辰丑一千四十六　辰寅一千四十七

辰卯一千四十八　辰辰一千四十九　辰巳一千五十

辰午一千五十一　辰未一千五十二　辰申一千五十三

星壬八十九

辰酉一千五十四　辰戌一千五十五　辰亥一千五十六

辰子一千五十七　辰丑一千五十八　辰寅一千五十九

辰卯一千六十　辰辰一千六十一　辰巳一千六十二

辰午一千六十三　辰未一千六十四　辰申一千六十五

星癸九十

辰酉一千六十六　辰戌一千六十七　辰亥一千六十八

辰子一千六十九　辰丑一千七十　辰寅一千七十一

辰卯一千七十二　辰辰一千七十三　辰巳一千七十四

辰午一千七十五　辰未一千七十六　辰申一千七十七

辰酉一千七十八　辰戌一千七十九　辰亥一千八十

# 以元經會之四　觀物篇之四

月卯四星甲九十一　辰子一千八十一　辰丑一千八十二　辰寅一千八十三
辰卯一千八十四　辰辰一千八十五　辰巳一千八十六
辰午一千八十七　辰未一千八十八　辰申一千八十九
星乙九十二　辰酉一千九十　辰戌一千九十一　辰亥一千九十二
辰子一千九十三　辰丑一千九十四　辰寅一千九十五
辰卯一千九十六　辰辰一千九十七　辰巳一千九十八
辰午一千九十九　辰未一千一百　辰申一千一百一
辰酉一千一百二　辰戌一千一百三　辰亥一千一百四
星丙九十三　辰子一千一百五　辰丑一千一百六　辰寅一千一百七
辰卯一千一百八　辰辰一千一百九　辰巳一千一百一十
辰午一千一百一十一　辰未一千一百一十二　辰申一千一百一十三
辰酉一千一百一十四　辰戌一千一百一十五　辰亥一千一百一十六
星丁九十四　辰子一千一百一十七　辰丑一千一百一十八　辰寅一千一百一十九

辰卯一千一百二十
辰辰一千一百二十一
辰巳一千一百二十二

辰午一千一百二十三
辰未一千一百二十四
辰申一千一百二十五

辰酉一千一百二十六
辰戌一千一百二十七
辰亥一千一百二十八

星戊九十五
辰子一千一百二十九
辰丑一千一百三十
辰寅一千一百三十一

辰卯一千一百三十二
辰辰一千一百三十三
辰巳一千一百三十四

辰午一千一百三十五
辰未一千一百三十六
辰申一千一百三十七

辰酉一千一百三十八
辰戌一千一百三十九
辰亥一千一百四十

星己九十六
辰子一千一百四十一
辰丑一千一百四十二
辰寅一千一百四十三

辰卯一千一百四十四
辰辰一千一百四十五
辰巳一千一百四十六

辰午一千一百四十七
辰未一千一百四十八
辰申一千一百四十九

辰酉一千一百五十
辰戌一千一百五十一
辰亥一千一百五十二

星庚九十七
辰子一千一百五十三
辰丑一千一百五十四
辰寅一千一百五十五

辰卯一千一百五十六
辰辰一千一百五十七
辰巳一千一百五十八

辰午一千一百五十九
辰未一千一百六十
辰申一千一百六十一

辰酉一千一百六十二
辰戌一千一百六十三
辰亥一千一百六十四

星辛九十八
辰子一千一百六十五
辰丑一千一百六十六
辰寅一千一百六十七

辰卯一千一百六十八　辰辰一千一百六十九　辰巳一千一百七十

辰午一千一百七十一　辰未一千一百七十二　辰申一千一百七十三

辰酉一千一百七十四　辰戌一千一百七十五　辰亥一千一百七十六

星壬九十九

辰子一千一百七十七　辰丑一千一百七十八　辰寅一千一百七十九

辰卯一千一百八十　辰辰一千一百八十一　辰巳一千一百八十二

辰午一千一百八十三　辰未一千一百八十四　辰申一千一百八十五

辰酉一千一百八十六　辰戌一千一百八十七　辰亥一千一百八十八

星癸一百

辰子一千一百八十九　辰丑一千一百九十　辰寅一千一百九十一

辰卯一千一百九十二　辰辰一千一百九十三　辰巳一千一百九十四

辰午一千一百九十五　辰未一千一百九十六　辰申一千一百九十七

辰酉一千一百九十八　辰戌一千一百九十九　辰亥一千二百

星甲一百一

辰子一千二百一　辰丑一千二百二　辰寅一千二百三

辰卯一千二百四　辰辰一千二百五　辰巳一千二百六

辰午一千二百七　辰未一千二百八　辰申一千二百九

辰酉一千二百一十　辰戌一千二百一十一　辰亥一千二百一十二

星乙一百二

辰子一千二百一十三　辰丑一千二百一十四　辰寅一千二百一十五

辰卯一千二百一十六
辰辰一千二百一十七
辰巳一千二百一十八

辰午一千二百一十九
辰未一千二百二十
辰申一千二百二十一

辰酉一千二百二十二
辰戌一千二百二十三
辰亥一千二百二十四

星丙一百三

辰子一千二百二十五
辰丑一千二百二十六
辰寅一千二百二十七

辰卯一千二百二十八
辰辰一千二百二十九
辰巳一千二百三十

辰午一千二百三十一
辰未一千二百三十二
辰申一千二百三十三

辰酉一千二百三十四
辰戌一千二百三十五
辰亥一千二百三十六

星丁一百四

辰子千二百三十七
辰丑一千二百三十八
辰寅一千二百三十九

辰卯一千二百四十
辰辰一千二百四十一
辰巳一千二百四十二

辰午一千二百四十三
辰未一千二百四十四
辰申一千二百四十五

辰酉一千二百四十六
辰戌一千二百四十七
辰亥一千二百四十八

星戊一百五

辰子一千二百四十九
辰丑一千二百五十
辰寅一千二百五十一

辰卯一千二百五十二
辰辰一千二百五十三
辰巳一千二百五十四

辰午一千二百五十五
辰未一千二百五十六
辰申一千二百五十七

辰酉一千二百五十八
辰戌一千二百五十九
辰亥一千二百六十

星己一百六

辰子一千二百六十一
辰丑一千二百六十二
辰寅一千二百六十三

辰卯一千二百六十四
辰辰一千二百六十五
辰巳一千二百六十六

辰午一千二百六十七
辰未一千二百六十八
辰申一千二百六十九

辰酉一千二百七十
辰戌一千二百七十一
辰亥一千二百七十二

星庚一百七

辰子一千二百七十三
辰丑一千二百七十四
辰寅一千二百七十五

辰卯一千二百七十六
辰辰一千二百七十七
辰巳一千二百七十八

辰午一千二百七十九
辰未一千二百八十
辰申一千二百八十一

辰酉一千二百八十二
辰戌一千二百八十三
辰亥一千二百八十四

星辛一百八

辰子一千二百八十五
辰丑一千二百八十六
辰寅一千二百八十七

辰卯一千二百八十八
辰辰一千二百八十九
辰巳一千二百九十

辰午一千二百九十一
辰未一千二百九十二
辰申一千二百九十三

辰酉一千二百九十四
辰戌一千二百九十五
辰亥一千二百九十六

星壬一百九

辰子一千二百九十七
辰丑一千二百九十八
辰寅一千二百九十九

辰卯一千三百
辰辰一千三百一
辰巳一千三百二

辰午一千三百三
辰未一千三百四
辰申一千三百五

辰酉一千三百六
辰戌一千三百七
辰亥一千三百八

星癸一百十

辰子一千三百九
辰丑一千三百十
辰寅一千三百一十一

辰卯一千三百一十二
辰辰一千三百一十三
辰巳一千三百一十四
辰午一千三百一十五
辰未一千三百一十六
辰申一千三百一十七
辰酉一千三百一十八
辰戌一千三百一十九
辰亥一千三百二十

星甲一百一十一

辰子一千三百二十一
辰丑一千三百二十二
辰寅一千三百二十三
辰卯一千三百二十四
辰辰一千三百二十五
辰巳一千三百二十六
辰午一千三百二十七
辰未一千三百二十八
辰申一千三百二十九
辰酉一千三百三十
辰戌一千三百三十一
辰亥一千三百三十二

星乙一百一十二

辰子一千三百三十三
辰丑一千三百三十四
辰寅一千三百三十五
辰卯千三百三十六
辰辰一千三百三十七
辰巳一千三百三十八
辰午千三百三十九
辰未一千三百四十
辰申一千三百四十一
辰酉千三百四十二
辰戌一千三百四十三
辰亥一千三百四十四

星丙一百一十三

辰子千三百四十五
辰丑一千三百四十六
辰寅一千三百四十七
辰卯千三百四十八
辰辰一千三百四十九
辰巳一千三百五十
辰午一千三百五十一
辰未一千三百五十二
辰申一千三百五十三
辰酉一千三百五十四
辰戌一千三百五十五
辰亥一千三百五十六

星丁一百一十四

辰子一千三百五十七
辰丑一千三百五十八
辰寅一千三百五十九

辰卯一千三百六十
辰辰一千三百六十一
辰巳一千三百六十二
辰午一千三百六十三
辰未一千三百六十四
辰申一千三百六十五
辰酉一千三百六十六
辰戌一千三百六十七
辰亥一千三百六十八

星戊一百一十五

辰子一千三百六十九
辰丑一千三百七十
辰寅一千三百七十一
辰卯一千三百七十二
辰辰一千三百七十三
辰巳一千三百七十四
辰午一千三百七十五
辰未一千三百七十六
辰申一千三百七十七
辰酉一千三百七十八
辰戌一千三百七十九
辰亥一千三百八十

星己一百一十六

辰子一千三百八十一
辰丑一千三百八十二
辰寅一千三百八十三
辰卯一千三百八十四
辰辰一千三百八十五
辰巳一千三百八十六
辰午一千三百八十七
辰未一千三百八十八
辰申一千三百八十九
辰酉一千三百九十
辰戌一千三百九十一
辰亥一千三百九十二

星庚一百一十七

辰子一千三百九十三
辰丑一千三百九十四
辰寅一千三百九十五
辰卯一千三百九十六
辰辰一千三百九十七
辰巳一千三百九十八
辰午一千三百九十九
辰未一千四百
辰申一千四百一
辰酉一千四百二
辰戌一千四百三
辰亥一千四百四

星辛一百一十八

辰子一千四百五
辰丑一千四百六
辰寅一千四百七

辰卯一千四百八　辰辰一千四百九　辰巳一千四百一十

星壬一百一十九

辰午一千四百一十一　辰未一千四百一十二　辰申一千四百一十三

辰酉一千四百一十四　辰戌一千四百一十五　辰亥一千四百一十六

辰子一千四百一十七　辰丑一千四百一十八　辰寅一千四百一十九

辰卯一千四百二十　辰辰一千四百二十一　辰巳一千四百二十二

辰午一千四百二十三　辰未一千四百二十四　辰申一千四百二十五

辰酉一千四百二十六　辰戌一千四百二十七　辰亥一千四百二十八

星癸一百二十

辰子一千四百二十九　辰丑一千四百三十　辰寅一千四百三十一

辰卯一千四百三十二　辰辰一千四百三十三　辰巳一千四百三十四

辰午一千四百三十五　辰未一千四百三十六　辰申一千四百三十七

辰酉一千四百三十八　辰戌一千四百三十九　辰亥一千四百四十

## 以元經會之五　觀物篇之五

月辰五星甲一百二十一

辰子一千四百四十一　辰丑一千四百四十二　辰寅一千四百四十三

辰卯一千四百四十四　辰辰一千四百四十五　辰巳一千四百四十六

辰午一千四百四十七　辰未一千四百四十八　辰申一千四百四十九

辰酉一千四百五十
辰戌一千四百五十一
辰亥一千四百五十二

星乙一百二十二

辰子一千四百五十三
辰丑一千四百五十四
辰寅一千四百五十五
辰卯一千四百五十六
辰辰一千四百五十七
辰巳一千四百五十八
辰午一千四百五十九
辰未一千四百六十
辰申一千四百六十一
辰酉一千四百六十二
辰戌一千四百六十三
辰亥一千四百六十四

星丙一百二十三

辰子一千四百六十五
辰丑一千四百六十六
辰寅一千四百六十七
辰卯一千四百六十八
辰辰一千四百六十九
辰巳一千四百七十
辰午一千四百七十一
辰未一千四百七十二
辰申一千四百七十三
辰酉一千四百七十四
辰戌一千四百七十五
辰亥一千四百七十六

星丁一百二十四

辰子一千四百七十七
辰丑一千四百七十八
辰寅一千四百七十九
辰卯一千四百八十
辰辰一千四百八十一
辰巳一千四百八十二
辰午一千四百八十三
辰未一千四百八十四
辰申一千四百八十五
辰酉一千四百八十六
辰戌一千四百八十七
辰亥一千四百八十八

星戊一百二十五

辰子一千四百八十九
辰丑一千四百九十
辰寅一千四百九十一
辰卯一千四百九十二
辰辰一千四百九十三
辰巳一千四百九十四
辰午一千四百九十五
辰未一千四百九十六
辰申一千四百九十七

辰酉一千四百九十八　辰戌一千四百九十九　辰亥一千五百

星己一百二十六

辰子一千五百一　辰丑一千五百二　辰寅一千五百三

辰卯一千五百四　辰辰一千五百五　辰巳一千五百六

辰午一千五百七　辰未一千五百八　辰申一千五百九

辰酉一千五百一十　辰戌一千五百一十一　辰亥一千五百一十二

星庚一百二十七

辰子一千五百一十三　辰丑一千五百一十四　辰寅一千五百一十五

辰卯一千五百一十六　辰辰一千五百一十七　辰巳一千五百一十八

辰午一千五百一十九　辰未一千五百二十　辰申一千五百二十一

辰酉一千五百二十二　辰戌一千五百二十三　辰亥一千五百二十四

星辛一百二十八

辰子一千五百二十五　辰丑一千五百二十六　辰寅一千五百二十七

辰卯一千五百二十八　辰辰一千五百二十九　辰巳一千五百三十

辰午一千五百三十一　辰未一千五百三十二　辰申一千五百三十三

辰酉一千五百三十四　辰戌一千五百三十五　辰亥一千五百三十六

星壬一百二十九

辰子一千五百三十七　辰丑一千五百三十八　辰寅一千五百三十九

辰卯一千五百四十　辰辰一千五百四十一　辰巳一千五百四十二

辰午一千五百四十三　辰未一千五百四十四　辰申一千五百四十五

辰酉一千五百四十六　辰戌一千五百四十七　辰亥一千五百四十八

星癸一百三十

辰子一千五百四十九　辰丑一千五百五十　辰寅一千五百五十一

辰卯一千五百五十二　辰辰一千五百五十三　辰巳一千五百五十四

辰午一千五百五十五　辰未一千五百五十六　辰申一千五百五十七

辰酉一千五百五十八　辰戌一千五百五十九　辰亥一千五百六十

星甲一百三十一

辰子一千五百六十一　辰丑一千五百六十二　辰寅一千五百六十三

辰卯一千五百六十四　辰辰一千五百六十五　辰巳一千五百六十六

辰午一千五百六十七　辰未一千五百六十八　辰申一千五百六十九

辰酉一千五百七十　辰戌一千五百七十一　辰亥一千五百七十二

星乙一百三十二

辰子一千五百七十三　辰丑一千五百七十四　辰寅一千五百七十五

辰卯一千五百七十六　辰辰一千五百七十七　辰巳一千五百七十八

辰午一千五百七十九　辰未一千五百八十　辰申一千五百八十一

辰酉一千五百八十二　辰戌一千五百八十三　辰亥一千五百八十四

星丙一百三十三

辰子一千五百八十五　辰丑一千五百八十六　辰寅一千五百八十七

辰卯一千五百八十八　辰辰一千五百八十九　辰巳一千五百九十

辰午一千五百九十一　辰未一千五百九十二　辰申一千五百九十三

辰酉一千五百九十四
辰戌一千五百九十五
辰亥一千五百九十六

星丁一百三十四

辰子一千五百九十七
辰丑一千五百九十八
辰寅一千五百九十九
辰卯一千六百
辰辰一千六百一
辰巳一千六百二
辰午一千六百三
辰未一千六百四
辰申一千六百五
辰酉一千六百六
辰戌一千六百七
辰亥一千六百八

星戊一百三十五

辰子一千六百九
辰丑一千六百一十
辰寅一千六百一十一
辰卯一千六百一十二
辰辰一千六百一十三
辰巳一千六百一十四
辰午一千六百一十五
辰未一千六百一十六
辰申一千六百一十七
辰酉一千六百一十八
辰戌一千六百一十九
辰亥一千六百二十

星己一百三十六

辰子一千六百二十一
辰丑一千六百二十二
辰寅一千六百二十三
辰卯一千六百二十四
辰辰一千六百二十五
辰巳一千六百二十六
辰午一千六百二十七
辰未一千六百二十八
辰申一千六百二十九
辰酉一千六百三十
辰戌一千六百三十一
辰亥一千六百三十二

星庚一百三十七

辰子一千六百三十三
辰丑一千六百三十四
辰寅一千六百三十五
辰卯一千六百三十六
辰辰一千六百三十七
辰巳一千六百三十八
辰午一千六百三十九
辰未一千六百四十
辰申一千六百四十一

辰酉一千六百四十二
辰戌一千六百四十三
辰亥一千六百四十四

星辛一百三十八
辰子一千六百四十五
辰丑一千六百四十六
辰寅一千六百四十七
辰卯一千六百四十八
辰辰一千六百四十九
辰巳一千六百五十
辰午一千六百五十一
辰未一千六百五十二
辰申一千六百五十三
辰酉一千六百五十四
辰戌一千六百五十五
辰亥一千六百五十六

星壬一百三十九
辰子一千六百五十七
辰丑一千六百五十八
辰寅一千六百五十九
辰卯一千六百六十
辰辰一千六百六十一
辰巳一千六百六十二
辰午一千六百六十三
辰未一千六百六十四
辰申一千六百六十五
辰酉一千六百六十六
辰戌一千六百六十七
辰亥一千六百六十八

星癸一百四十
辰子一千六百六十九
辰丑一千六百七十
辰寅一千六百七十一
辰卯一千六百七十二
辰辰一千六百七十三
辰巳一千六百七十四
辰午一千六百七十五
辰未一千六百七十六
辰申一千六百七十七
辰酉一千六百七十八
辰戌一千六百七十九
辰亥一千六百八十

星甲一百四十一
辰子一千六百八十一
辰丑一千六百八十二
辰寅一千六百八十三
辰卯一千六百八十四
辰辰一千六百八十五
辰巳一千六百八十六
辰午一千六百八十七
辰未一千六百八十八
辰申一千六百八十九

辰酉一千六百九十　辰戌一千六百九十一　辰亥一千六百九十二

星乙一百四十二

辰子一千六百九十三　辰丑一千六百九十四　辰寅一千六百九十五
辰卯一千六百九十六　辰辰一千六百九十七　辰巳一千六百九十八
辰午一千六百九十九　辰未一千七百　辰申一千七百一

星丙一百四十三

辰酉一千七百二　辰戌一千七百三　辰亥一千七百四
辰子千七百五　辰丑一千七百六　辰寅一千七百七
辰卯千七百八　辰辰一千七百九　辰巳一千七百一十
辰午一千七百一十一　辰未一千七百一十二　辰申一千七百一十三
辰酉一千七百一十四　辰戌一千七百一十五　辰亥一千七百一十六

星丁一百四十四

辰子一千七百一十七　辰丑一千七百一十八　辰寅一千七百一十九
辰卯一千七百二十　辰辰一千七百二十一　辰巳一千七百二十二
辰午一千七百二十三　辰未一千七百二十四　辰申一千七百二十五
辰酉一千七百二十六　辰戌一千七百二十七　辰亥一千七百二十八

星戊一百四十五

辰子一千七百二十九　辰丑一千七百三十　辰寅一千七百三十一
辰卯一千七百三十二　辰辰一千七百三十三　辰巳一千七百三十四
辰午一千七百三十五　辰未一千七百三十六　辰申一千七百三十七

辰酉一千七百三十八
辰戌一千七百三十九
辰亥一千七百四十

星己一百四十六
辰子一千七百四十一
辰丑一千七百四十二
辰寅一千七百四十三

辰卯一千七百四十四
辰辰一千七百四十五
辰巳一千七百四十六

辰午一千七百四十七
辰未一千七百四十八
辰申一千七百四十九

辰酉一千七百五十
辰戌一千七百五十一
辰亥一千七百五十二

星庚一百四十七
辰子一千七百五十三
辰丑一千七百五十四
辰寅一千七百五十五

辰卯一千七百五十六
辰辰一千七百五十七
辰巳一千七百五十八

辰午一千七百五十九
辰未一千七百六十
辰申一千七百六十一

辰酉一千七百六十二
辰戌一千七百六十三
辰亥一千七百六十四

星辛一百四十八
辰子一千七百六十五
辰丑一千七百六十六
辰寅一千七百六十七

辰卯一千七百六十八
辰辰一千七百六十九
辰巳一千七百七十

辰午一千七百七十一
辰未一千七百七十二
辰申一千七百七十三

辰酉一千七百七十四
辰戌一千七百七十五
辰亥一千七百七十六

星壬一百四十九
辰子一千七百七十七
辰丑一千七百七十八
辰寅一千七百七十九

辰卯一千七百八十
辰辰一千七百八十一
辰巳一千七百八十二

辰午一千七百八十三
辰未一千七百八十四
辰申一千七百八十五

星癸一百五十

辰酉一千七百八十六　辰戌一千七百八十七　辰亥一千七百八十八

辰子一千七百八十九　辰丑一千七百九十　辰寅一千七百九十一

辰卯一千七百九十二　辰辰一千七百九十三　辰巳一千七百九十四

辰午一千七百九十五　辰未一千七百九十六　辰申一千七百九十七

辰酉一千七百九十八　辰戌一千七百九十九　辰亥一千八百

## 以元經會之六　觀物篇之六

月巳六星甲一百五十一

辰子一千八百一　辰丑一千八百二　辰寅一千八百三

辰卯一千八百四　辰辰一千八百五　辰巳一千八百六

辰午一千八百七　辰未一千八百八　辰申一千八百九

辰酉一千八百一十　辰戌一千八百一十一　辰亥一千八百一十二

星乙一百五十二

辰子一千八百一十三　辰丑一千八百一十四　辰寅一千八百一十五

辰卯一千八百一十六　辰辰一千八百一十七　辰巳一千八百一十八

辰午一千八百一十九　辰未一千八百二十　辰申一千八百二十一

辰酉一千八百二十二　辰戌一千八百二十三　辰亥一千八百二十四

星丙一百五十三

辰子一千八百二十五　辰丑一千八百二十六　辰寅一千八百二十七

辰卯一千八百二十八
辰辰一千八百二十九
辰巳一千八百三十

辰午一千八百三十一
辰未一千八百三十二
辰申一千八百三十三

辰酉一千八百三十四
辰戌一千八百三十五
辰亥一千八百三十六

星丁一百五十四

辰子一千八百三十七
辰丑一千八百三十八
辰寅一千八百三十九

辰卯一千八百四十
辰辰一千八百四十一
辰巳一千八百四十二

辰午一千八百四十三
辰未一千八百四十四
辰申一千八百四十五

辰酉一千八百四十六
辰戌一千八百四十七
辰亥一千八百四十八

星戊一百五十五

辰子一千八百四十九
辰丑一千八百五十
辰寅一千八百五十一

辰卯一千八百五十二
辰辰一千八百五十三
辰巳一千八百五十四

辰午一千八百五十五
辰未一千八百五十六
辰申一千八百五十七

辰酉一千八百五十八
辰戌一千八百五十九
辰亥一千八百六十

星己一百五十七

辰子一千八百六十一
辰丑一千八百六十二
辰寅一千八百六十三

辰卯一千八百六十四
辰辰一千八百六十五
辰巳一千八百六十六

辰午一千八百六十七
辰未一千八百六十八
辰申一千八百六十九

辰酉一千八百七十
辰戌一千八百七十一
辰亥一千八百七十二

星庚一百五十七

辰子一千八百七十三
辰丑一千八百七十四
辰寅一千八百七十五

辰卯一千八百七十六　辰辰一千八百七十七　辰巳一千八百七十八
辰午一千八百七十九　辰未一千八百八十　辰申一千八百八十一
辰酉一千八百八十二　辰戌一千八百八十三　辰亥一千八百八十四

星辛一百五十八

辰子一千八百八十五　辰丑一千八百八十六　辰寅一千八百八十七
辰卯一千八百八十八　辰辰一千八百八十九　辰巳一千八百九十
辰午一千八百九十一　辰未一千八百九十二　辰申一千八百九十三
辰酉一千八百九十四　辰戌一千八百九十五　辰亥一千八百九十六

星壬一百五十九

辰子一千八百九十七　辰丑一千八百九十八　辰寅一千八百九十九
辰卯一千九百　辰辰一千九百一　辰巳一千九百二
辰午一千九百三　辰未一千九百四　辰申一千九百五
辰酉一千九百六　辰戌一千九百七　辰亥一千九百八

星癸一百六十

辰子一千九百九　辰丑一千九百一十　辰寅一千九百一十一
辰卯一千九百一十二　辰辰一千九百一十三　辰巳一千九百一十四
辰午一千九百一十五　辰未一千九百一十六　辰申一千九百一十七
辰酉一千九百一十八　辰戌一千九百一十九　辰亥一千九百二十

星甲一百六十一

辰子一千九百二十一　辰丑一千九百二十二　辰寅一千九百二十三

辰卯一千九百二十四　辰辰一千九百二十五　辰巳一千九百二十六
辰午一千九百二十七　辰未一千九百二十八　辰申一千九百二十九
辰酉一千九百三十　辰戌一千九百三十一　辰亥一千九百三十二

星乙一百六十二
辰子一千九百三十三　辰丑一千九百三十四　辰寅一千九百三十五
辰卯一千九百三十六　辰辰一千九百三十七　辰巳一千九百三十八
辰午一千九百三十九　辰未一千九百四十　辰申一千九百四十一
辰酉一千九百四十二　辰戌一千九百四十三　辰亥一千九百四十四

星丙一百六十三
辰子一千九百四十五　辰丑一千九百四十六　辰寅一千九百四十七
辰卯一千九百四十八　辰辰一千九百四十九　辰巳一千九百五十
辰午一千九百五十一　辰未一千九百五十二　辰申一千九百五十三
辰酉一千九百五十四　辰戌一千九百五十五　辰亥一千九百五十六

星丁一百六十四
辰子一千九百五十七　辰丑一千九百五十八　辰寅一千九百五十九
辰卯一千九百六十　辰辰一千九百六十一　辰巳一千九百六十二
辰午一千九百六十三　辰未一千九百六十四　辰申一千九百六十五
辰酉一千九百六十六　辰戌一千九百六十七　辰亥一千九百六十八

星戊一百六十五
辰子一千九百六十九　辰丑一千九百七十　辰寅一千九百七十一

辰卯一千九百七十二
辰辰一千九百七十三
辰巳一千九百七十四
辰午一千九百七十五
辰未一千九百七十六
辰申一千九百七十七
辰酉一千九百七十八
辰戌一千九百七十九
辰亥一千九百八十

星己一百六十六
辰子一千九百八十一
辰丑一千九百八十二
辰寅一千九百八十三
辰卯一千九百八十四
辰辰一千九百八十五
辰巳一千九百八十六
辰午一千九百八十七
辰未一千九百八十八
辰申一千九百八十九
辰酉一千九百九十
辰戌一千九百九十一
辰亥一千九百九十二

星庚一百六十七
辰子一千九百九十三
辰丑一千九百九十四
辰寅一千九百九十五
辰卯一千九百九十六
辰辰一千九百九十七
辰巳一千九百九十八
辰午一千九百九十九
辰未二千
辰申二千一
辰酉二千二
辰戌二千三
辰亥二千四

星辛一百六十八
辰子二千五
辰丑二千六
辰寅二千七
辰卯二千八
辰辰二千九
辰巳二千一十
辰午二千一十一
辰未二千一十二
辰申二千一十三
辰酉二千一十四
辰戌二千一十五
辰亥二千一十六

星壬一百六十九
辰子二千一十七
辰丑二千一十八
辰寅二千一十九

辰卯二千二十　辰辰二千二十一　辰巳二千二十二
辰午二千二十三　辰未二千二十四　辰申二千二十五
辰酉二千二十六　辰戌二千二十七　辰亥二千二十八
星癸一百七十　辰子二千二十九　辰丑二千三十　辰寅二千三十一
辰卯二千三十二　辰辰二千三十三　辰巳二千三十四
辰午二千三十五　辰未二千三十六　辰申二千三十七
辰酉二千三十八　辰戌二千三十九　辰亥二千四十
星甲一百七十一　辰子二千四十一　辰丑二千四十二　辰寅二千四十三
辰卯二千四十四　辰辰二千四十五　辰巳二千四十六
辰午二千四十七　辰未二千四十八　辰申二千四十九
辰酉二千五十　辰戌二千五十一　辰亥二千五十二
星乙一百七十二　辰子二千五十三　辰丑二千五十四　辰寅二千五十五
辰卯二千五十六　辰辰二千五十七　辰巳二千五十八
辰午二千五十九　辰未二千六十　辰申二千六十一
辰酉二千六十二　辰戌二千六十三　辰亥二千六十四
星丙一百七十三　辰子二千六十五　辰丑二千六十六　辰寅二千六十七

辰卯二千六十八　辰辰二千六十九　辰巳二千七十
辰午二千七十一　辰未二千七十二　辰申二千七十三
辰酉二千七十四　辰戌二千七十五　辰亥二千七十六

星丁一百七十四
辰子二千七十七　辰丑二千七十八　辰寅二千七十九
辰卯二千八十　辰辰二千八十一　辰巳二千八十二
辰午二千八十三　辰未二千八十四　辰申二千八十五
辰酉二千八十六　辰戌二千八十七　辰亥二千八十八

星戊一百七十五
辰子二千八十九　辰丑二千九十　辰寅二千九十一
辰卯二千九十二　辰辰二千九十三　辰巳二千九十四
辰午二千九十五　辰未二千九十六　辰申二千九十七
辰酉二千九十八　辰戌二千九十九　辰亥二千一百

星己一百七十六
辰子二千一百一　辰丑二千一百二　辰寅二千一百三
辰卯二千一百四　辰辰二千一百五　辰巳二千一百六
辰午二千一百七　辰未二千一百八　辰申二千一百九
辰酉二千一百一十　辰戌二千一百一十一　辰亥二千一百一十二

星庚一百七十七
辰子二千一百一十三　辰丑二千一百一十四　辰寅二千一百一十五

辰卯二千一百一十六　辰辰二千一百一十七　辰巳二千一百一十八
辰午二千一百一十九　辰未二千一百二十　辰申二千一百二十一
辰酉二千一百二十二　辰戌二千一百二十三　辰亥二千一百二十四

星辛一百七十八

辰子二千一百二十五　辰丑二千一百二十六　辰寅二千一百二十七
辰卯二千一百二十八　辰辰二千一百二十九　辰巳二千一百三十
辰午二千一百三十一　辰未二千一百三十二　辰申二千一百三十三
辰酉二千一百三十四　辰戌二千一百三十五　辰亥二千一百三十六

星壬一百七十九

辰子二千一百三十七　辰丑二千一百三十八　辰寅二千一百三十九
辰卯二千一百四十　辰辰二千一百四十一　辰巳二千一百四十二
辰午二千一百四十三　辰未二千一百四十四　辰申二千一百四十五
辰酉二千一百四十六　辰戌二千一百四十七　辰亥二千一百四十八

星癸一百八十

辰子二千一百四十九　辰丑二千一百五十　辰寅二千一百五十一
辰卯二千一百五十二　辰辰二千一百五十三　辰巳二千一百五十四
辰午二千一百五十五　辰未二千一百五十六　辰申二千一百五十七唐堯二十一
辰酉二千一百五十八唐堯五十一　辰戌二千一百五十九虞舜九　辰亥二千一百六十虞舜三十九

# 皇極經世卷第二

## 以元經會之七　觀物篇之七

月午七星甲一百八十一

辰子二千一百六十一夏禹八　辰丑二千一百六十二夏太康二

辰寅二千一百六十三夏仲康二　辰卯二千一百六十四夏王相二十

辰辰二千一百六十五夏少康二十三　辰巳二千一百六十六夏少康五十三①

辰午二千一百六十七夏王槐四　辰未二千一百六十八夏芒八

辰申二千一百六十九夏不降四　辰酉二千一百七十夏不降三十四

辰戌二千一百七十一夏扃五　辰亥二千一百七十二夏廑十四

星乙一百八十二

辰子二千一百七十三夏孔甲二十三　辰丑二千一百七十四夏發十一

辰寅二千一百七十五夏癸二十二　辰卯二千一百七十六夏癸五十二

辰辰二千一百七十七商太甲十七　辰巳二千一百七十八商沃丁十四

---

① 「五十三」，原作「五十六」，據四庫本改。

辰午二千一百七十九商太庚十五　辰未二千一百八十商雍己三

辰申二千一百八十一商大戊①二十一　辰酉二千一百八十二商大戊五十一

辰戌二千一百八十三商仲丁六　辰亥二千一百八十四商亶甲八

星丙一百八十三

辰子二千一百八十五商祖辛十　辰丑二千一百八十六商沃甲二十四

辰寅二千一百八十七商祖丁二十九　辰卯二千一百八十八商陽甲三

辰辰二千一百八十九商盤庚二十五　辰巳二千一百九十商小乙六

辰午二千一百九十一商武丁八　辰未二千一百九十二商武丁三十八

辰申二千一百九十三商祖甲二　辰酉二千一百九十四商祖甲三十二

辰戌二千一百九十五商武乙一②　辰亥二千一百九十六商帝乙二十五

星丁一百八十四

辰子二千一百九十七商受辛十八　辰丑二千一百九十八周成王九

辰寅二千一百九十九周康王二　辰卯二千二百周昭王六

辰辰二千二百一周昭王三十六　辰巳二千二百二周穆王十五

辰午二千二百三周穆王四十五　辰未二千二百四周懿王八

---

① 「大」，四庫本作「太」，通。下同。

② 「一」，四庫本作「二」。

辰申二千二百五周考王十三

辰酉二千二百六周厲王十二

辰戌二千二百七周厲王四十二①

辰亥二千二百八周宣王二十一

星戊一百八十五

辰子二千二百九周幽王五

辰丑二千二百十周平王二十四

辰寅二千二百一十一周桓王三②

辰卯二千二百一十二周莊王十

辰辰二千二百一十三周惠王二十

辰巳二千二百一十四周襄王二十五

辰午二千二百一十五周定王十

辰未二千二百一十六周靈王五

辰申二千二百一十七周景王八

辰酉二千二百一十八周敬王十三

辰戌二千二百一十九周敬王四十三

辰亥二千二百二十周貞定③二十二④

星己一百八十六

辰子二千二百二十一周威烈十三⑤

辰丑二千二百二十二周安王十五

辰寅二千二百二十三周顯王十二⑥

辰卯二千二百二十四周顯王四十二⑦

---

①「四十二」，原作「四十一」，據四庫本改。
②「三」，四庫本作「二」。
③「定」，四庫本作「王」。
④「二十二」，四庫本作「二十三」。
⑤「十三」，四庫本作「九」。
⑥「十二」，四庫本作「十六」。
⑦「四十二」，四庫本作「十七」。

辰辰二千二百二十五周赧王十八　辰巳二千二百二十六周赧王四十八

辰午二千二百二十七秦始皇十　辰未二千二百二十八漢高祖九①

辰申二千二百二十九漢文帝四　辰酉二千二百三十漢景帝十

辰戌二千二百三十一漢武帝二十四　辰亥二千二百三十二漢武帝五十四

辰子二千二百三十三漢宣帝十七　辰丑二千二百三十四漢成帝六

辰寅二千二百三十五漢平帝四　辰卯二千二百三十六漢光武十一

辰辰二千二百三十七漢明帝七　辰巳二千二百三十八漢和帝六

辰午二千二百三十九漢安帝十八　辰未二千二百四十漢桓帝八

辰申二千二百四十一漢靈帝十七　辰酉二千二百四十二漢獻帝二十六②

辰戌二千二百四十三魏帝芳五　蜀帝禪二十二　吴帝權二十三③

辰亥二千二百四十四晉武帝④　吴帝皓十⑤

星庚一百八十七

---

① 「九」，四庫本作「元」。
② 「二十六」，四庫本作「二十五」。
③ 「二十三」，四庫本作「二十二」。
④ 「帝」下，四庫本有「十」。
⑤ 「十」，四庫本作「十二」。

星辛一百八十八

辰子二千二百四十五晉惠帝十三①　辰丑二千二百四十六晉成帝九

辰寅二千二百四十七晉哀帝三　辰卯二千二百四十八晉武帝二十二後魏道武十②

辰辰二千二百四十九宋帝義隆九③後魏大武元　辰巳二千二百五十宋武帝二後魏文成三

辰午二千二百五十齊武帝二後魏孝文十四　辰未二千二百五十二梁武帝十三後魏宣武十五

辰申二千二百五十二梁武帝四十三西魏文帝十一　辰酉二千二百五十四陳宣帝七後周武帝十二④

辰戌二千二百五十五隋煬帝六⑤　辰亥二千二百五十六唐太宗九

星壬一百八十九

辰子二千二百五十七唐高宗十五　辰丑二千二百五十八唐中宗十一

辰寅二千二百五十九唐玄宗十二⑥　辰卯二千二百六十唐玄宗四十三

辰辰二千二百六十一唐德宗五　辰巳二千二百六十二唐憲宗⑦九

辰午二千二百六十三唐武宗四　辰未二千二百六十四唐僖宗元

---

①「十三」，四庫本作「十四」。

②「十」，四庫本作「一」。

③「宋」，原作「晉」，據四庫本改；「九」，四庫本作「元」。

④「十二」，四庫本作「十五」。

⑤「六」，四庫本作「元」。

⑥「十二」，四庫本作「十三」。

⑦「憲」，原作「獻」，據四庫本改。

辰申二千二百六十五 唐昭宗十六

辰酉二千二百六十六

辰戌二千二百六十七 宋太祖五

辰亥二千二百六十八 宋太宗十九

星癸一百九十

辰子二千二百六十九 宋仁宗二

辰丑二千二百七十 宋仁宗三十二①

辰寅二千二百七十一

辰卯二千二百七十二

辰辰二千二百七十三

辰巳二千二百七十四

辰午二千二百七十五

辰未二千二百七十六

辰申二千二百七十七

辰酉二千二百七十八

辰戌二千二百七十九

辰亥二千二百八十

星甲一百九十一

辰子二千二百八十一

辰丑二千二百八十二

辰寅二千二百八十三

辰卯二千二百八十四

辰辰二千二百八十五

辰巳二千二百八十六

辰午二千二百八十七

辰未二千二百八十八

辰申二千二百八十九

辰酉二千二百九十

辰戌二千二百九十一

辰亥二千二百九十二

---

① 「三十二」，原作「二十二」，據四庫本改。

星乙一百九十二

辰子二千二百九十三　辰丑二千二百九十四

辰寅二千二百九十五　辰卯二千二百九十六

辰辰二千二百九十七　辰巳二千二百九十八

辰午二千二百九十九　辰未二千三百

辰申二千三百一　辰酉二千三百二

辰戌二千三百三　辰亥二千三百四

星丙一百九十三

辰子二千三百五　辰丑二千三百六

辰寅二千三百七　辰卯二千三百八

辰辰二千三百九　辰巳二千三百一十

辰午二千三百一十一　辰未二千三百一十二

辰申二千三百一十三　辰酉二千三百一十四

辰戌二千三百一十五　辰亥二千三百一十六

星丁一百九十四

辰子二千三百一十七　辰丑二千三百一十八

辰寅二千三百一十九　辰卯二千三百二十

辰辰二千三百二十一　辰巳二千三百二十二

辰午二千三百二十三　辰未二千三百二十四

辰申二千三百一十五
辰酉二千三百一十六
辰戌二千三百一十七
辰亥二千三百一十八

星戊一百九十五

辰子二千三百一十九
辰丑二千三百二十
辰寅二千三百二十一
辰卯二千三百二十二
辰辰二千三百二十三
辰巳二千三百二十四
辰午二千三百二十五
辰未二千三百二十六
辰申二千三百二十七
辰酉二千三百二十八
辰戌二千三百二十九
辰亥二千三百四十

星己一百九十六

辰子二千三百四十一
辰丑二千三百四十二
辰寅二千三百四十三
辰卯二千三百四十四
辰辰二千三百四十五
辰巳二千三百四十六
辰午二千三百四十七
辰未二千三百四十八
辰申二千三百四十九
辰酉二千三百五十
辰戌二千三百五十一
辰亥二千三百五十二

星庚一百九十七

辰子二千三百五十三
辰丑二千三百五十四
辰寅二千三百五十五
辰卯二千三百五十六

辰辰二千三百五十七
辰巳二千三百五十八
辰午二千三百五十九
辰未二千三百六十
辰申二千三百六十一
辰酉二千三百六十二
辰戌二千三百六十三
辰亥二千三百六十四

星辛一百九十八

辰子二千三百六十五
辰丑二千三百六十六
辰寅二千三百六十七
辰卯二千三百六十八
辰辰二千三百六十九
辰巳二千三百七十
辰午二千三百七十一
辰未二千三百七十二
辰申二千三百七十三
辰酉二千三百七十四
辰戌二千三百七十五
辰亥二千三百七十六

星壬一百九十九

辰子二千三百七十七
辰丑二千三百七十八
辰寅二千三百七十九
辰卯二千三百八十
辰辰二千三百八十一
辰巳二千三百八十二
辰午二千三百八十二
辰未二千三百八十四
辰申二千三百八十五
辰酉二千三百八十六
辰戌二千三百八十七
辰亥二千三百八十八

星癸二百

辰子二千三百八十九　辰丑二千三百九十
辰寅二千三百九十一　辰卯二千三百九十二
辰辰二千三百九十三　辰巳二千三百九十四
辰午二千三百九十五　辰未二千三百九十六
辰申二千三百九十七　辰酉二千三百九十八
辰戌二千三百九十九　辰亥二千四百

星甲二百一

辰子二千四百一　辰丑二千四百二
辰寅二千四百三　辰卯二千四百四
辰辰二千四百五　辰巳二千四百六
辰午二千四百七　辰未二千四百八
辰申二千四百九　辰酉二千四百十
辰戌二千四百一十一　辰亥二千四百一十二

星乙二百二

辰子二千四百一十三　辰丑二千四百一十四
辰寅二千四百一十五　辰卯二千四百一十六
辰辰二千四百一十七　辰巳二千四百一十八
辰午二千四百一十九　辰未二千四百二十

星丙二百三

辰申二千四百二十一
辰酉二千四百二十二
辰戌二千四百二十三
辰亥二千四百二十四
辰子二千四百二十五
辰丑二千四百二十六
辰寅二千四百二十七
辰卯二千四百二十八
辰辰二千四百二十九
辰巳二千四百三十
辰午二千四百三十一
辰未二千四百三十二
辰申二千四百三十三
辰酉二千四百三十四
辰戌二千四百三十五
辰亥二千四百三十六

星丁二百四

辰子二千四百三十七
辰丑二千四百三十八
辰寅二千四百三十九
辰卯二千四百四十
辰辰二千四百四十一
辰巳二千四百四十二
辰午二千四百四十三
辰未二千四百四十四
辰申二千四百四十五
辰酉二千四百四十六
辰戌二千四百四十七
辰亥二千四百四十八

星戊二百五

辰子二千四百四十九
辰丑二千四百五十
辰寅二千四百五十一
辰卯二千四百五十二

辰辰二千四百五十三　辰巳二千四百五十四

辰午二千四百五十五　辰未二千四百五十六

辰申二千四百五十七　辰酉二千四百五十八

辰戌二千四百五十九　辰亥二千四百六十

星己二百六

辰子二千四百六十一　辰丑二千四百六十二

辰寅二千四百六十三　辰卯二千四百六十四

辰辰二千四百六十五　辰巳二千四百六十六

辰午二千四百六十七　辰未二千四百六十八

辰申二千四百六十九　辰酉二千四百七十

辰戌二千四百七十一　辰亥二千四百七十二

星庚二百七

辰子二千四百七十三　辰丑二千四百七十四

辰寅二千四百七十五　辰卯二千四百七十六

辰辰二千四百七十七　辰巳二千四百七十八

辰午二千四百七十九　辰未二千四百八十

辰申二千四百八十一　辰酉二千四百八十二

辰戌二千四百八十三　辰亥二千四百八十四

星辛二百八

辰子二千四百八十五

辰丑二千四百八十六

辰寅二千四百八十七

辰卯二千四百八十八

辰辰二千四百八十九

辰巳二千四百九十

辰午二千四百九十一

辰未二千四百九十二

辰申二千四百九十三

辰酉二千四百九十四

辰戌二千四百九十五

辰亥二千四百九十六

星壬二百九

辰子二千四百九十七

辰丑二千四百九十八

辰寅二千四百九十九

辰卯二千五百

辰辰二千五百一

辰巳二千五百二

辰午二千五百三

辰未二千五百四

辰申二千五百五

辰酉二千五百六

辰戌二千五百七

辰亥二千五百八

星癸二百一十

辰子二千五百九

辰丑二千五百一十

辰寅二千五百一十一

辰卯二千五百一十二

辰辰二千五百一十三

辰巳二千五百一十四

辰午一千五百一十五

辰未二千五百一十六

辰申二千五百一十七　辰酉二千五百一十八
辰戌二千五百一十九　辰亥二千五百二十

## 以元經會之八　觀物篇之八

月未八 星甲二百一十一

辰子二千五百二十一　辰丑二千五百二十二
辰寅二千五百二十三　辰卯二千五百二十四
辰辰二千五百二十五　辰巳二千五百二十六
辰午二千五百二十七　辰未二千五百二十八
辰申二千五百二十九　辰酉二千五百三十
辰戌二千五百三十一　辰亥二千五百三十二

星乙二百一十二

辰子二千五百三十三　辰丑二千五百三十四
辰寅二千五百三十五　辰卯二千五百三十六
辰辰二千五百三十七　辰巳二千五百三十八
辰午二千五百三十九　辰未二千五百四十
辰申二千五百四十一　辰酉二千五百四十二
辰戌二千五百四十三　辰亥二千五百四十四

星丙二百一十三

辰子二千五百四十五
辰丑二千五百四十六
辰寅二千五百四十七
辰卯二千五百四十八
辰辰二千五百四十九
辰巳二千五百五十
辰午二千五百五十一
辰未二千五百五十二
辰申二千五百五十三
辰酉二千五百五十四
辰戌二千五百五十五
辰亥二千五百五十六

星丁二百一十四

辰子二千五百五十七
辰丑二千五百五十八
辰寅二千五百五十九
辰卯二千五百六十
辰辰二千五百六十一
辰巳二千五百六十二
辰午二千五百六十三
辰未二千五百六十四
辰申二千五百六十五
辰酉二千五百六十六
辰戌二千五百六十七
辰亥二千五百六十八

星戊二百一十五

辰子二千五百六十九
辰丑二千五百七十
辰寅二千五百七十一
辰卯二千五百七十二
辰辰二千五百七十三
辰巳二千五百七十四
辰午二千五百七十五
辰未二千五百七十六

辰申二千五百七十七
辰酉二千五百七十八
辰戌二千五百七十九
辰亥二千五百八十

星己二百一十六

辰子二千五百八十一
辰丑二千五百八十二
辰寅二千五百八十三
辰卯二千五百八十四
辰辰二千五百八十五
辰巳二千五百八十六
辰午二千五百八十七
辰未二千五百八十八
辰申二千五百八十九
辰酉二千五百九十
辰戌二千五百九十一
辰亥二千五百九十二

星庚二百一十七

辰子二千五百九十三
辰丑二千五百九十四
辰寅二千五百九十五
辰卯二千五百九十六
辰辰二千五百九十七
辰巳二千五百九十八
辰午二千五百九十九
辰未二千六百
辰申二千六百一
辰酉二千六百二
辰戌二千六百三
辰亥二千六百四

星辛二百一十八

辰子二千六百五
辰丑二千六百六
辰寅二千六百七
辰卯二千六百八

辰辰二千六百九
辰巳二千六百一十
辰午二千六百一十一
辰未二千六百一十二
辰申二千六百一十三
辰酉二千六百一十四
辰戌二千六百一十五
辰亥二千六百一十六

星壬二百一十九

辰子二千六百一十七
辰丑二千六百一十八
辰寅二千六百一十九
辰卯二千六百二十
辰辰二千六百二十一
辰巳二千六百二十二
辰午二千六百二十三
辰未二千六百二十四
辰申二千六百二十五
辰酉二千六百二十六
辰戌二千六百二十七
辰亥二千六百二十八

星癸二百二十

辰子二千六百二十九
辰丑二千六百三十
辰寅二千六百三十一
辰卯二千六百三十二
辰辰二千六百三十三
辰巳二千六百三十四
辰午二千六百三十五
辰未二千六百三十六
辰申二千六百三十七
辰酉二千六百三十八
辰戌二千六百三十九
辰亥二千六百四十

星甲二百二十一

辰子二千六百四十一 辰丑二千六百四十二

辰寅二千六百四十三 辰卯二千六百四十四

辰辰二千六百四十五 辰巳二千六百四十六

辰午二千六百四十七 辰未二千六百四十八

辰申二千六百四十九 辰酉二千六百五十

辰戌二千六百五十一 辰亥二千六百五十二

星乙二百二十二

辰子二千六百五十三 辰丑二千六百五十四

辰寅二千六百五十五 辰卯二千六百五十六

辰辰二千六百五十七 辰巳二千六百五十八

辰午二千六百五十九 辰未二千六百六十

辰申二千六百六十一 辰酉二千六百六十二

辰戌二千六百六十三 辰亥二千六百六十四

星丙二百二十三

辰子二千六百六十五 辰丑二千六百六十六

辰寅二千六百六十七 辰卯二千六百六十八

辰辰二千六百六十九 辰巳二千六百七十

辰午二千六百七十一 辰未二千六百七十二

辰申二千六百七十三　辰酉二千六百七十四
辰戌二千六百七十五　辰亥二千六百七十六

星丁二百二十四
辰子二千六百七十七　辰丑二千六百七十八
辰寅二千六百七十九　辰卯二千六百八十
辰辰二千六百八十一　辰巳二千六百八十二
辰午二千六百八十三　辰未二千六百八十四
辰申二千六百八十五　辰酉二千六百八十六
辰戌二千六百八十七　辰亥二千六百八十八

星戊二百二十五
辰子二千六百八十九　辰丑二千六百九十
辰寅二千六百九十一　辰卯二千六百九十二
辰辰二千六百九十三　辰巳二千六百九十四
辰午二千六百九十五　辰未二千六百九十六
辰申二千六百九十七　辰酉二千六百九十八
辰戌二千六百九十九　辰亥二千七百

星己二百二十六
辰子二千七百一　辰丑二千七百二
辰寅二千七百三　辰卯二千七百四

辰辰二千七百五
辰巳二千七百六
辰午二千七百七
辰未二千七百八
辰申二千七百九
辰酉二千七百一十
辰戌二千七百一十一
辰亥二千七百一十二

星庚二百二十七

辰子二千七百一十三
辰丑二千七百一十四
辰寅二千七百一十五
辰卯二千七百一十六
辰辰二千七百一十七
辰巳二千七百一十八
辰午二千七百一十九
辰未二千七百二十
辰申二千七百二十一
辰酉二千七百二十二
辰戌二千七百二十三
辰亥二千七百二十四

星辛二百二十八

辰子二千七百二十五
辰丑二千七百二十六
辰寅二千七百二十七
辰卯二千七百二十八
辰辰二千七百二十九
辰巳二千七百三十
辰午二千七百三十一
辰未二千七百三十二
辰申二千七百三十三
辰酉二千七百三十四
辰戌二千七百三十五
辰亥二千七百三十六

星壬二百二十九

辰子二千七百三十七　辰丑二千七百三十八

辰寅二千七百三十九　辰卯二千七百四十

辰辰二千七百四十一　辰巳二千七百四十二

辰午二千七百四十三　辰未二千七百四十四

辰申二千七百四十五　辰酉二千七百四十六

辰戌二千七百四十七　辰亥二千七百四十八

星癸二百三十

辰子二千七百四十九　辰丑二千七百五十

辰寅二千七百五十一　辰卯二千七百五十二

辰辰二千七百五十三　辰巳二千七百五十四

辰午二千七百五十五　辰未二千七百五十六

辰申二千七百五十七　辰酉二千七百五十八

辰戌二千七百五十九　辰亥二千七百六十

星甲二百三十一

辰子二千七百六十一　辰丑二千七百六十二

辰寅二千七百六十三　辰卯二千七百六十四

辰辰二千七百六十五　辰巳二千七百六十六

辰午二千七百六十七　辰未二千七百六十八

辰申二千七百六十九
辰酉二千七百七十
辰戌二千七百七十一
辰亥二千七百七十二

星乙二百二十二

辰子二千七百七十三
辰丑二千七百七十四
辰寅二千七百七十五
辰卯二千七百七十六
辰辰二千七百七十七
辰巳二千七百七十八
辰午二千七百七十九
辰未二千七百八十
辰申二千七百八十一
辰酉二千七百八十二
辰戌二千七百八十三
辰亥二千七百八十四

星丙二百二十三

辰子二千七百八十五
辰丑二千七百八十六
辰寅二千七百八十七
辰卯二千七百八十八
辰辰二千七百八十九
辰巳二千七百九十
辰午二千七百九十一
辰未二千七百九十二
辰申二千七百九十三
辰酉二千七百九十四
辰戌二千七百九十五
辰亥二千七百九十六

星丁二百二十四

辰子二千七百九十七
辰丑二千七百九十八
辰寅二千七百九十九
辰卯二千八百

辰辰二千八百一
辰巳二千八百二
辰午二千八百三
辰未二千八百四
辰申二千八百五
辰酉二千八百六
辰戌二千八百七
辰亥二千八百八

星戊二百三十五

辰子二千八百九
辰丑二千八百十
辰寅二千八百一十一
辰卯二千八百一十二
辰辰二千八百一十三
辰巳二千八百一十四
辰午二千八百一十五
辰未二千八百一十六
辰申二千八百一十七
辰酉二千八百一十八
辰戌二千八百一十九
辰亥二千八百二十

星己二百三十六

辰子二千八百二十一
辰丑二千八百二十二
辰寅二千八百二十三
辰卯二千八百二十四
辰辰二千八百二十五
辰巳二千八百二十六
辰午二千八百二十七
辰未二千八百二十八
辰申二千八百二十九
辰酉二千八百三十
辰戌二千八百三十一
辰亥二千八百三十二

星庚二百三十七

辰子二千八百三十三
辰丑二千八百三十四
辰寅二千八百三十五
辰卯二千八百三十六
辰辰二千八百三十七
辰巳二千八百三十八
辰午二千八百三十九
辰未二千八百四十
辰申二千八百四十一
辰酉二千八百四十二
辰戌二千八百四十三
辰亥二千八百四十四

星辛二百三十八

辰子二千八百四十五
辰丑二千八百四十六
辰寅二千八百四十七
辰卯二千八百四十八
辰辰二千八百四十九
辰巳二千八百五十
辰午二千八百五十一
辰未二千八百五十二
辰申二千八百五十三
辰酉二千八百五十四
辰戌二千八百五十五
辰亥二千八百五十六

星壬二百三十九

辰子二千八百五十七
辰丑二千八百五十八
辰寅二千八百五十九
辰卯二千八百六十
辰辰二千八百六十一
辰巳二千八百六十二
辰午二千六百六十三
辰未二千六百六十四

星癸二百四十

辰申二千六百六十五　辰酉二千八百六十六

辰戌二千八百六十七　辰亥二千八百六十八

辰子二千八百六十九　辰丑二千八百七十

辰寅二千八百七十一　辰卯二千八百七十二

辰辰二千八百七十三　辰巳二千八百七十四

辰午二千八百七十五　辰未二千八百七十六

辰申二千八百七十七　辰酉二千八百七十八

辰戌二千八百七十九　辰亥二千八百八十

## 以元經會之九　觀物篇之九

月申九星甲二百四十一

辰子二千八百八十一　辰丑二千八百八十二

辰寅二千八百八十三　辰卯二千八百八十四

辰辰二千八百八十五　辰巳二千八百八十六

辰午二千八百八十七　辰未二千八百八十八

辰申二千八百八十九　辰酉二千八百九十

辰戌二千八百九十一　辰亥二千八百九十二

星乙二百四十二

辰子二千八百九十三　辰丑二千八百九十四

辰寅二千八百九十五　辰卯二千八百九十六

辰辰二千八百九十七　辰巳二千八百九十八

辰午二千八百九十九　辰未二千九百

辰申二千九百一　辰酉二千九百二

辰戌二千九百三　辰亥二千九百四

星丙二百四十三

辰子二千九百五　辰丑二千九百六

辰寅二千九百七　辰卯二千九百八

辰辰二千九百九　辰巳二千九百一十

辰午二千九百十一　辰未二千九百十二

辰申二千九百十三　辰酉二千九百十四

辰戌二千九百十五　辰亥二千九百十六

星丁二百四十四

辰子二千九百十七　辰丑二千九百十八

辰寅二千九百十九　辰卯二千九百二十

辰辰二千九百二十一　辰巳二千九百二十二

辰午二千九百二十三　辰未二千九百二十四

辰申二千九百二十五　辰酉二千九百二十六
辰戌二千九百二十七　辰亥二千九百二十八

星戊二百四十五

辰子二千九百二十九　辰丑二千九百三十
辰寅二千九百三十一　辰卯二千九百三十二
辰辰二千九百三十三　辰巳二千九百三十四
辰午二千九百三十五　辰未二千九百三十六
辰申二千九百三十七　辰酉二千九百三十八
辰戌二千九百三十九　辰亥二千九百四十

星己二百四十六

辰子二千九百四十一　辰丑二千九百四十二
辰寅二千九百四十三　辰卯二千九百四十四
辰辰二千九百四十五　辰巳二千九百四十六
辰午二千九百四十七　辰未二千九百四十八
辰申二千九百四十九　辰酉二千九百五十
辰戌二千九百五十一　辰亥二千九百五十二

星庚二百四十七

辰子二千九百五十三　辰丑二千九百五十四
辰寅二千九百五十五　辰卯二千九百五十六

辰辰二千九百五十七
辰巳二千九百五十八
辰午二千九百五十九
辰未二千九百六十
辰申二千九百六十一
辰酉二千九百六十二
辰戌二千九百六十三
辰亥二千九百六十四

星辛二百四十八

辰子二千九百六十五
辰丑二千九百六十六
辰寅二千九百六十七
辰卯二千九百六十八
辰辰二千九百六十九
辰巳二千九百七十
辰午二千九百七十一
辰未二千九百七十二
辰申二千九百七十三
辰酉二千九百七十四
辰戌二千九百七十五
辰亥二千九百七十六

星壬二百四十九

辰子二千九百七十七
辰丑二千九百七十八
辰寅二千九百七十九
辰卯二千九百八十
辰辰二千九百八十一
辰巳二千九百八十二
辰午二千九百八十三
辰未二千九百八十四
辰申二千九百八十五
辰酉二千九百八十六
辰戌二千九百八十七
辰亥二千九百八十八

星癸二百五十

辰子二千九百八十九　辰丑二千九百九十

辰寅二千九百九十一　辰卯二千九百九十二

辰辰二千九百九十三　辰巳二千九百九十四

辰午二千九百九十五　辰未二千九百九十六

辰申二千九百九十七　辰酉二千九百九十八

辰戌二千九百九十九　辰亥三千

星甲二百五十一

辰子三千一　辰丑三千二

辰寅三千三　辰卯三千四

辰辰三千五　辰巳三千六

辰午三千七　辰未三千八

辰申三千九　辰酉三千一十

辰戌三千一十一　辰亥三千一十二

星乙二百五十二

辰子三千一十三　辰丑三千一十四

辰寅三千一十五　辰卯三千一十六

辰辰三千一十七　辰巳三千一十八

辰午三千一十九　辰未三千二十

辰申三千二十一
辰酉三千二十二
辰戌三千二十三
辰亥三千二十四

星丙二百五十三

辰子三千二十五
辰丑三千二十六
辰寅三千二十七
辰卯三千二十八
辰辰三千二十九
辰巳三千三十
辰午三千三十一
辰未三千三十二
辰申三千三十三
辰酉三千三十四
辰戌三千三十五
辰亥三千三十六

星丁二百五十四

辰子三千三十七
辰丑三千三十八
辰寅三千三十九
辰卯三千四十
辰辰三千四十一
辰巳三千四十二
辰午三千四十三
辰未三千四十四
辰申三千四十五
辰酉三千四十六
辰戌三千四十七
辰亥三千四十八

星戊二百五十五

辰子三千四十九
辰丑三千五十
辰寅三千五十一
辰卯三千五十二

辰辰三千五十三 辰巳三千五十四
辰午三千五十五 辰未三千五十六
辰申三千五十七 辰酉三千五十八
辰戌三千五十九 辰亥三千六十

星己二百五十六
辰子三千六十一 辰丑三千六十二
辰寅三千六十三 辰卯三千六十四
辰辰三千六十五 辰巳三千六十六
辰午三千六十七 辰未三千六十八
辰申三千六十九 辰酉三千七十
辰戌三千七十一 辰亥三千七十二

星庚二百五十七
辰子三千七十三 辰丑三千七十四
辰寅三千七十五 辰卯三千七十六
辰辰三千七十七 辰巳三千七十八
辰午三千七十九 辰未三千八十
辰申三千八十一 辰酉三千八十二
辰戌三千八十三 辰亥三千八十四

星辛二百五十八

辰子三千八十五　辰丑三千八十六

辰寅三千八十七　辰卯三千八十八

辰辰三千八十九　辰巳三千九十

辰午三千九十一　辰未三千九十二

辰申三千九十三　辰酉三千九十四

辰戌三千九十五　辰亥三千九十六

星壬二百五十九

辰子三千九十七　辰丑三千九十八

辰寅三千九十九　辰卯三千一百

辰辰三千一百一　辰巳三千一百二

辰午三千一百三　辰未三千一百四

辰申三千一百五　辰酉三千一百六

辰戌三千一百七　辰亥三千一百八

星癸二百六十

辰子三千一百九　辰丑三千一百一十

辰寅三千一百一十一　辰卯三千一百一十二

辰辰三千一百一十三　辰巳三千一百一十四

辰午三千一百一十五　辰未三千一百一十六

辰申三千一百一十七
辰酉三千一百一十八
辰戌三千一百一十九
辰亥三千一百二十

星甲二百六十一

辰子三千一百二十一
辰丑三千一百二十二
辰寅三千一百二十三
辰卯三千一百二十四
辰辰三千一百二十五
辰巳三千一百二十六
辰午三千一百二十七
辰未三千一百二十八
辰申三千一百二十九
辰酉三千一百三十
辰戌三千一百三十一
辰亥三千一百三十二

星乙二百六十二

辰子三千一百三十三
辰丑三千一百三十四
辰寅三千一百三十五
辰卯三千一百三十六
辰辰三千一百三十七
辰巳三千一百三十八
辰午三千一百三十九
辰未三千一百四十
辰申三千一百四十一
辰酉三千一百四十二
辰戌三千一百四十三
辰亥三千一百四十四

星丙二百六十三

辰子三千一百四十五
辰丑三千一百四十六
辰寅三千一百四十七
辰卯三千一百四十八

辰辰四千一百四十九
辰巳三千一百五十
辰午三千一百五十一
辰未三千一百五十二
辰申三千一百五十三
辰酉三千一百五十四
辰戌三千一百五十五
辰亥三千一百五十六

星丁二百六十四

辰子三千一百五十七
辰丑三千一百五十八
辰寅三千一百五十九
辰卯三千一百六十
辰辰三千一百六十一
辰巳三千一百六十二
辰午三千一百六十三
辰未三千一百六十四
辰申三千一百六十五
辰酉三千一百六十六
辰戌三千一百六十七
辰亥三千一百六十八

星戊二百六十五

辰子三千一百六十九
辰丑三千一百七十
辰寅三千一百七十一
辰卯三千一百七十二
辰辰三千一百七十三
辰巳三千一百七十四
辰午三千一百七十五
辰未三千一百七十六
辰申三千一百七十七
辰酉三千一百七十八
辰戌三千一百七十九
辰亥三千一百八十

星己二百六十六

辰子三千一百八十一　辰丑三千一百八十二

辰寅三千一百八十三　辰卯三千一百八十四

辰辰三千一百八十五　辰巳三千一百八十六

辰午三千一百八十七　辰未三千一百八十八

辰申三千一百八十九　辰酉三千一百九十

辰戌三千一百九十一　辰亥三千一百九十二

星庚二百六十七

辰子三千一百九十二　辰丑三千一百九十四

辰寅三千一百九十五　辰卯三千一百九十六

辰辰三千一百九十七　辰巳三千一百九十八

辰午三千一百九十九　辰未三千二百

辰申三千二百一　辰酉三千二百二

辰戌三千二百三　辰亥三千二百四

星辛二百六十六

辰子三千二百五　辰丑三千二百六

辰寅三千二百七　辰卯三千二百八

辰辰三千二百九　辰巳三千二百一十

辰午三千二百一十一　辰未三千二百一十二

辰申三千二百一十三
辰酉三千二百一十四
辰戌三千二百一十五
辰亥三千二百一十六

星壬二百六十九

辰子三千二百一十七
辰丑三千二百一十八
辰寅三千二百一十九
辰卯三千二百二十
辰辰三千二百二十一
辰巳三千二百二十二
辰午三千二百二十三
辰未三千二百二十四
辰申三千二百二十五
辰酉三千二百二十六
辰戌三千二百二十七
辰亥三千二百二十八

星癸二百七十

辰子三千二百二十九
辰丑三千二百三十
辰寅三千二百三十一
辰卯三千二百三十二
辰辰三千二百三十三
辰巳三千二百三十四
辰午三千二百三十五
辰未三千二百三十六
辰申三千二百三十七
辰酉三千二百三十八
辰戌三千二百三十九
辰亥三千二百四十

# 以元經會之十　觀物篇之十

月酉十星甲二百七十一

辰子三千二百四十一　辰丑三千二百四十二

辰寅三千二百四十三　辰卯三千二百四十四

辰辰三千二百四十五　辰巳三千二百四十六

辰午三千二百四十七　辰未三千二百四十八

辰申三千二百四十九　辰酉三千二百五十

辰戌三千二百五十一　辰亥三千二百五十二

星乙二百七十二

辰子三千二百五十三　辰丑三千二百五十四

辰寅三千二百五十五　辰卯三千二百五十六

辰辰三千二百五十七　辰巳三千二百五十八

辰午三千二百五十九　辰未三千二百六十

辰申三千二百六十一　辰酉三千二百六十二

辰戌三千二百六十三　辰亥三千二百六十四

星丙二百七十三

辰子三千二百六十五　辰丑三千二百六十六

辰寅三千二百六十七　辰卯三千二百六十八

辰辰三千二百六十九
辰午三千二百七十一
辰申三千二百七十三
辰戌三千二百七十五
星丁二百七十四
辰子三千二百七十七
辰寅三千二百七十九
辰辰三千二百八十一
辰午三千二百八十三
辰申三千二百八十五
辰戌三千二百八十七
星戊二百七十五
辰子三千二百八十九
辰寅三千二百九十一
辰辰三千二百九十三
辰午三千二百九十五
辰申三千二百九十七
辰戌三千二百九十九

辰巳三千二百七十
辰未三千二百七十二
辰酉三千二百七十四
辰亥三千二百七十六
辰丑三千二百七十八
辰卯三千二百八十
辰巳三千二百八十二
辰未三千二百八十四
辰酉三千二百八十六
辰亥三千二百八十八
辰丑三千二百九十
辰卯三千二百九十二
辰巳三千二百九十四
辰未三千二百九十六
辰酉三千二百九十八
辰亥三千三百

星己二百七十六

辰子三千二百一
辰丑三千二百二
辰寅三千二百三
辰卯三千二百四
辰辰三千二百五
辰巳三千二百六
辰午三千二百七
辰未三千二百八
辰申三千二百九
辰酉三千二百一十
辰戌三千二百一十一
辰亥三千二百一十二

星庚二百七十七

辰子三千二百一十三
辰丑三千二百一十四
辰寅三千二百一十五
辰卯三千二百一十六
辰辰三千二百一十七
辰巳三千二百一十八
辰午三千二百一十九
辰未三千二百二十
辰申三千二百二十一
辰酉三千二百二十二
辰戌三千二百二十三
辰亥三千二百二十四

星辛二百七十八

辰子三千二百二十五
辰丑三千二百二十六
辰寅三千二百二十七
辰卯三千二百二十八
辰辰三千二百二十九
辰巳三千二百三十
辰午三千二百三十一
辰未三千二百三十二

辰申三千三百三十三
辰酉三千三百三十四
辰戌三千三百三十五
辰亥三千三百三十六

星壬二百七十九
辰子三千三百三十七
辰丑三千三百三十八
辰寅三千三百三十九
辰卯三千三百四十
辰辰三千三百四十一
辰巳三千三百四十二
辰午三千三百四十三
辰未三千三百四十四
辰申三千三百四十五
辰酉三千三百四十六
辰戌三千三百四十七
辰亥三千三百四十八

星癸二百八十
辰子三千三百四十九
辰丑三千三百五十
辰寅三千三百五十一
辰卯三千三百五十二
辰辰三千三百五十三
辰巳三千三百五十四
辰午三千三百五十五
辰未三千三百五十六
辰申三千三百五十七
辰酉三千三百五十八
辰戌三千三百五十九
辰亥三千三百六十

星甲二百八十一
辰子三千三百六十一
辰丑三千三百六十二
辰寅三千三百六十三
辰卯三千三百六十四

辰辰三千二百六十五
辰巳三千二百六十六
辰午三千二百六十七
辰未三千二百六十八
辰申三千二百六十九
辰酉三千二百七十
辰戌三千二百七十一
辰亥三千二百七十二

星乙二百八十二

辰子三千二百七十三
辰丑三千二百七十四
辰寅三千二百七十五
辰卯三千二百七十六
辰辰三千二百七十七
辰巳三千二百七十八
辰午三千二百七十九
辰未三千二百八十
辰申三千二百八十一
辰酉三千二百八十二
辰戌三千二百八十三
辰亥三千二百八十四

星丙二百八十三

辰子三千二百八十五
辰丑三千二百八十六
辰寅三千二百八十七
辰卯三千二百八十八
辰辰三千二百八十九
辰巳三千二百九十
辰午三千二百九十一
辰未三千二百九十二
辰申三千二百九十三
辰酉三千二百九十四
辰戌三千二百九十五
辰亥三千二百九十六

星丁二百八十四

辰子三千三百九十七　辰丑三千三百九十八

辰寅三千三百九十九　辰卯三千四百

辰辰三千四百一　辰巳三千四百二

辰午三千四百三　辰未三千四百四

辰申三千四百五　辰酉三千四百六

辰戌三千四百七　辰亥三千四百八

星戊二百八十五

辰子三千四百九　辰丑三千四百一十

辰寅三千四百一十一　辰卯三千四百一十二

辰辰三千四百一十三　辰巳三千四百一十四

辰午三千四百一十五　辰未三千四百一十六

辰申三千四百一十七　辰酉三千四百一十八

辰戌三千四百一十九　辰亥三千四百二十

星己二百八十六

辰子三千四百二十一　辰丑三千四百二十二

辰寅三千四百二十三　辰卯三千四百二十四

辰辰三千四百二十五　辰巳三千四百二十六

辰午三千四百二十七　辰未三千四百二十八

星庚二百八十七

辰申三千四百二十九
辰酉三千四百三十
辰戌三千四百三十一
辰亥三千四百三十二
辰子三千四百三十三
辰丑三千四百三十四
辰寅三千四百三十五
辰卯三千四百三十六
辰辰三千四百三十七
辰巳三千四百三十八
辰午三千四百三十九
辰未三千四百四十
辰申三千四百四十一
辰酉三千四百四十二
辰戌三千四百四十三
辰亥三千四百四十四

星辛二百八十八

辰子三千四百四十五
辰丑三千四百四十六
辰寅三千四百四十七
辰卯三千四百四十八
辰辰三千四百四十九
辰巳三千四百五十
辰午三千四百五十一
辰未三千五百五十二
辰申三千四百五十三
辰酉三千四百五十四
辰戌三千四百五十五
辰亥三千四百五十六

星壬二百八十九

辰子三千四百五十七
辰丑三千四百五十八
辰寅三千四百五十九
辰卯三千四百六十

辰辰三千四百六十一　辰巳三千四百六十二
辰午三千四百六十三　辰未三千四百六十四
辰申三千四百六十五　辰酉三千四百六十六
辰戌三千四百六十七　辰亥三千四百六十八

星癸二百九十

辰子三千四百六十九　辰丑三千四百七十
辰寅三千四百七十一　辰卯三千四百七十二
辰辰三千四百七十三　辰巳三千四百七十四
辰午三千四百七十五　辰未三千四百七十六
辰申三千四百七十七　辰酉三千四百七十八
辰戌三千四百七十九　辰亥三千四百八十

星甲二百九十一

辰子三千四百八十一　辰丑三千四百八十二
辰寅三千四百八十三　辰卯三千四百八十四
辰辰三千四百八十五　辰巳三千四百八十六
辰午三千四百八十七　辰未三千四百八十八
辰申三千四百八十九　辰酉三千四百九十
辰戌三千四百九十一　辰亥三千四百九十二

星乙二百九十二

辰子三千四百九十三

辰丑三千四百九十四

辰寅三千四百九十五

辰卯三千四百九十六

辰辰三千四百九十七

辰巳三千四百九十八

辰午三千四百九十九

辰未三千五百

辰申三千五百一

辰酉三千五百二

辰戌三千五百三

辰亥三千五百四

星丙二百九十三

辰子三千五百五

辰丑三千五百六

辰寅三千五百七

辰卯三千五百八

辰辰三千五百九

辰巳三千五百一十

辰午三千五百一十一

辰未三千五百一十二

辰申三千五百一十三

辰酉三千五百一十四

辰戌三千五百一十五

辰亥三千五百一十六

星丁二百九十四

辰子三千五百一十七

辰丑三千五百一十八

辰寅三千五百一十九

辰卯三千五百二十

辰辰三千五百二十一

辰巳三千五百二十二

辰午三千五百二十三

辰未三千五百二十四

辰申三千五百二十五
辰酉三千五百二十六
辰戌三千五百二十七
辰亥三千五百二十八

星戊二百九十五

辰子三千五百二十九
辰丑三千五百三十
辰寅三千五百三十一
辰卯三千五百三十二
辰辰三千五百三十三
辰巳三千五百三十四
辰午三千五百三十五
辰未三千五百三十六
辰申三千五百三十七
辰酉三千五百三十八
辰戌三千五百三十九
辰亥三千五百四十

星己二百九十六

辰子三千五百四十一
辰丑三千五百四十二
辰寅三千五百四十三
辰卯三千五百四十四
辰辰三千五百四十五
辰巳三千五百四十六
辰午三千五百四十七
辰未三千五百四十八
辰申三千五百四十九
辰酉三千五百五十
辰戌三千五百五十一
辰亥三千五百五十二

星庚二百九十七

辰子三千五百五十三
辰丑三千五百五十四
辰寅三千五百五十五
辰卯三千五百五十六

辰辰三千五百五十七
辰巳三千五百五十八
辰午三千五百五十九
辰未三千五百六十
辰申三千五百六十一
辰酉三千五百六十二
辰戌三千五百六十三
辰亥三千五百六十四

星辛二百九十八

辰子三千五百六十五
辰丑三千五百六十六
辰寅三千五百六十七
辰卯三千五百六十八
辰辰三千五百六十九
辰巳三千五百七十
辰午三千五百七十一
辰未三千五百七十二
辰申三千五百七十三
辰酉三千五百七十四
辰戌三千五百七十五
辰亥三千五百七十六

星壬二百九十九

辰子三千五百七十七
辰丑三千五百七十八
辰寅三千五百七十九
辰卯三千五百八十
辰辰三千五百八十一
辰巳三千五百八十二
辰午三千五百八十三
辰未三千五百八十四
辰申三千五百八十五
辰酉三千五百八十六
辰戌三千五百八十七
辰亥三千五百八十八

星癸三百

辰子三千五百八十九　辰丑三千五百九十
辰寅三千五百九十一　辰卯三千五百九十二
辰辰三千五百九十三　辰巳三千五百九十四
辰午三千五百九十五　辰未三千五百九十六
辰申三千五百九十七　辰酉三千五百九十八
辰戌三千五百九十九　辰亥三千六百

## 以元經會之十一　觀物篇之十一

月戌十一星甲三百一

辰子三千六百一　辰丑三千六百二
辰寅三千六百三　辰卯三千六百四
辰辰三千六百五　辰巳三千六百六
辰午三千六百七　辰未三千六百八
辰申三千六百九　辰酉三千六百一十
辰戌三千六百一十一　辰亥三千六百一十二

星乙三百二

辰子三千六百一十三　辰丑三千六百一十四
辰寅三千六百一十五　辰卯三千六百一十六

辰辰三千六百一十七　辰巳三千六百一十八
辰午三千六百一十九　辰未三千六百二十
辰申三千六百二十一　辰酉三千六百二十二
辰戌三千六百二十三　辰亥三千六百二十四

星丙三百三

辰子三千六百二十五　辰丑三千六百二十六
辰寅三千六百二十七　辰卯三千六百二十八
辰辰三千六百二十九　辰巳三千六百三十
辰午三千六百三十一　辰未三千六百三十二
辰申三千六百三十三　辰酉三千六百三十四
辰戌三千六百三十五　辰亥三千六百三十六

星丁三百四

辰子三千六百三十七　辰丑三千六百三十八
辰寅三千六百三十九　辰卯三千六百四十
辰辰三千六百四十一　辰巳三千六百四十二
辰午三千六百四十三　辰未三千六百四十四
辰申三千六百四十五　辰酉三千六百四十六
辰戌三千六百四十七　辰亥三千六百四十八

星戊三百五

辰子三千六百四十九　辰丑三千六百五十
辰寅三千六百五十一　辰卯三千六百五十二
辰辰三千六百五十三　辰巳三千六百五十四
辰午三千六百五十五　辰未三千六百五十六
辰申三千六百五十七　辰酉三千六百五十八
辰戌三千六百五十九　辰亥三千六百六十

星己三百六

辰子三千六百六十一　辰丑三千六百六十二
辰寅三千六百六十三　辰卯三千六百六十四
辰辰三千六百六十五　辰巳三千六百六十六
辰午三千六百六十七　辰未三千六百六十八
辰申三千六百六十九　辰酉三千六百七十
辰戌三千六百七十一　辰亥三千六百七十二

星庚三百七

辰子三千六百七十三　辰丑三千六百七十四
辰寅三千六百七十五　辰卯三千六百七十六
辰辰三千六百七十七　辰巳三千六百七十八
辰午三千六百七十九　辰未三千六百八十

辰申三千六百八十一　辰酉三千六百八十二
辰戌三千六百八十三　辰亥三千六百八十四

星辛三百八

辰子三千六百八十五　辰丑三千六百八十六
辰寅三千六百八十七　辰卯三千六百八十八
辰辰三千六百八十九　辰巳三千六百九十
辰午三千六百九十一　辰未三千六百九十二
辰申三千六百九十三　辰酉三千六百九十四
辰戌三千六百九十五　辰亥三千六百九十六

星壬三百九

辰子三千六百九十七　辰丑三千六百九十八
辰寅三千六百九十九　辰卯三千七百
辰辰三千七百一　辰巳三千七百二
辰午三千七百三　辰未三千七百四
辰申三千七百五　辰酉三千七百六
辰戌三千七百七　辰亥三千七百八

星癸三百一十

辰子三千七百九　辰丑三千七百一十
辰寅三千七百一十一　辰卯三千七百一十二

辰辰三千七百一十三　辰巳三千七百一十四
辰午三千七百一十五　辰未三千七百一十六
辰申三千七百一十七　辰酉三千七百一十八
辰戌三千七百一十九　辰亥三千七百二十

星甲三百一十一

辰子三千七百二十一　辰丑三千七百二十二
辰寅三千七百二十三　辰卯三千七百二十四
辰辰三千七百二十五　辰巳三千七百二十六
辰午三千七百二十七　辰未三千七百二十八
辰申三千七百二十九　辰酉三千七百三十
辰戌三千七百三十一　辰亥三千七百三十二

星乙三百一十二

辰子三千七百三十三　辰丑三千七百三十四
辰寅三千七百三十五　辰卯三千七百三十六
辰辰三千七百三十七　辰巳三千七百三十八
辰午三千七百三十九　辰未三千七百四十
辰申三千七百四十一　辰酉三千七百四十二
辰戌三千七百四十三　辰亥三千七百四十四

星丙 三百一十三

辰子 三千七百四十五　辰丑 三千七百四十六

辰寅 三千七百四十七　辰卯 三千七百四十八

辰辰 三千七百四十九　辰巳 三千七百五十

辰午 三千七百五十一　辰未 三千七百五十二

辰申 三千七百五十三　辰酉 三千七百五十四

辰戌 三千七百五十五　辰亥 三千七百五十六

星丁 三百一十四

辰子 三千七百五十七　辰丑 三千七百五十八

辰寅 三千七百五十九　辰卯 三千七百六十

辰辰 三千七百六十一　辰巳 三千七百六十二

辰午 三千七百六十三　辰未 三千七百六十四

辰申 三千七百六十五　辰酉 三千七百六十六

辰戌 三千七百六十七　辰亥 三千七百六十八

星戊 三百一十五

辰子 三千七百六十九　辰丑 三千七百七十

辰寅 三千七百七十一　辰卯 三千七百七十二

辰辰 三千七百七十三　辰巳 三千七百七十四

辰午 三千七百七十五　辰未 三千七百七十六

辰申三千七百七十七　辰酉三千七百七十八

辰戌三千七百七十九　辰亥三千七百八十

星己三百一十六

辰子三千七百八十一　辰丑三千七百八十二

辰寅三千七百八十三　辰卯三千七百八十四

辰辰三千七百八十五　辰巳三千七百八十六

辰午三千七百八十七　辰未三千七百八十八

辰申三千七百八十九　辰酉三千七百九十

辰戌三千七百九十一　辰亥三千七百九十二

星庚三百一十七

辰子三千七百九十三　辰丑三千七百九十四

辰寅三千七百九十五　辰卯三千七百九十六

辰辰三千七百九十七　辰巳三千七百九十八

辰午三千七百九十九　辰未三千八百

辰申三千八百一　辰酉三千八百二

辰戌三千八百三　辰亥三千八百四

星辛三百一十八

辰子三千八百五　辰丑三千八百六

辰寅三千八百七　辰卯三千八百八

辰辰三千八百九
辰巳三千八百一十
辰午三千八百一十一
辰未三千八百一十二
辰申三千八百一十三
辰酉三千八百一十四
辰戌三千八百一十五
辰亥三千八百一十六

星壬三百一十九

辰子三千八百一十七
辰丑三千八百一十八
辰寅三千八百一十九
辰卯三千八百二十
辰辰三千八百二十一
辰巳三千八百二十二
辰午三千八百二十三
辰未三千八百二十四
辰申三千八百二十五
辰酉三千八百二十六
辰戌三千八百二十七
辰亥三千八百二十八

星癸三百二十

辰子三千八百二十九
辰丑三千八百三十
辰寅三千八百三十一
辰卯三千八百三十二
辰辰三千八百三十三
辰巳三千八百三十四
辰午三千八百三十五
辰未三千八百三十六
辰申三千八百三十七
辰酉三千八百三十八
辰戌三千八百三十九
辰亥三千八百四十

星甲三百二十一

辰子三千八百四十一

辰丑三千八百四十二

辰寅三千八百四十三

辰卯三千八百四十四

辰辰三千八百四十五

辰巳三千八百四十六

辰午三千八百四十七

辰未三千八百四十八

辰申三千八百四十九

辰酉三千八百五十

辰戌三千八百五十一

辰亥三千八百五十二

星乙三百二十二

辰子三千八百五十三

辰丑三千八百五十四

辰寅三千八百五十五

辰卯三千八百五十六

辰辰三千八百五十七

辰巳三千八百五十八

辰午三千八百五十九

辰未三千八百六十

辰申三千八百六十一

辰酉三千八百六十二

辰戌三千八百六十三

辰亥三千八百六十四

星丙三百二十三

辰子三千八百六十五

辰丑三千八百六十六

辰寅三千八百六十七

辰卯三千八百六十八

辰辰三千八百六十九

辰巳三千八百七十

辰午三千八百七十一

辰未三千八百七十二

辰申三千八百七十三
辰酉三千八百七十四
辰戌三千八百七十五
辰亥三千八百七十六

星丁三百二十四
辰子三千八百七十七
辰丑三千八百七十八
辰寅三千八百七十九
辰卯三千八百八十
辰辰三千八百八十一
辰巳三千八百八十二
辰午三千八百八十三
辰未三千八百八十四
辰申三千八百八十五
辰酉三千八百八十六
辰戌三千八百八十七
辰亥三千八百八十八

星戊三百二十五
辰子三千八百八十九
辰丑三千八百九十
辰寅三千八百九十一
辰卯三千八百九十二
辰辰三千八百九十三
辰巳三千八百九十四
辰午三千八百九十五
辰未三千八百九十六
辰申三千八百九十七
辰酉三千八百九十八
辰戌三千八百九十九
辰亥三千九百

星己三百二十六
辰子三千九百一
辰丑三千九百二
辰寅三千九百三
辰卯三千九百四

辰辰三千九百五　辰巳三千九百六
辰午三千九百七　辰未三千九百八
辰申三千九百九　辰酉三千九百一十
辰戌三千九百一十一　辰亥三千九百一十二

星庚三百二十七

辰子三千九百一十三　辰丑三千九百一十四
辰寅三千九百一十五　辰卯三千九百一十六
辰辰三千九百一十七　辰巳三千九百一十八
辰午三千九百一十九　辰未三千九百二十
辰申三千九百二十一　辰酉三千九百二十二
辰戌三千九百二十三　辰亥三千九百二十四

星辛三百二十八

辰子三千九百二十五　辰丑三千九百二十六
辰寅三千九百二十七　辰卯三千九百二十八
辰辰三千九百二十九　辰巳三千九百三十
辰午三千九百三十一　辰未三千九百三十二
辰申三千九百三十三　辰酉三千九百三十四
辰戌三千九百三十五　辰亥三千九百三十六

星壬三百二十九

辰子三千九百三十七　辰丑三千九百三十八

辰寅三千九百三十九　辰卯三千九百四十

辰辰三千九百四十一　辰巳三千九百四十二

辰午三千九百四十三　辰未三千九百四十四

辰申三千九百四十五　辰酉三千九百四十六

辰戌三千九百四十七　辰亥三千九百四十八

星癸三百三十

辰子三千九百四十九　辰丑三千九百五十

辰寅三千九百五十一　辰卯三千九百五十二

辰辰三千九百五十三　辰巳三千九百五十四

辰午三千九百五十五　辰未三千九百五十六

辰申三千九百五十七　辰酉三千九百五十八

辰戌三千九百五十九　辰亥三千九百六十

## 以元經會之十二　觀物篇之十二

月亥十二星甲三百三十一　辰子三千九百六十一　辰丑三千九百六十二

辰寅三千九百六十三　辰卯三千九百六十四
辰辰三千九百六十五　辰巳三千九百六十六
辰午三千九百六十七　辰未三千九百六十八
辰申三千九百六十九　辰酉三千九百七十
辰戌三千九百七十一　辰亥三千九百七十二

星乙三百二十二

辰子三千九百七十三　辰丑三千九百七十四
辰寅三千九百七十五　辰卯三千九百七十六
辰辰三千九百七十七　辰巳三千九百七十八
辰午三千九百七十九　辰未三千九百八十
辰申三千九百八十一　辰酉三千九百八十二
辰戌三千九百八十三　辰亥三千九百八十四

星丙三百二十三

辰子三千九百八十五　辰丑三千九百八十六
辰寅三千九百八十七　辰卯三千九百八十八
辰辰三千九百八十九　辰巳三千九百九十
辰午三千九百九十一　辰未三千九百九十二
辰申三千九百九十三　辰酉三千九百九十四

星丁三百三十四

辰戌三千九百九十五　辰亥三千九百九十六

辰子三千九百九十七　辰丑三千九百九十八

辰寅三千九百九十九　辰卯四千

辰辰四千一　辰巳四千二

辰午四千三　辰未四千四

辰申四千五　辰酉四千六

辰戌四千七　辰亥四千八

星戊三百三十五

辰子四千九　辰丑四千一十

辰寅四千一十一　辰卯四千一十二

辰辰四千一十三　辰巳一千一十四

辰午四千一十五　辰未四千一十六

辰申四千一十七　辰酉四千一十八

辰戌四千一十九　辰亥四千二十

星己三百三十六

辰子四千二十一　辰丑四千二十二

辰寅四千二十三　辰卯四千二十四

辰辰四千二十五　辰巳四千二十六

辰午四千二十七　辰未四千二十八

辰申四千二十九　辰酉四千三十

辰戌四千三十一　辰亥四千三十二

星庚三百三十七

辰子四千三十三　辰丑四千三十四

辰寅四千三十五　辰卯四千三十六

辰辰四千三十七　辰巳四千三十八

辰午四千三十九　辰未四千四十

辰申四千四十一　辰酉四千四十二

辰戌四千四十三　辰亥四千四十四

星辛三百三十八

辰子四千四十五　辰丑四千四十六

辰寅四千四十七　辰卯四千四十八

辰辰四千四十九　辰巳四千五十

辰午四千五十一　辰未四千五十二

辰申四千五十三　辰酉四千五十四

辰戌四千五十五　辰亥四千五十六

星壬三百三十九

辰子四千五十七　辰丑四千五十八

辰寅四千五十九　辰卯四千六十
辰辰四千六十一　辰巳四千六十二
辰午四千六十三　辰未四千六十四
辰申四千六十五　辰酉四千六十六
辰戌四千六十七　辰亥四千六十八

星癸三百四十

辰子四千六十九　辰丑四千七十
辰寅四千七十一　辰卯四千七十二
辰辰四千七十三　辰巳四千七十四
辰午四千七十五　辰未四千七十六
辰申四千七十七　辰酉四千七十八
辰戌四千七十九　辰亥四千八十

星甲三百四十一

辰子四千八十一　辰丑四千八十二
辰寅四千八十三　辰卯四千八十四
辰辰四千八十五　辰巳四千八十六
辰午四千八十七　辰未四千八十八
辰申四千八十九　辰酉四千九十

辰戌四千九十一　辰亥四千九十二

星乙三百四十二

辰子四千九十三　辰丑四千九十四
辰寅四千九十五　辰卯四千九十六
辰辰四千九十七　辰巳四千九十八
辰午四千九十九　辰未四千一百
辰申四千一百一　辰酉四千一百二
辰戌四千一百三　辰亥四千一百四

星丙三百四十三

辰子四千一百五　辰丑四千一百六
辰寅四千一百七　辰卯四千一百八
辰辰四千一百九　辰巳四千一百一十
辰午四千一百一十一　辰未四千一百一十二
辰申四千一百一十三　辰酉四千一百一十四
辰戌四千一百一十五　辰亥四千一百一十六

星丁三百四十四

辰子四千一百一十七　辰丑四千一百一十八
辰寅四千一百一十九　辰卯四千一百二十
辰辰四千一百二十一　辰巳四千一百二十二

辰午四千一百二十二
辰未四千一百二十四
辰申四千一百二十五
辰酉四千一百二十六
辰戌四千一百二十七
辰亥四千一百二十八

星戊三百四十五

辰子四千一百二十九
辰丑四千一百三十
辰寅四千一百三十一
辰卯四千一百三十二
辰辰四千一百三十三
辰巳四千一百三十四
辰午四千一百三十五
辰未四千一百三十六
辰申四千一百三十七
辰酉四千一百三十八
辰戌四千一百三十九
辰亥四千一百四十

星己三百四十六

辰子四千一百四十一
辰丑四千一百四十二
辰寅四千一百四十三
辰卯四千一百四十四
辰辰四千一百四十五
辰巳四千一百四十六
辰午四千一百四十七
辰未四千一百四十八
辰申四千一百四十九
辰酉四千一百五十
辰戌四千一百五十一
辰亥四千一百五十二

星庚三百四十七

辰子四千一百五十三
辰丑四千一百五十四

辰寅四千一百五十五
辰卯四千一百五十六
辰辰四千一百五十七
辰巳四千一百五十八
辰午四千一百五十九
辰未四千一百六十
辰申四千一百六十一
辰酉四千一百六十二
辰戌四千一百六十三
辰亥四千一百六十四

星辛三百四十八

辰子四千一百六十五
辰丑四千一百六十六
辰寅四千一百六十七
辰卯四千一百六十八
辰辰四千一百六十九
辰巳四千一百七十
辰午四千一百七十一
辰未四千一百七十二
辰申四千一百七十三
辰酉四千一百七十四
辰戌四千一百七十五
辰亥四千一百七十六

星壬三百四十九

辰子四千一百七十七
辰丑四千一百七十八
辰寅四千一百七十九
辰卯四千一百八十
辰辰四千一百八十一
辰巳四千一百八十二
辰午四千一百八十三
辰未四千一百八十四
辰申四千一百八十五
辰酉四千一百八十六

星癸三百五十

辰戌四千一百八十七
辰亥四千一百八十八
辰子四千一百八十九
辰丑四千一百九十
辰寅四千一百九十一
辰卯四千一百九十二
辰辰四千一百九十二
辰巳四千一百九十四
辰午四千一百九十五
辰未四千一百九十六
辰申四千一百九十七
辰酉四千一百九十八
辰戌四千一百九十九
辰亥四千二百

星甲三百五十一

辰子四千二百一
辰丑四千二百二
辰寅四千二百三
辰卯四千二百四
辰辰四千二百五
辰巳四千二百六
辰午四千二百七
辰未四千二百八
辰申四千二百九
辰酉四千二百一十
辰戌四千二百一十一
辰亥四千二百一十二

星乙三百五十二

辰子四千二百一十三
辰丑四千二百一十四
辰寅四千二百一十五
辰卯四千二百一十六
辰辰四千二百一十七
辰巳四千二百一十八

辰午四千二百一十九　辰未四千二百二十
辰申四千二百二十一　辰酉四千二百二十二
辰戌四千二百二十三　辰亥四千二百二十四
星丙三百五十三
辰子四千二百二十五　辰丑四千二百二十六
辰寅四千二百二十七　辰卯四千二百二十八
辰辰四千二百二十九　辰巳四千二百三十
辰午四千二百三十一　辰未四千二百三十二
辰申四千二百三十三　辰酉四千二百三十四
辰戌四千二百三十五　辰亥四千二百三十六
星丁三百五十四
辰子四千二百三十七　辰丑四千二百三十八
辰寅四千二百三十九　辰卯四千二百四十
辰辰四千二百四十一　辰巳四千二百四十二
辰午四千二百四十三　辰未四千二百四十四
辰申四千二百四十五　辰酉四千二百四十六
辰戌四千二百四十七　辰亥四千二百四十八
星戊三百五十五
辰子四千二百四十九　辰丑四千二百五十

辰寅四千二百五十一　辰卯四千二百五十二
辰辰四千二百五十三　辰巳四千二百五十四
辰午四千二百五十五　辰未四千二百五十六
辰申四千二百五十七　辰酉四千二百五十八
辰戌四千二百五十九　辰亥四千二百六十

星己三百五十六

辰子四千二百六十一　辰丑四千二百六十二
辰寅四千二百六十三　辰卯四千二百六十四
辰辰四千二百六十五　辰巳四千二百六十六
辰午四千二百六十七　辰未四千二百六十八
辰申四千二百六十九　辰酉四千二百七十
辰戌四千二百七十一　辰亥四千二百七十二

星庚三百五十七

辰子四千二百七十三　辰丑四千二百七十四
辰寅四千二百七十五　辰卯四千二百七十六
辰辰四千二百七十七　辰巳四千二百七十八
辰午四千二百七十九　辰未四千二百八十
辰申四千二百八十　辰酉四千二百八十二

辰戌四千二百八十三
辰亥四千二百八十四

星辛三百五十八

辰子四千二百八十五
辰丑四千二百八十六
辰寅四千二百八十七
辰卯四千二百八十八
辰辰四千二百八十九
辰巳四千二百九十
辰午四千二百九十一
辰未四千二百九十二
辰申四千二百九十三
辰酉四千二百九十四
辰戌四千二百九十五
辰亥四千二百九十六

星壬三百五十九

辰子四千二百九十七
辰丑四千二百九十八
辰寅四千二百九十九
辰卯四千三百
辰辰四千三百一
辰巳四千三百二
辰午四千三百三
辰未四千三百四
辰申四千三百五
辰酉四千三百六
辰戌四千三百七
辰亥四千三百八

星癸三百六十

辰子四千三百九
辰丑四千三百一十
辰寅四千三百一十一
辰卯四千三百一十二
辰辰四千三百一十三
辰巳四千三百一十四

辰午四千三百一十五
辰未四千三百一十六
辰申四千三百一十七
辰酉四千三百一十八
辰戌四千三百一十九
辰亥四千三百二十

# 皇極經世卷第三

## 以會經運之一　觀物篇之十三

開物始月寅之中經星之己七十六

經星之己七十六
經星之庚七十七
經星之辛七十八
經星之壬七十九
經星之癸八十
經星之甲八十一
經星之乙八十二
經星之丙八十三
經星之丁八十四
經星之戊八十五

經星之己八十六
經星之庚八十七
經星之辛八十八
經星之壬八十九
經星之癸九十
經日之甲一
經月之卯四
經星之甲九十一
經星之甲九十一
經星之乙九十二
經星之丙九十三
經星之丁九十四
經星之戊九十五
經星之己九十六
經星之庚九十七
經星之辛九十八

經星之壬九十九
經星之癸一百
經星之甲一百一
經星之乙一百二
經星之丙一百三
經星之丁一百四
經星之戊一百五
經星之己一百六
經星之庚一百七
經星之辛一百八
經星之壬一百九
經星之癸一百十
經星之甲一百一十一
經星之乙一百一十二
經星之丙一百一十三
經星之丁一百一十四

經星之戊一百一十五
經星之己一百一十六
經星之庚一百一十七
經星之辛一百一十八
經星之壬一百一十九
經星之癸一百二十

經日之甲一

經月之辰五

經星之甲一百二十一

經星之甲一百二十一
經星之乙一百二十二
經星之丙一百二十三
經星之丁一百二十四
經星之戊一百二十五
經星之己一百二十六
經星之庚一百二十七

經星之辛一百二十八
經星之壬一百二十九
經星之癸一百三十
經星之甲一百三十一
經星之乙一百三十二
經星之丙一百三十三
經星之丁一百三十四
經星之戊一百三十五
經星之己一百三十六
經星之庚一百三十七
經星之辛一百三十八
經星之壬一百三十九
經星之癸一百四十
經星之甲一百四十一
經星之乙一百四十二
經星之丙一百四十三

經星之丁一百四十四
經星之戊一百四十五
經星之己一百四十六
經星之庚一百四十七
經星之辛一百四十八
經星之壬一百四十九
經星之癸一百五十

經日之甲一

經月之巳六

經星之甲一百五十一

經星之甲一百五十一
經星之乙一百五十二
經星之丙一百五十三
經星之丁一百五十四
經星之戊一百五十五
經星之己一百五十六

經星之庚一百五十七
經星之辛一百五十八
經星之壬一百五十九
經星之癸一百六十
經星之甲一百六十一
經星之乙一百六十二
經星之丙一百六十三
經星之丁一百六十四
經星之戊一百六十五
經星之己一百六十六
經星之庚一百六十七
經星之辛一百六十八
經星之壬一百六十九
經星之癸一百七十
經星之甲一百七十一
經星之乙一百七十二

經星之丙一百七十三

經星之丁一百七十四

經星之戊一百七十五

經星之己一百七十六

經星之庚一百七十七

經星之辛一百七十八

經星之壬一百七十九

經星之癸一百八十

經日之甲一

經月之巳六

經星之癸一百八十

經辰之子二千一百四十九

經辰之子二千一百四十九①

經辰之丑二千一百五十

① 自此列「經辰之子」至以下「經辰之亥」十二列，四庫本無。

經辰之寅二千一百五十一
經辰之卯二千一百五十二
經辰之辰二千一百五十三
經辰之巳二千一百五十四
經辰之午二千一百五十五
經辰之未二千一百五十六
經辰之申二千一百五十七
經辰之酉二千一百五十八
經辰之戌二千一百五十九
經辰之亥二千一百六十

## 以會經運之二　觀物篇之十四

經日之甲一
經月之巳六
經星之癸一百八十
經辰之子二千一百四十九

甲子 乙丑 丙寅 丁卯 戊辰
己巳 庚午 辛未 壬申 癸酉
甲戌 乙亥 丙子 丁丑 戊寅
己卯 庚辰 辛巳 壬午 癸未
甲申 乙酉 丙戌 丁亥 戊子
己丑 庚寅 辛卯 壬辰 癸巳

經辰之丑二千一百五十

甲午 乙未 丙申 丁酉 戊戌
己亥 庚子 辛丑 壬寅 癸卯
甲辰 乙巳 丙午 丁未 戊申
己酉 庚戌 辛亥 壬子 癸丑
甲寅 乙卯 丙辰 丁巳 戊午
己未 庚申 辛酉 壬戌 癸亥

經辰之寅二千一百五十一

甲子 乙丑 丙寅 丁卯 戊辰
己巳 庚午 辛未 壬申 癸酉

甲戌 乙亥 丙子 丁丑 戊寅
己卯 庚辰 辛巳 壬午 癸未
甲申 乙酉 丙戌 丁亥 戊子
己丑 庚寅 辛卯 壬辰 癸巳

經辰之卯二千一百五十二

甲午 乙未 丙申 丁酉 戊戌
己亥 庚子 辛丑 壬寅 癸卯
甲辰 乙巳 丙午 丁未 戊申
己酉 庚戌 辛亥 壬子 癸丑
甲寅 乙卯 丙辰 丁巳 戊午
己未 庚申 辛酉 壬戌 癸亥

經辰之辰二千一百五十三

甲子 乙丑 丙寅 丁卯 戊辰
己巳 庚午 辛未 壬申 癸酉
甲戌 乙亥 丙子 丁丑 戊寅
己卯 庚辰 辛巳 壬午 癸未

甲申 乙酉 丙戌 丁亥 戊子
己丑 庚寅 辛卯 壬辰 癸巳

經辰之巳二千一百五十四

甲午 乙未 丙申 丁酉 戊戌
己亥 庚子 辛丑 壬寅 癸卯
甲辰 乙巳 丙午 丁未 戊申
己酉 庚戌 辛亥 壬子 癸丑
甲寅 乙卯 丙辰 丁巳 戊午
己未 庚申 辛酉 壬戌 癸亥

經辰之午二千一百五十五

甲子 乙丑 丙寅 丁卯 戊辰
己巳 庚午 辛未 壬申 癸酉
甲戌 乙亥 丙子 丁丑 戊寅
己卯 庚辰 辛巳 壬午 癸未
甲申 乙酉 丙戌 丁亥 戊子
己丑 庚寅 辛卯 壬辰 癸巳

經辰之未二千一百五十六

甲午　乙未　丙申　丁酉　戊戌
己亥　庚子　辛丑　壬寅　癸卯
甲辰唐堯　乙巳二　丙午三　丁未四　戊申五
己酉六　庚戌七　辛亥八　壬子九　癸丑十
甲寅十一　乙卯十二　丙辰十三　丁巳十四　戊午十五
己未十六　庚申十七　辛酉十八　壬戌十九　癸亥二十

經辰之申二千一百五十七

甲子二十一　乙丑二十二　丙寅二十三　丁卯二十四　戊辰二十五
己巳二十六　庚午二十七　辛未二十八　壬申二十九　癸酉三十
甲戌三十一　乙亥三十二　丙子三十三　丁丑三十四　戊寅三十五
己卯三十六　庚辰三十七　辛巳三十八　壬午三十九　癸未四十
甲申四十一　乙酉四十二　丙戌四十三　丁亥四十四　戊子四十五
己丑四十六　庚寅四十七　辛卯四十八　壬辰四十九　癸巳五十

經辰之酉二千一百五十八

甲午五十一　乙未五十二　丙申五十三　丁酉五十四　戊戌五十五

己亥五十六　庚子五十七　辛丑五十八　壬寅五十九　癸卯六十

甲辰六十一　洪水方割，命鯀治之。　乙巳六十二　丙午六十三　丁未六十四

戊申六十五　己酉六十六　庚戌六十七　辛亥六十八　壬子六十九

癸丑七十　徵舜登用。①　甲寅七十一　乙卯七十二　薦舜于天命之位。　丙辰虞舜　正月上日，舜受命于文祖。

丁巳二　戊午三　己未四　庚申五　辛酉六

壬戌七　癸亥八

經辰之戌二千一百五十九

甲子九　乙丑十　丙寅十一　丁卯十二　戊辰十三

己巳十四　庚午十五　辛未十六　壬申十七　癸酉十八

甲戌十九　乙亥二十　丙子二十一　丁丑二十二　戊寅二十三

己卯二十四　庚辰二十五　辛巳二十六　壬午二十七　癸未二十八　帝堯殂落。

甲申二十九　乙酉三十　丙戌三十一　月正元日，舜格于文祖。　丁亥三十二

戊子三十三　己丑三十四　庚寅三十五　辛卯三十六　壬辰三十七

癸巳三十八

① 「用」，四庫本作「庸」。

經辰之亥二千一百六十

甲午三十九　乙未四十　丙申四十一　丁酉四十二　戊戌四十三
己亥四十四　庚子四十五　辛丑四十六　壬寅四十七　癸卯四十八
甲辰四十九　乙巳五十　丙午五十一　丁未五十二　戊申五十三
己酉五十四　庚戌五十五　辛亥五十六　壬子五十七　癸丑五十八
甲寅五十九　乙卯六十　丙辰六十一薦禹于天命之位。　丁巳夏禹正月朔日，受命于神宗。
戊午二　己未三　庚申四　辛酉五　壬戌六
癸亥七

## 以會經運之三　觀物篇之十五

經日之甲一
經月之午七
經星之甲一百八十一
經辰之子二千一百六十一

甲子八　乙丑九　丙寅十　丁卯十一　戊辰十二

己巳 十三　庚午 十四　辛未 十五　壬申 十六　癸酉 十七①
甲戌 十八　乙亥 十九　丙子 二十　丁丑 二十一　戊寅 二十二
己卯 二十三　庚辰 二十四　辛巳 二十五　壬午 二十六　癸未 二十七 東巡，至于會稽崩。
甲申夏啓　乙酉 二　丙戌 三　丁亥 四　戊子 五
己丑 六　庚寅 七　辛卯 八　壬辰 九　癸巳夏太康

經辰之丑二千一百六十二

甲午 二　乙未 三　丙申 四　丁酉 五　戊戌 六
己亥 七　庚子 八　辛丑 九　壬寅 十　癸卯 十一
甲辰 十二　乙巳 十三　丙午 十四　丁未 十五　戊申 十六
己酉 十七　庚戌 十八　辛亥 十九　壬子 二十　癸丑 二十一
甲寅 二十二　乙卯 二十三　丙辰 二十四　丁巳 二十五　戊午 二十六
己未 二十七　庚申 二十八　辛酉 二十九 太康失邦，有窮后羿拒于河而死。　壬戌夏仲康
癸亥 二

① 「十七」下，四庫本有「舜陟方乃死」五字。

經辰之寅二千一百六十三

甲子 三　乙丑 四　丙寅 五　丁卯 六　戊辰 七

己巳 八　庚午 九　辛未 十　壬申 十一　癸酉 十二

甲戌 十三　乙亥夏相　丙子 二　丁丑 三　戊寅 四

己卯 五　庚辰 六　辛巳 七　壬午 八　癸未 九

甲申 十　乙酉 十一　丙戌 十二　丁亥 十三　戊子 十四

己丑 十五　庚寅 十六　辛卯 十七　壬辰 十八　癸巳 十九

經辰之卯二千一百六十四

甲午 二十　乙未 二十一　丙申 二十二　丁酉 二十三　戊戌 二十四

己亥 二十五　庚子 二十六　辛丑 二十七

壬寅 二十八 寒浞殺有窮后羿，代立，使子澆及豷伐斟灌、斟鄩氏，滅相，封澆于過，封豷于戈。相之臣靡逃于有鬲氏①，相之后緡還于有仍氏，始生少康。

癸卯夏少康 始生。二② 甲辰 三③　乙巳 四　丙午 五　丁未 六

戊申 七　己酉 八　庚戌 九　辛亥 十　壬子 十一

---

① 「鬲」，原作「苗」，據四庫本改。

② 「二」，四庫本無。

③ 「三」，四庫本作「二」。

癸丑 十二　甲寅 十三　乙卯 十四　丙辰 十五　丁巳 十六

戊午 十七　己未 十八　庚申 十九　辛酉 二十　壬戌 二十一

癸亥 二十二

經辰之辰二千一百六十五

甲子 二十三　乙丑 二十四　丙寅 二十五　丁卯 二十六　戊辰 二十七

己巳 二十八　庚午 二十九　辛未 三十　壬申 三十一　癸酉 三十二

甲戌 三十三　乙亥 三十四　丙子 三十五　丁丑 三十六　戊寅 三十七

己卯 三十八　庚辰 三十九　辛巳 四十①

壬午 夏少康立。夏之臣靡自鬲收斟灌、斟鄩之燼以滅浞，而立少康。少康既立，遂滅澆于過，滅豷于戈，以絶有窮氏之族。

癸未 二

甲申 三　乙酉 四　丙戌 五　丁亥 六　戊子 七

己丑 八　庚寅 九　辛卯 十　壬辰 十一　癸巳 十二

經辰之巳二千一百六十六

甲午 十三　乙未 十四　丙申 十五　丁酉 十六　戊戌 十七

己亥 十八　庚子 十九　辛丑 二十　壬寅 二十一　癸卯 二十二

---

① 「四十」，四庫本作「三十九」。

甲辰夏杼　乙巳 二　丙午 三　丁未 四　戊申 五
己酉 六　庚戌 七　辛亥 八　壬子 九　癸丑 十
甲寅 十一　乙卯 十二　丙辰 十三　丁巳 十四　戊午 十五
己未 十六　庚申 十七　辛酉夏槐　壬戌 二　癸亥 三

經辰之午二千一百六十七

甲子 四　乙丑 五　丙寅 六　丁卯 七　戊辰 八
己巳 九　庚午 十　辛未 十一　壬申 十二　癸酉 十三
甲戌 十四　乙亥 十五　丙子 十六　丁丑 十七　戊寅 十八
己卯 十九　庚辰 二十　辛巳 二十一　壬午 二十二　癸未 二十三
甲申 二十四　乙酉 二十五　丙戌 二十六　丁亥夏芒　戊子 二
己丑 三　庚寅 四　辛卯 五　壬辰 六　癸巳 七

經辰之未二千一百六十八

甲午 八　乙未 九　丙申 十　丁酉 十一　戊戌 十二
己亥 十三　庚子 十四　辛丑 十五　壬寅 十六　癸卯 十七
甲辰 十八　乙巳夏泄　丙午 二　丁未 三　戊申 四
己酉 五　庚戌 六　辛亥 七　壬子 八　癸丑 九

甲寅十　乙卯十一　丙辰十二　丁巳十三　戊午十四

己未十五　庚申十六　辛酉夏不降　壬戌二　癸亥三

經辰之申二千一百六十九

甲子四　乙丑五　丙寅六　丁卯七　戊辰八

己巳九　庚午十　辛未十一　壬申十二　癸酉十三

甲戌十四　乙亥十五　丙子十六　丁丑十七　戊寅十八

己卯十九　庚辰二十　辛巳二十一　壬午二十二　癸未二十三

甲申二十四　乙酉二十五　丙戌二十六　丁亥二十七　戊子二十八

己丑二十九　庚寅三十　辛卯三十一　壬辰三十二　癸巳三十三

經辰之酉二千一百七十

甲午三十四　乙未三十五　丙申三十六　丁酉三十七　戊戌三十八

己亥三十九　庚子四十　辛丑四十一　壬寅四十二　癸卯四十三

甲辰四十四　乙巳四十五　丙午四十六　丁未四十七　戊申四十八

己酉四十九　庚戌五十　辛亥五十一　壬子五十二　癸丑五十三

甲寅五十四　乙卯五十五　丙辰五十六　丁巳五十七　戊午五十八

己未五十九　庚申夏扃　辛酉二　壬戌三　癸亥四

經辰之戌二千一百七十一

甲子五　乙丑六　丙寅七　丁卯八　戊辰九
己巳十　庚午十一　辛未十二　壬申十三　癸酉十四
甲戌十五　乙亥十六　丙子十七　丁丑十八　戊寅十九
己卯二十　庚辰二十一　辛巳夏廑　壬午二　癸未三
甲申四　乙酉五　丙戌六　丁亥七　戊子八
己丑九　庚寅十　辛卯十一　壬辰十二　癸巳十三

經辰之亥二千一百七十二

甲午十四　乙未十五　丙申十六　丁酉十七　戊戌十八
己亥十九　庚子二十　辛丑二十一　壬寅夏孔甲　癸卯二
甲辰三　乙巳四　丙午五　丁未六　戊申七
己酉八　庚戌九　辛亥十　壬子十一　癸丑十二
甲寅十三　乙卯十四　丙辰十五　丁巳十六　戊午十七
己未十八　庚申十九　辛酉二十　壬戌二十一　癸亥二十二

# 以會經運之四　觀物篇之十六

經日之甲一

經月之午七

經星之乙①一百八十二

經辰之子二千一百七十三

甲子 二十三　乙丑 二十四　丙寅 二十五　丁卯 二十六　戊辰 二十七

己巳 二十八　庚午 二十九　辛未 三十　壬申 三十一　癸酉夏皋

甲戌 二　乙亥 三　丙子 四　丁丑 五　戊寅 六

己卯 七　庚辰 八　辛巳 九　壬午 十　癸未 十一

甲申夏發　乙酉 二　丙戌 三　丁亥 四　戊子 五

己丑 六　庚寅 七　辛卯 八　壬辰 九　癸巳 十

經辰之丑二千一百七十四

甲午 十二　乙未 十二　丙申 十三　丁酉 十四　戊戌 十五

己亥 十六　庚子 十七　辛丑 十八　壬寅 十九　癸卯夏癸

① 「乙」，原作「甲」，據四庫本改。

甲辰二　乙巳三　丙午四　丁未五　戊申六

己酉七　庚戌八　辛亥九　壬子十　癸丑十一

甲寅十二　乙卯十三　丙辰十四　丁巳十五　戊午十六

己未十七　庚申十八　辛酉十九　壬戌二十　癸亥二十一

經辰之寅二千一百七十五

甲子二十二　乙丑二十三　丙寅二十四　丁卯二十五　戊辰二十六

己巳二十七　庚午二十八　辛未二十九　壬申三十　癸酉三十一

甲戌三十二　乙亥三十三　丙子三十四　丁丑三十五　戊寅三十六

己卯三十七　庚辰三十八　辛巳三十九　壬午四十　癸未四十一

甲申四十二　乙酉四十三　丙戌四十四　丁亥四十五　戊子四十六

己丑四十七　庚寅四十八　辛卯四十九　壬辰五十　癸巳五十一

經辰之卯二千一百七十六

甲午五十二　乙未商湯　丙申二　丁酉三　戊戌四

己亥五　庚子六　辛丑七　壬寅八　癸卯九

甲辰十　乙巳十一　丙午十二　丁未十三　戊申商太甲

己酉二　庚戌三　辛亥四　壬子五　癸丑六

甲寅七　乙卯八　丙辰九　丁巳十　戊午十一

己未十二 庚申十三 辛酉十四 壬戌十五 癸亥十六

經辰之辰二千一百七十七

甲子十七 乙丑十八 丙寅十九 丁卯二十 戊辰二十一
己巳二十二 庚午二十三 辛未二十四 壬申二十五 癸酉二十六
甲戌二十七 乙亥二十八 丙子二十九 丁丑三十 戊寅三十一①
己卯三十二 庚辰三十三 辛巳商沃丁 壬午二 癸未三
甲申四 乙酉五 丙戌六 丁亥七 戊子八
己丑九 庚寅十 辛卯十一 壬辰十二 癸巳十三

經辰之巳二千一百七十八

甲午十四 乙未十五 丙申十六 丁酉十七 戊戌十八
己亥十九 庚子二十 辛丑二十一 壬寅二十二 癸卯二十三
甲辰二十四 乙巳二十五 丙午二十六 丁未二十七 戊申二十八
己酉二十九 庚戌商太庚 辛亥二 壬子三 癸丑四
甲寅五 乙卯六 丙辰七 丁巳八 戊午九

① 「一」字，底本脱，據文意及四庫本補。

己未十　庚申十一　辛酉十二　壬戌十三　癸亥十四

經辰之午二千一百七十九①

甲子十五　乙丑十六　丙寅十七　丁卯十八　戊辰十九

己巳二十　庚午二十一　辛未二十二　壬申二十三　癸酉二十四

甲戌二十五　乙亥商小甲　丙子二　丁丑三　戊寅四

己卯五　庚辰六　辛巳七　壬午八　癸未九

甲申十　乙酉十一　丙戌十二　丁亥十三　戊子十四

己丑十五　庚寅十六　辛卯十七　壬辰商雍己　癸巳二

經辰之未二千一百八十

甲午三　乙未四　丙申五　丁酉六　戊戌七

己亥八　庚子九　辛丑十　壬寅十一　癸卯十二

甲辰商太戊　乙巳二　丙午三　丁未四　戊申五

己酉六　庚戌七　辛亥八　壬子九　癸丑十

甲寅十一　乙卯十二　丙辰十三　丁巳十四　戊午十五

① 「二」，原作「四」，據四庫本改。

己未十六　庚申十七　辛酉十八　壬戌十九　癸亥二十

經辰之申二千一百八十一

甲子二十一　乙丑二十二　丙寅二十三　丁卯二十四　戊辰二十五
己巳二十六　庚午二十七　辛未二十八　壬申二十九　癸酉三十
甲戌三十一　乙亥三十二　丙子三十三　丁丑三十四　戊寅三十五
己卯三十六　庚辰三十七　辛巳三十八　壬午三十九　癸未四十
甲申四十一　乙酉四十二　丙戌四十三　丁亥四十四　戊子四十五
己丑四十六　庚寅四十七　辛卯四十八　壬辰四十九　癸巳五十

經辰之酉二千一百八十二

甲午五十一　乙未五十二　丙申五十三　丁酉五十四　戊戌五十五
己亥五十六　庚子五十七　辛丑五十八　壬寅五十九　癸卯六十
甲辰六十一　乙巳六十二　丙午六十三　丁未六十四　戊申六十五
己酉六十六　庚戌六十七　辛亥六十八　壬子六十九　癸丑七十
甲寅七十一　乙卯七十二　丙辰七十三　丁巳七十四　戊午七十五
己未商仲丁　庚申二　辛酉三　壬戌四　癸亥五

經辰之戌二千一百八十三

甲子六　乙丑七　丙寅八　丁卯九　戊辰十
己巳十一　庚午十二　辛未十三　壬申①　癸酉二
甲戌三　乙亥四　丙子五　丁丑六　戊寅七
己卯八　庚辰九　辛巳十　壬午十一　癸未十二
甲申十三　乙酉十四　丙戌十五　丁亥商河亶甲　戊子二
己丑三　庚寅四　辛卯五　壬辰六　癸巳七

經辰之亥二千一百八十四

甲午八　乙未九　丙申商祖乙　丁酉二　戊戌三
己亥四　庚子五　辛丑六　壬寅七　癸卯八
甲辰九　乙巳十　丙午十一　丁未十二　戊申十三
己酉十四　庚戌十五　辛亥十六　壬子十七　癸丑十八
甲寅十九　乙卯商祖辛　丙辰二　丁巳三　戊午四
己未五　庚申六　辛酉七　壬戌八　癸亥九

---

①「壬申」下，四庫本有「商外壬」三字。

# 以會經運之五　觀物篇之十七

經日之甲一

經月之午七

經星之丙一百八十三

經辰之子二千一百八十五

甲子十　乙丑十一　丙寅十二　丁卯十三　戊辰十四

己巳十五　庚午十六　辛未商沃甲　壬申二　癸酉三

甲戌四　乙亥五　丙子六　丁丑七　戊寅八

己卯九　庚辰十　辛巳十一　壬午十二　癸未十三

甲申十四　乙酉十五　丙戌十六　丁亥十七　戊子十八

己丑十九　庚寅二十　辛卯二十一　壬辰二十二　癸巳二十三

經辰之丑二千一百八十六

甲午二十四　乙未二十五　丙申商祖丁　丁酉二　戊戌三

己亥四　庚子五　辛丑六　壬寅七　癸卯八

甲辰九　乙巳十　丙午①　丁未　戊申

己酉　庚戌　辛亥　壬子　癸丑

甲寅　乙卯　丙辰　丁巳　戊午

己未　庚申　辛酉　壬戌　癸亥

經辰之寅二千一百八十七

甲子　乙丑　丙寅　丁卯　戊辰②

己巳③　庚午　辛未　壬申　癸酉

甲戌　乙亥　丙子　丁丑　戊寅

己卯　庚辰　辛巳　壬午　癸未

甲申　乙酉　丙戌　丁亥　戊子

己丑　庚寅　辛卯　壬辰　癸巳商陽甲

經辰之卯二千一百八十八

甲午二　乙未三　丙申四　丁酉五　戊戌六

① 「丙午」下，四庫本有「十一」二字。直標至「丁卯」爲「三十二」。
② 「戊辰」下，四庫本有「商南庚」三字。
③ 「己巳」下，四庫本有「二」字，直標至「壬辰」爲「二十五」。

己亥七　庚子商盤庚　辛丑二　壬寅三　癸卯四
甲辰五　乙巳六　丙午七　丁未八　戊申九
己酉十　庚戌十一　辛亥十二　壬子十三　癸丑十四
甲寅十五　乙卯十六　丙辰十七　丁巳十八　戊午十九
己未二十　庚申二十一　辛酉二十二　壬戌二十三　癸亥二十四

經辰之辰二千一百八十九

甲子二十五　乙丑二十六　丙寅二十七　丁卯二十八　戊辰商小辛
己巳二　庚午三　辛未四　壬申五　癸酉六
甲戌七　乙亥八　丙子九　丁丑十　戊寅十一
己卯十二　庚辰十三　辛巳十四　壬午十五　癸未十六
甲申十七　乙酉十八　丙戌十九　丁亥二十　戊子二十一
己丑商小乙　庚寅二　辛卯三　壬辰四　癸巳五

經辰之巳二千一百九十

甲午六　乙未七　丙申八　丁酉九　戊戌十
己亥十一　庚子十二　辛丑十三　壬寅十四　癸卯十五
甲辰十六　乙巳十七　丙午十八　丁未十九　戊申二十

己酉 二十一　庚戌 二十二　辛亥 二十三　壬子 二十四　癸丑 二十五
甲寅 二十六　乙卯 二十七　丙辰 二十八　丁巳商武丁　戊午 二
己未 三　庚申 四　辛酉 五　壬戌 六　癸亥 七

經辰之午二千一百九十一

甲子 八　乙丑 九　丙寅 十　丁卯 十一　戊辰 十二
己巳 十三　庚午 十四　辛未 十五　壬申 十六　癸酉 十七
甲戌 十八　乙亥 十九　丙子 二十　丁丑 二十一　戊寅 二十二
己卯 二十三　庚辰 二十四　辛巳 二十五　壬午 二十六　癸未 二十七
甲申 二十八　乙酉 二十九　丙戌 三十　丁亥 三十一　戊子 三十二
己丑 三十三　庚寅 三十四　辛卯 三十五　壬辰 三十六　癸巳 三十七

經辰之未二千一百九十二

甲午 三十八　乙未 三十九　丙申 四十　丁酉 四十一　戊戌 四十二
己亥 四十三　庚子 四十四　辛丑 四十五　壬寅 四十六　癸卯 四十七
甲辰 四十八　乙巳 四十九　丙午 五十　丁未 五十一　戊申 五十二
己酉 五十三　庚戌 五十四　辛亥 五十五　壬子 五十六　癸丑 五十七
甲寅 五十八　乙卯 五十九　丙辰商祖庚　丁巳 二　戊午 三

己未四　庚申五　辛酉六　壬戌七　癸亥商祖甲

經辰之申二千一百九十三

甲子二　乙丑三　丙寅四　丁卯五　戊辰六

己巳七　庚午八　辛未九　壬申十　癸酉十一

甲戌十二　乙亥十三　丙子十四　丁丑十五　戊寅十六

己卯十七　庚辰十八　辛巳十九　壬午二十　癸未二十一

甲申二十二　乙酉二十三　丙戌二十四　丁亥二十五　戊子二十六

己丑二十七　庚寅二十八　辛卯二十九　壬辰三十　癸巳三十一

經辰之酉二千一百九十四①

甲午三十二　乙未三十三　丙申商廩辛　丁酉二　戊戌三

己亥四　庚子五　辛丑六　壬寅商庚丁　癸卯二

甲辰三　乙巳四　丙午五　丁未六　戊申七

己酉八　庚戌九　辛亥十　壬子十一　癸丑十二

甲寅十三　乙卯十四　丙辰十五　丁巳十六　戊午十七

① 「二千一百」，原作「一千二百」，據四庫本改。

己未十八 庚申十九 辛酉二十 壬戌二十一 癸亥商武乙

經辰之戌二千一百九十五

甲子二 乙丑三 丙寅四 丁卯商太丁 戊辰二
己巳三 庚午商帝乙 辛未二 壬申三 癸酉四
甲戌五 乙亥六 丙子七 丁丑八 戊寅九
己卯十 庚辰十一 辛巳十二 壬午十三 癸未十四
甲申十五 乙酉十六 丙戌十七 丁亥十八 戊子十九
己丑二十 庚寅二十一 辛卯二十二 壬辰二十三 癸巳二十四

經辰之亥二千一百九十六

甲午二十五 乙未二十六 丙申二十七 丁酉二十八 戊戌二十九
己亥三十 庚子三十一 辛丑三十二 壬寅三十三 癸卯三十四
甲辰三十五 乙巳三十六 丙午三十七 丁未商受辛 戊申二
己酉三 庚戌四 辛亥五 壬子六 癸丑七
甲寅八 乙卯九 丙辰十 丁巳十一 戊午十二
己未十三 庚申十四 辛酉十五 壬戌十六 癸亥十七 錫周文王，命爲西伯。

# 以會經運之六　觀物篇之十八

經日之甲一

經月之午七

經星之丁一百八十四

經辰之子二千一百九十七

甲子十八　乙丑十九　丙寅二十　丁卯二十一　戊辰二十二

己巳二十三周文王没，武王即位。　庚午二十四　辛未二十五　壬申二十六

癸酉二十七　甲戌二十八　乙亥二十九　丙子三十　丁丑三十一

戊寅三十二　己卯周武王　庚辰二　辛巳三　壬午四

癸未五　甲申六　乙酉七　丙戌周成王　丁亥二

戊子三　己丑四　庚寅五　辛卯六　壬辰七

癸巳八

經辰之丑二千一百九十八

甲午九　乙未十　丙申十一　丁酉十二　戊戌十三

己亥十四　庚子十五　辛丑十六　壬寅十七　癸卯十八

甲辰十九　乙巳二十　丙午二十一　丁未二十二　戊申二十三
己酉二十四　庚戌二十五　辛亥二十六　壬子二十七　癸丑二十八
甲寅二十九　乙卯三十　丙辰三十一　丁巳三十二　戊午三十三
己未三十四　庚申三十五　辛酉三十六　壬戌三十七　癸亥周康王

經辰之寅二千一百九十九

甲子二　乙丑三　丙寅四　丁卯五　戊辰六
己巳七　庚午八　辛未九　壬申十　癸酉十一
甲戌十二　乙亥十三　丙子十四　丁丑十五　戊寅十六
己卯十七　庚辰十八　辛巳十九　壬午二十　癸未二十一
甲申二十二　乙酉二十三　丙戌二十四　丁亥二十五　戊子二十六
己丑周昭王　庚寅二　辛卯三　壬辰四　癸巳五

經辰之卯二千二百

甲午六　乙未七　丙申八　丁酉九　戊戌十
己亥十一　庚子十二　辛丑十三　壬寅十四　癸卯十五
甲辰十六　乙巳十七　丙午十八　丁未十九　戊申二十
己酉二十一　庚戌二十二　辛亥二十三　壬子二十四　癸丑二十五

甲寅二十六　乙卯二十七　丙辰二十八　丁巳二十九　戊午三十

己未三十一　庚申三十二　辛酉三十三　壬戌三十四　癸亥三十五

經辰之辰二千二百一

甲子三十六　乙丑三十七　丙寅三十八　丁卯三十九　戊辰四十

己巳四十一　庚午四十二　辛未四十三　壬申四十四　癸酉四十五

甲戌四十六　乙亥四十七　丙子四十八　丁丑四十九　戊寅五十

己卯五十一　庚辰周穆王　辛巳二　壬午三　癸未四

甲申五　乙酉六　丙戌七　丁亥八　戊子九

己丑十　庚寅十一　辛卯十二　壬辰十三　癸巳十四

經辰之巳二千二百二

甲午十五　乙未十六　丙申十七　丁酉十八　戊戌十九

己亥二十　庚子二十一　辛丑二十二　壬寅二十三　癸卯二十四

甲辰二十五　乙巳二十六　丙午二十七　丁未二十八　戊申二十九

己酉三十　庚戌三十一　辛亥三十二　壬子三十三　癸丑三十四

甲寅三十五　乙卯三十六　丙辰三十七　丁巳三十八　戊午三十九

己未四十　庚申四十一　辛酉四十二　壬戌四十三　癸亥四十四

經辰之午二千二百三

甲子 四十五　乙丑 四十六　丙寅 四十七　丁卯 四十八　戊辰 四十九

己巳 五十　庚午 五十一　辛未 五十二　壬申 五十三　癸酉 五十四

甲戌 五十五　乙亥周共王① 丙子 二　丁丑 三　戊寅 四

己卯 五　庚辰 六　辛巳 七　壬午 八　癸未 九

甲申 十　乙酉 十一　丙戌 十二　丁亥周懿王　戊子 二

己丑 三　庚寅 四　辛卯 五　壬辰 六　癸巳 七

經辰之未二千二百四

甲午 八　乙未 九　丙申 十　丁酉 十一　戊戌 十二

己亥 十三　庚子 十四　辛丑 十五　壬寅 十六　癸卯 十七

甲辰 十八　乙巳 十九　丙午 二十　丁未 二十一　戊申 二十二

己酉 二十三　庚戌 二十四　辛亥 二十五　壬子周孝王② 癸丑 二

甲寅 三　乙卯 四　丙辰 五　丁巳 六　戊午 七

---

①「共」，四庫本作「恭」。

②「周孝王」，原作「周考王」，據四庫本改。

己未八 庚申九 辛酉十 壬戌十一 癸亥十二

經辰之申二千二百五

甲子十三 乙丑十四 丙寅十五 丁卯周夷王 戊辰二
己巳三 庚午四 辛未五 壬申六 癸酉七
甲戌八 乙亥九 丙子十 丁丑十一 戊寅十二
己卯十三 庚辰十四 辛巳十五 壬午十六 癸未周厲王
甲申二 乙酉三 丙戌四 丁亥五 戊子六
己丑七 庚寅八 辛卯九 壬辰十 癸巳十一

經辰之酉二千二百六

甲午十二 乙未十三 丙申十四 丁酉十五 戊戌十六
己亥十七 庚子十八 辛丑十九 壬寅二十 癸卯二十一
甲辰二十二 乙巳二十三 丙午二十四 丁未二十五 戊申二十六
己酉二十七 庚戌二十八 辛亥二十九 壬子三十 癸丑三十一
甲寅三十二 乙卯三十三 丙辰三十四 丁巳三十五 戊午三十六
己未三十七 庚申三十八 辛酉三十九 壬戌四十 癸亥四十一

## 經辰之戌二千二百七

甲子四十二　乙丑四十三　丙寅四十四　丁卯四十五　戊辰四十六
己巳四十七　庚午四十八　辛未四十九　壬申五十　癸酉五十一
甲戌周宣王　乙亥二　丙子三　丁丑四　戊寅五
己卯六　庚辰七　辛巳八　壬午九　癸未十
甲申十一　乙酉十二　丙戌十三　丁亥十四　戊子十五
己丑十六　庚寅十七　辛卯十八　壬辰十九　癸巳二十

## 經辰之亥二千二百八

甲午二十一　乙未二十二　丙申二十三　丁酉二十四　戊戌二十五
己亥二十六　庚子二十七　辛丑二十八　壬寅二十九　癸卯三十
甲辰三十一　乙巳三十二　丙午三十三　丁未三十四　戊申三十五
己酉三十六　庚戌三十七　辛亥三十八　壬子三十九　癸丑四十
甲寅四十一　乙卯四十二　丙辰四十三　丁巳四十四　戊午四十五
己未四十六　庚申周幽王　辛酉二　壬戌三　癸亥四

# 皇極經世卷第四

## 以會經運之七　觀物篇之十九

經日之甲一

經月之午七

經星之戊一百八十五

經辰之子二千二百九

甲子 五

乙丑 六

丙寅 七

丁卯 八

戊辰 九

己巳 十

庚午 十一

| | | | | | | |
|---|---|---|---|---|---|---|
| 辛未 | 東周平王 | 晉文侯 | 齊莊公 | 宋戴公 | 楚若敖 | 秦襄公 |
| 壬申 | 二 | 十二 | 二十六 | 三十一 | 二十一① | 二 |
| 癸酉 | 三魯惠 | 十三 | 二十七 | 三十二 | 二十二 | 三 |
| 甲戌 | 四 | 十四 | 二十八 | 三十三 | 二十三 | 四 |
| 乙亥 | 五 | 十五 | 二十九 | 三十四 | 二十四 | 五 |
| 丙子 | 六 | 十六 | 三十 | 宋武公 | 二十五 | 六 |
| 丁丑 | 七 | 十七 | 三十一 | 二 | 二十六 | 七 |
| 戊寅 | 八 | 十八 | 三十二 | 三 | 楚霄敖 | 八 |
| 己卯 | 九 | 十九 | 三十三 | 四 | 二 | 九 |
| 庚辰 | 十 | 二十 | 三十四 | 五 | 三 | 十 |
| 辛巳 | 十一 | 二十一 | 三十五 | 六 | 四 | 十一 |
| 壬午 | 十二 | 二十二 | 三十六 | 七 | 五 | 十二 |
| 癸未 | 十三 | 二十三 | 三十七 | 八 | 六 | 秦文公 |
| 甲申 | 十四 | 二十四 | 三十八 | 九 | 楚蚡冒② | 二 |

① 「二十一」，四庫本作「二十二」。下一年「二十二」，四庫本作「二十三」，依此類推。
② 「蚡冒」，原作「蚡胃」，據四庫本改。

| | | | | | |
|---|---|---|---|---|---|
| 乙酉 十五 | 二十五 | 三十九 | 十 | 二 | 三 |
| 丙戌 十六 | 二十六 | 四十 | 十一 | 三 | 四 |
| 丁亥 十七 | 二十七 | 四十一 | 十二 | 四 | 五 |
| 戊子 十八 | 二十八 | 四十二 | 十三 | 五 | 六 |
| 己丑 十九 | 二十九 | 四十三 | 十四 | 六 | 七 |
| 庚寅 二十 | 三十 | 四十四 | 十五 | 七 | 八 |
| 辛卯 二十一 | 三十一 | 四十五 | 十六 | 八 | 九 |
| 壬辰 二十二 | 三十二 | 四十六 | 十七 | 九 | 十 |
| 癸巳 二十三 | 三十三 | 四十七 | 十八 | 十 | 十一 |

經辰之丑二千二百一十

| | | | | | |
|---|---|---|---|---|---|
| 甲午 二十四 | 三十四 | 四十八 | 宋宣公 | 十一 | 十二 |
| 乙未 二十五 | 三十五 | 四十九 | 二 | 十二 | 十三 |
| 丙申 二十六 | 晉昭侯 | 五十 | 三 | 十三 | 十四 |
| 丁酉 二十七 | 二 | 五十一 | 四 | 十四 | 十五 |
| 戊戌 二十八 | 三 | 五十二 | 五 | 十五 | 十六 |
| 己亥 二十九 | 四 | 五十三 | 六 | 十六 | 十七 |

| | | | | | | |
|---|---|---|---|---|---|---|
| 庚子 | 三十 | 五 | 五十四 | 七 | 十七 | 十八 |
| 辛丑 | 三十一 | 六 | 五十五 | 八 | 楚武王 | 十九 |
| 壬寅 | 三十二 | 七① | 五十六 | 九 | 二 | 二十 |
| 癸卯 | 三十三 | 晉孝侯 | 五十七 | 十 | 三 | 二十一 |
| 甲辰 | 三十四 | 二 | 五十八 | 十一 | 四 | 二十二 |
| 乙巳 | 三十五 | 三 | 五十九 | 十二 | 五 | 二十三 |
| 丙午 | 三十六 | 四 | 六十 | 十三 | 六 | 二十四 |
| 丁未 | 三十七 | 五 | 六十一 | 十四 | 七 | 二十五 |
| 戊申 | 三十八 | 六 | 六十二 | 十五 | 八 | 二十六 |
| 己酉 | 三十九 | 七 | 六十三 | 十六 | 九 | 二十七 |
| 庚戌 | 四十 | 八 | 六十四 | 十七 | 十 | 二十八 |
| 辛亥 | 四十一 | 九 | 齊釐公 | 十八 | 十一 | 二十九 |
| 壬子 | 四十二 | 十 | 二 | 十九 | 十二 | 三十 |

① 「七」，四庫本作「晉孝侯」。按：四庫本以本年爲晉孝侯即位之年，依此推之，底本下一年「癸卯、晉孝侯」，四庫本作「癸卯、二」。以下逐年仿此。

癸丑 四十三 十一 三 宋穆公 十三 三十一
甲寅 四十四 十二 四 二 十四 三十二
乙卯 四十五 十三 五 三 十五 三十三
丙辰 四十六 十四 六 四 十六 三十四
丁巳 四十七 十五 七 五 十七 三十五
戊午 四十八 晉鄂侯 八 六 十八 三十六
己未 四十九魯隱 二 九 七 十九 三十七
庚申 五十 三 十 八 二十 三十八
辛酉 五十一 四 十一 九 二十一 三十九
壬戌 周桓王 五 十二 宋殤公 二十二 四十
癸亥 二 六 十三 二 二十三 四十一

經辰之寅二千二百一十一

甲子 三 晉哀侯 十四 三 二十四 四十二
乙丑 四 二 十五 四 二十五 四十三
丙寅 五 三 十六 五 二十六 秦寧公
丁卯 六 四 十七 六 二十七 二

| | | | | | | |
|---|---|---|---|---|---|---|
| 戊辰 | 七 | 五 | 十八 | 七 | 二十八 | 三 |
| 己巳 | 八 | 六 | 十九 | 八 | 二十九 | 四 |
| 庚午 | 九魯桓 | 七 | 二十 | 九 | 三十 | 五 |
| 辛未 | 十 | 八 | 二十一 | 宋莊公 | 三十一 | 六 |
| 壬申 | 十一 | 九① | 二十二 | 二 | 三十二 | 七 |
| 癸酉 | 十二 | 晉小子侯 | 二十三 | 三 | 三十三 | 八 |
| 甲戌 | 十三 | 二 | 二十四 | 四 | 三十四 | 九 |
| 乙亥 | 十四 | 三② | 二十五 | 五 | 三十五 | 十 |
| 丙子 | 十五 | 四 | 二十六 | 六 | 三十六 | 十一 |
| 丁丑 | 十六 | 晉侯緡 | 二十七 | 七 | 三十七稱王 | 十二 |
| 戊寅 | 十七 | 二 | 二十八 | 八 | 三十八 | 秦出公 |
| 己卯 | 十八 | 三 | 二十九 | 九 | 三十九 | 二 |
| 庚辰 | 十九 | 四 | 三十 | 十 | 四十 | 三 |

① 「九」，四庫本作「孚侯」。按：四庫本以此年爲晉孚侯即位之年。
② 「三」，四庫本作「湣侯」。按：四庫本以此年爲「湣侯」即位之年。

| | | | | | | |
|---|---|---|---|---|---|---|
| 辛巳 | 二十 | 五 | 三十一 | 十一 | 四十一 | 四 |
| 壬午 | 二十一 | 六 | 三十二 | 十二 | 四十二 | 五 |
| 癸未 | 二十二 | 七 | 三十三 | 十三 | 四十三 | 秦武公 |
| 甲申 | 二十三 | 八 | 齊襄公 | 十四 | 四十四 | 二 |
| 乙酉 | 周莊王 | 九 | 二 | 十五 | 四十五 | 三 |
| 丙戌 | 二 | 十 | 三 | 十六 | 四十六 | 四 |
| 丁亥 | 三 | 十一 | 四 | 十七 | 四十七 | 五 |
| 戊子 | 四魯莊 | 十二 | 五 | 十八 | 四十八 | 六 |
| 己丑 | 五 | 十三 | 六 | 宋湣公① | 四十九 | 七 |
| 庚寅 | 六 | 十四 | 七 | 二② | 五十 | 八 |
| 辛卯 | 七 | 十五 | 八 | 三 | 五十一 | 九 |
| 壬辰 | 八 | 十六 | 九 | 四 | 楚文王 | 十 |
| 癸巳 | 九 | 十七 | 十 | 五 | 二 | 十一 |

① 「宋湣公」，四庫本作「十九」。

② 「二」，四庫本作「宋湣公」。按：四庫本以此年爲宋湣公即位之年。

經辰之卯二千二百一十二

| | | | | | | |
|---|---|---|---|---|---|---|
| 甲午 | 十 | 十八 | 十一 | 六 | 三 | 十二 |
| 乙未 | 十一 | 十九 | 齊無知 | 七 | 四 | 十三 |
| 丙申 | 十二 | 二十 | 齊桓公 | 八 | 五 | 十四 |
| 丁酉 | 十三 | 二十一 | 二 | 九 | 六 | 十五 |
| 戊戌 | 十四 | 二十二 | 三 | 十 | 七 | 十六 |
| 己亥 | 十五 | 二十三 | 四 | 宋桓公 | 八 | 十七 |
| 庚子 | 周釐王 | 二十四 | 五 | 二① | 九 | 十八 |
| 辛丑 | 二 | 二十五 | 六 | 三 | 十 | 十九 |
| 壬寅 | 三 | 晉武公② | 七 | 四 | 十一 | 二十 |
| 癸卯 | 四 | 二 | 八 | 五 | 十二 | 二十一 |
| 甲辰 | 五 | 三 | 九 | 六 | 十三 | 秦德公 |
| 乙巳 | 周惠王 | 晉獻公 | 十 | 七 | 楚杜敖 | 二 |

① 「二」，四庫本作「宋桓公」。按：四庫本以此年爲宋桓公即位之年。
② 「晉武公」，四庫本作「晉武侯」。

| | | | | | | |
|---|---|---|---|---|---|---|
| 丙午 | 二 | 二 | 十一 | 八 | 三 | 秦宣公 |
| 丁未 | 三 | 三 | 十二 | 九 | 三 | 二 |
| 戊申 | 四 | 四 | 十三 | 十 | 四 | 三 |
| 己酉 | 五 | 五 | 十四 | 十一 | 楚成王 | 四 |
| 庚戌 | 六 | 六 | 十五 | 十二 | 二 | 五 |
| 辛亥 | 七 | 七 | 十六 | 十三 | 三 | 六 |
| 壬子 | 八 | 八 | 十七 | 十四 | 四 | 七 |
| 癸丑 | 九 | 九 | 十八 | 十五 | 五 | 八 |
| 甲寅 | 十 | 十 | 十九 | 十六 | 六 | 九 |
| 乙卯 | 十一 | 十一 | 二十 | 十七 | 七 | 十 |
| 丙辰 | 十二 | 十二 | 二十一 | 十八 | 八 | 十一 |
| 丁巳 | 十三 | 十三 | 二十二 | 十九 | 九 | 十二 |
| 戊午 | 十四 | 十四 | 二十三 | 二十 | 十 | 秦成公 |
| 己未 | 十五 | 十五 | 二十四 | 二十一 | 十一 | 二 |
| 庚申 | 十六魯閔 | 十六 | 二十五 | 二十二 | 十二 | 三 |
| 辛酉 | 十七 | 十七 | 二十六 | 二十三 | 十三 | 四 |

| | | | | | | |
|---|---|---|---|---|---|---|
| 壬戌 | 十八魯僖 | 十八 | 二十七 | 二十四 | 十四 | 秦穆公 |
| 癸亥 | 十九 | 十九 | 二十八 | 二十五 | 十五 | 二 |

經辰之辰二千二百一十三

| | | | | | | |
|---|---|---|---|---|---|---|
| 甲子 | 二十 | 二十 | 二十九 | 二十六 | 十六 | 三 |
| 乙丑 | 二十一 | 二十一 | 三十 | 二十七 | 十七 | 四 |
| 丙寅 | 二十二 | 二十二 | 三十一 | 二十八 | 十八 | 五 |
| 丁卯 | 二十三 | 二十三 | 三十二 | 二十九 | 十九 | 六 |
| 戊辰 | 二十四 | 二十四 | 三十三 | 三十 | 二十 | 七 |
| 己巳 | 二十五 | 二十五 | 三十四 | 三十一 | 二十一 | 八 |
| 庚午 | 周襄王 | 二十六① | 三十五 | 三十二 | 二十二 | 九 |
| 辛未 | 二 | 晉奚齊、卓子② | 三十六 | 宋襄公 | 二十三 | 十 |
| 壬申 | 三 | 晉惠公 | 三十七 | 二 | 二十四 | 十一 |
| 癸酉 | 四 | 二 | 三十八 | 三 | 二十五 | 十二 |

①「二十六」，四庫本作「奚齊、卓子」。按：四庫本以此年爲奚齊、卓子即位之年。

②「晉奚齊卓子」，四庫本作「晉惠公」。按：四庫本以此年爲晉惠公即位之年。又「卓」原作「串」，據四庫本改。

| | | | | | | |
|---|---|---|---|---|---|---|
| 甲戌 | 五 | 三 | 三十九 | 四 | 二十六 | 十三 |
| 乙亥 | 六 | 四 | 四十 | 五 | 二十七 | 十四 |
| 丙子 | 七 | 五 | 四十一 | 六 | 二十八 | 十五 |
| 丁丑 | 八 | 六 | 四十二 | 七 | 二十九 | 十六 |
| 戊寅 | 九 | 七 | 四十三 | 八 | 三十 | 十七 |
| 己卯 | 十 | 八 | 齊孝公 | 九 | 三十一 | 十八 |
| 庚辰 | 十一 | 九 | 二 | 十 | 三十二 | 十九 |
| 辛巳 | 十二 | 十 | 三 | 十一 | 三十三 | 二十 |
| 壬午 | 十三 | 十一 | 四 | 十二 | 三十四 | 二十一 |
| 癸未 | 十四 | 十二 | 五 | 十三 | 三十五 | 二十二 |
| 甲申 | 十五 | 十三① | 六 | 十四 | 三十六 | 二十三 |
| 乙酉 | 十六 | 晉懷公、文公② | 七 | 宋成公 | 三十七 | 二十四 |
| 丙戌 | 十七 | 二 | 八 | 二 | 三十八 | 二十五 |

① 「十三」，四庫本作「晉懷公」。按：四庫本以此年爲晉懷公即位之年。
② 「晉懷公、文公」，四庫本作「晉文公」。

| | | | | | |
|---|---|---|---|---|---|
| 丁亥 十八 | 三 | 九 | 三 | 三十九 | 二十六 |
| 戊子 十九 | 四 | 十 | 四 | 四十 | 二十七 |
| 己丑 二十 | 五 | 齊昭公 | 五 | 四十一 | 二十八 |
| 庚寅 二十一 | 六 | 二 | 六 | 四十二 | 二十九 |
| 辛卯 二十二 | 七 | 三 | 七 | 四十三 | 三十 |
| 壬辰 二十三 | 八 | 四 | 八 | 四十四 | 三十一 |
| 癸巳 二十四 | 九 | 五 | 九 | 四十五 | 三十二 |

經辰之巳二千二百一十四

| | | | | | |
|---|---|---|---|---|---|
| 甲午 二十五 | 晉襄公 | 六 | 十 | 楚穆王 | 三十三 |
| 乙未 二十六魯文 | 二 | 七 | 十一 | 二 | 三十四 |
| 丙申 二十七 | 三 | 八 | 十二 | 三 | 三十五 |
| 丁酉 二十八 | 四 | 九 | 十三 | 四 | 三十六 |
| 戊戌 二十九 | 五 | 十 | 十四 | 五 | 三十七 |
| 己亥 三十 | 六 | 十一 | 十五 | 六 | 三十八 |
| 庚子 二十一 | 七 | 十二 | 十六 | 七 | 三十九 |
| 辛丑 三十二 | 晉靈公 | 十三 | 十七 | 八 | 秦康公 |

| | | | | | |
|---|---|---|---|---|---|
| 壬寅 三十三 | 二 | 十四 | 宋昭公 | 九 | 二 |
| 癸卯 周頃王 | 三 | 十五 | 二 | 十 | 三 |
| 甲辰 二 | 四 | 十六 | 三 | 十一 | 四 |
| 乙巳 三 | 五 | 十七 | 四 | 十二 | 五 |
| 丙午 四 | 六 | 十八 | 五 | 十三 | 六 |
| 丁未 五 | 七 | 十九 | 六 | 十四 | 七 |
| 戊申 六 | 八 | 二十 | 七 | 楚莊王 | 八 |
| 己酉 周匡王 | 九 | 齊懿公 | 八 | 二 | 九 |
| 庚戌 二 | 十 | 二 | 宋文公 | 三 | 十 |
| 辛亥 三 | 十一 | 三 | 二 | 四 | 十一 |
| 壬子 四 | 十二 | 齊惠公① | 三 | 五 | 十二 |
| 癸丑 五魯宣 | 十三 | 二② | 四 | 六 | 秦共公③ |

① 「齊惠公」，四庫本作「四」。
② 「二」，四庫本作「齊惠公」。按：四庫本以此年爲齊惠公即位之年。
③ 「秦共公」，原作「秦其公」，據四庫本改。

甲寅　六　晉成公①　三　五　七　二
乙卯　周定王　二②　四　六　八　三
丙辰　二　三　五　七　九　四
丁巳　三　四　六　八　十　五
戊午　四　五　七　九　十一　秦桓公
己未　五　六　八　十　十二　二
庚申　六　七　九　十一　十三　三
辛酉　七　八　十　十二　十四　四
壬戌　八　晉景公　十一　十三　十五　五
癸亥　九　二　齊頃公　十四　十六　六

經辰之午二千二百一十五

甲子　十　三　二　十五　十七　七
乙丑　十一　四　三　十六　十八　八

---

① 「晉成公」，四庫本作「十四」。
② 「二」，四庫本作「晉成公」。按：四庫本以此年爲晉成公即位之年。

| | | | | | | | |
|---|---|---|---|---|---|---|---|
| 丙寅 | 十二 | 五 | 四 | 十七 | 十九 | 九 | |
| 丁卯 | 十三 | 六 | 五 | 十八 | 二十 | 十 | |
| 戊辰 | 十四 | 七 | 六 | 十九 | 二十一 | 十一 | |
| 己巳 | 十五 | 八 | 七 | 二十 | 二十二 | 十二 | |
| 庚午 | 十六 | 九 | 八 | 二十一 | 二十三 | 十三 | |
| 辛未 | 十七魯成 | 十 | 九 | 二十二 | 楚共王 | 十四 | |
| 壬申 | 十八 | 十一 | 十 | 二十三 | 二 | 十五 | |
| 癸酉 | 十九 | 十二 | 十一 | 宋共公 | 三 | 十六 | |
| 甲戌 | 二十 | 十三 | 十二 | 二 | 四 | 十七 | |
| 乙亥 | 二十一 | 十四 | 十三 | 三 | 五 | 十八 | |
| 丙子 | 周簡王 | 十五 | 十四 | 四 | 六 | 十九 | 吳壽夢 |
| 丁丑 | 二 | 十六 | 十五 | 五 | 七 | 二十 | 二 |
| 戊寅 | 三 | 十七 | 十六 | 六 | 八 | 二十一 | 三 |
| 己卯 | 四 | 十八 | 十七 | 七 | 九 | 二十二 | 四 |
| 庚辰 | 五 | 十九 | 齊靈公 | 八 | 十 | 二十三 | 五 |
| 辛巳 | 六 | 晉厲公 | 二 | 九 | 十一 | 二十四 | 六 |

| | | | | | | | |
|---|---|---|---|---|---|---|---|
| 壬午 | 七 | 二 | 三 | 十 | 十二 | 二十五 | 七 |
| 癸未 | 八 | 三 | 四 | 十一 | 十三 | 二十六 | 八 |
| 甲申 | 九 | 四 | 五 | 十二 | 十四 | 二十七 | 九 |
| 乙酉 | 十 | 五 | 六 | 十三 | 十五 | 秦景公 | 十 |
| 丙戌 | 十一 | 六 | 七 | 宋平公 | 十六 | 二 | 十一 |
| 丁亥 | 十二 | 七 | 八 | 二 | 十七 | 三 | 十二 |
| 戊子 | 十三 | 八 | 九 | 三 | 十八 | 四 | 十三 |
| 己丑 | 十四魯襄 | 晉悼公 | 十 | 四 | 十九 | 五 | 十四 |
| 庚寅 | 周靈王 | 二 | 十一 | 五 | 二十 | 六 | 十五 |
| 辛卯 | 二 | 三 | 十二 | 六 | 二十一 | 七 | 十六 |
| 壬辰 | 三 | 四 | 十三 | 七 | 二十二 | 八 | 十七 |
| 癸巳 | 四 | 五 | 十四 | 八 | 二十三 | 九 | 十八 |

經辰之未二千二百一十六

| | | | | | | | |
|---|---|---|---|---|---|---|---|
| 甲午 | 五 | 六 | 十五 | 九 | 二十四 | 十 | 十九 |
| 乙未 | 六 | 七 | 十六 | 十 | 二十五 | 十一 | 二十 |
| 丙申 | 七 | 八 | 十七 | 十一 | 二十六 | 十二 | 二十一 |

| | | | | | | | |
|---|---|---|---|---|---|---|---|
| 丁酉 | 八 | 九 | 十八 | 十二 | 二十七 | 十三 | 二十二 |
| 戊戌 | 九 | 十 | 十九 | 十三 | 二十八 | 十四 | 二十三 |
| 己亥 | 十 | 十一 | 二十 | 十四 | 二十九 | 十五 | 二十四 |
| 庚子 | 十一 | 十二 | 二十一 | 十五 | 三十 | 十六 | 二十五 |
| 辛丑 | 十二 | 十三 | 二十二 | 十六 | 三十一 | 十七 | 吳諸樊 |
| 壬寅 | 十三 | 十四 | 二十三 | 十七 | 楚康王 | 十八 | 二 |
| 癸卯 | 十四 | 十五 | 二十四 | 十八 | 二 | 十九 | 三 |
| 甲辰 | 十五 | 晉平公 | 二十五 | 十九 | 三 | 二十 | 四 |
| 乙巳 | 十六 | 二 | 二十六 | 二十 | 四 | 二十一 | 五 |
| 丙午 | 十七 | 三 | 二十七 | 二十一 | 五 | 二十二 | 六 |
| 丁未 | 十八 | 四 | 二十八 | 二十二 | 六 | 二十三 | 七 |
| 戊申 | 十九 | 五 | 齊莊公 | 二十三 | 七 | 二十四 | 八 |
| 己酉 | 二十 | 六 | 二 | 二十四 | 八 | 二十五 | 九 |
| 庚戌 | 二十一 | 七 | 三 | 二十五 | 九 | 二十六 | 十 |
| 辛亥 | 二十二 | 八 | 四 | 二十六 | 十 | 二十七 | 十一 |
| 壬子 | 二十三 | 九 | 五 | 二十七 | 十一 | 二十八 | 十二 |

癸丑　二十四　十　六　二十八　十二　二十九　十三
甲寅　二十五　十一　齊景公　二十九　十三　三十　吴餘祭
乙卯　二十六　十二　二　三十　十四　三十一　二
丙辰　二十七　十三　三　三十一　十五　三十二　三
丁巳　周景王　十四　四　三十二　楚郟敖　三十三　四
戊午　二　十五　五　三十三　二　三十四　五
己未　三　十六　六　三十四　三　三十五　六
庚申　四魯昭　十七　七　三十五　楚靈王①　三十六　七
辛酉　五　十八　八　三十六　二②　三十七　八
壬戌　六　十九　九　三十七　三　三十八　九
癸亥　七　二十　十　三十八　四　三十九　十

經辰之申二千二百一十七

甲子　八　二十一　十一　三十九　五　四十　十一

①「楚靈王」，四庫本作「四」。
②「二」，四庫本作「楚靈王」。按：四庫本以此年爲楚靈王即位之年。

| | | | | | | | |
|---|---|---|---|---|---|---|---|
| 乙丑 | 九 | 二十二 | 十二 | 四十 | 六 | 秦哀公 | 十二 |
| 丙寅 | 十 | 二十三 | 十三 | 四十一 | 七 | 二 | 十三 |
| 丁卯 | 十一 | 二十四 | 十四 | 四十二 | 八 | 三 | 十四 |
| 戊辰 | 十二 | 二十五 | 十五 | 四十三 | 九 | 四 | 十五 |
| 己巳 | 十三 | 二十六 | 十六 | 四十四 | 十 | 五 | 十六 |
| 庚午 | 十四 | 晉昭公 | 十七 | 宋元公 | 十一 | 六 | 十七 |
| 辛未 | 十五 | 二 | 十八 | 二 | 十二 | 七 | 吴餘昧 |
| 壬申 | 十六 | 三 | 十九 | 三 | 楚平王 | 八 | 二 |
| 癸酉 | 十七 | 四 | 二十 | 四 | 二 | 九 | 三 |
| 甲戌 | 十八 | 五 | 二十一 | 五 | 三 | 十 | 四 |
| 乙亥 | 十九 | 六 | 二十二 | 六 | 四 | 十一 | 吴王僚 |
| 丙子 | 二十 | 晉頃公 | 二十三 | 七 | 五 | 十二 | 二 |
| 丁丑 | 二十一 | 二 | 二十四 | 八 | 六 | 十三 | 三 |
| 戊寅 | 二十二 | 三 | 二十五 | 九 | 七 | 十四 | 四 |
| 己卯 | 二十三 | 四 | 二十六 | 十 | 八 | 十五 | 五 |
| 庚辰 | 二十四 | 五 | 二十七 | 十一 | 九 | 十六 | 六 |

| | | | | | | | |
|---|---|---|---|---|---|---|---|
| 辛巳 | 二十五 | 六 | 二十八 | 十二 | 十 | 十七 | 七 |
| 壬午 | 周敬王 | 七 | 二十九 | 十三 | 十一 | 十八 | 八 |
| 癸未 | 二 | 八 | 三十 | 十四 | 十二 | 十九 | 九 |
| 甲申 | 三 | 九 | 三十一 | 十五 | 十三 | 二十 | 十 |
| 乙酉 | 四 | 十 | 三十二 | 宋景公 | 十四 | 二十一 | 十一 |
| 丙戌 | 五 | 十一 | 三十三 | 二 | 楚昭王 | 二十二 | 吴王闔閭① |
| 丁亥 | 六 | 十二 | 二十四 | 三 | 二 | 二十三 | 二② |
| 戊子 | 七 | 十三 | 三十五 | 四 | 三 | 二十四 | 三 |
| 己丑 | 八 | 十四 | 三十六 | 五 | 四 | 二十五 | 四 |
| 庚寅 | 九 | 晉定公 | 三十七 | 六 | 五 | 二十六 | 五 |
| 辛卯 | 十 | 二 | 三十八 | 七 | 六 | 二十七 | 六 |
| 壬辰 | 十一魯定 | 三 | 三十九 | 八 | 七 | 二十八 | 七 |
| 癸巳 | 十二 | 四 | 四十 | 九 | 八 | 二十九 | 八 |

①「吴王闔閭」，四庫本作「十二」。
②「二」，四庫本作「吴王闔閭」。按：四庫本以此年爲吴王闔閭即位之年。

## 經辰之酉二千二百一十八

| | | | | | | | |
|---|---|---|---|---|---|---|---|
| 甲午 | 十三 | 五 | 四十一 | 十 | 九 | 三十 | 九 |
| 乙未 | 十四 | 六 | 四十二 | 十一 | 十 | 三十一 | 十 |
| 丙申 | 十五 | 七 | 四十三 | 十二 | 十一 | 三十二 | 十一 |
| 丁酉 | 十六 | 八 | 四十四 | 十三 | 十二 | 三十三 | 十二 |
| 戊戌 | 十七 | 九 | 四十五 | 十四 | 十三 | 三十四 | 十三 |
| 己亥 | 十八 | 十 | 四十六 | 十五 | 十四 | 三十五 | 十四 |
| 庚子 | 十九 | 十一 | 四十七 | 十六 | 十五 | 三十六 | 十五 |
| 辛丑 | 二十 | 十二 | 四十八 | 十七 | 十六 | 秦惠公① | 十六 |
| 壬寅 | 二十一 | 十三 | 四十九 | 十八 | 十七 | 二 | 十七 |
| 癸卯 | 二十二 | 十四 | 五十 | 十九 | 十八 | 三 | 十八 |
| 甲辰 | 二十三 | 十五 | 五十一 | 二十 | 十九 | 四 | 十九 |
| 乙巳 | 二十四 | 十六 | 五十二 | 二十一 | 二十 | 五 | 二十 越句踐 |
| 丙午 | 二十五 | 十七 | 五十三 | 二十二 | 二十一 | 六 | 吴夫差二 |

①「秦惠公」，原作「秦哀公」，據四庫本改。

| | | | | | | | | |
|---|---|---|---|---|---|---|---|---|
| 丁未 | 二十六魯哀 | 十八 | 五十四 | 二十三 | 二十二 | 七 | 二 | 三 |
| 戊申 | 二十七 | 十九 | 五十五 | 二十四 | 二十三 | 八 | 三 | 四 |
| 己酉 | 二十八 | 二十 | 五十六 | 二十五 | 二十四 | 九 | 四 | 五 |
| 庚戌 | 二十九 | 二十一 | 五十七 | 二十六 | 二十五 | 秦悼公 | 五 | 六 |
| 辛亥 | 三十 | 二十二 | 五十八孺子 | 二十七 | 二十六 | 二 | 六 | 七 |
| 壬子 | 三十一 | 二十三 | 齊悼公 | 二十八 | 二十七 | 三 | 七 | 八 |
| 癸丑 | 三十二 | 二十四 | 二 | 二十九 | 楚惠王 | 四 | 八 | 九 |
| 甲寅 | 三十三 | 二十五 | 三 | 三十 | 二 | 五 | 九 | 十 |
| 乙卯 | 三十四 | 二十六 | 四 | 三十一 | 三 | 六 | 十 | 十一 |
| 丙辰 | 三十五 | 二十七 | 齊簡公 | 三十二 | 四 | 七 | 十一 | 十二 |
| 丁巳 | 三十六 | 二十八 | 二 | 三十三 | 五 | 八 | 十二 | 十三 |
| 戊午 | 三十七 | 二十九 | 三 | 三十四 | 六 | 九 | 十三 | 十四 |
| 己未 | 三十八 | 三十 | 四 | 三十五 | 七 | 十 | 十四 | 十五 |
| 庚申 | 三十九 | 三十一 | 齊平公 | 三十六 | 八 | 十一 | 十五 | 十六 |
| 辛酉 | 四十 | 三十二 | 二 | 三十七 | 九 | 十二 | 十六 | 十七 |
| 壬戌 | 四十一 | 三十三 | 三 | 三十八 | 十 | 十三 | 十七 | 十八 |

| | | | | | | | | |
|---|---|---|---|---|---|---|---|---|
| 癸亥 | 四十二 | 三十四 | 四 | 三十九 | 十一 | 秦厲公 | 十八 | 十九 |

經辰之戌二千二百一十九

| | | | | | | | | |
|---|---|---|---|---|---|---|---|---|
| 甲子 | 四十三 | 三十五 | 五 | 四十 | 十二 | 二 | 十九① | 二十② |
| 乙丑 | 四十四 | 三十六 | 六 | 四十一 | 十三 | 三 | 二十 | 二十一 |
| 丙寅 | 周元王 | 三十七 | 七 | 四十二 | 十四 | 四 | 二十一 | 二十二 |
| 丁卯 | 二 | 晉出公③ | 八 | 四十三 | 十五 | 五 | 二十二 | 二十三 |
| 戊辰 | 三 | 二 | 九 | 四十四 | 十六 | 六 | 吴亡 | 二十四滅吴 |
| 己巳 | 四 | 三 | 十 | 四十五 | 十七 | 七 | | 二十五 |
| 庚午 | 五 | 四 | 十一 | 四十六 | 十八 | 八 | | 二十六 |
| 辛未 | 六 | 五 | 十二 | 四十七 | 十九 | 九 | | 二十七 |
| 壬申 | 周④ | 六 | 十三 | 四十八 | 二十 | 十 | | 二十八 |
| 癸酉 | 二 | 七 | 十四 | 四十九 | 二十一 | 十一 | | |

① 「十九」以下各行原遞縮一行，據四庫本改。
② 「二十」以下各行原遞縮一行，據四庫本改。
③ 「晉出公」，原作「晉幽公」，據四庫本改。
④ 以下四庫本有「慎定」，實當作「貞定」。

| | | | | | | |
|---|---|---|---|---|---|---|
| 甲戌 | 三 | 八 | 十五 | 五十 | 二十二 | 十二 |
| 乙亥 | 四 | 九 | 十六 | 五十一 | 二十三 | 十三 |
| 丙子 | 五 | 十 | 十七 | 五十二 | 二十四 | 十四 |
| 丁丑 | 六 | 十一 | 十八 | 五十三 | 二十五 | 十五 |
| 戊寅 | 七 | 十二 | 十九 | 五十四 | 二十六 | 十六 |
| 己卯 | 八 | 十三 | 二十 | 五十五 | 二十七 | 十七 |
| 庚辰 | 九 | 十四 | 二十一 | 五十六 | 二十八 | 十八 |
| 辛巳 | 十 | 十五 | 二十二 | 五十七 | 二十九 | 十九 |
| 壬午 | 十一 | 十六 | 二十三 | 五十八 | 三十 | 二十 |
| 癸未 | 十二 | 晉哀公 | 二十四 | 五十九 | 三十一 | 二十一 |
| 甲申 | 十三 | 二 | 二十五 | 六十 | 三十二 | 二十二 |
| 乙酉 | 十四 | 三 | 二十六 | 六十一 | 三十三 | 二十三 |
| 丙戌 | 十五 | 四 | 齊宣公 | 六十二 | 三十四 | 二十四 |
| 丁亥 | 十六 | 五 | 二 | 六十三 | 三十五 | 二十五 |
| 戊子 | 十七 | 六 | 三 | 六十四 | 三十六 | 二十六 |
| 己丑 | 十八 | 七 | 四 | 宋昭公 | 三十七 | 二十七 |

| | | | | | | |
|---|---|---|---|---|---|---|
| 庚寅 十九 | 八 | | 五 | 二 | 三十八 | 二十八 |
| 辛卯 二十 | 九 | | 六 | 三 | 三十九 | 二十九 |
| 壬辰 二十一 | | 十 | 七 | 四 | 四十 | 三十 |
| 癸巳 二十二 | | 十一 | 八 | 五 | 四十一 | 三十一 |

經辰之亥二千二百二十

| | | | | | |
|---|---|---|---|---|---|
| 甲午 二十三 | 十二 | 九 | 六 | 四十二 | 三十二 |
| 乙未 二十四 | 十三 | 十 | 七 | 四十三 | 三十三 |
| 丙申 二十五 | 十四 | 十一 | 八 | 四十四 | 三十四 |
| 丁酉 二十六 | 十五 | 十一 | 九 | 四十五 | 秦悼公① |
| 戊戌 二十七 | 十六 | 十三 | 十 | 四十六 | 二 |
| 己亥 二十八哀王 | 十七 | 十四 | 十一 | 四十七 | 三 |
| 庚子 周思王、考王② | 十八 | 十五 | 十二 | 四十八 | 四 |
| 辛丑 二 | 十九 | 十八 | 十三 | 四十九 | 五 |

① 「秦悼公」，四庫本作「桓公」。實當作「秦躁公」。
② 「考王」，原作「孝王」，據四庫本改。

| | | | | | | |
|---|---|---|---|---|---|---|
| 壬寅 | 三 | 晉幽公 | 十七 | 十四 | 五十 | 六 |
| 癸卯 | 四 | 二 | 十八 | 十五 | 五十一 | 七 |
| 甲辰 | 五 | 三 | 十九 | 十六 | 五十二 | 八 |
| 乙巳 | 六 | 四 | 二十 | 十七 | 五十三 | 九 |
| 丙午 | 七 | 五 | 二十一 | 十八 | 五十四 | 十 |
| 丁未 | 八 | 六 | 二十二 | 十九 | 五十五 | 十一 |
| 戊申 | 九 | 七 | 二十三 | 二十 | 五十六 | 十二 |
| 己酉 | 十 | 八 | 二十四 | 二十一 | 五十七 | 十三 |
| 庚戌 | 十一 | 九 | 二十五 | 二十二 | 楚簡王 | 秦懷公 |
| 辛亥 | 十二 | 十 | 二十六 | 二十三 | 二 | 二 |
| 壬子 | 十三 | 十一 | 二十七 | 二十四 | 三 | 三 |
| 癸丑 | 十四 | 十二 | 二十八 | 二十五 | 四 | 秦靈公 |
| 甲寅 | 十五 | 十三 | 二十九 | 二十六 | 五 | 二 |
| 乙卯 | 十六 | 十四 | 三十 | 二十七 | 六 | 三 |
| 丙辰 | 周威烈 | 十五 | 三十一 | 二十八 | 七 | 四 |
| 丁巳 | 二 | 十六 | 三十二 | 二十九 | 八 | 五 |

戊午 三 十七 三十三 三十 九 六

己未 四 十八 三十四 三十一 十 七

庚申 五 晉烈公 三十五 三十二 十一 八

辛酉 六 二 三十六 三十三 十二 九

壬戌 七 三 三十七 三十四 十三 十

癸亥 八 四 三十八 三十五 十四 十一

## 以會經運之八 觀物篇之二十

經日之甲一

經月之午七

經星之巳一百八十六

經辰之子二千二百二十一

甲子 九 五 三十九 三十六 十五 十二

乙丑 十 六 四十 三十七 十六 十三

丙寅 十一 七 四十一 三十八 十七 秦簡公

丁卯 十二 八 四十二 三十九 十八 二

| | | | | | | | | | |
|---|---|---|---|---|---|---|---|---|---|
| 戊辰 | 十三 | 九 | 四十三 | 四十 | 十九 | 三 | | | |
| 己巳 | 十四 | 十 | 四十四 | 四十一 | 二十 | 四 | | | |
| 庚午 | 十五 | 十一 | 四十五 | 四十二 | 二十一 | 五 | | | |
| 辛未 | 十六 | 十二 | 四十六 | 四十三 | 二十二 | 六 | | | |
| 壬申 | 十七 | 十三 | 四十七 | 四十四 | 二十三 | 七 | | | |
| 癸酉 | 十八 | 十四 | 四十八 | 四十五 | 二十四 | 八 | | | |
| 甲戌 | 十九 | 十五 | 四十九 | 四十六 | 楚聲王 | 九 | | | |
| 乙亥 | 二十 | 十六 | 五十 | 四十七 | 二 | 十 | | | |
| 丙子 | 二十一 | 十七 | 五十一 | 宋悼公① | 三 | 十一 | | | |
| 丁丑 | 二十二 | 十八 | 齊康公 | 二 | 四 | 十二 | | | |
| 戊寅 | 二十三 | 十九 | 二 | 三 | 五 | 十三 | 韓景侯 | 魏文侯 | 趙烈侯 |
| 己卯 | 二十四 | 二十 | 三 | 四 | 楚悼王 | 十四 | 七 | 二十三 | 七 |
| 庚辰 | 周安王 | 二十一 | 四 | 五 | 二 | 十五 | 八 | 二十四 | 八 |
| 辛巳 | 二 | 二十二 | 五 | 六 | 三 | 十六 | 九 | 二十五 | 九 |

①「宋悼公」，原作「宋韓公」，據四庫本改。

| | | | | | | | | | |
|---|---|---|---|---|---|---|---|---|---|
| 壬午 | 三 | 二十三 | 六 | 七 | 四 | 秦惠公 | 韓烈侯 | 二十六 | 趙武侯 |
| 癸未 | 四 | 二十四 | 七 | 八 | 五 | 二 | 二 | 二十七 | 二 |
| 甲申 | 五 | 二十五 | 八 | 宋休公① | 六 | 三 | 三 | 二十八 | 三 |
| 乙酉 | 六 | 二十六 | 九 | 二 | 七 | 四 | 四 | 二十九 | 四 |
| 丙戌 | 七 | 二十七 | 十 | 三 | 八 | 五 | 五 | 三十 | 五 |
| 丁亥 | 八 | 晉孝公 | 十一 | 四 | 九 | 六 | 六 | 三十一 | 六 |
| 戊子 | 九 | 二 | 十二 | 五 | 十 | 七 | 七 | 三十二 | 七 |
| 己丑 | 十 | 三 | 十三 | 六 | 十一 | 八 | 八 | 三十三 | 八 |
| 庚寅 | 十一 | 四 | 十四 | 七 | 十二 | 九 | 九 | 三十四 | 九 |
| 辛卯 | 十二 | 五 | 十五 | 八 | 十三 | 十 | 十 | 三十五 | 十 |
| 壬辰 | 十三 | 六 | 十六 | 九 | 十四 | 十一 | 十一 | 三十六 | 十一 |
| 癸巳 | 十四 | 七 | 十七 | 十 | 十五 | 十二 | 十二 | 三十七 | 十二 |

經辰之丑二千二百二十二

| | | | | | | | | | |
|---|---|---|---|---|---|---|---|---|---|
| 甲午 | 十五 | 八 | 十八 | 十一 | 十六 | 十三 | 十三 | 三十八 | 十二 |

① 「宋休公」，原作「宋休王」，據四庫本改。

| | | | | | | | | | |
|---|---|---|---|---|---|---|---|---|---|
| 乙未 | 十六 | 九 | 後齊太公 | 十二 | 十七 | 秦出子 | 韓文侯 | 魏武侯 | 趙敬侯 |
| 丙申 | 十七 | 十 | 二 | 十二 | 十八 | 秦獻公 | 二 | 二 | 二 |
| 丁酉 | 十八 | 十一 | 齊桓公 | 十四 | 十九 | 二 | 三 | 三 | 三 |
| 戊戌 | 十九 | 十二 | 二 | 十五 | 二十 | 三 | 四 | 四 | 四 |
| 己亥 | 二十 | 十三 | 三 | 十六 | 二十一 | 四 | 五 | 五 | 五 |
| 庚子 | 二十一 | 十四 | 四 | 十七 | 二十二 | 五 | 六 | 六 | 六 |
| 辛丑 | 二十二 | 十五 | 五 | 十八 | 楚肅王 | 六 | 七 | 七 | 七 |
| 壬寅 | 二十三 | 十六 | 六 | 十九 | 二 | 七 | 八 | 八 | 八 |
| 癸卯 | 二十四 | 十七 | 齊威王 | 二十 | 三 | 八 | 九 | 九 | 九 |
| 甲辰 | 二十五 | 晉靜公 | 二 | 二十一 | 四 | 九 | 十 | 十 | 十 |
| 乙巳 | 二十六 | 晉亡 | 三 | 二十二 | 五 | 十 | 韓哀侯 | 十一 | 十一 |
| 丙午 | 周烈王 | | 四 | 二十三 | 六 | 十一 | 二 | 十二 | 十二 |
| 丁未 | 二 | | 五 | 宋辟公 | 七 | 十二 | 三 | 十三 | 趙成侯 |
| 戊申 | 三 | | 六 | 二 | 八 | 十三 | 四 | 十四 | 二 |
| 己酉 | 四 | | 七 | 三 | 九 | 十四 | 五 | 十五 | 三 |

| | | | | | | | | | |
|---|---|---|---|---|---|---|---|---|---|
| 庚戌 | 五 | | 八 | 宋剔成① | 十 | 十五 | 韓懿侯② | 十六 | 四 |
| 辛亥 | 六 | | 九 | 二 | 十一 | 十六 | 二③ | 魏惠王 | 五 |
| 壬子 | 七 | | 十 | 三 | 楚宣王 | 十七 | 三 | 二 | 六 |
| 癸丑 | 周顯王 | | 十一 | 四 | 二 | 十八 | 四 | 三 | 七 |
| 甲寅 | 二周分爲二 | | 十二 | 五 | 三 | 十九 | 五 | 四 | 八 |
| 乙卯 | 三 | 二 | 十三 | 六 | 四 | 二十 | 六 | 五 | 九 |
| 丙辰 | 四 | 三 | 十四 | 七 | 五 | 二十一 | 七 | 六 | 十 |
| 丁巳 | 五 | 四 | 十五 | 八 | 六 | 二十二 | 八 | 七 | 十一 |
| 戊午 | 六 | 五 | 十六 | 九 | 七 | 二十三 | 九 | 八 | 十二 |
| 己未 | 七 | 六 | 十七 | 十 | 八 | 二十四 | 十 | 九 | 十三 |
| 庚申 | 八 | 七 | 十八 | 十一 | 九 | 秦孝公 | 十一 | 十 | 十四 |
| 辛酉 | 九 | 東周傑亡④ | 十九 | 十二 | 十 | 二 | 十二 | 十一 | 十五 |

① 「剔成」，原作「剔威」，據四庫本改。
② 「韓懿侯」，四庫本作「六」。
③ 「二」，四庫本作「韓懿侯」。按：四庫本以此年爲韓懿侯即位之年。
④ 「立」，原作「亡」，據四庫本改。

| | | | | | | | | |
|---|---|---|---|---|---|---|---|---|
| 壬戌 十 | 二 | 二十 | 十三 | 十一 | 三 | 十三 | 十二 | 十六 |
| 癸亥 十一 | 三① | 二十一 | 十四 | 十二 | 四 | 韓昭侯 | 十三 | 十七 |

經辰之寅二千二百二十三

| | | | | | | | | |
|---|---|---|---|---|---|---|---|---|
| 甲子 十二 | | 二十二 | 十五 | 十三 | 五 | 二 | 十四 | 十八 |
| 乙丑 十三 | | 二十三 | 十六 | 十四 | 六 | 三 | 十五 | 十九 |
| 丙寅 十四 | | 二十四 | 十七 | 十五 | 七 | 四 | 十六 | 二十 |
| 丁卯 十五 | | 二十五 | 十八 | 十六 | 八 | 五 | 十七 | 二十一 |
| 戊辰 十六 | | 二十六 | 十九 | 十七 | 九 | 六 | 十八 | 二十二 |
| 己巳 十七 | | 二十七 | 二十 | 十八 | 十 | 七 | 十九 | 二十三 |
| 庚午 十八 | | 二十八 | 二十一 | 十九 | 十一 | 八 | 二十 | 二十四 |
| 辛未 十九 | | 二十九 | 二十二 | 二十 | 十二 | 九 | 二十一 | 二十五 |
| 壬申 二十 | | 三十 | 二十三 | 二十一 | 十三 | 十 | 二十二 | 趙肅侯 |
| 癸酉 二十一 | | 三十一 | 二十四 | 二十二 | 十四 | 十一 | 二十三 | 二 |

① 「三」，自上頁「乙卯」行下「二」至此，四庫本除「東周傑立」作雙行小字置「辛酉九」下，其餘無。下頁據四庫本將齊國以下各提上一欄，以便再下頁排入燕國。

| | | | | | | | | |
|---|---|---|---|---|---|---|---|---|
| 甲戌 | 二十二 | 三十二 | 二十五 | 二十三 | 十五 | 十二 | 二十四 | 三 |
| 乙亥 | 二十三 | 三十三 | 二十六 | 二十四 | 十六 | 十三 | 二十五 | 四 |
| 丙子 | 二十四 | 三十四 | 二十七 | 二十五 | 十七 | 十四 | 二十六 | 五 |
| 丁丑 | 二十五 | 三十五 | 二十八 | 二十六 | 十八 | 十五 | 二十七 | 六 |
| 戊寅 | 二十六 | 三十六 | 二十九 | 二十七 | 十九 | 十六 | 二十八 | 七 |
| 己卯 | 二十七 | 齊宣王 | 三十 | 二十八 | 二十 | 十七 | 二十九 | 八 |
| 庚辰 | 二十八 | 二 | 三十一 | 二十九 | 二十一 | 十八 | 三十 | 九 |
| 辛巳 | 二十九 | 三 | 三十二 | 三十 | 二十二 | 十九 | 三十一 | 十 |
| 壬午 | 三十 | 四 | 三十三 | 楚威王 | 二十三 | 二十 | 三十二 | 十一 |
| 癸未 | 三十一 | 五 | 三十四 | 二 | 二十四 | 二十一 | 三十三 | 十二 |
| 甲申 | 三十二 | 六 | 三十五 | 三 | 秦惠王 | 二十二 | 三十四 | 十三 |
| 乙酉 | 三十三 | 七 | 三十六 | 四 | 二 | 二十三 | 三十五 | 十四 |
| 丙戌 | 三十四 | 八 | 三十七 | 五 | 三 | 二十四 | 三十六 | 十五 |
| 丁亥 | 三十五 | 九 | 三十八 | 六滅越 | 四 | 二十五 | 魏襄王 | 十六 |
| 戊子 | 三十六 | 十 | 三十九 | 七 | 五 | 二十六 | 二稱王 | 十七 |

己丑 三十七 十一 四十 八 六 韓宣惠 三 十八
庚寅 三十八 十二 四十一 九 七 二 四 十九
辛卯 三十九 十三 宋元王 十 八 三 五 二十
壬辰 四十 十四 二 十一 九 四 六 二十一
癸巳 四十一 十五 三 楚懷王 十 五 七 二十二

經辰之卯二千二百二十四

甲午 四十二 十六 四 二 十一 六 八 二十三
乙未 四十三 十七 五 三 十二 七 九 二十四
丙申 四十四 十八 六 四 十三 八 十 趙武靈
丁酉 四十五 十九 七 五 十四 九 十一 二
戊戌 四十六 齊湣王 八 六 十五 十 十二 三 燕易王
己亥 四十七 二 九 七 十六 十一 十三 四 二
庚子 四十八 三 十 八 十七 十二 十四 五 三
辛丑 周慎靚 四 十一 九 十八 十三 十五 六 燕王噲
壬寅 二 五 十二 十 十九 十四 十六 七 二
癸卯 三 六 十三 十一 二十 十五 魏哀王 八 三

| | | | | | | | | | |
|---|---|---|---|---|---|---|---|---|---|
| 甲辰 | 四 | 七 | 十四 | 十二 | 二十一 | 十六 | 二 | 九 | 四 |
| 乙巳 | 五 | 八 | 十五 | 十三 | 二十二 | 十七 | 三 | 十 | 五 |
| 丙午 | 六 | 九 | 十六 | 十四 | 二十三 | 十八 | 四 | 十一 | 六 |
| 丁未 | 周赧王 | 十 | 十七 | 十五 | 二十四 | 十九 | 五 | 十二 | 七 |
| 戊申 | 二 | 十一 | 十八 | 十六 | 二十五 | 二十 | 六 | 十三 | 八 |
| 己酉 | 三 | 十二 | 十九 | 十七 | 二十六 | 二十一 | 七 | 十四 | 燕昭王 |
| 庚戌 | 四 | 十三 | 二十 | 十八 | 二十七 | 韓襄王 | 八 | 十五 | 二 |
| 辛亥 | 五 | 十四 | 二十一 | 十九 | 秦武王 | 二 | 九 | 十六 | 三 |
| 壬子 | 六 | 十五 | 二十二 | 二十 | 二 | 三 | 十 | 十七 | 四 |
| 癸丑 | 七 | 十六 | 二十三 | 二十一 | 三 | 四 | 十一 | 十八 | 五 |
| 甲寅 | 八 | 十七 | 二十四 | 二十二 | 四 | 五 | 十二 | 十九 | 六 |
| 乙卯 | 九 | 十八 | 二十五 | 二十三 | 秦昭襄 | 六 | 十三 | 二十 | 七 |
| 丙辰 | 十 | 十九 | 二十六 | 二十四 | 二 | 七 | 十四 | 二十一 | 八 |
| 丁巳 | 十一 | 二十 | 二十七 | 二十五 | 三 | 八 | 十五 | 二十二 | 九 |
| 戊午 | 十二 | 二十一 | 二十八 | 二十六 | 四 | 九 | 十六 | 二十三 | 十 |
| 己未 | 十三 | 二十二 | 二十九 | 二十七 | 五 | 十 | 十七 | 二十四 | 十一 |

| | | | | | | | | | |
|---|---|---|---|---|---|---|---|---|---|
| 庚申 | 十四 | 二十三 | 三十 | 二十八 | 六 | 十一 | 十八 | 二十五 | 十二 |
| 辛酉 | 十五 | 二十四 | 三十一 | 二十九 | 七 | 十二 | 十九 | 二十六 | 十三 |
| 壬戌 | 十六 | 二十五 | 三十二 | 三十 | 八 | 十三 | 二十 | 二十七 | 十四 |
| 癸亥 | 十七 | 二十六 | 三十三 | 楚頃襄 | 九 | 十四 | 二十一 | 趙惠文① | 十五 |
| 經辰之辰二千二百二十五 | | | | | | | | | |
| 甲子 | 十八 | 二十七 | 三十四 | 二 | 十 | 十五 | 二十二 | 二 | 十六 |
| 乙丑 | 十九 | 二十八 | 三十五 | 三 | 十一 | 十六 | 二十三 | 三 | 十七 |
| 丙寅 | 二十 | 二十九 | 三十六 | 四 | 十二 | 韓釐王 | 魏昭王 | 四 | 十八 |
| 丁卯 | 二十一 | 三十 | 三十七 | 五 | 十三 | 二 | 二 | 五 | 十九 |
| 戊辰 | 二十二 | 三十一 | 三十八 | 六 | 十四 | 三 | 三 | 六 | 二十 |
| 己巳 | 二十三 | 三十二 | 三十九 | 七 | 十五 | 四 | 四 | 七 | 二十一 |
| 庚午 | 二十四 | 三十三 | 四十 | 八 | 十六 | 五 | 五 | 八 | 二十二 |
| 辛未 | 二十五 | 三十四 | 四十一 | 九 | 十七 | 六 | 六 | 九 | 二十三 |
| 壬申 | 二十六 | 三十五 | 四十二 | 十 | 十八 | 七 | 七 | 十 | 二十四 |

① 「趙惠文」，原作「趙文惠」，據四庫本改。

| | | | | | | | | | |
|---|---|---|---|---|---|---|---|---|---|
| 癸酉 | 二十七 | 三十六 | 四十三 | 十一 | 十九 | 八 | 八 | 十一 | 二十五 |
| 甲戌 | 二十八 | 三十七 | 四十四 | 十二 | 二十 | 九 | 九 | 十二 | 二十六 |
| 乙亥 | 二十九 | 三十八滅宋宋亡 | | 十三 | 二十一 | 十 | 十 | 十三 | 二十七 |
| 丙子 | 三十 | 三十九 | | 十四 | 二十二 | 十一 | 十一 | 十四 | 二十八 |
| 丁丑 | 三十一 | 齊襄王 | | 十五 | 二十三 | 十二 | 十二 | 十五 | 二十九 |
| 戊寅 | 三十二 | 二 | | 十六 | 二十四 | 十三 | 十三 | 十六 | 三十 |
| 己卯 | 三十三 | 三 | | 十七 | 二十五 | 十四 | 十四 | 十七 | 三十一 |
| 庚辰 | 三十四 | 四 | | 十八 | 二十六 | 十五 | 十五 | 十八 | 三十二 |
| 辛巳 | 三十五 | 五 | | 十九 | 二十七 | 十六 | 十六 | 十九 | 三十三 |
| 壬午 | 三十六 | 六 | | 二十 | 二十八 | 十七 | 十七 | 二十 | 燕惠王 |
| 癸未 | 三十七 | 七 | | 二十一 | 二十九 | 十八 | 十八 | 二十一 | 二 |
| 甲申 | 三十八 | 八 | | 二十二 | 三十 | 十九 | 十九 | 二十二 | 三 |
| 乙酉 | 三十九 | 九 | | 二十三 | 三十一 | 二十 | 魏釐王 | 二十三 | 四 |
| 丙戌 | 四十 | 十 | | 二十四 | 三十二 | 二十一 | 二 | 二十四 | 五 |
| 丁亥 | 四十一 | 十一 | | 二十五 | 三十三 | 二十二 | 三 | 二十五 | 六 |
| 戊子 | 四十二 | 十二 | | 二十六 | 三十四 | 二十三 | 四 | 二十六 | 七 |

| | | | | | | | | | | |
|---|---|---|---|---|---|---|---|---|---|---|
| 己丑 | 四十三 | 十三 | | | 二十七 | 三十五 | 韓桓惠 | 五 | 二十七 | 八 |
| 庚寅 | 四十四 | 十四 | | | 二十八 | 三十六 | 二 | 六 | 二十八 | 燕武成 |
| 辛卯 | 四十五 | 十五 | | 二十九 | 三十七 | 三 | 七 | 二十九 | 二 | |
| 壬辰 | 四十六 | 十六 | | 三十 | 三十八 | 四 | 八 | 三十 | 三 | |
| 癸巳 | 四十七 | 十七 | | 三十一 | 三十九 | 五 | 九 | 三十一 | 四 | |

經辰之巳二千二百二十六

| | | | | | | | | | |
|---|---|---|---|---|---|---|---|---|---|
| 甲午 | 四十八 | 十八 | | 三十二 | 四十 | 六 | 十 | 三十二 | 五 |
| 乙未 | 四十九 | 十九 | | 三十三 | 四十一 | 七 | 十一 | 三十三 | 六 |
| 丙申 | 五十 | 二十 | | 三十四 | 四十二 | 八 | 十二 | 趙孝成 | 七 |
| 丁酉 | 五十一 | 齊王建 | | 三十五 | 四十三 | 九 | 十三 | 二 | 八 |
| 戊戌 | 五十二 | 二 | | 三十六 | 四十四 | 十 | 十四 | 三 | 九 |
| 己亥 | 五十三 | 三 | | 楚考烈 | 四十五 | 十一 | 十五 | 四 | 十 |
| 庚子 | 五十四 | 四 | | 二 | 四十六 | 十二 | 十六 | 五 | 十一 |
| 辛丑 | 五十五 | | 五 | 三 | 四十七 | 十三 | 十七 | 六 | 十二 |
| 壬寅 | 五十六 | | 六 | 四 | 四十八 | 十四 | 十八 | 七 | 十三 |
| 癸卯 | 五十七 | | 七 | 五 | 四十九 | 十五 | 十九 | 八 | 十四 |

| | | | | | | | |
|---|---|---|---|---|---|---|---|
| 甲辰 五十八 | 八 | 六 | 五十 | 十六 | 二十 | 九 | 燕孝王 |
| 乙巳 周滅 | 九 | 七 | 五十一滅周 | 十七 | 二十一 | 十 | 二 |
| 丙午 | 十 | 八 | 五十二 | 十八 | 二十二 | 十一 | 三 |
| 丁未 | 十一 | 九 | 五十三 | 十九 | 二十三 | 十二 | 燕王喜 |
| 戊申 | 十二 | 十 | 五十四 | 二十 | 二十四 | 十三 | 二 |
| 己酉 | 十三 | 十一 | 五十五 | 二十一 | 二十五 | 十四 | 三 |
| 庚戌 | 十四 | 十二 | 五十六① | 二十二 | 二十六 | 十五 | 四 |
| 辛亥 東周惠君亡 | 十五 | 十三 | 秦孝文、莊襄 | 二十三 | 二十七 | 十六 | 五 |
| 壬子 | 十六 | 十四 | 二 | 二十四 | 二十八 | 十七 | 六 |
| 癸丑 | 十七 | 十五 | 三 | 二十五 | 二十九 | 十八 | 七 |
| 甲寅 | 十八 | 十六 | 四 | 二十六 | 三十 | 十九 | 八 |
| 乙卯 | 十九 | 十七 | 秦始皇 | 二十七 | 三十一 | 二十 | 九 |
| 丙辰 | 二十 | 十八 | 二 | 二十八 | 三十二 | 二十一 | 十 |
| 丁巳 | 二十一 | 十九 | 三 | 二十九 | 三十三 | 趙悼襄 | 十一 |

① 「五十六」，四庫本「孝文」列於此下而非次行。

| | | | | | | | |
|---|---|---|---|---|---|---|---|
| 戊午 | 二十二 | 二十 | 四 | 三十 | 三十四 | 二 | 十二 |
| 己未 | 二十三 | 二十一 | 五 | 三十一 | 魏景湣 | 三 | 十三 |
| 庚申 | 二十四 | 二十二 | 六 | 三十二 | 二 | 四 | 十四 |
| 辛酉 | 二十五 | 二十三 | 七 | 三十三 | 三 | 五 | 十五 |
| 壬戌 | 二十六 | 二十四 | 八 | 三十四 | 四 | 六 | 十六 |
| 癸亥 | 二十七 | 二十五 | 九 | 韓王安 | 五 | 七 | 十七 |

經辰之午二千二百二十七

| | | | | | | | |
|---|---|---|---|---|---|---|---|
| 甲子 | 二十八 | 楚幽王 | 十 | 二 | 六 | 八 | 十八 |
| 乙丑 | 二十九 | 二 | 十一 | 三 | 七 | 九 | 十九 |
| 丙寅 | 三十 | 三 | 十二 | 四 | 八 | 趙王遷 | 二十 |
| 丁卯 | 三十一 | 四 | 十三 | 五 | 九 | 二 | 二十一 |
| 戊辰 | 三十二 | 五 | 十四 | 六 | 十 | 三 | 二十二 |
| 己巳 | 三十三 | 六 | 十五 | 七 | 十一 | 四 | 二十三 |
| 庚午 | 三十四 | 七 | 十六 | 八 | 十二 | 五 | 二十四 |
| 辛未 | 三十五 | 八 | 十七滅韓 | 韓亡 | 十三 | 六 | 二十五 |
| 壬申 | 三十六 | 九 | 十八 | | 十四 | 七 | 二十六 |

| | | | | | | |
|---|---|---|---|---|---|---|
| 癸酉 | 三十七 | 十 | 十九滅趙 | 十五 | 趙亡 | 二十七 |
| 甲戌 | 三十八 | 楚負芻 | 二十 | 魏王假 | | 二十八 |
| 乙亥 | 三十九 | 二 | 二十一滅燕 | 二 | | 燕亡 |
| 丙子 | 四十 | 三 | 二十二滅魏 | 魏亡 | | |
| 丁丑 | 四十一 | 四 | 二十三 | | | |
| 戊寅 | 四十二 | 楚亡 | 二十四滅楚 | | | |
| 己卯 | 四十三 | | 二十五 | | | |
| 庚辰 | 齊亡 | | 二十六滅齊 | | | |
| 辛巳 | | | 二十七 | | | |
| 壬午 | | | 二十八 | | | |
| 癸未 | | | 二十九 | | | |
| 甲申 | | | 三十 | | | |
| 乙酉 | | | 三十一 | | | |
| 丙戌 | | | 三十二 | | | |
| 丁亥 | | | 三十三 | | | |
| 戊子 | | | | 三十四 | | |

己丑　三十五
庚寅　三十六
辛卯　三十七
壬辰　秦二世
癸巳　二

經辰之未二千二百二十八

甲午　漢高祖先入關　楚伯王後入關①　秦亡
乙未　二　二
丙申　三　三
丁酉　四　四
戊戌　五　五
己亥　六　楚亡
庚子　七
辛丑　八

①「伯王」，四庫本作「項王」。

壬寅 九

癸卯 十

甲辰 十一

乙巳 十二

丙午 十三

丁未 漢惠帝

戊申 二

己酉 三

庚戌 四

辛亥 五

壬子 六

癸丑 七

甲寅 漢吕后立惠帝養子①

乙卯 二

①「惠帝養子」，四庫本作「無名子」。

丙辰 三
丁巳 漢呂后立養子恒山王爲帝①
戊午 二
己未 三
庚申 四
辛酉 漢文帝
壬戌 二
癸亥 三

經辰之申二千二百二十九

甲子 四
乙丑 五
丙寅 六
丁卯 七
戊辰 八

① 四庫本無「養子」、「爲帝」四字。

己巳 九

庚午 十

辛未 十一

壬申 十二

癸酉 十三

甲戌 十四

乙亥 十五

丙子 十六

丁丑 十七

戊寅 十八後元①

己卯 十九

庚辰 二十

辛巳 二十一

壬午 二十二

① 四庫本自此以後帝王在位中途改元，時間重計。

癸未 二十三
甲申 二十四
乙酉 漢景帝
丙戌 二
丁亥 三
戊子 四
己丑 五
庚寅 六
辛卯 七
壬辰 八中元
癸巳 九
經辰之酉二千二百三十
甲午 十
乙未 十一
丙申 十二
丁酉 十三

戊戌 十四後元
己亥 十五
庚子 十六
辛丑漢武帝①
壬寅 二
癸卯 三
甲辰 四
乙巳 五
丙午 六
丁未 七元光
戊申 八
己酉 九
庚戌 十
辛亥 十一

① 「帝」後，四庫本有「建元」二字。

壬子 十二

癸丑 十三元朔

甲寅 十四

乙卯 十五

丙辰 十六

丁巳 十七

戊午 十八

己未 十九元狩

庚申 二十

辛酉 二十一

壬戌 二十二

癸亥 二十三

經辰之戌二千二百三十一

甲子 二十四

乙丑 二十五元鼎

丙寅 二十六

丁卯 二十七
戊辰 二十八
己巳 二十九
庚午 三十
辛未 三十一元封
壬申 三十二
癸酉 三十三
甲戌 三十四
乙亥 三十五
丙子 三十六
丁丑 三十七太初
戊寅 三十八
己卯 三十九
庚辰 四十
辛巳 四十一天漢
壬午 四十二

癸未 四十三
甲申 四十四
乙酉 四十五太始
丙戌 四十六
丁亥 四十七
戊子 四十八
己丑 四十九征和
庚寅 五十
辛卯 五十一
壬辰 五十二
癸巳 五十三後元

經辰之亥二千二百三十二

甲午 五十四
乙未 漢昭帝始元
丙申 二
丁酉 三

戊戌 四
己亥 五
庚子 六
辛丑 七元鳳
壬寅 八
癸卯 九
甲辰 十
乙巳 十一
丙午 十二
丁未 十三元平
戊申 漢宣帝本始
己酉 二
庚戌 三
辛亥 四
壬子 五地節
癸丑 六

甲寅 七

乙卯 八

丙辰 九元康

丁巳 十

戊午 十一

己未 十二

庚申 十三神爵

辛酉 十四

壬戌 十五

癸亥 十六

## 以會經運之九　觀物篇之二十一

經日之甲一

經月之午七

經星之庚一百八十七

經辰之子二千二百三十三

甲子 十七五鳳
乙丑 十八
丙寅 十九
丁卯 二十
戊辰 二十一甘露
己巳 二十二
庚午 二十三
辛未 二十四
壬申 二十五黃龍
癸酉 漢元帝初元
甲戌 二
乙亥 三
丙子 四
丁丑 五
戊寅 六永光
己卯 七

庚辰 八
辛巳 九
壬午 十
癸未 十一建昭
甲申 十二
乙酉 十三
丙戌 十四
丁亥 十五
戊子 十六竟寧
己丑 漢成帝建始
庚寅 二
辛卯 三
壬辰 四
癸巳 五河平

經辰之丑二千二百三十四

甲午 六

乙未 七

丙申 八

丁酉 九陽朔①

戊戌 十

己亥 十一

庚子 十二

辛丑 十三鴻嘉

壬寅 十四

癸卯 十五

甲辰 十六

乙巳 十七永始

丙午 十八

丁未 十九

①「陽朔」，原作「龍朔」，據四庫本改。

戊申 二十

己酉 二十一元延

庚戌 二十二

辛亥 二十三

壬子 二十四

癸丑 二十五綏和

甲寅 二十六

乙卯 漢哀帝建平

丙辰 二

丁巳 三

戊午 四

己未 五元壽

庚申 六

辛酉 漢平帝元始

壬戌 二

癸亥 三

經辰之寅二千二百三十五

甲子 四

乙丑 五

丙寅 漢孺子居攝①

丁卯 二

戊辰 三初始②

己巳 漢王莽稱新室，改建國元年

庚午 二

辛未 三

壬申 四

癸酉 五

甲戌 六天鳳

乙亥 七

① 「居攝」，原作「初始」，據四庫本改。

② 「初始」，原作「始初」，據四庫本改。

丙子 八
丁丑 九
戊寅 十
己卯 十一
庚辰 十二地皇
辛巳 十三
壬午 十四
癸未 十五劉玄稱更始
甲申 漢光武帝①
乙酉 二稱帝稱建武
丙戌 三
丁亥 四
戊子 五
己丑 六

① 「帝」後，四庫本有「封蕭王」三字。

庚寅 七

辛卯 八

壬辰 九

癸巳 十

經辰之卯二千二百三十六

甲午 十一

乙未 十二

丙申 十三

丁酉 十四

戊戌 十五

己亥 十六

庚子 十七

辛丑 十八

壬寅 十九

癸卯 二十

甲辰 二十一

乙巳 二十二
丙午 二十三
丁未 二十四
戊申 二十五
己酉 二十六
庚戌 二十七
辛亥 二十八
壬子 二十九
癸丑 三十
甲寅 三十一
乙卯 三十二
丙辰 三十三①
丁巳 三十四
戊午 漢明帝永平

① 是年，四庫本有「中元」二字。

己未 二
庚申 三
辛酉 四
壬戌 五
癸亥 六

經辰之辰二千二百三十七

甲子 七
乙丑 八
丙寅 九
丁卯 十
戊辰 十一
己巳 十二
庚午 十三
辛未 十四
壬申 十五
癸酉 十六

甲戌 十七
乙亥 十八
丙子 漢章帝建初
丁丑 二
戊寅 三
己卯 四
庚辰 五
辛巳 六
壬午 七
癸未 八
甲申 九元和
乙酉 十
丙戌 十一
丁亥 十二章和
戊子 十三
己丑 漢和帝永元

庚寅 二
辛卯 三
壬辰 四
癸巳 五

經辰之巳二千二百三十八

甲午 六
乙未 七
丙申 八
丁酉 九
戊戌 十
己亥 十一
庚子 十二
辛丑 十三
壬寅 十四
癸卯 十五
甲辰 十六

乙巳 十七①

丙午 漢殤帝延平

丁未 漢安帝永初

戊申 二

己酉 三

庚戌 四

辛亥 五

壬子 六

癸丑 七

甲寅 八元初

乙卯 九

丙辰 十

丁巳 十一

戊午 十二

① 是年，四庫本有「元興」二字。

己未 十三

庚申 十四永寧

辛酉 十五建光①

壬戌 十六延光

癸亥 十七

經辰之午二千二百三十九

甲子 十八

乙丑 十九

丙寅 漢順帝永建

丁卯 二

戊辰 三

己巳 四

庚午 五

辛未 六

① 「建光」，原作「建元」，四庫本同，據《後漢書·安帝紀》改。

壬申 七陽嘉
癸酉 八
甲戌 九
乙亥 十
丙子 十一永和
丁丑 十二
戊寅 十三
己卯 十四
庚辰 十五
辛巳 十六
壬午 十七漢安
癸未 十八
甲申 十九①
乙酉 漢沖帝永嘉

① 是年，四庫本有「建康」二字。

丙戌 漢質帝本初

丁亥 漢桓帝建和

戊子 二

己丑 三

庚寅 四和平

辛卯 五元嘉

壬辰 六

癸巳 七永興

經辰之未二千二百四十

甲午 八

乙未 九永壽

丙申 十

丁酉 十一

戊戌 十二延熹

己亥 十三

庚子 十四

辛丑 十五

壬寅 十六

癸卯 十七

甲辰 十八

乙巳 十九

丙午 二十

丁未 二十一永康

戊申 漢靈帝建寧

己酉 二

庚戌 三

辛亥 四

壬子 五熹平①

癸丑 六

甲寅 七

① 「熹平」，原作「嘉平」，據四庫本改。

乙卯 八
丙辰 九
丁巳 十
戊午 十一光和
己未 十二
庚申 十三
辛酉 十四
壬戌 十五
癸亥 十六

經辰之申二千二百四十一

甲子 十七中平
乙丑 十八
丙寅 十九
丁卯 二十
戊辰 二十一

己巳 二十二先①

庚午 漢獻帝初平

辛未 二

壬申 三

癸酉 四

甲戌 五興平

乙亥 六

丙子 七建安

丁丑 八

戊寅 九

己卯 十

庚辰 十一

辛巳 十二

壬午 十三

① 「先」，此處四庫本作「光熹，又昭寧、永漢」。

癸未 十四
甲申 十五
乙酉 十六
丙戌 十七
丁亥 十八
戊子 十九
己丑 二十
庚寅 二十一
辛卯 二十二
壬辰 二十三
癸巳 二十四

經辰之酉二千二百四十二

甲午 二十五
乙未 二十六
丙申 二十七
丁酉 二十八

| | | | |
|---|---|---|---|
| 戊戌 | 二十九 | | |
| 己亥 | 三十 | | |
| 庚子 | 魏文帝 | | |
| 辛丑 | 二黃初 | 蜀先帝 | |
| 壬寅 | 三 | 二章武 | 吳大帝 |
| 癸卯 | 四 | 蜀後主建興① | 二黃武② |
| 甲辰 | 五 | 二 | 三 |
| 乙巳 | 六 | 三 | 四 |
| 丙午 | 七 | 四 | 五 |
| 丁未 | 魏明帝太和 | 五 | 六 |
| 戊申 | 二 | 六 | 七 |
| 己酉 | 三 | 七 | 八黃龍③ |
| 庚戌 | 四 | 八 | 九 |

① 「建興」，原作「建平」，據四庫本改。
② 「黃武」，原作「神武」，據四庫本改。
③ 「黃龍」，原作「黃初」，據四庫本改。

| | | |
|---|---|---|
| 辛亥 五 | 九 | 十 |
| 壬子 六 | 十 | 十一嘉禾 |
| 癸丑 七青龍 | 十一 | 十二 |
| 甲寅 八 | 十二 | 十三 |
| 乙卯 九 | 十三 | 十四 |
| 丙辰 十 | 十四 | 十五 |
| 丁巳 十一景初 | 十五 | 十六 |
| 戊午 十二 | 十六延熙 | 十七① |
| 己未 十三 | 十七 | 十八 |
| 庚申 魏帝芳正始② | 十八 | 十九 |
| 辛酉 二 | 十九 | 二十 |
| 壬戌 三 | 二十 | 二十一 |
| 癸亥 四 | 二十一 | 二十二 |

① 「十七」後，四庫本有「赤烏」二字。
② 「正始」，原作「平始」，據四庫本改。

經辰之戌二千二百四十三

甲子　五　二十二　二十三
乙丑　六　二十三　二十四
丙寅　七　二十四　二十五
丁卯　八　二十五　二十六
戊辰　九　二十六　二十七
己巳　十嘉平　二十七　二十八
庚午　十一　二十八　二十九
辛未　十二　二十九　三十
壬申　十三　三十　三十一①
癸酉　十四　三十一　吴帝亮
甲戌　魏帝正元髦②　三十二　二③
乙亥　二　三十三　三

①「三十一」後，四庫本有「神鳳建興」四字。
②「魏帝正元髦」，四庫本作「魏高貴正元」。
③「二」後，四庫本有「五鳳」二字。

| | | |
|---|---|---|
| 丙子 三甘露 | 三十四 | 四太平 |
| 丁丑 四 | 三十五 | 五 |
| 戊寅 五 | 三十六 | 吴帝烈① |
| 己卯 六 | 三十七 | 二 |
| 庚辰 魏帝奂景元② | 三十八 | 三 |
| 辛巳 二 | 三十九 | 四 |
| 壬午 三 | 四十 | 五 |
| 癸未 四 | 蜀亡③ | 六 |
| 甲申 五④ | | 吴帝皓元興⑤ |
| 乙酉 晉武帝太始⑥ | | 二甘露 |

①「帝烈」，四庫本作「帝休永安」。
②「奂」，四庫本作「道」。
③「蜀亡」，四庫本作「蜀炎興亡」。
④「五」後，四庫本有「咸熙」二字。
⑤「帝皓元興」，四庫本作「帝始元興」。
⑥「太始」，四庫本作「泰始」。

| | | |
|---|---|---|
| 丙戌 | 二 | 三寶鼎① |
| 丁亥 | 三 | 四 |
| 戊子 | 四 | 五 |
| 己丑 | 五 | 六② |
| 庚寅 | 六 | 七 |
| 辛卯 | 七 | 八 |
| 壬辰 | 八 | 九③ |
| 癸巳 | 九 | 十 |

經辰之亥二千二百四十四

| | | |
|---|---|---|
| 甲午 | 十 | 十一 |
| 乙未 | 十一咸寧 | 十二天册④ |

①「寶鼎」，原作「寶昌」，據四庫本改。
②「六」後，四庫本有「建衡」二字。
③「九」後，四庫本有「鳳凰」二字。
④「天册」，原作「大武」，據四庫本改。

| | | |
|---|---|---|
| 丙申 | 十二 | 十三① |
| 丁酉 | 十三 | 十四 |
| 戊戌 | 十四 | 十五 |
| 己亥 | 十五 | 十六 |
| 庚子 | 十六② | 吴亡 |
| 辛丑 | 十七 | |
| 壬寅 | 十八 | |
| 癸卯 | 十九 | |
| 甲辰 | 二十 | |
| 乙巳 | 二十一 | |
| 丙午 | 二十二 | |
| 丁未 | 二十三 | |
| 戊甲 | 二十四 | |

① 「十三」後，四庫本有「天璽」二字。
② 「十六」後，四庫本有「太康滅吴」四字。

己酉 二十五

庚戌 二十六①

辛亥 晉惠帝②

壬子 二

癸丑 三

甲寅 四

乙卯 五

丙辰 六

丁巳 七

戊午 八

己未 九

庚申 十③

① 「二十六」後，四庫本有「太熙永熙」四字。
② 「晉惠帝」後，四庫本有「永平元康」四字。
③ 「十」後，四庫本有「永康」二字。

辛酉 十一永寧①

壬戌 十二②

癸亥 十三

## 以會經運之十　觀物篇之二十二

經日之甲一

經月之午七

經星之辛一百八十八

經辰之子二千二百四十五

甲子 十四永安、建武、永興　漢劉淵元熙

乙丑 十五　二

丙寅 晉懷帝永嘉③　三　後蜀李雄永武④

---

①「永寧」，原作「永字」，據四庫本改。

②「十二」後，四庫本有「大安」二字。

③「懷帝永嘉」，四庫本作「光熙懷帝」。

④「永武」，四庫本作「大武」。

| | | | | |
|---|---|---|---|---|
| 丁卯 | 二① | 四 | 二 | |
| 戊辰 | 三 | 五永鳳 | 三 | |
| 己巳 | 四 | 六河瑞 | 四 | |
| 庚午 | 五 | 漢劉聰光興 | 五 | |
| 辛未 | 六蒙塵平陽 | 二② | 六 | |
| 壬申 | 七 | 三 | 七 | |
| 癸酉 | 晉愍帝建興 | 四 | 八 | |
| 甲戌 | 二 | 五建元 | 九 | 前涼張寔永興 |
| 乙亥 | 三 | 六 | 十 | 二 |
| 丙子 | 四蒙塵平陽 | 七麟嘉 | 十一 | 三 |
| 丁丑 | 東晉元帝建武③ | 八 | 十二 | 四 |
| 戊寅 | 二④ | 前趙劉曜光初 | 十三 | 五 |

① 「二」後，四庫本有「永嘉」二字。
② 「二」後，四庫本有「嘉平」二字。
③ 「建」字原只存末畫一捺，據四庫本補。
④ 「二」後，四庫本有「稱帝太興」。

| | | | | |
|---|---|---|---|---|
| 己卯 三稱帝大武 | 二 | 十四 | 六 | 後趙石勒趙王 |
| 庚辰 四 | 三 | 十五 | 涼張茂永元 | 二 |
| 辛巳 五 | 四 | 十六 | 二 | 三 |
| 壬午 六永昌 | 五 | 十七 | 三 | 四 |
| 癸未 晉明帝太寧① | 六 | 十八 | 四 | 五 |
| 甲申 二 | 七 | 十九 | 涼張駿太元 | 六 |
| 乙酉 三 | 八 | 二十 | 二 | 七 |
| 丙戌 晉成帝咸和② | 九 | 二十一 | 三 | 八 |
| 丁亥 二 | 十 | 二十二 | 四 | 九 |
| 戊子 三 | 前趙亡 | 二十三 | 五 | 十 |
| 己丑 四 | | 二十四 | 六 | 十一 |
| 庚寅 五 | | 二十五 | 七 | 十二③ |
| 辛卯 六 | | 二十六 | 八 | 十三 |

① 「明帝」，原作「昭帝」，據四庫本改。
② 「咸和」，原作「戍知」，據四庫本改。
③ 「二」後，四庫本有「建平」二字。

壬辰 七 二十七 九 十四
癸巳 八 蜀李班 十 趙延熙①

經辰之丑二千二百四十六

甲午 九 蜀玉恒② 十一 二
乙未 十③ 二 十二 趙建武④
丙申 十一 三 十三 二
丁酉 十二 四 十四 三
戊戌 十三 蜀李壽漢興 十五 四
己亥 十四 二 十六 五
庚子 十五 三 十七 六
辛丑 十六 四 十八 七
壬寅 十七 五太和⑤ 十九 八

① 「延」前，四庫本有「石弘」二字。
② 「玉」前，四庫本有「李期」二字。
③ 「十」後，四庫本有「咸康」二字。
④ 「建」前，四庫本有「石虎」二字。
⑤ 四庫本無「太和」二字。

| | | | | | | |
|---|---|---|---|---|---|---|
| 癸卯 | 晉康帝建元 | 漢李勢① | 二十 | 九 | | |
| 甲辰 | 二 | 二 | 二十一 | 十 | | |
| 乙巳 | 晉穆帝永和② | 三 | 二十二 | 十一 | | |
| 丙午 | 二 | 四嘉寧 | 二十三永樂③ | 十二 | | |
| 丁未 | 三④ | 蜀漢亡 | 涼張重華 | 十三 | | |
| 戊申 | 四 | | 二 | 十四 | | |
| 己酉 | 五 | | 三 | 十五太寧 | 前燕慕容後燕元⑤ | |
| 庚戌 | 六 | | 四 | 十六⑥ | 二 | |
| 辛亥 | 七 | | 五 | 後趙亡 | 三滅趙 | 前秦苻健⑦皇始 |
| 壬子 | 八 | | 六 | | 四元璽 | 二 |

①「勢」後，四庫本有「太和」二字。
②「穆帝」，原作「楚帝」，據四庫本改。
③「永樂」二字，四庫本置於次行「張重華」下。
④「三」後，四庫本有「滅蜀」二字。
⑤「慕容後燕元」，四庫本作「慕容儁元年」。
⑥「十六」後，四庫本有「石祇永寧」四字。
⑦「苻健」，原作「符犍」，據四庫本改。

| | | | |
|---|---|---|---|
| 癸丑 九 | 涼張祚和平① | 五 | 三 |
| 甲寅 十 | 二 | 六 | 四 |
| 乙卯 十一 | 涼玄靚太始② | 七 | 五 |
| 丙辰 十二 | 二 | 八 | 秦苻生壽光③ |
| 丁巳 十三④ | 三 | 九光壽 | 秦苻堅永興⑤ |
| 戊午 十四 | 四 | 十 | 二 |
| 己未 十五 | 五 | 十一 | 三甘露⑥ |
| 庚申 十六 | 六 | 燕慕容暐建熙⑦ | 四 |
| 辛酉 十七 | 七 | 二 | 五 |
| 壬戌 晉哀帝隆和 | 八 | 三 | 六 |

①「和平」，原作「永平」，據四庫本改。
②「玄靚」，原作「李觀」，四庫本作「玄觀」，據《晉書》卷八六《玄靚傳》改。
③「苻生」，原作「符堅」，據四庫本改。
④「十三」後，四庫本有「升平」二字。
⑤「苻堅」，原作「符璽」，據四庫本改。
⑥「甘露」，原作「甘路」，據四庫本改。
⑦「燕慕容暐建熙」，四庫本作「前燕」。

癸亥 二興寧　　三　　涼天錫太清　　四　　七

經辰之寅二千二百四十七

甲子 三　　二　　五　　八

乙丑 四　　三　　六　　九①

丙寅 晉帝奕太和②　　四　　七　　十

丁卯 二　　五　　八　　十一

戊辰 三　　六　　九　　十二

己巳 四　　七　　十　　十三

庚午 五　　八　　前燕亡　　十四滅燕

辛未 晉文帝咸安　　九　　十五

壬申 二　　十　　十六

癸酉 晉武帝寧康　　十一　　十七

甲戌 二　　十二　　十八

① 「九」後，四庫本有「建元」二字。
② 「帝奕」，四庫本作「廢帝」。

乙亥　三　十三　十九
丙子　四太元　涼亡　二十滅涼
丁丑　五　二十一
戊寅　六　二十二
己卯　七　二十三
庚辰　八　二十四
辛巳　九　二十五
壬午　十　二十六
癸未　十一　後燕慕容垂燕元　二十七
甲申　十二　二　後秦姚萇白雀①　二十八
乙酉　十三　三　二　後魏　西秦乞伏國仁建義　秦苻丕太安
丙戌十四建興②　四建興　三③　二拓跋珪改登國④　二　後涼呂光太安　秦苻登太初
丁亥　十五　五　四　三　三　二　二

①「姚萇」，原作「姚長」，據四庫本改。
② 四庫本無「建興」二字。
③「三」後，四庫本有「建初」二字。
④「拓跋珪」，原作「托跋珪」，據四庫本改。

戊子 十六　六　五　四　秦乾歸太初　三　三

己丑 十七　七　六　五　二　四①　四

庚寅 十八　八　七　六　三　五　五

辛卯 十九　九　八　七　四　六　六

壬辰 二十　十　九　八　五　七　七

癸巳 二十一　十一　十　九　六　八　八

經辰之卯二千二百四十八

甲午 二十二　十二　秦姚興皇初　十　七　九　前秦亡

乙未 二十三　十三　二　十一　八　十龍飛②

丙申 二十四　燕寶永康③三④　十二　九　十一

丁酉 晉安帝隆安二　四　十三　十　十二　南涼禿烏⑤　北涼段業神璽⑥

---

① 「四」後，四庫本有「麟嘉」二字。
② 「龍飛」，四庫本在次行「丙申 十一」後。
③ 「寶永康」，原作「實永寧」，據四庫本改。
④ 「三」後，四庫本有「皇始」二字。
⑤ 「禿烏」，四庫本作「禿髮烏孤」。
⑥ 「段業神璽」，四庫本無。

戊戌 二 燕盛長樂① 五② 十四 十一 十三 二太初 二 南燕慕容元年③
己亥 三 二④ 六弘始 十五 十二 涼呂纂咸寧三 三天璽 二
庚子 四 三 七 十六 十三 二 涼利鹿建和⑤ 四 三建平 西涼李暠⑥
辛丑 五 燕熙光始 八 十七 十四 三 二 北涼⑦ 四 二
壬寅 六⑧ 二 九 十八 十五 涼呂隆⑨ 涼傉檀弘昌 二永安 五 三
癸卯 七 三 十 十九 十六 二 二 三 六 四
甲辰 八 四 十一 二十⑩ 十七 後涼亡 三 四 七 五
乙巳 九⑪ 五 十二 二十一 十八 四 五 燕超⑫ 六建初

①「長樂」，四庫本作「建平」。
②「五」後，四庫本有「天興」二字。
③「慕容元年」，四庫本作「慕容德稱元年」。
④「二」後，四庫本有「長樂」二字。
⑤「利鹿建和」，四庫本作「利鹿孤建和」。
⑥「暠」後，四庫本有「庚子」二字。
⑦「涼」後，四庫本有「沮渠蒙遜」四字。
⑧「六」後，四庫本有「元興」二字。
⑨「隆」後，四庫本有「神鼎」二字。
⑩「二十」後，四庫本有「天錫」二字。
⑪「九」後，四庫本有「義熙」二字。
⑫「超」後，四庫本有「太上」二字。

丙午 十 北燕高云正始① 十三 二十二 十九 五 六 二 七 夏②

丁未 十一 二 十四 二十三 二十更始 六 七 三 八 二

戊申 十二 三 十五 魏明帝永興③ 二十一 七 八 四 九 三

己酉 十三滅南燕 北燕馮跋太平 十六 二 二十二 八 九 南燕亡 十 四

庚戌 十四 二 十七 三 西秦熾盤永康 九 十 十一 五

辛亥 十五 三 十八 四 二 十 十一 十二 六

壬子 十六 四 十九 五 三 十一 十二④ 十三 七

癸丑 十七 五 二十 六神瑞 四 十二 十三 十四 八鳳翔

甲寅 十八 六 二十一 七 五 南涼亡 十四 十五 九

乙卯 十九 七 二十二 八泰常 六 十五 十六 十

丙辰 二十 八 秦姚泓永和 九 七 十六 十七 十一

丁巳 二十一 九 後秦亡 十 八 十七 西涼李歆嘉興 十二

---

① 「云」，四庫本作「靈」。
② 「夏」後，四庫本有「赫連勃勃」四字。
③ 「永興」，四庫本在「己酉 十三」下。
④ 「十二」後，四庫本有「玄始」二字。

戊午　晉德文　十　十一　九　十八　二　十三昌武①
己未　二元熙　十一　十二　十②　十九　三　十四真興③
庚申　宋武帝永和④　十二　十三　十一　二十　四　十五
辛酉　二　十三　十四　十二　二十一　五十六
壬戌　三　十四　十五　十三　二十二　六　十七
癸亥　宋義符景平　十五　十六　十四　二十三滅西涼　西涼亡十八
經辰之辰二千二百四十九
甲子　宋文帝元嘉　十六　魏太武始光　十五　二十四　十九
乙丑　二　十七　二　十六　二十五　夏昌承光⑤
丙寅　三　十八　三　十七　二十六　二
丁卯　四　十九　四　十八　二十七　三

①「昌武」，原作「武昌」，據四庫本改。
②「十」後，四庫本有「建弘」二字。
③「真興」，「興」原脱，據四庫本補。
④「永初」，原作「永和」，據四庫本改。
⑤「承光」，原作「永光」，據四庫本改。

| | | | | | |
|---|---|---|---|---|---|
| 戊辰 五 | 二十 | 五① | 西秦暮末永弘② | 二十八承玄 | 夏定勝光 |
| 己巳 六 | 二十一 | 六 | 二 | 二十九 | 二 |
| 庚午 七 | 北燕馮弘太興 | 七 | 三 | 三十義和 | 三滅西秦 |
| 辛未 八 | 二 | 八滅夏 | 西秦亡 | 三十一 | 夏亡 |
| 壬申 九 | 三 | 九延和 | | 三十二 | |
| 癸酉 十 | 四 | 十 | | 北涼牧犍③ | |
| 甲戌 十一 | 五 | 十一 | | 二 | |
| 乙亥 十二 | 六 | 十二太延 | | 三 | |
| 丙子 十三 | 北燕亡 | 十三滅北燕 | | 四 | |
| 丁丑 十四 | | 十四 | | 五 | |
| 戊寅 十五 | | 十五 | | 六 | |
| 己卯 十六 | | 十六④ | | 北涼亡 | |

① 「五」後，四庫本有「神𪊨」二字。
② 「暮末永弘」，原作「慕末永嘉」，據四庫本改。
③ 「牧犍」後，四庫本有「永和」二字。
④ 「十六」後，四庫本有「滅北涼」三字。

庚辰　十七　十七太平真君
辛巳　十八　十八
壬午　十九　十九
癸未　二十　二十
甲申　二十一　二十一
乙酉　二十二　二十二
丙戌　二十三　二十三
丁亥　二十四　二十四
戊子　二十五　二十五
己丑　二十六　二十六
庚寅　二十七　二十七
辛卯　二十八　二十八①
壬辰　二十九　魏②

① 「二十八」後，四庫本有「正平」二字。
② 「魏」後，四庫本有「文成興安」四字。

癸巳　宋帝駿建武①　二

經辰之巳二千二百五十

甲午　二②　三③

乙未　三　四太安

丙申　四　五

丁酉　五④　六

戊戌　六　七

己亥　七　八

庚子　八　九⑤

辛丑　九　十

壬寅　十　十一

---

① 「帝駿建武」，四庫本作「孝武」。

② 「二」後，四庫本有「孝元」二字。

③ 「三」後，四庫本有「興光」二字。

④ 「五」後，四庫本有「大明」二字。

⑤ 「九」後，四庫本有「和平」二字。

癸卯 十一　　十二
甲辰 宋①　　十三
乙巳 宋帝彧太始②　　十四
丙午 二　　魏③
丁未 三　　二④
戊申 四　　三
己酉 五　　四
庚戌 六　　五
辛亥 七　　魏⑤
壬子 宋帝昱元徽⑥　　二
癸丑 二　　三
甲寅 三　　四

①「宋」後，四庫本有「帝業永光」四字。
②「帝彧太始」，四庫本作「明帝太始」。
③「魏」後，四庫本有「獻文天安」四字。
④「二」後，四庫本有「皇興」二字。
⑤「魏」後，四庫本有「孝文延興」四字。
⑥「帝昱元徽」，四庫本作「大豫帝昱」。

乙卯 四　五①

丙辰 五　六永和

丁巳 宋順帝準昇明②　七③

戊午 二　八

己未 齊高帝建元　九

庚申 二　十

辛酉 三　十一

壬戌 四　十二

癸亥 齊武帝永明　十三

經辰之午二千二百五十一④

甲子 二　十四

乙丑 三　十五

---

①「五」後，四庫本有「承明」二字。

②「順帝準昇明」，四庫本作「順帝昇平」。

③「七」後，四庫本有「太和」二字。

④「五十一」，「一」字，原脱，據四庫本補。

丙寅 四 十六
丁卯 五 十七
戊辰 六 十八
己巳 七 十九
庚午 八 二十
辛未 九 二十一
壬申 十 二十二
癸酉 齊昭業隆昌 二十三
甲戌 齊明帝建武 二十四
乙亥 二 二十五遷居洛陽
丙子 三 二十六改姓元氏
丁丑 四 二十七
戊寅 五① 二十八

①「五」後，四庫本有「永泰」二字。

己卯 齊寶卷永元① 二十九
庚辰 二 魏宣武景明
辛巳 齊寶融中興 二
壬午 梁武帝天監 三
癸未 二 四
甲申 三 五正始
乙酉 四 六
丙戌 五 七
丁亥 六 八
戊子 七 九永平
己丑 八 十
庚寅 九 十一
辛卯 十 十二
壬辰 十一 十三延昌

① 「寶卷」，四庫本作「寶泰」。

癸巳 十二 十四
經辰之未二千二百五十一
甲午 十三 十五
乙未 十四 十六
丙申 十五 魏明帝熙平
丁酉 十六 二
戊戌 十七 三神龜
己亥 十八 四
庚子 十九普通 五正光
辛丑 二十 六
壬寅 二十一 七
癸卯 二十二 八
甲辰 二十三 九
乙巳 二十四 十孝昌
丙午 二十五 十一
丁未 二十六大通 十二

戊申 二十七　　魏孝莊建義，永安①

己酉 二十八中大通　　二

庚戌 二十九　　魏帝曄建明②

辛亥 三十　　魏帝恭普泰③

壬子 三十一　　魏帝脩太昌、永熙④

癸丑 三十二　　二

甲寅 三十三　　西魏寶炬　　東魏善見静帝天平

乙卯 三十四大同　　二大統　　二

丙辰 三十五　　三　　三

丁巳 三十六　　四　　四

戊午 三十七　　五　　五元象⑤

①「孝莊建義永安」，原作「孝昭義熙永寧」，據四庫本改。

②「帝曄」，原作「帝皞」，四庫本作「帝煜」，據《魏書》卷一九下《景穆十二王列傳》改。

③「泰」後，四庫本有「朗中興」三字。

④「帝脩太昌」，原作「帝循天□」，據四庫本改。四庫本無「永熙」二字。

⑤「元象」，「象」字原闕，據四庫本補。

己未 三十八 六 六興和
庚申 三十九 七 七
辛酉 四十 八 八
壬戌 四十一 九 九
癸亥 四十二 十 十武定
經辰之申二千二百五十三
甲子 四十三 十一 十一
乙丑 四十四 十二 十二
丙寅 四十五① 十三 十三
丁卯 四十六太清 十四 十四
戊辰 四十七 十五 十五
己巳 梁文帝大寶② 十六 十六
庚午 二 十七 北齊宣帝天保

① 「五」後，四庫本有「中大同」三字。
② 「梁」後，四庫本有「簡」字。「大寶」，四庫本在「庚午 二」後。

| | | | | | |
|---|---|---|---|---|---|
| 辛未 | 梁① | | | 十八 | 二 |
| 壬申 | 梁元帝承聖 | | | 西魏帝欽元年 | 三 |
| 癸酉 | 二 | | | 二 | 四 |
| 甲戌 | 梁恭帝② | | | 西魏恭帝元年 | 五 |
| 乙亥 | 二紹泰 | 後梁蕭詧大定③ | | | 六 |
| 丙子 | 三太平 | 二 | 周閔帝元年 | | 七 |
| 丁丑 | 陳武帝永定 | 三 | 周明帝元年 | | 八 |
| 戊寅 | 二 | 四 | 二 | | 九 |
| 己卯 | 三 | 五 | 三武成 | | 十 |
| 庚辰 | 陳文帝天嘉④ | 六 | 周武帝永定 | | 齊昭帝皇建⑤ |
| 辛巳 | 二 | 七 | 二⑥ | | 齊武帝太寧 |

①「梁」後，據四庫本有「棟天正」三字。
②「帝」後，據四庫本有「方智」二字。
③「梁」，原作「南涼」，「大定」，原作「天定」，四庫本同，據《北史》卷九三《僭僞附庸傳》改。
④「天嘉」，原作「太嘉」，據四庫本改。
⑤「建」上，底本不清，四庫本作「皇」，是，據補。
⑥「二」後，四庫本有「保定」二字。

| | | | | |
|---|---|---|---|---|
| 壬午 | 三 | 後梁蕭巋天保① | 三 | 二河清 |
| 癸未 | 四 | 二 | 四 | 三 |
| 甲申 | 五 | 三 | 五 | 四 |
| 乙酉 | 六 | 四 | 六 | 齊高緯天統 |
| 丙戌 | 七② | 五 | 七③ | 二 |
| 丁亥 | 陳④ | 六 | 八 | 三 |
| 戊子 | 陳宣帝 | 七 | 九 | 四 |
| 己丑 | 二太建⑤ | 八 | 十 | 五 |
| 庚寅 | 三 | 九 | 十一 | 六 |
| 辛卯 | 四 | 十 | 十二 | 七 |
| 壬辰 | 五 | 十一 | 十三⑥ | 八 |

①「梁」，四庫本作「涼」。
②「七」後，四庫本有「天康」二字。
③「七」後，四庫本有「天保」二字。「保」實當作「和」。
④「陳」後，四庫本有「伯宗光天」四字。「天」實當作「大」。
⑤「太建」，四庫本無。
⑥「十三」後，四庫本有「建德」二字。

癸巳 六　十二　十四　九
經辰之酉二千二百五十四
甲午 七　十三　十五　十
乙未 八　十四　十六　十一
丙申 九　十五　十七　十二隆化
丁酉 十　十六　十八滅北齊　北齊亡
戊戌 十一　十七　周宣帝大成①
己亥 十二　十八　周静帝大象
庚子 十三　十九　二
辛丑 十四　二十　隋文帝②
壬寅 十五　二十一　二
癸卯 陳叔寶至德　二十二　三
甲辰 二　二十三　四

① 「大成」，原作「天成」，四庫本同，據《周書》卷七《宣帝紀》改。
② 「帝」後，四庫本有「開皇」二字。

乙巳 三 二十四 五

丙午 四 後梁蕭琮廣運① 六

丁未 五禎明納國于寶② 七

戊申 六 八

己酉 陳亡 九滅陳

庚戌 十

辛亥 十一

壬子 十二

癸丑 十三

甲寅 十四

乙卯 十五

丙辰 十六

丁巳 十七

戊午 十八

---

① 「梁」，四庫本作「凉」。

② 「于寶」，四庫本作「于隋」。

己未　十九
庚申　二十
辛酉　二十一仁壽
壬戌　二十二
癸亥　二十三

經辰之戌二千二百五十五

甲子　隋煬帝
乙丑　二大業
丙寅　三
丁卯　四
戊辰　五
己巳　六
庚午　七
辛未　八
壬申　九
癸酉　十

甲戌　十一

乙亥　十二

丙子　十三

丁丑　隋亡①

戊寅　唐高祖武德

己卯　二

庚辰　三

辛巳　四

壬午　五

癸未　六

甲申　七

乙酉　八

丙戌　唐太宗

丁亥　二貞觀

① 「亡」後，四庫本有「帝侑義寧」四字。

戊子 三

己丑 四

庚寅 五

辛卯 六

壬辰 七

癸巳 八

經辰之亥二千二百五十六

甲午 九

乙未 十

丙申 十一

丁酉 十二

戊戌 十三

己亥 十四

庚子 十五

辛丑 十六

壬寅 十七

癸卯 十八
甲辰 十九
乙巳 二十
丙午 二十一
丁未 二十二
戊申 二十三
己酉 二十四
庚戌 唐高宗永徽
辛亥 二
壬子 三
癸丑 四
甲寅 五
乙卯 六
丙辰 七顯慶
丁巳 八
戊午 九

己未 十

庚申 十一

辛酉 十二①

壬戌 十三

癸亥 十四

## 以會經運之十一　觀物篇之二十三

經日之甲一

經月之午七

經星之壬二百八十九

經辰之子二千二百五十七

甲子 十五麟德

乙丑 十六

丙寅 十七乾封

①「二」後，四庫本有「龍朔」二字。

丁卯 十八

戊辰 十九總章

己巳 二十

庚午 二十一咸亨①

辛未 二十二

壬申 二十三

癸酉 二十四

甲戌 二十五上元

乙亥 二十六

丙子 二十七儀鳳

丁丑 二十八

戊寅 二十九

己卯 三十調露

庚辰 三十一永隆

① 「咸亨」，原作「咸寧」，據四庫本改。

辛巳　三十二開耀

壬午　三十三永淳

癸未　三十四弘道

甲申　唐中宗嗣聖　武后廢帝爲廬陵王，遷之均，立豫章王旦，改元文明，①再改元光宅。

乙酉　二武后徙帝于房②

丙戌　三

丁亥　四

戊子　五

己丑　六武后改元永昌

庚寅　七武后改元載初，又改國爲周，元曰天授，豫章王旦爲皇嗣。

辛卯　八

壬辰　九武后改元如意，再改長壽。

癸巳　十

---

① 「文明」，原作「大明」，據四庫本改。

② 「房」後，四庫本有「陵，改元垂拱」五字。

經辰之丑二千二百五十八

甲午　十一武后改元延載

乙未　十二武后改元證聖，再改元天册萬歲。

丙申　十三武后改元萬歲登封，再改萬歲通天。

丁酉　十四武后改元神功

戊戌　十五武后改元聖曆，召帝房陵①。

己亥　十六

庚子　十七武后改元久視

辛丑　十八武后改元大足，再改元長安。

壬寅　十九

癸卯　二十

甲辰　二十一

乙巳　二十二復唐，改元神龍，中宗年號。

丙午　二十三

① 「陵」後，四庫本有「復政」二字。

丁未 二十四景龍

戊申 二十五

己酉 二十六

庚戌 唐睿宗景雲

辛亥 二

壬子 唐玄宗先天

癸丑 二開元

甲寅 三

乙卯 四

丙辰 五

丁巳 六

戊午 七

己未 八

庚申 九

辛酉 十

壬戌 十一

癸亥 十二

經辰之寅二千二百五十九

甲子 十三

乙丑 十四

丙寅 十五

丁卯 十六

戊辰 十七

己巳 十八

庚午 十九

辛未 二十

壬申 二十一

癸酉 二十二

甲戌 二十三

乙亥 二十四

丙子 二十五楊妃入①

---

①「入」後，四庫本有「宮」字。

丁丑 二十六
戊寅 二十七
己卯 二十八
庚辰 二十九
辛巳 三十
壬午 三十一天寶
癸未 三十二
甲申 三十三
乙酉 三十四
丙戌 三十五
丁亥 三十六
戊子 三十七
己丑 三十八
庚寅 三十九
辛卯 四十
壬辰 四十一

癸巳 四十二

經辰之卯二千二百六十

甲午 四十三

乙未 四十四

丙申 唐肅宗至德

丁酉 二

戊戌 三乾元

己亥 四

庚子 五上元

辛丑 六

壬寅 七寶應

癸卯 唐代宗廣德

甲辰 二

乙巳 三永泰

丙午 四大曆

丁未 五

戊申 六
己酉 七
庚戌 八
辛亥 九
壬子 十
癸丑 十一
甲寅 十二
乙卯 十三
丙辰 十四
丁巳 十五
戊午 十六
己未 十七
庚申 唐德宗建中
辛酉 二
壬戌 三
癸亥 四

經辰之辰二千二百六十一

甲子 五興元
乙丑 六貞元
丙寅 七
丁卯 八
戊辰 九
己巳 十
庚午 十一
辛未 十二
壬申 十三
癸酉 十四
甲戌 十五
乙亥 十六
丙子 十七
丁丑 十八
戊寅 十九

己卯 二十

庚辰 二十一

辛巳 二十二

壬午 二十三

癸未 二十四

甲申 二十五

乙酉 二十六順宗不及年①

丙戌 唐憲宗元和

丁亥 二

戊子 三

己丑 四

庚寅 五

辛卯 六

壬辰 七

① 「年」後，四庫本有「永貞」二字。

癸巳 八

經辰之巳二千二百六十二

甲午 九

乙未 十

丙申 十一

丁酉 十二

戊戌 十三

己亥 十四

庚子 十五

辛丑 唐穆宗長慶

壬寅 二

癸卯 三

甲辰 四

乙巳 唐敬宗寶曆

丙午 二

丁未 唐文宗太和

戊申 二
己酉 三
庚戌 四
辛亥 五
壬子 六
癸丑 七
甲寅 八
乙卯 九
丙辰 十開成
丁巳 十一
戊午 十二
己未 十三
庚申 十四
辛酉 唐武宗會昌
壬戌 二
癸亥 三

經辰之午二千二百六十三

甲子 四

乙丑 五

丙寅 六

丁卯 唐宣宗大中①

戊辰 二

己巳 三

庚午 四

辛未 五

壬申 六

癸酉 七

甲戌 八

乙亥 九

丙子 十

①「大中」，原作「太平」，據四庫本改。

丁丑 十一
戊寅 十二
己卯 十三
庚辰 唐懿宗咸通
辛巳 二
壬午 三
癸未 四
甲申 五
乙酉 六
丙戌 七
丁亥 八
戊子 九
己丑 十
庚寅 十一
辛亥 十二
壬辰 十三

癸巳 十四

經辰之未二千二百六十四

申午 唐僖宗乾符

乙未 二

丙申 三王仙芝陷淮南

丁酉 四黃巢陷沂、鄆

戊戌 五

己亥 六

庚子 七① 廣明 黃巢陷兩京，稱齊、金統

辛丑 八中和

壬寅 九

癸卯 十黃巢走藍關

甲辰 十一

乙巳 十二光啓

① 「七」，原闕，據四庫本補。

| | | | | | | |
|---|---|---|---|---|---|---|
| 丙午 | 十三建身① | 王潮據福州 | | | | |
| 丁未 | 十四 | 二 | | | | |
| 戊申 | 十五文德 | 三 | | | | |
| 己酉 | 唐昭宗龍紀 | 四 | 錢鏐據杭州 | 王建據成都 | | |
| 庚戌 | 二② | 五 | 二 | 二 | | |
| 辛亥 | 三 | 六 | 三 | 三 | 楊行密據揚州 | |
| 壬子 | 四景福③ | 七 | 四 | 四 | 二 | |
| 癸丑 | 五 | 八 | 五 | 五 | 三 | |
| 甲寅 | 六乾寧 | 九 | 六 | 六 | 四 | 李茂貞據鳳翔 |
| 乙卯 | 七 | 十 | 七 | 七 | 五 | 二 |
| 丙辰 | 八 | 十一 | 八 | 八 | 六 | 三 |
| 丁巳 | 九 | 十二 | 九 | 九 | 七 | 四 |
| 戊午 | 十光化 | 閔王審知 | 十 | 十 | 八 | 五 |

① 「建身」，當爲「建貞」。
② 「二」後，四庫本有「大順」二字。
③ 「景福」，原作「景德」，據四庫本改。

| | | | | | | |
|---|---|---|---|---|---|---|
| 己未 | 十一 | 二 | 十一 | 十一 | 九 | 六 |
| 庚申 | 十二 | 三 | 十二 | 十二 | 十 | 七 |
| 辛酉 | 十三天復 | 四 | 十三 | 十三 | 十一 | 八 |
| 壬戌 | 十四 | 五 | 十四封越王 | 十四 | 十二封吳王 | 九 |
| 癸亥 | 十五 | 六 | 十五 | 十五 | 十三 | 十 |

經辰之申二千二百六十五

| | | | | | | |
|---|---|---|---|---|---|---|
| 甲子 | 十六天祐 | 七 | 十六 | 十六 | 十四 | 十一 |
| 乙丑 | 唐哀帝 | 八 | 十七 | 十七 | 吳渥立 | 十二 |
| 丙寅 | 二 | 九 | 十八 | 十八 | 二 | 十三 |
| 丁卯 | 梁全忠開平 | 十 | 十九 | 十九 | 三 | 十四 |
| 戊辰 | 二 | 十一 | 二十 | 蜀王建稱帝 | 吳渭立 | 十五 |
| 己巳 | 三 | 十二 | 二十一 | 二武成 | 二 | 十六 |
| 庚午 | 四 | 十三 | 二十二 | 三 | 三 | 十七 |

| | | | | | | | |
|---|---|---|---|---|---|---|---|
| 辛未 | 五乾化① | 十四 | 二十三 | 四② | 四 | 十八 | |
| 壬申 | 梁友珪鳳曆 | 十五 | 二十四 | 五 | 五 | 十九 | |
| 癸酉 | 梁友貞乾化 | 十六 | 二十五 | 六 | 六 | 二十 | |
| 甲戌 | 二 | 十七 | 二十六 | 七 | 七 | 二十一 | |
| 乙亥 | 三貞明③ | 十八 | 二十七 | 八 | 八 | 二十二 | |
| 丙子 | 四 | 十九 | 二十八 | 九通正 | 九 | 二十三 | |
| 丁丑 | 五 | 二十 | 二十九 | 十天漢 | 十 | 二十四 | 南漢劉陟乾亨 |
| 戊寅 | 六 | 二十一 | 三十 | 十一光天④ | 十一 | 二十五 | 二 |
| 己卯 | 七 | 二十二 | 三十一 | 蜀王衍乾德 | 十二渭帝武義 | 二十六 | 三 |
| 庚辰 | 八 | 二十三 | 三十二 | 二 | 二 | 二十七 | 四 |
| 辛巳 | 九龍德 | 二十四 | 三十三 | 三 | 吴溥立順義 | 二十八 | 五 |
| 壬午 | 十 | 二十五 | 三十四 | 四 | 二 | 二十九 | 六 |
| 癸未 | 後唐莊宗同光 | 二十六 | 三十五 | 五 | 三 | 附于後唐 | 七 |

---

①「乾化」，原作「乾祐」，據四庫本改。
②「四」後，四庫本有「永平」二字。
③「貞明」，原作「貞昭」，四庫本無，據《新五代史》卷三《末帝紀》改。
④「光天」，原作「天光」，據四庫本改。

甲申 二　二十七　三十六　六　四　八

乙酉 三滅蜀　閩延翰　三十七　蜀亡　五　九白龍

丙戌 後唐明宗天成　閩延鈞　三十八　六　十

丁亥 二　二　三十九　七①　十一　契丹耶律德光天顯

戊子 三　三　四十　八　十二大有　二

己丑 四　四　四十一　九②　十三　三

庚寅 五長興　五　四十二　十　十四　四

辛卯 六　六　四十三　十一　十五　五

壬辰 七　七③　四十四　十二　十六　六

癸巳 後唐閔帝　八　吴王元璀　十三　十七　七

經辰之酉二千二百六十六

甲午 後唐從珂清泰④　九　二　蜀孟知祥明德　十四　十八　八

---

① 「七」後，四庫本有「乾真」二字。按當作「乾貞」。
② 「九」後，四庫本有「大和」二字。
③ 「七」後，四庫本有「光啟」二字。按當作「龍啟」。
④ 「從珂」，原作「從河」，據四庫本改。「從」字前，四庫本尚有「應順」二字。

| | | | | | | | |
|---|---|---|---|---|---|---|---|
| 乙未 | 二 | 閩永和王昶 | 三 | 蜀孟昶明德 | 十五天祚① | 十九 | 九 |
| 丙申 | 晉敬塘天福② | 二通文 | 四 | 二 | 十六 | 二十 | 十 |
| 丁酉 | 二 | 三 | 五 | 三 | 南唐李昪③ | 二十一 | 十一 |
| 戊戌 | 三 | 四 | 六 | 四④ | 二 | 二十二 | 十二會同 |
| 己亥 | 四 | 閩延義永隆 | 七 | 五廣政⑤ | 三 | 二十三 | 十三 |
| 庚子 | 五 | 二 | 八 | 六 | 四 | 二十四 | 十四 |
| 辛丑 | 六 | 三 | 九 | 七 | 五 | 二十五 | 十五 |
| 壬寅 | 七 | 四 | 吳錢佐⑥ | 八 | 六 | 二十六⑦ | 十六 |
| 癸卯 | 晉重貴 | 五 | 二 | 九 | 七 | 南漢玢晟 | 十七 |

---

① 「天祚」，原作「天祐」，據四庫本改。
② 「敬塘」，四庫本作「石塘」。
③ 「昪」後，四庫本有「昇元」二字。
④ 「四」後，四庫本有「廣政」二字。
⑤ 四庫本無「廣政」二字。
⑥ 「錢佐」，原作「錢伍」，據四庫本改。
⑦ 「六」後，四庫本有「份光天」三字。按「份」當作「玢」。

| | | | | | | | | |
|---|---|---|---|---|---|---|---|---|
| 甲辰 | 二開運 | 閩延政天德① | 三 | 十 | 南唐李璟保大② | 二應乾乾和 | | 十八 |
| 乙巳 | 三 | 二 | 四 | 十一 | 二 | 三 | | 十九 |
| 丙午 | 四 | 三 | 五 | 十二 | 三 | 四 | | 二十 |
| 丁未 | 漢知遠 | 閩留從效③ | 六 | 十三 | 四 | 五 | 契丹兀欲天禄④ | |
| 戊申 | 二乾祐 | 二 | 吴錢俶 | 十四 | 五 | 六 | 二 | |
| 己酉 | 漢隱帝承祐 | 三 | 二 | 十五 | 六 | 七 | 三 | |
| 庚戌 | 二 | 四 | 三 | 十六 | 七 | 八 | 四 | |
| 辛亥 | 周郭威廣順 | 五 | 四 | 十七 | 八 | 九 | 契丹述律應曆⑤ | 北漢劉崇乾祐 |
| 壬子 | 二 | 六 | 五 | 十八 | 九 | 十 | 二 | 二 |
| 癸丑 | 三 | 七 | 六 | 十九 | 十 | 十一 | 三 | 三 |
| 甲寅 | 四顯德 | 八 | 七 | 二十 | 十一 | 十二 | 四 | 四 |
| 乙卯 | 周世宗 | 九 | 八 | 二十一 | 十二 | 十三 | 五 | 五 |

① 「天德」，原作「大德」，據四庫本改。
② 「李璟」，原作「李景」，據四庫本改。
③ 「留從效」，「效」字原闕，四庫本作「孝」，據《新五代史》補改。
④ 「兀欲」，原作「元欲」，據四庫本改。
⑤ 「述律應曆」，原作「耶律明立」，據四庫本改。

| | | | | | | | | |
|---|---|---|---|---|---|---|---|---|
| 丙辰 | 二 | 十 | 九 | 二十二 | 十三 | 十四 | 六 | 北漢承鈞天會 |
| 丁巳 | 三 | 十一 | 十 | 二十三 | 十四① | 十五 | 七 | 二 |
| 戊午 | 四 | 十二 | 十一 | 二十四 | 十五 | 十六 | 八 | 三 |
| 己未 | 五 | 十三 | 十二 | 二十五 | 十六 | 南漢鋹大寶② | 九 | 四 |
| 庚申 | 宋太祖建隆 | 十四 | 十三 | 二十六 | 十七 | 二 | 十 | 五 |
| 辛酉 | 二 | 十五 | 十四 | 二十七 | 十八 | 三 | 十一 | 六 |
| 壬戌 | 三 | 十六 | 十五 | 二十八 | 南唐李煜③ | 四 | 十二 | 七 |
| 癸亥 | 四乾德 | 閩洪進 | 十六 | 二十九 | 二 | 五 | 十三 | 八 |

經辰之戌二千二百六十七

| | | | | | | | | |
|---|---|---|---|---|---|---|---|---|
| 甲子 | 五 | 二 | 十七 | 三十 | 三 | 六 | 十四 | 九 |
| 乙丑 | 六滅蜀 | 三 | 十八 | 蜀亡 | 四 | 七 | 十五 | 十 |
| 丙寅 | 七 | 四 | 十九 | | 五 | 八 | 十六 | 十一 |
| 丁卯 | 八 | 五 | 二十 | | 六 | 九 | 十七 | 十二 |

① 「四」後，四庫本有「交泰」二字。
② 「鋹」，四庫本作「張」。
③ 「李煜」，原作「李昱」，據四庫本改。

戊辰 九開寶 六 二十一 七 十 十八 十三
己巳 十 七 二十二 八 十一 契丹明記保寧 北漢繼元廣運
庚午 十一 八 二十三 九 十二 二 二
辛未 十二 九 二十四 十 十三 三 三
壬申 十三 十 二十五 十一 南漢亡 四 四
癸酉 十四 十一 二十六 十二 五 五
甲戌 十五 十二 二十七 十三 六 六
乙亥 十六 十三納國 二十八 南唐亡 七 七
丙子 宋太宗太平興國 二十九納國 八
丁丑 二 九 九
戊寅 三 十 十
己卯 四滅北漢 十一乾亨 北漢亡
庚辰 五 十二
辛巳 六 十三
壬午 七 十四
癸未 八 契丹隆緒統和

甲申 九雍熙　二
乙酉 十　三
丙戌 十一　四
丁亥 十二　五
戊子 十三端拱　六
己丑 十四　七
庚寅 十五淳化　八
辛卯 十六　九
壬辰 十七　十
癸巳 十八　十一

經辰之亥二千二百六十八

甲午 十九　十二
乙未 二十至道①　十三
丙申 二十一　十四

① 「至道」，四庫本作「孟道」。

丁酉 二十二
戊戌 宋真宗咸平
己亥 二
庚子 三
辛丑 四
壬寅 五
癸卯 六
甲辰 七景德
乙巳 八
丙午 九
丁未 十
戊申 十一大中祥符
己酉 十二
庚戌 十三
辛亥 十四

十五
十六
十七
十八
十九
二十
二十一
二十二
二十三
二十四
二十五
二十六
二十七
二十八
二十九

壬子　十五　　三十開泰①
癸丑　十六　　三十一
甲寅　十七　　三十二
乙卯　十八　　三十三
丙辰　十九　　三十四
丁巳　二十天禧　　三十五
戊午　二十一　　三十六
己未　二十二　　三十七
庚申　二十三　　三十八
辛酉　二十四　　三十九②
壬戌　二十五③　　四十
癸亥　宋仁宗天聖　　四十一

① 「開泰」，原作「朝宋」，據四庫本改。
② 「九」後，四庫本有「太平」二字。
③ 「五」後，四庫本有「乾興」二字。

# 以會經運之十二　觀物篇之二十四

經日之甲一
經月之午七
經星之癸一百九十
經辰之子二千二百六十九

甲子　二　四十二
乙丑　三　四十三
丙寅　四　四十四
丁卯　五　四十五
戊辰　六　四十六
己巳　七　四十七
庚午　八　四十八
辛未　九　四十九①

①「九」後，四庫本有「景福」二字。

| | | | |
|---|---|---|---|
| 壬申 | 十明道 | 契丹宗真重熙① | 西夏元昊②顯道 |
| 癸酉 | 十一 | 三 | 二 |
| 甲戌 | 十二③ | 四 | 三開運、廣運 |
| 乙亥 | 十三 | 五 | 四 |
| 丙子 | 十四 | 六 | 五大慶 |
| 丁丑 | 十五 | 七 | 六 |
| 戊寅 | 十六寶元 | 八 | 七天授禮法延祚④ |
| 己卯 | 十七 | 九 | |
| 庚辰 | 十八康定 | 十 | |
| 辛巳 | 十九慶曆 | 十一 | |
| 壬午 | 二十 | 十二 | |
| 癸未 | 二十一 | 十三 | |

① 「契丹宗真重熙」，原作「聲興重」，據四庫本改。
② 「元昊」，「昊」原作「是」，四庫本作「吴」，據《宋史》卷四八五《夏國傳》改。
③ 「二」後，四庫本有「景祐」二字。
④ 「天授禮法延祚」，原作「天受理法延」，四庫本「禮」作「理」，據《宋史》卷四八五《夏國傳》補改。

甲申　二十二　十四
乙酉　二十三　十五
丙戌　二十四　十六
丁亥　二十五　十七
戊子　二十六　十八
己丑　二十七皇祐　十九
庚寅　二十八　二十
辛卯　二十九　二十一
壬辰　三十　二十二
癸巳　三十一　二十三

經辰之丑二千二百七十

甲午　三十二至和　二十四
乙未　三十三　契丹洪基清寧①
丙申　三十四嘉祐　二

①「基清寧」三字，據四庫本補。

丁酉 三十五　三
戊戌 三十六　四
己亥 三十七　五
庚子 三十八　六
辛丑 三十九　七
壬寅 四十　八
癸卯 四十一　九
甲辰 宋英宗治平①　十
乙巳 二　十一②
丙午 三　十二改國大遼
丁未 四　十三
戊申 宋神宗熙寧③　十四
己酉 二　十五

① 「治平」，原作「治正」，四庫本無，據《宋史》卷一三《英宗紀》改。
② 「一」後，四庫本有「咸雍」二字。
③ 「宋神宗」，四庫本作「今上」。

庚戌 三 十六
辛亥 四 十七
壬子 五 十八
癸丑 六 十九
甲寅 七 二十
乙卯 八 二十一
丙辰 九 二十二
丁巳 十① 二十三
戊午 十一
己未 十二
庚申 十三
辛酉 十四
壬戌 十五
癸亥 十六

① 四庫本自此年以後無數字及皇帝謚號。

經辰之寅二千二百七十一

甲子 十七

乙丑 十八

丙寅 宋哲宗

丁卯 二

戊辰 三

己巳 四

庚午 五

辛未 六

壬申 七

癸酉 八

甲戌 九

乙亥 十

丙子 十一

丁丑 十二

戊寅 十三

己卯 十四

庚辰 十五

辛巳 宋徽宗

壬午 二

癸未 三

甲申 四

乙酉 五

丙戌 六

丁亥 七

戊子 八

己丑 九

庚寅 十

辛卯 十一

壬辰 十二

癸巳 十三

經辰之卯二千二百七十二

甲午 十四

乙未 十五
丙申 十六
丁酉 十七
戊戌 十八
己亥 十九
庚子 二十
辛丑 二十一
壬寅 二十二
癸卯 二十三
甲辰 二十四
乙巳 二十五
丙午 宋欽宗
丁未 宋高宗
戊申 二
己酉 三
庚戌 四

辛亥 五
壬子 六
癸丑 七
甲寅 八
乙卯 九
丙辰 十
丁巳 十一
戊午 十二
己未 十三
庚申 十四
辛酉 十五
壬戌 十六
癸亥 十七

經辰之辰二千二百七十三

甲子 十八
乙丑 十九

丙寅 二十
丁卯 二十一
戊辰 二十二
己巳 二十三
庚午 二十四
辛未 二十五
壬申 二十六
癸酉 二十七
甲戌 二十八
乙亥 二十九
丙子 三十
丁丑 三十一
戊寅 三十二
己卯 三十三
庚辰 三十四
辛巳 三十五

壬午 三十六
癸未 宋孝宗
甲申 二
乙酉 三
丙戌 四
丁亥 五
戊子 六
己丑 七
庚寅 八
辛卯 九
壬辰 十
癸巳 十一
經辰之巳二千二百七十四
甲午 十二
乙未 十三
丙申 十四

丁酉 十五
戊戌 十六
己亥 十七
庚子 十八
辛丑 十九
壬寅 二十
癸卯 二十一
甲辰 二十二
乙巳 二十三
丙午 二十四
丁未 二十五
戊申 二十六
己酉 二十七
庚戌 宋光宗
辛亥 二
壬子 三

癸丑 四

甲寅 五

乙卯 宋寧宗

丙辰 二

丁巳 三

戊午 四

己未 五

庚申 六

辛酉 七

壬戌 八

癸亥 九

經辰之午二千二百七十五

甲子 十

乙丑 十一

丙寅 十二

丁卯 十三

戊辰 十四
己巳 十五
庚午 十六
辛未 十七
壬申 十八
癸酉 十九
甲戌 二十
乙亥 二十一
丙子 二十二
丁丑 二十三
戊寅 二十四
己卯 二十五
庚辰 二十六
辛巳 二十七
壬午 二十八
癸未 二十九

甲申　三十
乙酉　宋理宗寶慶元年
丙戌　二
丁亥　三
戊子　紹定元年
己丑　二
庚寅　三
辛卯　四
壬辰　五
癸巳　六
經辰之未二千二百七十六
甲午　端平元年
乙未
丙申
丁酉　嘉熙元年
戊戌

己亥
庚子
辛丑 淳祐元年
壬寅
癸卯
甲辰
乙巳
丙午
丁未
戊申
己酉
庚戌
辛亥
壬子
癸丑 寶祐元年
甲寅

乙卯

丙辰

丁巳

戊午

己未　開慶元年

庚申　景定元年

辛酉

壬戌

癸亥

經辰之申二千二百七十七

甲子

乙丑　宋度宗

丙寅

丁卯

戊辰

己巳

庚午

辛未

壬申

癸酉

甲戌

乙亥 幼主

丙子 元至元十三年宋亡

丁丑

戊寅

己卯

庚辰

辛巳

壬午

癸未

甲申

乙酉

丙戌
丁亥
戊子
己丑
庚寅
辛卯
壬辰
癸巳

經辰之酉二千二百七十八

甲午
乙未
丙申
丁酉
戊戌
己亥
庚子

辛丑
壬寅
癸卯
甲辰
乙巳
丙午
丁未
戊申
己酉
庚戌
辛亥
壬子
癸丑
甲寅
乙卯
丙辰

丁巳
戊午
己未
庚申
辛酉
壬戌
癸亥

經辰之戌二千二百七十九

甲子
乙丑
丙寅
丁卯
戊辰
己巳
庚午
辛未

壬申
癸酉
甲戌
乙亥
丙子
丁丑
戊寅
己卯
庚辰
辛巳
壬午
癸未
甲申
乙酉
丙戌
丁亥

戊子
己丑
庚寅
辛卯
壬辰
癸巳

經辰之亥二千二百八十

甲午
乙未
丙申
丁酉
戊戌
己亥
庚子
辛丑
壬寅

癸卯
甲辰
乙巳
丙午 元亡
丁未
戊申 大明洪武元年
己酉
庚戌
辛亥
壬子
癸丑
甲寅
乙卯
丙辰
丁巳
戊午

己未

庚申

辛酉

壬戌

癸亥

閉物終月戌之中經星之戌三百一十五

經辰之子二千二百六十九

經辰之丑二千二百七十

經辰之寅二千二百七十一

經辰之卯二千二百七十二

經辰之辰二千二百七十三

經辰之巳二千二百七十四

經辰之午二千二百七十五

經辰之未二千二百七十六

經辰之申二千二百七十七

經辰之酉二千二百七十八

經辰之戌二千二百七十九

經辰之亥二千二百八十

經星之甲一百九十一

經星之甲一百九十一

經星之乙一百九十二

經星之丙一百九十三

經星之丁一百九十四

經星之戊一百九十五

經星之己一百九十六

經星之庚一百九十七

經星之辛一百九十八

經星之壬一百九十九

經星之癸二百

經星之甲二百一

經星之乙二百二

經星之丙二百三

經星之丁二百四
經星之戊二百五
經星之己二百六
經星之庚二百七
經星之辛二百八
經星之壬二百九
經星之癸二百十
經日之甲一
經月之未八
經星之甲二百一十一
經星之甲二百一十一
經星之乙二百一十二
經星之丙二百一十三
經星之丁二百一十四
經星之戊二百一十五
經星之己二百一十六

經星之庚二百一十七
經星之辛二百一十八
經星之壬二百一十九
經星之癸二百二十
經星之甲二百二十一
經星之乙二百二十二
經星之丙二百二十三
經星之丁二百二十四
經星之戊二百二十五
經星之己二百二十六
經星之庚二百二十七
經星之辛二百二十八
經星之壬二百二十九
經星之癸二百三十
經星之甲二百三十一
經星之乙二百三十二

經星之丙二百三十三
經星之丁二百三十四
經星之戊二百三十五
經星之己二百三十六
經星之庚二百三十七
經星之辛二百三十八
經星之壬二百三十九
經星之癸二百四十
經日之甲一
經月之申九
經星之甲二百四十一
經星之甲二百四十一
經星之乙二百四十二
經星之丙二百四十三
經星之丁二百四十四
經星之戊二百四十五

經星之己二百四十六
經星之庚二百四十七
經星之辛二百四十八
經星之壬二百四十九
經星之癸二百五十
經星之甲二百五十一
經星之乙二百五十二
經星之丙二百五十三
經星之丁二百五十四
經星之戊二百五十五
經星之己二百五十六
經星之庚二百五十七
經星之辛二百五十八
經星之壬二百五十九
經星之癸二百六十
經星之甲二百六十一

經星之乙二百六十二
經星之丙二百六十三
經星之丁二百六十四
經星之戊二百六十五
經星之己二百六十六
經星之庚二百六十七
經星之辛二百六十八
經星之壬二百六十九
經星之癸二百七十
經日之甲一
經月之酉十
經星之甲二百七十一
經星之甲二百七十一
經星之乙二百七十二
經星之丙二百七十三
經星之丁二百七十四

經星之戊二百七十五
經星之己二百七十六
經星之庚二百七十七
經星之辛二百七十八
經星之壬二百七十九
經星之癸二百八十
經星之甲二百八十一
經星之乙二百八十二
經星之丙二百八十三
經星之丁二百八十四
經星之戊二百八十五
經星之己二百八十六
經星之庚二百八十七
經星之辛二百八十八
經星之壬二百八十九
經星之癸二百九十

經星之甲二百九十一
經星之乙二百九十二
經星之丙二百九十三
經星之丁二百九十四
經星之戊二百九十五
經星之己二百九十六
經星之庚二百九十七
經星之辛二百九十八
經星之壬二百九十九
經星之癸三百
經日之甲一
經月之戊十一
經星之甲三百一
經星之甲三百一
經星之乙三百二
經星之丙三百三

經星之丁三百四

經星之戊三百五

經星之己三百六

經星之庚三百七

經星之辛三百八

經星之壬三百九

經星之癸三百十

經星之甲三百一十一

經星之乙三百一十二

經星之丙三百一十三

經星之丁三百一十四

經星之戊三百一十五

①

① 此處，四庫本有「閉物經月戌之終」七字。

# 皇極經世卷第五

## 以運經世之一　觀物篇之二十五

經元之甲一①

經會之巳六②

經運之癸一百八十③

經世之子二千一百四十九

經世之子二千一百四十九

經世之丑二千一百五十

經世之寅二千一百五十一

經世之卯二千一百五十二

---

①「元」，原作「世」，據四庫本改，後各篇同。

②「會之巳」，原作「世之己」，據四庫本改，後各篇同。

③「運」，原作「世」，據四庫本改，後各篇同。

經世之辰二千一百五十三
經世之巳二千一百五十四
經世之午二千一百五十五
經世之未二千一百五十六

甲午
乙未
丙申
丁酉
戊戌
己亥
庚子
辛丑
壬寅
癸卯

甲辰 唐帝堯肇位于平陽，號陶唐氏。命羲、和，欽若昊天，曆象日月星辰，敬授人時。朞三百六旬有六日，以閏月定四時成歲，曰載。建寅月爲始。允釐百工，庶績咸熙。

乙巳
丙午
丁未
戊申
己酉
庚戌
辛亥
壬子
癸丑
甲寅
乙卯
丙辰
丁巳
戊午
己未
庚申

辛酉

壬戌

癸亥

經世之申二千一百五十七

甲子　唐帝堯二十一年。

乙丑

丙寅

丁卯

戊辰

己巳

庚午

辛未

壬申

癸酉

甲戌

乙亥

丙子
丁丑
戊寅
己卯
庚辰
辛巳
壬午
癸未
甲申
乙酉
丙戌
丁亥
戊子
己丑
庚寅
辛卯

壬辰
癸巳
經世之酉二千一百五十八
甲午 唐帝堯五十一年。
乙未
丙申
丁酉
戊戌
己亥
庚子
辛丑
壬寅
癸卯
甲辰
乙巳
丙午

丁未

戊申

己酉

庚戌

辛亥

壬子　鯀治水，績用不成。①

癸丑　帝堯求禪，明明揚測陋。始徵舜登庸，歷試諸難，釐降二女于潙汭，作嬪于虞，以觀法焉。

甲寅

乙卯　舜言底可績，帝以德薦之于天②，而命之位。

丙辰　正月上日，舜受命于文祖。用璇璣玉衡，以齊七政，類于上帝，禋于六宗，望于山川，偏于羣神。輯五瑞五玉，班于羣后。肇十有二州，封十有二山。四時行巡狩。協時月正日。同律度量衡。修五禮。象以典刑。流共工于幽州，放驩兜于崇山，竄三苗于三危，殛鯀于羽山，四罪正而天下咸服。

① 「不」，四庫本作「弗」。
② 「之」，四庫本無。

丁巳

戊午

己未

庚申

辛酉

壬戌

癸亥

經世之戌二千一百五十九

甲子　虞帝舜九年。

乙丑

丙寅

丁卯

戊辰

己巳

庚午

辛未

壬申

癸酉

甲戌

乙亥

丙子

丁丑

戊寅

己卯

庚辰

辛巳

壬午

癸未　帝堯殂落。①

甲申

乙酉

① 「帝堯殂落」，四庫本無。

丙戌　月正元日，舜格于文祖，號有虞氏，都蒲坂。詢四嶽，闢四門，明四目，[1]達四聰。咨十有二牧，命九官。以伯禹爲司空，稷司農，契司徒，皐陶司士，垂司工，益司虞，夷司禮，夔典樂，龍司言。此九人使宅百揆，三載考績。黜陟幽明，庶績其凝。

丁亥

戊子

己丑

庚寅

辛卯

壬辰

癸巳

經世之亥二千一百六十

甲午　虞帝舜三十九年。

乙未

丙申

---

① 「目」原作「日」，據四庫本改。

丁酉
戊戌
己亥
庚子
辛丑
壬寅
癸卯
甲辰
乙巳
丙午
丁未
戊申
己酉
庚戌
辛亥
壬子

癸丑

甲寅

乙卯

丙辰 帝舜求代，以功薦禹于天而命之位。

丁巳 正月朔旦，禹受命于神宗。正天下水土，分九州、九山，九川、九澤，會于四海。修其六府，咸則三壤，①成賦中邦。

戊午

己未

庚申

辛酉

壬戌

癸亥

---

① 「壤」，原作「孃」，據四庫本改。

# 以運經世之二　觀物篇之二十六

經元之甲一①

經會之午七

經運之甲一百八十一

經世之子二千一百六十一

經世之子二千一百六十一

甲子　夏王禹八年。

乙丑

丙寅

丁卯

戊辰

己巳

庚午

①「一」，四庫本作「乙」。

辛未

壬申

癸酉　帝舜陟方乃死。

甲戌　禹都安邑。徙居陽翟。大會諸侯于塗山，執玉帛者萬國，防風氏後至，戮焉。

乙亥

丙子

丁丑

戊寅

己卯

庚辰

辛巳

壬午

癸未　夏王禹東巡狩，至于會稽崩，元子啓踐位。

甲申　啓與有扈戰于甘之野。

乙酉

丙戌

丁亥
戊子
己丑
庚寅
辛卯
壬辰　夏王啓崩，元子太康踐位。
癸巳
經世之丑二千一百六十二
甲午　夏王太康二年。
乙未
丙申
丁酉
戊戌
己亥
庚子
辛丑

壬寅
癸卯
甲辰
乙巳
丙午
丁未
戊申
己酉
庚戌
辛亥
壬子
癸丑
甲寅
乙卯
丙辰
丁巳

戊午

己未

庚申

辛酉　夏王太康失邦，盤遊無度，畋于有洛之表，十旬不返。有窮后羿因民不忍，距于河而死，子仲康立。

壬戌　命胤侯征羲氏、和氏。

癸亥

經世之寅二千一百六十三

甲子　夏王仲康三年。

乙丑

丙寅

丁卯

戊辰

己巳

庚午

辛未

壬申

癸酉

甲戌 夏王仲康崩，子相繼立，依同姓諸侯斟灌、斟鄩氏。

乙亥

丙子

丁丑

戊寅

己卯

庚辰

辛巳

壬午

癸未

甲申

乙酉

丙戌

丁亥

戊子

己丑

庚寅

辛卯

壬辰

癸巳

經世之卯二千一百六十四

甲午　夏王相二十年。①

乙未

丙申

丁酉

戊戌

己亥

庚子

①「二十」，原作「二十二」，據四庫本删下「二」字。

辛丑

壬寅　寒浞殺有窮后羿，使子澆及豷伐斟灌、斟鄩氏以滅相。①相之臣靡逃于有鬲氏，相之后還于有仍氏，遂生少康。

癸卯

甲辰

乙巳

丙午

丁未

戊申

己酉

庚戌

辛亥

壬子

癸丑

---

① 「滅」，原作「濟」，據四庫本改。

甲寅
乙卯
丙辰
丁巳
戊午
己未
庚申
辛酉
壬戌
癸亥

經世之辰二千一百六十五

甲子　夏王少康生二十三年。
乙丑
丙寅
丁卯
戊辰

己巳

庚午

辛未

壬申

癸酉

甲戌

乙亥

丙子

丁丑

戊寅

己卯

庚辰

辛巳

壬午

癸未　夏之遺臣靡自有鬲氏收斟灌、斟鄩二國之燼，以滅寒浞而立少康。少康立，遂滅澆于過，滅豷于戈，以絶有窮氏之族。①

甲申

乙酉

丙戌

丁亥

戊子

己丑

庚寅

辛卯

壬辰

癸巳　經世之巳二千一百六十六

甲午　夏王少康立十三年。

乙未

① 四庫本此條内容在前一年「壬午」項下。

丙申

丁酉

戊戌

己亥

庚子

辛丑

壬寅

癸卯　夏王少康崩，子杼踐位。

甲辰

乙巳

丙午

丁未

戊申

己酉

庚戌

辛亥

壬子

癸丑

甲寅

乙卯

丙辰

丁巳

戊午

己未

庚申　夏王杼崩，子槐踐位。

辛酉

壬戌

癸亥

經世之午二千一百六十七

甲子　夏王槐四年。

乙丑

丙寅

丁卯
戊辰
己巳
庚午
辛未
壬申
癸酉
甲戌
乙亥
丙子
丁丑
戊寅
己卯
庚辰
辛巳
壬午

癸未

甲申

乙酉

丙戌　夏王槐崩，子芒踐位。

丁亥

戊子

己丑

庚寅

辛卯

壬辰

癸巳

經世之未二千一百六十八

甲午　夏王芒八年。

乙未

丙申

丁酉

戊戌

己亥

庚子

辛丑

壬寅

癸卯

甲辰　夏王芒崩，子泄踐位。

乙巳

丙午

丁未

戊申

己酉

庚戌

辛亥

壬子

癸丑

甲寅
乙卯
丙辰
丁巳
戊午
己未
庚申　夏王泄崩，子不降踐位。
辛酉
壬戌
癸亥
　經世之申二千一百六十九
甲子　夏王不降四年。
乙丑
丙寅
丁卯
戊辰

己巳
庚午
辛未
壬申
癸酉
甲戌
乙亥
丙子
丁丑
戊寅
己卯
庚辰
辛巳
壬午
癸未
甲申

乙酉

丙戌

丁亥

戊子

己丑

庚寅

辛卯

壬辰

癸巳

經世之酉二千一百七十

甲午　夏王不降三十四年。

乙未

丙申

丁酉

戊戌

己亥

庚子
辛丑
壬寅
癸卯
甲辰
乙巳
丙午
丁未
戊申
己酉
庚戌
辛亥
壬子
癸丑
甲寅
乙卯

丙辰

丁巳

戊午

己未　夏王不降崩，弟扃立。

庚申

辛酉

壬戌

癸亥

經世之戌二千一百七十一

甲子　夏王扃五年。

乙丑

丙寅

丁卯

戊辰

己巳

庚午

辛未

壬申

癸酉

甲戌

乙亥

丙子

丁丑

戊寅

己卯

庚辰 夏王扃崩，子廑踐位。

辛巳

壬午

癸未

甲申

乙酉

丙戌

丁亥

戊子

己丑

庚寅

辛卯

壬辰

癸巳

經世之亥二千一百七十二

甲午 夏王廑十四年。

乙未

丙申

丁酉

戊戌

己亥

庚子

辛丑 夏王廑崩，不降子孔甲立。

壬寅

癸卯

甲辰

乙巳

丙午

丁未

戊申

己酉

庚戌

辛亥

壬子

癸丑

甲寅

乙卯

丙辰

丁巳

戊午
己未
庚申
辛酉
壬戌
癸亥

## 以運經世之三　觀物篇之二十七

經元之甲一
經會之午七
經運之乙一百八十二
經世之子二千一百七十三
經世之子二千一百七十三
甲子　夏王孔甲二十三年。
乙丑
丙寅

丁卯
戊辰
己巳
庚午
辛未
壬申　夏王孔甲崩，子臯踐位。
癸酉
甲戌
乙亥
丙子
丁丑
戊寅
己卯
庚辰
辛巳
壬午

癸未　夏王皋崩，子發踐位。
甲申
乙酉
丙戌
丁亥
戊子
己丑
庚寅
辛卯
壬辰
癸巳
經世之丑二千一百七十四
甲午　夏王發十一年。
乙未
丙申
丁酉
戊戌

己亥

庚子

辛丑

壬寅　夏王發崩，子癸踐位，是謂之桀。

癸卯

甲辰

乙巳

丙午

丁未

戊申

己酉

庚戌

辛亥

壬子

癸丑

甲寅

乙卯

丙辰

丁巳

戊午

己未

庚申

辛酉

壬戌

癸亥

經世之寅二千一百七十五

甲子　夏王癸二十二年。

乙丑

丙寅

丁卯

戊辰

己巳

庚午

辛未

壬申

癸酉

甲戌

乙亥　始嬖妺喜。

丙子

丁丑　成湯即諸侯位，自商丘徙治亳，①始用伊尹。

戊寅　成湯征葛。

己卯　成湯薦伊尹于夏王。

庚辰

辛巳

壬午　湯伊尹醜夏，②復歸于亳。

---

① 「治」，四庫本作「至」。
② 「湯伊尹醜夏」，四庫本作「伊尹醜」。

癸未
甲申　桀囚成湯于夏臺。
乙酉
丙戌
丁亥
戊子
己丑
庚寅
辛卯
壬辰
癸巳

經世之卯二千一百七十六

甲午①
乙未　伊尹相成湯，伐桀。升自陑。遂與桀戰于鳴條之野。桀敗，走三朡。遂伐三朡，俘厥寶

① 四庫本此年有「夏王癸五十二年」七字。

玉，放桀于南巢。還至大坰，①仲虺作《誥》。歸至亳，乃大誥萬方。南面，朝諸侯，建國曰商。以丑月爲歲始，曰祀，與民更始。

丙申

丁酉

戊戌

己亥

庚子

辛丑

壬寅

癸卯

甲辰

乙巳

丙午

丁未　商王成湯崩，元子太甲踐位。不明，伊尹放之桐宫。

①「大坰」，原作「大垧」，據四庫本改。

戊申

己酉

庚戌 商王太甲思庸，伊尹乃冕服，奉嗣王于亳，返政。

辛亥

壬子

癸丑

甲寅

乙卯

丙辰

丁巳

戊午

己未

庚申

辛酉

壬戌

癸亥

經世之辰二千一百七十七

甲子　商王太甲十七年。

乙丑

丙寅

丁卯

戊辰

己巳

庚午

辛未

壬申

癸酉

甲戌

乙亥

丙子

丁丑

戊寅

己卯

庚辰　商王太甲崩，子沃丁踐位。

辛巳

壬午

癸未

甲申

乙酉

丙戌

丁亥

戊子

己丑

庚寅

辛卯

壬辰

癸巳

經世之巳二千一百七十八

甲午　商王沃丁十四年。
乙未
丙申
丁酉
戊戌
己亥
庚子
辛丑
壬寅
癸卯
甲辰
乙巳
丙午
丁未
戊申
己酉　商王沃丁崩，弟太庚立。

庚戌

辛亥

壬子

癸丑

甲寅

乙卯

丙辰

丁巳

戊午

己未

庚申

辛酉

壬戌

癸亥

經世之午二千一百七十九

甲子　商王太庚十五年。

乙丑

丙寅

丁卯

戊辰

己巳

庚午

辛未

壬申

癸酉

甲戌　商王太庚崩，子小甲踐位。

乙亥

丙子

丁丑

戊寅

己卯

庚辰

辛巳
壬午
癸未
甲申
乙酉
丙戌
丁亥
戊子
己丑
庚寅
辛卯　商王小甲崩，弟雍己立。
壬辰
癸巳
經世之未二千一百八十
甲午　商王雍己三年。
乙未

丙申

丁酉

戊戌

己亥

庚子

辛丑

壬寅

癸卯 商王雍己崩，弟太戊立，是謂中宗。伊陟、臣扈，格于上帝。巫咸乂王家，①大修成湯之政。

甲辰

乙巳

丙午

丁未

戊申

①「乂」，原作「又」，據四庫本改。

己酉
庚戌
辛亥
壬子
癸丑
甲寅
乙卯
丙辰
丁巳
戊午
己未
庚申
辛酉
壬戌
癸亥

經世之申二千一百八十一①

甲子　商王太戊二十一年。

乙丑

丙寅

丁卯

戊辰

己巳

庚午

辛未

壬申

癸酉

甲戌

乙亥

丙子

①「八十一」、「一」原脱，據四庫本補。

丁丑
戊寅
己卯
庚辰
辛巳
壬午
癸未
甲申
乙酉
丙戌
丁亥
戊子
己丑
庚寅
辛卯
壬辰

癸巳

經世之酉二千一百八十二

甲午 商王太戊五十一年。

乙未

丙申

丁酉

戊戌

己亥

庚子

辛丑

壬寅

癸卯

甲辰

乙巳

丙午

丁未

戊申
己酉
庚戌
辛亥
壬子
癸丑
甲寅
乙卯
丙辰
丁巳
戊午　商王中宗崩，子仲丁踐位。遷于囂。
己未
庚申
辛酉
壬戌
癸亥

經世之戌二千一百八十三

甲子　商王仲丁六年。

乙丑

丙寅

丁卯

戊辰

己巳

庚午

辛未　商王仲丁崩，國亂，弟外壬立。

壬申

癸酉

甲戌

乙亥

丙子

丁丑

戊寅

己卯

庚辰

辛巳

壬午

癸未

甲申

乙酉

丙戌 商王外壬崩，國復亂，弟河亶甲立。①徙居相。

丁亥

戊子

己丑

庚寅

辛卯

壬辰

① 「立」，原作「之」，據四庫本改。

癸巳

經世之亥二千一百八十四

甲午 商王河亶甲八年。

乙未 商王河亶甲崩，子祖乙踐位，圮于耿。徙居邢，巫賢爲相。

丙申

丁酉

戊戌

己亥

庚子

辛丑

壬寅

癸卯

甲辰

乙巳

丙午

丁未

戊申

己酉

庚戌

辛亥

壬子

癸丑

甲寅 商王祖乙崩，子祖辛踐位。①

乙卯

丙辰

丁巳

戊午

己未

庚申

辛酉

① 四庫本此年無事件。

壬戌

癸亥

## 以運經世之四　觀物篇之二十八

經元之甲一

經會之午七

經運之丙一百八十三

經世之子二千一百八十五

經世之子二千一百八十五

甲子　商王祖辛十年。

乙丑

丙寅

丁卯

戊辰

己巳

庚午 商王祖辛崩，弟沃甲立。①
辛未
壬申
癸酉
甲戌
乙亥
丙子
丁丑
戊寅
己卯
庚辰
辛巳
壬午
癸未

① 「甲」，原作「丁」，據四庫本改。

甲申

乙酉

丙戌

丁亥

戊子

己丑

庚寅

辛卯

壬辰

癸巳

經世之丑二千一百八十六

甲午 商王沃甲二十四年。①

乙未 商王沃甲崩，國亂，兄祖丁立。②

① 四庫本此年無内容。

② 四庫本此年無内容。

丙申
丁酉
戊戌
己亥
庚子
辛丑
壬寅
癸卯
甲辰
乙巳
丙午
丁未
戊申
己酉
庚戌
辛亥

壬子
癸丑
甲寅
乙卯
丙辰
丁巳
戊午
己未
庚申
辛酉
壬戌
癸亥

經世之寅二千一百八十七

甲子　商王祖丁二十九年。
乙丑
丙寅

丁卯 商王祖丁崩，國亂，沃甲之子南庚立。
戊辰
己巳
庚午
辛未
壬申
癸酉
甲戌
乙亥
丙子
丁丑
戊寅
己卯
庚辰
辛巳
壬午

癸未

甲申

乙酉

丙戌

丁亥

戊子

己丑

庚寅

辛卯

壬辰　商王南庚崩，國亂，祖丁之子陽甲立。諸侯不朝。①

癸巳

經世之卯二千一百八十八

甲午　商王陽甲二年。

乙未

① 四庫本此年内容在後一年「癸巳」項下。又，四庫本無「國」字。

丙申

丁酉

戊戌

己亥　商王陽甲崩，弟盤庚立。　復歸于亳，改號曰殷。

庚子

辛丑

壬寅

癸卯

甲辰

乙巳

丙午

丁未

戊申

己酉

庚戌

辛亥

壬子

癸丑

甲寅

乙卯

丙辰

丁巳

戊午

己未

庚申

辛酉

壬戌

癸亥

經世之辰二千一百八十九

甲子　商王盤庚二十五年。

乙丑

丙寅

丁卯 商王盤庚崩，弟小辛立。

戊辰

己巳

庚午

辛未

壬申

癸酉

甲戌

乙亥

丙子

丁丑

戊寅

己卯

庚辰

辛巳

壬午

癸未

甲申

乙酉

丙戌

丁亥

戊子　商王小辛崩，弟小乙立。

己丑

庚寅

辛卯

壬辰

癸巳

經世之巳二千一百九十

甲午　商王小乙六年。

乙未

丙申

丁酉

戊戌
己亥
庚子
辛丑
壬寅
癸卯
甲辰
乙巳
丙午
丁未
戊申
己酉
庚戌
辛亥
壬子
癸丑

甲寅

乙卯

丙辰 商王小乙崩，子武丁踐位，是謂高宗。甘盤爲相。以夢求傅説，得之。①

丁巳

戊午

己未

庚申

辛酉

壬戌

癸亥

經世之午二千一百九十一

甲子 商王武丁八年。

乙丑

丙寅

① 「之」後，四庫本有「于傅巖」三字。

丁卯
戊辰
己巳
庚午
辛未
壬申
癸酉
甲戌
乙亥
丙子
丁丑
戊寅
己卯
庚辰
辛巳
壬午

癸未

甲申

乙酉

丙戌

丁亥

戊子

己丑

庚寅

辛卯

壬辰

癸巳

經世之未二千一百九十二

甲午商王武丁三十八年。①

乙未

① 「商王」，原作「商三」，據四庫本改。

丙申
丁酉
戊戌
己亥
庚子
辛丑
壬寅
癸卯
甲辰
乙巳
丙午
丁未
戊申
己酉
庚戌
辛亥

壬子
癸丑
甲寅
乙卯　商王高宗崩，弟祖庚立。
丙辰
丁巳
戊午
己未
庚申
辛酉
壬戌　商王祖庚崩，弟祖甲立。
癸亥

經世之申二千一百九十三

甲子　商王祖甲二年。
乙丑
丙寅

丁卯
戊辰
己巳
庚午
辛未
壬申
癸酉
甲戌
乙亥
丙子
丁丑
戊寅
己卯
庚辰
辛巳
壬午

癸未
甲申
乙酉
丙戌
丁亥
戊子
己丑
庚寅
辛卯
壬辰
癸巳 周文王生。
經世之酉二千一百九十四
甲午 商王祖甲三十二年。
乙未 商王祖甲崩，子廪辛踐位。
丙申
丁酉

戊戌
己亥
庚子
辛丑　商王廩辛崩，弟庚丁立。
壬寅
癸卯
甲辰
乙巳
丙午
丁未
戊申
己酉
庚戌
辛亥
壬子
癸丑

甲寅
乙卯
丙辰
丁巳
戊午
己未
庚申
辛酉
壬戌　商王庚丁崩，子武乙踐位，徙居河北。
癸亥

經世之戌二千一百九十五

甲子　商王武乙二年。
乙丑
丙寅　商王武乙震死，太丁立。①

①「太」前，四庫本有「子」字。

丁卯

戊辰

己巳　商王太丁崩，子帝乙踐位。

庚午

辛未

壬申

癸酉

甲戌

乙亥

丙子

丁丑

戊寅

己卯　周文王始即諸侯位。

庚辰

辛巳

壬午

癸未

甲申

乙酉

丙戌

丁亥

戊子

己丑

庚寅

辛卯

壬辰

癸巳

經世之亥二千一百九十六

甲午　商王帝乙二十五年。

乙未

丙申

丁酉

戊戌
己亥
庚子
辛丑
壬寅
癸卯
甲辰
乙巳
丙午 商王帝乙崩，次子受辛立，是謂之紂。
丁未
戊申
己酉
庚戌
辛亥
壬子
癸丑

甲寅　始嬖妲己。

乙卯

丙辰

丁巳

戊午

己未

庚申

辛酉　商囚文王于羑里。

壬戌

癸亥　商紂乃放文王。歸于國，①錫命爲西方諸侯。②

## 以運經世之五　觀物篇之二十九

經元之甲一

① 「商」後，四庫本有「王」字。四庫本無「乃」字。

② 「侯」後，四庫本有「伯」字。

經會之午七

經運之丁一百八十四

經世之子二千一百九十七

經世之子二千一百九十七

甲子 商王受辛十八年。西伯伐崇。自岐徙居豐。

乙丑 周西伯伐密須。

丙寅 周西伯戡黎。

丁卯 周西伯伐邘。①

戊辰

己巳 周文王没，元子發踐位，是謂武王。葬文王于畢。

庚午

辛未

壬申

癸酉

① 「邘」，原作「邢」，據四庫本改。

甲戌

乙亥

丙子

丁丑　周武王東觀兵于盟津。

戊寅　商王受殺太師比干，①囚箕子。微子以祭器奔周。

己卯　呂尚相。武王伐商。師逾盟津，大陳兵于商郊，敗之于牧野，殺受，②立其子武庚爲後。還歸，③在豐踐天子位。南面，朝諸侯。大誥天下。以子月爲歲始，曰年，與民更始。

庚辰　命管叔、蔡叔、霍叔守邶、鄘、衛之三邑，謂之三監。

辛巳

壬午

癸未

甲申

乙酉　周武王崩，元子誦踐位，是謂成王。周公爲太師，召公爲太保。二公分治陜、洛，受顧命，

① 「受」，四庫本作「紂」。
② 「受」，四庫本作「紂」。
③ 「歸」，四庫本作「師」。

率天下諸侯夾輔王室。葬武王于畢。

丙戌　三監及淮夷叛。周公東征，大誥天下。

丁亥

戊子　三監平。始黜商命，①殺武庚，命微子啓于宋，以祀商後。②封康叔于衛，以保商民。命箕子于高麗。辟管叔于商，因蔡叔于郭鄰，降霍叔爲庶人，不齒。東征淮夷，魯侯伯禽誓師于費，淮夷平，遂踐奄。肅慎來賀。

己丑

庚寅　往營成周。命召公相宅。

辛卯

壬辰　成周既成，周公分政成周東郊，③以王命誥《多士》。

癸巳

經世之丑二千一百九十八

甲午　周成王九年。

---

① 「始」，四庫本作「治」。
② 「以祀商後」，四庫本作「代商侯」。
③ 「政」，四庫本作「正」。

乙未

丙申 周公没，命君陳分政成周東郊。①葬周公于畢。

丁酉

戊戌

己亥

庚子

辛丑

壬寅

癸卯

甲辰

乙巳

丙午

丁未

戊申

① 「政」，四庫本作「正」。

己酉

庚戌

辛亥

壬子

癸丑

甲寅

乙卯

丙辰

丁巳

戊午

己未

庚申

辛酉

壬戌 周成王崩，召公、畢公受顧命，輔元子釗踐位，是謂康王。

癸亥　周康王元年，命畢公代君陳分政成周東郊。①

經世之寅二千一百九十九

甲子　周康王二年。

乙丑

丙寅

丁卯

戊辰

己巳

庚午

辛未

壬申

癸酉

甲戌

乙亥

①「政」，四庫本作「正」。

丙子

丁丑

戊寅

己卯

庚辰

辛巳

壬午

癸未

甲申

乙酉

丙戌

丁亥

戊子　周康王崩，子瑕踐位，是謂昭王。

己丑

庚寅

辛卯

壬辰

癸巳

經世之卯二千二百

甲午 周昭王六年。

乙未

丙申

丁酉

戊戌

己亥

庚子

辛丑

壬寅

癸卯

甲辰

乙巳

丙午

丁未
戊申
己酉
庚戌
辛亥
壬子
癸丑
甲寅
乙卯
丙辰
丁巳
戊午
己未
庚申
辛酉
壬戌

癸亥

經世之辰二千二百一

甲子 周昭王三十六年。①

乙丑

丙寅

丁卯

戊辰

己巳

庚午

辛未

壬申

癸酉

甲戌

乙亥

① 四庫本此年無内容。

丙子

丁丑

戊寅

己卯　周昭王南巡，不返。子滿立，是謂穆王。

庚辰

辛巳

壬午

癸未

甲申

乙酉

丙戌

丁亥

戊子

己丑

庚寅

辛卯

壬辰
癸巳
經世之巳二千二百二
甲午 周穆王十五年。
乙未
丙申
丁酉
戊戌
己亥
庚子
辛丑
壬寅
癸卯
甲辰
乙巳
丙午

丁未
戊申
己酉
庚戌
辛亥
壬子
癸丑
甲寅
乙卯
丙辰
丁巳
戊午
己未
庚申
辛酉
壬戌

癸亥

經世之午二千二百三

甲子 周穆王四十五年。

乙丑

丙寅

丁卯

戊辰

己巳

庚午

辛未

壬申

癸酉

甲戌 周穆王崩，子繄扈踐位，是謂共王。

乙亥

丙子

丁丑

戊寅

己卯

庚辰

辛巳

壬午

癸未

甲申

乙酉

丙戌 周共王崩，子囏踐位，是謂懿王。

丁亥

戊子

己丑

庚寅

辛卯

壬辰

癸巳

經世之未二千二百四

甲午　周懿王八年。①

乙未

丙申

丁酉

戊戌

己亥

庚子

辛丑

壬寅

癸卯

甲辰

乙巳

丙午

① 四庫本無「周懿王八年」五字。

丁未

戊申

己酉

庚戌

辛亥　周懿王崩，穆王子辟方立，是謂孝王。

壬子

癸丑

甲寅

乙卯

丙辰

丁巳

戊午

己未

庚申

辛酉

壬戌

癸亥

經世之申二千二百五

甲子　周孝王十三年。

乙丑

丙寅　周孝王崩，懿王子燮立，①是謂夷王。國自此衰矣。

丁卯

戊辰

己巳

庚午

辛未

壬申

癸酉

甲戌

乙亥

①「燮」，原作「燮」，據四庫本改。

丙子
丁丑
戊寅
己卯
庚辰
辛巳
壬午 周夷王崩，子胡踐位，①是謂厲王。
癸未
甲申
乙酉
丙戌
丁亥
戊子
己丑

① 「胡」，原作「起」，據四庫本改。

庚寅
辛卯
壬辰
癸巳

經世之酉二千二百六

甲午　周厲王十二年。
乙未
丙申
丁酉
戊戌
己亥
庚子
辛丑
壬寅
癸卯
甲辰

乙巳

丙午

丁未

戊申

己酉

庚戌

辛亥

壬子

癸丑　周厲王好利，①以榮公爲卿。

甲寅

乙卯

丙辰　殺諫臣以爲謗己者。

丁巳

戊午

① 四庫本無「周」字。

己未 周厲王爲國人所逐，出奔彘。周、召二伯行政，謂之共和。太子静匿于召公家。文、武之德自此盡矣。

庚申

辛酉

壬戌

癸亥

經世之戌二千二百七

甲子 周厲王四十二年，在彘。

乙丑

丙寅

丁卯

戊辰

己巳

庚午

辛未

壬申

癸酉　周厲王死于彘。周、召二伯立太子静，是謂宣王。有仲山甫、尹吉甫、方叔、申伯爲輔，大修文、武之功。

甲戌　周宣王北伐玁狁，①至于太原，吉甫爲將。

乙亥　周宣王南征荆蠻，方叔爲將。

丙子

丁丑

戊寅

己卯

庚辰

辛巳

壬午

癸未

甲申

乙酉

① 四庫本無「周」字。後條同。

丙戌

丁亥

戊子

己丑

庚寅

辛卯

壬辰

癸巳

經世之亥二千二百八

甲午　周宣王二十一年。

乙未　宣王封弟友于鄭。①

丙申

丁酉

戊戌

① 四庫本此年無内容。

己亥

庚子

辛丑

壬寅

癸卯

甲辰

乙巳 伐魯，立孝公。

丙午

丁未

戊申

己酉

庚戌

辛亥

壬子 伐姜戎，①師敗于千畝，遂失南國。

① 「姜」，原作「羌」，據四庫本改。

癸丑　料民于太原。

甲寅

乙卯

丙辰

丁巳

戊午

己未　周宣王崩，太子宫湼踐位，是謂幽王。

庚申

辛酉

壬戌　始嬖褒姒。

癸亥

## 以運經世之六　觀物篇之三十

經元之甲一

經會之午七

經運之戊一百八十五

經世之子二千二百九

經世之子二千二百九

甲子[前777年]周幽王五年。廢申后及太子宜臼，以褒姒爲后，伯服爲太子，虢石父爲卿。

乙丑

丙寅

丁卯

戊辰

己巳

庚午[前771年]申侯以犬戎伐周，敗幽王于驪山，殺之。晉、秦率鄭、衛之君逐犬戎，立太子宜臼，是謂平王。東徙居洛邑，是謂東周。

辛未[前770年]周平王錫晉文侯、秦襄公，命秦分岐西，晉分河内。

壬申[前769年]秦立西畤，祠白帝。魯惠公即位。

癸酉

甲戌

乙亥[前766年]秦文公即位。

丙子

丁丑
戊寅
己卯[前762年]秦東徙居汧渭之間。
庚辰
辛巳
壬午
癸未[前758年]衛莊公即位。
甲申
乙酉[前756年]秦作鄜畤。
丙戌
丁亥
戊子
己丑
庚寅
辛卯
壬辰

癸巳

經世之丑二千二百一十

甲午［前747年］周平王二十四年。

乙未［前746年］晉昭侯即位。

丙申［前745年］晉昭侯封弟成師于曲沃。

丁酉［前744年］鄭莊公即位。

戊戌［前743年］鄭莊公封弟段于京城。①

己亥

庚子［前741年］衛公子州吁阻兵。

辛丑［前740年］楚亂，熊通弑其君，代立。

壬寅［前739年］晉亂，大夫潘父弑其君昭侯而納桓叔，②不克。國人殺潘父而立君之弟平，是謂孝侯。

癸卯

---

① 「段」，原作「叚」，據四庫本改。

② 「而納」，四庫本作「入曲沃」。

甲辰
乙巳
丙午
丁未
戊申［前733年］衛州吁出奔。
己酉
庚戌［前731年］晉曲沃桓叔卒，子莊伯繼。齊莊公卒，子釐公立。
辛亥
壬子［前729年］宋桓公疾，讓其弟穆公。
癸丑
甲寅
乙卯
丙辰
丁巳［前724年］晉曲沃莊伯入翼，弑其君孝侯。國人逐莊伯，立孝侯子，是謂鄂侯。
戊午
己未［前722年］魯隱公立。

庚申

辛酉［前720年］周平王崩，其孫林立，是謂桓王，與鄭交惡。宋穆公病，讓其兄之子殤公。世子馮奔鄭。

壬戌［前719年］衛公子州吁作難，弑其君桓公，代立。宋會陳、蔡、衛三國之師伐鄭。殺州吁于濮。國人迎公之弟晉于邢而立之，是謂宣公。

癸亥［前718年］晉曲沃莊伯以鄭、邢之師攻翼，王使尹①、武氏爲之助，翼侯出奔隨。莊伯叛王，王使虢伐莊伯，復奔曲沃。晉人及虢侯立翼侯子光，是謂哀侯。鄭伐宋。

經世之寅二千二百一十一

甲子［前717年］周桓王三年。晉翼侯自隨入于鄂，是謂鄂侯。

乙丑［前716年］晉曲沃莊伯卒，子稱繼，是謂武公。

丙寅［前715年］宋、齊、衛之君盟于瓦屋。

丁卯［前714年］秦自汧渭之間徙居郿。②

戊辰［前713年］齊會魯、鄭之師伐宋。

---

① 「尹」後，四庫本有「氏」字。
② 「郿」，原作「雍」，據四庫本改。

己巳［前712年］魯亂，羽父子翬弑其君隱公，①立惠公之子，是謂桓公。羽父爲之太宰。②

庚午

辛未［前710年］宋亂，太宰華督殺司馬孔父及弑其君殤公，迎穆公子馮于鄭立，③是謂莊公。

壬申［前709年］晉曲沃武公敗晉師于汾旁，獲哀侯，晉人立其子，是謂小子侯。

癸酉［前708年］晉曲沃武公弑其君哀侯于曲沃。

甲戌［前707年］周桓王以蔡、衛、陳之師伐鄭，不利，矢中王肩。

乙亥［前706年］蔡人殺陳佗。戎伐齊，④鄭使公子忽救之，有功。⑤楚伐隨，俾請王之號于周。

丙子［前705年］晉曲沃武公入翼，殺小子侯。王使虢仲伐稱，復歸曲沃。⑥虢仲立哀侯弟湣。⑦

丁丑［前704年］秦亂，寧公卒，三父廢世子而庚立它子。⑧是年，楚熊通伐隨，東開地至濮上，遂稱王，是謂武王。

---

①「羽父」，四庫本作「公」。
②「羽父爲之太宰」，四庫本作「翬爲之輔」。
③「鄭」後，四庫本有「而」字。「立」後，四庫本有「之」字。
④「戎」前，四庫本有「北」字。
⑤四庫本無「有功」二字。
⑥「復」前，四庫本有「稱」字。
⑦「湣」，四庫本作「緡」。
⑧「它」，四庫本作「出」。

戊寅

己卯

庚辰［前701年］鄭莊公卒，世子忽繼。宋執鄭祭仲，立突，是謂厲公，忽奔衛，祭仲專政。衛宣公殺其二子伋、壽。

辛巳［前700年］衛宣公卒，子朔立，是謂惠公。

壬午［前699年］齊會宋、衛、燕伐魯，不利。

癸未［前698年］秦三父殺它子而立世子，①是謂武公。齊釐公卒，世子諸兒繼，是謂襄公。宋會齊、蔡、衛、陳伐鄭。②

甲申［前697年］周桓王崩，太子佗嗣位，③是謂莊王。鄭祭仲殺雍糾而逐厲公，④迎忽反政，是謂昭公。秦伐彭戲氏至于華山。⑤齊襄公削公子無知禄。宋會魯、衛、陳伐鄭。

乙酉［前696年］衛公子伋、壽傅逐惠公，立伋之弟黔牟，惠公出奔齊。⑥宋會魯、衛、陳、蔡

①「它」，四庫本作「出」。
②四庫本無「衛」字。
③「位」，四庫本作「立」。
④「糾」，四庫本作「斜」。
⑤四庫本無「至」字。
⑥四庫本無「惠」字。

伐鄭。

丙戌[前695年]秦夷三父族。鄭高渠彌弑其君昭公，立其弟子亹，渠彌專政。①

丁亥[前694年]周有黑肩之難。齊襄公殺魯桓公于濼，立其子同，是謂莊公。又會諸侯于首止，殺鄭子亹。高渠彌逃歸，與祭仲迎公子嬰于陳，立之。

戊子[前693年]周王姬下降于齊。

己丑[前692年]周葬桓王。

庚寅

辛卯[前690年]周伐隨，責尊楚也。齊伐紀，紀侯大去其國。楚武王帥師伐隨，②子繼，③是謂文王，始都郢。

壬辰[前689年]齊會宋、魯、陳、蔡伐衛，入惠公。

癸巳[前688年]衛惠公復入，殺二公子洩。④黔牟奔周。

經世之卯二千二百一十二

① 四庫本無「渠」字。
② 「楚武王帥師伐隨」，四庫本作「楚王卒十伐隨」。
③ 「子」後，四庫本有「貲」字。
④ 「洩」，四庫本作「傳」。

甲午[前687年]周莊王十年。秦滅小虢。

乙未[前686年]齊公子無知以葵丘之戎卒入弒襄公,①代立。公子糾奔魯,小白奔莒。

丙申[前685年]齊人殺無知,公子小白入,是謂桓公。糾後入,不克。齊伐魯,殺糾,其傅召忽死之,管仲請囚,又相桓公。

丁酉[前684年]魯敗齊師于長勺,敗宋師于乘丘。楚敗蔡師于莘,以蔡侯獻舞歸。②自是江漢之國皆服于楚。

戊戌

己亥[前682年]周莊王崩,太子胡齊嗣位,是謂釐王。宋亂,南宮萬殺其君閔公及其大夫仇牧、太宰華督,③立公子游。羣公子奔蕭。復以蕭攻萬,及殺游,④立公弟御説,是謂桓公。

庚子[前681年]齊會宋、陳、蔡、邾之師伐魯,三敗之,取遂。又會魯于柯,遂復其侵地,曹沬劫盟故也。

辛丑[前680年]齊會陳、曹及王人伐宋。楚師入蔡。

---

① 「戎卒」,四庫本作「戍人」。
② 「以蔡侯」,原作「齊侯」,據四庫本改。
③ 「殺」,四庫本作「弒」。「閔」,四庫本作「湣」。「仇牧」,原作「地牧」,據四庫本改。
④ 「攻萬」,原脱,據四庫本補。

壬寅［前679年］齊桓公會宋、陳、衛、鄭之君盟于鄄。晉曲沃武公滅翼，以重寶入周，得請爲諸侯。

癸卯［前678年］齊桓公會宋、陳、魯、衛、鄭、許、滑、滕之君盟于幽。①秦武公卒，弟德公立。楚滅鄧。

甲辰［前677年］周釐王崩，太子閬踐位，②是謂惠王。晉武公卒，子獻公詭諸繼。秦徙居雍。楚文王卒，世子囏繼，是謂杜敖。

乙巳［前676年］秦德公卒，子宣公繼。③

丙午

丁未［前674年］周有五大夫之難，④邊伯、石速、蔿國以蔡、衛之師攻王，立弟頽。王出，居鄭之櫟。

戊申［前673年］鄭厲公及虢叔入王于成周，殺頽而執仲父及五大夫，難遂平。

---

①「宋陳」，四庫本作「陳宋」。
②「閬踐位」，四庫本作「閔嗣位」。
③「宣公」，原作「宣王」，據四庫本改。
④「五大夫」，原作「三大夫」，據四庫本改。下條「五大夫」同。

己酉［前672年］秦作密畤，敗晉師于河曲。晉伐驪，獲驪女以爲姬。①陳公子完奔齊。楚亂，弟惲弒其君囏，②代立，③是謂成王。

庚戌［前671年］楚修好于周及諸侯。

辛亥［前670年］衛惠公卒，子懿公繼。

壬子［前669年］晉有驪姬之難，殺群公子，自翼徙居絳。

癸丑［前668年］晉伐虢，④責納群公子也。

甲寅［前667年］周惠王錫齊桓公，命爲伯。

乙卯［前666年］晉城曲沃及蒲。⑤楚伐鄭。

丙辰

丁巳［前664年］齊伐山戎，至于孤竹，以救燕，俾修貢天子。秦宣公卒，弟成公立。楚殺令尹子元，以鬬穀於菟爲令尹。

① 四庫本無「驪」字。
② 「弒」，四庫本作「殺」。
③ 「代立」，原作「伐立」，據四庫本改。
④ 「晉伐虢」，原作「晉代虢」，據四庫本改。
⑤ 「城」，原作「滅」，據四庫本改。

戊午

己未［前662年］魯亂，叔牙弑其君莊公。子開立，①是謂湣公。季友立世子班，不克，奔陳。

庚申［前661年］晉滅霍、魏、耿，以耿封趙夙，以魏封畢萬。

辛酉［前660年］魯亂，慶父以莊姜弑湣公，代立。季友逐慶父而立公子申，是謂釐公。②狄滅衛，殺懿公。齊桓公攘戎狄而立戴公，東徙渡河，③野處曹邑。④戴公卒，弟燬立，是謂文公。自曹邑徙居楚丘。⑤晉伐東山皐落氏。秦成公卒，弟任好立，⑥是謂穆公。

壬戌［前659年］秦伐茅津。⑦齊會宋、鄭、魯、曹、邾之君于檉。

癸亥［前658年］齊城楚丘以居衛，又會江、黄之君于貫。晉滅虢。

經世之辰二千二百一十三

甲子［前657年］周惠王二十年。齊會宋、江、黄之君于陽穀。⑧

① 四庫本無「子」字。
② 「釐」，四庫本作「僖」。
③ 「徙」，四庫本作「處」。
④ 「曹」，四庫本作「漕」。
⑤ 「曹」，四庫本作「漕」。
⑥ 「任好」，原作「伍好」，據四庫本改。
⑦ 「茅津」，原作「芽津」，據四庫本改。
⑧ 四庫本無「宋」字。「陽穀」，「陽」字原脱，據四庫本補。

乙丑[前656年]齊會宋、陳、魯、衛、鄭、許、曹之師伐蔡，①遂入楚，盟于召陵，執陳轅濤塗。②晉殺世子申生，公子重耳走蒲，夷吾奔屈。蔡娶晉女爲夫人。③

丙寅[前655年]齊桓公會宋、陳、魯、衛、鄭、許、曹之君及王世子盟于[首止]。④晉伐蒲，重耳奔翟。又伐虞及虢，虢君奔周。是年秦始得志于諸侯，⑤百里奚、蹇叔爲之輔。楚滅弦。

丁卯[前654年]齊伐鄭。晉伐屈。夷吾奔梁。

戊辰

己巳[前652年]周惠王崩，太子鄭踐位，⑥是謂襄王。太叔作難。齊帥宋、衛、許、曹、陳會王人于洮。⑦晉伐翟，不利于齧桑。

庚午[前651年]齊桓公會宰孔周公及宋、衛、鄭、許、曹之君于葵丘。宋襄公立。晉獻公卒，公子奚齊立，大夫里克及丕鄭殺之，⑧大夫荀息立其弟卓子。

---

① 四庫本無「陳」字。
② 「轅濤塗」，「塗」原作「涂」，據四庫本改。
③ 「蔡」，四庫本作「秦」。
④ 「宋陳」，四庫本作「陳宋」。底本「于」下有闕文，四庫本作「首止」，據補。
⑤ 「年秦」二字，原脱，據四庫本補。
⑥ 「踐」，四庫本作「嗣」。
⑦ 「帥」，四庫本作「師」。「王人」，原作「正人」，據四庫本改。
⑧ 底本「及」後有闕文，四庫本闕文處作「丕鄭」，據補。「丕鄭」二字原脱，據四庫本補。

辛未[前650年]晉里克殺其君卓子及大夫荀息而納夷吾，夷吾入，是謂惠公。惠公既立，殺里克而絶秦。

壬申[前649年]周亂，叔帶以戎伐周，①秦、晉來救。

癸酉[前648年]②

甲戌[前647年]齊桓公會宋、陳、魯、衛、鄭、許、曹之君，盟于鹹。晉饑，秦輸之粟。

乙亥[前646年]秦饑，晉閉之糴，而又伐之。楚滅英。

丙子[前645年]齊桓公會宋、陳、魯、衛、鄭、許、曹之君，盟于牡丘以救徐。管仲卒，易牙專政。秦伐晉，敗之于韓原，獲其君夷吾。夷吾獻河西地，乃得還，仍以世子圉爲質。

丁丑[前644年]戎攻周，③齊會諸侯師戍周。又會宋、魯、衛、陳、鄭、許、邢、曹之君于淮，④以全鄫。

戊寅[前643年]齊桓公卒，五公子争國，公子無詭立，易牙專政。世子昭出奔宋。

---

① 「戎」，四庫本作「戍」。
② 此年底本無内容，四庫本作「齊使管仲平周難。楚滅黄」。
③ 「戎」，四庫本作「戍」。
④ 四庫本無「衛」字。

己卯［前642年］宋會曹、衛、邾伐齊，殺無詭，①敗四公子，立世子昭，是謂孝侯。狄伐衛。

庚辰［前641年］秦滅梁。

辛巳

壬午［前639年］宋襄公會楚、陳、蔡、鄭、許、曹六國之君于盂，②爲楚所執。楚成王執襄公于會以伐宋，盟而釋之。③

癸未［前638年］齊入王叔帶于周。秦、晉徙陸渾之戎于伊川。宋會衛、許、滕伐鄭，不利。晉公子圉自秦逃歸。楚救鄭，大敗宋師于泓。

甲申［前637年］周頹叔、桃子以狄師伐鄭，遂以狄女隗氏爲后。宋襄公卒，子成公壬臣繼。齊伐宋。楚伐陳。

乙酉［前636年］周襄王廢狄后，頹叔、桃子以狄師攻周，王出居鄭之氾，叔帶代立，與狄后居于温。晉有郤芮之難，惠公卒，世子圉繼，是謂懷公。秦穆公使人殺之，而入公子重耳，是謂文公，趙衰爲原大夫，專政。

丙戌［前635年］秦、晉之師滅王叔帶于温，而納王于成周。王享晉文公于郲，而命益之河内

① 「殺無詭」，四庫本作「無詭子」。
② 「盂」，原作「盇」，據四庫本改。
③ 「襄」前，四庫本有「宋」字。「釋」，原作「梓」，據四庫本改。

地。衛文公卒，世子成公鄭繼。楚圍陳，以入頓子。

丁亥［前634年］宋背楚親晉。楚滅夔，伐宋，又伐齊。①

戊子［前633年］齊孝公卒，弟潘父殺世子，代立，是謂昭公。晉救宋，作三軍，楚使子玉伐宋。②

己丑［前632年］周襄王狩于河陽。晉會齊、宋、蔡、秦之師伐衛，大敗楚師于城濮，遂會齊、宋、蔡、鄭、魯、衛之君，盟于踐土。楚救鄭，不利，殺令尹子玉得臣。

庚寅［前631年］晉會王人及諸侯于翟泉。

辛卯［前630年］衛成公自陳如周，周請晉納成公于衛而誅大夫元咺及公子瑕。秦、晉圍鄭。

壬辰［前629年］魯取濟西田。衛徙居帝丘。

癸巳［前628年］晉文公卒，世子歡繼，是謂襄公。

經世之巳二千二百一十四

甲午［前627年］周襄王二十五年。③秦穆公伐鄭，晉敗秦師于殽，獲其帥孟明視、西乞術、白乙丙。魯僖公卒，世子興繼，是謂文公。

---

①「又」，原作「父」，據四庫本改。
②「子玉」，原作「子五」，據四庫本改。
③「二十五年」，「二」原作「一」，據四庫本改。

乙未[前626年]晉歸秦三帥。楚亂，世子商臣弑其君惲，①代立，是謂穆王。

丙申[前625年]秦伐晉，不利于彭衙。②

丁酉[前624年]秦伐晉，取王官。楚伐江，晉師來救。

戊戌[前623年]秦伐西戎，破國十二。楚滅江。

己亥[前622年]晉趙成子衰卒，③子盾繼事。楚滅六。

庚子[前621年]秦穆公卒，世子罃繼，是謂康公。葬穆公，三良爲殉。晉襄公卒。

辛丑[前620年]晉世子夷皐繼，是謂靈公。宋成公卒，④國亂，弟禦殺世子代立，⑤國人殺禦，立公子杵臼，⑥是謂昭公。齊率宋、衛、陳、鄭、許、曹之君會趙盾于扈。

壬寅[前619年]周襄王崩，太子壬臣嗣位，是謂頃王。

癸卯[前618年]周葬襄王。晉會諸侯人救鄭。秦伐晉，取武遂。

---

① 「弑」，四庫本作「殺」。
② 「彭衙」，原作「彭衛」，據四庫本改。
③ 「趙成子」，「成」原作「襄」，據四庫本改。
④ 「宋」，原作「衛」，據四庫本改。
⑤ 四庫本無「子」字。
⑥ 「立公」，四庫本作「公立」。

甲辰［前617年］晉伐秦，取少梁。秦伐晉，取北徵。①

乙巳［前616年］魯敗狄于鹹，獲其帥喬如。

丙午［前615年］秦伐晉，取羈馬。

丁未［前614年］楚穆王卒，世子莒繼，是謂莊王。

戊申［前613年］周頃王崩，國亂，公卿争權，晉趙盾平周亂而立王子班，是謂匡王。宋及諸侯盟于新城。齊昭公卒，國亂，公子商人殺世子舍，代立，是謂懿公。

己酉［前612年］秦伐蔡。齊伐魯。

庚戌［前611年］齊修郪丘之盟。宋人弑其君昭公，弟鮑立，是謂文公。楚滅庸。

辛亥［前610年］晉會衛、陳、鄭伐宋。

壬子［前609年］魯文公卒于臺下，襄仲殺世子惡而立公子倭，②是謂宣公，三桓專政。秦康公卒，世子稻繼，是謂共公。齊亂，大夫丙歜殺其君懿公，③立公子元，是謂惠公。宋亂，羣公子作難。

① 「北」，四庫本作「比」。
② 「倭」，原作「倏」，據四庫本改。
③ 「殺」，四庫本作「弑」。

癸丑［前608年］齊取魯濟西。①晉伐鄭。楚侵陳及宋。

甲寅［前607年］周匡王崩，弟瑜立，是謂定王。鄭敗宋師于大棘，獲其太宰華元。晉伐鄭。秦伐晉。晉趙盾弑其君靈公，迎襄公弟黑臀于周，立之，是謂成公。

乙卯［前606年］周葬匡王。楚伐陸渾之戎，遂觀兵于周郊。

丙辰［前605年］鄭亂，公子作難。

丁巳［前604年］晉伐陳以救鄭。秦共公卒，世子稻繼，②是謂桓公。

戊午［前603年］晉趙盾、衛孫免侵陳。

己未［前602年］晉會諸侯于黑壤。

庚申［前601年］晉伐秦。楚滅舒、蓼。

辛酉［前600年］晉侯會宋、衛、陳、鄭于扈，陳不至，遂伐陳。晉成公卒于扈，公子據立，是謂景公。趙盾卒，子朔繼事。

壬戌［前599年］齊歸魯濟西田。齊惠公卒，公子無野繼，③是謂頃公，大夫崔杼奔衛。陳亂，夏徵舒弑其君靈公。晉伐鄭，楚師來救。楚伐鄭，晉師來救。

---

① 「西」後，四庫本有「田」字。
② 「世子稻繼」，四庫本作「子繼」。
③ 「繼」，四庫本作「立」。

癸亥[前598年]楚伐陳，誅夏徵舒，納公孫寧、儀行父于陳。①

經世之午二千二百一十五

甲子[前597年]周定王十年。楚伐鄭，大敗晉師于河上。晉屠岸賈作難于下宮，殺趙朔及其族，朔妻匿于公宮，生武。

乙丑[前596年]楚伐宋。

丙寅[前595年]楚圍宋。

丁卯[前594年]周定王殺二伯。晉滅赤狄及潞氏。②

戊辰[前593年]周宣王榭火。③晉滅申氏，又平王室之亂。

己巳[前592年]晉會諸侯之君于斷道。

庚午[前591年]魯宣公卒，世子黑肱繼，是謂成公。晉伐齊。楚莊王卒，世子審繼，是謂共王。

辛未[前590年]周伐茅戎，不利。

---

① 「儀」後，四庫本有「行父」二字。原脱，據四庫本補。
② 「狄」，原作「伏」，據四庫本改。
③ 「周」，原作「楚」，據四庫本改。

壬申[前589年]齊伐衛，①敗魯、衛之師于新築。②晉會諸侯之師救衛，大敗齊師于鞌。③宋文公卒，子瑕繼，是謂共公，華元專國，兩盟于晉、楚。楚會十國之人于蜀。④

癸酉[前588年]晉會宋、衛、魯、曹伐鄭。鄭兩伐許。

甲戌[前587年]晉伐楚，救鄭。

乙亥[前586年]周定王崩，太子夷嗣位，是謂簡王。晉會齊、宋、衛、魯、鄭、曹、邾、杞八國之君，盟于蟲牢。楚伐鄭。

丙子[前585年]楚伐鄭，晉救鄭。是年，壽夢稱王于吴。

丁丑[前584年]晉會齊、宋、魯、衛、曹、邾、莒八國之君于馬陵以救鄭。吴王壽夢始通好中國。

戊寅[前583年]晉殺大夫趙同、趙括。⑤

己卯[前582年]晉會齊、宋、魯、衛、鄭、曹、邾、杞八國之君，盟于蒲。齊頃公卒，子環繼，是謂靈公。晉伐鄭。秦伐晉。楚伐莒，入鄆。

---

①「伐」後，四庫本有「魯」字。
②四庫本無「衛」字。
③「鞌」，原作「安革」二字，據四庫本改。
④「國之人于蜀」五字原脱，據四庫本補。
⑤「同趙括」三字原脱，據四庫本補。

庚辰［前581年］晉景公有疾，授世子州蒲位，①是謂厲公。景公卒，程嬰攻屠岸賈［于公宫］，②滅其族，復趙武、趙朔之封邑。程嬰請死。

辛巳［前580年］秦、晉修夾河之盟。③

壬午［前579年］晉、楚同盟于宋。晉敗狄于交剛。④

癸未［前578年］魯成公朝于周。晉會齊、宋、魯、衛、鄭、曹、邾、滕八國之師，⑤伐秦，敗之于麻遂。

甲申［前577年］秦桓公卒，子景公繼。⑥

乙酉［前576年］晉會諸侯之君于戚。宋共公卒，國亂，大司馬唐山殺世子肥，右師華元、左師魚石誅唐山，⑦而立公子成，是謂平公。楚遷許于葉。⑧吳大會諸侯之君于鍾離。

---

① 「授世子」三字原脱，據四庫本補。
② 「于公宫」三字原脱，據四庫本補。
③ 「夾河之盟」四字原脱，據四庫本補。
④ 「宋晉」二字原脱，據四庫本補。「宋」屬上讀，「晉」屬下讀。
⑤ 「晉會」二字原脱，據四庫本補。
⑥ 「公繼」二字原脱，據四庫本補。
⑦ 「左」，原作「右」，「魚石」，原作「子魚」，據四庫本改。
⑧ 「葉」，原作「業」，據四庫本改。

丙戌［前575年］晉伐鄭，大敗楚師于鄢陵。①楚救鄭，不克，矢中王目，誅令尹側。

丁亥［前574年］晉會諸侯，盟于柯陵。是年，晉殺三郤。

戊子［前573年］晉亂，欒書弑其君厲公，迎公子周于周，立之，是謂悼公。魯成公卒，子午繼，是謂襄公。楚會鄭伐宋，入彭城。②晉侯會宋公、魯仲孫蔑、衛侯、邾子、齊崔杼，同盟于虚朾。③

己丑［前572年］周簡王崩，太子泄心嗣位，是謂靈王。晉會諸侯之師伐宋，圍彭城。

庚寅［前571年］周葬簡王。晉伐鄭，會諸侯之師于戚，以城虎牢。

辛卯［前570年］晉會八國之君，盟于雞澤。楚伐吴，至于衡山。

壬辰［前569年］晉用魏絳。楚伐陳。

癸巳［前568年］晉會諸國之師于戚城，④又救陳。吴會魯、衛之君于善道。

經世之未二千二百一十六

甲午［前567年］周靈王五年。

---

①「鄢」，原作「鄂」，據四庫本改。

②四庫本無「入」字。

③「虚朾」，原作「虚杼」，據四庫本改。

④「國」，四庫本作「侯」。

乙未[前566年]晉會七國之君于鄬。
丙申[前565年]晉會諸國之君于邢丘。鄭子駟殺羣公子。
丁酉[前564年]秦伐晉。晉會十一國之君伐鄭，楚亦伐鄭。鄭兩盟晉、楚。
戊戌[前563年]晉率十一國之君會吴壽夢于柤，①以滅偪陽。②又會十一國之師伐鄭，又伐秦。
楚伐宋，又救鄭。
己亥[前562年]晉兩會十一國之師伐鄭，賜魏絳食采安邑。秦伐晉，救鄭。魯三桓分軍。楚伐
鄭，又伐宋。
庚子[前561年]楚會秦伐宋。吴壽夢卒，長子諸樊繼。
辛丑[前560年]楚共王卒，③子昭廢世子，代立，是謂康王。吴伐楚，不利。
壬寅[前559年]晉率齊、宋、魯、衛、鄭、曹、莒、邾、滕、薛、杞、小邾十二國之君，會吴諸樊于向，④
又會諸侯之師伐秦。衛亂，孫林父、甯殖作難，⑤衛侯出奔齊。楚伐吴，有功。

①「柤」，原作「租」，據四庫本改。
②「偪陽」，原作「逼陽」，據四庫本改。
③「王」，原作「公」，據四庫本改。
④「向」，原作「衛」，據四庫本改。
⑤「甯殖」，原作「甯桓」，據四庫本改。

癸卯[前558年]晉悼公卒，子彪繼，是謂平公。

甲辰[前557年]晉侯會宋、魯、衛、鄭、曹、莒、邾、薛、杞、小邾十國之君，盟于湨梁，①執莒子、邾子以歸。又伐楚，至于方城。

乙巳

丙午[前555年]晉用范、中行，會宋、衛、魯、鄭、曹、莒、邾、滕、杞、小邾十一國之師伐齊，②敗之于靡下，進圍臨淄，齊靈公奔莒。

丁未[前554年]齊廢世子光，以公子牙爲世子，崔杼復廢牙，立光爲世子。靈公卒，光繼，是謂莊公，崔杼當國。鄭簡公誅大夫子孔，③以子産當國。

戊申[前553年]晉侯會十二國之君，④盟于澶淵。

己酉[前552年]晉侯會八國諸侯，盟于商壬。欒盈奔楚。

庚戌[前551年]晉會十一國之君，盟于沙隨。楚殺令尹子南。晉欒盈自楚適齊。

辛亥[前550年]欒盈自齊復入于晉，不克，死。范、中行滅欒氏之族。齊伐晉，取朝歌。

---

① 「湨梁」，「湨」原作「大」，四庫本作「溴」，據《左傳》襄十六年改。
② 「滕」後，四庫本有「薛」字。
③ 「子孔」，原作「子札」，據四庫本改。
④ 「十二」，原作「十一」，據四庫本改。

壬子［前549年］晉會十一國之君于夷儀。楚伐吴，又會諸侯伐鄭。①

癸丑［前548年］齊亂，崔子弑其君莊公，②立異母弟杵臼，是謂景公，崔杼爲右相，慶封爲左相。晉敗齊師于高唐。③楚會陳伐鄭及滅舒鳩。吴伐楚，不利，諸樊死，弟餘祭立，封季札于延陵。

甲寅［前547年］衛亂，甯喜、孫林父争權，林父不勝，奔晉，甯喜弑其君剽。晉執甯喜，求衛侯于齊而納之，④封林父于宿。齊慶封夷崔杼族而專國。鄭封子産六邑。⑤楚會陳、蔡伐鄭。

乙卯［前546年］晉用趙武爲正卿，是謂文子，與韓宣子起、魏武子絳同執國命，⑥會諸侯大夫于宋。⑦衛誅甯喜。晉、楚、齊、秦同會于宋，⑧從向戌之請，將弭兵也。⑨

丙辰［前545年］周靈王崩，太子貴嗣位，是謂景王。齊慶封弛政，其子舍及田、鮑、高、欒之徒逐

---

① 「會諸侯」三字，原在「楚」後，據四庫本改。
② 「子」，四庫本作「杼」。
③ 「唐」，四庫本作「堂」。
④ 「侯于」原作「公子」，據四庫本改。
⑤ 「鄭」，據四庫本補。
⑥ 「國命」二字原脱，據四庫本補。
⑦ 「侯」後，四庫本有「之」字。
⑧ 「會」下原有「兵」字，據四庫本删。
⑨ 「也」，原誤作「步」，據四庫本改。

之，慶封奔魯，又適吴。楚康王卒，世子麇繼，是謂郟敖。

丁巳［前544年］晉智伯會十國諸侯人城杞。①楚用叔圍爲令尹。吴亂，餘祭遇弑，②弟餘昧立。季札使魯、齊、鄭、晉。

戊午［前543年］蔡亂，世子弑其君，代立。鄭亂，羣公子争寵。宋災。晉會諸侯人于澶淵。③

己未［前542年］魯襄公卒，世子又卒，④國人立齊歸之子裯，⑤是謂昭公，季武子專政。⑥

庚申［前541年］晉趙武會諸國之大夫于虢。⑦楚亂，令尹圍弑其君麇，代立，是謂靈王，公子比奔晉，薳罷爲令尹。

辛酉［前540年］晉韓宣子起使魯。

壬戌［前539年］魯昭公朝晉。齊晏嬰使晉。鄭伯朝晉，⑧又朝楚。

---

①「人」，四庫本作「入」。
②「遇弑」，原作「過蔡」，據四庫本改。
③「人于澶淵」四字原脱，據四庫本補。
④「公卒世子又」五字原脱，據四庫本補。「公卒」屬上讀，「世子又」屬下讀。
⑤「裯」，原作「惆」，四庫本作「裯」，據《左傳》襄公三十一年改。
⑥「子專政」三字原脱，據四庫本補。
⑦「國」，四庫本作「侯」。
⑧「伯」，原作「侯」，據四庫本改。

癸亥[前538年]楚會十一國之君于申，執徐子于會，又會七國諸侯師伐吴之朱方以誅齊慶封。①吴拔楚三邑。

經世之申二千二百一十七

甲子[前537年]周景王八年。楚會諸侯伐吴。秦景公卒，世子繼，是謂哀公。

乙丑[前536年]齊北伐燕。楚東伐吴，吴敗楚師于乾谿。②

丙寅[前535年]楚起章華臺。③

丁卯[前534年]楚滅陳，執其公子招，放之于越。

戊辰

己巳[前532年]晉平公卒，世子夷繼，是謂昭公。④齊陳、鮑逐欒、高氏于魯，⑤分其室。

庚午[前531年]晉韓起會齊、宋、魯、衛、鄭、曹、杞之大夫于厥憖。⑥楚誘蔡侯于申，殺之，公子棄疾滅蔡，守之，執其世子有歸，用之。

---

① 四庫本無「師」字。「朱方」二字原脱，據四庫本補。
② 四庫本無「吴」字。
③ 「起章華臺」四字原脱，據四庫本補。
④ 「昭」，原作「元」，據四庫本改。後同。
⑤ 「魯」，原作「晉」，據四庫本改。
⑥ 「之」，原作「邾」，據四庫本改。

辛未［前530年］魯朝晉。楚伐徐。

壬申［前529年］晉昭公會齊、衛、鄭、曹、莒、邾、滕、薛、杞、小邾之君，盟于平丘，①魯不得與，執季孫意如以歸。楚公子比自晉歸，弑其君于乾谿。公子棄疾自蔡入，殺比代立，是謂平王。釋陳、蔡二君歸國。吴滅州來。

癸酉［前528年］楚復諸侯侵地，觀從用政。

甲戌［前527年］晉伐鮮虞。楚費無忌爲太子建逆婦于秦。吴餘昧卒，季札逃，國人立餘昧子僚。

乙亥［前526年］晉昭公卒，子去疾立，是謂頃公。楚誘戎蠻子，殺之。

丙子［前525年］晉滅陸渾之戎。吴伐楚。

丁丑［前524年］周鑄大錢。宋、衛、陳、鄭災。②楚遷許于白羽。

戊寅［前523年］楚用費無忌專政，放太子建于城父。

己卯［前522年］齊景公與大夫晏嬰入魯，問禮。宋有華氏之難，大夫華亥、華定、向寧奔陳。楚世子建自城父奔宋，又適鄭，又適晉。其傅伍奢及其一子死于楚，子員奔吴。③

---

①「平」，原作「靈」，據四庫本改。
②「災」，原作「吴」，據四庫本改。
③自「其傅伍奢」至句末，四庫本作「楚殺其傅伍奢及其子尚，伍員奔吴」。

庚辰［前521年］宋華亥、華定、向寧入宋南里，叛。

辛巳［前520年］周景王崩，葬景王，王室亂，三王子争國，國人立猛，是謂悼王。王子朝殺猛，代立，晉逐朝而入丐，是謂敬王。宋華亥、華定、向寧奔楚。楚世子建及晉師襲鄭，①不克，死，其子勝奔吴。

壬午［前519年］召氏、尹氏入王子朝于成周，單子、劉子以王出居狄泉。②楚徙都鄂，囊瓦子常爲令尹。吴伐楚，敗陳、蔡、頓、胡、沈之師于雞父，滅胡、沈，獲陳夏齧，楚建之子勝啓之也。

癸未［前518年］楚城郢。吴公子光伐楚，拔巢及鍾離，二女争桑故也。③

甲申［前517年］魯有三桓之難，④昭公奔齊，齊景公唁之于野井。晉趙鞅會宋、魯、衛、曹、邾、滕、薛、小邾之人于黄父。⑤

乙酉［前516年］晉趙鞅會諸侯之師，入王于成周，召、尹二氏之族以王子朝奔楚。楚平王卒，世

① 四庫本無「楚」字。
② 「居」，四庫本作「奔」。
③ 「女」，四庫本作「子」。
④ 「三桓」，四庫本作「二王」。
⑤ 「黄」，四庫本作「冀」。

子珍繼，①是謂昭王。

丙戌[前515年]晉韓、趙、魏三家大滅公族祁氏、羊舌氏，分其地。②楚令尹子常殺費無忌。③吴季札使晉。公子光弒其君僚，代立，是謂闔廬，專諸、伍員爲相。

丁亥[前514年]魯昭公自鄆如晉，次于乾侯。楚大夫伯嚭奔吴。

戊子

己丑[前512年]晉頃公卒，世子午繼，是謂定公。④吴滅徐以侵楚。

庚寅[前511年]晉定公使大夫荀躒納魯昭公，不克。吴伐楚，拔舒。

辛卯[前510年]晉韓不信會齊、宋、魯、衛、曹、鄭、莒、薛、杞、小邾之師，⑤城成周。魯昭公卒于乾侯，三桓立其弟宋，是謂定公。吴伐越。

壬辰[前509年]晉人執宋仲幾于京師。楚令尹子常敗吴師于豫章。

癸巳[前508年]吴敗楚師于豫章。

---

① 「珍」，四庫本作「軫」。
② 「分」，原作「外」，據四庫本改。
③ 「殺」，四庫本作「誅」。
④ 「公」，原作「侯」，據四庫本改。
⑤ 四庫本無「衛」字。「鄭」字據四庫本補。「杞」原作「祀」，據四庫本改。

經世之酉二千二百一十八

甲午[前507年]周敬王十三年。

乙未[前506年]晉定公會劉子宋、蔡、魯、衛、陳、鄭、許、曹、莒、邾、頓、胡、滕、薛、杞、小邾之君及齊大夫于召陵,①以伐楚。楚昭王北伐蔡。②吴師入郢,令尹子常奔鄭,昭王奔鄖,又奔隨,使申包胥求救于秦。許徙居容城。吴王闔廬敗楚師于柏舉,五戰及郢,遂入其國,燒其宫,平其基,③伍子胥啓之也。④

丙申[前505年]魯陽虎囚季桓子。⑤秦救楚,敗吴師于稷。楚昭王自鄖復歸于郢,封吴夫概于堂谿。越乘虚破吴,入其國。吴王弟夫概自堂谿亡歸,代立,闔廬逐夫概,概奔楚。

丁酉[前504年]周有儋翩之難,王出居姑蕕。⑥楚去郢,復都鄀。鄭滅許。

戊戌[前503年]晉師入周敬王于成周。齊取鄆爲陽虎邑。

---

① 「劉子」二字,據四庫本補。
② 「王」,四庫本作「公」。
③ 「基」,四庫本作「墓」。
④ 「啓」,四庫本作「爲」。
⑤ 「魯陽虎囚季桓子」,四庫本作「魯陽貨囚季氏」。
⑥ 「蕕」,四庫本作「猶」。

己亥［前502年］魯有陽虎之難，攻三桓，不克，竊寶玉、大弓走陽關。①

庚子［前501年］秦哀公卒，子惠公繼。

辛丑［前500年］魯以孔丘爲司寇，從定公會齊景公于夾谷。齊復魯侵地，晏嬰在會。

壬寅［前499年］宋公之弟辰及大夫仲佗、石彄、公子地自陳入于蕭以叛。②鄭子產卒。

癸卯［前498年］孔子去魯，適衛。

甲辰［前497］魯孔子在衛。晉六卿相攻。

乙巳［前496年］衛世子蒯聵奔宋。魯孔子自衛之宋，又如陳。楚會吴伐陳，滅頓。吴王闔廬伐越，不利，死，子夫差立，以伯嚭爲太宰。是年，於越勾踐敗吴師于檇李，③稱王于會稽。

丙午［前495年］魯定公卒，子蔣繼，是謂哀公。楚滅胡。

丁未［前494年］晉趙鞅圍范、中行氏于朝歌，中行走邯鄲。楚會陳、隨、許圍蔡。吴敗越于夫椒，伏而釋之。越王勾踐伐吴不利，使大夫文種行成委質以臣妾，遂棲于會稽。

戊申［前493年］衛靈公卒，其孫輒立。晉趙鞅會陽虎，以師入衛世子蒯聵，不克，居之于戚城。魯孔子復過宋。楚伐蔡。吴徙蔡于州來。於越范蠡歸國。

---

①「關」，原作「開」，據四庫本改。
②「佗」，四庫本作「陀」。
③「於越」，原作「放越」，據四庫本改。後同。

己酉［前492年］秦惠公卒，子悼公繼。魯孔子在陳。

庚戌［前491年］魯孔子之蔡。

辛亥［前490年］齊伐宋。晉伐衛。齊景公卒，子荼繼，是謂孺子。晉韓、趙、魏敗范、中行氏于邯鄲。

壬子［前489年］齊亂，田乞弑其君孺子，迎公子陽生于魯，而立之，是謂悼公。高昭子死，國惠子奔莒。魯孔子復至陳。楚昭王救陳，軍于城父，卒于師，世子章繼，是謂惠王。吴伐陳。魯伐邾。宋伐曹。

癸丑［前488年］吴會魯于鄫，以伐齊，徵百牢于魯。

甲寅［前487年］宋滅曹。楚令尹子西召平王世子建之子勝于吴，以爲巢大夫，號白公。吴伐魯，盟于城下而還。

乙卯［前486年］宋伐鄭。楚伐陳。吴伐齊。

丙辰［前485年］齊田乞卒，子常繼事，是謂成子。齊亂，鮑子弑其君悼公，立其子壬，是謂簡公，田常專國。魯孔子自陳復至于衛。楚伐陳。吴會魯伐齊，以救陳，殺大夫伍員。

丁巳［前484年］孔子自衛返魯。子貢使齊及吴、越、晉。齊伐魯，吴救魯，敗齊師于艾陵。越伐吴。①

戊午[前483年]楚白公勝復奔吴，子西復召之。吴會魯、衛之君于橐皐，移兵攻晉。

己未[前482年]晉定公及諸侯會吴夫差于黄池。越伐吴，入其郛，執其世子友而還。

庚申[前481年]魯西狩獲麟。齊田常殺相闞止及弑其君簡公于舒州，②立其弟驁，是謂平公，割安平以東自爲湯邑。③孔子于魯請討，④不克。秦悼公卒，子厲公繼。晉伐鄭。宋桓魋出奔衛，又奔齊。楚巢大夫白公勝殺令尹子西，逐其君，代立。

辛酉[前480年]魯使子服景伯使齊，子貢爲介，齊歸魯侵地。衛世子蒯聵自戚入，是謂莊公。輒出奔魯。楚葉公以兵入誅白公，而迎章復位，滅陳而縣之。

壬戌[前479年]魯孔子卒。

癸亥[前478年]晉伐衛，莊公出奔，國人立公子班師。齊伐衛，執班師而立公子起。越敗吴師于笠澤。

經世之戌二千二百一十九

---

① 「伐」，四庫本作「朝」。
② 「舒州」，原作「徐州」，據四庫本改。
③ 「湯」，四庫本作「封」。
④ 四庫本無「于魯」二字。

甲子[前477年]周敬王四十三年。衛石圃逐其君起，①而迎輒復位，起奔齊。

乙丑[前476年]周敬王崩，太子嗣位，是謂元王。齊田常卒，子盤繼事，是謂襄子。吳會齊、晉之師伐楚。越伐吳。

丙寅[前475年]晉定公卒，子鑿繼之。知伯伐鄭，取九邑。越人伐吳。

丁卯[前474年]越伐吳，圍其國。

戊辰[前473年]越滅吳，破姑蘇，②殺其王并其大夫，北會諸侯于徐州，③致貢于周，太宰范蠡辭禄游五湖，殺大夫文種，遂兼有吳地。

己巳

庚午

辛未[前470年]周元王崩，太子介嗣位，是謂貞定王。

壬申

癸酉[前468年]魯季康子卒，三桓作難，弑其君哀公，立其子寧，是謂悼公。

甲戌

① 「石圃」，原作「石國」，據四庫本改。
② 「破」，原作「被」，據四庫本改。
③ 四庫無「州」字。

乙亥

丙子

丁丑[前464年]晉伐鄭。

戊寅

己卯

庚辰[前461年]秦伐大荔。

辛巳

壬午

癸未[前458年]晉趙簡子鞅卒，子毋卹繼事，①是謂襄子，同智伯、韓康子、魏桓子滅范、中行氏，②四分其地及逐其君，立公孫驕，是謂哀公。秦取晉武城。

甲申[前457年]晉伐秦，復武城。

乙酉[前456年]齊平公卒，子積繼，是謂靈公。晉智伯及韓、魏二家兵攻趙襄子于晉陽。

丙戌[前455年]晉三家兵圍晉陽。

---

① 「子毋卹繼事」，四庫本作「子母卹繼」。

② 「智」，四庫本作「知」。

丁亥［前454年］晉韓康子、魏桓子復合趙襄子之兵攻智伯，滅之于晉陽，三分其地。齊田盤卒，子白繼事，是謂莊子。

戊子

己丑

庚寅

辛卯

壬辰

癸巳

經世之亥二千二百二十

甲午［前447年］周貞定王二十三年。楚滅蔡。

乙未［前446年］秦厲公卒，子躁公繼。

丙申［前445年］秦伐義渠，虜其王以歸。①楚滅杞，東開地至泗上。

丁酉

戊戌

① 「虜」，四庫本作「獲」。

己亥［前442年］周貞定王崩，太子去疾嗣位，是謂哀王，王叔襲殺哀王，①代立，是謂思王。

庚子［前441年］周亂，弟少嵬殺其王叔，代立，是謂考王。

辛丑［前440年］晉哀公卒，②子柳繼，是謂幽公，公室止有絳及曲沃。

壬寅

癸卯

甲辰

乙巳

丙午

丁未

戊申

己酉［前432年］秦躁公卒，弟懷公立。③楚惠王卒，子中繼，是謂簡王。

庚戌［前431年］魯悼公卒，子元公繼。楚滅莒。

辛亥

① 「王」，原作「三」，據四庫本改。
② 「卒」，四庫本作「疾」。
③ 「公」，四庫本作「王」。

壬子

癸丑［前428年］秦庶長鼂弑其君懷公，立躁公孫，是謂靈公。

甲寅

乙卯［前426年］周考王崩，太子午嗣位，是謂威烈王。河南惠公封其少子于鞏，稱東周君。

丙辰［前425年］晉趙襄子卒，兄之子浣繼事，是謂獻子，治中牟。襄子弟桓子逐獻子，代立。韓康子卒，子武子繼事。魏桓子卒，子斯繼事，是謂文侯。

丁巳［前424年］趙桓子卒，國人殺其子而迎獻子復位。

戊午［前423年］秦攻魏少梁。

己未［前422年］秦作上下畤。

庚申

辛酉［前420年］魏文侯殺晉幽公，立其弟止，是謂烈公。

壬戌

癸亥

［宋］邵雍／著

郭彧　于天寶／點校

# 皇極經世書

貳

上海古籍出版社

# 皇極經世卷第六

## 以運經世之七　觀物篇之三十一

經元之甲一

經會之午七

經運之己二百八十六

經世之子二千二百二十一

經世之子二千二百二十一

甲子［前417年］周威烈王九年，魏城少梁。

乙丑［前416年］秦靈公卒，季父立，是謂簡公。

丙寅

丁卯［前414年］魏伐秦。韓伐鄭。

戊辰［前413年］齊伐晉。魏伐中山。

己巳

庚午［前411年］齊田莊子卒，子太公和繼。趙城平城。

辛未［前410年］魯元公卒，子顯繼，是謂穆公。

壬申［前409年］晉韓武子卒，子景侯度繼。趙獻子卒，子烈侯藉繼。魏伐秦。

癸酉［前408年］韓伐鄭，取雍丘。魏滅中山。楚簡王卒，子當繼，是謂聲王。

甲戌［前407年］鄭伐韓，取負黍。

乙亥［前406年］宋昭公卒，子悼公購繼。趙以白公仲爲相。①

丙子［前405年］齊宣公卒，子康公貸繼，田會以廩丘叛。②

丁丑

戊寅［前403年］晉韓、趙、魏求爲諸侯于周。

己卯［前402年］周威烈王崩，太子驕嗣位，是謂安王。楚聲王遇盗卒，子疑立，是謂悼王。

庚辰［前401年］秦攻魏陽狐。③

辛巳［前400年］秦簡公卒，子惠公繼。韓景侯卒，子烈侯繼。趙烈侯卒，弟武侯立。魏文侯以

---

① 「白」，四庫本作「田」。
② 「廩丘」，原作「廩兵」，據四庫本改。
③ 「陽狐」，原作「陽孤」，據四庫本改。

卜子夏、段干木爲師，西門豹爲將守鄴，吳起爲將守西河，魏成子爲相，①樂羊爲將，同韓、趙伐楚，②至于乘丘。

壬午

癸未

甲申［前397年］韓，盜殺相俠累。

乙酉

丙戌［前395年］晉烈公卒，子孝公繼。

丁亥

戊子［前393年］魏伐鄭，城酸棗，又敗秦軍于注。③楚伐韓，取負黍。

己丑

庚寅［前391年］齊田和徙其君康公于海上，食一城。秦伐韓宜陽，取六邑。④韓、趙大敗楚師于大梁。

---

① 「魏」，四庫本作「田」。

② 「伐」，底本原作「代」，據四庫本改。

③ 「于」，底本不清楚，據四庫本補。

④ 「取六邑」，四庫本作「拔六城」。

辛卯［前390年］魯伐齊于平陸。①齊伐魏，取襄陵。

壬辰［前389年］秦伐魏陰晉。②

癸巳［前388年］齊田和會魏文侯于濁澤，求爲諸侯。魏請于周及諸侯，皆許之。

經世之丑二千二百二十二

甲午［前387年］周安王十五年。秦惠公卒，子出公繼。③韓烈侯卒，子文侯繼。魏文侯卒，子武侯繼。趙武侯卒，烈侯子敬侯繼。④

乙未［前386年］田和稱諸侯于齊，列于周紀。魏攻趙邯鄲。

丙申［前385年］韓伐鄭，取陽城，伐宋，執宋公于彭城。魏城安邑及王垣。趙破齊師于靈丘。⑤齊太公和卒，子桓公午繼。秦庶長改殺出公及其母，⑥迎靈公之子于河西，⑦立之，是謂獻公。

---

① 「伐」，四庫本作「敗」。
② 「陰」，四庫本作「侵」。
③ 「子出公」，四庫本作「出子悼公」。
④ 「烈侯」，據四庫本補。
⑤ 四庫本無「師」字。
⑥ 「公」，四庫本作「子」。
⑦ 「河西」，「西」原作「上」，據四庫本改。

丁酉［前384年］趙破齊師于廩丘。

戊戌［前383年］魏敗趙師于兔臺。

己亥［前382年］齊、魏以衛伐趙，取剛平。

庚子［前381年］趙會楚伐魏，取棘蒲。楚悼王卒，宗室作亂，殺吴起，①王子繼，是謂肅王，②誅害吴起者七十餘家。③

辛丑［前380年］齊伐燕，取桑丘。

壬寅［前379年］齊康公死于海上。齊桓侯卒，子因齊立，是謂威王。

癸卯［前378年］晉孝公卒，子静公俱酒繼。韓、趙、魏伐齊，至于靈丘。

甲辰［前377年］韓文侯卒，子哀侯繼。趙攻中山，戰于房子。魯穆公卒，子共公繼。

乙巳［前376年］周安王崩，太子喜嗣位，是謂烈王。魏武侯、韓哀侯、趙敬侯同滅晉而三分其地，以静公爲家人，食端氏一城。

丙午［前375年］韓滅鄭，徙都之。趙敬侯卒，子成侯繼。宋休公卒，子辟公繼。

丁未

---

①「宗室作亂殺吴起」，四庫本作「盜殺相吴起」。

②「肅王」，「肅」原作「簡」，據四庫本改。

③「七十餘」，原作「十七」，據四庫本改。

戊申［前373年］魯伐齊，入陽關。趙伐齊，至博陵。

己酉［前372年］魏拔齊薛陵，攻趙北藺。趙拔衛鄉邑七十三。①宋辟公卒，子剔成繼。

庚戌［前371年］韓嚴弑其君哀侯，立其子懿侯。魏武侯卒，公子争國，趙伐魏，立公子罃，是謂惠王。趙敗秦軍于鄗安。

辛亥［前370年］趙伐齊取甄，②魏敗趙師于覃懷。齊威王烹阿大夫，封即墨大夫萬家。楚肅王卒，弟良夫繼，是謂宣王。

壬子［前369年］周烈王崩，弟扁嗣位，是謂顯王。齊西敗趙、魏之師于濁澤。趙輸長城。③魏入觀齊。魏敗韓師于馬陵。

癸丑［前368年］韓、魏及周一。④

甲寅［前367年］趙、韓分周爲二。

乙卯［前366年］魏會趙攻秦，不利于宅陽。⑤

---

①「衛」，原作「魏」，四庫本同，據《史記》卷四三《趙世家》改。
②「取甄」，四庫本作「至鄄」。
③「輸長城」三字原脱，據四庫本補。
④「及周一」，四庫本作「攻周」。
⑤「宅」，四庫本作「洛」。

丙辰［前365年］齊攻秦，不利于石門。魏伐宋，取儀臺。

丁巳［前364年］周顯王西賀秦獻公。魏與秦會于杜平。

戊午

己未［前362年］秦獻公卒，子孝公繼，敗魏師于少梁。魏敗韓師于澮。

庚申［前361年］魏拔趙皮牢。

辛酉［前360年］周致文武胙于秦孝公。①東周君惠公卒，子傑繼。韓、趙、魏伐齊。

壬戌［前359年］秦用衛鞅。韓懿侯卒，子昭侯繼。

癸亥

經世之寅二千二百二十三

甲子［前357年］周顯王十二年。宋取韓黄池。齊封騶忌爲成侯。

乙丑［前356年］趙會燕于河上，會齊于平陸。魯、衛、宋、鄭朝魏。

丙寅［前355年］魯共公卒，子康公繼。齊會趙于郊，會魏于平陸，會秦于杜平。

丁卯［前354年］秦敗魏師于元里，取少梁。魏圍趙邯鄲。

① 四庫本無「周」字。

戊辰［前353年］韓攻東周君，取陵觀及邢丘。齊田忌、孫臏救趙，敗魏師于桂陵。①是年，齊始稱王。

己巳［前352年］秦大良造衛鞅會韓、趙之師圍魏襄陵。

庚午［前351年］韓用申不害爲相。秦、趙伐魏，魏歸趙邯鄲，盟于漳水之上。

辛未［前350年］趙成侯卒，世子繼，是謂肅侯。秦開阡陌，大築冀闕于咸陽，②自雍徙都之。

壬申

癸酉［前348年］趙奪晉君端氏，徙之屯留。秦初爲賦。

甲戌

乙亥［前346年］魯康公卒，子景公繼。

丙子

丁丑

戊寅［前343年］周顯王錫秦孝公，命爲伯。齊威王卒，子宣王辟彊繼。

己卯［前342年］諸侯西賀秦。

---

① 四庫本無「師」字。
② 「冀闕」，「闕」原作「室」，據四庫本改。

庚辰[前341年]齊救韓、趙，①田忌、田嬰、孫臏大敗魏師于馬陵，獲將龐涓及世子申。

辛巳[前340年]楚宣王卒，子威王繼。秦奪魏河西七百里。魏去安邑，徙都大梁。

壬午

癸未[前338年]秦孝公卒，子惠文君繼，是謂惠王。商鞅奔魏，魏不受，復入于秦。②

甲申[前337年]秦惠文君夷商鞅族。蘇秦入秦，不受。③

乙酉[前336年]周顯王西賀秦。孟軻爲魏卿。

丙戌[前335年]秦拔韓宜陽。魏惠王卒，子襄王繼。齊宣王會魏襄王于鄄。

丁亥[前334年]蘇秦會趙、燕、韓、魏、齊、楚六國之師，盟于洹水之上以攻秦，至于函谷。韓作高門。是年，楚滅越，獲其王無彊，盡取其地，東開地至浙江。魏始稱王。齊田嬰爲相。④

戊子[前333年]燕文公卒，子易王立。韓昭侯卒，子惠王立。楚敗齊師于徐州。齊田嬰詐楚，故不利。

己丑[前332年]齊會魏伐趙，又伐燕，取十城。

①「齊」後，四庫本有「人」字。四庫本無「趙」字。
②四庫本無「復」字。
③「不」前，四庫本有「秦」。
④四庫本無「齊」字。

庚寅[前331年]秦伐魏。

辛卯[前330年]宋亂，公弟偃弑其君，代立，是謂元王。

壬辰[前329年]楚威王卒，子懷王槐繼。魏伐楚，取陘山。秦伐魏，取汾陰。

癸巳[前328年]秦用張儀爲相。陳軫適楚。楚滅蜀。魏輸秦上郡。

經世之卯二千二百二十四

甲午[前327年]周顯王四十二年。齊會魏攻韓之桑丘。

乙未[前326年]趙肅侯卒，子定繼，是謂武靈王。齊用孟軻爲上卿。

丙申[前325年]孟軻去齊。

丁酉[前324年]秦始稱王。齊宣王卒，子湣王地繼。秦築上郡塞。

戊戌[前323年]韓、燕稱王。楚破魏襄陵，八城，①移兵攻齊。秦張儀會齊、楚，執政于齧桑。

己亥[前322年]秦張儀出相魏。燕會韓、魏二君于區鼠。

庚子[前321年]周顯王崩，子定嗣位，是謂慎靚王。是年，趙始稱王。齊封田嬰于薛。盜殺蘇秦于齊，蘇代復相燕。燕易王卒，②子噲繼，子之專國。蘇代使齊。

① 「八」，四庫本作「入」。
② 四庫本無「易」字。

辛丑[前320年]宋伐楚，取地三百里，始稱王。秦、齊交婚。

壬寅[前319年]魏襄王卒，子哀王繼。張儀復相。①

癸卯[前318年]楚會齊、趙、韓、魏、燕攻秦，不利，齊獨後。秦樗里疾大敗六國之師，獲將申差及韓、魏二公子。

甲辰[前317年]齊敗魏師于觀津，與秦争雄雌。魯景公卒，子平公繼。秦敗韓師于濁澤，韓請割名都[一以助伐楚，既而背之]，②秦又伐韓，敗韓師于岸門，楚救不至。燕王噲以國屬子之。

乙巳[前316年]齊伐燕。秦伐趙，拔中都及西陽。

丙午[前315年]周慎靚王崩，子延繼，是謂赧王，稱西周君。秦拔義渠二十五城，又取韓之石章。

丁未[前314年]楚、齊和親。燕亂，將市被攻子之不克，反攻世子，又不克，死。

戊申[前313年]楚攻秦，不利。秦伐齊，楚救不至。秦張儀紿楚，③樗里疾攻趙。

己酉[前312年]楚懷王大伐秦，不利，又伐，又不利。秦庶長魏章會齊、韓之師大敗楚師于藍田，

---

① 「相」後，四庫本有「秦」字。
② 「一以助伐楚既而背之」九字原脱，據四庫本補。
③ 「紿」，四庫本作「結」。

又敗之于丹水之陽，獲其將屈丐，遂取漢中地，置黔中郡。韓宣王卒，世子蒼繼，是謂襄王。齊以五都兵攻燕。燕亂，國人立太子平，是謂昭王。

庚戌［前311年］楚屈原使齊。秦張儀使楚，會楚、齊、韓、趙、魏、燕六國西事秦，至咸陽而秦惠王卒，世子武王繼。①燕起金臺，以禮郭隗，樂毅自魏往，②鄒衍自齊至，劇辛自趙至。

辛亥［前310年］秦會魏于臨晉，張儀、魏章適魏，③樗里疾、甘茂爲相。

壬子［前309年］楚合齊以善韓。

癸丑［前308年］秦武王會魏哀王于應，會韓襄王于臨晉。

甲寅［前307年］東、西二周君相攻。楚圍韓之雍氏。④秦甘茂拔韓之宜陽，武王舉周鼎，絶臏而死，⑤國人迎母弟稷于趙而立之，是謂昭襄王，太后臨朝稱制，魏冉專政。趙武靈王改用胡服。

乙卯［前306年］秦復韓武遂，嚴君疾、向壽爲相，甘茂適魏。

---

① 四庫本無「世」字。
② 「往」，四庫本作「至」。
③ 「魏」，四庫本作「衛」。
④ 「氏」，四庫本作「邱」。
⑤ 「臏」，四庫本作「脈」。

丙辰[前305年]楚絶齊以善秦。

丁巳[前304年]秦昭襄王會楚懷王于黄棘，①復之上庸。

戊午[前303年]齊、韓、魏攻楚，楚求救于秦。　魯平公卒，子文公賈繼。　秦取韓武遂，拔魏蒲坂。

己未[前302年]秦復魏蒲坂，會韓于武遂。

庚申[前301年]楚伐秦，不利。　秦昭襄王會齊、韓、魏伐楚，敗之于重丘。

辛酉[前300年]齊孟嘗君入秦爲質。

壬戌[前299年]楚懷王放大夫屈原于江濱，與秦昭襄王會于武關，不復，國人迎太子横于齊而立之，是謂頃襄王，其弟子蘭爲令尹。　齊歸秦涇陽君，孟嘗君自秦逃歸。　秦會齊、魏伐楚，取八城。　趙拔燕中山，攘地北至代，②西至九原。③

癸亥[前298年]齊會韓、魏伐秦，至于函谷。　秦伐楚，取十六城。　趙武靈王稱主父，會群臣于東宫，廢太子章而授庶子何位，④是謂惠文王，以肥義爲之相。　北略地，南入秦，稱使者。

經世之辰二千二百二十五

---

① 「秦昭襄王會楚懷王」，四庫本作「秦昭王與楚懷王會」。
② 「代」前，四庫本有「燕」字。
③ 「原」，四庫本作「源」。
④ 「位」，四庫本作「立」。

甲子［前297年］周赧王十八年。楚懷王于秦逃歸，不克。

乙丑［前296年］楚懷王死于秦，①楚遂絶秦。魏哀王卒，子昭王繼。齊會韓、魏、趙、宋五國之兵攻秦，至鹽氏而還。秦與韓、魏河北及封陵以和。韓襄王卒，子釐王繼。趙主父滅中山，徙其王于膚施，封廢太子章于代，號安陽君，使田不禮爲之相。

丙寅［前295年］秦免樓緩相，穰侯魏冉復相，率師攻魏。趙安陽君及田不禮作難，②公子成及大夫李兑平之，主父死于沙丘宫。

丁卯［前294年］秦向壽伐韓，拔武始。

戊辰［前293年］楚與秦復和。韓伐秦，不利。秦左庶長白起大敗韓及諸侯之師于伊闕，取城五，坑軍二十四萬，獲將公孫喜。

己巳［前292年］楚逆婦于秦。秦魏冉免相，大良造白起伐魏取垣，攻楚拔宛。

庚午［前291年］秦魏冉復相，封陶邑，司馬錯伐韓軹及鄧。

辛未［前290年］齊有田甲之難，免孟嘗君相。魏獻河東地方四百里入秦。韓獻武遂二百里入秦。趙會齊伐韓。

① 「死」，四庫本作「卒」。
② 四庫本無「田」字。

壬申[前289年]齊復孟嘗君相。秦伐韓，拔六十一城。
癸酉[前288年]齊、秦約稱東、西帝，復罷。
甲戌[前287年]齊孟嘗君謝病。①秦昭襄王巡漢中及上郡、河北，拔魏新垣及曲陽。
乙亥[前286年]齊滅宋，至于泗上，十二諸侯、鄒、魯之君皆稱臣，南取楚之淮北，西侵韓、趙、魏。魏獻秦安邑，秦伐魏之河内，攻韓之夏山。
丙子[前285年]齊孟嘗君以薛屬魏。秦昭襄王會楚頃襄王于宛，會趙惠文王于中陽，伐齊拔九城。
丁丑[前284年]燕樂毅會秦、楚、韓、趙、魏五國之師伐齊，大敗齊師于濟西，遂入臨菑，拔城七十，拜樂毅上卿，封昌國君，留圍齊即墨及莒。齊湣王保莒。楚使淖齒救齊，殺齊湣王于莒。莒人立其子法章，是謂襄王。荀卿行祭酒。
戊寅[前283年]楚頃襄王會秦昭襄王于鄢。秦穰侯伐魏至于國。
己卯[前282年]秦昭襄王會韓釐王于新城，會魏昭王于新明，伐趙拔二城，伐韓取六邑。
庚辰[前281年]楚會魏、趙伐秦。秦伐楚，魏冉復相。趙使藺相如入秦獻璧。
辛巳[前280年]楚割上庸及漢中，請和于秦。秦白起拔趙二城，司馬錯拔楚上庸。燕昭王卒，

① 「孟嘗君」，「君」原作「郡」，據四庫本改。

子惠王繼，以騎劫代樂毅將。①樂毅奔趙。趙惠文王與秦昭襄王會于澠池，藺相如相。

壬午[前279年]齊田單大破燕軍于即墨，②獲將騎劫，復城七十，迎襄王自莒入臨菑，封田單安平君。秦白起拔楚西陵。

癸未[前278年]楚頃襄王出奔陳，郢陷于秦。大良造白起破楚入郢，燒夷陵，以郢爲南郡，封起武安君。

甲申[前277年]秦拔楚巫及黔中，作黔中郡。魏昭王卒，子安釐王繼。

乙酉[前276年]楚東收江旁十五邑以扞秦。③魏拔秦二城，封無忌信陵君。

丙戌[前275年]秦兵圍大梁，魏入温請和。秦以穰侯爲相國。韓暴鳶救魏，不利。趙廉頗拔魏房子、安陽。

丁亥[前274年]魏芒卯攻韓，④不利。秦師救韓，敗趙、魏之師十五萬于華陽，魏入南陽請和，以其地爲南陽郡。

戊子[前273年]韓釐王卒，子桓惠王繼。趙取東胡地。

---

① 四庫本無「將」字。
② 「破」，四庫本作「敗」。
③ 「收」，四庫本作「取」。
④ 「芒卯」，「芒」原作「芷」，據四庫本改。

己丑［前272年］楚黄歇奉太子完入秦爲質求平，又助韓、魏伐燕。齊田單拔燕中陽。①秦會楚、韓、趙、魏伐燕。燕惠王卒，子武成王繼。趙藺相如伐齊。

庚寅［前271年］秦穰侯伐齊，取剛壽，以廣陶邑。范雎自魏入秦。

辛卯［前270年］秦師伐韓，以逼周。

壬辰［前269年］秦中更胡傷攻趙閼與。趙奢擊之，有功，封馬服君，與廉頗同位，秦人爲之少懼。

癸巳［前268年］秦拔魏懷城。②

經世之巳二千二百二十六

甲午［前267年］周赧王四十八年。秦太子卒于魏。

乙未［前266年］秦拔魏郪丘，罷穰侯相國及宣太后權，以客卿范雎爲相，封應侯，魏冉就國。趙惠文王卒，③子丹繼，是謂孝成王，太后專政。

丙申［前265年］齊襄王卒，子建繼。田單救趙。秦以安國君爲太子，宣太后卒，拔趙三城，進圍邯鄲。趙出長安君爲質于齊，求救。趙勝爲相，封平原君。

① 四庫本無「齊」字。
② 「城」，四庫本作「義」。
③ 「惠文王」原作「文惠王」，據四庫本改。

丁酉［前264年］齊用田單爲相。秦白起攻韓，拔九城。

戊戌［前263年］楚頃襄王卒，太子完自秦亡歸，繼，是謂考烈王，以左徒黄歇爲令尹，號春申君，封于吴，食淮北地。秦白起拔韓南郡。

己亥［前262年］楚獻地于秦乞和。秦五大夫賁伐韓，拔五十城，①以斷太行路。韓馮亭以上黨入于趙，趙受韓上黨。廉頗軍長平。

庚子［前261年］楚伐魯，取徐州。秦白起攻趙長平。

辛丑［前260年］秦武安君大敗趙軍于長平，進圍邯鄲。趙以趙括代廉頗將，長平遂陷，兵四十萬爲秦所坑。

壬寅［前259年］秦分軍爲三，罷武安君白起將，以王齕代攻趙，拔趙武安及皮牢，司馬梗北定上黨。趙使蘇代使秦。

癸卯［前258年］秦加范雎相國，王齕圍邯鄲，張唐攻魏。燕武成王卒，子孝王繼。趙平原君求救于楚、魏。

甲辰［前257年］楚春申君、魏信陵君救趙。秦起武安君白起，不克，殺之于杜郵。

乙巳［前256年］周赧王會齊、韓、趙、魏兵出伊闕攻秦，不利，西奔秦。秦昭王滅周，盡入其地三

① 「五十」，四庫本作「十五」。

十六城，徙其王于單狐。楚滅魯，以齊荀卿爲蘭陵令。

丙午［前255年］秦徙周民及九鼎于咸陽。蔡澤自燕入秦，代范雎相。燕孝王卒，子喜繼。

丁未［前254年］楚、齊、韓、燕、趙皆服命于秦，魏獨後，秦使將軍摎伐之，取吴城。

戊申［前253年］秦郊上帝于雍丘。趙徙都鉅鹿。

己酉［前252年］趙平原君卒。

庚戌［前251年］秦昭襄王卒，太子安國繼，是謂孝文王，立三日又卒，子楚立，是謂莊襄王，以華陽夫人爲后，子政爲太子。吕不韋爲丞相，封文信侯，食河南十萬户。楚春申君入弔于秦。燕將栗腹攻趙，不利。趙廉頗破燕軍于鄗，封頗信平侯。①

辛亥［前250年］東周君會諸侯攻秦不利，没于秦。秦丞相吕不韋平東周，盡入其地，置三川郡，徙其君于陽人。趙廉頗伐燕，圍其國。

壬子［前249年］秦蒙驁拔趙太原，拔韓滎陽及成皋。

癸丑［前248年］秦蒙驁拔魏高都，又舉趙三十城。楚、齊、魏、韓、燕、趙攻秦，不利。

甲寅［前247年］秦莊襄王卒，太子政繼，是謂始皇帝，以吕不韋爲相國，號仲父，同太后專政，李

① 四庫本無「頗」字。

斯爲舍人。齊田單屠聊城。魏無忌自趙歸國，率楚、齊、韓、趙、燕五國之師，攻秦軍于河外，①走蒙驁，追至函谷。

乙卯［前246年］秦蒙驁平晉陽。②

丙辰［前245年］趙孝成王卒，子偃繼，是謂悼襄王，以樂乘代廉頗將，頗奔魏。

丁巳［前244年］秦蒙驁攻魏拔二城，攻韓拔十二城。

戊午［前243年］魏安釐王卒，③子景湣王繼。④信陵君亦卒。趙將李牧拔燕二城。

己未［前242年］秦拔魏二十城，置東郡。趙伐燕，獲將劇辛。

庚申［前241年］楚考烈王會齊、韓、趙、魏、燕五國之兵伐秦，至于函谷，不利，東徙都壽春，春申君就國于吴。

辛酉［前240年］秦拔魏之汲，趙拔魏之鄴。

壬戌［前239年］秦封嫪毐長信侯，關政于内。韓桓惠王卒，子安繼。

癸亥［前238年］長信侯嫪毐作難，攻蘄年宫不克，伏誅，徙太后于雍，流蜀者四千家。楚考烈王

---

① 「攻」，四庫本作「敗」。
② 「蒙」字原脱，據四庫本補。
③ 四庫本無「安」字。
④ 「繼」，四庫本作「卒」。

卒，子幽王悍繼。

經世之午二千二百二十七

甲子［前237年］秦始皇帝十年。呂不韋坐嫪毐事免相，李斯爲相。齊、趙來置酒。復華陽太后于甘泉宮。

乙丑［前236年］秦王翦、桓齮拔趙九城。趙悼襄王卒，子遷繼。秦兵攻鄴。

丙寅［前235年］秦會魏伐楚及韓，文信侯呂不韋自殺。

丁卯［前234年］秦桓齮大敗趙軍十萬于平陽。韓公子非使秦，不還。

戊辰［前233年］秦桓齮破趙宜安及赤麗。①韓王安朝秦。

己巳［前232年］秦伐趙，一軍攻鄴，一軍攻狼孟。燕太子丹自秦逃歸。趙李牧扞秦有功。

庚午［前231年］魏獻秦麗邑。

辛未［前230年］秦内史騰滅韓，獲其王，以其地爲潁川郡。

壬申［前229年］秦王翦下井陘，大破趙軍，進圍鉅鹿。趙以趙蔥代李牧，②顔聚代司馬尚將。

癸酉［前228年］秦王翦滅趙，獲其王，以其地爲趙郡。楚幽王卒，母弟猶立，庶兄負芻殺猶，代

---

① 「麗」，四庫本作「巖」。
② 「趙蔥」，「蔥」原作「忽」，據四庫本改。

立。魏景湣王卒，子假繼。趙亡，公子嘉稱王于代，①會燕軍于上谷。

甲戌［前227年］秦王翦破燕軍于易水。燕荆軻使秦，不還。

乙亥［前226年］秦王翦、王賁滅燕，獲其太子丹。翦謝病，還，拔楚十城。②

丙子［前225年］秦王賁滅魏，決河灌大梁，獲其王。

丁丑［前224年］秦王翦破楚，殺其將項燕。楚喪師于蘄，③走壽春。

戊寅［前223年］秦王翦、蒙武滅楚，獲其王，以其地爲楚郡。

己卯［前222年］秦王賁平遼東，獲燕王，平代，獲趙太子。王翦定越，以其地爲會稽郡。

庚辰［前221年］秦王翦滅齊，獲其王，以其地爲齊郡。東至海及朝鮮，西至臨洮、羌中，南至北嚮户，北至陰山、遼東。分天下地爲三十六郡，罷侯置守。鑄天下兵爲十二金人。徙天下豪富十二萬户于咸陽。大建宫室，作阿房。爲萬世業，稱始皇帝，更以建亥月爲歲首。

辛巳［前220年］西巡狩。至于隴右、北地，及回中乃復。

壬午［前219年］東巡狩。至于鄒嶧，封太山，禪梁甫，南登瑯琊。丞相隗林、王綰、卿士李斯、王戊、五大夫趙嬰、將軍楊樛及九侯，勒帝功于金石，表于海上。遂南至于衡山，浮江自南郡

---

① 「公子嘉」，原作「太子喜」，四庫本同，據《資治通鑑》卷六改。

② 四庫本無「十」字。

③ 「蘄」，四庫本作「蘄」。

由武關乃復。

癸未［前218年］東巡狩，至于博浪沙中遇盗，遂登之罘，①刻石紀功，北由上黨乃復。

甲申

乙酉

丙戌［前215年］北巡狩。至于碣石，由上郡乃復。使蒙恬擊胡，取河南地。

丁亥［前214年］南取陸梁地，爲桂林、象郡。又北斥匈奴，②自榆中並河以東屬之陰山，爲三十四縣。城河上，爲塞。又使蒙恬渡河取高闕、陶山、北假中，以築亭障。

戊子［前213年］置酒咸陽宫，聚天下書，焚之。

己丑［前212年］聚天下學士于驪山，坑之。廣阿房宫，自咸陽達于渭南。

庚寅

辛卯［前210年］南巡狩。至于雲夢，左丞相馮去疾留守，右丞相李斯從行，少子胡亥請行，至九疑浮江，東至于會稽，又北至于瑯琊，③由平原達沙丘，崩。左丞相李斯、宦氏趙高矯帝書，④

---

① 「之罘」，原作「罘罳」，據四庫本改。

② 「匈奴」，「匈」原作「亢」，據四庫本改。

③ 「瑯琊」，四庫本作「琅邪」。

④ 「矯」，四庫本作「假」。

更立少子胡亥，賜上郡太子、將軍蒙恬死。遂還咸陽，胡亥立，是謂二世皇帝。葬始皇帝于驪山。

壬辰［前209年］宦氏趙高爲郎中令，①專政。東巡狩，至于會稽北，又至于遼東乃復。大殺王族及群臣。復廣阿房，徵天下材士，以五萬人爲屯衛，②咸陽三百里内不得食其穀。③戍卒陳勝稱王于楚。關東郡邑皆殺其令長以應陳勝而西攻秦。陳勝將武臣稱王于趙，魏咎稱王於魏，狄人田儋稱王于齊，楚人項梁兵會稽，④徐人劉季稱兵豐沛。陳勝兵西攻秦，至于戲。

癸巳［前208年］秦殺右丞相馮去疾、將軍馮劫及囚左丞相李斯，諫罷阿房故也。將軍章邯滅陳勝于城父，⑤破項梁于定陶，平田儋于臨濟，渡河北攻趙。田儋死，其弟榮立儋子市爲王。陳勝將秦嘉立勝子景駒爲王，項梁殺景駒，求楚懷王孫心，立之，保盱眙。項梁死，其子羽軍彭城，其將劉季軍碭山。楚王心收項梁軍，自盱眙徙彭城，以劉季爲碭郡長，封武安侯，

① 「郎中令」，原作「中郎令」，四庫本同，據《史記》卷六《秦始皇本紀》改。後同。
② 「屯衛」，「衛」原作「尉」，據四庫本改。
③ 四庫本無「内」字。
④ 「兵」，原作「稱王」，據四庫本改。
⑤ 「章邯」，「章」原作「張」，據四庫本改。

俾南略地而西攻秦，以項羽爲魯國公，封長安侯，俾北救趙而西攻秦，約先入關者王。

經世之未二千二百二十八

甲午［前207年］秦二世三年。郎中令趙高稱丞相，殺李斯及弑其君胡亥于望夷宫，代立不克，立二世兄之子嬰爲王。嬰立，夷趙高三族。沛公兵十萬由武關入，至咸陽，秦子嬰降于軹道，收圖籍，封宫室府庫，示秦人以約法三章，①還軍灞上，以待東諸侯。項羽北救趙，殺大將軍宋義，②至鉅鹿大敗章邯軍于洹水，秦軍降者二十萬，西坑之于新安，③合齊、趙、魏、韓、燕五國之兵四十萬，由函谷而入，會沛公于戲，而屠咸陽，殺子嬰，收子女玉帛，焚宫室府庫。

乙未［前206年］項羽渝約，自主封建。立楚王心爲義帝，徙之江南，都郴。封沛公季爲漢王，遷之漢中，都南鄭。分秦關中爲三：一封降將章邯爲雍王，都廢丘；一封降將司馬欣爲塞王，都櫟陽；一封降將董翳爲翟王，都高奴。分齊爲三：一封齊將田都爲臨菑王，都臨菑；一封齊將田安爲濟北王，都博陽；一封齊王田市爲膠東王，徙即墨。④分楚爲三：一

---

① 「秦」，四庫本作「衆」。
② 「宋義」，「義」原作「毅」，據四庫本改。
③ 「西」，四庫本作「悉」。
④ 「徙」，四庫本作「都」。

封楚將英布爲九江王，都六；一封楚將共敖爲臨江王，都江陵；一封番君吴芮爲衡山王，①徙邾。②分趙爲二：一封楚將張耳爲常山王，都襄國；一封趙王歇爲代王，徙鴈門。③分韓爲二：一封楚將申陽爲河南王，都洛陽；一封韓將韓成爲韓王，④都陽翟。分魏爲二：一封趙將司馬卬爲殷王，⑤都朝歌；一封魏王豹爲魏王，徙平陽。⑥分燕爲二：一封燕將臧荼爲燕王，都薊；一封燕王韓廣爲遼東王，徙無終。⑦封吴芮將梅鋗十萬户侯，趙歇將陳餘環三縣。田市將田榮不及封。羽自稱西楚霸王，⑧王梁地九郡，都彭城。諸王之在戲下者，咸遣罷兵就國。羽亦東出，使人殺義帝于江上，殺韓王成，以鄭昌代之。臧荼殺韓廣于燕，并有其地，田榮殺田都、田安、田市于齊，并有其地，稱齊王。彭越受榮符以覆梁地，陳餘受榮兵以破常山。趙王歇自代遷都鉅鹿。張耳走漢。項羽北破田榮于齊。榮死，弟横立榮子廣，復保城陽。

---

① 「番君」，「番」原作「蕃」，據四庫本改。
② 「徙」，四庫本作「都」。
③ 「徙」，四庫本作「都」。
④ 四庫本無「韓將」二字。
⑤ 「司馬卬」，「卬」原作「印」，據四庫本改。
⑥ 「徙」，四庫本作「都」。
⑦ 「徙」，四庫本作「都」。
⑧ 「霸」，四庫本作「伯」。

丙申[前205年]漢王自南鄭東，收三秦、二韓五諸侯兵，①合三河士五十六萬，東伐楚。入彭城，取重寶美女，爲置酒高會。項羽至自伐齊，大破漢軍于睢水，②殺十餘萬，并獲漢王父母妻子。漢王退保滎陽，築甬道以通敖倉粟。使將韓信、張耳攻魏、趙，丞相蕭何兵至自關中。

自此，日戰于京、索間。

丁酉[前204年]楚圍漢于滎陽，拔之。紀信、周苛、樅公死之。③漢退師保成皋。九江王英布降于漢。彭越破楚軍于下邳。韓信、張耳平魏、趙，還軍脩武。漢王自成皋北渡河至脩武。使張耳收兵趙地。④韓信伐齊。盧綰、劉賈南渡白馬津，會彭越攻楚。楚又拔漢成皋。

戊戌[前203年]漢復取成皋，與楚對兵廣武。韓信平齊，乞封假王。項羽請和，約分天下于鴻溝。歸漢王父母妻子。⑤還軍至陽夏，漢軍復至，楚復敗漢軍。漢又大會韓信、彭越、英布及諸侯兵于垓下。

己亥[前202年]漢滅楚。項羽死于東城，漢王以魯國公禮葬羽于穀城。楚之諸侯而王者並降

① 四庫本無「諸」字。
② 「破」，四庫本作「敗」。
③ 「周苛」、「苛」原作「奇」，「樅公」、「樅」原作「摐」，據四庫本改。
④ 「趙」，四庫本作「越」。
⑤ 「王」字原脱，據四庫本補。

封侯。封齊王韓信爲楚王，治下邳；建成侯彭越爲梁王，治定陶；九江王英布爲淮南王，治廣陵；韓王信爲韓王，治陽翟；衡山王吴芮爲長沙王，治臨湘。肇帝位于汜水之陽，西都長安，大建宫室。燕王臧荼不恭命，①攻下代郡，往平之，獲臧荼，以太尉盧綰爲燕王。齊王田廣卒，叔横立，入于海。

庚子[前201年]帝游雲夢，會諸侯于陳。執楚王韓信歸，降爲淮陰侯。分其地爲二，一封劉賈爲荆王，治淮東；一封弟交爲楚王，治淮西。别封子肥爲齊王。徙韓王信爲太原王。匈奴寇馬邑，韓王信以衆叛。帝尊父太公爲太上皇。

辛丑[前200年]帝北征韓王信于銅鞮，信走匈奴，遂征匈奴，②至于平城。匈奴圍帝于平城七日。樊噲北定代。以兄仲爲代王。

壬寅[前199年]建未央宫。代王劉仲自鴈門逃歸，廢爲合陽侯，以陳豨爲代王。

癸卯[前198年]大朝諸侯于未央宫。趙相貫高事覺。

甲辰[前197年]太上皇及太上后崩。陳豨以鴈門叛，帝北征。誅淮陰侯韓信并夷三族。蕭何爲相國。

---

① 「荼」，四庫本作「茶」。
② 「征」，四庫本作「及」。

乙巳[前196年]梁王彭越以定陶叛，平之，夷三族。淮南王英布以廣陵叛，兼有淮東西地。

丙午[前195年]帝征淮南，平之，夷英布三族。周勃平代，獲陳豨于當城。帝崩，太子盈踐位，是謂惠帝，太后呂氏臨朝稱制，蕭何、曹參、陳平、周勃輔政，葬高祖于長陵。盧綰以燕叛。

丁未[前194年]太后殺趙王如意及母夫人戚氏。齊王肥獻陽城，爲魯元公主湯沐邑。

戊申[前193年]相國蕭何卒，曹參爲相國。

己酉[前192年]城長安。

庚戌[前191年]除挾書律。

辛亥[前190年]相國曹參卒，王陵爲右丞相，陳平爲左丞相。

壬子[前189年]太尉樊噲卒，周勃爲太尉。

癸丑[前188年]惠帝崩，立無名子爲帝，葬惠帝于安陵，封呂氏四人爲王、六人爲侯，罷王陵相，進陳平右丞相，以審食其爲左丞相。關政于內，①太后專制，名雉。

甲寅

乙卯

丙辰

① 「于」字據四庫本補。

丁巳［前184年］幽無名子于永巷，殺之。立恒山王義爲帝。①

戊午［前183年］尉它稱帝南越。

己未［前182年］匈奴寇狄道。

庚申［前181年］太后殺趙王友，以梁王吕産爲相國、趙王吕禄爲上將軍，分統南北軍。

辛酉［前180年］太后吕氏崩。丞相陳平、太尉周勃、朱虚侯劉章、曲周侯酈商及子寄誅吕産，②獲南北軍，夷吕氏三族，廢恒山王義，迎高祖中子代王恒于鴈門，立之，是謂文帝。以宋昌爲衛將軍，專南北軍，丞相陳平讓周勃右丞相而爲左丞相，灌嬰爲太尉，張武爲中郎。

壬戌［前179年］以皇子啓爲皇太子。周勃免相，陳平兼左右丞相。

癸亥［前178年］丞相陳平卒，周勃復相。始作銅虎符。

經世之申二千二百二十九

甲子［前177年］漢孝文皇帝三年。免周勃相，以灌嬰爲相。王興居以濟北叛，平之。匈奴寇北地。

乙丑［前176年］絳侯周勃下廷尉。

---

①「義爲帝」，原作「爲義帝」，據四庫本改。

②「誅」後，四庫本有「吕禄」二字。

丙寅

丁卯［前174年］王長以淮南叛，徙之蜀。放賈誼于長沙。

戊辰

己巳

庚午

辛未

壬申

癸酉

甲戌［前167年］除肉刑。

乙亥

丙子［前165年］祀上帝。

丁丑

戊寅［前163年］改稱元年，是謂後元。

己卯

庚辰

辛巳

壬午

癸未［前158年］匈奴寇雲中、上郡。命六將屯備，周亞夫軍細柳。

甲申［前157年］文帝崩，太子啓踐位，是謂孝景皇帝，葬太宗于灞陵。

乙酉［前156年］與匈奴約和親。

丙戌

丁亥［前154年］吴王濞、膠西王卬、楚王戊、趙王遂、濟南王辟光、菑川王賢、膠東王雄渠七國連叛。誅御史大夫鼂錯。七國平。梁孝王霸有東土。

戊子［前153年］以皇子榮爲皇太子。

己丑［前152年］以公主嬪于匈奴。

庚寅

辛卯［前150年］廢皇太子榮，以膠東王徹爲皇太子。太尉周亞夫爲丞相。

壬辰［前149年］改稱元年，是謂中元。

癸巳

經世之酉二千二百三十

甲午［前147年］漢孝景皇帝十年。周亞夫免相。

乙未

丙申
丁酉
戊戌[前143年]載改元年,①是謂後元。 周亞夫下獄,死。
己亥
庚子[前141年]景帝崩,皇太子徹踐位,是謂孝武皇帝,葬景帝于陽陵。
辛丑[前140年]改建元元年。
壬寅[前139年]竇嬰免相,田蚡免太尉。
癸卯
甲辰
乙巳
丙午
丁未[前134年]改元元光,始令郡國貢孝廉,董仲舒起焉。
戊申[前133年]命將五兵三十萬大伐匈奴,不利。
己酉

① 「載」,四庫本作「再」。

庚戌［前131年］竇嬰棄市。　田蚡卒。

辛亥［前130年］廢皇后陳氏，以衛子夫爲皇后，①弟青爲將軍。

壬子［前129年］命將四大伐匈奴，無功。

癸丑［前128年］改元元朔。

甲寅［前127年］衛青伐匈奴有功，收河南，置朔方、五原郡。

乙卯

丙辰［前125年］匈奴寇上郡。

丁巳［前124年］匈奴寇鴈門，衛青伐之有功，拜大將軍。　公孫弘爲丞相，封平津侯。

戊午［前123年］衛青征匈奴，大有功。　霍去病爲嫖姚校尉。　張騫通西域有功，封博望侯。

己未［前122年］改元元狩，獲白麟故也。　淮南王安、衡山王賜二國叛，平之。　册據爲皇太子。

庚申［前121年］霍去病征匈奴，至于居延，拜驃騎將軍。　李廣征匈奴無功，謫爲庶人。

辛酉

壬戌［前119年］衛青、霍去病、李廣大伐匈奴。　李廣自殺。

癸亥［前118年］丞相李蔡自殺。

---

① 「子夫」，四庫本作「夫人」。

經世之戌二千二百三十一

甲子[前117年]漢孝武皇帝二十四年。大司馬霍去病卒。

乙丑[前116年]改元元鼎。

丙寅[前115年]丞相翟青下獄，死。

丁卯[前114年]徙函谷關于新安。

戊辰[前113年]封方士欒大爲樂通侯。

己巳[前112年]南越王相吕嘉叛。諸侯坐酎金輕，奪爵者一百六十人。丞相趙周下獄死。①欒通侯欒大坐誣罔，棄市。西羌及匈奴寇五原。

庚午[前111年]南寇平。東越王餘善叛。卜式爲御史大夫。②

辛未[前110年]改元元封。帝征匈奴，至于北海。東越殺餘善降。有事于東、西、中三嶽及禪梁甫。東巡狩，至于碣石。西歷九原，歸于甘泉。

壬申[前109年]復巡太山，作瓠子隄。朝鮮寇遼東。

癸酉[前108年]朝鮮殺其王右渠以降。祀汾陰后土。

① 「趙周」，「周」原作「同」，據四庫本改。
② 「卜式」，「卜」原作「下」，據四庫本改。

甲戌

乙亥[前106年]南巡狩，至于盛唐。大司馬衛青卒。

丙子[前105年]西幸回中及祀汾陰后土。①

丁丑[前104年]改元太初。東巡大山。②更以建寅月爲歲首。西伐大宛。起建章。

戊寅[前103年]北幸河東，祀后土。騎二萬征匈奴，不復。

己卯[前102年]東巡海上。匈奴寇張掖、酒泉。

庚辰[前101年]李廣利平大宛，獲其王及汗血馬。

辛巳[前100年]改元天漢。中郎將蘇武使匈奴。③北幸河東。

壬午[前99年]東巡至于海上，又西幸回中。將軍李陵征匈奴，不還。

癸未[前98年]東巡太山，又北幸常山。匈奴寇鴈門。

甲申[前97年]大伐匈奴，不利。朝諸侯于甘泉宫。

乙酉[前96年]改元太始。

丙戌[前95年]西幸回中。

---

① 「汾陰」，「汾」原作「分」，據四庫本改。
② 「大」，四庫本作「太」。
③ 「匈奴」，「奴」原作「使」，據四庫本改。

丁亥［前94年］東巡海上。
戊子［前93年］東巡太山。
己丑［前92年］改元征和。①巫蠱事起。
庚寅［前91年］太子殺江充，相劉屈釐攻太子，②戰于長安，太子敗死，皇后自殺，諸邑公主皆坐巫蠱死。
辛卯［前90年］大伐匈奴。巫蠱事覺，誅丞相劉屈釐。
壬辰［前89年］東巡海上。天下疲于兵革。
癸巳［前88年］改元後元。重合侯馬通叛。

經世之亥二千二百三十二

甲午［前87年］漢孝武皇帝五十四年。册皇子弗陵爲皇太子。帝幸盩厔五柞宫，崩。大司馬霍光受顧命。③太子弗陵嗣皇帝位，是謂昭帝。葬世宗于茂陵。大將軍霍光專政。
乙未［前86年］改元始元。
丙申

① 「征」，原作「正」，據四庫本改。
② 「劉屈氂」，「氂」原作「釐」，據四庫本改。後同。
③ 「受」字據四庫本補。

丁酉

戊戌

己亥

庚子

辛丑［前80年］改元元鳳。誅鄂邑長公主及燕王旦，左將軍上官桀謀害霍光事覺故也。

壬寅

癸卯

甲辰［前77年］丞相田千秋卒。

乙巳［前76年］丞相王訢卒。

丙午

丁未［前74年］改元元平。帝崩，昌邑王賀立，葬昭帝于平陵。①賀立不明，大將軍霍光廢之，迎戾太子孫詢，立之，是謂孝宣皇帝。邴吉爲相。②

戊申［前73年］改元本始。

① 「昭帝」，原作「世宗」，據四庫本改。
② 「邴」，四庫本作「丙」。

己酉[前72年]命將五兵十五萬，人伐匈奴。

庚戌

辛亥[前70年]皇后許氏遇毒，崩。霍光以女上皇后。

壬子[前69年]改元地節。

癸丑[前68年]大司馬大將軍霍光卒，子禹繼事。

甲寅[前67年]册皇子奭爲皇太子。

乙卯[前66年]大司馬霍禹謀逆事覺，夷三族，廢皇后霍氏。

丙辰[前65年]改元元康。

丁巳[前64年]册王氏爲皇后。

戊午[前63年]太子太傅疏廣、太子少傅疏受謝病，歸東海。

己未

庚申[前61年]改元神雀。趙充國伐西羌。

辛酉

壬戌[前59年]蕭望之爲御史大夫。

癸亥[前58年]潁川太守黄霸賜爵關内侯。河南太守嚴延年棄市。

# 以運經世之八　觀物篇之三十二

經元之甲一

經會之午七

經運之庚一百八十七

經世之子二千二百三十三

經世之子二千二百三十三

甲子[前57年]漢孝宣皇帝十七年。改元五鳳。左馮翊太守韓延壽棄市。貶蕭望之爲太子太傅，坐慢丞相邴吉也。平通侯楊惲棄市，坐怨望也。

乙丑

丙寅[前55年]丞相邴吉卒。黄霸爲相。

丁卯

戊辰[前53年]改元甘露。

己巳

庚午［前51年］匈奴呼韓邪單于來朝。①于定國爲相。

辛未

壬申［前49年］改元黄龍。宣帝崩于未央宫，皇太子奭踐位，是謂孝元皇帝。

癸酉［前48年］改元初元。葬中宗于杜陵。

甲戌［前47年］册皇子驁爲皇太子。盜殺蕭望之。

乙亥

丙子［前45年］幸河東。

丁丑

戊寅［前43年］改元永光。

乙卯②

庚辰［前41年］西羌平。

辛巳

壬午

① 「呼韓邪」，「邪」原作「增」，據四庫本改。
② 是年，四庫本有「西羌叛。韋玄成爲相」八字。

癸未[前38年]改元建昭。

甲申

乙酉[前36年]匡衡爲相。

丙戌

丁亥

戊子[前33年]改元竟寧。帝崩，皇太子驁即位，①是謂孝成皇帝。葬高宗于渭陵。王鳳爲大司馬大將軍，專政。

己丑[前32年]改元建始。

庚寅

辛卯[前30年]王商以誣免相。②匡衡爲庶人。

壬辰[前29年]河大決。王商爲相。

癸巳[前28年]改元河平。

經世之丑二千二百三十四

① 「即」，四庫本作「踐」。

② 「以誣」，四庫本作「薛宣」。

甲午[前27年]漢孝成皇帝六年。

乙未

丙申

丁酉[前24年]改元陽朔。京兆尹王章下獄死。張禹爲相。

戊戌[前23年]王音爲御史大夫。

己亥[前22年]大司馬王鳳卒，弟音繼事。

庚子

辛丑[前20年]改元鴻嘉。

壬寅[前19年]幸雲陽。

癸卯[前18年]廢皇后許氏。

甲辰

乙巳[前16年]改元永始。封王莽新都侯。册趙飛燕爲皇后。

丙午[前15年]大司馬王音卒。王商爲大司馬，翟方進爲相，孔光爲御史大夫。

丁未

戊申[前13年]大司馬王商免，王根爲大司馬。

己酉[前12年]改元元延。

庚戌

辛亥

壬子

癸丑［前8年］改元綏和。

甲寅［前7年］成帝崩，皇太子欣踐位，是謂孝哀皇帝。太后王氏臨朝稱制。大司馬王根專政。

葬成帝于延陵。王根罪免，丁明爲大司馬，①孔光爲丞相。

乙卯［前6年］改元建平。册傅氏爲皇后，傅喜爲大司馬，朱博爲大司空。

丙辰［前5年］傅喜免，丁明復爲大司馬。孔光免。朱博自殺。

丁巳［前4年］相平當薨，②王嘉爲相。

戊午［前3年］息夫躬下獄死。

己未［前2年］改元元壽。王嘉以下獄死。③大司馬丁明免。

庚申［前1年］哀帝崩，元帝孫中山王子衎即位，是謂孝平皇帝，年方九歲，太后衛姬臨朝，以王

---

① 「大司馬」，「大」字據四庫本補。

② 「平當」，四庫本作「王商」。

③ 「王」前，四庫本有「相」字。四庫本無「以」字。

莽爲太傅，輔政王室。元始五年，立莽女爲皇后。①

辛酉[1年]改元元始。封大司馬王莽安漢公。

壬戌

癸亥

經世之寅二千二百三十五

甲子[4年]漢孝平皇帝四年。王莽以女上皇后。

乙丑[5年]王莽弑帝于未央宫，立元帝孫孺子嬰，莽加九錫。

丙寅[6年]王莽改元居攝。

丁卯[7年]王莽稱假皇帝。翟義立嚴鄉侯信于東都，莽將王邑滅之。

戊辰[8年]王莽改元初始。

己巳[9年]王莽竊國命，改國爲新室，元曰建國，降孺子嬰爲定安公。

庚午②

辛未

---

① 此年，四庫本作「三公分職，董賢爲大司馬，孔光爲大司徒，彭宣爲大司空。帝崩，太皇太后王氏稱制，罷董賢大司馬，以王莽爲大司馬、録尚書事，廢太后趙氏，迎元帝庶孫中山王衎，立之，是謂平帝。葬哀帝于義陵。王莽專政」。

② 是年，四庫本有「王莽大殺宗室。校書郎揚雄投天禄閣，不克死」十八字。

壬申

癸酉

甲戌[14年]王莽改元天鳳。四夷交侵中國。

乙亥

丙子

丁丑①

戊寅

己卯[19年]校書郎揚雄卒。②

庚辰[20年]王莽改元地皇。兵起緑林。

辛巳

壬午[22年]劉玄稱兵宛、鄴。③劉秀及兄伯升稱兵春陵。

癸未[23年]劉玄稱帝，元曰更始，以劉伯升爲司徒，劉秀爲太常偏將軍。是年，大破莽將王尋、王邑軍于昆陽三輔，遂滅莽于漸臺。劉玄拜劉秀破虜大將軍，行大司馬事，使持節巡撫河

---

① 是年，四庫本有「羣盜起」三字。

② 「揚雄」，「揚」原作「楊」，據四庫本改。

③ 「鄴」，原作「業」，據四庫本改。

北。王郎〔以王〕子林稱帝邯鄲。①

甲申[24年]劉玄西入長安，殺漢孺子嬰。大將軍劉秀北徇薊，還拔邯鄲，誅王郎，受劉玄蕭王，又號爲銅馬帝，破赤眉大彤於射犬。赤眉西入函關，攻更始。李憲自立稱王。淮南秦豐自號楚黎王。董憲起東海。延岑稱兵漢中。②

乙酉[25年]蕭王肇帝位于河朔之鄗，國曰漢，元曰建武，南次洛陽，③都之。赤眉陷長安，稱帝，殺劉玄。公孫述稱帝成都，元曰龍興。劉永稱帝睢陽。隗囂稱兵隴右。盧芳稱兵安定。彭寵稱王薊門。

丙戌[26年]赤眉焚長安宮室、陵寢。銅馬、青犢、尤來立孫登爲帝于上郡，④其將樂方殺之。

丁亥[27年]赤眉降漢于宜陽，長安平。蓋延平劉永于睢陽。隗囂以西州格命。李憲稱帝淮南。

戊子

---

① 「以王」二字原脱，據四庫本補。

② 四庫本此年作「劉玄西入長安，殺漢孺子嬰。大將軍劉秀北狥薊還，拔邯，鄲誅王郎，受玄封蕭王，又敗銅馬賊于鄡，又敗赤眉賊于射犬。赤眉西攻長安。劉永擅命。睢陽公孫述稱王巴蜀。李憲稱王淮南。秦豐稱王黎邱。張步稱兵瑯琊。董憲稱兵東海。延岑稱兵漢中。田戎稱兵夷陵」。

③ 「次」，四庫本作「拔」。

④ 「青」，四庫本作「赤」。

己丑[29年]彭寵爲家奴所殺,來降,封不義侯,薊門平。朱祐平秦豐于黎丘,滅張步于臨淄。

盧芳稱帝五原。帝徵嚴光,不起。

庚寅[30年]馬成平李憲于淮南。吴漢平董憲于東海。隗囂以西州入于蜀。

辛卯

壬辰[32年]西征。馮異、竇融破隗囂于隴右。

癸巳[33年]隗囂死,子純立。來歙、馮異伐蜀,入天水。

經世之卯二千二百三十六

甲午[34年]漢光武皇帝十年。西征,滅隗純于隴右。

乙未[35年]西征蜀,至于南陽。吴漢、岑彭大破蜀軍于荆門。

丙申[36年]吴漢拔成都,誅公孫述及將田戎、岑延。

丁酉[37年]盧芳自五原亡入匈奴。

戊戌[38年]天下平。

己亥[39年]大司徒歐陽歙下獄死。

庚子[40年]交阯女徵側叛。青、徐、幽、冀盜起。

辛丑[41年]南巡。廢皇后郭氏爲中山太后,册貴人陰氏爲皇后。

壬寅[42年]西巡。史歆以成都叛,吴漢復平之。馬援伐交阯。幸長安。

癸卯[43年]南巡。馬援平交阯,封新息侯。廢皇太子彊爲東海王,以東海王莊爲皇太子。①

甲辰[44年]大司徒戴涉下獄死。

乙巳

丙午

丁未

戊申

己酉[49年]馬援破武陵蠻。

庚戌[50年]作壽陵。

辛亥

壬子

癸丑

甲寅[54年]東巡狩。

乙卯

① 「莊」,四庫本作「陽」。「子」後,四庫本有「改名莊」三字,屬下讀。

丙辰[56年]東封太山，禪梁甫。改元中元。西幸長安。馮魴爲司空。①
丁巳[57年]帝崩。皇太子莊踐位，是謂孝明皇帝。葬世祖于原陵。
戊午[58年]改元永平。
己未
庚申
辛酉
壬戌[62年]北巡。②
癸亥[63年]東巡。③

經世之辰二千二百三十七

甲子[64年]漢孝明皇帝七年。
乙丑
丙寅
丁卯[67年]南巡狩。

---

①「馮魴」，「魴」原作「房」，據四庫本改。
②「巡」後，四庫本有「至于鄴」三字，下讀。
③「巡」後，四庫本有「至于岱」三字，下讀。

戊辰

己巳[69年]牟融爲司空。

庚午[70年]河大決。

辛未

壬申[72年]東巡狩。

癸酉[73年]司徒邢穆、駙馬都尉韓光下獄死。①

甲戌

乙亥[75年]帝崩。皇太子炟踐位,②是謂孝章皇帝。葬顯宗于節陵。

丙子[76年]改元建初。

丁丑

戊寅

己卯[79年]鮑昱爲太尉。③桓虞爲司徒。詔于白虎觀議五經異同。

庚辰

---

① 「駙馬」,「駙」原作「附」,據四庫本改。
② 「炟」,原作「坦」,據四庫本改。
③ 「鮑昱」,「昱」原作「宣」,據四庫本改。

辛巳

壬午[82年]廢皇太子爲清河王,①立皇子肇爲皇太子。北幸鄴,西幸長安。

癸未[83年]東巡狩。

甲申[84年]改元元和。南巡狩。鄧彪爲太尉。②

乙酉[85年]東巡狩。

丙戌[86年]北巡狩。

丁亥[87年]改元章和。南巡狩。

戊子[88年]帝崩。皇太子肇踐位,是謂孝和皇帝。太后竇氏臨朝稱制。竇憲爲車騎將軍,專政。葬肅宗于敬陵。以鄧彪爲太尉、録尚書事。③

己丑[89年]改元永元。竇憲敗匈奴于稽落山。以竇憲爲大將軍。④

庚寅

辛卯[91年]帝加元服。班超平西域。

---

① 「子」下,四庫本有「慶」字。
② 「彪」,四庫本作「弘」。
③ 四庫本無「以」字。
④ 此年四庫本作「改元永元。竇憲敗匈奴于稽落,勒功燕然,還爲大將軍」。

壬辰[92年]竇憲作逆事覺，伏誅。帝始親萬機。

癸巳

經世之巳二千二百三十八

甲午[94年]漢孝和皇帝六年。

乙未

丙申

丁酉[97年]司徒劉方有罪自殺。

戊戌

己亥

庚子[100年]張酺罷太尉，張禹爲太尉。

辛丑[101年]魯恭爲司徒。

壬寅[102年]廢皇后陰氏，册貴人鄧氏爲皇后。徐防爲司空。

癸卯[103年]南巡。

甲辰[104年]司徒魯恭罷免，徐防爲司徒，陳寵爲司空。

乙巳[105年]改元元興。帝崩。皇子隆立，是謂殤帝。太后鄧氏臨朝稱制。車騎將軍鄧騭專政。

丙午[106年]改元延平。葬穆宗于慎陵。帝又崩，鄧騭迎章帝孫祐立之，是謂孝安皇帝。葬殤帝于康陵。尹勤爲司空。

丁未[107年]改元永初。①魯恭爲司徒，張禹爲太尉，張敏爲司空。周章謀廢立不克，自殺。

戊申[108年]鄧騭爲大將軍。

己酉[109年]帝加元服。

庚戌[110年]海寇亂。

辛亥[111年]西羌入寇。張禹免太尉。

壬子[112年]太后鄧氏有事于太廟。劉愷爲司空。

癸丑

甲寅[114年]改元元初。司馬苞爲太尉。

乙卯[115年]册閻氏爲皇后。劉愷爲司徒，袁敞爲司空。

丙辰[116年]李咸爲司空。

丁巳

戊午

---

①「永初」，「初」原作「和」，據四庫本改。

己未

庚申[120年]改元永寧。楊震爲司徒。

辛酉[121年]改元建光。太后鄧氏崩，帝始親政事。特進鄧騭、度遼將軍鄧遵下獄死。①

壬戌[122年]改元延光。

癸亥[123年]司徒楊震爲太尉。

經世之午二千二百三十九

甲子[124年]漢孝安皇帝十八年。東巡。廢皇太子保爲濟陰王。楊震罷太尉，馮石爲太尉。

乙丑[125年]帝南巡，崩于葉。太后閻氏臨朝稱制，閻顯爲車騎將軍，專政。立章帝玄孫北鄉侯懿，誅大將軍耿寶，葬恭宗于恭陵。懿又卒，車騎將軍閻顯及大長秋江京閉宮門，擇立它子，中黄門孫程十九人殺江京，迎濟陰王立之，②是謂孝順皇帝。顯兵入北宫，不勝。孫程取閻顯及江京之黨，殺之，亂乃定。以王禮葬北鄉侯。馮石爲太傅，劉喜爲太尉，李郃爲司徒。

丙寅[126年]改元永建。皇太后閻氏崩。桓焉爲太傅，朱寵爲太尉，朱倀爲司徒。

① 「度」，原作「渡」，據四庫本改。
② 「王」，原作「侯」，據四庫本改。

丁卯

戊辰

己巳[129年]帝加元服。龐參爲太尉，王龔爲司空，劉俊爲司徒。

庚午[130年]班勇棄市。

辛未

壬申[132年]改元陽嘉。册梁氏爲皇后。

癸酉[133年]施延爲太尉。

甲戌[134年]黄尚爲司徒，王卓爲司空。

乙亥

丙子[136年]改元永和。王龔爲太尉。

丁丑[137年]郭虔爲司空。

戊寅[138年]劉壽爲司徒。

己卯[139年]誅中常侍張逵。①

庚辰

①「張逵」，「逵」原作「達」，據四庫本改。

辛巳［141年］趙誡爲司空，梁冀爲大將軍。

壬午［142年］改元漢安。遣張綱等八使持節巡行天下。廣陵寇亂。趙峻爲太尉，胡廣爲司徒。

癸未［143年］彭門寇亂。

甲申［144年］改元建康。帝崩。皇太子炳踐位，是謂冲帝。太后梁氏臨朝稱制，大將軍梁冀專政。葬敬宗于憲陵。盗發憲陵。免尚書欒巴爲庶人。

乙酉［145年］改元永嘉。帝崩。太后梁氏、大將軍梁冀迎肅宗孫纘立之，是謂質帝。葬冲帝于懷陵。江淮寇亂，九江賊稱黄帝，歷陽賊稱黑帝。

丙戌［146年］改元本初。①梁冀弑帝，迎肅宗曾孫志立之，是謂桓帝。李固罷免。梁冀專政。

丁亥［147年］改元建和。梁冀以女上皇后。杜喬爲太尉，胡廣罷免。李固、杜喬下獄死。

戊子［148年］帝加元服。趙誡爲太尉，袁湯爲司徒。

己丑

庚寅［150年］改元和平。太后梁氏崩。

辛卯［151年］改元元嘉。黄瓊爲司空，尋罷免。

壬辰

---

① 「本初」，「本」原作「太」，據四庫本改。

癸巳[153年]改元永興。袁成、逢隗爲三公。

經世之未二千二百四十

甲午[154年]漢孝桓皇帝八年。黄瓊爲太尉，尹頌爲司徒。

乙未[155年]改元永壽。韓縯爲司空。

丙申

丁酉

戊戌[158年]改元延熹。

己亥[159年]皇太后梁氏崩。大將軍梁冀謀逆事覺，夷三族。黄門單超擅命，①胡廣、韓縯滅死。②

庚子[160年]白馬令李雲直諫，死于獄。太山及長沙寇亂。

辛丑[161年]武庫火。

壬寅

癸卯

① 「黄門」，「門」原作「開」，據四庫本改。
② 「滅」，原作「減」，據四庫本改。

甲辰[164年]南巡。楊秉爲太尉。①

乙巳[165年]廢皇后鄧氏，册貴人竇氏爲皇后。陳蕃爲太尉，竇武爲大將軍。

丙午[166年]黨錮事起，司隸李膺等三百人下獄。

丁未[167年]改元永康。帝崩。太后竇氏臨朝稱制。

戊申[168年]竇武迎肅宗玄孫解犢侯宏立之，②是謂靈帝。竇武録尚書事，專政。改元建寧。葬威宗于宣陵。中常侍曹節、王甫殺太傅陳蕃、大將軍竇武及尚書尹勳、侍中劉瑜、屯騎校尉馮述，夷其族，徙太后竇氏于南宫，謀誅宦氏不克故也。胡廣爲太尉，劉寵爲司徒。

己酉[169年]朋黨事復起，殺李膺等百人。

庚戌

辛亥[171年]帝加元服，册宋氏爲皇后。

壬子[172年]改元嘉平。太后竇氏崩。誣構事大起。

癸丑[173年]段熲爲太尉，③楊賜爲司空。

甲寅[174年]李咸爲太尉。

---

① 「楊秉」，「秉」原作「東」，據四庫本改。

② 「侯」前，四庫本有「亭」字。

③ 「段熲」，原作「叚潁」，據四庫本改。後同。

乙卯[175年]五經文皆刻石于太學。袁隗爲司徒。

丙辰[176年]劉寬爲太尉，楊賜爲司徒。①

丁巳[177年]大伐鮮卑。孟馘爲太尉，②陳耽爲司空。

戊午[178年]改元光和。合浦、交阯内寇。廢皇后宋氏。大鬻爵，至三公。袁滂爲司徒。

己未[179年]諸貴臣下獄，死者相繼，宦氏誣故也。劉郃爲司徒，③段熲爲太尉，張濟爲司空。

庚申[180年]陳耽爲司徒。册何氏爲皇后。

辛酉[181年]作宫市，帝遊，以驢爲駕。

壬戌

癸亥

經世之申二千二百四十一

甲子[184年]漢孝靈皇帝十七年。④黄巾寇起。鄧盛爲太尉，張温爲司空。侍中向栩、張鈞下

---

① 「司徒」，「徒」原作「空」，據四庫本改。
② 「孟馘」，「馘」原作「郁」，據四庫本改。
③ 「劉郃」，「郃」原作「劭」，據四庫本改。
④ 「漢」前，四庫本有「改元中平」四字。

獄死。閹人大起誣構。①黄巾平。

乙丑[185年]黑山賊起。崔烈爲司徒,張延爲太尉,許相爲司空。三輔寇亂。陳躭、劉陶坐直言死。

丙寅[186年]張温爲太尉。江夏兵起。前太尉張延下獄死。

丁卯[187年]賣官至關内侯。曹嵩爲太尉。三輔盜起,漁陽賊稱帝。

戊辰[188年]天下群盜起,黄巾賊復寇郡國稱帝。②置八校尉,以捕天下群盜。馬日磾爲太尉,曹操爲典軍校尉,袁紹爲中軍校尉,董重爲驃騎將軍。

己巳[189年]帝崩。皇太子辯踐位。皇太后何氏臨朝稱制,大將軍何進專政。改元光熹。封皇弟協爲渤海王。殺上軍校尉蹇碩、驃騎將軍董重及太皇太后董氏,議立協故也。徙協爲陳留王。中常侍張讓、段珪殺大將軍何進,中郎袁術以兵攻東宫,張讓、段珪以帝及陳留王走北宫,③何苗攻北宫,司隸校尉袁紹兵入,大殺閹豎。讓、珪以帝及陳留王出走小平津,尚書盧植兵追及之,讓、珪投于河死,盧植以帝及陳留王還宫。改元昭寧。董卓自太原入,廢帝爲弘農王,立陳留王協,是謂獻帝。徙太后何氏于永安宫。改元永漢。卓殺太后何氏及

①「構」,四庫本作「搆」。
②「郡」,四庫本作「羣」。
③「走」,原作「是」,據四庫本改。

弘農王辯于永安宫，①稱相國，專制。黄琬爲太尉，楊彪爲司徒，荀爽爲司空。袁紹入冀州。

庚午［190年］改元初平。天下兵起。群校尉推袁紹爲主，同攻董卓。卓大殺宗室及官屬，遷帝西都長安。孫堅起兵荆州。白波賊寇東郡。劉虞爲太傅，种拂爲司空。

辛未［191年］董卓稱太師，大焚洛陽宫闕及徙居民于長安。孫堅敗董卓兵于陽人，入洛，脩完諸帝陵寢，引軍還魯陽。黑山賊寇常山，黄巾賊擾太山。

壬申［192年］董卓將王允、吕布誅卓于長安，夷三族。卓將李傕、郭汜陷長安，殺王允。吕布走袁紹。傕、汜擅政。以皇甫嵩爲太尉，淳于嘉爲司徒。曹操破黄巾于壽張。孫堅卒，子策代總其衆。

癸酉［193年］李傕、郭汜屠三輔。朱儁爲太尉，趙温爲司空。袁紹、袁術交兵東方。

甲戌［194年］改元興平。帝加元服。楊彪爲太尉。孫策據有江南。

乙亥［195年］李傕、郭汜争權，相攻于長安。楊定、楊奉、董承以帝東還。②曹操破吕布于定陶，遂有兖州。布走劉備。

丙子［196年］帝還洛陽，改元建安。曹操徙帝都許昌。

① 「殺」，四庫本作「弒」。
② 「董承」，「承」原作「丞」，據四庫本改。

丁丑[197年]袁術稱帝九江，拜袁紹大將軍。①曹操破袁術于揚州。吕布襲劉備于下邳。劉備走曹操。

戊寅[198年]曹操平吕布于下邳，兼有徐州。

己卯[199年]袁術死。袁紹破曹操將公孫瓚于易水。②孫策破劉勳于廬江。

庚辰[200年]曹操大敗袁紹于官渡。劉備去曹操奔劉表于荆南。江南③孫策卒，弟權繼事。

辛巳

壬午[202年]袁紹卒，子尚繼事，以弟譚爲將軍。

癸未[203年]袁尚、袁譚相攻，譚敗，奔曹操。

甲申[204年]曹操破袁尚于鄴，兼有冀州。尚走青州，譚復奔尚。

乙酉[205年]曹操滅袁氏于青州，譚死，尚走烏丸。

丙戌[206年]曹操破高幹于太原，幹走荆州。

丁亥[207年]曹操破烏丸于聊城，袁尚走遼東，死。

戊子[208年]曹操殺太中大夫孔融，遂領丞相。荆州劉表卒，子琮繼事。劉備起諸葛亮于南

---

① 「拜」，四庫本作「并」。

② 「袁紹破」三字據四庫本補。「于」前原有「屯」字，據四庫本删。

③ 「南」，四庫本作「州」。

陽，亮以吴周瑜兵大破曹操于赤壁，遂有荆州，稱牧，治公安。

己丑［209年］孫權會劉備于京口，劉備表孫權爲徐州牧，孫權表劉備爲荆州牧。

庚寅［210年］曹操起銅爵臺于鄴。孫權南收交州。①

辛卯［211年］曹操平關中。益州劉璋會劉備于葭萌。孫權自京口徙治秣陵。

壬辰［212年］曹操割河已北屬鄴。②孫權城石頭，改秣陵爲建業。

癸巳［213年］曹操以冀之十郡稱魏國公，加九錫。劉備攻劉璋于成都。孫權扞曹操于濡須。③

經世之酉二千二百四十二

甲午［214年］漢獻帝二十六年。曹操弑皇后伏氏及二皇子，④又破張魯米賊于漢中。劉備克成都，據有巴、蜀。孫權取劉備三郡。

乙未［215年］曹操以女上皇后，又平張魯于漢中。孫權、劉備連兵攻曹操。

丙申［216年］曹操進爵爲魏王，南伐吴。

丁酉［217年］曹操用天子服器。孫權稱表曹操，報以婚禮。

---

①「收」，四庫本作「牧」。
②「已」，四庫本作「以」。
③「扞」，四庫本作「捍」。
④「弑」，四庫本作「殺」。

戊戌[218年]少府耿紀、司直韋晃殺曹操不克，伏誅。操攻劉備，進攻漢中。

己亥[219年]劉備取曹操漢中，稱王。孫權取劉備荆州，稱牧。關羽死之。

庚子[220年]改元建康。曹操卒，子丕繼事。是年，丕代漢命于鄴，是謂文帝，改國曰魏，元曰黄初。降帝爲山陽公。葬太祖曹操于西陵。自鄴徙都洛陽。

辛丑[221年]魏郊祀天地。是年，劉備稱帝成都，建國曰蜀，元曰章武，諸葛亮爲相。孫權自建業徙都鄂，改鄂爲武昌。

壬寅[222年]魏加兵于吴。蜀伐吴不利，敗于猇亭。是年，孫權稱王武昌，是謂文帝，建國曰吴，元曰黄武，通使于蜀，以脩前好。

癸卯[223年]蜀主備卒于白帝城，太子禪繼，是謂後主，改元建興。魏與蜀和親。

甲辰[224年]魏伐吴。

乙巳[225年]魏伐吴，治兵廣陵。①蜀諸葛亮平四郡蠻。

丙午[226年]魏帝丕終，太子叡嗣位，是謂明帝，司馬懿爲驃騎大將軍。

丁未[227年]魏改元太和，有事于南郊及明堂。蜀諸葛亮出師漢中。

戊申[228年]蜀諸葛亮圍魏陳倉。吴破魏石亭。

---

① 「治」，原作「始」，據四庫本改。

己酉[229年]蜀克魏武都。吴孫權稱帝，改元黄龍，自武昌復徙都建業。
庚戌[230年]魏伐蜀，假司馬懿黄鉞。蜀諸葛亮攻魏天水。
辛亥[231年]蜀圍魏祁山。①
壬子[232年]蜀息軍黄沙。吴改元嘉禾。
癸丑[233年]魏改元青龍。蜀伐魏，師出褒斜。
甲寅[234年]魏南伐吴至于壽春，西伐蜀至于渭南。②蜀諸葛亮卒于師。吴伐魏，師出合肥。
是年，漢山陽公卒。
乙卯[235年]魏大起洛陽宫室，司馬懿爲太尉。蜀以蔣琬爲大將軍，專國事。
丙辰
丁巳[237年]魏改元景初。公孫淵以遼東叛，稱王。
戊午[238年]魏司馬懿平遼東。蜀改元延熙。吴改元赤烏。
己未[239年]魏明帝叡終，齊王芳繼，司馬懿及曹爽輔政。
庚申[240年]魏改元正始。

---

① 「祁山」，「祁」原作「岐」，據四庫本改。
② 「渭」，原作「魏」，據四庫本改。

辛酉[241年]吴全琮伐魏，軍出淮南。

壬戌[242年]蜀姜維伐魏，軍出漢中。

癸亥[243年]魏帝加元服。司馬懿伐吴至于舒。蜀蔣琬伐魏，軍出漢中。吴伐魏，軍出六安。

經世之戌二千二百四十三

甲子[244年]魏主芳五年。蜀主禪二十一年。吴主權二十三年。魏曹爽伐蜀無功。

乙丑[245年]蜀伐魏，費禕師出漢中。吴將馬茂作難，夷三族。

丙寅

丁卯[247年]魏曹爽專政，何晏秉機。司馬懿稱病。

戊辰[248年]蜀伐魏，費禕師出漢中。

己巳[249年]魏曹爽奉其君謁高平陵，太傅司馬宣王稱兵于内，夷大將軍曹爽及其支黨曹羲、曹訓、曹彦、何晏、丁謐、鄧颺、畢軌、李勝、桓範、張當三族，①迎帝還宫，改元嘉平，復皇太后。懿加九錫，專國事。

庚午[250年]魏伐吴南郡。

① 「丁謐」，「謐」原作「謚」，據四庫本改。

辛未[251年]魏司馬懿宣王卒，子師繼事。吴改元太元。
壬申[252年]魏伐吴，不利。吴改元神鳳，權卒，子亮繼，改元建興。
癸酉[253年]吴、蜀伐魏。
甲戌[254年]魏亂，司馬師廢其君芳，立高貴鄉公髦，改元正元，師假黄鉞，專制，稱景王。蜀伐魏，姜維拔魏三城。吴改元五鳳。
乙亥[255年]魏司馬師伐吴，平淮南，還許昌卒，子昭繼事，①爲大將軍録尚書事，專制。蜀姜維敗魏軍于臨洮。吴孫峻敗魏于壽春。②
丙子[256年]魏改元甘露，大敗蜀軍于上邽。司馬昭稱文王，假黄鉞。吴改元太平，大將軍孫峻卒，國亂。
丁丑[257年]魏大將軍諸葛誕以揚州叛，入于吴。蜀伐魏，姜維師出洛谷。吴王亮始親政事。③
戊寅[258年]魏司馬昭伐吴，拔壽春，誅諸葛誕。蜀改元景耀，宦氏黄皓專政。吴亂，大將軍孫綝廢其君亮，立亮弟休，改元永安。綝作逆，伏誅。
己卯

---

① 「子」，當爲「弟」。
② 「魏」後，四庫本有「軍」字。
③ 「王」，四庫本作「主」。「政事」二字原脱，據四庫本補。

庚辰[260年]魏亂，司馬昭弑其君髦，立常道鄉公璜，改元景元。昭加九錫，稱晉國公，①專制。

辛巳

壬午[262年]魏鄧艾、鍾會伐蜀。

癸未[263年]魏滅蜀，徙其君于洛陽。蜀改元炎興，是年國亡。吴出軍壽春救蜀，不克。

甲申[264年]司馬昭進爵爲晉王，增郡二十，用天子服器，改元咸熙，以檻車徵鄧艾。鍾會以蜀叛。吴孫休卒，濮陽王興、中軍張布廢休子𩅦，②立權廢子和之子皓，改元元興。皓立，誅興及布。

乙酉[265年]魏司馬昭卒，子炎繼事。是年，炎代魏命，是謂武帝，改國爲晉，元曰太始。降其君璜爲陳留王，徙于鄴。吴徙都武昌，改元甘露。

丙戌[266年]吴改元寶鼎，復還建業。

丁亥[267年]晉立子衷爲皇太子。

戊子[268年]吴伐晉。

己丑[269年]吴改元建衡，南伐交阯。③

---

① 「晉國公」，「晉」原作「進」，據四庫本改。

② 「𩅦」，四庫本作「而」。

③ 「阯」，四庫本作「趾」。後同。

庚寅[270年]吴孫秀奔晉。

辛卯[271年]吴平交阯。　蜀劉禪卒于晉。

壬辰[272年]晉賈充以女上太子妃，遂爲司空。　吴改元鳳凰。

癸巳[273年]晉何曾爲司徒。　吴師寇晉弋陽。

經世之亥二千二百四十四

甲午[274年]晉武帝十年。　吴主皓十年。①晉分幽州，城平州。

乙未[275年]晉改元咸寧。　吴改元天册。②

丙申[276年]晉東西夷十七國内附。　吴改元天璽。③

丁酉[277年]晉四夷内附。　吴改元天紀，將邵凱、夏祥逃入于晉。

戊戌[278年]吴劉翻、祖始逃入于晉。

己亥[279年]晉命賈充督楊渾、瑯琊王伷、王渾、王戎、胡奮、杜預、唐彬、王濬七將兵二十萬伐吴。　是年汲人發魏襄王塚，得書七十五卷。

庚子[280年]晉平吴，徙孫皓于洛陽，改元太康。

---

①「主」，四庫本作「王」。

②「册」，四庫本作「璽」。

③四庫本無「改元天璽」四字。

辛丑

壬寅［282年］東西夷二十九國修貢。山濤爲司徒，衛瓘爲司空。賈充卒。

癸卯［283年］孫皓卒。魏舒爲司徒。

甲辰

乙巳

丙午

丁未

戊申

己酉［289年］汝南王亮爲司馬，假黄鉞。

庚戌［290年］改元太熙。武帝崩，太子衷踐位，是謂惠帝，册妃賈氏爲皇后，改元永熙。葬武帝于峻陵。王渾爲司徒，何劭爲太師，裴楷爲少師，和嶠爲少保，王戎爲少傅，衛瓘爲太保，石鑒爲司空。

辛亥［291年］改元永平。①皇后賈氏專制，夷十二大臣族，太傅楊駿、太保衛瓘、汝南王亮

① 「永平」，四庫本作「元康」。

皆被戮焉。廢太后楊氏爲庶人，徙之金墉。遣諸王就國。改元元康。趙王倫爲大將軍。①

壬子[292年]賈氏弑皇太后楊氏于金墉。②

癸丑

甲寅

乙卯[295年]武庫火。

丙辰[296年]張華爲司空。秦雍寇亂。齊萬年稱兵涇陽，楊茂搜稱兵百頃。

丁巳[297年]王戎爲司徒，何劭爲僕射。

戊午

己未[299年]賈后廢皇太子遹爲庶人，及其二子送之金墉。裴頠爲僕射。

庚申[300年]改元永康。皇后賈氏徙皇庶人于許昌，殺之。趙王倫、梁王肜廢皇后賈氏爲庶人，送金墉，殺之，誅宰相張華及僕射裴頠、侍中賈謐，又誅嵇康、吕安、石崇、潘岳于東市。

---

①「大將軍」，四庫本作「征西將軍」。
②「氏」，四庫本作「后」。

倫假黄鉞，①稱相國，②專制，以彤爲太宰，册羊氏爲皇后。賈氏黨趙廞以成都叛。③

辛酉[301年]趙王倫竊命，徙帝于金墉，改元建始。齊王冏、成都王穎、河間王顒兵入誅趙王倫及其黨，迎帝反正。冏大司馬，專制，以穎爲大將軍，顒爲太尉，改元永寧。流人李特殺趙廞于成都。張軌以涼州叛。

壬戌[302年]長沙王乂、河間王顒、成都王穎、新野王歆、范陽王虓兵入誅齊王冏，送其族于金墉，殺之。乂稱太尉，專制，改元太安。流人李特以六郡稱牧廣漢。④

癸亥[303年]河間王顒、成都王穎、東海王越執長沙王乂，送之金墉，殺之。顒稱太宰，專制于長安。陸機、陸雲兵死。石冰以徐、揚亂。⑤李特攻成都不克，死，子雄繼。

## 以運經世之九　觀物篇之三十三

經元之甲一

---

①「假」，原誤作「解」，據四庫本改。
②「相國」，四庫本作「國相」。
③「趙廞」，「廞」原作「欽」，據四庫本改。下同。
④「牧」，四庫本作「兵」。
⑤「石冰」，「冰」原作「水」，據四庫本改。「徐揚」，四庫本作「揚徐」。

經會之午七

經運之辛 一百八十八

經世之子二千二百四十五

經世之子二千二百四十五

甲子[304年]晉惠帝十四年。河間王顒廢皇后羊氏及皇太子覃，徙之金墉。表成都王穎爲太弟，加九錫，鎮鄴。改元永安。右衛將軍陳軫復羊氏皇后及覃太子，大會司徒王戎及東海王越、高密王簡、平昌公模、吴王晏、豫章王熾、襄陽王範、左僕射荀藩八部兵，奉帝北伐鄴，師敗于湯陰，嵇紹死之。帝如北軍。穎以帝歸鄴，改元建武。顒將張方入洛，復廢皇后羊氏及覃太子。安北將軍王浚、東瀛公騰以烏丸攻鄴，①穎師敗，帝還洛陽。河間王使張方徙帝西都長安，亦復羊氏皇后及永安年號，廢穎太弟，②以豫章王熾爲太弟，改元永興，王戎豫朝政。始分東西臺。是年，李雄逐羅尚于成都，稱王。單于左賢王劉淵稱王離石，國曰漢，元曰元熙。

乙丑[305年]東海王越嚴兵徐方。范陽王虓抗師許昌。成都王穎擁兵河北。③河間王顒又復

① 「丸」後，四庫本有「兵」字。
② 「穎」前，四庫本有「廢」字據四庫本補。
③ 「河」後，四庫本有「間」字

廢羊氏皇后，以穎爲大將軍，都督河北。虓、越將周權入洛，又復羊氏皇后。洛陽令何喬殺周權，又廢羊氏皇后。虓、越攻穎不已，①穎敗，棄鄴走洛陽。虓、越攻洛陽，穎奔顒于長安。漢劉淵攻晉劉琨于板橋，不利。

丙寅［306年］東海王越、范陽王虓兵攻長安，河間王顒、成都王穎走南山。虓、越將祁弘、宋胄以帝東還洛陽，復以羊氏爲皇后，改元光熙。越稱太傅。録尚書事，專制。虓爲司空，卒，越遂弒帝，立太弟熾，是謂懷帝。引温羨爲司徒，王衍爲司空。顒、穎野死。李雄稱帝成都，國曰蜀，元曰太武，謂之後蜀。

丁卯［307年］晉改元永嘉。東海王越稱大丞相，鎮許昌。以后父梁芬爲太尉。成都王黨汲桑陷鄴。王彌稱兵青、徐。漢劉淵破晉河東諸郡。晉劉琨獨保晉陽。

戊辰［308年］劉淵稱帝蒲子，改元永鳳，拔晉平陽，居之。王彌、石勒附于漢。石勒攻常山，王彌攻洛陽，焚建春門。

己巳［309年］東海王越入洛，殺大臣十餘人，以左僕射山簡征東南大將軍，②都督荆州，南鎮襄陽。③漢劉淵改元河瑞。石勒兵出鉅鹿，王彌兵出上黨，劉聰兵出壺關，同攻晉洛陽。

---

① 「越」後，四庫本有「兵」字。
② 四庫本無「南」字。
③ 「襄陽」、「陽」字據四庫本補。

庚午[310年]東海王越徵兵天下，諸侯咸無從者，自率兵出許昌。漢劉淵卒，子和繼，弟楚王聰殺和代立，①改元光興，以北海王義爲皇太弟，劉曜爲相國，石勒爲大將軍。

辛未[311年]天下亂。晉詔兖州苟晞會諸侯兵伐許昌，會東海王越卒，乃止。是年，洛陽陷，王衍爲石勒獲，②王師十二敗，帝及傳國六璽皆没于寇，長安亦陷，南陽王模亦没于寇。漢劉曜、王彌、石勒拔晉洛陽，俘其帝于平陽，改元嘉平。劉曜拔晉長安，保之。石勒害王彌于己吾而并其衆。蜀李雄拔晉梓潼及涪城，改元玉衡。

壬申[312年]晉懷帝在平陽，賈疋逐劉曜于長安三輔，與閻鼎、梁芬、梁綜、麴允、麴特奉秦王鄴爲皇太子，③以入長安。鎮東將軍瑯琊王睿帥亡衆大集壽春。苟晞保蒙城不利，降于石勒。劉琨保晉陽不利，奔常山。拓跋猗盧以兵六萬來救，大敗劉曜、劉粲于狼孟，④劉琨復保陽曲。漢劉聰納劉殷女二人爲皇后，孫四人爲貴妃，拔晉太原，復失之。

癸酉[313年]晉懷帝死于平陽，皇太子鄴稱帝長安，是謂愍帝，改元建興，以梁芬爲司徒，麴允爲使持節領軍、録尚書事，索綝爲尚書左僕射，瑯琊王睿爲左丞相、都督陝東諸軍事，南陽王保爲

①「弟」，四庫本作「叔」。
②「石勒獲」，四庫本作「軍帥」。
③「鄴」，原作「業」，據四庫本改。下同。
④「孟」，四庫本作「猛」。

右丞相、都督陜西諸軍事。山東郡縣悉陷于寇，漢石勒鎮襄國。曹嶷攻下三齊，據有廣固。

甲戌[314年]晉以瑯琊王睿爲大司馬，荀組爲司空，①劉琨爲大將軍，封涼州張軌爲太尉。西平郡王軌卒，子寔繼，稱西河王，國曰涼，元曰永興，城姑臧，是謂前涼。漢劉聰立三皇后，改元建元。劉曜圍晉長安，石勒圍晉幽州。

乙亥[315年]晉進左丞相、瑯琊王睿大都督中外軍事，②右丞相、南陽王保爲相國，司空荀組爲太尉，大將軍劉琨爲司空。陶侃平江表，獲杜弢。漢劉聰立皇星后，③授石勒專命俾征伐。④勒拔晉濮陽。

丙子[316年]晉長安陷于寇，帝出降于豆田中。漢劉曜拔晉長安，俘其帝于平陽，改元麟嘉。石勒拔晉太原。劉琨走幽州，依段匹磾。

丁丑[317年]晉帝在平陽。瑯琊王睿渡江，稱晉王于建康，元曰建武。以西陽王羕爲太尉，⑤王敦爲大將軍，王導都督中外。帝死于平陽。

---

① 「荀組」，原作「苟祖」，據四庫本改。下同。
② 「軍」前，四庫本有「諸」字。
③ 「皇」，原作「星」，據四庫本改。
④ 「伐」後，四庫本有「晉」字。
⑤ 「羕」，原作「羲」，四庫本作「業」，據《資治通鑑》卷九〇改。

戊寅［318年］晉王睿稱帝建康，①改元大興，②以子紹爲太子，是謂東晉元帝。劉琨爲段匹磾所害。王敦稱牧荆州，王導開府建康。漢劉聰卒，子粲繼，改元漢昌，將靳準殺粲，代立。相國劉曜自長安入至赤壁稱帝，改元光初，加大將軍，勒九錫，封趙國公。國人誅靳準以迎曜。

己卯［319年］晉南陽王保保祁山，稱晉王。漢劉曜還長安，改國曰趙，是謂前趙，殺石勒使者王循。石勒稱王襄國，國曰趙，元曰趙王，③是謂後趙，以張賓爲之相，號大執法，以弟虎爲之將，號元輔。

庚辰［320年］晉南陽王保走桑城，死。涼亂，張茂殺寔，代立，改元永和。④

辛巳［321年］晉王導爲司空。⑤幽州陷，段匹磾没于石勒。鮮卑慕容廆受晉持節，都督遼東、遼西。

壬午［322年］晉改元永昌。大將軍王敦以武昌叛，破石頭，稱丞相，⑥都督中外。太保西陽王羕

①「帝」後，四庫本有「于」字。
②「大」，四庫本作「太」。
③四庫本無「王」字。
④自「涼亂」至句末，四庫本作「涼亂，殺張寔，寔弟茂代領其衆」。
⑤「空」後，四庫本有「録尚書事」四字。
⑥「稱」，四庫本作「自爲」。

進位太宰，加司空。王導進位尚書令。石虎寇太山。梁碩以淮陰叛。①帝憂憤死，皇太子紹嗣位，是謂明帝。石勒拔劉曜河南。

癸未［323年］晉改元太寧。王敦假黄鉞。劉曜、石勒皆入寇。趙劉曜拔晉陳安，收隴城、陜城及上邽。②趙石勒滅晉曹嶷于廣固。涼張茂稱藩于前趙。

甲申［324年］晉王敦寇江寧，帝御六軍敗敦于越城，敦死于蕪湖。王導爲太宰。③蜀李雄以兄之子班爲太子。涼張茂卒，兄子駿立，改元太元。④

乙酉［325年］晉以子衍爲皇太子。石勒入寇，以陶侃爲征西大將軍，都督荆、湘、梁、雍。明帝終，太子衍嗣位，是謂成帝，太后庾氏稱制，司徒王導録尚書事，同中書令庾亮關政。⑤遼西亂，段遼弑其主自立。趙石勒拔晉司、兖、豫三州及劉曜新安、許昌。⑥

丙戌［326年］晉改元咸和。進王導大司馬，假黄鉞，都督中外軍事。蜀李雄攻進涪城。⑦趙石

① 「碩」，原作「顧」，據四庫本改。
② 「陜城」，四庫本作「陜西城」。
③ 「宰」，四庫本作「保」。
④ 「太元」，四庫本作「太光」。
⑤ 「關」，四庫本作「輔」。
⑥ 「兖」，原作「衮」，據四庫本改。
⑦ 「進」，四庫本作「晉」。

勒攻晉汝南。

丁亥［327年］晉豫州祖約、歷陽蘇峻、彭城王雄、章武王休連兵犯建業，司馬流距戰不克，死于慈湖。

戊子［328年］晉蘇峻敗王師于西陵，①入宫，稱驃騎將軍，録尚書事，徙帝于石頭。虞潭與庾冰、王舒稱義三吴，②會征西將軍陶侃、平南將軍温嶠、平北將軍魏該，③圍峻白石，④滅之。峻弟逸代，總其衆。韓晃寇宣城。祖約奔石勒。勒大敗劉曜於洛陽，獲之，遂滅前趙，用徐光爲中書令。

己丑［329年］晉蘇逸據石頭，⑤帝野次。滕含敗逸于石頭，逸退保吴興。王允之敗逸于溧陽，⑥滅之。趙石生進收長安，石虎破上邽，殺劉熙、劉胤三千人，進平隴右。

庚寅［330年］晉陸玩、孔愉爲左右僕射，⑦起新宫于苑。陶侃擒郭默于尋陽。蜀李雄攻晉巴

---

①「王」，四庫本作「内」。
②四庫本無「與」字。
③「北」，原作「比」，據四庫本改。
④「峻」後，四庫本有「于」字。
⑤「據」，四庫本作「拔」。
⑥「王允之」，「之」字，據四庫本補。「溧陽」，「溧」原作「漂」，據四庫本改。
⑦「玩」原作「阮」，據四庫本改。下同。

東。涼張駿稱藩于石勒。趙石勒稱帝，自襄國徙都鄴，改元建平。
辛卯[331年]晉以陸玩爲尚書令。
壬辰[332年]晉徙居新宫，①進太尉陶侃大將軍。趙石勒卒，子弘繼，改元延熙，加石虎九錫，專政，稱丞相魏王，殺中書令徐光及右長史程遐。
癸巳[333年]晉遼東公慕容廆卒，子皝繼。蜀李雄卒，子班繼，叔父壽專政。趙亂，石堪出奔譙城，②石朗稱兵洛陽，石生抗軍長安，石虎咸滅之。
經世之丑二千二百四十六
甲午[334年]東晉成帝九年。蜀李班爲庶兄越所殺，立雄子期，改元玉恒，越專政。涼張駿受晉大將軍命。
乙未[335年]晉改元咸康。石虎入寇，假大司馬王導黃鉞，出兵戍慈湖、牛渚、蕪湖。趙亂，石虎殺弘代立，稱攝天王，改元建武。
丙申
丁酉[337年]鮮卑慕容皝稱王遼東。趙石虎稱趙天王。③

①「宫」，原作「官」，據四庫本改。
②「堪」，原作「弘」，據四庫本改。
③「趙」，原作「正」，據四庫本改。

戊戌[338年]單于冒頓拓跋什翼犍稱王定襄，國曰代，元曰建國。蜀亂，李壽自漢中入，殺期代立，改國爲漢，元曰漢興。慕容皝攻後趙。

己亥[339年]晉王導卒。伐蜀。

庚子[340年]晉陸玩爲司空。遼東慕容皝獻伐石虎之捷。漢李壽拔晉丹州。

辛丑[341年]晉慕容皝求爲假燕王，徙居和龍。

壬寅[342年]晉成帝崩，母弟瑯琊王岳立，是謂康帝。封成帝二子，丕爲瑯琊王，奕爲東海王。①中書監庾冰、中書令何充、尚書令諸葛恢輔政。②漢李壽卒，子勢繼，改元太和。

癸卯[343年]晉改元建元。

甲辰[344年]晉康帝崩，太子聃繼，是謂穆帝，太后稱制。趙石虎伐涼不利，伐燕有功。

乙巳[345年]晉改元永和。會稽王昱録尚書六條事，③專政。

丙午[346年]晉桓温伐蜀。漢李勢平李弈，改元嘉寧。涼張駿卒，子重華繼，改元永樂。趙石虎攻涼金城。

---

① 「奕」，原作「弈」，據四庫本改。
② 「尚書令」，四庫本作「參録尚書事」。
③ 「昱」下，四庫本有「爲撫軍大將軍」六字。

丁未[347年]晉桓温滅蜀，徙李勢于建康。蜀復亂，范賁稱帝成都。涼張重華敗石虎于枹罕。①趙石虎攻晉竟陵。

戊申[348年]晉桓温爲征西大將軍，入長安，至于灞上。遼東慕容皝卒，子儁繼。

己酉[349年]晉平蜀亂。鮮卑慕容儁稱王遼東，②國曰燕，元曰燕元，是謂前燕。趙石虎稱帝，改元大寧。③虎卒，子世繼，張豺爲相，專制。内難作，石遵自關右入，殺世及張豺代立。石冰自薊門入，殺遵不克。石閔殺遵，立石鑒，改元青龍，閔稱大將軍，專政。苻洪稱兵廣川。④

庚戌[350年]趙石鑒殺大將軍閔及李農不克，閔殺鑒代立，復姓冉氏，改國曰魏，元曰永興，大滅石氏宗室。鑒弟祗稱帝襄國，以將劉顯南攻冉氏不克，殺祗以降。閔破襄國，誅顯，滅其族。將苻健自枋頭入關，⑤逐杜洪于長安，據之。將魏統以兖州、冉遇以豫州、樂弘以荆州、鄭系以洛州入于晉。⑥劉淮以幽州入于燕。燕南略地至幽、冀。

---

①「枹」，原作「抱」，據四庫本改。
②「儁」，四庫本作「雋」。
③「大」，四庫本作「太」。
④「苻」，原作「符」，據四庫本改。
⑤「苻健」，原作「符健」，據四庫本改。下同。
⑥「弘」，四庫本作「引」。

辛亥[351年]趙將周成以廩丘、高昌以野王、樂立以許昌、李歷以衛州請附于晉。劉啓、姚弋仲亦奔于晉。魏冉閔攻燕不利，死，國亡。石虎將苻健稱天王于長安，國曰秦，元曰皇始，是謂前秦。敗晉軍于五丈原。燕慕容儁南伐魏，滅冉閔于昌城。

壬子[352年]晉武陵王晞爲太宰，會稽王昱爲司徒，大將軍桓温爲太尉。魏冉智以鄴降。燕慕容儁稱帝，自和龍徙居中山，改元天璽。秦苻健稱帝長安。

癸丑[353年]涼、秦相攻。涼張重華卒，子耀靈繼，①伯父祚殺耀靈代立，改元和平。②

甲寅[354年]晉太尉桓温伐秦至灞上，秦苻健敗晉軍于白鹿原，又敗之于子午谷。

乙卯[355年]晉將段龕敗燕軍于狼山。右軍王羲之辭官歸。涼宋混、張瓘殺張祚，立耀靈弟玄靚，改元太始。燕南攻晉，不利。秦苻健卒，子生繼。

丙辰[356年]晉桓温敗姚襄軍于伊水，遂復洛陽。秦苻生改元壽光。③

丁巳[357年]晉改元升平，帝加元服，王彪之爲左僕射。燕改元光壽，自中山徙都鄴。秦苻生虐用其人，雄子堅殺生代立，去帝稱天王，改元永興，以王猛、吕婆樓、强汪、梁平老爲之輔。④

---

①「耀」，四庫本作「曜」，下同。
②「和」，原作「永」，據四庫本改。
③「光」，四庫本作「元」。
④「汪」，原作「注」，據四庫本改。

戊午［358年］晉將馮鴦以衆入于燕。燕拔晉上黨。

己未［359年］晉伐燕不利，燕敗晉于東阿。秦改元甘露，以王猛爲中書令，尹京兆。

庚申［360年］晉仇池公楊俊卒，子世繼。燕慕容儁卒，子暐繼，改元建熙，慕容恪爲太宰，專政，慕容評爲太傅，慕容根爲太師，慕容垂爲河南大都督。根作逆，伏誅。

辛酉［361年］晉穆帝終，立成帝子瑯琊王丕，是謂哀帝。

壬戌［362年］晉改元隆和。燕師攻晉洛陽。

癸亥［363年］晉改元興寧。桓温爲大司馬，假黄鉞，都督中外軍事，北伐。涼張天錫殺玄靚代立，①改元太清。燕將慕容評攻晉許昌。

經世之寅二千二百四十七

甲子［364年］東晉哀帝三年。餌丹有疾，太后稱制。燕、秦入寇洛陽。

乙丑［365年］晉哀帝終于餌丹，母弟瑯琊王奕立。洛陽陷于燕。司馬勳以梁州叛，稱成都王。秦改元建元。匈奴二右賢王以朔方叛，平之。②

丙寅［366年］晉改元太和。會稽王昱爲丞相。燕、秦入寇。涼張天錫受晉命大將軍，都督隴

① 「張」，原作「帥」，據四庫本改。
② 「二」，四庫本作「左」。

右。燕拔晉魯郡，秦拔晉南鄉。

丁卯［367年］燕攻晉竟陵，秦攻晉涼州。

戊辰［368年］秦苻雙以上邽、苻柳以蒲坂叛，①王猛悉平之。

己巳［369年］晉大司馬桓温北伐燕不利，歸罪袁真，袁真以壽陽入于燕。燕大將慕容垂敗晉師于枋頭，以衆降秦，評害功故也。秦救燕有功，取燕之金墉，責無信也。

庚午［370年］晉壽陽袁真卒，子瑾繼。桓温敗瑾于壽陽。廣漢及成都寇亂。王猛滅燕于鄴，徙慕容暐于長安，收郡五十七，猛留鎮鄴。

辛未［371年］晉桓温平壽陽，獲袁瑾以歸，廢其君奕爲海西王，立會稽王昱，改元咸安，是謂文帝，温稱丞相，鎮姑熟，專制，殺太宰武陵王晞、新蔡王晃，仍降海西王爲公及害其二子與母。

壬申［372年］晉命百濟餘句爲鎮東將軍，②領樂浪守。庾希以海陵叛，入于京口。文帝昱終，子曜嗣，是謂武帝，桓温還姑熟。秦王猛平慕容桓于遼東，滅仇池公楊纂于秦州。

癸酉［373年］晉改元寧康。大司馬桓温卒，太后稱制，王彪之爲尚書令，謝安爲尚書僕射，專

① 「柳」，原作「抑」，據四庫本改。「坂」，四庫本作「阪」。
② 「百」，原作「苗」，據四庫本改。

政。張天錫貢方物。秦拔晉成都及梓潼。

甲戌[374年]晉桓石破秦軍于墊江。張育稱王于蜀，秦復平之。

乙亥[375年]秦大將軍王猛卒。

丙子[376年]晉改元太元，帝加元服。①皇太后委政桓沖，桓豁爲將軍，謝安爲尚書，監録尚書事。秦滅前涼，徙張天錫于姑臧，又平朔方，獲拓跋什翼犍，②徙之長安。

丁丑[377年]晉、秦二國抗衡天下。

戊寅[378年]晉作新宫。

己卯[379年]晉敗秦軍于淮南，秦拔晉襄陽。③

庚辰[380年]晉李遜以交阯叛。秦苻洛以和龍叛。

辛巳[381年]晉謝石爲尚書僕射，桓石攻秦有功。四夷六十二國脩貢于秦。

壬午

癸未[383年]晉伐蜀，敗秦軍于武當。秦苻堅舉國南伐，晉謝安帥謝琰、謝玄、桓沖、桓伊大敗秦

---

① 四庫本無「帝」字。

② 「拓」，原作「托」，據四庫本改。下同。

③ 「秦拔晉襄陽」，四庫本作「遂拔秦襄陽」。

師于肥水，進圍洛陽。秦苻堅喪師壽春，①苻融没于戰，②諸將咸叛。慕容垂稱王滎陽，北居中山，國曰燕，元曰燕元，是謂後燕，攻苻丕于鄴。丁零翟真以行唐叛。③仇池楊世入于晉。④

甲申［384年］晉假謝安黄鉞，都督軍事，鎮廣陵，⑤領荆南十五州，復襄陽。秦苻朗以青州降。秦苻堅來乞師，遣劉牢之救鄴。秦將姚萇稱王萬年，國曰秦，元曰白雀，是謂後秦。慕容沖稱王阿房，慕容泓稱王華池，慕容永稱王長子，吕光稱王酒泉。萇、沖兵互逼長安。⑥燕北伐高句麗，復遼東故也。

乙酉［385年］晉謝安救秦，至于長安，復洛陽以還，卒。秦苻堅没于姚萇，子丕自鄴攻晉陽，稱帝，改元太安。慕容沖屠長安。秦將乞伏國仁稱牧洮罕，⑦國曰秦，元曰建義，是謂西秦。燕慕容垂南平鄴，徙都之。秦姚萇獲苻堅于五將山，歸殺之于新平。⑧是年，冒頓拓跋什翼

① 「春」，四庫本作「陽」。
② 「苻」前，四庫本有「秦」字。
③ 「丁零」，原作「句町」，據四庫本改。後同。
④ 「池」後，四庫本有「公」字。
⑤ 「鎮」，原作「領」，據四庫本改。
⑥ 「兵互逼」，四庫本作「稱兵進逼」。
⑦ 「洮罕」，四庫本作「秦河二州」。
⑧ 「平」，四庫本作「市」。

珪稱王定襄之成樂，國曰魏，元曰登國，是謂後魏道武皇帝。

丙戌［386年］秦苻丕爲慕容永所敗，走晉東垣，①爲晉將馮該所殺，其衆奔杏城。苻登稱帝隴東，②改元太初。苻堅將呂光稱牧姑臧，國曰涼，元曰太安，是謂後涼。燕慕容垂稱帝于鄴，改元建興。慕容沖爲將段隨、韓延所害，③其衆奔垂。慕容永稱帝長子。秦姚萇稱帝，徙居長安，改元建初。

丁亥［387年］晉以子德宗爲太子，敗翟遼于洛口。秦苻登東攻姚萇，封乞伏國仁爲苑川王。

戊子［388年］秦苻登攻姚萇，不利。秦乞伏國仁卒，弟乾歸立，稱河南王，改元太初，徙都金城。

己丑［389年］晉陸納爲尚書令。彭城妖賊亂。翟遼圍滎陽。秦姚萇西攻苻登。涼呂光稱三河王，改元麟嘉。

庚寅［390年］晉敗翟遼于滑臺，永嘉寇亂。秦苻登攻姚萇，不利。

辛卯［391年］晉王珣爲左僕射，謝琰爲右僕射。

壬辰［392年］晉蔣喆以青州亂。慕容垂平丁零翟釗于滑臺。西秦乞伏乾歸開地至巴及隴。

癸巳［393年］秦苻登攻姚萇，不利。秦姚萇卒，子興繼，去帝稱王。

---

①「坦」，原作「桓」，據四庫本改。
②「帝」後，四庫本有「于」字。
③「段隨韓延」，原作「段木延」，據四庫本改。

經世之卯二千二百四十八

甲午[394年]東晉孝武帝二十二年。後魏道武皇帝十年。秦苻登攻姚興不利，戰死，子崇立，奔湟中，稱帝，改元延初，爲乞伏乾歸所滅。燕慕容垂平慕容永于長子。秦姚興復稱帝槐里，①改元皇初。涼吕光徙居樂都。

乙未[395年]燕慕容垂攻魏不利，魏破燕師于黍谷。②

丙申[396年]晉武帝泛舟于泉池，没，太子德宗嗣位，是謂安帝，會稽王道子專政。燕慕容垂拔魏平城，垂卒于上谷，子寶繼，改元永康。太原陷于魏，魏拔燕并州，圍中山，稱帝，改元皇始。涼吕光稱天王，改元龍飛。

丁酉[397年]晉改元隆安。兖州王恭、豫州庾楷、吴郡王欽各以城叛。燕慕容寶北走龍城，慕容詳稱帝中山，慕容麟殺詳代立，③慕容德自丁零入，④又殺麟代立，徙居鄴。中山陷于魏。吕光寇西秦，自金城復徙居苑川。涼吕光將秃髮烏孤稱王廉川，國曰涼，元曰太初，是謂南涼。涼吕光將沮渠蒙遜立段業爲牧于張掖，國曰涼，元曰神璽，是謂北涼。

---

①「槐」，四庫本作「魏」。
②「黍谷」，四庫本作「參合陂」。
③「麟」，原作「普隣」，據四庫本改。下同。
④「德」，原作「賀隣」，據四庫本改。

戊戌[398年]晉北伐燕，師敗于管城。兗州王恭、豫州庾楷、荆州殷仲堪、廣州桓玄兵犯建業，敗內師于白石。假會稽王道子黄鉞，玄師敗走潯陽。杜炯以京口亂。①燕慕容寶南伐，至于黎陽乃復，將蘭汗殺寶代立于龍城，稱昌黎王，改元青龍，寶子盛誅蘭汗，稱王，改元建平，稱帝，再改元長樂。鄴陷于魏，范陽王慕容德自鄴南走滑臺，稱王，改元上元，②是謂南燕。魏拔燕之鄴及信都，改元天興，自盛樂徙居平城。涼禿髮烏孤克金城，敗吕光于街亭，稱武威天王。

己亥[399年]秦姚興拔晉洛陽。燕慕容德拔晉青州。仇池楊盛稱藩于晉。妖賊孫恩陷晉會稽，晉謝琰、劉牢之往伐，劉裕始參軍政。秦姚興去帝號稱王，改元弘始。魏南攻滑臺。涼吕光傳子紹位，稱太上皇。光卒，兄纂殺紹代立。③涼禿髮烏孤徙居樂都，烏孤卒，弟利鹿孤立，又徙居西平，仍附于姚興。涼段業稱天王，改元天璽，大將沮渠蒙遜出守西安。燕慕容德逐辟閭渾于廣固，徙居之，滑臺没于魏。

庚子[400年]晉司馬劉裕敗孫恩于臨海，以揚州元顯爲十六州都督。燕慕容盛去帝號，稱庶人

---

① 「炯」，四庫本作「冏」。
② 「上元」，四庫本作「年」。
③ 「弘」，四庫本作「洪」。

天王，①破高句麗。秦姚興破西秦，俘其王乞伏乾歸于長安。涼吕篡改元咸寧，大司馬吕弘殺篡不克。②涼利鹿孤改元建和。涼將李暠稱牧秦州，國曰涼，元曰庚子，是謂西涼。燕慕容德稱帝廣固，改元建平。

辛丑［401年］晉平孫恩，劉裕出守下邳。燕慕容盛將段璣行弑盛，叔父熙誅璣稱帝，改元光始。秦姚興放乞伏乾歸還苑川。涼吕超弑其君篡，③立其兄隆，改元神鼎，稱藩于姚興。涼秃髮利鹿孤稱西河王。涼大將沮渠蒙遜自西安入，殺段業，代立，改元永安。

壬寅［402年］晉改元元興。桓玄據荆州，建牙夏口。假揚州元顯黄鉞，顯軍敗，玄入于建業，稱侍中丞相録尚書事，又稱太尉，總百揆。乃殺都督元顯及會稽王道子，以瑯琊王德文爲太宰，改元大亨。劉軌以冀州叛。④秦姚興伐吕光有功，拒魏不利，魏敗秦軍于蒙坑。涼秃髮利鹿孤卒，弟傉檀立，⑤改元弘昌，徙居樂都。涼沮渠蒙遜稱藩于姚興。

癸卯［403年］晉加桓玄九錫，稱相國、楚王，用天子器服。玄竊命，徙其帝于永安宫，降爲平固

① 「天」，原作「大」，據四庫本改。
② 「弘」，四庫本作「宏」。
③ 「弑」，四庫本作「殺」。
④ 「冀」，原作「翼」，據四庫本改。
⑤ 「檀」，原作「擅」，據四庫本改。下同。

王，遷之潯陽，改國曰楚，元曰永始。①

甲辰［404年］晉帝在潯陽。劉裕唱義，帥沛國劉毅、東海何無忌二州兵大破桓玄兵于京口，又敗玄將桓弘于廣陵、吴甫之于江乘、皇甫敷于羅落。玄逼帝走江陵，裕又敗玄兵于湓口。玄復逼帝東下，裕又敗玄兵于崢嶸洲，又破之于覆舟山，迎帝入江陵。玄敗死于枚洄洲，其將桓振復陷江陵，幽帝。譙縱以成都叛，稱王。秦姚興入十二郡脩好，②貢于晉。魏改元天錫。涼吕隆奔姚興，國亡。涼傉檀去年號，求姑臧於姚興。燕慕容德卒，兄之子超立。

乙巳［405年］晉平桓振。帝自江陵還建業，改元義熙。劉裕都督中外，録尚書事，還鎮丹徒。涼傉檀受姚興命，徙姑臧。燕慕容超改元太上。涼李暠徙居酒泉，改元建初，稱藩于晉。

丙午［406年］晉伐蜀，敗譙縱于白帝。孔安國爲尚書左僕射，大將軍劉裕開府京口。仇池楊盛稱藩。燕慕容超三將奔晉。③燕慕容熙將馮跋殺熙，立慕容雲，復姓高氏，稱王，改元正始。秦姚興將赫連勃勃稱天王于朔方，國曰夏，元曰龍昇。

丁未［407年］晉劉裕入朝，殺東陽太守殷仲文、南蠻校尉殷叔文、晉陵太守殷道叔、永嘉太守駱

---

① 「永」，四庫本作「光」。
② 四庫本無「好」字。
③ 「將」，原作「軍」，據四庫本改。

球。①姚興攻秃髮傉檀及赫連勃勃。乞伏乾歸復稱王苑川，改元更始。涼秃髮傉檀攻沮渠蒙遜及赫連勃勃。

戊申［408年］晉劉裕入總朝政，北敗慕容超于臨朐，出大峴，進圍廣固。魏國亂，后萬人同子申弑其君珪，②次子紹誅萬人及申，自立，是謂明帝。《魏史》云：賀夫人及子紹弑珪。③秦乾歸南攻姚興。涼傉檀復稱王姑臧，改元嘉平。夏勃勃南攻姚興。

己酉［409年］晉劉裕滅南燕，徙慕容超于建業。後燕國亂，將馮跋用幸臣離班殺雲，④代立，稱天王，改元太平，是謂北燕。魏改元永興。秦乾歸平枹罕。⑤夏赫連攻姚興。⑥

庚戌［410年］晉始興賊盧循兵寇建業，劉裕大破之，循走潯陽，再破之于豫章。裕假黄鉞。蜀兵陷巴東。秦乞伏乾歸〔爲〕兄之子公府所殺，⑦子熾磐誅公府而自立，⑧改元永康。涼沮渠蒙遜攻李暠有功。夏赫連勃勃攻姚興不利。

---

①「球」，四庫本作「求」。
②「弑」，四庫本作「殺」。
③「夫」，四庫本作「大」。「紹」，四庫本作「如」。
④「將」前，四庫本有「苻」字。
⑤「枹」，原作「抱」，據四庫本改。
⑥「連」後，四庫本有「勃勃」二字。
⑦「爲」字據四庫本補。按：據《資治通鑑》卷一一六記載，乞伏乾歸死當爲壬子年六月事。
⑧「磐」，原作「盤」，據四庫本改。後同。

辛亥[411年]晉劉裕南攻盧循。①盧循走交州,死。劉毅以江陵叛。涼沮渠蒙遜攻禿髮傉檀,有功。夏赫連勃勃攻姚興,不克。

壬子[412年]晉劉裕殺劉藩及謝琨,遂平劉毅于江陵。涼傉檀徙居樂都,姑臧陷于沮渠蒙遜。涼蒙遜拔禿髮傉檀姑臧,徙居之,稱西河王,改元玄始。②

癸丑[413年]晉朱齡石平蜀。魏改元神瑞,與秦姚興和親。秦熾磐破土谷渾于澆河。涼傉檀攻蒙遜,不利。夏改元鳳翔,城統萬。③

甲寅[414年]秦乞伏熾磐滅南涼禿髮傉檀。

乙卯[415年]晉荆州刺史司馬休之、雍州刺史魯宗之叛,裕攻破之,逐之于江陵。劉穆之爲尚書僕射。④秦姚興卒,子泓繼,弟弼作難不克。⑤魏改元太常。

丙辰[416年]晉劉裕北伐姚泓,拔洛陽,進逼潼關。加裕九錫,總百揆,封宋國公。秦姚泓改元永和,洛陽陷于晉,姚懿、姚恢内叛,兵逼長安,姚紹平之。秦乞伏熾磐拔沮渠蒙遜河湟。

---

①「攻」,四庫本作「敗」。
②「玄」,四庫本作「弘」。
③「城統萬」,四庫本作「築統萬城」。
④「僕」前,四庫本有「左」字。
⑤「難」,四庫本作「亂」。

夏赫連勃勃拔姚泓陰密。

丁巳[417年]晉劉裕平長安，滅後秦，執姚泓以歸，以子義真守長安，裕加宋王。魏南攻晉，兵敗于河曲。①涼李暠卒，子歆立，改元嘉興。

戊午[418年]晉劉裕弒其君德宗，立其弟瑯琊王德文，②是謂恭帝。長安陷于夏。涼李歆稱藩于晉。夏赫連勃勃拔晉之長安，稱帝，改元昌武。③

己未[419年]晉改元元熙。宋王劉裕自揚州入，用天子服器。秦乞伏熾磐改元建弘。夏赫連勃勃還居統萬，改元真興。

庚申[420年]劉裕代晉命于揚州，是謂武帝，改國曰宋，元曰永初。降其君德文爲零陵王。

辛酉[421年]宋零陵王德文卒。

壬戌[422年]宋武帝劉裕終，子義符繼。魏攻宋滑臺。

癸亥[423年]宋改元景平。魏攻宋金墉，明帝終，④太子燾繼，⑤是謂太武皇帝。涼沮渠蒙遜滅

① 「曲」，四庫本作「西」。
② 「德文」，原作「昌明」，據四庫本改。
③ 「昌武」，原作「武昌」，據四庫本改。
④ 「帝」後原有「紹」字，據四庫本删。
⑤ 「太」字據四庫本補。

西涼，執李歆歸于姑臧。

經世之辰二千二百四十九

甲子［424年］宋帝義符二年。臣徐羡之、傅亮行弑，立其弟義隆，是謂文帝。還都建業，改元元嘉。魏太武元年，改元始光。

乙丑［425年］魏武帝以崔浩爲相。夏赫連勃勃卒，子昌繼，改元承光。①

丙寅［426年］宋文帝誅執政徐羡之、傅亮，謝晦以荆州叛，平之。魏拔夏之長安。

丁卯［427年］魏西破夏赫連昌。

戊辰［428年］魏改元神䴥。武帝破夏于統萬，俘赫連昌以歸，西北開地三千里。秦乞伏熾磐卒，子暮末繼，②改元永弘。③涼沮渠蒙遜改元承玄。夏之統萬陷于魏，弟定代立，徙居平涼，改元勝光。④

己巳

---

① 「光」，原作「先」，據四庫本改。

② 「暮」，原作「慕」，據四庫本改。後同。

③ 「弘」，原作「嘉」，據四庫本改。

④ 「勝」，四庫本作「始」。

庚午[430年]宋之金墉陷于魏。燕馮跋卒，弟弘殺跋之子翼，①代立，改元太興。魏拔宋洛陽。涼沮渠蒙遜改元義和。夏赫連定攻秦暮末。

辛未[431年]宋之滑臺陷于魏。夏滅西秦于苑川，俘其君乞伏暮末。魏滅夏于平涼，俘其君赫連定。②

壬申[432年]宋謝靈運棄市于廣州。魏改元延和，遼西内附。

癸酉[433年]宋謝惠連卒。涼沮渠蒙遜卒，子牧犍繼，改元永和。

甲戌[434年]魏南開地至漢中。

乙亥[435年]魏改元太延。

丙子[436年]宋誅檀道濟。魏滅北燕，虜馮弘于遼西。

丁丑

戊寅

己卯[439年]魏滅北涼于姑臧，③獲沮渠牧犍以歸。

庚辰[440年]魏改元太平真君，與宋稱南北朝。

---

① 四庫本無「之」字。
② 「俘」，原作「浮」，據四庫本改。
③ 「滅」，四庫本作「伐」。

辛巳

壬午

癸未[443年]魏克仇池。

甲申

乙酉

丙戌[446年]魏毁象教。①

丁亥[447年]魏攻長安。②

戊子

己丑

庚寅[450年]魏南開地江淮，③夷宰相崔浩三族。

辛卯[451年]魏改元正平，伐宋至于瓜步。

① 「象教」，四庫本作「經像佛教」。
② 「攻」，四庫本作「城」。
③ 「南」後，四庫本有「伐」字。

壬辰［452年］魏國亂。中常侍宗愛弒其君武帝，①立南安王余，②改元承平，又殺之。群臣迎武帝孫濬立之，是謂文成皇帝，改元興安。夷宗愛三族。元壽樂爲太宰，都督中外，録尚書事。③

癸巳［453年］宋國亂。太子劭弒其君文帝，代立，改元太初。少子武陵王駿稱帝新亭，克建康，誅元凶，④改元孝建，⑤是謂孝武皇帝。

經世之巳二千二百五十

甲午［454年］宋孝武皇帝二年。魏文成皇帝三年，改元興光。

乙未［455年］魏改元太安。

丙申

丁酉［457年］宋改元大明。

戊戌

① 「侍」，原作「寺」，據四庫本改。
② 「南安王余」，原作「南定王餘」，據四庫本改。
③ 「事」，四庫本作「官」。
④ 「凶」，原作「二」，據四庫本改。
⑤ 「孝建」，原作「建武」，據四庫本改。

己亥

庚子[460年]魏改元和平。

辛丑

壬寅

癸卯

甲辰[464年]宋孝武皇帝終，①太子業嗣位，改元永光。②

乙巳[465年]宋改元景和。③業立不明，臣壽寂殺之，迎湘東王彧立之，④改元太始，是謂明帝。

魏文成帝終，太子弘嗣位，是謂獻文皇帝。

丙午[466年]宋晉安王子勛以潯陽叛，稱帝，平之。册子昱爲太子。魏師入寇。魏改元天安，盡取宋江北地。大丞相乙渾謀逆，⑤伏誅。

丁未[467年]魏改元皇興。

---

① 四庫本無「皇」字。
② 「永光」，四庫本作「景和」。
③ 「景和」，四庫本作「永光」。
④ 「彧」，原作「或」，據四庫本改。
⑤ 「乙」，原作「元」，據四庫本改。

戊申

己酉①

庚戌

辛亥[471年]魏獻文授太子宏位，是謂孝文皇帝，弘稱太上皇，改元延興。

壬子[472年]宋改元太豫。明帝失道，②死，太子昱立。

癸丑[473年]宋改元元徽。

甲寅[474年]宋桂陽王休範以江州叛，兵犯建業，右衛將軍蕭道成平之。

乙卯[475年]魏改元承明。③

丙辰[476年]宋建平王景素謀殺蕭道成，不克。道成爲司空，録尚書事。魏太后馮氏弑太上皇。

丁巳[477年]宋國亂。蕭道成弑其君昱，④廢爲蒼梧王，立明帝子準，⑤改元昇明。道成假黄鉞，稱齊國公，專制。魏改元太和。⑥

---

① 是年，四庫本作「魏拔宋青州」。
② 「失」，四庫本作「大」。
③ 按：魏改元事在下年六月。
④ 「弑」，四庫本作「殺」。
⑤ 「準」，原作「准」，據四庫本改。後同。
⑥ 「魏」原無，四庫本同，據《資治通鑑》卷一三四補。「太」原作「大」，據四庫本改。

戊午

己未[479年]宋相國蕭道成稱王。是年，代宋命于建業，改國曰齊，元曰建元，是謂太祖，以子賾爲皇太子，降其君準爲汝陰王，①殺之。

庚申

辛酉

壬戌[482年]齊高帝道成終，太子賾嗣位，是謂武帝，以子懋爲太子，攻魏淮南。

癸亥[483年]齊改元永明。

經世之午二千二百五十一

甲子[484年]齊武帝二年。魏孝文帝十三年。

乙丑

丙寅

丁卯

戊辰

己巳

① 「王」，四庫本作「君」。

庚午

辛未

壬申［492年］魏伐蠕蠕。

癸酉［493年］齊武帝終，太子懋亦卒，①其孫昭業立。

甲戌［494年］齊改元隆昌。五月西昌王蕭鸞行弑，廢其君爲鬱林王，立其弟昭文，改元延興。鸞假黄鉞，稱宣城王，都督中外，專制。十月，宣城王蕭鸞廢昭文爲海陵王，殺之，代立，是謂明帝，改元建武，以子寶卷爲太子。魏大伐于齊。②

乙亥［495年］齊大殺宗室。是年，魏自平城徙都洛陽，用中國禮樂。

丙子［496年］魏改姓元氏。

丁丑

戊寅［498年］齊改元永泰，明帝鸞終，太子寶卷嗣位。魏伐齊，拔新野。

己卯［499年］齊改元永元，以子誦爲太子。魏孝文帝終，子恪繼嗣位，③是謂宣武皇帝。彭城王勰受顧命輔政。

---

① 「亦」，四庫本作「再」。
② 四庫本無「于」字。
③ 「子」前，四庫本有「太」字。四庫本無「繼」字。

庚辰［500年］齊崔惠景以廣陵叛，兵犯建業，蕭懿平之。寳卷殺懿，蕭衍稱兵襄陽，蕭穎冑稱兵荆州。①魏改元景明，彭城王勰拔齊壽春。

辛巳［501年］齊蕭衍立南康王寳融于江陵，以兵圍臺城。國人殺寳卷而入寳融于建業，是謂和帝，改元中興。衍稱相國司空，假黄鉞，録尚書事，專制。廢寳卷爲東昏侯。蕭寳夤奔魏。

壬午［502年］齊蕭衍被九錫，封梁王。四月衍代齊命于建業，是謂武帝，改國爲梁，元曰天監，以子統爲皇太子，降其君寳融爲巴陵王，殺之于姑熟。

癸未

甲申［504年］魏改元正始。

乙酉

丙戌

丁亥［507年］東西夷四十國脩貢于魏。

戊子［508年］魏改元永平。殺太師元勰。

己丑［509年］戎夷二十四國脩貢于魏。

庚寅

---

①「穎冑」，原作「頼」，據四庫本改。

辛卯[511年]東西夷二十九國脩貢于魏。

壬辰[512年]魏改元延昌。

癸巳

經世之未二千二百五十二

甲午[514年]梁武帝十三年。魏武帝十五年。

乙未[515年]魏宣武終，太子詡嗣位，是謂孝明皇帝，太后胡氏稱制。劉騰、元叉爲輔相。

丙申[516年]魏改元熙平。

丁酉

戊戌[518年]魏改元神龜。

己亥

庚子[520年]梁改元普通。魏改元正光，幽靈太后胡氏于北宮。

辛丑

壬寅

癸卯

甲辰

乙巳[525年]魏改元孝昌。相劉騰、元叉罪免爲庶人。迎太后胡氏于北宮，還政。中山、上谷、彭城寇亂。

丙午

丁未[527年]梁帝衍没身于同泰寺,①改元大通。魏諸郡寇亂。②

戊申[528年]魏改元武泰。太后胡氏殺其帝詡,立無名子。大都督爾朱榮自太原入,殺無名子及太后胡氏、諸王、貴臣于河陰,立長樂王攸,是謂莊帝,改元建義,又改元永安。榮都督中外諸軍事,稱太原王,還晉陽,專制。

己酉[529年]梁改元中大通。衍復没身于同泰寺,群臣以錢幣贖衍還政。③元顥自梁入洛,稱帝,改元建武,徙攸于河北。爾朱榮自晉陽入,逐元顥,迎攸返政。

庚戌[530年]魏帝攸殺爾朱榮于洛陽宫,爾朱兆自晉陽入,徙攸于河東,殺之。爾朱世隆立長廣王曄于長子,改元建明。

辛亥[531年]梁昭明太子統卒,晉安王綱爲太子。魏爾朱兆廢曄,立廣陵王子恭于洛陽,④是謂

① 「衍」,四庫本作「闡」,下同。
② 「郡」,四庫本作「都」。
③ 「幣贖」,四庫本作「億萬購」。
④ 「廣」,原作「惠」,據四庫本改。

節閔，①改元普泰，②還鎮晉陽。冀州刺史高歡稱兵信都，立章武王子渤海太守朗于信都，改元中興，歡稱丞相。

壬子[532年]魏高歡襲據鄴，③敗爾朱兆于韓陵、西平、并州；④南入洛，廢恭，殺之；又廢朗于河陽，殺之；立平陽王脩于洛陽，⑤改元太昌，再改元永熙，還鎮鄴，專制。爾朱兆走秀容，死。脩立，是謂武帝。

癸丑[533年]魏高歡平爾朱氏。

甲寅[534年]魏高歡入洛，⑥帝脩西走長安。歡立清河王子善見，是謂靜帝，改元天平，徙洛陽四十萬户于鄴，都之，是謂東魏。歡鎮太原，都督中外，專制。宇文泰廢脩于長安，殺之，立南陽王寶炬，是謂文帝，改元大統，是謂西魏。泰都督中外，專制。

乙卯[535年]梁改元大同。

丙辰[536年]侯景爲東魏右僕射、南行臺。

---

①「閔」，四庫本作「愍」。
②「泰」，四庫本作「太」。
③四庫本無「襲」字。
④「敗」，四庫本作「叛」。
⑤「立」，原作「又廢」，據四庫本改。
⑥「入」，四庫本作「之」。

丁巳[537年]西魏宇文泰大破東魏高歡軍于沙苑。

戊午[538年]東魏改元元象。高歡大破西魏宇文泰兵于洛陽。

己未[539年]東魏改元興和。

庚申

辛酉

壬戌

癸亥[543年]東魏改元武定。高歡大破西魏宇文泰軍于邙山,①遂拔洛陽。

經世之申二千二百五十三

甲子[544年]梁武帝四十三年。西魏文帝十一年。東魏靜帝十一年。

乙丑

丙寅[546年]梁武帝三失身于同泰寺,②改元中大同,羣臣及皇太子畢會于同泰寺,③是夜,同泰大火。

丁卯[547年]梁改元太清。東魏渤海王高歡卒于晉陽,子澄繼事。侯景以河南十三州叛,慕容

---

① 「邙」,原作「芒」,據四庫本改。

② 四庫本無「寺」字。

③ 四庫本無「寺」字。

紹宗敗侯景於長社。景南走壽春，附于梁，封爲河南王。

戊辰[548年]侯景兵犯梁建業，立蕭正德于南關。①

己巳[549年]侯景破梁臺城，殺衍，立太子綱，是謂文帝。景稱大丞相，都督中外軍事，專制。②湘東王繹開府江陵，③將王僧辯、陳霸先率兵攻侯景。④東魏盜殺高澄于晉陽，弟洋自鄴還晉陽，繼事。

庚午[550年]梁改元大寶。⑤侯景稱相國、漢王，逼綱走西州。西魏拔梁之安陸，取漢中地。東魏高洋入總百揆，進爵爲齊王。五月，洋代東魏命，是謂宣帝，改國爲齊，元曰天保，降其君善見爲中山王。

辛未[551年]侯景廢梁帝綱，又殺之，立豫章王棟，⑥改元天正，又廢之，代立，改國爲漢，元曰太始。西魏文帝寶炬卒，子欽繼。

壬申[552年]梁湘東王繹平侯景，使將朱買臣殺棟，稱帝江陵，是謂元帝，改元承聖，以陳霸先爲

---

①「正」，原作「王」，據四庫本改。
②「制」，四庫本作「政」。
③「繹」，原作「緯」，據四庫本改。後同。
④「攻」，四庫本作「討」。
⑤「大」，四庫本作「太」。
⑥「棟」原作「揀」，據四庫本改。後同。

征北大將軍，王僧辯爲揚州刺史。武陵王紀稱帝成都，年用天正。西魏稱元年。

癸酉[553年]梁平武陵王于蜀。西魏宇文泰殺尚書元烈。

甲戌[554年]梁蕭詧引西魏兵陷江陵，殺繹及諸王。大將軍陳霸先、揚州刺史王僧辯立繹之子晉安王方智于潯陽，是謂恭帝，還都建業。王僧辯爲太尉，居内。陳霸先爲司空，鎮丹徒。西魏宇文泰弑其君欽，立齊王廓，改元元年。泰用蕭詧南征，拔江陵，殺繹，徙其民于長安。

乙亥[555年]梁貞陽侯蕭明自齊入至東關，太尉王僧辯拒之不勝，遂迎蕭明入建業立之，降方智爲太子，改元天成。司空陳霸先自丹徒入，①殺王僧辯，廢蕭明爲司徒，封建安公，復立方智，改元紹泰。霸先爲尚書，都督中外，專制。是年，蕭詧稱帝江陵，改元大定，北附于宇文氏，是謂後南梁。

丙子[556年]梁改元太平。陳霸先稱相國，敗齊軍于江上。西魏宇文泰卒，子覺繼事。是年，覺代西魏命于長安，是謂閔帝，改國爲周，是謂後周，元稱元年，降其君廓爲宋國公。

丁丑[557年]梁相國陳霸先進爵爲陳王。十月，陳霸先代梁命于建業，是謂武帝，改國曰陳，②

① 「空」，四庫本作「徒」。
② 「曰」，四庫本作「爲」。

元曰永定。降其君方智爲江陰王。周亂，宇文護弑其君覺，①立宇文毓，是謂明帝，稱元年。護爲太宰，專制。

戊寅［558年］梁蕭莊以郢州稱帝，求援于齊。②

己卯［559年］陳武帝霸先終，③兄臨川王蒨立，是謂文帝，以子伯宗爲太子。周宇文毓稱天王，改元武成。齊宣帝洋卒，④子殷繼于晉陽，以諸父演爲太師，湛爲司馬。元氏宗室無少長皆殺之，投于漳水。

庚辰［560年］陳改元天嘉。周亂，宇文護弑其君毓，立其弟邕，是謂武帝。齊改元乾明，太師高演弑其君殷，⑤代立，是謂昭帝，改元皇建。⑥

辛巳［561年］周改元保定。齊帝演卒于晉陽，大司馬湛立，改元太寧，⑦是謂武成。

① 「弑」，四庫本作「殺」。
② 「求」，四庫本作「救」。
③ 「終」，四庫本作「殂」。
④ 「帝」，四庫本作「王」。
⑤ 「太」，原作「大」，據四庫本改。
⑥ 「建」，四庫本作「慶」。
⑦ 「太」，四庫本作「大」。

壬午[562年]齊改元河清,①還都鄴。後南梁蕭詧卒,②子巋繼,改元天保。③

癸未

甲申[564年]周、齊戰于洛陽。

乙酉[565年]齊高湛傳子緯位,改元天統。

丙戌[566年]陳改元天康。文帝蒨終,太子伯宗嗣立。④庶兄頊録尚書,都督中外軍事,專制。

周改元天和。

丁亥[567年]陳改元光大。

戊子[568年]陳亂,安成王陳頊弑其君伯宗,代立,是謂宣帝。

己丑[569年]陳改元太建,以子叔寶爲太子。

庚寅[570年]齊改元武平。

辛卯

壬辰[572年]陳將吴明徹伐齊有功。周襲封李淵爲唐國公,誅太宰晉公護,改元建德。

---

①「河清」,四庫本作「清河」。

②「梁」,四庫本作「凉」。

③「保」,原作「寶」,據四庫本改。

④「立」,四庫本作「位」。

癸巳［573年］陳伐齊有功。

經世之酉二千二百五十四

甲午［574年］陳宣帝頊七年。周武帝邕十五年。齊武帝緯十年。後南梁蕭巋十二年。

乙未［575年］周大伐齊，圍其晉州及洛陽。

丙申［576年］周拔齊平陽及晉陽。齊拒周不利，晉州陷于周，緯走并州，周圍并州，緯走鄴，改元隆化。兄安德王延宗稱帝并州，①改元德昌。②并州又陷于周。

丁酉［577年］周軍圍齊之鄴，緯傳子恒位，改元承光，緯走青州，恒又禪丞相任成王湝，湝稱守國天王。③鄴又陷于周，國遂亡，緯亦就擒于青州。

戊戌［578年］周改元宣政。帝邕卒于伐齊，子贇繼，是謂宣帝。以楊堅爲上柱國大司馬，都督揚州。改元天成。

己亥［579年］陳將吴明徹伐周不利于吕梁，淮南之地盡没于周。周帝贇傳子闡位，④是謂靜帝，贇稱天元大帝，改元大象。

---

① 「安」，原作「宗」，四庫本闕，據《資治通鑑》卷一七二改。
② 「德昌」，原作「昌德」，四庫本作「建德」，據《資治通鑑》卷一七二改。
③ 四庫本無「湝」字。
④ 「闡」，原作「衍」，據四庫本改。後同。

庚子［580年］周大帝贇終，大司馬楊堅自揚州入總朝政，①假黄鉞，都督中外軍事，專制。堅召宇文宗室在藩者六王至長安，皆殺之。天下兵起，尉遲迥稱兵相州，宇文胄稱兵滎州，石遜稱兵建州，席毗稱兵沛郡，席叉羅稱兵兖州，②王謙稱兵益州。堅悉平之，進爵爲隋王，用天子服器。鄖州蕭難以鄖州入于陳。③

辛丑［581年］周改元大定。是年，隋王楊堅代後周命于長安，是謂文帝，改國曰隋，元曰開皇。以高熲、虞慶則、李德林、康世、康暉、元巖、長孫毗、楊尚希、楊惠十人爲之輔，册妃獨孤氏爲皇后，子勇爲太子，廣爲晉王。降其君闡爲介國公，殺之。

壬寅［582年］陳宣帝頊終，子叔寶繼，是謂後主。隋起新宫于龍首岡。

癸卯［583年］陳改元至德。隋徙居新宫。

甲辰［584年］後南梁蕭巋朝隋。

乙巳［585年］後南梁蕭巋卒，子琮繼。

丙午［586年］隋成國公梁士彦、杞國公宇文忻、舒國公劉昉謀興復，不克，伏誅。梁蕭琮改元廣運。

① 「總」，四庫本作「繼」。
② 「又」，原作「人」，據四庫本改。
③ 「鄖」，四庫本作「八」。

丁未［587年］陳改元禎明。梁蕭琮納國于隋。太傅安平王蕭巖、荆州刺史蕭瓛降于陳。①

戊申［588年］隋命晉王廣、秦王俊、清河公楊素督總管九十兵五十一萬爲八路，②大伐陳，以壽春爲行臺府。

己酉［589年］隋師滅陳，以陳後主叔寶歸于長安。

庚戌［590年］蘇、越、饒、泉、婺、樂安、蔣山、永嘉、餘杭、交阯未服，楊素悉平之。

辛亥

壬子

癸丑

甲寅［594年］東巡，封泰山。

乙卯

丙辰

丁巳

戊午［598年］伐高麗，無功。

① 「瓛」，原作「獻」，據四庫本改。
② 「俊」，原作「浚」，據四庫本改。

己未

庚申［600年］廢太子勇，立晉王廣爲皇太子。

辛酉［601年］改元仁壽。命十六使巡行天下。

壬戌［602年］命七大臣定禮。

癸亥

經世之戌二千二百五十五

甲子［604年］隋文帝二十四年。帝崩，晉王廣即位，是謂煬帝，改元大業。①

乙丑②

丙寅③

丁卯④

---

① 此年，四庫本作「隋文帝二十四年。皇太子廣行弑于仁壽宫，代立，是謂煬帝。是年，幸洛陽，建東都于郟鄏，以洛州爲豫州」。

② 是年，底本無事，四庫本作「改元大業，册妃蕭氏爲皇后，子晉王昭爲皇太子。以宇文述爲左衛大將軍，郭衍爲左武衛大將軍，于仲文爲右武衛大將軍。尚書令楊素爲太子太師。安德王雄爲太子太傅。河間王宏爲太子太保。遵河由汴渚達于淮，謂之通濟渠。幸東都」。

③ 是年，底本無事，四庫本作「幸江都還，次東都。太子昭卒。封孫侗爲越王，侑爲代王，浩爲秦王」。

④ 是年，底本無事，四庫本作「還長安。北巡榆林，作宫于晉陽。光禄賀若弼、禮部郎宇文弢、太常卿高熲伏誅。西北大築亭障」。

戊辰①

己巳[609年]西幸河右。征吐谷渾，至于覆袁川。②

庚午[610年]南幸江都。

辛未[611年]北幸涿郡。

壬申[612年]以兵一百二十萬三千八百爲二十四軍，③分左右道，大伐遼東，不利，全陷九軍。

癸酉[613年]以代王侑留守長安，越王侗留守東都，秦王浩從駕，征遼東，復大集兵于涿郡。天下羣盜起。楊玄感以本兵叛于黎陽。

甲戌[614年]高麗請降，乃班師。扶風盜稱帝，延安寇稱王，離石賊稱天子。

乙亥[615年]北巡，至于雁門，爲突厥所圍。

丙子[616年]南幸江都。羣盜李密稱兵河南，竇建德稱兵河北，林士弘稱兵江南，徐圓朗稱兵山東，④劉武周稱兵代北，薛舉稱兵隴右。

丁丑[617年]煬帝在江都。唐公李淵自晉陽入，立代王侑于長安，以江都帝爲太上皇，改元義

---

① 是年，底本無事，四庫本作「北巡五原，作宫于汾陽。遵河由清水達于海，謂之永濟渠。引沁水南達于河，北通涿郡」。

② 四庫本無「川」字。

③ 「一百二十萬」，四庫本作「百一十三萬」。

④ 「山東」，四庫本作「東山」。

寧，淵稱唐王，專制。羣盜竇建德稱王河北。李密進據鞏洛，①稱公，國曰魏，元曰永平。薛舉稱帝隴右，國曰秦，元曰秦興。梁師都稱兵夏州。李軌稱兵涼州。蕭銑稱兵巴陵。李子通稱兵海陵。朱粲稱兵冠軍。沈法興稱兵毗陵。杜伏威稱兵歷陽。

戊寅［618年］五月，唐王李淵代隋命于長安，是謂神堯皇帝，改國曰唐，元曰武德，以裴寂、劉文靜爲輔相，世子建成爲皇太子，次子世民爲秦王。降其君爲酅國公。②是年，宇文化及弒煬帝于江都，立秦王浩爲主，③化及稱王，專制。北轉至魏州，化及又殺浩代立，稱帝，國曰許，元曰天壽，又北走聊城。王世充立越王侗于東都，改元皇泰，④世充稱鄭王，專制。群盜：竇建德進有河北，都樂壽；隴右薛舉卒，子仁果立；⑤劉武周進有河東，稱帝，國曰漢，元曰天興；梁師都進有朔方，稱帝，國曰梁，元曰永隆；李軌進有河右，稱帝，國曰涼，元曰安樂；蕭銑進有江右及嶺表，⑥稱帝，國曰梁，元曰鳳鳴；李子通進有江都，稱帝，國曰吴，元曰明政；朱粲進有山南，稱帝，國曰楚，元曰昌達；沈法興進有江東，稱王，國曰

① 「鞏」，據四庫本作「興」。
② 「酅」，原作「鄼」，據四庫本改。
③ 「浩」，原作「皓」，據四庫本改。後同。
④ 「泰」，原作「始」，據四庫本改。
⑤ 「果」，原作「杲」，據四庫本改。後同。
⑥ 「右」，四庫本作「南」。

梁，元曰延康；　林士弘稱帝虔州，國曰楚，元曰太平；　杜伏威進有淮南，受唐封楚王。秦王平隴右，獲薛仁果。

己卯［619年］唐秦王平河右，獲李軌。李密與王世充相攻，不利，奔唐，復叛，死于邢公峴。①徐世勣以河南十郡降。竇建德滅宇文化及于聊城，自立爲帝，甫有黎陽之地，②稱國曰夏，元曰五鳳。蕭銑滅林士弘于虔州。③杜伏威南保江都。李子通西保江陵。王世充殺越王侗于東都，稱帝，國曰鄭，元曰開明。朱粲降于唐，復殺唐使者，奔王世充。

庚辰［620年］唐秦王平河東，劉武周走突厥。李子通滅沈法興于江東，徙居餘杭。工部尚書獨孤懷恩以謀逆伏誅。

辛巳［621年］唐秦王平河南、河北，獲王世充及竇建德以歸。杜伏威滅子通于餘杭。竇建德將劉黑闥復稱兵河北。④

壬午［622年］唐李靖滅蕭銑于金陵。江南及嶺表平。

癸未［623年］唐秦王平河北，獲劉黑闥。又平徐圓朗于曹州。江淮杜伏威來朝，其將輔公祐稱

① 「邢公峴」，四庫本作「桃林」。
② 「自立爲帝，甫」，四庫本作「自樂壽，徙于洛南」。
③ 「弘」，四庫本作「宏」。
④ 「將」上，四庫本有「故」字。

王丹徒，①國曰宋。

甲申［624年］唐李靖平輔公祏于江淮。

乙酉［625年］唐加秦王中書令。

丙戌［626年］皇太子建成、齊王元吉作難，殺秦王不克。秦王以長孫無忌、尉遲敬德、侯君集、張公謹、王君廓、房玄齡、杜如晦、長孫順德、柴紹、羅藝、劉師玄、李世勣、劉弘基、王孝恭平之于玄武門。②帝乃授秦王世民位，退居太安宫，稱太上皇。高士廉爲侍中，房玄齡爲中書令，蕭瑀爲尚書右僕射。

丁亥［627年］改元貞觀。尚書封倫卒。蕭瑀爲左僕射，長孫無忌爲右僕射。

戊子［628年］平梁師都于朔方。

己丑［629年］相裴寂以罪免。房玄齡爲尚書左僕射，杜如晦爲尚書右僕射，李靖爲兵部尚書，魏徵守祕書監，關議朝政。③

庚寅［630年］李靖平突厥，獲頡利可汗。戴胄、蕭瑀參預朝政，④温彦博爲中書令。

---

① 「祏」，原作「祐」，據四庫本改。後同。「丹徒」，四庫本作「丹陽，徙」。
② 「恭」，四庫本作「公」。
③ 「關議」，四庫本作「參預」。
④ 「瑀」，原作「琮」，據四庫本改。

辛卯[631年]春，大蒐于昆明。冬，幸温湯。

壬辰[632年]祀南郊。

癸巳[633年]魏徵爲侍中。頒新定五經于天下。

經世之亥二千二百五十六

甲午[634年]唐廣孝皇帝九年。

乙未[635年]李靖平吐谷渾，獲其王，放還本國。太上皇崩于太安宫，葬高祖于獻陵。

丙申[636年]魏徵遷特進。温彦博遷右僕射。

丁酉[637年]幸洛陽宫。

戊戌[638年]高士廉爲右僕射。

己亥[639年]幸九成宫。荒服十國來脩貢。

庚子[640年]侯君集平高昌，獲其王以歸。弘化公主嬪于吐谷渾。至日圜丘祀昊天上帝。

辛丑[641年]幸洛陽。文成公主嬪于吐蕃。

壬寅[642年]幸岐陽。

癸卯[643年]圖二十四勳臣于凌煙閣。①内難作，皇子齊王祐以齊叛。廢太子承乾爲庶人，徙

① 「勳」，四庫本作「功」。

之黔。幽魏王泰于北苑，徙之均。①以晉王治爲皇太子。誅侯君集。至日，祀南郊。

甲辰［644年］岑文本、馬周爲中書令。幸洛陽及親征遼東。

乙巳［645年］平高麗。

丙午［646年］李勣破薛延陀。②荒服十一國脩貢。

丁未［647年］起翠微宫于終南山。

戊申［648年］阿史郍平龜兹，獲其王以歸。征松州蠻。③司空房玄齡、特進蕭瑀卒。褚遂良爲中書令。

己酉［649年］帝崩于翠微宫，皇太子治踐位。葬太宗于昭陵。長孫無忌、褚遂良輔政。復李勣官，仍加特進。于志寧、張行成進侍中知政事。

庚戌［650年］改元永徽。褚遂良罷政。

辛亥［651年］征賀魯至于金嶺。④至日，有事于南郊。

---

①「徙」，四庫本作「役」。
②「陀」，四庫本作「陁」。
③「州」，四庫本作「外」。
④「嶺」，原作「領」，據四庫本改。

壬子[652年]册陳王忠爲皇太子。韓瑗、來濟爲相，宇文節爲侍中，柳奭爲中書令。①

癸丑[653年]駙馬都尉房遺愛、柴令武、薛萬徹、荆王元景及二公主以謀逆伏誅，遂殺吴王恪。褚遂良復爲右僕射。睦州女寇亂。

甲寅[654年]築長安羅城。親謁昭陵。

乙卯[655年]廢皇后王氏、良娣蕭氏爲庶人，②册昭儀武氏爲皇后。罷長孫無忌、褚遂良政事，以許敬宗、李義府爲相。武后殺庶人王氏及蕭氏。崔敦禮爲中書令。

丙辰[656年]廢皇太子忠爲梁王，册代王弘爲皇太子。改元顯慶，杜正倫爲相。

丁巳[657年]幸許、洛。以洛陽爲東都。李義府進中書令，許敬宗進侍中。貶相韓瑗、來濟爲州刺史。

戊午[658年]蘇定方平賀魯，獲其王。

己未[659年]殺長孫無忌、褚遂良于流所。幸東都。

庚申[660年]廢梁王忠爲庶人。蘇定方平百濟，獲其王扶餘。

辛酉[661年]改元龍朔。

---

①「奭」，四庫本作「爽」。

②「娣」，原作「姊」，四庫本同，據《舊唐書》卷六《則天皇后紀》改。

壬戌[662年]還長安。進門下、尚書、中書爲東、中、西三臺，分侍中、中書令爲左、右相。造蓬萊宮。許圉師爲左相，尋下獄。

癸亥[663年]起含元殿于蓬萊宮。李義府爲右相，尋配流巂州，死。改來年爲麟德。

## 以運經世之十　觀物篇之三十四

經元之甲一

經會之午七

經運之壬一百八十九

經世之子二千二百五十七

經世之子二千二百五十七

甲子[664年]唐弘孝皇帝十五年。殺西臺侍中上官儀，又殺庶人忠于流所。竇德玄爲左相，①劉祥道爲右相。

乙丑[665年]帝同皇后巡東海，封泰山。陸敦信爲右相。

丙寅[666年]帝同皇后至自泰山。改元乾封。劉仁軌爲右相。

① 「德」，原作「隱」，據四庫本改。

丁卯[667年]禁工商乘馬。戴至德、李安期、張文瓘並同東西臺三品。

戊辰[668年]李勣平高麗，執其王。①祀明堂。改元總章。

己巳[669年]帝同皇后幸九成宫。郝處俊同東西臺三品。②李勣卒。

庚午[670年]改元咸亨。③

辛未[671年]帝同皇后幸東都及許昌，皇太子監國。④閻立本爲中書令。⑤

壬申[672年]帝及皇后至自東都。

癸酉[673年]帝及皇后幸九成宫。

甲戌[674年]皇后稱天后，帝爲天皇。改元上元。帝同皇后幸東都。帝有疾。

乙亥[675年]皇太子弘卒，以雍王賢爲皇太子。

丙子[676年]帝及皇后自東都還。改元儀鳳。來恒、薛元超、李義琰、高智周並同中書門下三品，李敬玄、劉仁軌爲中書令。

---

① 「執」，四庫本作「獲」。
② 「郝處俊」，原作「張文瓘」，據四庫本改。
③ 此後，四庫本有「薛仁貴征吐蕃不利」八字。
④ 「子」後，四庫本有「弘」字。
⑤ 「閻立本爲中書令」，四庫本作「中書令閻立本、黄門侍郎郝處俊從行」。

丁丑

戊寅［678年］改來年爲通乾。

己卯［679年］甘露降，改元調露。帝同皇后幸東都。裴行儉大伐突厥。

庚辰［680年］廢皇太子賢爲庶人，立英王哲爲皇太子。①帝同皇后幸汝州及嵩山。②裴炎、崔知温、王德真並同中書門下三品。③改元永隆。帝及皇后至自東都。

辛巳［681年］裴行儉平突厥，虜其王伏念。改元開耀。裴炎進侍中，崔知温、薛元超進中書令。

壬午［682年］改元永淳。帝及皇后幸東都。起奉天宮于嵩之陽。④劉景先、郭待舉、郭正一、岑長倩、魏玄同並同中書門下平章事。

癸未［683年］改元弘道。帝崩于東都，皇太子哲嗣位，是謂昭孝皇帝，天后稱制。劉仁軌進尚書左僕射，岑長倩進兵部尚書，⑤魏玄同進黄門侍郎，劉齊賢進侍中，裴炎進中書令。

甲申［684年］改元嗣聖。皇后廢帝爲廬陵王，⑥遷之均，立豫王旦。改元文明。侍中裴炎進爵

---

① 「立」，四庫本作「以」。

② 四庫本無「同」字。「州」，四庫本作「陽」。「山」，四庫本作「岳」。

③ 「炎」，原作「琰」，據四庫本改。

④ 「宫」，原作「觀」，據四庫本改。

⑤ 「兵」，原作「六」，據四庫本改。

⑥ 「皇」，四庫本作「天」。

爲侯，王德真進侍中，劉禕之、武承嗣進中書平章事。葬高宗于乾陵。再改元光宅。徐敬業以揚州舉兵，①南攻潤州，②平之。殺宰相裴炎。又改來年爲垂拱。來俊臣、周興大行誣構，謂之羅織。

乙酉[685年]武后徙帝居房陵。③改中書、門下爲鳳閣、鸞臺。④

丙戌[686年]蘇良嗣爲文昌左相，韋待價爲文昌右相，並同鳳閣鸞臺三品。

丁亥[687年]武后賜宰相劉禕之死。張光輔爲鳳閣侍郎。

戊子[688年]武后稱聖母。關寡人瑯琊王冲及越王貞舉兵以討亂，不克。大夷王室。⑤

己丑[689年]武后改元永昌，稱聖皇，大殺王族，又殺納言魏玄同及内史張光輔，⑥引王本立、范履冰、邢文偉爲相。

庚寅[690年]武后改元載初，以建子月爲歲首，祀明堂，以曌爲名，以詔爲制，大殺王族，改國爲周，元曰天授，稱皇帝。降豫王旦爲皇嗣，立武氏七廟，封武氏三人爲王，引傅游藝爲相，改

---

①「舉兵」，四庫本作「叛」。
②「攻」，四庫本作「拔」。
③「陵」，原作「陸」，據四庫本改。
④「門下」二字據四庫本補。
⑤是年，底本無事，四庫本作「武后稱聖母。關東八王謀興復，博州瑯琊王冲及父蔡州越王貞先發。悉平之，大夷王室」。
⑥「光」，原作「公」，據四庫本改。

魚爲黿。

辛卯[691年]武后祀明堂。格輔元、樂思晦並同鳳閣鸞臺平章事，①歐陽通爲納言。殺宰相岑長倩、格輔元及納言歐陽通。用狄仁傑爲相。

壬辰[692年]武后祀明堂。改元如意，再改元長壽。楊執柔、崔元琮、李昭德、姚璹、李元素爲相，②狄仁傑下獄。

癸巳[693年]武后祀明堂，稱金輪皇帝。引豆盧欽望、韋巨源、陸元方爲相，婁師德亦相。

經世之丑二千二百五十八

甲午[694年]唐昭孝皇帝十一年，在房陵。武后祀明堂。改元延載。引蘇味道、王孝傑、楊再思、杜景儉、李元素、周允元相繼爲相。③

乙未[695年]武后改元證聖。明堂火。稱天册，再改元天册萬歲。

丙申[696年]武后封中岳。改元萬歲登封。祀新明堂。④再改元萬歲通天。契丹李盡忠以孫萬榮叛，陷營、冀。命二十八將討之，不利。引王方慶、李道廣爲相。

---

① 「輔元」原作「元輔」，據四庫本改。後同。
② 「崔元琮」，四庫本作「崔元綜」。
③ 「允元」，原作「元允」，據四庫本改。
④ 四庫本無「新」字。

丁酉［697年］武后祀明堂。河朔平。再用婁師德爲相。魏王武承嗣、梁王武三思並同鳳閣鸞臺三品。改元神功。狄仁傑、杜景儉復相。誅司業少卿來俊臣，遂及内史李昭德。

戊戌［698年］武后祀明堂。改元聖曆。召帝于房陵，返政。突厥執武延秀及行人閻知微，以破嬀、檀，寇趙、定。①姚元崇、李嶠爲相。

己亥［699年］武后幸嵩山，封皇嗣旦爲相王。引魏元忠、吉頊爲相，又引王及善、豆盧欽望爲左右相。

庚子［700年］武后幸汝陽。建三陽宮于嵩山之陽。改元久視，復舊正朔。張錫、韋安石爲相。武三思爲特進。②相吉頊配流嶺表。③内史狄仁傑卒。

辛丑［701年］改元大足。武后幸嵩之三陽宮。又改元長安。④李懷遠、顧琮、李迥秀爲相。⑤

壬寅［702年］武后祀南郊。

癸卯［703年］武后幸東都。朱敬則爲相。

---

①「寇趙定」，四庫本作「定趙用」，「用」屬下讀。
②「爲」，原作「罷」，據四庫本改。
③「頊」，原作「瑱」，據四庫本改。
④「改元」，原作「而還」，據四庫本改。
⑤「秀」字，原脱，據四庫本補。

甲辰[704年]張柬之同平章事，①韋安石納言，李嶠内史。②

乙巳[705年]武后改元神龍。張柬之、崔玄暐、③桓彦範、敬暉、袁恕己平張易之及昌宗之亂。徙武后于上陽宫，④除周號。⑤以相王旦爲安國王，太平公主爲鎮國公主，⑥賞定亂功也。韋氏復正皇后位，武三思進位司空相。⑦武后崩于東都之上陽宫。⑧祝欽明、唐休璟爲相。

丙午[706年]帝還長安。附武后于乾陵。⑨以宫人上官婉兒爲昭容，⑩武三思居中用事。封張柬之、桓彦範、崔玄暐、袁恕己、敬暉五人爲王，復貶爲州司馬，殺之于流所。進魏元忠、李嶠爲中書令，李懷遠同中書平章事。册衛王重俊爲皇太子。開長寧、安樂二公主府。大行斜封墨制。于惟謙爲相，蘇瓌進侍中。

① 「張」前，四庫本有「韋嗣立宗楚客崔元暐」九字。
② 「嶠」，原作「蟜」，據四庫本改。
③ 「暐」，原作「暉」，據四庫本改，下同。
④ 「徙」，原作「彼」，據四庫本改。
⑤ 「周」後，四庫本有「國」字。
⑥ 「主」，原作「生」，據四庫本改。
⑦ 「三」，原作「王」，據四庫本改。
⑧ 「陽」，原作「楊」，據四庫本改。
⑨ 「附」，原作「拊」，「后」，原作「台」，據四庫本改。
⑩ 「婉」，原作「苑」，據四庫本改。

丁未[707年]李多祚以羽林兵討武三思,①又討皇后韋氏,②不克,敗死。太子重俊出奔,野死。宗楚客、蕭至忠爲相。③改元景龍。

戊申[708年]安樂公主假皇后車服出遊。④張仁亶爲相。

己酉[709年]作宫市。韋嗣立、崔湜爲相。⑤

庚戌[710年]殺諫臣燕欽融于殿庭。皇后韋氏及安樂公主行弑于内寢,立温王重茂爲嗣,改元唐隆。以裴談、張錫、張嘉福、岑羲爲相。臨淄王隆基以劉幽求、薛崇簡、鍾紹京、麻嗣宗兵入誅韋温、紀處訥、宗楚客、武延秀、馬秦客、葉静能、趙履温、楊均及皇后韋氏、安樂公主、上官昭容。葬中宗于定陵。臨淄王隆基稱平王,降重茂嗣,尊父相王旦爲帝,是謂興孝皇帝。既踐位,以鍾紹京、劉幽求、薛崇簡、崔日用爲相,立平王隆基爲皇太子,⑥改元景雲。追廢皇后韋氏、安樂公主爲庶人。⑦姚元之爲相。

---

①「討」,四庫本作「誅」。
②「討」,四庫本作「殺」。
③「客」後,四庫本有「紀處訥」三字。
④四庫本無「遊」字,而有「敕武延秀」四字。
⑤「湜」後,四庫本有「韋温鄭愔蘇瓌趙彦昭相繼」十一字。「相」後,四庫本有「李嶠爲特進」五字。
⑥「立」,四庫本作「册」。
⑦「追」,原作「進」,據四庫本改。

辛亥[711年]皇太子隆基監國，郭元振、張説、竇懷貞、陸象先、魏知古爲相，劉幽求進侍中相。

壬子[712年]祀南郊，改元太極，祀北郊，改元延和。帝傳位于皇太子隆基，是謂明孝皇帝。既踐位，改元先天。黜劉幽求、鍾紹京、張暐官。

癸丑[713年]太平公主、竇懷貞、岑羲、蕭至忠、常元楷、薛稷、賈膺福、李慈、李欽、李猷、崔湜、盧藏用、傅孝忠、僧惠範作逆，①伏誅。進姜皎、李令問、王毛仲、王守一官，復劉幽求、鍾紹京、張暐官，令知政事。講武于驪山。改元開元。用盧懷慎、姚崇爲相。改中書爲紫微。

甲寅

乙卯[715年]册郢王嗣謙爲皇太子。

丙辰[716年]太上皇崩，葬睿宗于喬陵。源乾曜、蘇頲爲相。姚崇讓宋璟爲相。

丁巳[717年]幸洛陽。嬪永樂公主于契丹。

戊午[718年]至自東都。

己未

庚申[720年]張嘉貞爲相。

辛酉[721年]相姚崇卒。

---

① 「膺」，原作「應」，據四庫本改。

壬戌[722年]幸東都。①

癸亥

經世之寅二千二百五十九

甲子[724年]唐明孝皇帝十三年。廢皇后王氏爲庶人。幸東都，宋璟守長安。

乙丑[725年]封泰山。用源乾曜、張説爲左右相。

丙寅[726年]李元紘、杜暹爲相。還東都。

丁卯[727年]至自東都。

戊辰[728年]蕭嵩爲相。

己巳[729年]張説、宋璟爲左右相。謁喬、定、獻、昭、乾五陵。裴光庭爲相。

庚午[730年]北討契丹。

辛未[731年]幸東都。

壬申[732年]至自東都。宋璟免相。

癸酉[733年]韓休、張九齡、裴耀卿爲相。

甲戌[734年]幸東都。李林甫爲相。

---

① 此後，四庫本有「長安竊發」四字。

乙亥

丙子[736年]至自東都。牛仙客爲相。是年，太真楊氏入宫，李林甫用事。

丁丑[737年]廢皇太子瑛爲庶人。罷張九齡相，仍黜之。相宋璟卒。監察御史周子諒言牛仙客事，殺死于朝。①

戊寅[738年]册忠王璵爲皇太子。相李林甫領隴右河西節度，②牛仙客領河東節度。③

己卯[739年]平突厥，獲其王。追封孔宣父爲文宣王，顔回爲兖國公，④餘哲並爲侯。

庚辰

辛巳[741年]命安禄山爲平盧軍節度使。

壬午[742年]改元天寶。李適之爲相。⑤開莊、文、列、庚桑子四學。⑥裴耀卿進尚書右僕射。

癸未

甲申[744年]改元爲載。命安禄山爲范陽節度使，作太真妃楊氏養子。

---

①「殺」，四庫本作「杖」。
②「度」後，四庫本有「使」字。
③「度」後，四庫本有「使」字。
④「兖」，原作「梵」，據四庫本改。
⑤「適」，原作「通」，據四庫本改。
⑥「庚」，原作「耕」，據四庫本改。

乙酉[745年]册太真妃楊氏爲貴妃。契丹殺公主，叛。

丙戌[746年]陳希烈爲左相。右相李林甫大行誣構，首陷韋堅。

丁亥[747年]改温泉爲華清宫。

戊子[748年]以宦人高力士爲驃騎大將軍，關總中外。①賜安禄山鐵券。幸華清宫。

己丑[749年]幸華清宫。

庚寅[750年]幸華清宫。權歸韓國、虢國、秦國三夫人及鴻臚卿楊銛、宰相楊國忠五家。安禄山進封東平郡王。

辛卯[751年]幸華清宫。安禄山入朝，乞兼河東。討雲南不利。

壬辰[752年]幸華清宫。李林甫卒，楊國忠爲右相。

癸巳[753年]幸華清宫。楊國忠大行誣構。進封哥舒翰西平郡王。

經世之卯二千二百六十

甲午[754年]唐明孝皇帝四十三年。受朝于華清宫。韋見素爲相。始以詩賦取士。楊國忠進位守司空。

乙未[755年]安禄山以范陽叛，兵陷東都。皇太子璵爲元帥監國。高仙芝、封常清軍敗。以哥

---

① 四庫本無「總」字。

舒翰將兵二十萬守潼關。

丙申[756年]潼關不守。帝西幸蜀，至馬嵬，兵亂，殺宰相楊國忠及貴妃楊氏。禄山陷長安，稱帝東都，國曰燕，元曰聖武。皇太子西至靈武，即皇帝位，是謂宣孝皇帝，改元至德，以廣平王俶爲元帥，裴冕爲相，尊蜀中帝爲太上皇，移軍彭原。恒山陷，①顔杲卿死于東都。

丁酉[757年]朔方節度使郭子儀、太原節度使李光弼兵入逐安禄山將，大敗之于香積，遂復兩京。帝還長安，太上皇至自成都。封廣平王俶爲成王。苗晉卿代韋見素爲左相。安禄山爲子慶緒所殺，代立，退保相州，改元天成。

戊戌[758年]唐改元乾元，以成王俶爲皇太子，李揆、王璵爲相。九節度圍安慶緒于相州，軍潰。禄山將史思明殺安慶緒，稱帝魏州。

己亥[759年]唐改元順天，李峴、吕諲、第五琦爲相。史思明復陷東都。

庚子[760年]唐改元上元。宦人李輔國逼太上皇入西宫。劉展以揚州叛。

辛丑[761年]太上皇崩于西宫，帝亦不豫，皇太子俶監國，苗晉卿行冢宰。史思明爲子朝義所殺，代立，保東都。

壬寅[762年]改元寶應。皇后張氏謀立越王係，内臣李輔國、程元振幽皇后張氏于别殿，殺

① 「恒山」，原作「安禄山」，據四庫本改。

之。帝崩，皇太子俶踐位，是謂孝武皇帝，以雍王适爲元帥，元載爲相，程元振爲驃騎大將軍，居中用事。復東都及河朔。史朝義走幽州，幽人殺之以獻。

癸卯[763年]吐蕃犯長安，別立武王宏，帝出居陝。①郭子儀收京城，帝還長安，放武王宏于華州，葬玄宗于泰陵，葬肅宗于建陵，改元廣德。僕固懷恩以汾州叛。罷苗晉卿、裴遵度相，以李峴爲相。

甲辰[764年]以雍王爲皇太子。吐蕃寇邠及奉天。王縉、杜鴻漸代劉晏、李峴爲相。

乙巳[765年]改元永泰。吐蕃大掠畿甸。帝御六軍屯于苑，命九節度以本軍討賊。吐蕃又會回紇寇奉天，②僕固懷恩啓之也。郭子儀復以回紇隨白元光討吐蕃于靈武。③崔旰以西川亂。

丙午[766年]改元大曆。周智光以華叛。

丁未[767年]吐蕃大寇靈武。郭子儀鎮涇陽。

戊申[768年]吐蕃再寇靈武。

己酉[769年]裴冕爲相。

---

① 「陝」，四庫本作「郟」。
② 四庫本無「又」字。
③ 「討」，四庫本作「破」。

庚戌[770年]臧玠以潭州叛。①

辛亥

壬子[772年]回紇掠京城。朱泚節度幽州。②

癸丑[773年]郭子儀大敗吐蕃于靈武。

甲寅

乙卯[775年]魏博節度使田承嗣擅取洺、衛、磁、相四州。③河陽及陝州軍亂。

丙辰[776年]淄青李正己擅取齊海、登、萊、沂、密、德、棣、曹、濮、兖、鄆，請命封隴西王，李寶臣封隴西王，李忠臣封西平王，段秀實封張掖王。崔寧破吐蕃。河陽軍亂。

丁巳[777年]誅宰相元載并夷其族。貶相王縉括州刺史。楊綰、常衮爲相。

戊午[778年]回紇寇太原。吐蕃寇靈武。

己未[779年]汴州軍亂。皇太子适監國。帝崩，皇太子适踐位，是謂孝文皇帝。④葬代宗于元陵。貶相常衮，以崔祐甫爲相，郭子儀爲尚父。

---

① 「玠」，原作「介」，據四庫本改。

② 「泚」，四庫本作「滔」。

③ 四庫本無「使」字。

④ 「孝文」，原作「文孝」，據四庫本改。後同。

庚申[780年]改元建中。朱泚領四鎮節度使。劉文喜以涇亂。册宣王誦爲皇太子。楊炎爲相。劉晏貶忠州，尋賜死。①

辛酉[781年]盧杞爲相，貶相楊炎崖州司馬。尚父郭子儀卒。②淄青李正己卒，其子納自立。梁崇義反，淮西帥李希烈討斬之。③田悦圍邢州，馬燧救之，田悦敗走。

壬戌④

癸亥[783年]李希烈陷汝州，執刺史李元平。東都行營節度使哥舒曜討李希烈。兵馬使劉德信及李希烈戰于扈澗，敗績。命涇州姚令言以本軍救東都，兵至作亂，入長安立朱泚爲帝于含元殿。渾瑊奉帝出居奉天。朱泚兵頓乾陵。朔方節度使李懷光以本軍救奉天，朱泚退保京城。李懷光以本軍叛。李希烈陷襄陽、許、鄭及汴州，哥舒曜走洛陽。貶宰相盧杞新州司馬。⑤

---

① 「劉晏貶忠州，尋賜死」，四庫本作「貶相劉晏自殺」。

② 「尚父郭子儀卒」，此後四庫本作「淄青李正己、魏博田悦、恒定李惟岳各擁本部兵叛。李希烈平梁崇義于襄陽，封之爲南平王。河東馬燧、澤潞李抱真破田悦于洹水」。

③ 「希」，原作「義」，據四庫本改。

④ 是年，底本無事，四庫本作「宣武劉洽、神策曲環破李納于徐州。幽州朱滔平李惟岳于束鹿。朱滔、田悦、王武俊、李納、李希烈稱王，相推爲盟主。關播始相」。

⑤ 此年，四庫本作「李希烈陷岐州。太師顔真卿宣撫淮寧軍事，不還。哥舒曜以鳳翔、邠寧、涇原軍大伐于東師喪扈澗，命涇州姚令言以本軍衛東都，兵至滻水，返戈入長安，立朱泚爲帝于含元殿，渾瑊奉帝出居奉天。朱泚兵頓乾陵。朔方節度使李懷光以本兵救奉天，朱泚退保京城。李懷光以本軍叛。李希烈陷襄陽、許、鄭及汴州。哥舒曜走洛陽。貶宰相盧杞新州司馬。蕭復、劉從一、姜公輔爲相」。

經世之辰二千二百六十一

甲子[784年]唐孝文皇帝五年。在奉天，改元興元。王武俊格命，李懷光走河中。①帝移軍梁州，渾瑊及吐蕃敗朱泚于武功。李晟收京師。②涇原兵馬使田希鑒殺馮河清，③以涇州叛。④李抱真、王武俊敗朱滔于涇城。⑤淄青李納亦歸款。⑥田希鑒殺姚令言以涇州降。李晟平涇亂，⑦殺朱泚。⑧李希烈將李澄以滑州格命。劉洽、曲環敗李希烈于陳州。盧翰爲相。

乙丑[785年]改元貞元。李希烈陷南陽。渾瑊平李懷光于河中。

丙寅[786年]劉滋、崔造、齊映、李勉相繼爲相。⑨陳仙奇殺李希烈，以蔡州降。以□□爲豫州

---

① 「中」，原作「東」，據四庫本改。
② 「師」，四庫本作「城」。
③ 「涇原兵馬使」，四庫本作「迎帝還宮」。「鑒」，原作「鑑」，據四庫本改。後同。
④ 「叛」後，四庫本有「行軍司馬田緒殺田悅，以魏博降」十三字。
⑤ 「敗」，四庫本作「平」。「滔」，四庫本作「泚」。
⑥ 「亦歸款」，四庫本作「格命」。
⑦ 「涇」後，四庫本有「州」。
⑧ 「朱泚」，四庫本作「田希鑒」。
⑨ 「劉滋、崔造、齊映」六字原脱，據四庫本補。

刺史。①吴少誠又殺陳仙奇，以蔡州請命，以吴少誠爲蔡州刺史。②吐蕃寇涇隴。

丁卯［787年］〔張延賞、柳渾、李泌爲相。渾瑊〕會吐蕃于平涼，③吐蕃竊兵發于會，渾瑊逃歸，馬燧請之謬也。

戊辰［788年］福建軍亂，邠寧亦軍亂。④李晟、馬燧、李泌連相國。徵夏縣處士陽城爲諫議大夫。

己巳［789年］董晉、竇參爲相。韋皋破吐蕃于巂州。

庚午［790年］吐蕃陷北庭。

辛未

壬申［792年］襄州軍亂。趙憬、陸贄爲相。貶相竇參郴州別駕。吐蕃入寇。

癸酉［793年］賈眈、盧邁爲相。宣武軍亂。

甲戌［794年］南詔異牟尋破吐蕃于神川，⑤韋皋破吐蕃于峩和。元誼以田緒叛于洺。黄少卿以

---

① 「以□□爲豫州刺史」，四庫本作「陳仙奇爲蔡州刺史」。
② 「以」前，四庫本有「復」字。
③ 「張延賞柳渾李泌爲相渾瑊」十一字原脱，據四庫本補。
④ 「亦軍」，四庫本作「軍亦」。
⑤ 「尋」字，原脱，據四庫本補。

欽叛。①

乙亥

丙子[796年]崔損、趙宗儒爲相。

丁丑[797年]韋臯破吐蕃于巂州。②

戊寅[798年]鄭餘慶爲相。栗鍠殺刺史以明州叛。

己卯[799年]汴州軍亂。吴少誠以陳、蔡叛。伐淮西不利。

庚辰[800年]伐蔡不利，又伐，又不利。徐州軍亂。貶相鄭餘慶郴州司馬。齊抗爲相。蔡州吴少誠順命。

辛巳[801年]韋臯大破吐蕃于雅州，封臯南康郡王。

壬午

癸未[803年]高郢爲相。吐蕃請和。

甲申[804年]吐蕃、南詔、日本修貢。

乙酉[805年]正月帝崩，皇太子誦踐位。王叔文、王伾用事。韋執誼、賈耽、鄭珣瑜、高郢、杜佑

① 「欽」，原作「邢」，據四庫本改。

② 「巂」，原作「雋」，據四庫本改。

爲相。罷宫市物。①貶京兆尹李實通州長史，削民故也。册廣陵王純爲皇太子。罷鄭珣瑜、高郢相，以杜黄裳、袁滋爲相。帝不豫，八月授位于太子，徙居興慶宫。皇太子純踐位，是謂章武皇帝。②葬德宗于崇陵。貶王伾開州司馬、王叔文渝州司馬、韋執誼崖州司户。以鄭餘慶、鄭絪爲相。

丙戌［806年］改元元和。太上皇崩于興慶宫。杜佑行冢宰事。葬順宗于豐陵。王士真爲相。劉闢以西川叛，高崇文平之。誅王叔文于貶所。

丁亥［807年］武元衡、李吉甫爲相。李錡以潤州叛，③平之。

戊子［808年］裴垍爲相。

己丑［809年］册鄧王寧爲皇太子。王承宗以鎮叛。蔡州吴少誠卒，弟少陽繼事。

庚寅［810年］用權德輿爲相。

辛卯［811年］罷李藩相，用李吉甫、李絳爲相。皇太子寧卒。

壬辰［812年］册遂王恒爲皇太子。魏博軍亂。

癸巳［813年］振武軍亂。

---

①「宫」，四庫本作「官」。
②「章」，原作「彰」，據四庫本改。後同。
③「錡」，原作「奇」，據四庫本改。

經世之巳二千二百六十二

甲午[814年]唐章武皇帝九年。蔡州吴少陽卒，子元濟繼事，以淮西逆命。

乙未[815年]伐淮西。盜殺宰相武元衡。以裴度爲相，會兵伐王承宗于鎮。淄青李師道以嵩僧叛，會兵伐淄青。

丙申[816年]大伐淮西及鎮。①李逢吉、王涯爲相。黄洞蠻屠巖州。宿州軍亂。

丁酉[817年]崔群、李鄘爲相。裴度大伐淮西，將李愬入蔡，獲吴元濟以獻，淮西平。裴度復相。

戊戌[818年]鎮州王承宗、淄青李師道順命。李夷簡、皇甫鎛、程异爲相。

己亥[819年]劉悟殺李師道，以淄青十二州降。令狐楚爲相。沂及安南軍亂。以方士柳泌爲台州刺史。帝餌金石有疾。

庚子[820年]帝崩。皇太子恒踐位，是謂文思皇帝。段文昌、崔植爲相。貶皇甫鎛崖州司户。安南平。葬憲宗于景陵。鎮王承宗卒，弟承元繼事。

辛丑[821年]改元長慶。杜元穎、王播爲相。劉總棄幽州，以張弘靖代之。幽州軍亂，逐張弘靖，立朱克融爲留後。鎮州軍亂，殺田弘正，立王廷湊爲留後。瀛州軍亂，幽軍拔瀛州。鎮軍圍深州。相州軍亂。

---

①「鎮」後，四庫本有「陽」字。

壬寅[822年]册景王湛爲皇太子。幽州朱克融陷滄州，會鎮州王廷湊兵攻深州。王智興逐崔群，以徐州亂。元稹、裴度、李逢吉爲相。李岕逐李愿，以汴州亂。鎮軍救饒陽及博野。①王國清以浙西叛。德州軍亂。

癸卯[823年]牛僧孺爲相。

甲辰[824年]帝崩。皇太子湛踐位，是謂昭愍皇帝。②貶侍郎李紳端州司馬。李逢吉、牛僧孺爲相。又以李程、竇易直爲相。葬穆宗于光陵。

乙巳[825年]改元寶曆。牛僧孺免相。

丙午[826年]裴度復相。内命亂③，中人弑帝于飲所。④群臣誅賊，立江王昂，⑤是謂昭獻皇帝。以韋處厚爲相。幽州軍亂，殺其帥朱克融。

丁未[827年]改元大和。⑥貶相李逢吉。葬敬宗于莊陵。

戊申[828年]鎮州王廷湊逆命。安南軍亂。路隨爲相。

---

①「軍」，四庫本作「兵」。
②「愍」，四庫本作「武」。
③「裴度復相。内命亂」，四庫本作「裴度復内相。會亂」。
④「中」，四庫本作「宫」。
⑤「昂」，原作「卬」，四庫本作「邛」，據《資治通鑑》卷二四三改。
⑥「大」，據四庫本作「太」。

己酉[829年]魏博軍亂，殺節度使史憲誠，①立何進滔爲留後。李宗閔爲相。南詔蠻陷成都。

庚戌[830年]興元軍亂，殺節度使李絳，温造平之。牛僧孺、宋申錫爲相。

辛亥[831年]幽州軍亂。貶相宋申錫開州司馬，内臣王守澄誣故也。

壬子

癸丑[833年]李德裕、王涯爲相，罷李宗閔相。册魯王永爲皇太子。

甲寅[834年]幽州軍亂。復李宗閔相。

乙卯[835年]鄭注、李訓用事。貶李德裕袁州長史。罷李宗閔相，貶爲潮州司户。用李訓、賈餗、李固言、舒元輿爲相。出鄭注爲鳳翔尹。李訓誅宦氏不克，走南山。中尉仇士良屠宰相李訓、王涯、賈餗、舒元輿及王播、郭行餘、羅立言、李孝本、韓約十餘家。②監軍張仲清屠鄭注于鳳翔。李訓野死。引鄭覃、李石爲相。中尉仇士良、魚志弘并爲大將軍，③遣内養馳四方，交殺州縣官史。

丙辰[836年]改元開成。李固言爲相。

丁巳[837年]陳夷行爲相。河陽軍亂。

---

①「憲」，原作「獻」，據四庫本改。

②「家」，四庫本作「人」。

③「魚志弘」，原作「虞志弘」，據四庫本改。後同。

戊午[838年]盜傷宰相李石于親仁里。①楊嗣復、李珏爲相。易定軍亂。皇太子有罪，卒于少陽院。

己未[839年]崔鄲爲相。册陳王成美爲皇太子，監國。

庚申[840年]帝有疾。中尉仇士良、魚志弘册潁王炎爲皇太子，②廢皇太子成美復爲陳王。帝崩，皇太子炎立，是謂昭肅皇帝。楊嗣復行冢宰。殺陳王成美、安王溶于邸，二中尉封國公。崔鄲、崔珙、陳夷行爲相。葬文宗于章陵。③楊嗣復、李珏罷相，李德裕復相。

辛酉[841年]改元會昌。用李紳爲相。貶相楊嗣復、李珏爲州司馬。幽州軍亂。

壬戌[842年]李德裕專政。

癸亥[843年]劉稹以澤、潞叛。

經世之午二千二百六十三

甲子[844年]唐昭肅皇帝四年。太原軍亂。邢、洺、磁三州叛。澤、潞二州平。杜悰、崔鉉爲相。④貶相崔珙爲州司馬。

---

① 「傷」，四庫本作「殺」。
② 「潁」，原作「頴」，據四庫本改。「炎」，四庫本作「瀍」。
③ 「章」，原作「竟」，據四庫本改。
④ 「杜悰」，原作「杜琮」，四庫本作「杜宗」，據《資治通鑑》卷二四七改。

乙丑[845年]罷崔鉉、杜悰相。①李回、崔元式、鄭肅爲相。大除象教。

丙寅[846年]帝餌金石有疾。命光王怡爲皇太叔。帝崩，太叔怡立，是謂獻文皇帝。用白敏中、盧商、韋琮相。葬武宗于端陵。

丁卯[847年]改元大中。貶相李德裕潮州司馬。

戊辰[848年]周墀、馬植、崔龜從爲相。

己巳[849年]罷周墀、馬植相。再貶李德裕崖州司户。崔鉉、魏扶爲相。幽州軍亂。

庚午[850年]魏扶罷相，令狐綯爲相。

辛未[851年]魏謩爲相。

壬申[852年]裴休爲相。

癸酉[853年]鄭郎爲相。

甲戌

乙亥

丙子

丁丑[857年]魏謩出尹成都。崔慎由、蕭鄴爲相。

① 「杜琮」，據四庫本改。

戊寅[858年]劉瑑、夏侯孜爲相。宣、洪寇亂。

己卯[859年]蔣伸爲相。①册鄆王温爲皇太子。帝崩，皇太子温踐位，是謂恭惠皇帝。令狐綯行冢宰。

庚辰[860年]葬宣宗于貞陵。令狐綯出尹河中。杜審權、杜悰爲相。改元咸通。宣、洪寇亂。

辛巳[861年]相蕭鄴出尹太原。蔣伸罷相。林邑蠻入寇。

壬午[862年]徐州軍亂。林邑蠻陷交阯及安南都護。②

癸未[863年]楊收、曹確、高璩爲相。蠻陷安南州。

甲申[864年]杜審權出刺潤州。蕭寘爲相。蠻寇邕、管。

乙酉[865年]徐商爲相。高駢平林邑蠻，復安南都護。

丙戌[866年]夏侯孜出尹成都。路巖爲相。

丁亥[867年]楊收觀察浙西。于琮爲相。

戊子[868年]湘潭戍軍亂，立龐勛爲帥，歸陷徐、宿、滁、和、濠五州。貶楊收端州司馬，移驩州，賜死。

---

① 「伸」，原作「申」，據四庫本改。後同。

② 「阯」，四庫本作「趾」。

己丑[869年]蔣伸罷相，劉瞻爲相。徐商出尹江陵。命十八將伐徐，以康成訓爲軍帥，①徐寇平。蠻復寇東西二川。

庚寅[870年]相曹確病免，韋保衡爲相。大黜官吏。王鐸爲相。

辛卯[871年]相路巖出尹成都。

壬辰[872年]劉鄴出刺幽州，于琮出刺襄州。趙隱爲相，大行黜陟。命沙陀李國昌移鎮雲中，國昌以大同阻命。

癸巳[873年]征李國昌。蕭倣爲相。册普王儼爲皇太子。韋保衡行冢宰。帝崩，皇太子儼踐位，是謂恭定皇帝，兩軍中尉居中用事。黜冢宰韋保衡，仍賜死，復前貶官吏。②

經世之未二千二百六十四

甲午[874年]唐恭定皇帝元年。葬懿宗于簡陵。崔彦昭、鄭畋、盧攜爲相。改元乾符。蠻寇兩川。

乙未[875年]浙西及曹、濮寇亂。王鐸復相。

丙申[876年]相蕭倣病免。浙西寇平。曹濮王仙芝陷江淮南北十五州，至江南，乞符節于朝，

① 「帥」，原作「師」，據四庫本改。
② 「貶」，四庫本作「之」。

不聽。李蔚爲相。

丁酉[877年]冤句寇黄巢陷沂、鄆，南會王仙芝將尚讓于蔡之查牙山，破隋及江陵。沙陀李國昌寇朔州。

戊戌[878年]江陵寇平。黄巢擾淮北、淮南及江南、廣南。李國昌陷岢嵐。昭義軍亂。鄭從讜爲相，李蔚出守東都。

己亥[879年]黄巢據嶺表，乞符節于朝，不聽。罷盧攜、鄭畋相，以崔沆、豆盧瑑爲相。盧攜復相。

庚子[880年]改元廣明。鄭從讜出尹太原。沙陀軍敗北。黄巢軍北逾五嶺，破湖、湘及江淮、揚州。高駢距之不利，發徐、兖、許軍赴溵水以捍東都。溵水軍潰，黄巢陷東都，西攻陝、虢，潼關失守。罷盧攜相，王徽、裴徹爲相。黄巢陷長安，稱帝，國曰齊，元曰金統。帝出南山。

辛丑[881年]帝移軍興元。蕭遘爲相，鄭畋爲都統，楊復光爲監軍。羽書飛天下，沙陀順命，請勤王。黄巢攻鳳翔，帝移幸成都。改元中和。以韋昭度爲相。河中王重榮軍屯沙苑，涇原唐弘夫軍屯渭北，①易定王處存軍屯渭橋，鄜延托跋思恭軍屯武功，鳳翔鄭畋軍屯盩厔，邠

① 「涇」，原作「經」，據四庫本改。

寧朱玫軍屯興平，①荆襄王鐸軍至自行在，王徽都督潞州。

壬寅[882年]帝在成都。黄巢保長安，其將朱温以同州降，錫名全忠。沙陀李克用自代北至，軍屯良田。②

癸卯[883年]帝在成都。諸將合攻，大破巢軍于渭南，巢走藍關，遂收京城。以李克用爲河東節度使，朱全忠爲宣武軍節度使。巢軍東走，圖陳、蔡，蔡州秦宗權以城降賊，合巢兵攻陳州，以春磨圍陳三百日，③陳刺堅守，不陷。

甲辰[884年]帝在成都。以鄭昌圖爲相。汴州朱全忠及關東諸侯鎮帥兵會河東李克用兵，大破巢軍于太康及西華，又北破之于中牟，又東滅之于冤句，巢寇平。朱全忠圖李克用于汴之上元驛，不克，自此二帥交惡。④朝廷封李克用隴西郡王以和解之。

乙巳[885年]帝至自成都，改元光啓。秦宗權保逆陳、蔡，王鎔專兵鎮陽，李昌符抗兵鳳翔，王重榮擅兵蒲、陜，⑤諸葛爽擁兵孟、洛，孟方立控兵邢、洺，李克用阻兵并、代，朱全忠瀆兵汴、

① 「玫」，原作「政」，據四庫本改。
② 「良」，四庫本作「梁」。
③ 「春」，原作「舂」，據四庫本改。
④ 「帥」，原作「師」，據四庫本改。
⑤ 「陜」，四庫本作「郟」。

滑，時溥弄兵徐、泗，朱瑾窮兵齊、鄆，王敬武握兵淄、青，高駢玩兵淮南，劉漢宏恃兵浙東，王處存結兵易、定，李可舉堅兵幽、薊。中尉田令孜取河中王重榮解州鹽池不克，引邠寧師伐河中，重榮會太原師攻令孜，京師軍亂，邠將朱玫敗歸邠州。神策軍大掠都市，令孜以帝幸鳳翔。封宣武節度朱全忠爲沛郡王。錢鏐始受封爲杭州刺史。

丙午[886年]帝在鳳翔。河中王重榮條罪攻田令孜，令孜以帝移幸興元。相蕭遘、裴徹、鄭昌圖召邠軍迎帝還都。朱玫軍至自鳳翔，令孜以帝移軍過散關，朱玫追帝不及，至遵途獲皇子襄王熅。興元節度石君涉合朱玫軍破棧，以絕帝歸路。帝至興元，石君涉棄城走朱玫軍。帝以孔緯、杜讓能爲相，出田令孜爲劍南節度使。李鋋、楊守亮、楊守宗敗朱玫軍于鳳翔。朱玫逼蕭遘立襄王熅于鳳翔，玫稱大丞相，率百官還京，奉熅稱帝，改元建貞。罷蕭遘相，以鄭昌圖、裴徹爲相，宣諭四方，加諸鎮官。常山、太原、宣武、河中不受命。王重榮、李克用敗朱玫將王行瑜于鳳翔，行瑜退攻興元，以邠軍還長安，殺朱玫，大掠京城。裴徹、鄭昌圖以襄王熅奔河中，王重榮殺襄王熅以獻。蔡將孫儒陷鄭及許、洛、懷、孟、陜、虢，榮將諸葛爽據河陽，①李罕之據澤州，張宗奭據懷州，秦宗權稱帝陳、蔡，王潮據福州。

① 「榮」，四庫本作「巢」。

丁未[887年]帝自興元移軍鳳翔，以張濬爲相。揚州軍亂，牙將畢師鐸囚帥高駢。召秦宗權之宣州觀察，秦彦爲揚州節度使。蔡兵攻汴，兖鄆之師敗蔡軍于邊孝，①蔡將孫儒棄鄭及許、洛、懷、孟、陜、虢。張宗奭取洛陽，李罕之取河陽，同附于全忠。張宗奭賜名全義。京師楊守立、李昌符争道，戰于通衢，昌符敗走隴州。河中軍亂，牙將常行儒殺其帥王重榮，立其弟重盈爲留後。楊行密與蔡將孫儒争揚州，行密拔揚州。秦彦、畢師鐸奔孫儒于高郵，復攻行密，行密求救于汴，汴軍援行密于淮口。②東川顧彦朗、壁州王建攻成都。

戊申[888年]帝至自鳳翔，改元文德。觀軍容使楊復恭專命，李鋋爲相，册壽王傑爲皇太弟。帝崩，皇太弟傑踐位，是謂景文皇帝。韋昭度行冢宰。魏州軍亂，殺帥樂彦貞，小校羅宗弁爲留後。張全義拔河陽，李罕之走澤州，蔡將孫儒拔揚州，楊行密走宣城，朱全忠攻徐州，蔡將趙諲以荆襄降于汴，全忠敗蔡人于龍坂，蔡將申蘘執秦宗權降于汴，③淮西平。④全忠兼領蔡州節度使。王建大寇劍南。韋昭度出尹成都。葬僖宗于靖陵。

己酉[889年]改元龍紀。以劉崇望爲相，封朱全忠東平王。王建陷成都，稱留後。太原李克用

① 「師敗蔡軍于邊孝」，四庫本作「帥合兵大破其軍」。
② 「援」，四庫本作「授」。
③ 「申」，原作「由」，據四庫本改。
④ 「平」，四庫本作「朱」，下讀。

攻邢、洺。杭州錢鏐拔宣城，獲劉浩。

庚戌［890年］改元大順。孟遷以邢入于太原。李克用攻雲州，幽州援之，敗李克用于蔚州。幽州李匡威、雲州赫連鐸會汴兵攻太原李克用。潞州軍亂，殺李克恭，降于汴。克用將安建以邢、洺、磁三州降于全忠。宰相張濬帥京兆孫揆、華州韓建出陰地關，會汴將葛從周兵入潞州。太原兵攻潞州，幽、雲兵攻鴈門。太原將康君立入潞州，①克用敗幽、雲之兵于鴈門，將李存信又敗張濬、韓建兵于陰地，遂收晉、絳。②朝廷復克用官，貶張濬連州刺史。崔昭緯、徐彦若爲相。克用將李存孝以邢入于汴。

辛亥［891年］中尉楊復恭致政，復恭不受命，陳兵于昌化里，命天威軍使李順節討之不利，兩軍中尉劉景宣、西門重遂殺天威軍使李順節于銀臺門，③順節兵散，大掠京城。復恭奔興元。鄭延昌爲相。太原李克用攻邢州，責叛己也。宣武朱全忠攻魏州，責不助討也。鎮州援邢州，克用攻鎮州，幽兵援鎮州，汴兵攻宿州，幽、鎮兵攻定州。處存求援于太原。④宣州楊行密滅孫儒，據有揚州，封行密爲淮南王。

---

① 「康」，四庫本作「匡」。
② 「收」，四庫本作「拔」。「絳」，四庫本作「降」。
③ 「軍使」，原作「兵破」，據四庫本改。
④ 「援」，四庫本作「救」。

壬子[892年]改元景福。鳳翔李茂貞、邠州王行瑜、華州韓建、同州王行約、秦州李茂莊兵陷興元，殺守亮及楊復恭。左軍中尉西門重遂殺天威軍使賈德晟于京師，①部下奔鳳翔。太原李克用會易、定兵，敗鎮兵于堯山。

癸丑[893年]鳳翔李茂貞舉兵犯闕，敗覃王兵于盩厔。帝誅中軍西門重遂、李周諲，貶相杜讓能，岐兵乃止。進茂貞中書令，封秦王。以王行瑜爲尚父，王摶爲相。成都王建與李茂貞争東川。幽軍亂，逐其帥李匡威于鎮，以其弟匡籌爲留後。汴兵滅徐，兼領其鎮。李克用敗鎮州王鎔于平山，鎔乞盟，遂許盟而退。②

甲寅[894年]改元乾寧。崔胤爲相。王摶出鎮湖湘。③李茂貞擁山南十五州以抗王室。汴兵敗兖、鄆之師于東阿。朱瑄、朱瑾求救于太原。李克用拔邢州獲李存孝，拔雲州獲赫連鐸，拔幽州獲李匡籌，用幽人請以匡籌將劉仁恭爲留後。④

乙卯[895年]河中王重盈卒。太原李克用請以王珂襲重盈，封于朝。邠州王行瑜、鳳翔李茂貞、華州韓建請以王珙襲重盈，封于朝。朝廷先許克用。陝州王珙、絳州王瑶以兵攻珂于

① 「左」，原作「在」，據四庫本改。
② 「而退」，原作「于還」，據四庫本改。
③ 「湘」，四庫本作「南」。
④ 「用」，原作「其」，據四庫本改。

河中。王行瑜、李茂貞兵入長安行廢，不克，殺宰相韋昭度及李磎，各以兵二千留京師而去。李克用渡河稱討，同州王行實棄郡奔京師，與兩軍中尉駱全瓘、劉景宣逼帝西幸。①帝以李筠、李君實兵出，次南山，都人畢從。②命延王戒丕、丹王允從李克用西討。封淮南楊行密弘農王，亦從西討。克用敗邠軍于梨園。帝還京，邠州平。行瑜野死，封克用爲晉王。克用還太原。崔昭緯罷相，徐彦若爲相。董昌以浙東叛，稱王，國曰羅平，元曰大聖。

丙辰［896年］岐兵犯長安。韓建逼帝幸華州，建進封中書令兼兩京軍。③陸扆、王摶、崔胤、孫偓爲相。魏州羅弘信敗太原之師于莘，以絕李克用兖、鄆之援。克用攻魏，下十城。湖南軍亂，立馬殷爲留後。④錢鏐平浙東，獲董昌，授鏐中書令。相王摶觀察浙東，陸扆出刺陝州。⑤

丁巳［897年］帝在華州。孫偓罷相，鄭綮爲相。册德王裕爲皇太子。封韓建爲昌黎王。鄭綮病免，朱朴爲相。韓建殺禁衛李筠，以散衛兵，罷八王兵柄，仍殺之，貶相朱朴，殺帝侍衛馬

① 「瓘」，底本、四庫本作「珍」，據《舊唐書》卷二〇上《昭宗紀》改。
② 「人」，原作「官」，據四庫本改。
③ 「軍」，四庫本作「尹」。
④ 「殷」，原作「商」，據四庫本改。
⑤ 「陝」，原作「硤」，據四庫本改。

道殷、許巖士。帝封兩浙錢鏐吴王，俾救難王室。汴將龐師古拔鄆州，朱瑄野死。①汴將葛從周拔兖州，朱瑾奔淮南。兖、鄆、曹、濮、齊、棣、沂、密、徐、宿、陳、蔡、許、鄭、滑盡入于汴。②全忠以八郡兵攻淮南，朱瑾以淮南兵敗汴兵于清口，獲將龐師古，又敗汴軍于淠河，走葛從周，楊行密遂據有江淮。幽州劉仁恭敗李克用于安塞。③福州王潮卒，弟審知繼事。

戊午[898年]帝在華州。以崔遠爲相，册何氏爲皇后。帝還長安，改元光化。以華州爲興德府。韓建進封潁川王。汴將葛從周拔李克用之邢、洺、磁。氏叔琮拔趙匡凝之隨、唐、鄧。④澤州李罕之拔克用之上黨，歸于汴。⑤幽州劉守文拔汴之滄州。魏博羅弘信卒，子紹威稱留後。

己未[899年]復陸扆相。蔡軍以崔珙奔淮南。幽兵寇趙、魏，魏引汴兵破之。汴將氏叔琮攻太原，不利。陝州軍亂，牙將殺其帥王珙，立李璠爲留後，又殺之，降于汴。青州王師範將牛從毅以海州入于淮南。

---

①「瑄」，原作「軍」，據四庫本改。
②「沂密」二字原闕，據四庫本補。
③「于安塞」，原作「子安寒」，據四庫本改。
④「氏」，原作「民」，據四庫本改。後同。
⑤「于」，原作「下」，據四庫本改。

庚申［900年］相崔胤誣殺宰相王摶、樞密使宋道弼、景務修。朱全忠會魏軍攻幽之滄、德州。李克用拔汴之邢州，又以三鎮兵攻鎮州，王鎔乞和乃還。汴將張存敬攻幽之滄州，又拔祁州，又敗定州王處直于沙河，進攻定州，處直以定州降于全忠。罷崔遠相，以裴贄、裴樞爲相。徐彦若觀察青海。中尉兩軍劉季述、王仲先幽帝于東内，令皇太子裕監國。相崔胤、張濬告難于全忠，全忠自定還汴護駕。將孫德昭、周承誨、董彦誅劉季述、王仲先。帝自幽所還政。

辛酉［901年］誅神策使李師度、徐彦回，①窘帝故也。降皇太子裕爲德王，改元天復。汴將張存敬由含山路拔李克用之河中及晉絳。朱全忠兼領河中節度，②進封梁王。梁軍大舉攻晉之太原，晉將孟遷以澤入于梁。梁將氏叔琮長驅出團柏，屯軍洞渦，③葛從周以趙、魏兵入土門，陷承天，會天大雨乃復。宰相崔胤受全忠命逼帝幸東都，④未及行，中尉韓全誨以李茂貞兵勒帝幸鳳翔。⑤罷崔胤相，崔胤至三原促全忠西攻，⑥全忠以四鎮兵破華州，⑦由京城

---

① 「李」，四庫本作「季」。
② 「領」，原作「須」，據四庫本改。
③ 「渦」，原作「過」，據四庫本改。
④ 「命」，四庫本作「旨」。
⑤ 「勒」，四庫本作「刼」。
⑥ 「三」，原作「太」，據四庫本改。
⑦ 四庫本無「四」字。

西圍鳳翔，又破邠州，獲李繼徽，以絕其援。

壬戌［902年］帝在鳳翔。封淮南楊行密吴王、兩浙錢鏐越王，俾救難王室，皆不至。李克用南攻，朱全忠自鳳翔至河中，令將拔晉之汾州，①進圍太原不利，全忠自河中復至鳳翔。鄜州節度使李周彝以兵援鳳翔，〔汴將孔勛乘虚陷〕鄜州，②周彝以兵降全忠，邠寧鄜坊又入于梁。鳳翔李茂貞乃誅宦氏韓全誨，③以解全忠之圍。

癸亥［903年］帝還長安。進朱全忠元帥，復崔胤相。全忠誅宦氏七百人，罷陸扆相，以裴樞、王溥爲相。④青州王師範拔梁之兖州，全忠東攻青州。成都王建復李茂貞之秦隴，⑤以脩好于全忠。王師範會淮南兵敗梁軍于臨淄，梁將楊師厚敗青軍于臨朐，王師範以青州降。淮南楊行密攻鄂州，荆南成汭救鄂，澧朗軍乘虚陷江陵，趙匡凝乘虚陷荆州。成汭憤死。岐兵逼長安。梁軍屯河中，全忠逼帝都洛陽，殺宰相崔胤、六軍使鄭仁規、皇城使王建勳、飛龍使陳班、閤門使王建襲、客省使王建義、左僕射張濬，⑥緩遷故也。柳璨、崔遠代相。

① 「令」，四庫本作「命」。
② 「汴將孔勛乘虚陷」七字原脱，據四庫本補。
③ 「乃」，四庫本作「逐」。
④ 「溥」，原作「搏」，據四庫本改。
⑤ 「復」，四庫本作「寇」。
⑥ 「班」，原作「莊」，「閤」，原作「閣」，據四庫本改。

經世之申二千二百六十五

甲子［904年］唐景文皇帝十六年。東徙至穀水，梁王朱全忠坑帝侍從二百人。①至洛陽改元天祐。②以張漢瑜爲相。楊崇本以邠兵寇關輔，③全忠西攻，行弒于别宫，④立輝王祚，是謂哀帝。李克用以本部兵據太原。⑤

乙丑［905年］梁王全忠逼帝授禪，殺宰相裴樞、崔遠、陸扆及九王，用張文蔚、楊涉爲相，盡黜朝廷官吏。⑥太原李克用、鳳翔李茂貞、成都王建、襄陽趙匡凝同謀興復。梁將楊師厚敗趙匡凝于江湄，進拔襄陽，匡凝將王建武以荆南兵衆降，⑦唐、鄧、復、郢、隨、襄、荆南又入于梁。⑧匡凝奔淮南。朱全忠加九錫，總百揆，天下元帥，進封魏王，不受。再逼授禪，殺樞密使蔣玄暉、豐德庫使應頊、〔尚食〕使朱建武及宰相柳璨、太常卿張廷範、太常少卿裴磵、温

① 「二」，四庫本作「三」。
② 「祐」，原作「祚」，據四庫本改。
③ 「邠」，原作「頒」，據四庫本改。
④ 「弒」，四庫本作「殺」。「别」，四庫本作「洛」。
⑤ 「據」，四庫本作「保」。
⑥ 「黜」，四庫本作「出」。
⑦ 「武」，原作「玄」，據四庫本改。
⑧ 「隨」，原作「據」，據四庫本改。

變、知制誥張茂昭及皇后何氏。①淮南楊行密卒，子渥繼事。太原李克用會契丹阿保機于雲州，②進兵河北。

丙寅［906年］魏州牙兵亂，朱全忠坑之，進圍幽之滄州，幽人求救于太原，李克用會幽軍攻上黨，梁將丁會以澤潞降。全忠自長蘆還大梁。

丁卯［907年］朱全忠代唐命于汴，改國曰梁，元曰開平。薛貽矩、韓建爲相。降帝爲濟陰王，③徙之曹河東。晉王李克用、淮南吴王楊渥、劍南蜀王王建、山南秦王李茂貞、兩浙越王錢鏐、荆南渤海王高季昌、湖南楚王馬殷、泉南閩王王審知、廣南南海王劉隱並行唐年。

戊辰［908年］梁攻河東。④用于兢、張榮爲相。殺濟陰王于曹州。荆南高季昌、湖南馬殷、兩浙錢鏐附于梁。⑤是年，劍南王建稱帝成都，國曰蜀，元曰武成。⑥河東李克用、淮南楊渥、山南李茂貞、泉南王審知、南海劉隱行唐年。河東李克用卒，子存勗繼。誅亂命李克寧、李存

① 「豐」，原作「澧」，「應」原作「殷」，「尚食」二字原脱，「範」，原作「弘」，今據四庫本改、補。
② 「會」，原作「攻」，據四庫本改。
③ 「陰」字，原脱，據四庫本補。
④ 「東」，原作「裏」，據四庫本改。
⑤ 「殷」，原作「商」，據四庫本改。
⑥ 「成」，原作「康」，據四庫本改。

顥。①〔敗梁軍于潞之三垂崗〕。②淮南楊渥爲部將張顥所殺，代立。〔大將徐温自金陵入〕誅顥，③立渥弟渭，温專制。

己巳〔909年〕梁自汴徙都洛陽，郊祀天地。趙光逢、杜曉爲相。④張奉以沙州亂，劉知俊以同州叛。丹襄軍亂。泉南王審知、南海劉隱附于梁。劉隱卒，弟巖立。⑤河東李存勗、淮南楊渭、山南李茂貞行唐年。

庚午〔910年〕梁之鎮州王鎔、定州王處直請附于晉。河東李存勗東下河北。

辛未〔911年〕梁改元乾祐。北攻鎮、定，軍敗于柏鄉。蜀改元永平。是年，李存勗將劉守光稱帝幽州。

壬申〔912年〕梁北攻鎮、定，屠棗强乃復。六月，郢王友珪行弑，代立，改元鳳曆，殺博王友文于汴。冀王友謙以河中入于晉。許州軍亂。晉王李存勗敗燕軍于龍岡，進圍幽州。

癸酉〔913年〕梁六軍殺友珪，立均王友貞于汴，復乾祐三年。晉李存勗平幽州，獲劉守光及父

---

① 「寧」，原作「寍」，據四庫本改。
② 「敗梁軍于潞之三垂崗」九字原脱，據四庫本補。
③ 「大將徐温自金陵入」八字原脱，據四庫本補。
④ 「曉」，原作「撓」，據四庫本改。
⑤ 「巖」，原作「涉」，據四庫本改。後同。

仁恭以歸。

甲戌[914年]梁將王殷以徐叛，附于吴。晉李存勗開霸府于太原。

乙亥[915年]梁改元貞明。鄴王楊師厚卒，分其地六州爲兩鎮，魏軍遂亂，囚其帥賀德倫，以六州入于晉。蜀拔山南之秦鳳。階成宫大火。晉李存勗東下，大會兵于魏郊。

丙子[916年]梁之河北皆入于晉。趙光逢、鄭珏爲相。攻晉不利。蜀改元通正，拔山南之隴州。晉李存勗敗梁軍于故元城。吴封相徐温爲齊國公，屬之以金陵、丹陽、毗陵、宣城、新安、池陽六郡，鎮金陵。

丁丑[917年]梁册兩浙錢鏐爲天下兵馬元帥。是年，劉巖以南海稱帝，國曰漢，元曰乾亨。蜀改元天漢，誅降將劉知俊于炭市。晉李存勗拔梁之楊劉城。

戊寅[918年]梁之鄆、濮陷于晉。蜀改元天光，建遇毒死，子衍立。晉李存勗擁太原、魏博、幽、滄、鎮定、邢洺、麟、勝、雲、朔十鎮之師，大閱于魏郊，敗梁軍于胡柳。

己卯[919年]梁張守進以兖入于晉。蜀改元乾德。晉逼梁之河南。是年，楊渭稱帝淮南，國曰吴，元曰武義，徐温爲大丞相，都督中外，封東海王。

庚辰[920年]梁李琪爲相，陳州妖寇亂，晉兵入寇。吴楊渭卒，弟溥立。晉存勗拔梁之同州。

辛巳[921年]梁改元龍德。惠王友能以陳叛。吴改元順義。晉鎮、定亂。契丹犯幽州。

壬午[922年]晉李存勗平鎮、定，又敗契丹于易水。

癸未［923年］河東晉王李存勗稱帝魏州，是謂莊宗，國曰唐，元曰同光，是謂後唐。以豆盧革爲相、郭崇韜樞密使。①自魏由鄆而南，敗梁將王彦章于中都，長驅入汴，殺友貞于建國樓，降之爲庶人。潞州軍亂。淮南楊溥、兩浙錢鏐、山南李茂貞、湖南馬殷請附。吴楊溥去帝號稱王。荆南高季興、泉南王審知行梁年。

甲申［924年］唐自汴徙都洛陽，平上黨。

乙酉［925年］唐帝存勗北巡魏郊。以樞密使郭崇韜同魏王繼岌伐蜀，七旬平之，獲其主王衍以歸，至秦川驛族殺之。以孟知祥鎮成都。荆南高季興請附。蜀改元咸康，國亡。漢改元白龍。泉南王審知爲子延翰所殺，代立。

丙戌［926年］唐内命亂，皇后劉氏使人殺樞密使郭崇韜于蜀。魏軍變，以鎮帥李嗣源伐之，②嗣源至，魏軍又變，二軍奉李嗣源入汴。唐帝存勗東征至萬勝乃復。内軍又變，殺存勗于絳霄殿。嗣源入洛稱帝，是謂明宗，改元天成。誅宰相豆盧革、韋説，以鄭珏、任圜爲相，安重誨爲樞密使。魏王繼岌自成都入，至渭橋殺之。荆南逆命，泉南稱附。泉南王延翰爲弟延鈞所殺，③代立。

① 「盧」，原作「蘆」，據四庫本改。
② 「伐」，四庫本作「代」。
③ 「弟」後，四庫本有「王」字。

丁亥[927年]唐以馮道、崔協爲相。盧臺及浚儀軍亂。①淮南楊溥復稱帝，改元乾貞。宰相徐温卒，養子知誥繼事，于金陵稱王。是年，北狄耶律德光稱帝潢水，國曰契丹，元曰天顯。

戊子[928年]唐以王建立爲相。王都以定叛。高季興以荆南入于吴。漢改元大有。

己丑[929年]唐以趙鳳爲相，安重誨專政。吴改元大和。

庚寅[930年]唐改元長興。河中軍亂。②西川孟知祥、東川董璋連叛。

辛卯[931年]唐以李愚爲相。罷安重誨樞密使，③以趙延壽、范延光爲樞密使。東西二川相攻。

壬辰[932年]唐孟知祥平東川，獲董璋，稱表，封知祥爲蜀王。吴王錢鏐卒，子元瓘繼。福州王延鈞稱帝，國曰閩，元曰光啓。

癸巳[933年]唐以劉昫爲相。④潞王從珂出尹鳳翔。石敬瑭移鎮太原。⑤帝嗣源病。秦王從榮以河南府兵攻端門，不克，敗死。明宗終，立宋王從厚，是謂閔帝。馮道、李愚爲相，專政。朱弘昭、馮贇爲樞密使。

---

① 「儀」，四庫本作「義」。
② 「軍」，四庫本作「兵」。
③ 「使」字，原脱，據四庫本補。
④ 「昫」，原作「煦」，四庫本作「照」，據《資治通鑑》卷二七八改。
⑤ 「瑭」，原作「塘」，據四庫本改。後同。

經世之酉二千二百六十六

甲午[934年]後唐閔帝從厚元年，改元順應。以鳳翔潞王從珂移鎮太原，從珂自岐入逐從厚，代立于洛宮，改元清泰。從厚出奔衛州，就殺之。是年，孟知祥以兩川稱帝成都，①國曰蜀，元曰明德。知祥卒，子昶繼。

乙未[935年]唐以韓昭胤爲相。忻州戍軍亂。吴改元天祚。閩改元永和，臣李倣弑其君延鈞，立其子昶。

丙申[936年]唐以馬裔孫爲相。以太原石敬瑭移鎮汶陽。石敬瑭自太原入以北狄耶律德光，稱帝入洛，代唐命，改國爲晉，元曰天福。以并州從事桑維翰、趙瑩爲相。馮道依舊相。輸冀、代之北入于狄。從珂火死于玄武樓。荆南、兩浙稱附。閩王昶誅李倣，改元通文。

丁酉[937年]晉以李崧爲相。河陽張從賓、魏州范延光、滑州符彦饒、袁州盧文進不從命，②悉平之。吴大將徐知誥代吴命于金陵，改國曰齊，③易號爲唐，元曰昇元，復姓李氏，易名爲昪。以宋齊丘、徐玠爲左右相。徙其君于丹徒，殺之。

---

① 「兩」，四庫本作「西」。
② 「袁」，四庫本作「安」。
③ 「齊」，原作「濟」，據四庫本改。

戊戌［938年］晉徙都汴。魏州范延光順命，①封高平王，移鎮汶陽。北狄耶律德光改元會同。

己亥［939年］閩亂，連重遇殺其君昶，立其叔父延羲，改元永隆。

庚子［940年］晉用和凝爲相。李金全以安叛，命馬全節以十郡之師平之。②

辛丑［941年］晉帝石敬瑭北過鄴。③〔安從進以襄叛〕，④安重榮以鎮叛。⑤兩浙錢元瓘卒，⑥子弘佐繼。

壬寅［942年］晉帝石敬瑭終于鄴，從子齊王重貴立。侍衛將軍景延廣專政。始貳于狄。漢劉巖卒，子玢繼，改元光大。

癸卯［943年］晉楊光遠以青叛。北狄入寇。漢亂，弟晟弒其君玢，代立，改元應乾，再改元乾和。江南李昪卒，子璟繼，改元保大，宋齊丘、周京爲相。平白雲蠻于虔州。閩王延羲弟延政亦稱帝建州，國曰殷，元曰天德。

---

①「州」，四庫本作「帥」。「順」，四庫本作「服」。
②「全」，原作「安」，據四庫本改。
③「過」，四庫本作「巡」。
④「安從進以襄叛」六字原脱，據四庫本補。
⑤「叛」，原作「洛」，據四庫本改。
⑥「元瓘」，原作「鏐」，據四庫本改。

甲辰[944年]晉改元開運。北狄入寇，至于魏博。封晉陽劉知遠爲太原王，劉昫爲相。①閩亂，大將朱文進殺其君延羲，代立，以福州稱附于晉。

乙巳[945年]北狄大入寇晉河朔至于磁、相。②封劉知遠北平王，罷和凝、桑維翰相，以馮玉爲相，李崧知樞密院事。

丙午[946年]晉大將杜重威、李守貞及裨將張彦澤以軍降狄于中渡。彦澤以兵五百人入汴，爲狄清路，幽其君重貴于開封府。南唐平閩之建州，③滅王延政。

丁未[947年]正月，契丹耶律德光入汴滅晉，改國爲遼。④誅張彦澤，徙其君重貴于北荒，致之龍城。二月，北平王劉知遠稱帝晉陽，年用天福，是謂高祖。五月，契丹潰于汴，耶律德光留相蕭翰守汴，翰求後唐明宗子從益立之而去。六月，劉知遠留子崇于太原，南入汴代命，建國曰漢，用蘇逢吉、蘇禹珪爲相，又以竇貞固、李濤爲相。楊邠、郭威爲樞密使。相馮道、李崧自欒城至。杜重威以魏州拒命。閩國分爲三。荆南、兩浙稱附于漢。吴越錢弘佐卒，弟弘倧立。狄契丹耶律德光還至欒城，卒，兄之子兀欲代立，歸國，廢德光母，改元天禄。

① 「昫」，原作「頴」，四庫本作「照」，據《資治通鑑》卷二八四改。
② 「磁」，四庫本作「磁」。
③ 「南」，四庫本作「署」，屬上讀。
④ 「爲」，四庫本作「曰」。

戊申[948年]漢改元乾祐。帝知遠終，子周王承祐繼。罷李濤相，以楊邠爲相。平鄴，誅杜重威。①李守貞以河中阻命，王景崇以鳳翔叛，趙思綰以永興抗命，郭威以樞密使西伐之。浙東亂，大將胡思進廢其君弘倧，立其弟俶。

己酉[949年]漢之蒲、雍、岐三叛平。契丹寇河北。命郭威以樞密使北伐鎮、鄴。

庚戌[950年]漢夷宰相楊邠、侍衛將軍史弘肇、三司使王章，②賜澶州王殷、魏州郭威、王峻死。十二月，樞密使郭威以魏兵入，渡河敗内軍于劉子陂，其主承祐野死。③郭威至汴，請宰相馮道迎其君之弟承珪于徐州，還至澶淵。軍變入汴，④太后命威監國。降承珪爲湘陰公，誅宰相蘇逢吉及劉銖。

辛亥[951年]正月，監國郭威代漢命于汴，是謂太祖，改國曰周，元曰應順。王峻、范質、馮道爲相。⑤湘陰公死于宋州。兗州慕容彦超不受命。荆南兩浙稱附。⑥太原劉崇稱帝河東，國

---

①「誅」，原作「攻」，據四庫本改。
②「弘」字，原脱，據四庫本改。「章」後，四庫本有「族」字。
③「主」，原作「王」，據四庫本改。
④「入」前，四庫本有「復」字。
⑤「范質」二字原脱，據四庫本補。
⑥「受命荆南兩浙稱」七字原脱，據四庫本補。

曰漢，年用乾祐。江南唐平湖南，①徙其屬于金陵。北狄亂，契丹瓦欲爲其族述乾所殺。②德光子述律平其亂，代立，改元應曆，易名爲明。③

壬子［952年］周平兖州。

癸丑［953年］周以皇后弟柴榮爲皇太子，④封晉王，尹開封府。流王峻于商州、王殷于登州，皆殺之。李穀、馮道爲相。

甲寅［954年］周鄭仁誨、王溥爲相。改元顯德。太祖威終，晉王榮紹位于汴宫。河東劉崇以契丹之師入寇。周主榮親征，大破劉崇于高平，誅不用命者將校七十人，進攻太原，不克。澤、潞、汾、遼、忻、代、嵐、石迎降。宰相馮道卒于□州。⑤

乙卯［955年］周大伐江南及蜀。漢劉崇卒，子承鈞繼。

丙辰［956年］周廣汴之外城。⑥南伐取唐之滁、和，敗其君于渦口。漢劉承鈞改元天會。

---

① 「江南唐平湖」五字原脱，據四庫本補。
② 「瓦」，四庫本作「元」。
③ 「明」，四庫本作「璟」。
④ 「以」，四庫本作「册」。「弟」，四庫本作「姪」。
⑤ 「州」前，底本有闕文，四庫本無空格。
⑥ 「之」，四庫本作「都」。

丁巳[957年]周李穀罷相。王朴爲樞密使，伐江南有功。唐改元交泰，兵敗于紫金山，①請以江北地求和于周。

戊午[958年]周受唐江北地。南海漢劉晟卒，子鋹繼，改元大寶。唐請附于周，殺宰相宋齊丘及陳覺、李知古。

己未[959年]周北征契丹，至于瓦橋，寧、雄、瀛、莫迎降。周帝榮有疾，乃復榮妃符氏爲皇后，子崇訓爲皇太子，封梁王。周魏仁溥、范質爲相。趙匡胤進位檢校太傅、充殿前都點檢使。世宗榮終，皇太子崇訓嗣位。②

庚甲

辛酉

壬戌

癸亥

經世之戌二千二百六十七

經世之亥二千二百六十八

① 「兵敗」，原作「軍攻」，據四庫本改。

② 是年，四庫本作「周征契丹，至于瓦橋，取瀛、莫、易，置雄、霸，遂趣幽州，寧、雄、瀛、莫迎，有疾，乃還。復册妃符氏爲皇后，子崇訓爲皇太子，封梁王。用魏仁溥、范質爲相。趙匡胤進位檢校太傅、充殿前都點檢。世宗榮終，皇太子崇訓嗣位」。

# 皇極經世卷第七

## 觀物篇之三十五

日日聲平闢

多良千刀妻

宮心●●●

日日聲七，下唱地之用音一百五十二，是謂平聲闢音。平聲闢音一千六十四。

日日聲平之一闢

開音清和律一之一

古古古古　多可个舌

一　音　古古古古　禾火化八

水水音開清

古黑安夫卜東

乃走思■■■

水水音九，上和天之用聲一百一十二，是謂開音清聲。開音清聲一千八。

水水音開之一清

平聲闢唱呂一之一①

古甲九癸　多多多多

一　音　□□近揆　多多多多

---

① 四庫本上下欄與此相反。

一聲　古古古古　開宰愛○
古古古古　回每退○
古古古古　良兩向○
一音　古古古古　光廣况○
二聲　古古古古　丁井亘○
古古古古　兄永瑩○
古古古古　千典旦○
一音　古古古古　元犬半○
三聲　古古古古　臣引艮○
古古古古　君允巽○
古古古古　刀早孝岳
一音　古古古古　毛寶報霍
四聲　古古古古　牛斗奏六
古古古古　○○○玉
古古古古　妻子四日
一音　古古古古　衰○帥骨

一聲　坤巧丘弃　多多多多
□□乾虯　多多多多
黑花香血　多多多多
二音　黃華雄賢　多多多多
一聲　五瓦仰□　多多多多
吾牙月堯　多多多多
安亞乙一　多多多多
三音　□爻王寅　多多多多
一聲　母馬美米　多多多多
目皃眉民　多多多多
夫法□飛　多多多多
四音　父凡□吠　多多多多
一聲　武晚□尾　多多多多
文万□未　多多多多
卜百丙必　多多多多
五音　步白葡鼻　多多多多

五聲　古古古古　○○○德
　　　古古古古　龜水貴北
　　　古古古古　宮孔衆○
一音　古古古古　龍甬用○
六聲　古古古古　魚鼠去○
　　　古古古古　烏虎兔○
　　　古古古古　心審禁○
一音　古古古古　○○○十
七聲　古古古古　男坎欠○
　　　古古古古　○○○妾
　　　古古古古　●●●●
一音　古古古古　●●●●
八聲　古古古古　●●●●
　　　古古古古　●●●●
　　　古古古古　●●●●
一音　古古古古　●●●●

一聲　普朴品匹　多多多多
　　　旁排平瓶　多多多多
　　　東丹帝■　多多多多
六音　兑大弟■　多多多多
一聲　土貪天■　多多多多
　　　同覃田■　多多多多
　　　乃妳女■　多多多多
七音　内南年■　多多多多
一聲　老冷吕■　多多多多
　　　鹿犖离■　多多多多
　　　走哉足■　多多多多
八音　自在匠■　多多多多
一聲　草采七■　多多多多
　　　曹才全■　多多多多
　　　思三星■　多多多多
九音　寺□象■　多多多多

九聲 古古古古 ●●●●
古古古古 ●●●●
古古古古 ●●●●
一音 古古古古 ●●●●
十聲 古古古古 ●●●●
古古古古 ●●●●

開音清和律一之二

黑黑黑黑 多可个舌
二音 黑黑黑黑 禾火化八
一聲 黑黑黑黑 開宰愛○
黑黑黑黑 回每退○
黑黑黑黑 良兩向○
二音 黑黑黑黑 光廣况○
二聲 黑黑黑黑 丁井亘○
黑黑黑黑 兄永瑩○

一聲 □□□■ 多多多多
□□□■ 多多多多
■山手■ 多多多多
十音 ■士石■ 多多多多
一聲 ■□耳■ 多多多多
■□二■ 多多多多
■莊震■ 多多多多
十一音 ■乍□■ 多多多多
一聲 ■叉赤■ 多多多多
■崇辰■ 多多多多
■卓中■ 多多多多
十二音 ■宅直■ 多多多多
一聲① ■坼丑■ 多多多多
■茶呈■ 多多多多

① 「一聲」，原作「二聲」，據四庫本改。

黑黑黑黑　千典旦○
二音　黑黑黑黑　元犬半○
三聲　黑黑黑黑　臣引艮○
黑黑黑黑　君允巽○
黑黑黑黑　刀早孝岳
二音　黑黑黑黑　毛寶報霍
四聲　黑黑黑黑　牛斗奏六
黑黑黑黑　○○○玉
黑黑黑黑　妻子四日
二音　黑黑黑黑　衰○帥骨
五聲　黑黑黑黑　○○○德
黑黑黑黑　龜水貴北
黑黑黑黑　宮孔衆○
二音　黑黑黑黑　龍甬用○
六聲　黑黑黑黑　魚鼠去○
黑黑黑黑　烏虎兔○

## 平聲闢唱呂一之二

古甲九癸　良良良良
一音　□□近揆　良良良良
二聲　坤巧丘弃　良良良良
□□乾虯　良良良良
黑花香血　良良良良
二音　黃華雄賢　良良良良
二聲　五瓦仰□　良良良良
吾牙月堯　良良良良
安亞乙一　良良良良
三音　□爻王寅　良良良良
二聲　母馬美米　良良良良
目皃眉民　良良良良
夫法□飛　良良良良
四音　父凡□吠　良良良良
二聲　武晚□尾　良良良良
文万□未　良良良良

黑黑黑黑　心審禁○
二音　黑黑黑黑　○○○十
七聲　黑黑黑黑　男坎欠○
黑黑黑黑　○○○妾
黑黑黑黑　●●●●
二音　黑黑黑黑　●●●●
八聲　黑黑黑黑　●●●●
黑黑黑黑　●●●●
黑黑黑黑　●●●●
二音　黑黑黑黑　●●●●
九聲　黑黑黑黑　●●●●
黑黑黑黑　●●●●
黑黑黑黑　●●●●
二音　黑黑黑黑　●●●●
十聲　黑黑黑黑　●●●●
黑黑黑黑　●●●●

卜百丙必　良良良良
五音　步白精鼻　良良良良
二聲　普朴品匹　良良良良
旁排平瓶　良良良良
東丹帝■　良良良良
六音　兑大弟■　良良良良
二聲　土貪天■　良良良良
同覃田■　良良良良
乃妳女■　良良良良
七音　内南年■　良良良良
二聲　老冷吕■　良良良良
鹿犖离■　良良良良
走哉足■　良良良良
八音　自在匠■　良良良良
二聲　草采七■　良良良良
曹才全■　良良良良

# 開音清和律一之三

安安安安　多可个舌
三音　安安安安　禾火化八
一聲　安安安安　開宰愛○
安安安安　回每退○
安安安安　良兩向○
三音　安安安安　光廣況○
二聲　安安安安　丁井亘○
安安安安　兄永瑩○
安安安安　千典旦○
三音　安安安安　元犬半○
三聲　安安安安　臣引艮○
安安安安　君允巽○
安安安安　刀早孝岳
三音　安安安安　毛寶報霍
四聲　安安安安　牛斗奏六
安安安安　○○○玉

思三星■　良良良良
九音　寺□象■　良良良良
二聲　□□□■　良良良良
□□□■　良良良良
■山手■　良良良良
十音　■士石■　良良良良
二聲　■□耳■　良良良良
■□二■　良良良良
■莊震■　良良良良
十一音　■乍□■　良良良良
二聲　■叉赤■　良良良良
■崇辰■　良良良良
■卓中■　良良良良
十二音　■宅直■　良良良良
二聲　■坼丑■　良良良良
■茶呈■　良良良良

安安安安　妻子四日
三音　安安安安　衰○帥骨
五聲　安安安安　○○○德
安安安安　龜水貴北
安安安安　宮孔衆○
三音　安安安安　龍甬用○
六聲　安安安安　魚鼠去○
安安安安　烏虎兔○
安安安安　心審禁○
三音　安安安安　○○○十
七聲　安安安安　男坎欠○
安安安安　○○○妾
安安安安　●●●●
三音　安安安安　●●●●
八聲　安安安安　●●●●
安安安安　●●●●

## 平聲闢唱呂一之三

古甲九癸　千千千千
一音　□□近揆　千千千千
三聲　坤巧丘弃　千千千千
□□乾虯　千千千千
黑花香血　千千千千
二音　黃華雄賢　千千千千
三聲　五瓦仰□　千千千千
吾牙月堯　千千千千
安亞乙一　千千千千
三音　□爻王寅　千千千千
三聲　母馬美米　千千千千
目皃眉民　千千千千
夫法□飛　千千千千
四音　父凡□吠　千千千千
三聲　武晚□尾　千千千千
文万□末　千千千千

安安安安　●●●●
三音　安安安安　●●●●
九聲　安安安安　●●●●
安安安安　●●●●
安安安安　●●●●
三音　安安安安　●●●●
十聲　安安安安　●●●●
安安安安　●●●●

開音清和律一之四

夫夫夫夫　多可个舌
四音　夫夫夫夫　禾火化八
一聲　夫夫夫夫　開宰愛○
夫夫夫夫　回每退○
夫夫夫夫　良兩向○
四音　夫夫夫夫　光廣況○
二聲　夫夫夫夫　丁井亘○
夫夫夫夫　兄永瑩○

卜百丙必　千千千千
五音　步白葡鼻　千千千千
三聲　普朴品匹　千千千千
旁排平瓶　千千千千
東丹帝■　千千千千
六音　兑大第■　千千千千
三聲　土貪天■　千千千千
同覃田■　千千千千
乃妳女■　千千千千
七音　内南年■　千千千千
三聲　老冷吕■　千千千千
鹿犖离■　千千千千
走哉足■　千千千千
八音　自在匠■　千千千千
三聲　草采七■　千千千千
曹才全■　千千千千

夫夫夫夫　千典旦○
四音　夫夫夫夫　元犬半○
三聲　夫夫夫夫　臣引艮○
夫夫夫夫　君允巽○
夫夫夫夫　刀早孝岳
四音　夫夫夫夫　毛寶報霍
四聲　夫夫夫夫　牛斗奏六
夫夫夫夫　○○○玉
夫夫夫夫　妻子四日
四音　夫夫夫夫　衰○帥骨
五聲　夫夫夫夫　○○○德
夫夫夫夫　龜水貴北
夫夫夫夫　宮孔衆○
四音　夫夫夫夫　龍甬用○
六聲　夫夫夫夫　魚鼠去○
夫夫夫夫　烏虎兔○

思三星■　千千千千
九音　寺□象■　千千千千
三聲　□□□■　千千千千
□□□■　千千千千
■山手■　千千千千
十音　■士石■　千千千千
三聲　■□耳■　千千千千
■□二■　千千千千
■莊震■　千千千千
十一音　■乍□■　千千千千
三聲　■叉赤■　千千千千
■崇辰■　千千千千
■卓中■　千千千千
十二音　■宅直■　千千千千
三聲　■坼丑■　千千千千
■茶呈■　千千千千

夫夫夫夫　心審禁○

四音七聲

夫夫夫夫　○○○十
夫夫夫夫　男坎欠○
夫夫夫夫　○○○妾
夫夫夫夫　●●●●

四音八聲

夫夫夫夫　●●●●
夫夫夫夫　●●●●
夫夫夫夫　●●●●
夫夫夫夫　●●●●

四音九聲

夫夫夫夫　●●●●
夫夫夫夫　●●●●
夫夫夫夫　●●●●
夫夫夫夫　●●●●

四音十聲

夫夫夫夫　●●●●
夫夫夫夫　●●●●
夫夫夫夫　●●●●

# 平聲闢唱呂一之四

古甲九癸　刀刀刀刀

一音四聲

□□近揆　刀刀刀刀
坤巧丘弃　刀刀刀刀
□□乾虯　刀刀刀刀
黑花香血　刀刀刀刀

二音四聲

黃華雄賢　刀刀刀刀
五瓦仰□　刀刀刀刀
吾牙月堯　刀刀刀刀
安亞乙一　刀刀刀刀

三音四聲

□爻王寅　刀刀刀刀
母馬美米　刀刀刀刀
目皃眉民　刀刀刀刀
夫法□飛　刀刀刀刀

四音四聲

父凡□吠　刀刀刀刀
武晚□尾　刀刀刀刀
文万□未　刀刀刀刀

# 開音清和律一之五

卜卜卜卜　多可个舌

五音
一聲

卜卜卜卜　禾火化八
卜卜卜卜　開宰愛○
卜卜卜卜　回每退○
卜卜卜卜　良兩向○

五音
二聲

卜卜卜卜　光廣況○
卜卜卜卜　丁井亘○
卜卜卜卜　兄永瑩○
卜卜卜卜　千典旦○

五音
三聲

卜卜卜卜　元犬半○
卜卜卜卜　臣引艮○
卜卜卜卜　君允巽○
卜卜卜卜　刀早孝岳

五音
四聲

卜卜卜卜　毛寶報霍
卜卜卜卜　牛斗奏六
卜卜卜卜　○○○玉

卜百丙必　刀刀刀刀

五音
四聲

步白葡鼻　刀刀刀刀
曹朴品匹　刀刀刀刀
旁排平瓶　刀刀刀刀
東丹帝■　刀刀刀刀

六音
四聲

兑大弟■　刀刀刀刀
土貪天■　刀刀刀刀
同覃田■　刀刀刀刀
乃妳女■　刀刀刀刀

七音
四聲

内南年■　刀刀刀刀
老冷吕■　刀刀刀刀
鹿犖离■　刀刀刀刀
走哉足■　刀刀刀刀

八音
四聲

自在匠■　刀刀刀刀
草采七■　刀刀刀刀
曹才全■　刀刀刀刀

卜卜卜卜　妻子四日
五音　卜卜卜卜　衰○帥骨
五聲　卜卜卜卜　○○○德
卜卜卜卜　龜水貴北
卜卜卜卜　宮孔衆○
五音　卜卜卜卜　龍甬用○
六聲　卜卜卜卜　魚鼠去○
卜卜卜卜　烏虎兔○
卜卜卜卜　心審禁○
五音　卜卜卜卜　○○○十
七聲　卜卜卜卜　男坎欠○
卜卜卜卜　○○○妾
卜卜卜卜　●●●●
五音　卜卜卜卜　●●●●
八聲　卜卜卜卜　●●●●
卜卜卜卜　●●●●

思三星■　刀刀刀刀
九音　寺□象■　刀刀刀刀
四聲　□□□■　刀刀刀刀
□□□■　刀刀刀刀
■山手■　刀刀刀刀
十音　■士石■　刀刀刀刀
四聲　■□耳■　刀刀刀刀
■□二■　刀刀刀刀
■莊震■　刀刀刀刀
十一音　■乍□■　刀刀刀刀
四聲　■叉赤■　刀刀刀刀
■崇辰■　刀刀刀刀
■卓中■　刀刀刀刀
十二音　■宅直■　刀刀刀刀
四聲　■蚸丑■　刀刀刀刀
■茶呈■　刀刀刀刀

卜卜卜卜 ●●●●

五音 卜卜卜卜 ●●●●

九聲 卜卜卜卜 ●●●●

卜卜卜卜 ●●●●

卜卜卜卜 ●●●●

五音 卜卜卜卜 ●●●●

十聲 卜卜卜卜 ●●●●

卜卜卜卜 ●●●●

## 開音清和律一之六

東東東東 多可个舌

六音 東東東東 禾火化八

一聲 東東東東 開宰愛○

東東東東 回每退○

## 平聲闢唱呂一之五

古甲九癸 妻妻妻妻

一音 □□近揆 妻妻妻妻

五聲 坤巧丘弃 妻妻妻妻

□□乾虯 妻妻妻妻

黑花香血 妻妻妻妻

二音 黃華雄賢 妻妻妻妻

五聲 五瓦仰□ 妻妻妻妻

吾牙月堯 妻妻妻妻

安亞乙一 妻妻妻妻

三音 □爻王寅 妻妻妻妻

五聲 母馬美米 妻妻妻妻

目皃眉民 妻妻妻妻

東東東東　良兩向○
六音　東東東東　光廣況○
二聲　東東東東　丁井亘○
東東東東　兄永瑩○
東東東東　千典旦○
六音　東東東東　元犬半○
三聲　東東東東　臣引艮○
東東東東　君允巽○
東東東東　刀早孝岳
六音　東東東東　毛寶報霍
四聲　東東東東　牛斗奏六
東東東東　○○○玉
東東東東　妻子四日
六音　東東東東　衰○帥骨
五聲　東東東東　○○○德
東東東東　龜水貴北

夫法□飛　妻妻妻妻
四音　父凡□吠　妻妻妻妻
五聲　武晚□尾　妻妻妻妻
文万□未　妻妻妻妻
卜百丙必　妻妻妻妻
五音　步白葡鼻　妻妻妻妻
五聲　普朴品匹　妻妻妻妻
旁排平瓶　妻妻妻妻
東丹帝■　妻妻妻妻
六音　兑大弟■　妻妻妻妻
五聲　土貪天■　妻妻妻妻
同覃田■　妻妻妻妻
乃妳女■　妻妻妻妻
七音　内南年■　妻妻妻妻
五聲　老冷吕■　妻妻妻妻
鹿犖离■　妻妻妻妻

東東東東　宮孔衆○
六音　東東東東　龍甬用○
六聲　東東東東　魚鼠去○
東東東東　烏虎兔○
東東東東　心審禁○
六音　東東東東　○○○十
七聲　東東東東　男坎欠○
東東東東　○○○妾
東東東東　●●●●
六音　東東東東　●●●●
八聲　東東東東　●●●●
東東東東　●●●●
東東東東　●●●●
六音　東東東東　●●●●
九聲　東東東東　●●●●
東東東東　●●●●

走哉足■　妻妻妻妻
八音　自在匠■　妻妻妻妻
五聲　草采七■　妻妻妻妻
曹才全■　妻妻妻妻
思三星■　妻妻妻妻
九音　寺□象■　妻妻妻妻
五聲　□□□■　妻妻妻妻
□□□■　妻妻妻妻
■山手■　妻妻妻妻
十音　■士石■　妻妻妻妻
五聲　■□耳■　妻妻妻妻
■□二■　妻妻妻妻
■莊震■　妻妻妻妻
十一音　■乍□■　妻妻妻妻
五聲　■叉赤■　妻妻妻妻
■崇辰■　妻妻妻妻

東東東東　●●●●
六音　東東東東　●●●●
十聲　東東東東　●●●●
東東東東　●●●●

開音清和律一之七

乃乃乃乃　多可个舌
七音　乃乃乃乃　禾火化八
一聲　乃乃乃乃　開宰愛○
乃乃乃乃　回每退○
乃乃乃乃　良兩向○
七音　乃乃乃乃　光廣況○
二聲　乃乃乃乃　丁井亘○
乃乃乃乃　兄永瑩○
乃乃乃乃　千典旦○
七音　乃乃乃乃　元犬半○
三聲　乃乃乃乃　臣引良○
乃乃乃乃　君允巽○

■卓中■　妻妻妻妻
十二音　■宅直■　妻妻妻妻
五聲　■坼丑■　妻妻妻妻
■茶呈■　妻妻妻妻

平聲闢唱呂一之六

古甲九癸　宮宮宮宮
一音　□□近揆　宮宮宮宮
六聲　坤巧丘弃　宮宮宮宮
□□乾虯　宮宮宮宮
黑花香血　宮宮宮宮
二音　黃華雄賢　宮宮宮宮
六聲　五瓦仰□　宮宮宮宮
吾牙月堯　宮宮宮宮
安亞乙一　宮宮宮宮
三音　□爻王寅　宮宮宮宮
六聲　母馬美米　宮宮宮宮
目皃眉民　宮宮宮宮

乃乃乃乃　刀早孝岳
七音　乃乃乃乃　毛寶報霍
四聲　乃乃乃乃　牛斗奏六
乃乃乃乃　〇〇〇玉
乃乃乃乃　妻子四日
七音　乃乃乃乃　哀〇帥骨
五聲　乃乃乃乃　〇〇〇穗
乃乃乃乃　龜水貴北
乃乃乃乃　宫孔衆〇
七音　乃乃乃乃　龍甬用〇
六聲　乃乃乃乃　魚鼠去〇
乃乃乃乃　烏虎兔〇
乃乃乃乃　心審禁〇
七音　乃乃乃乃　〇〇〇十
七聲　乃乃乃乃　男坎欠〇
乃乃乃乃　〇〇〇妾

夫法□飛　宫宫宫宫
四音　父凡□吠　宫宫宫宫
六聲　武晚□尾　宫宫宫宫
文万□未　宫宫宫宫
卜百丙必　宫宫宫宫
五音　步白葡鼻　宫宫宫宫
六聲　普朴品匹　宫宫宫宫
旁排平瓶　宫宫宫宫
東丹帝■　宫宫宫宫
六音　兑大弟■　宫宫宫宫
六聲　土貪天■　宫宫宫宫
同覃田■　宫宫宫宫
乃妳女■　宫宫宫宫
七音　内南羊■　宫宫宫宫
六聲　老冷吕■　宫宫宫宫
鹿犖离■　宫宫宫宫

乃乃乃乃●●●●

七音 乃乃乃乃●●●●

八聲 乃乃乃乃●●●●

乃乃乃乃●●●●

乃乃乃乃●●●●

七音 乃乃乃乃●●●●

九聲 乃乃乃乃●●●●

乃乃乃乃●●●●

乃乃乃乃●●●●

七音 乃乃乃乃●●●●

十聲 乃乃乃乃●●●●

乃乃乃乃●●●●

開音清和律一之八

走走走走 多可个舌

八音 走走走走 禾火化八

一聲 走走走走 開宰愛○

走走走走 回每退○

■走哉足■ 宮宮宮宮

八音 ■自在匠■ 宮宮宮宮

六聲 ■草采七■ 宮宮宮宮

■曹才全■ 宮宮宮宮

■思三星■ 宮宮宮宮

九音 ■寺□象■ 宮宮宮宮

六聲 ■□□□■ 宮宮宮宮

■□□□■ 宮宮宮宮

■山手■ 宮宮宮宮

十音 ■士石■ 宮宮宮宮

六聲 ■□耳■ 宮宮宮宮

■□二■ 宮宮宮宮

■莊震■ 宮宮宮宮

十一音 ■乍□■ 宮宮宮宮

六聲 ■叉赤■ 宮宮宮宮

■崇辰■ 宮宮宮宮

八音二聲

走走走走 良兩向○
走走走走 光廣況○
走走走走 丁井亘○
走走走走 兄永瑩○

八音三聲

走走走走 千典旦○
走走走走 元犬半○
走走走走 臣引艮○
走走走走 君允巽○
走走走走 刀早孝岳

八音四聲

走走走走 毛寶報霍
走走走走 牛斗奏六
走走走走 ○○○玉
走走走走 妻子四日

八音五聲

走走走走 衰○帥骨
走走走走 ○○○德
走走走走 龜水貴北

十二音六聲

■卓中■ 宮宮宮宮
■宅直■ 宮宮宮宮
■坼丑■ 宮宮宮宮
■茶呈■ 宮宮宮宮

## 平聲闢唱呂一之七

一音七聲

古甲九癸 心心心心
□□近揆 心心心心
坤巧丘弃 心心心心
□□乾虯 心心心心
黑花香血 心心心心

二音七聲

黃華雄賢 心心心心
五瓦仰□ 心心心心
吾牙月堯 心心心心
安亞乙一 心心心心

三音七聲

□爻王寅 心心心心
母馬美米 心心心心
目皃眉民 心心心心

八音 六聲

走走走走 宮孔衆○
走走走走 龍甬用○
走走走走 魚鼠去○
走走走走 烏虎兔○
走走走走 心審禁○

八音 七聲

走走走走 ○○○十
走走走走 男坎欠○
走走走走 ○○○妾
走走走走 ●●●●

八音 八聲

走走走走 ●●●●
走走走走 ●●●●
走走走走 ●●●●
走走走走 ●●●●

八音 九聲

走走走走 ●●●●
走走走走 ●●●●
走走走走 ●●●●

四音 七聲

夫法□飛 心心心心
父凡□吠 心心心心
武晚□尾 心心心心
文万□未 心心心心
卜百丙必 心心心心

五音 七聲

步白葡鼻 心心心心
普朴品匹 心心心心
旁排平瓶 心心心心
東丹帝■ 心心心心

六音 七聲

兑大弟■ 心心心心
土貪天■ 心心心心
同覃田■ 心心心心
乃妳女■ 心心心心

七音 七聲

內南年■ 心心心心
老冷吕■ 心心心心
鹿犖离■ 心心心心

走走走走 ●●●●

八音 走走走走 ●●●●

十聲 走走走走 ●●●●

走走走走 ●●●●

開音清和律一之九

思思思思 多可个舌

九音 思思思思 禾火化八

一聲 思思思思 開宰愛○

思思思思 回每退○

思思思思 良兩向○

九音 思思思思 光廣況○

二聲 思思思思 丁井亘○

思思思思 兄永瑩○

思思思思 千典旦○

九音 思思思思 元犬半○

三聲 思思思思 臣引艮○

思思思思 君允巽○

走哉足■ 心心心心

八音 自在匠■ 心心心心

七聲 草采七■ 心心心心

曹才全■ 心心心心

思三星■ 心心心心

九音 寺□象■ 心心心心

七聲 □□□■ 心心心心

□□□■ 心心心心

■山手■ 心心心心

十音 ■士石■ 心心心心

七聲 ■□耳■ 心心心心

■□二■ 心心心心

■莊震■ 心心心心

十一音 ■乍□■ 心心心心

七聲 ■叉赤■ 心心心心

■崇辰■ 心心心心

九音四聲
思思思思 刀早孝岳
思思思思 毛寶報霍
思思思思 牛斗奏六
思思思思 ○○○玉

九音五聲
思思思思 妻子四日
思思思思 衰○帥骨
思思思思 ○○○德
思思思思 龜水貴北
思思思思 宮孔衆○

九音六聲
思思思思 龍甬用○
思思思思 魚鼠去○
思思思思 烏虎兔○
思思思思 心審禁○

九音七聲
思思思思 ○○○十
思思思思 男坎欠○
思思思思 ○○○妾

■卓中■ 心心心心

十二音七聲
■宅直■ 心心心心
■坼丑■ 心心心心
■茶呈■ 心心心心

## 平聲闢唱呂一之八

古甲九癸 ●●●●

一音八聲
□□近揆 ●●●●
坤巧丘弃 ●●●●
□□乾虯 ●●●●
黑花香血 ●●●●

二音八聲
黄華雄賢 ●●●●
五瓦仰□ ●●●●
吾牙月堯 ●●●●
安亞乙一 ●●●●

三音八聲
□爻王寅 ●●●●
母馬美米 ●●●●
目皃眉民 ●●●●

思思思思 ●●●●
九音 思思思思 ●●●●
八聲 思思思思 ●●●●
思思思思 ●●●●
思思思思 ●●●●
九音 思思思思 ●●●●
九聲 思思思思 ●●●●
思思思思 ●●●●
思思思思 ●●●●
九音 思思思思 ●●●●
十聲 思思思思 ●●●●
思思思思 ●●●●

開音清和律一之十

■■■■ 多可个舌
十音 ■■■■ 禾火化八
一聲 ■■■■ 開宰愛○
■■■■ 回每退○

夫法□飛 ●●●●
四音 父凡□吠 ●●●●
八聲 武晚□尾 ●●●●
文万□未 ●●●●
卜百丙必 ●●●●
五音 步白葡鼻 ●●●●
八聲 普朴品匹 ●●●●
旁排平瓶 ●●●●
東丹帝■ ●●●●
六音 兑大弟■ ●●●●
八聲 土貪天■ ●●●●
同覃田■ ●●●●
乃妳女■ ●●●●
七音 内南年■ ●●●●
八聲 老冷吕■ ●●●●
鹿犖离■ ●●●●

十音
二聲

■■■■良兩向○
■■■■光廣況○
■■■■丁井亘○
■■■■兄永瑩○

十音
三聲

■■■■千典旦○
■■■■元犬半○
■■■■臣引艮○
■■■■君允巽○

十音
四聲

■■■■刀早孝丘
■■■■毛寶報霍
■■■■牛斗奏六
■■■■○○○玉

十音
五聲

■■■■妻子四日
■■■■衰○帥骨
■■■■○○○德
■■■■龜水貴北

八音
八聲

走哉足■●●●●
自在匠■●●●●
草采七■●●●●
曹才全■●●●●

九音
八聲

思三星■●●●●
寺□象■●●●●
□□□■●●●●
□□□■●●●●

十音
八聲

■山手■●●●●
■士石■●●●●
■□耳■●●●●
■□二■●●●●

十一音
八聲

■莊震■●●●●
■乍□■●●●●
■叉赤■●●●●
■崇辰■●●●●

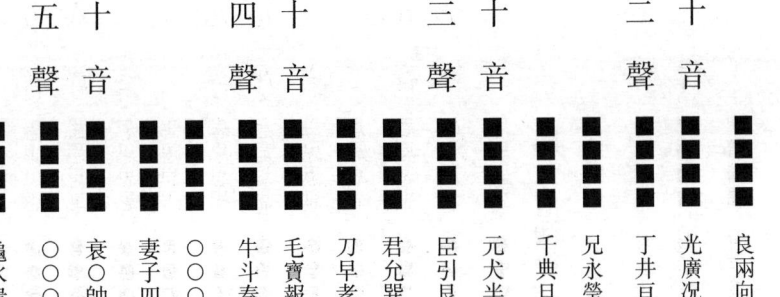

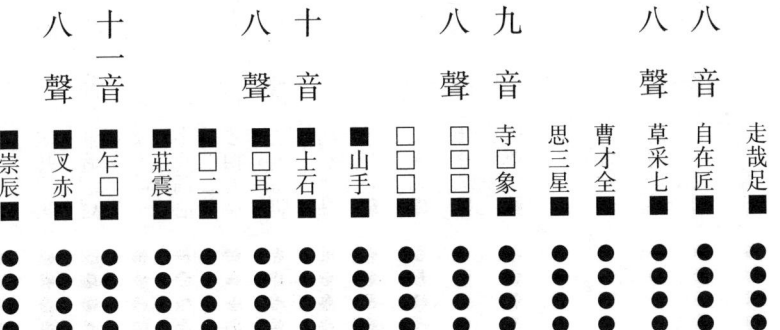

十音 六聲

■■■■ 宮孔衆○

■■■■ 龍甬用○

■■■■ 魚鼠去○

■■■■ 烏虎兔○

十音 七聲

■■■■ 心審禁○

■■■■ ○○○十

■■■■ 男坎欠○

■■■■ ○○○妾

十音 八聲

■■■■ ●●●●

■■■■ ●●●●

■■■■ ●●●●

■■■■ ●●●●

十音 九聲

■■■■ ●●●●

■■■■ ●●●●

■■■■ ●●●●

■■■■ ●●●●

十二音 八聲

■卓中■ ●●●●

■宅直■ ●●●●

■坼丑■ ●●●●

■茶呈■ ●●●●

平聲闢唱呂一之九

一音 九聲

古甲九癸 ●●●●

□□近揆 ●●●●

坤巧丘弃 ●●●●

□□乾虯 ●●●●

二音 九聲

黑花香血 ●●●●

黃華雄賢 ●●●●

五瓦仰□ ●●●●

吾牙月堯 ●●●●

三音 九聲

安亞乙一 ●●●●

□爻王寅 ●●●●

母馬美米 ●●●●

目皃眉民 ●●●●

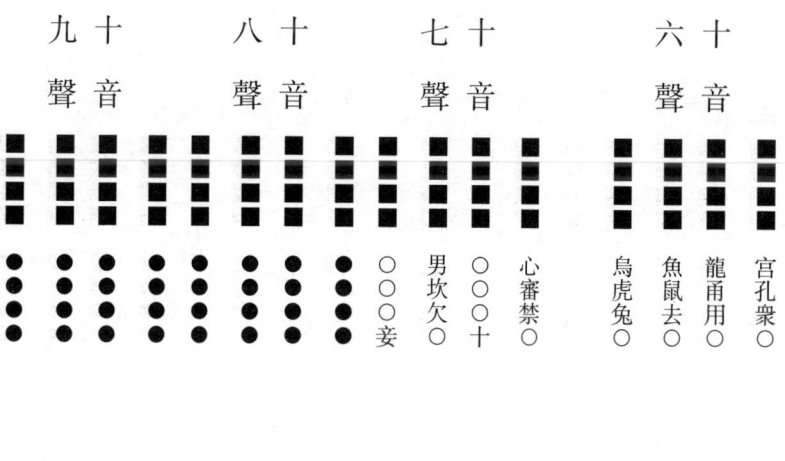

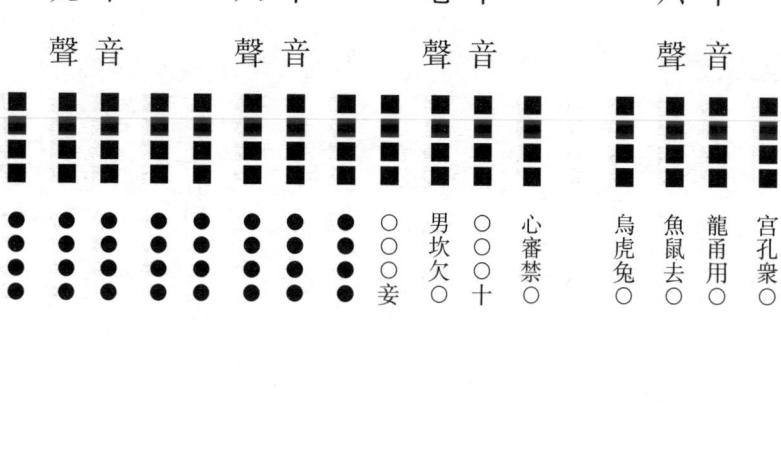

■■■■●●●●
十音 ■■■■●●●●
十聲 ■■■■●●●●
■■■■●●●●

## 開音清和律一之十一

■■■■多可个舌
十一音 ■■■■禾火化八
一聲 ■■■■開宰愛○
■■■■回每退○
■■■■良兩向○
十一音 ■■■■光廣況○
二聲 ■■■■丁井亘○
■■■■兄永瑩○
■■■■千典旦○
十一音 ■■■■元犬半○
三聲 ■■■■臣引艮○
■■■■君允巽○

夫法□飛●●●●
四音 父凡□吠●●●●
九聲 武晚□尾●●●●
文万□米●●●●
卜百丙必●●●●
五音 步白葡鼻●●●●
九聲 普朴品匹●●●●
旁排平瓶●●●●
東丹帝■●●●●
六音 兑大弟■●●●●
九聲 土貪天■●●●●
同覃田■●●●●
乃妳女■●●●●
七音 内南年■●●●●
九聲 老冷吕■●●●●
鹿犖离■●●●●

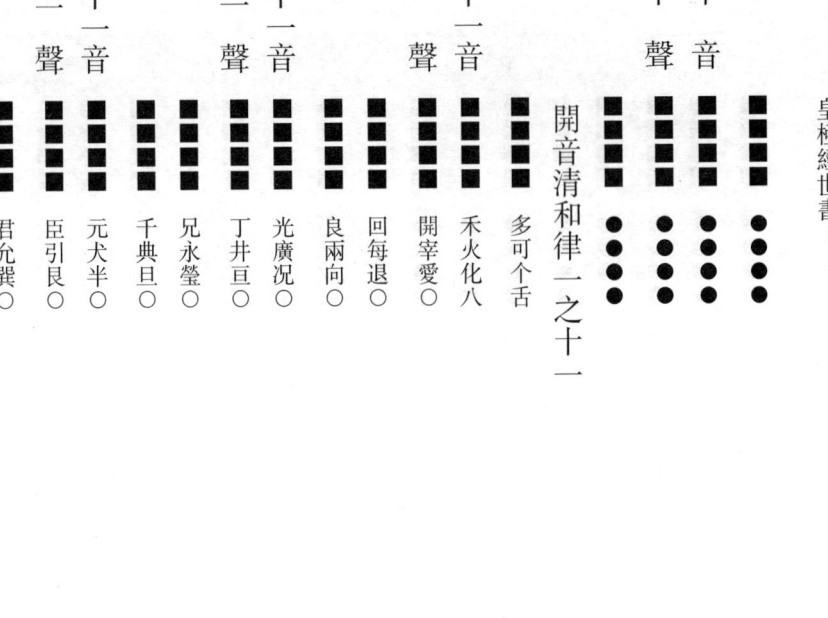

十一音 四聲

■■■■刀早孝岳
■■■■毛寶報霍
■■■■牛斗奏六
■■■■○○○玉

十一音 五聲

■■■■妻子四日
■■■■衰○帥骨
■■■■○○○德
■■■■龜水貴北

十一音 六聲

■■■■宮孔衆○
■■■■龍甬用○
■■■■魚鼠去○
■■■■烏虎兔○

十一音 七聲

■■■■心審禁○
■■■■○○○十
■■■■男坎欠○
■■■■○○○妾

八音 九聲

走哉足■●●●●
自在匠■●●●●
草采七■●●●●
曹才全■●●●●

九音 九聲

思三星■●●●●
寺□象■●●●●
□□□■●●●●
□□□■●●●●

十音 九聲

■山手■●●●●
■士石■●●●●
■□耳■●●●●
■□二■●●●●

十一音 九聲

■莊震■●●●●
■乍□■●●●●
■叉赤■●●●●
■崇辰■●●●●

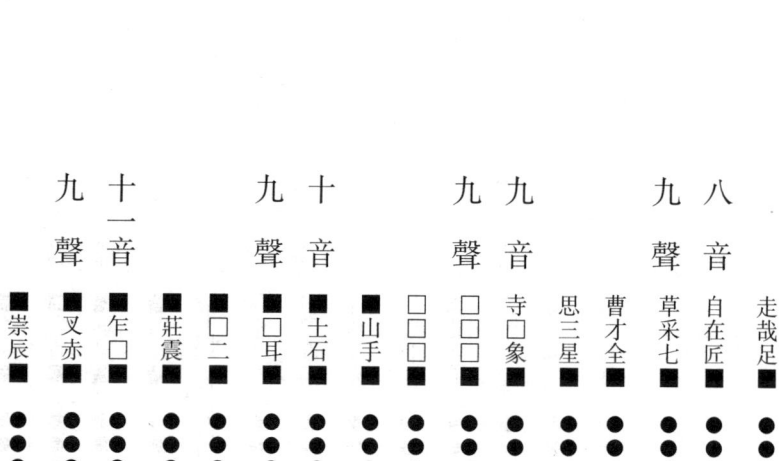

■■■■●●●●
十一音 ■■■■●●●●
八聲 ■■■■●●●●
■■■■●●●●
■■■■●●●●
十一音 ■■■■●●●●
九聲 ■■■■●●●●
■■■■●●●●
■■■■●●●●
十一音 ■■■■●●●●
十聲 ■■■■●●●●
■■■■●●●●

■卓中■●●●●
十二音 ■宅直■●●●●
九聲 ■坼丑■●●●●
■茶呈■●●●●

平聲闢唱呂一之十

古甲九癸●●●●
一音 □□近揆●●●●
十聲 坤巧丘弃●●●●
□□乾虯●●●●
黑花香血●●●●
二音 黃華雄賢●●●●
十聲 五瓦仰□●●●●
吾牙月堯●●●●

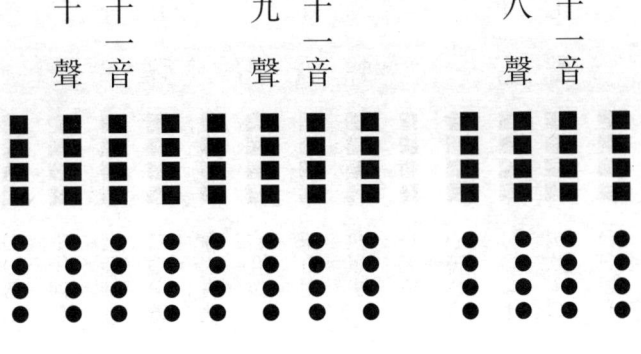

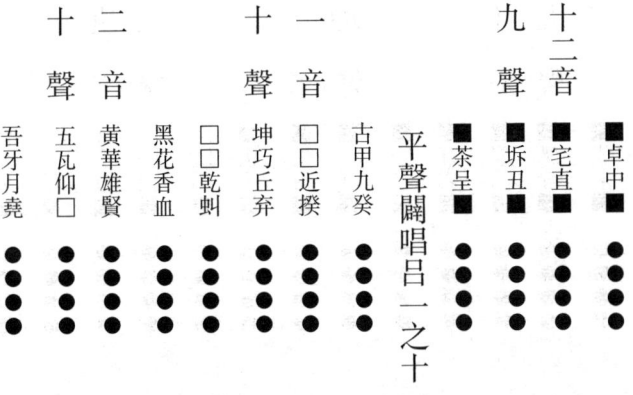

開音清和律一之十二

■■■■多可个舌
十二音
■■■■禾火化八
一聲
■■■■開宰愛○
■■■■回每退○
■■■■良兩向○
十二音
■■■■光廣況○
二聲
■■■■丁井亘○
■■■■兄永瑩○
■■■■千典旦○
十二音
■■■■元犬半○
三聲
■■■■臣引艮○
■■■■君允巽○
■■■■刀早孝岳
十二音
■■■■毛寶報霍
四聲
■■■■牛斗奏六
■■■■○○○玉

安亞乙一●●●●
三音
□爻王寅●●●●
十聲
母馬美米●●●●
目皃眉民●●●●
夫法□飛●●●●
四音
父凡□吠●●●●
十聲
武晚□尾●●●●
文万□未●●●●
卜百丙必●●●●
五音
步白葡鼻●●●●
十聲
普朴品匹●●●●
旁排平瓶●●●●
東丹帝■●●●●
六音
兑大弟■●●●●
十聲
土貪天■●●●●
同覃田■●●●●

■■■■妻子四日
十二音　■■■■衰○帥骨
五聲　■■■■○○○德
■■■■龜水貴北
■■■■宮孔衆○
十二音　■■■■龍甬用○
六聲　■■■■魚鼠去○
■■■■烏虎兔○
■■■■心審禁○
十二音　■■■■○○○十
七聲　■■■■男坎欠○
■■■■○○○妾
■■■■●●●●
十二音　■■■■●●●●
八聲　■■■■●●●●
■■■■●●●●

乃妳女■●●●●
七音　內南年■●●●●
十聲　老冷吕■●●●●
鹿犖离■●●●●
走哉足■●●●●
八音　自在匠■●●●●
十聲　草采七■●●●●
曹才全■●●●●
思三星■●●●●
九音　寺□象■●●●●
十聲　□□□■●●●●
□□□■●●●●
■山手■●●●●
十音　■士石■●●●●
十聲　■□耳■●●●●
■□二■●●●●

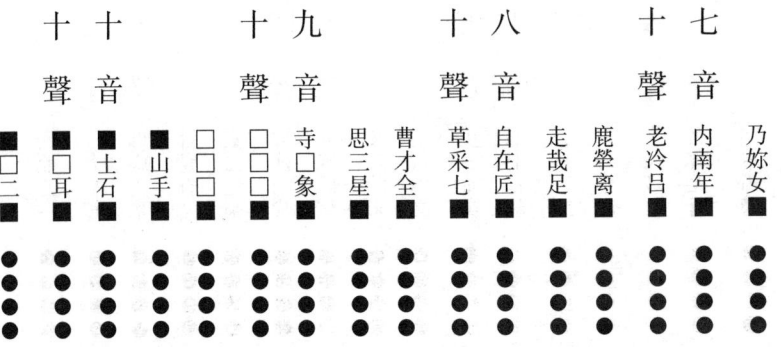

■■■■●●●●
十二音 ■■■■●●●●
九聲 ■■■■●●●●
■■■■●●●●
■■■■●●●●
十二音 ■■■■●●●●
十聲 ■■■■●●●●
■■■■●●●●

## 觀物篇之三十六

日月聲平翕

禾光元毛衰

龍○●●●

日月聲七，下唱地之用音一百五十二，是謂平聲翕音。平聲翕音一千六十四。

■莊震■●●●●
十一音 ■乍□■●●●●
十聲 ■叉赤■●●●●
■崇辰■■■■■
■卓中■●●●●
十二音 ■宅直■●●●●
十聲 ■坼丑■●●●●
■茶呈■●●●●

水火音開濁

□黄□父步兑

内自寺■■■

水火音九，上和天之用聲一百一十二，是謂開音濁聲。開音濁聲一千八。

日月聲平之二翕

開音濁和律二之一

□□□□ 多可个舌

一音 □□□□ 禾火化八

一聲 □□□□ 開宰愛○

□□□□ 回每退○

□□□□ 良兩向○

一音 □□□□ 光廣況○

二聲 □□□□ 丁井亘○

□□□□ 兄永瑩○

□□□□ 千典旦○

一音 □□□□ 元犬半○

三聲 □□□□ 臣引艮○

□□□□ 君允巽○

□□□□ 刀早孝岳

一音 □□□□ 毛寶報霍

四聲 □□□□ 牛斗奏六

□□□□ ○○○玉

水火音開之二濁

平聲翕唱呂二之一

古甲九癸 禾禾禾禾

一音 □□近揆 禾禾禾禾

一聲 坤巧丘弃 禾禾禾禾

□□乾虯 禾禾禾禾

黑花香血 禾禾禾禾

二音 黃華雄賢 禾禾禾禾

一聲 五瓦仰□ 禾禾禾禾

吾牙月堯 禾禾禾禾

安亞乙一 禾禾禾禾

三音 □爻王寅 禾禾禾禾

一聲 母馬美米 禾禾禾禾

目皃眉民 禾禾禾禾

夫法□飛 禾禾禾禾

四音 父凡□吠 禾禾禾禾

一聲 武晚□尾 禾禾禾禾

文万□未 禾禾禾禾

一音　五聲

□□□□　妻子四日
□□□□　衰○帥骨
□□□□　○○○德
□□□□　龜水貴北

一音　六聲

□□□□　宮孔衆○
□□□□　龍甬用○
□□□□　魚鼠去○
□□□□　烏虎兔○
□□□□　心審禁○

一音　七聲

□□□□　○○○十
□□□□　男坎欠○
□□□□　○○○妾

一音　八聲

□□□□　●●●●
□□□□　●●●●
□□□□　●●●●
□□□□　●●●●

五音　一聲

卜百丙必　禾禾禾禾
步白葡鼻　禾禾禾禾
普朴品匹　禾禾禾禾
旁排平瓶　禾禾禾禾
東丹帝■　禾禾禾禾

六音　一聲

兑大弟■　禾禾禾禾
土貪天■　禾禾禾禾
同覃田■　禾禾禾禾
乃妳女■　禾禾禾禾

七音　一聲

内南年■　禾禾禾禾
老冷吕■　禾禾禾禾
鹿犖离■　禾禾禾禾
走哉足■　禾禾禾禾

八音　一聲

自在匠■　禾禾禾禾
草采七■　禾禾禾禾
曹才全■　禾禾禾禾

□□□□ ●●●●
一音 □□□□ ●●●●
九聲 □□□□ ●●●●
□□□□ ●●●●
□□□□ ●●●●
一音 □□□□ ●●●●
十聲 □□□□ ●●●●
□□□□ ●●●●

開音濁和律二之二

黃黃黃黃 多可个舌
二音 黃黃黃黃 禾火化八
一聲 黃黃黃黃 開宰愛○
黃黃黃黃 回每退○
黃黃黃黃 良兩向○
二音 黃黃黃黃 光廣況○
二聲 黃黃黃黃 丁井亘○
黃黃黃黃 兄永瑩○

思三星■ 禾禾禾禾
九音 寺□象■ 禾禾禾禾
一聲 □□□■ 禾禾禾禾
□□□■ 禾禾禾禾
■山手■ 禾禾禾禾
十音 ■士石■ 禾禾禾禾
一聲 ■□耳■ 禾禾禾禾
■□二■ 禾禾禾禾

■莊震■ 禾禾禾禾
十一音 ■乍□■ 禾禾禾禾
一聲 ■叉赤■ 禾禾禾禾
■崇辰■ 禾禾禾禾
■卓中■ 禾禾禾禾
十二音 ■宅直■ 禾禾禾禾
一聲 ■坼丑■ 禾禾禾禾
■茶呈■ 禾禾禾禾

黃黃黃黃　千典旦○
二音　黃黃黃黃　元犬半○
三聲　黃黃黃黃　臣引艮○
黃黃黃黃　君允巽○
黃黃黃黃　刀早孝岳
二音　黃黃黃黃　毛寶報霍
四聲　黃黃黃黃　牛斗奏六
黃黃黃黃　○○○玉
黃黃黃黃　妻子四日
二音　黃黃黃黃　衰○帥骨
五聲　黃黃黃黃　○○○德
黃黃黃黃　龜水貴北
黃黃黃黃　宮孔衆○
二音　黃黃黃黃　龍甬用○
六聲　黃黃黃黃　魚鼠去○
黃黃黃黃　烏虎兔○

## 平聲翕唱呂二之二

古甲九癸　光光光光
一音　□□近揆　光光光光
二聲　坤巧丘弃　光光光光
□□乾虯　光光光光
黑花香血　光光光光
二音　黃華雄賢　光光光光
二聲　五瓦仰□　光光光光
吾牙月堯　光光光光
安亞乙一　光光光光
三音　□爻王寅　光光光光
二聲　母馬美米　光光光光
目皃眉民　光光光光
夫法□飛　光光光光
四音　父凡□吠　光光光光
二聲　武晚□尾　光光光光
文万□未　光光光光

黃黃黃黃　心審禁○

二音　七聲

黃黃黃黃　○○○十
黃黃黃黃　男坎欠○
黃黃黃黃　○○○妾
黃黃黃黃　●●●●

二音　八聲

黃黃黃黃　●●●●
黃黃黃黃　●●●●
黃黃黃黃　●●●●
黃黃黃黃　●●●●

二音　九聲

黃黃黃黃　●●●●
黃黃黃黃　●●●●
黃黃黃黃　●●●●
黃黃黃黃　●●●●

二音　十聲

黃黃黃黃　●●●●
黃黃黃黃　●●●●
黃黃黃黃　●●●●

卜百丙必　光光光光

五音　二聲

步白精鼻　光光光光
普朴品匹　光光光光
旁排平瓶　光光光光
東丹帝■　光光光光

六音　二聲

兌大弟■　光光光光
土貪天■　光光光光
同覃田■　光光光光
乃妳女■　光光光光

七音　二聲

內南年■　光光光光
老冷吕■　光光光光
內南年■　光光光光
走哉足■　光光光光

八音　二聲

自在匠■　光光光光
草采七■　光光光光
曹才全■　光光光光

開音濁和律一之三

□□□□ 多可个舌
三音 □□□□ 禾火化八
一聲 □□□□ 開宰愛○
□□□□ 回每退○
□□□□ 良兩向□
三音 □□□□ 光廣況○
二聲 □□□□ 丁井亘○
□□□□ 兄永瑩○
□□□□ 千典旦○
三音 □□□□ 元犬半○
三聲 □□□□ 臣引艮○
□□□□ 君允巽○
□□□□ 刀早孝岳
三音 □□□□ 毛寶報霍
四聲 □□□□ 牛斗奏六
□□□□ ○○○玉

思三星■ 光光光光
九音 寺□象■ 光光光光
二聲 □□□■ 光光光光
□□□■ 光光光光
■山手■ 光光光光
十音 ■士石■ 光光光光
二聲 ■□耳■ 光光光光
■□二■ 光光光光
■莊震■ 光光光光
十一音 ■乍□■ 光光光光
二聲 ■叉赤■ 光光光光
■崇辰■ 光光光光
■卓中■ 光光光光
十二音 ■宅直■ 光光光光
二聲 ■坼丑■ 光光光光
■茶呈■ 光光光光

□□□□　妻子四日

三音
□□□□　衰○帥骨
五聲
□□□□　○○○德
□□□□　龜水貴北
□□□□　宮孔衆○

三音
□□□□　龍甬用○
六聲
□□□□　魚鼠去○
□□□□　烏虎兔○
□□□□　心審禁○

三音
□□□□　○○○十
七聲
□□□□　男坎欠○
□□□□　○○○妾
□□□□　●●●●

三音
□□□□　●●●●
八聲
□□□□　●●●●
□□□□　●●●●

# 平聲翕唱呂二之三

古甲九癸　元元元元

一音
□□近揆　元元元元
三聲
坤巧丘弃　元元元元
□□乾虯　元元元元
黑花香血　元元元元

二音
黃華雄賢　元元元元
三聲
五瓦仰□　元元元元
吾牙月堯　元元元元
安亞乙一　元元元元

三音
□爻王寅　元元元元
三聲
母馬美米　元元元元
目皃眉民　元元元元
夫法□飛　元元元元

四音
父凡□吠　元元元元
三聲
武晚□尾　元元元元
文万□未　元元元元

□□□□ ●●●●
三音 □□□□ ●●●●
九聲 □□□□ ●●●●
□□□□ ●●●●
□□□□ ●●●●
三音 □□□□ ●●●●
十聲 □□□□ ●●●●
□□□□ ●●●●

開音濁和律二之四

父父父父 多可个舌
四音 父父父父 禾火化八
一聲 父父父父 開宰愛○
父父父父 回每退○
父父父父 良兩向○
四音 父父父父 光廣況○
二聲 父父父父 丁井亘○
父父父父 兄永瑩○

卜百丙必 元元元元
五音 步白葡鼻 元元元元
三聲 普朴品匹 元元元元
旁排平瓶 元元元元
東丹帝■ 元元元元
六音 兌大弟■ 元元元元
三聲 土貪天■ 元元元元
同覃田■ 元元元元
乃妳女■ 元元元元
七音 內南年■ 元元元元
三聲 老冷呂■ 元元元元
鹿犖离■ 元元元元
走哉足■ 元元元元
八音 自在匠■ 元元元元
三聲 草采七■ 元元元元
曹才全■ 元元元元

父父父父　千典旦○
四音　父父父父　元犬半○
三聲　父父父父　臣引艮○
父父父父　君允巽○
父父父父　刀早孝岳
四音　父父父父　毛寶報霍
四聲　父父父父　牛斗奏六
父父父父　○○○玉
父父父父　妻子四日
四音　父父父父　衰○帥骨
五聲　父父父父　○○○德
父父父父　龜水貴北
父父父父　宮孔衆○
四音　父父父父　龍甬用○
六聲　父父父父　魚鼠去○
父父父父　烏虎兔○

思三星■　元元元元
九音　寺□象■　元元元元
三聲　□□□■　元元元元
□□□■　元元元元
■山手■　元元元元
十音　■士石■　元元元元
三聲　■□耳■　元元元元
■□二■　元元元元
■莊震■　元元元元
十一音　■乍□■　元元元元
三聲　■叉赤■　元元元元
■崇辰■　元元元元
■卓中■　元元元元
十二音　■宅直■　元元元元
三聲　■坼丑■　元元元元
■茶呈■　元元元元

平聲翕唱呂二之四

古甲九癸　毛毛毛毛

一音　四聲

□□近揆　毛毛毛毛
坤巧丘弃　毛毛毛毛
□□乾虯　毛毛毛毛
黑花香血　毛毛毛毛

二音　四聲

黃華雄賢　毛毛毛毛
五瓦仲□　毛毛毛毛
吾牙月堯　毛毛毛毛
安亞乙一　毛毛毛毛

三音　四聲

□爻王寅　毛毛毛毛
母馬美米　毛毛毛毛
目皃眉民　毛毛毛毛
夫法□飛　毛毛毛毛

四音　四聲

父凡□吠　毛毛毛毛
武晚□尾　毛毛毛毛
文万□未　毛毛毛毛

父父父父　心審禁○

四音　七聲

父父父父　○○○十
父父父父　男坎欠○
父父父父　○○○妾

四音　八聲

父父父父　●●●●
父父父父　●●●●
父父父父　●●●●
父父父父　●●●●

四音　九聲

父父父父　●●●●
父父父父　●●●●
父父父父　●●●●
父父父父　●●●●

四音　十聲

父父父父　●●●●
父父父父　●●●●
父父父父　●●●●
父父父父　●●●●

# 開音濁和律二之五

步步步步　多可个舌

五音　步步步步　禾火化八

一聲　步步步步　開宰愛○

步步步步　回每退○

步步步步　良兩向○

五音　步步步步　光廣況○

二聲　步步步步　丁井亘○

步步步步　兄永瑩○

步步步步　千典旦○

五音　步步步步　元犬半○

三聲　步步步步　臣引艮○

步步步步　君允巽○

毛毛毛毛　卜百丙必

五音　毛毛毛毛　步白葡鼻

四聲　毛毛毛毛　普朴品匹

毛毛毛毛　旁排平瓶

毛毛毛毛　東丹帝■

六音　毛毛毛毛　兑大弟■

四聲　毛毛毛毛　土貪天■

毛毛毛毛　同覃田■

毛毛毛毛　乃妳女■

七音　毛毛毛毛　内南年■

四聲　毛毛毛毛　老冷吕■

毛毛毛毛　鹿犖离■

步步步步 刀早孝岳
五音 步步步步 毛寶報霍
四聲 步步步步 牛斗奏六
步步步步 ○○○玉
步步步步 妻子四日
五音 步步步步 衰○帥骨
五聲 步步步步 ○○○德
步步步步 龜水貴北
步步步步 宮孔衆○
五音 步步步步 龍甬用○
六聲 步步步步 魚鼠去○
步步步步 烏虎兔○
步步步步 心審禁○
五音 步步步步 ○○○十
七聲 步步步步 男坎欠○
步步步步 ○○○妾

走哉足■ 毛毛毛毛
八音 自在匠■ 毛毛毛毛
四聲 草采七■ 毛毛毛毛
曹才全■ 毛毛毛毛
思三星■ 毛毛毛毛
九音 寺□象■ 毛毛毛毛
四聲 □□□■ 毛毛毛毛
□□□■ 毛毛毛毛
■山手■ 毛毛毛毛
十音 ■士石■ 毛毛毛毛
四聲 ■□耳■ 毛毛毛毛
■□二■ 毛毛毛毛
■莊震■ 毛毛毛毛
十一音 ■乍□■ 毛毛毛毛
四聲 ■叉赤■ 毛毛毛毛
■崇辰■ 毛毛毛毛

步步步步 ●●●●

五音 步步步步 ●●●●

八聲 步步步步 ●●●●

步步步步 ●●●●

步步步步 ●●●●

五音 步步步步 ●●●●

九聲 步步步步 ●●●●

步步步步 ●●●●

步步步步 ●●●●

五音 步步步步 ●●●●

十聲 步步步步 ●●●●

步步步步 ●●●●

■卓中■ 毛毛毛毛

十二音 ■宅直■ 毛毛毛毛

四聲 ■坼丑■ 毛毛毛毛

■茶呈■ 毛毛毛毛

平聲翕唱呂二之五

古甲九癸 衰衰衰衰

一音 □□近揆 衰衰衰衰

五聲 坤巧丘弃 衰衰衰衰

□□乾虯 衰衰衰衰

黑花香血 衰衰衰衰

二音 黃華雄賢 衰衰衰衰

五聲 五瓦仰□ 衰衰衰衰

吾牙月堯 衰衰衰衰

# 開音濁和律二之六

兌兌兌兌　多可个舌
六音　兌兌兌兌　禾火化八
一聲　兌兌兌兌　開宰愛○
兌兌兌兌　回每退○
兌兌兌兌　良兩向○
六音　兌兌兌兌　光廣況○
二聲　兌兌兌兌　丁井亘○
兌兌兌兌　兄永瑩○
兌兌兌兌　千典旦○
六音　兌兌兌兌　元犬半○
三聲　兌兌兌兌　臣引艮○
兌兌兌兌　君允巽○
兌兌兌兌　刀早孝岳
六音　兌兌兌兌　毛寶報霍
四聲　兌兌兌兌　牛斗奏六
兌兌兌兌　○○○玉

安亞乙一　衰衰衰衰
三音　□爻王寅　衰衰衰衰
五聲　母馬美米　衰衰衰衰
目皃眉民　衰衰衰衰
夫法□飛　衰衰衰衰
四音　父凡□吠　衰衰衰衰
五聲　武晚□尾　衰衰衰衰
文万□未　衰衰衰衰
卜百丙必　衰衰衰衰
五音　步白葡鼻　衰衰衰衰
五聲　普朴品匹　衰衰衰衰
旁排平瓶　衰衰衰衰
東丹帝■　衰衰衰衰
六音　兌大弟■　衰衰衰衰
五聲　土貪天■　衰衰衰衰
同覃田■　衰衰衰衰

兌兌兌兌 妻子四日

六音 兌兌兌兌 衰○帥骨

五聲 兌兌兌兌 ○○○德

兌兌兌兌 龜水貴北

兌兌兌兌 宮孔衆○

六音 兌兌兌兌 龍甬用○

六聲 兌兌兌兌 魚鼠去○

兌兌兌兌 烏虎兔○

兌兌兌兌 心審禁○

六音 兌兌兌兌 ○○○十

七聲 兌兌兌兌 男坎欠○

兌兌兌兌 ○○○妾

兌兌兌兌 ●●●●

六音 兌兌兌兌 ●●●●

八聲 兌兌兌兌 ●●●●

兌兌兌兌 ●●●●

乃妳女■ 衰衰衰衰

七音 內南年■ 衰衰衰衰

五聲 老冷吕■ 衰衰衰衰

鹿犖离■ 衰衰衰衰

走哉足■ 衰衰衰衰

八音 自在匠■ 衰衰衰衰

五聲 草采七■ 衰衰衰衰

曹才全■ 衰衰衰衰

思三星■ 衰衰衰衰

九音 寺□象■ 衰衰衰衰

五聲 □□□■ 衰衰衰衰

□□□■ 衰衰衰衰

■山手■ 衰衰衰衰

十音 ■士石■ 衰衰衰衰

五聲 ■□耳■ 衰衰衰衰

■□二■ 衰衰衰衰

兑兑兑兑 ●●●●
六音 兑兑兑兑 ●●●●
九聲 兑兑兑兑 ●●●●
兑兑兑兑 ●●●●
兑兑兑兑 ●●●●
六音 兑兑兑兑 ●●●●
十聲 兑兑兑兑 ●●●●
兑兑兑兑 ●●●●

開音濁和律一之七

內內內內 多可个舌
七音 內內內內 禾火化八
一聲 內內內內 開宰愛○
內內內內 回每退○
內內內內 良兩向○
七音 內內內內 光廣況○
二聲 內內內內 丁井亘○
內內內內 兄永瑩○

■莊震■ 衰衰衰衰
十一音 ■乍□■ 衰衰衰衰
五聲 ■叉赤■ 衰衰衰衰
■崇辰■ 衰衰衰衰
■卓中■ 衰衰衰衰
十二音 ■宅直■ 衰衰衰衰
五聲 ■坼丑■ 衰衰衰衰
■茶呈■ 衰衰衰衰

平聲翕唱呂一之六

古甲九癸 龍龍龍龍
一音 □□近揆 龍龍龍龍
六聲 坤巧丘弃 龍龍龍龍
□□乾虯 龍龍龍龍
黑花香血 龍龍龍龍
二音 黃華雄賢 龍龍龍龍
六聲 五瓦仰□ 龍龍龍龍
吾牙月堯 龍龍龍龍

内内内内　千典旦○
七音　内内内内　元犬半○
三聲　内内内内　臣引艮○
内内内内　君允巽○
内内内内　刀早孝岳
七音　内内内内　毛寶報霍
四聲　内内内内　牛斗奏六
内内内内　○○○玉
内内内内　妻子四日
七音　内内内内　衰○帥骨
五聲　内内内内　○○○德
内内内内　龜水貴北
内内内内　宮孔衆○
七音　内内内内　龍甬用○
六聲　内内内内　魚鼠去○
内内内内　烏虎兔○

安亞乙一　龍龍龍龍
三音　□爻王寅　龍龍龍龍
六聲　母馬美米　龍龍龍龍
目皃眉民　龍龍龍龍
夫法□飛　龍龍龍龍
四音　父凡□吠　龍龍龍龍
六聲　武晚□尾　龍龍龍龍
文万□未　龍龍龍龍
卜百丙必　龍龍龍龍
五音　步白精鼻　龍龍龍龍
六聲　普朴品匹　龍龍龍龍
旁排平瓶　龍龍龍龍
東丹帝■　龍龍龍龍
六音　兑大弟■　龍龍龍龍
六聲　土貪天■　龍龍龍龍
同覃田■　龍龍龍龍

内内内内　心審禁○

七音　内内内内　○○○十

七聲　内内内内　男坎欠○

内内内内　○○○妾

内内内内　●●●●

七音　内内内内　●●●●

八聲　内内内内　●●●●

内内内内　●●●●

内内内内　●●●●

七音　内内内内　●●●●

九聲　内内内内　●●●●

内内内内　●●●●

内内内内　●●●●

七音　内内内内　●●●●

十聲　内内内内　●●●●

内内内内　●●●●

乃妳女■　龍龍龍龍

七音　内南年■　龍龍龍龍

六聲　老冷吕■　龍龍龍龍

鹿犖离■　龍龍龍龍

走哉足■　龍龍龍龍

八音　自在匠■　龍龍龍龍

六聲　草采七■　龍龍龍龍

曹才全■　龍龍龍龍

思三星■　龍龍龍龍

九音　寺□象■　龍龍龍龍

六聲　□□□■　龍龍龍龍

□□□■　龍龍龍龍

■山手■　龍龍龍龍

十音　■士石■　龍龍龍龍

六聲　■□耳■　龍龍龍龍

■□二■　龍龍龍龍

## 開音濁和律一之八

八音一聲

自自自自　多可个舌
自自自自　禾火化八
自自自自　開宰愛○
自自自自　回每退○
自自自自　良兩向○

八音二聲

自自自自　光廣況○
自自自自　丁井亘○
自自自自　兄永瑩○
自自自自　千典旦○

八音三聲

自自自自　元犬半○
自自自自　臣引艮○
自自自自　君允巽○
自自自自　刀早孝岳

八音四聲

自自自自　毛寶報霍
自自自自　牛斗奏六
自自自自　○○○玉

■莊震■　龍龍龍龍

十一音六聲

■乍□■　龍龍龍龍
■叉赤■　龍龍龍龍
■崇辰■　龍龍龍龍
■卓中■　龍龍龍龍

十二音六聲

■宅直■　龍龍龍龍
■坼丑■　龍龍龍龍
■茶呈■　龍龍龍龍

## 平聲翕唱呂二之七

古甲九癸　○○○○

一音七聲

□□近揆　○○○○
坤巧丘弃　○○○○
□□乾虯　○○○○
黑花香血　○○○○

二音七聲

黃華雄賢　○○○○
五瓦仰□　○○○○
吾牙月堯　○○○○

自自自自　妻子四日
八音　自自自自　衰○帥骨
五聲　自自自自　○○○德
自自自自　龜水貴北
自自自自　宮孔衆○
八音　自自自自　龍甬用○
六聲　自自自自　魚鼠去○
自自自自　烏虎兔○
自自自自　心審禁○
八音　自自自自　○○○十
七聲　自自自自　男坎欠○
自自自自　○○○妾
自自自自　●●●●
八音　自自自自　●●●●
八聲　自自自自　●●●●
自自自自　●●●●

安亞乙一　○○○○
三音　□爻王寅　○○○○
七聲　母馬美米　○○○○
目皃眉民　○○○○
夫法□飛　○○○○
四音　父凡□吠　○○○○
七聲　武晚□尾　○○○○
文万□未　○○○○
卜百丙必　○○○○
五音　步白葡鼻　○○○○
七聲　普朴品匹　○○○○
旁排平瓶　○○○○
東丹帝■　○○○○
六音　兑大弟■　○○○○
七聲　土貪天■　○○○○
同覃田■　○○○○

八音　九聲
自自自自　●●●●
自自自自　●●●●
自自自自　●●●●
自自自自　●●●●

八音　十聲
自自自自　●●●●
自自自自　●●●●
自自自自　●●●●
自自自自　●●●●

開音濁和律二之九

寺寺寺寺　多可个舌

九音　一聲
寺寺寺寺　禾火化八
寺寺寺寺　開宰愛○
寺寺寺寺　回每退○
寺寺寺寺　良兩向○

九音　二聲
寺寺寺寺　光廣况○
寺寺寺寺　丁井亘○
寺寺寺寺　兄永瑩○

七音　七聲
乃妳女■　○○○○
內南年■　○○○○
老冷吕■　○○○○
鹿犖离■　○○○○
走哉足■　○○○○

八音　七聲
自在匠■　●○○○
草采七■　○○○○
曹才全■　○○○○

思三星■　○○○○

九音　七聲
寺□象■　○○○○
□□□■　○○○○
□□□■　○○○○
■山手■　○○○○

十音　七聲
■士石■　○○○○
■□耳■　○○○○
■□二■　○○○○

寺寺寺寺　千典旦○
九音　寺寺寺寺　元犬半○
三聲　寺寺寺寺　臣引艮○
寺寺寺寺　君允巽○
寺寺寺寺　刀早孝岳
九音　寺寺寺寺　毛寶報霍
四聲　寺寺寺寺　牛斗奏六
寺寺寺寺　○○○玉
寺寺寺寺　妻子四日
九音　寺寺寺寺　衰○帥骨
五聲　寺寺寺寺　○○○德
寺寺寺寺　龜水貴北
寺寺寺寺　宮孔衆○
九音　寺寺寺寺　龍甬用○
六聲　寺寺寺寺　魚鼠去○
寺寺寺寺　烏虎兔○

■莊震■　○○○○
十一音　■乍□■　○○○○
七聲　■叉赤■　○○○○
■崇辰■　○○○○
■卓中■　○○○○
十二音　■宅直■　○○○○
七聲　■坼丑■　○○○○
■茶呈■　○○○○

平聲翕唱呂二之八

古甲九癸　●●●●
一音　□□近揆　●●●●
八聲　坤巧丘弃　●●●●
□□乾虯　●●●●
黑花香血　●●●●
二音　黄華雄賢　●●●●
八聲　五瓦仰□　●●●●
吾牙月堯　●●●●

寺寺寺寺 心審禁○
九音 寺寺寺寺 ○○○十
七聲 寺寺寺寺 男坎欠○
寺寺寺寺 ○○○妾
寺寺寺寺 ●●●●
九音 寺寺寺寺 ●●●●
八聲 寺寺寺寺 ●●●●
寺寺寺寺 ●●●●
寺寺寺寺 ●●●●
九音 寺寺寺寺 ●●●●
九聲 寺寺寺寺 ●●●●
寺寺寺寺 ●●●●
寺寺寺寺 ●●●●
九音 寺寺寺寺 ●●●●
十聲 寺寺寺寺 ●●●●
寺寺寺寺 ●●●●

安亞乙一 ●●●●
三音 □爻王寅 ●●●●
八聲 母馬美米 ●●●●
目皃眉民 ●●●●
夫法□飛 ●●●●
四音 父凡□吠 ●●●●
八聲 武晚□尾 ●●●●
文万□未 ●●●●
卜百丙必 ●●●●
五音 步白葡鼻 ●●●●
八聲 普朴品匹 ●●●●
旁排平瓶 ●●●●
東丹帝■ ●●●●
六音 兑大弟■ ●●●●
八聲 土貪天■ ●●●●
同覃田■ ●●●●

開音濁和律二之十

■■■■多可个舌

十音 ■■■■禾火化八

一聲 ■■■■開宰愛○

■■■■回每退○

■■■■良兩向○

十音 ■■■■光廣況○

二聲 ■■■■丁井亘○

■■■■兄永瑩○

■■■■千典旦○

十音 ■■■■元犬半○

三聲 ■■■■臣引艮○

■■■■君允巽○

■■■■刀早孝岳

十音 ■■■■毛寶報霍

四聲 ■■■■牛斗奏六

■■■■○○○玉



乃妳女■●●●●

七音 內南年■●●●●

八聲 老冷吕■●●●●

鹿犖离■●●●●

走哉足■●●●●

八音 自在匠■●●●●

八聲 草采七■●●●●

曹才全■●●●●

思三星■●●●●

九音 寺□象■●●●●

八聲 □□□■●●●●

□□□■●●●●

■山手■●●●●

十音 ■士石■●●●●

八聲 ■□耳■●●●●

■□二■●●●●

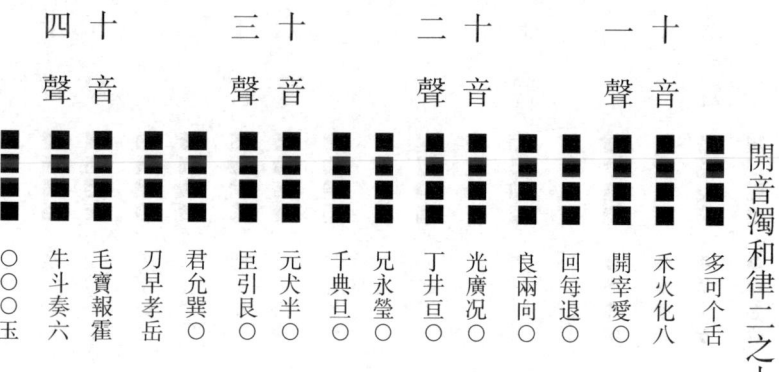

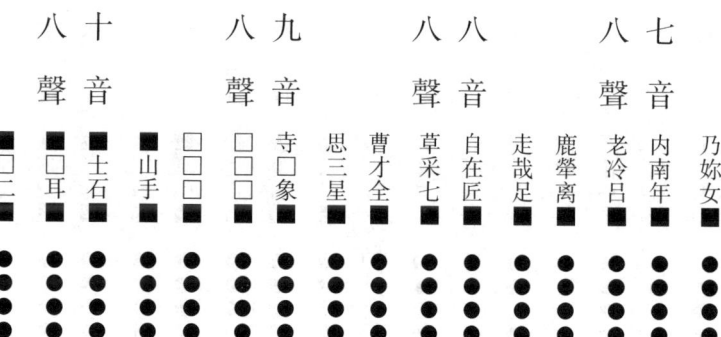

十音　五聲

■■■■妻子四日
■■■■衰○帥骨
■■■■○○○德
■■■■龜水貴北
■■■■宮孔衆○

十音　六聲

■■■■龍甬用○
■■■■魚鼠去○
■■■■烏虎兔○
■■■■心審禁○

十音　七聲

■■■■○○○十
■■■■男坎欠○
■■■■○○○妾
■■■■●●●●

十音　八聲

■■■■●●●●
■■■■●●●●
■■■■●●●●

十一音　八聲

■莊震■●●●●
■乍□■●●●●
■叉赤■●●●●
■崇辰■●●●●
■卓中■●●●●

十二音　八聲

■宅直■●●●●
■坼丑■●●●●
■茶呈■●●●●

平聲翕唱呂二之九

一音　九聲

古甲九癸●●●●
□□近揆●●●●
坤巧丘弃●●●●
■■乾虯●●●●

二音　九聲

黑花香血●●●●
黃華雄賢●●●●
五瓦仰□●●●●
吾牙月堯●●●●

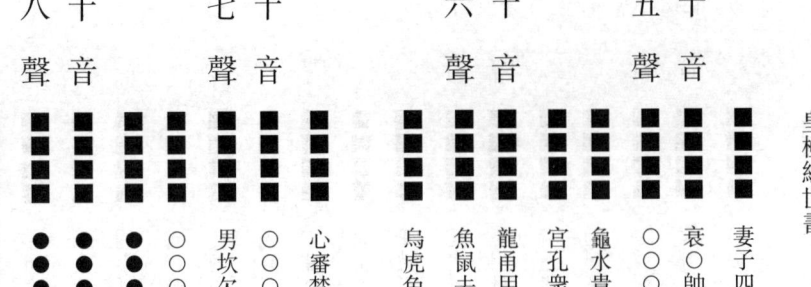

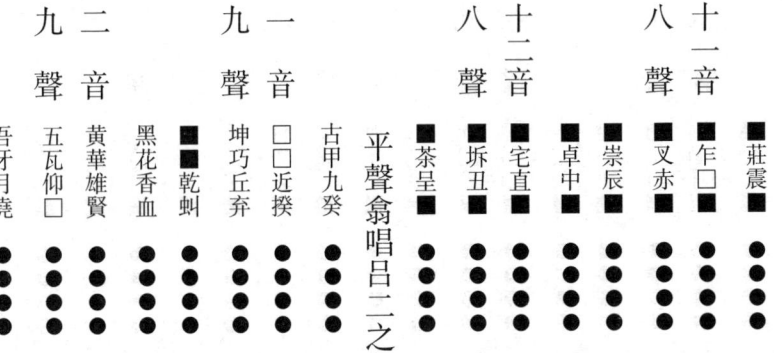

■■■■●●●●
十音 ■■■■●●●●
九聲 ■■■■●●●●
■■■■●●●●
■■■■●●●●
十音 ■■■■●●●●
十聲 ■■■■●●●●
■■■■●●●●

開音濁和律二之十一

■■■■多可个舌
十一音 ■■■■禾火化八
一聲 ■■■■開宰愛○
■■■■回每退○
■■■■良兩向○
十二音 ■■■■光廣況○
二聲 ■■■■丁井亘○
■■■■兄永瑩○

安亞乙一●●●●
三音 □爻王寅●●●●
九聲 母馬美米●●●●
目皃眉民●●●●
夫法□飛●●●●
四音 父凡□吠●●●●
九聲 武晚□尾●●●●
文万□未●●●●
卜百丙必●●●●
五音 步白葡鼻●●●●
九聲 普朴品匹●●●●
旁排平瓶●●●●
東丹帝■●●●●
六音 兑大弟■●●●●
九聲 土貪天■●●●●
同覃田■●●●●

■■■■千典旦●
十一音 ■■■■元犬半○
三聲 ■■■■臣引艮○
■■■■君允巽○
■■■■刀早孝岳
十一音 ■■■■毛寶報霍
四聲 ■■■■牛斗奏六
■■■■○○○玉
■■■■妻子四日
十一音 ■■■■衰○帥骨
五聲 ■■■■○○○德
■■■■龜水貴北
■■■■宮孔衆○
十一音 ■■■■龍甬用○
六聲 ■■■■魚鼠去○
■■■■烏虎兔○

乃妳女■●●●●
七音 內南年■●●●●
九聲 老冷吕■●●●●
鹿犖离■●●●●
走哉足■●●●●
八音 自在匠■●●●●
九聲 草采七■●●●●
曹才全■●●●●
思三星■●●●●
九音 寺□象■●●●●
九聲 □□□■●●●●
□□□■●●●●
■山手■●●●●
十音 ■士石■●●●●
九聲 ■□耳■●●●●
■○二■●●●●

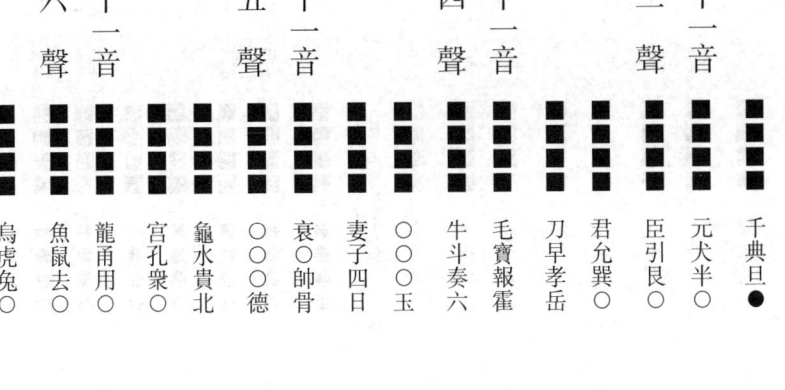

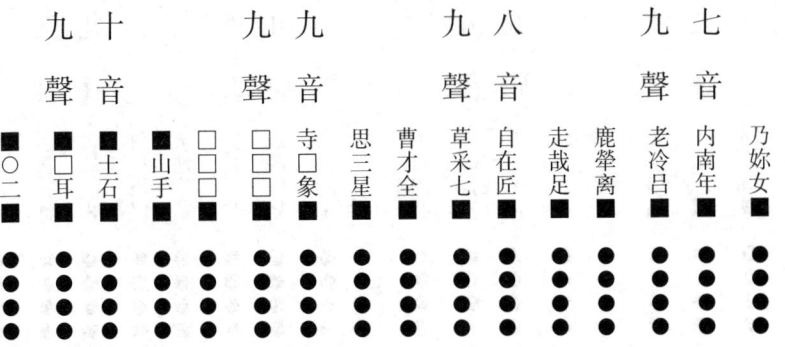

■■■■ 心審禁○
十一音 ■■■■ ○○○十
七聲 ■■■■ 男坎欠○
■■■■ ○○○妾
■■■■ ●●●●
十一音 ■■■■ ●●●●
八聲 ■■■■ ●●●●
■■■■ ●●●●

■■■■ ●●●●
十一音 ■■■■ ●●●●
九聲 ■■■■ ●●●●
■■■■ ●●●●
■■■■ ●●●●
十一音 ■■■■ ●●●●
十聲 ■■■■ ●●●●
■■■■ ●●●●

■莊震■ ●●●●
十一音 ■乍□■ ●●●●
九聲 ■叉赤■ ●●●●
■崇辰■ ●●●●
■卓中■ ●●●●
十二音 ■宅直■ ●●●●
九聲 ■坼丑■ ●●●●
■茶呈■ ●●●●

平聲翕唱呂二之十

古甲九癸 ●●●●
一音 □□近揆 ●●●●
十聲 坤巧丘弃 ●●●●
□□乾虯 ●●●●
黑花香血 ●●●●
二音 黃華雄賢 ●●●●
十聲 五瓦仰□ ●●●●
吾牙月堯 ●●●●

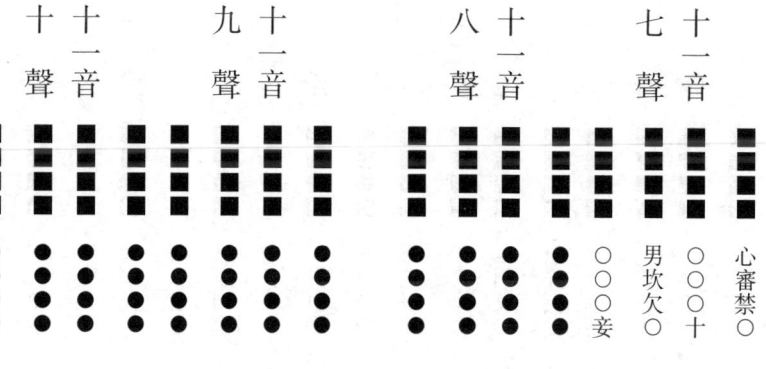

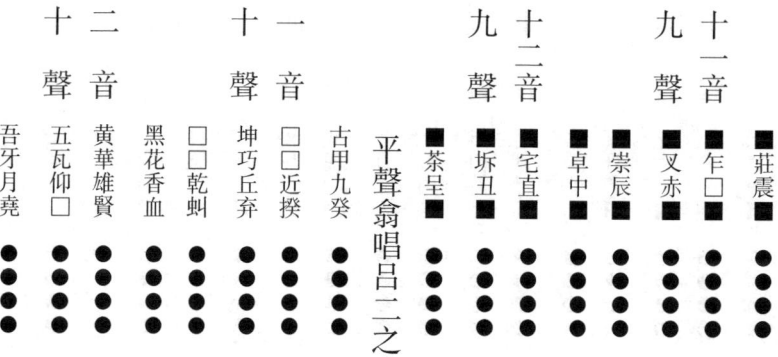

## 開音濁和律二之十二

■■■■ 多可个舌

十二音 ■■■■ 禾火化八

一聲 ■■■■ 開宰愛○

■■■■ 回每退○

■■■■ 良兩向○

十二音 ■■■■ 光廣況○

二聲 ■■■■ 丁井亘○

■■■■ 兄永瑩○

■■■■ 千典旦○

十二音 ■■■■ 元犬半○

三聲 ■■■■ 臣引艮○

■■■■ 君允巽○

■■■■ 刀早孝岳

十二音 ■■■■ 毛寶報霍

四聲 ■■■■ 牛斗奏六

■■■■ ○○○玉

安亞乙一 ●●●●

三音 □爻王寅 ●●●●

十聲 母馬美米 ●●●●

目皃眉民 ●●●●

夫法□飛 ●●●●

四音 父凡□吠 ●●●●

十聲 武晚□尾 ●●●●

文万□未 ●●●●

卜百丙必 ●●●●

五音 步白精鼻 ●●●●

十聲 普朴品匹 ●●●●

旁排平瓶 ●●●●

東丹帝■ ●●●●

六音 兌大弟■ ●●●●

十聲 土貪天■ ●●●●

同覃田■ ●●●●

■■■■妻子四日
十二音 ■■■■衰○帥骨
五聲 ■■■■○○○德
■■■■龜水貴北
■■■■宮孔衆○
十二音 ■■■■龍甬用○
六聲 ■■■■魚鼠去○
■■■■烏虎兔○
■■■■心審禁○
十二音 ■■■■○○○十
七聲 ■■■■男坎欠○
■■■■○○○妾
■■■■●●●●
十二音 ■■■■●●●●
八聲 ■■■■●●●●
■■■■●●●●

乃妳女■●●●●
七音 内南年■●●●●
十聲 老冷吕■●●●●
鹿犖离■●●●●
走哉足■●●●●
八音 自在匠■●●●●
十聲 草采七■●●●●
曹才全■●●●●
思三星■●●●●
九音 寺□象■●●●●
十聲 □□□■●●●●
□□□■●●●●
■山手■●●●●
十音 ■士石■●●●●
十聲 ■□耳■●●●●
■□二■●●●●

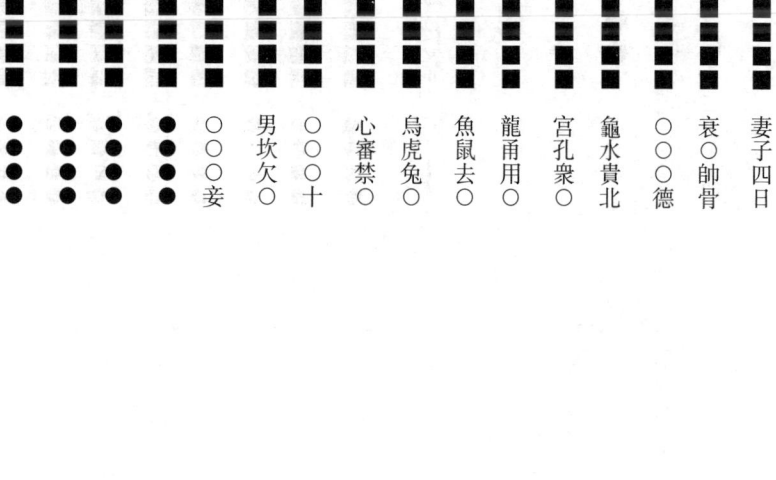

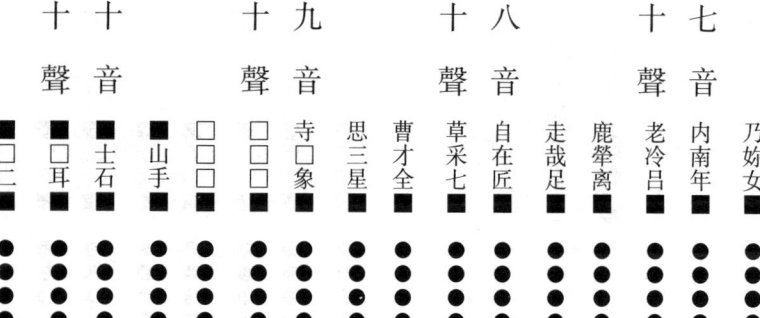

■■■■●●●●

十二音 ■■■■●●●●

九聲 ■■■■●●●●

■■■■●●●●

■■■■●●●●

十二音 ■■■■●●●●

十聲 ■■■■●●●●

■■■■●●●●

## 觀物篇之三十七

日星聲平闢

開丁臣牛●

魚男●●●

日星聲七，下唱地之用音一百五十二，是謂平聲闢音。平聲闢音一千六十四。

■莊震■●●●●

十一音 ■乍□■●●●●

十聲 ■叉赤■●●●●

■崇辰■●●●●

■卓中■●●●●

十二音 ■宅直■●●●●

十聲 ■坼丑■●●●●

■茶呈■●●●●

水土音開清

坤五母武普土

老草□■■■

水土音九，上和天之用聲一百一十二，是謂開音清聲。開音清聲一千八。

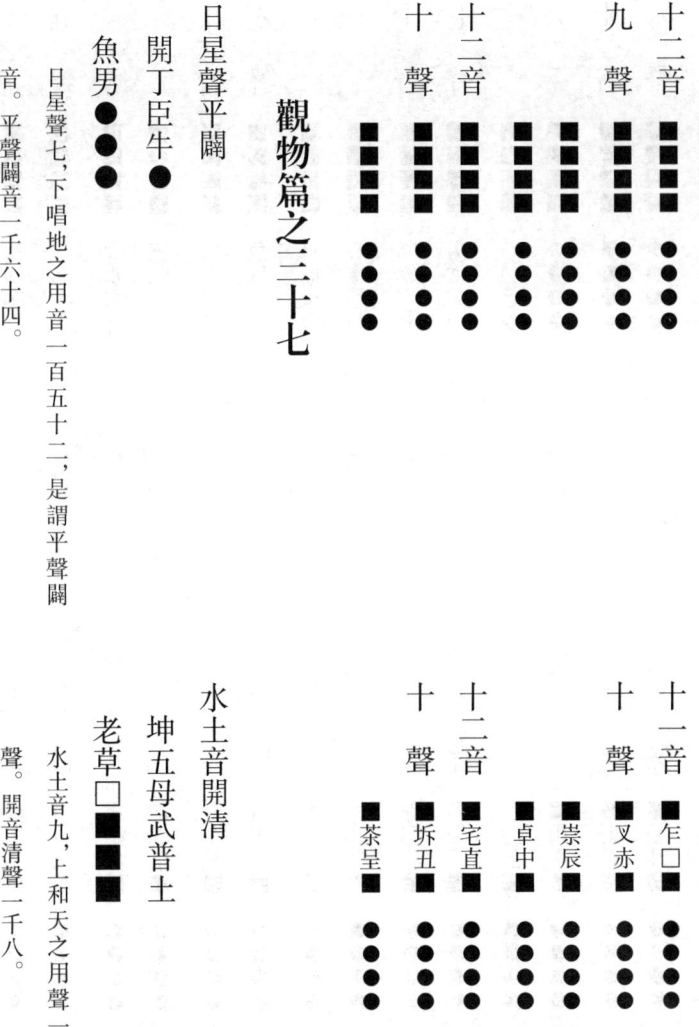

日星聲平之三闢

開音清和律三之一

坤坤坤坤　多可个舌
一音　坤坤坤坤　禾火化八
一聲　坤坤坤坤　開宰愛○
坤坤坤坤　回每退○
坤坤坤坤　良兩向○
一音　坤坤坤坤　光廣況○
二聲　坤坤坤坤　丁井亘○
坤坤坤坤　兄永瑩○
坤坤坤坤　千典旦○
一音　坤坤坤坤　元犬半○
三聲　坤坤坤坤　臣引艮○
坤坤坤坤　君允巽○
坤坤坤坤　刀早孝岳
一音　坤坤坤坤　毛寶報霍
四聲　坤坤坤坤　牛斗奏六
坤坤坤坤　○○○玉

水土音開之三清

平聲闢唱呂三之一

古甲九癸　開開開開
一音　□□近揆　開開開開
一聲　坤巧丘弃　開開開開
□□乾虯　開開開開
黑花香血　開開開開
二音　黃華雄賢　開開開開
一聲　五瓦仰□　開開開開
吾牙月堯　開開開開
安亞乙一　開開開開
三音　□爻王寅　開開開開
一聲　母馬美米　開開開開
目皃眉民　開開開開
夫法□飛　開開開開
四音　父凡□吠　開開開開
一聲　武晚□尾　開開開開
文万□未　開開開開

坤坤坤坤　妻子四日
一音　坤坤坤坤　衰○帥骨
五聲　坤坤坤坤　○○○德
坤坤坤坤　龜水貴北
坤坤坤坤　宮孔衆○
一音　坤坤坤坤　龍甬用○
六聲　坤坤坤坤　魚鼠去○
坤坤坤坤　烏虎兔○
坤坤坤坤　心審禁○
一音　坤坤坤坤　○○○十
七聲　坤坤坤坤　男坎欠○
坤坤坤坤　○○○妾
坤坤坤坤　●●●●
一音　坤坤坤坤　●●●●
八聲　坤坤坤坤　●●●●
坤坤坤坤　●●●●

卜百丙必　開開開開
五音　步白葡鼻　開開開開
一聲　普朴品匹　開開開開
旁排平瓶　開開開開
東丹帝■　開開開開
六音　兑大弟■　開開開開
一聲　土貪天■　開開開開
同覃田■　開開開開
乃妳女■　開開開開
七音　内南年■　開開開開
一聲　老冷吕■　開開開開
鹿犖离■　開開開開
走哉足■　開開開開
八音　自在匠■　開開開開
一聲　草采七■　開開開開
曹才全■　開開開開

坤坤坤坤 ●●●●

一音九聲

坤坤坤坤 ●●●●
坤坤坤坤 ●●●●
坤坤坤坤 ●●●●
坤坤坤坤 ●●●●

一音十聲

坤坤坤坤 ●●●●
坤坤坤坤 ●●●●
坤坤坤坤 ●●●●

## 開音清和律三之二

五五五五 多可个舌

二音一聲

五五五五 禾火化八
五五五五 開宰愛○
五五五五 回每退○
五五五五 良兩向○

二音二聲

五五五五 光廣況○
五五五五 丁井亘○
五五五五 兄永瑩○

思三星■ 開開開開

九音一聲

寺○象■ 開開開開
□□□■ 開開開開
□□□■ 開開開開
■山手■ 開開開開

十音一聲

■士石■ 開開開開
■□耳■ 開開開開
■□二■ 開開開開
■莊震■ 開開開開

十一音一聲

■乍□■ 開開開開
■叉赤■ 開開開開
■崇辰■ 開開開開
■卓中■ 開開開開

十二音一聲

■宅直■ 開開開開
■坼丑■ 開開開開
■茶呈■ 開開開開

五五五五　千典旦○
二音　五五五五　元犬半○
三聲　五五五五　臣引艮○
五五五五　君允巽○
五五五五　刀早孝岳
二音　五五五五　毛寶報霍
四聲　五五五五　牛斗奏六
五五五五　○○○玉
五五五五　妻子四日
二音　五五五五　衰○帥骨
五聲　五五五五　○○○德
五五五五　龜水貴北
五五五五　宮孔衆○
二音　五五五五　龍甬用○
六聲　五五五五　魚鼠去○
五五五五　烏虎兔○

平聲闢唱呂三之二

古甲九癸　丁丁丁丁
一音　□□近揆　丁丁丁丁
二聲　坤巧丘弃　丁丁丁丁
□□乾虯　丁丁丁丁
黑花香血　丁丁丁丁
二音　黃華雄賢　丁丁丁丁
二聲　五瓦仰□　丁丁丁丁
吾牙月堯　丁丁丁丁
安亞乙一　丁丁丁丁
三音　□爻王寅　丁丁丁丁
二聲　母馬美米　丁丁丁丁
目皃眉民　丁丁丁丁
夫法□飛　丁丁丁丁
四音　父凡□吠　丁丁丁丁
二聲　武晚□尾　丁丁丁丁
文万□未　丁丁丁丁

五五五五　心審禁○
二音　五五五五　○○○十
七聲　五五五五　男坎欠○
五五五五　○○○妾
五五五五　●●●●
二音　五五五五　●●●●
八聲　五五五五　●●●●
五五五五　●●●●
五五五五　●●●●
二音　五五五五　●●●●
九聲　五五五五　●●●●
五五五五　●●●●
五五五五　●●●●
二音　五五五五　●●●●
十聲　五五五五　●●●●
五五五五　●●●●

卜百丙必　丁丁丁丁
五音　步白葡鼻　丁丁丁丁
二聲　普朴品匹　丁丁丁丁
旁排平瓶　丁丁丁丁
東丹帝■　丁丁丁丁
六音　兑大弟■　丁丁丁丁
二聲　土貪天■　丁丁丁丁
同覃田■　丁丁丁丁
乃妳女■　丁丁丁丁
七音　内南年■　丁丁丁丁
二聲　老冷吕■　丁丁丁丁
鹿犖离■　丁丁丁丁
走哉足■　丁丁丁丁
八音　自在匠■　丁丁丁丁
二聲　草采七■　丁丁丁丁
曹才全■　丁丁丁丁

## 開音清和律三之三

母母母母　多可个舌
三音　母母母母　禾火化八
一聲　母母母母　開宰愛○
母母母母　回每退○
母母母母　良兩向○
三音　母母母母　光廣况○
二聲　母母母母　丁井亘○
母母母母　兄永瑩○
母母母母　千典旦○
三音　母母母母　元犬半○
三聲　母母母母　臣引艮○
母母母母　君允巽○
母母母母　刀早孝岳
三音　母母母母　毛寶報霍
四聲　母母母母　牛斗奏六
母母母母　○○○玉

思三星■　丁丁丁丁
九音　寺□象■　丁丁丁丁
二聲　□□□■　丁丁丁丁
□□□■　丁丁丁丁
■山手■　丁丁丁丁
十音　■士石■　丁丁丁丁
二聲　■□耳■　丁丁丁丁
■□二■　丁丁丁丁
■莊震■　丁丁丁丁
十一音　■乍□■　丁丁丁丁
二聲　■又赤■　丁丁丁丁
■崇辰■　丁丁丁丁
■卓中■　丁丁丁丁
十二音　■宅直■　丁丁丁丁
二聲　■拆丑■　丁丁丁丁
■茶呈■　丁丁丁丁

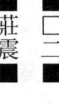

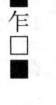

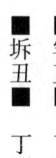

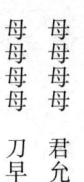

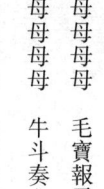

母母母母 妻子四日
三音 母母母母 衰○帥骨
五聲 母母母母 ○○○德
母母母母 龜水貴北
母母母母 宮孔衆○
三音 母母母母 龍甬用○
六聲 母母母母 魚鼠去○
母母母母 烏虎兔○
母母母母 心審禁○
三音 母母母母 ○○○十
七聲 母母母母 男坎欠○
母母母母 ○○○妾
母母母母 ●●●●
三音 母母母母 ●●●●
八聲 母母母母 ●●●●
母母母母 ●●●●

## 平聲闢唱呂三之三

古甲九癸 臣臣臣臣
一音 □□近揆 臣臣臣臣
三聲 坤巧丘弃 臣臣臣臣
□□乾虯 臣臣臣臣
黑花香血 臣臣臣臣
二音 黃華雄賢 臣臣臣臣
三聲 五瓦仰□ 臣臣臣臣
吾牙月堯 臣臣臣臣
安亞乙一 臣臣臣臣
三音 □爻王寅 臣臣臣臣
三聲 母馬美米 臣臣臣臣
目皃眉民 臣臣臣臣
夫法□飛 臣臣臣臣
四音 父凡□吠 臣臣臣臣
三聲 武晚□尾 臣臣臣臣
文万□未 臣臣臣臣

母母母母 ●●●●
三音 母母母母 ●●●●
九聲 母母母母 ●●●●
母母母母 ●●●●
母母母母 ●●●●
三音 母母母母 ●●●●
十聲 母母母母 ●●●●
母母母母 ●●●●

## 開音清和律三之四

武武武武 多可个舌
四音 武武武武 禾火化八
一聲 武武武武 開宰愛○
武武武武 回每退○
武武武武 良兩向○
四音 武武武武 光廣況○
二聲 武武武武 丁井亘○
武武武武 兄永瑩○

卜百丙必 臣臣臣臣
五音 步白鞴鼻 臣臣臣臣
三聲 普朴品匹 臣臣臣臣
旁排平瓶 臣臣臣臣
東丹帝■ 臣臣臣臣
六音 兑大弟■ 臣臣臣臣
三聲 土貪天■ 臣臣臣臣
同覃田■ 臣臣臣臣
乃妳女■ 臣臣臣臣
七音 内南年■ 臣臣臣臣
三聲 老冷吕■ 臣臣臣臣
鹿犖离■ 臣臣臣臣
走哉足■ 臣臣臣臣
八音 自在匠■ 臣臣臣臣
三聲 草采七■ 臣臣臣臣
曹才全■ 臣臣臣臣

武武武武　千典旦○
四音　武武武武　元犬半○
三聲　武武武武　臣引艮○
武武武武　君允巽○
武武武武　刀早孝岳
四音　武武武武　毛寶報霍
四聲　武武武武　牛斗奏六
武武武武　○○○玉
武武武武　妻子四日
四音　武武武武　衰○帥骨
五聲　武武武武　○○○德
武武武武　龜水貴北
武武武武　宮孔衆○
四音　武武武武　龍甬用○
六聲　武武武武　魚鼠去○
武武武武　烏虎兔○

思三星■　臣臣臣臣
九音　寺□象■　臣臣臣臣
三聲　□□□■　臣臣臣臣
□□□■　臣臣臣臣
■山手■　臣臣臣臣
十音　■士石■　臣臣臣臣
三聲　■□耳■　臣臣臣臣
■□二■　臣臣臣臣
■莊震■　臣臣臣臣
十一音　■乍□■　臣臣臣臣
三聲　■叉赤■　臣臣臣臣
■崇辰■　臣臣臣臣
■卓中■　臣臣臣臣
十二音　■宅直■　臣臣臣臣
三聲　■坼丑■　臣臣臣臣
■茶呈■　臣臣臣臣

武武武武 心審禁○

四音 七聲

武武武武 ○○○十
武武武武 男坎欠○
武武武武 ○○○妾
武武武武 ●●●●

四音 八聲

武武武武 ●●●●
武武武武 ●●●●
武武武武 ●●●●
武武武武 ●●●●

四音 九聲

武武武武 ●●●●
武武武武 ●●●●
武武武武 ●●●●
武武武武 ●●●●

四音 十聲

武武武武 ●●●●
武武武武 ●●●●
武武武武 ●●●●

## 平聲闢唱呂三之四

古甲九癸 牛牛牛牛

一音 四聲

□□近揆 牛牛牛牛
坤巧丘弃 牛牛牛牛
□□乾虯 牛牛牛牛
黑花香血 牛牛牛牛

二音 四聲

黃華雄賢 牛牛牛牛
五瓦仰□ 牛牛牛牛
吾牙月堯 牛牛牛牛
安亞乙一 牛牛牛牛

三音 四聲

□爻王寅 牛牛牛牛
母馬美米 牛牛牛牛
目皃眉民 牛牛牛牛
夫法□飛 牛牛牛牛

四音 四聲

父凡□吠 牛牛牛牛
武晚□尾 牛牛牛牛
文万□未 牛牛牛牛

開音清和律三之五

普普普普　多可个舌

五音一聲
普普普普　禾火化八
普普普普　開宰愛○
普普普普　回每退○
普普普普　良兩向○

五音二聲
普普普普　光廣況○
普普普普　丁井亘○
普普普普　兄永瑩○
普普普普　千典旦○

五音三聲
普普普普　元犬半○
普普普普　臣引艮○
普普普普　君允巽○
普普普普　刀早孝岳

五音四聲
普普普普　毛寶報霍
普普普普　牛斗奏六
普普普普　○○○玉

卜百丙必　牛牛牛牛

五音四聲
步白葡鼻　牛牛牛牛
普朴品匹　牛牛牛牛
旁排平瓶　牛牛牛牛
東丹帝■　牛牛牛牛

六音四聲
兑大弟■　牛牛牛牛
土貪天■　牛牛牛牛
同覃田■　牛牛牛牛
乃妳女■　牛牛牛牛

七音四聲
内南年■　牛牛牛牛
老冷吕■　牛牛牛牛
鹿犖离■　牛牛牛牛
走哉足■　牛牛牛牛

八音四聲
自在匠■　牛牛牛牛
草采七■　牛牛牛牛
曹才全■　牛牛牛牛

普普普普 妻子四日
五音 普普普普 衰○帥骨
五聲 普普普普 ○○○德
普普普普 龜水貴北
普普普普 宮孔衆○
五音 普普普普 龍甬用○
六聲 普普普普 魚鼠去○
普普普普 烏虎兔○
普普普普 心審禁○
五音 普普普普 ○○○十
七聲 普普普普 男坎欠○
普普普普 ○○○妾
普普普普 ●●●●
五音 普普普普 ●●●●
八聲 普普普普 ●●●●
普普普普 ●●●●

思三星■ 牛牛牛牛
九音 寺□象■ 牛牛牛牛
四聲 □□□■ 牛牛牛牛
□□□■ 牛牛牛牛
■山手■ 牛牛牛牛
十音 ■士石■ 牛牛牛牛
四聲 ■□耳■ 牛牛牛牛
■□二■ 牛牛牛牛
■莊震■ 牛牛牛牛
十一音 ■牛□■ 牛牛牛牛
四聲 ■叉赤■ 牛牛牛牛
■崇辰■ 牛牛牛牛
■卓中■ 牛牛牛牛
十二音 ■宅直■ 牛牛牛牛
四聲 ■坼丑■ 牛牛牛牛
■茶呈■ 牛牛牛牛

普普普普 ●●●●
五音 普普普普 ●●●●
九聲 普普普普 ●●●●
普普普普 ●●●●
普普普普 ●●●●
五音 普普普普 ●●●●
十聲 普普普普 ●●●●
普普普普 ●●●●

## 開音清和律三之六

土土土土 多可个舌
六音 土土土土 禾火化八
一聲 土土土土 開宰愛○
土土土土 回每退○

## 平聲闢唱呂三之五

古甲九癸 ○○○○
一音 □□近揆 ○○○○
五聲 坤巧丘弃 ○○○○
□□乾虯 ○○○○
黑花香血 ○○○○
二音 黃華雄賢 ○○○○
五聲 五瓦仰□ ○○○○
吾牙月堯 ○○○○
安亞乙一 ○○○○
三音 □爻王寅 ○○○○
五聲 母馬美米 ○○○○
目皃眉民 ○○○○

土土土土 良兩向○
六音 土土土土 光廣況○
二聲 土土土土 丁井亘○
土土土土 兄永瑩○
土土土土 千典旦○
六音 土土土土 元犬半○
三聲 土土土土 臣引艮○
土土土土 君允巽○
土土土土 刀早孝岳
六音 土土土土 毛寶報霍
四聲 土土土土 牛斗奏六
土土土土 ○○○玉
土土土土 妻子四日
六音 土土土土 衰○帥骨
五聲 土土土土 ○○○德
土土土土 龜水貴北

夫法□飛 ○○○○
四音 父凡□吠 ○○○○
五聲 武晚□尾 ○○○○
文万□未 ○○○○
卜百丙必 ○○○○
五音 步白葡鼻 ○○○○
五聲 普朴品匹 ○○○○
旁排平瓶 ○○○○
東丹帝■ ○○○○
六音 兌大弟■ ○○○○
五聲 土貪天■ ○○○○
同覃田■ ○○○○
乃妳女■ ○○○○
七音 内南年■ ○○○○
五聲 老冷吕■ ○○○○
鹿犖离■ ○○○○

土土土土　宮孔衆○
六音　土土土土　龍甬用○
六聲　土土土土　魚鼠去○
土土土土　烏虎兔○
土土土土　心審禁○
六音　土土土土　○○○十
七聲　土土土土　男坎欠○
土土土土　○○○妾
土土土土　●●●●
六音　土土土土　●●●●
八聲　土土土土　●●●●
土土土土　●●●●
土土土土　●●●●
六音　土土土土　●●●●
九聲　土土土土　●●●●
土土土土　●●●●

走哉足■　○○○○
八音　自在匠■　○○○○
五聲　草采七■　○○○○
曹才全■　○○○○
思三星■　○○○○
九音　寺□象■　○○○○
五聲　□□□■　○○○○
□□□■　○○○○
■山手■　○○○○
十音　■士石■　○○○○
五聲　■□耳■　○○○○
■□二■　○○○○
■莊震■　○○○○
十一音　■乍□■　○○○○
五聲　■叉赤■　○○○○
■崇辰■　○○○○

土土土土　●●●●
六音　土土土土　●●●●
十聲　土土土土　●●●●
土土土土　●●●●

開音清和律三之七

老老老老　多可个舌
七音　老老老老　禾火化八
一聲　老老老老　開宰愛○
老老老老　回每退○
老老老老　良兩向○
七音　老老老老　光廣況○
二聲　老老老老　丁井亘○
老老老老　兄永瑩○
老老老老　千典旦○
七音　老老老老　元犬半○
三聲　老老老老　臣引艮○
老老老老　君允巽○

■卓中■　○○○○
十二音　■宅直■　○○○○
五聲　■坼丑■　○○○○
■茶呈■　○○○○

平聲闢唱呂三之六

古甲九癸　魚魚魚魚
一音　□□近揆　魚魚魚魚
六聲　坤巧丘弃　魚魚魚魚
□□乾虯　魚魚魚魚
黑花香血　魚魚魚魚
二音　黃華雄賢　魚魚魚魚
六聲　五瓦仰□　魚魚魚魚
吾牙月堯　魚魚魚魚
安亞乙一　魚魚魚魚
三音　□爻王寅　魚魚魚魚
六聲　母馬美米　魚魚魚魚
目皃眉民　魚魚魚魚

老老老老 刀早孝岳
七音 老老老老 毛寶報霍
四聲 老老老老 牛斗奏六
老老老老 〇〇〇玉
老老老老 妻子四日
七音 老老老老 衰〇帥骨
五聲 老老老老 〇〇〇德
老老老老 龜水貴北
老老老老 宮孔衆〇
七音 老老老老 龍甬用〇
六聲 老老老老 魚鼠去〇
老老老老 烏虎兔〇
老老老老 心審禁〇
七音 老老老老 〇〇〇十
七聲 老老老老 男坎欠〇
老老老老 〇〇〇妾

夫法□飛 魚魚魚魚
四音 父凡□吠 魚魚魚魚
六聲 武晚□尾 魚魚魚魚
文万□未 魚魚魚魚
卜百丙必 魚魚魚魚
五音 步白葡鼻 魚魚魚魚
六聲 普朴品匹 魚魚魚魚
旁排平瓶 魚魚魚魚
東丹帝■ 魚魚魚魚
六音 兑大弟■ 魚魚魚魚
六聲 土貪天■ 魚魚魚魚
同覃田■ 魚魚魚魚
乃妳女■ 魚魚魚魚
七音 内南年■ 魚魚魚魚
六聲 老冷吕■ 魚魚魚魚
鹿犖离■ 魚魚魚魚

老老老老 ●●●●
七音 老老老老 ●●●●
八聲 老老老老 ●●●●
老老老老 ●●●●
老老老老 ●●●●
七音 老老老老 ●●●●
九聲 老老老老 ●●●●
老老老老 ●●●●
老老老老 ●●●●
七音 老老老老 ●●●●
十聲 老老老老 ●●●●
老老老老 ●●●●

開音清和律三之八

草草草草 多可个舌
八音 草草草草 禾火化八
一聲 草草草草 開宰愛○
草草草草 回每退○

走哉足■ 魚魚魚魚
八音 自在匠■ 魚魚魚魚
六聲 草采七■ 魚魚魚魚
曹才全■ 魚魚魚魚
思三星■ 魚魚魚魚
九音 寺□象■ 魚魚魚魚
六聲 □□□■ 魚魚魚魚
□□□■ 魚魚魚魚
■山手■ 魚魚魚魚
十音 ■士石■ 魚魚魚魚
六聲 ■□耳■ 魚魚魚魚
■□二■ 魚魚魚魚
■莊震■ 魚魚魚魚
十一音 ■乍□■ 魚魚魚魚
六聲 ■叉赤■ 魚魚魚魚
■崇辰■ 魚魚魚魚

草草草草　良兩向○
八音　草草草草　光廣況○
二聲　草草草草　丁井亘○
草草草草　兄永瑩○

草草草草　千典旦○
八音　草草草草　元犬半○
三聲　草草草草　臣引艮○
草草草草　君允巽○

草草草草　刀早孝岳
八音　草草草草　毛寶報霍
四聲　草草草草　牛斗奏六
草草草草　○○○玉

草草草草　妻子四日
八音　草草草草　衰○帥骨
五聲　草草草草　○○○德
草草草草　龜水貴北

■卓中■　魚魚魚魚
十二音　■宅直■　魚魚魚魚
六聲　■坼丑■　魚魚魚魚
■茶呈■　魚魚魚魚

## 平聲闢唱呂三之七

古甲九癸　男男男男
一音　□□近揆　男男男男
七聲　坤巧丘弃　男男男男
□□乾虯　男男男男

黑花香血　男男男男
二音　黃華雄賢　男男男男
七聲　五瓦仰□　男男男男
吾牙月堯　男男男男

安亞乙一　男男男男
三音　□爻王寅　男男男男
七聲　母馬美米　男男男男
目皃眉民　男男男男

八音
草草草草　宫孔衆○
草草草草　龍甬用○
六聲
草草草草　魚鼠去○
草草草草　烏虎兔○
草草草草　心審禁○
八音
草草草草　○○○十
七聲
草草草草　男坎欠○
草草草草　○○○妾
草草草草　●●●●
八音
草草草草　●●●●
八聲
草草草草　●●●●
草草草草　●●●●
草草草草　●●●●
八音
草草草草　●●●●
九聲
草草草草　●●●●
草草草草　●●●●

四音
夫法□飛　男男男男
父凡□吠　男男男男
七聲
武晚□尾　男男男男
文万□未　男男男男
卜百丙必　男男男男
五音
步白葡鼻　男男男男
七聲
普朴品匹　男男男男
旁排平瓶　男男男男
東丹帝■　男男男男
六音
兑大弟■　男男男男
七聲
土貪天■　男男男男
同覃田■　男男男男
乃妳女■　男男男男
七音
内南年■　男男男男
七聲
老冷吕■　男男男男
鹿犖离■　男男男男

草草草草 ●●●●

八音 草草草草 ●●●●

十聲 草草草草 ●●●●

草草草草 ●●●●

開音清和律三之九

□□□□ 多可个舌

九音 □□□□ 禾火化八

一聲 □□□□ 開宰愛○

□□□□ 四每退○

□□□□ 良兩向○

九音 □□□□ 光廣况○

二聲 □□□□ 丁井亘○

□□□□ 兄永瑩○

□□□□ 千典旦○

九音 □□□□ 元犬半○

三聲 □□□□ 臣引艮○

□□□□ 君允巽○

走哉足■ 男男男男

八音 自在匠■ 男男男男

七聲 草采七■ 男男男男

曹才全■ 男男男男

思三星■ 男男男男

九音 寺□象■ 男男男男

七聲 □□□■ 男男男男

□□□■ 男男男男

■山手■ 男男男男

十音 ■士石■ 男男男男

七聲 ■□耳■ 男男男男

■□二■ 男男男男

■莊震■ 男男男男

十一音 ■乍□■ 男男男男

七聲 ■叉赤■ 男男男男

■崇辰■ 男男男男

□□□□ 刀早孝岳

九音
四聲

□□□□ 毛寶報霍
□□□□ 牛斗奏六
□□□□ ○○○玉

九音
五聲

□□□□ 妻子四日
□□□□ 衰○帥骨
□□□□ ○○○德
□□□□ 龜水貴北
□□□□ 宮孔衆○

九音
六聲

□□□□ 龍甬用○
□□□□ 魚鼠去○
□□□□ 烏虎兔○
□□□□ 心審禁○

九音
七聲

□□□□ ○○○十
□□□□ 男坎欠○
□□□□ ○○○妾

■卓中■ 男男男男

十二音
七聲

■宅直■ 男男男男
■拆丑■ 男男男男
■茶呈■ 男男男男

平聲闢唱呂三之八

古甲九癸 ●●●●

一音
八聲

□□近揆 ●●●●
坤巧血弃 ●●●●
□□乾虯 ●●●●
黑花香血 ●●●●

二音
八聲

黃華雄賢 ●●●●
五瓦仰□ ●●●●
吾牙月堯 ●●●●
安亞乙一 ●●●●

三音
八聲

□爻王寅 ●●●●
母馬美米 ●●●●
目皃眉民 ●●●●

□□□□ ●●●●
九音 □□□□ ●●●●
八聲 □□□□ ●●●●
□□□□ ●●●●
□□□□ ●●●●
九音 □□□□ ●●●●
九聲 □□□□ ●●●●
□□□□ ●●●●
□□□□ ●●●●
九音 □□□□ ●●●●
十聲 □□□□ ●●●●
□□□□ ●●●●

開音清和律三之十

■■■■ 多可个舌
十音 ■■■■ 禾火化八
一聲 ■■■■ 開宰愛○
■■■■ 回每退○

夫法□飛 ●●●●
四音 父凡□吠 ●●●●
八聲 武晚□尾 ●●●●
文万□未 ●●●●
卜百丙必 ●●●●
五音 步白葡鼻 ●●●●
八聲 普朴品匹 ●●●●
旁排平瓶 ●●●●
東丹帝■ ●●●●
六音 兑大弟■ ●●●●
八聲 土貪天■ ●●●●
同覃田■ ●●●●
乃妳女■ ●●●●
七音 內南年■ ●●●●
八聲 老冷吕■ ●●●●
鹿犖离■ ●●●●

十音
二聲

■■■■良兩向○
■■■■光廣況○
■■■■丁井亙○
■■■■兄永瑩○
■■■■千典旦○

十音
三聲

■■■■元犬半○
■■■■臣引艮○
■■■■君允巽○
■■■■刀早孝岳

十音
四聲

■■■■毛寶報霍
■■■■牛斗奏六
■■■■○○○玉
■■■■妻子四日

十音
五聲

■■■■衰○帥骨
■■■■○○○德
■■■■龜水貴北

八音
八聲

走哉足■●●●●
自在匠■●●●●
草采七■●●●●
曹才全■●●●●
思三星■●●●●

九音
八聲

寺□象■●●●●
□□□■●●●●
□□□■●●●●
■山手■●●●●

十音
八聲

■士石■●●●●
■□耳■●●●●
■□二■●●●●
■莊震■●●●●

十一音
八聲

■乍□■●●●●
■叉赤■●●●●
■崇辰■●●●●

十音六聲

宮孔衆○ ■■■■
龍甬用○ ■■■■
魚鼠去○ ■■■■
烏虎兔○ ■■■■

十音七聲

心審禁○ ■■■■
○○○十 ■■■■
男坎欠○ ■■■■
○○○妾 ■■■■
●●●● ■■■■

十音八聲

●●●● ■■■■
●●●● ■■■■
●●●● ■■■■
●●●● ■■■■

十音九聲

●●●● ■■■■
●●●● ■■■■
●●●● ■■■■

十二音八聲

■卓中■ ●●●●
■宅直■ ●●●●
■拆丑■ ●●●●
■茶呈■ ●●●●

## 平聲闢唱呂三之九

一音九聲

古甲九癸 ●●●●
□□近揆 ●●●●
坤巧丘弃 ●●●●
□□乾虯 ●●●●
黑花香血 ●●●●

二音九聲

黃華雄賢 ●●●●
五瓦仰□ ●●●●
吾牙月堯 ●●●●
安亞乙一 ●●●●

三音九聲

□爻王寅 ●●●●
母馬美米 ●●●●
目皃眉民 ●●●●

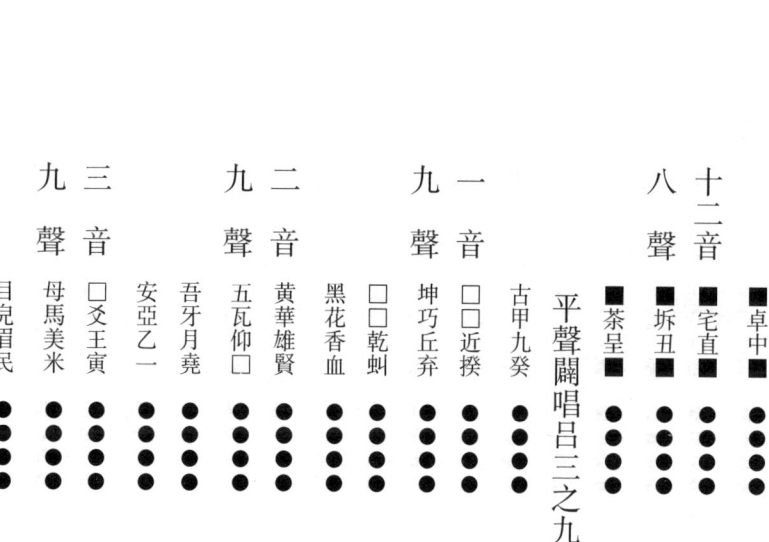

■■■■●●●●
十音 ■■■■●●●●
十聲 ■■■■●●●●
■■■■●●●●

開音清和律三之十一

■■■■多可个舌
十一音 ■■■■禾火化八
一聲 ■■■■開宰愛○
■■■■回每退○
■■■■良兩向○
十一音 ■■■■光廣況○
二聲 ■■■■丁井亘○
■■■■兄永瑩○
■■■■千典旦○
十一音 ■■■■元犬半○
三聲 ■■■■臣引艮○
■■■■君允巽○

夫法□飛●●●●
四音 父凡□吠●●●●
九聲 武晚□尾●●●●
文万□未●●●●
卜百丙必●●●●
五音 步白葡鼻●●●●
九聲 普朴品匹●●●●
旁排平瓶●●●●
東丹帝■●●●●
六音 兑大弟■●●●●
九聲 土貪天■●●●●
同覃田■●●●●
乃妳女■●●●●
七音 内南年■●●●●
九聲 老冷吕■●●●●
鹿犖离■●●●●

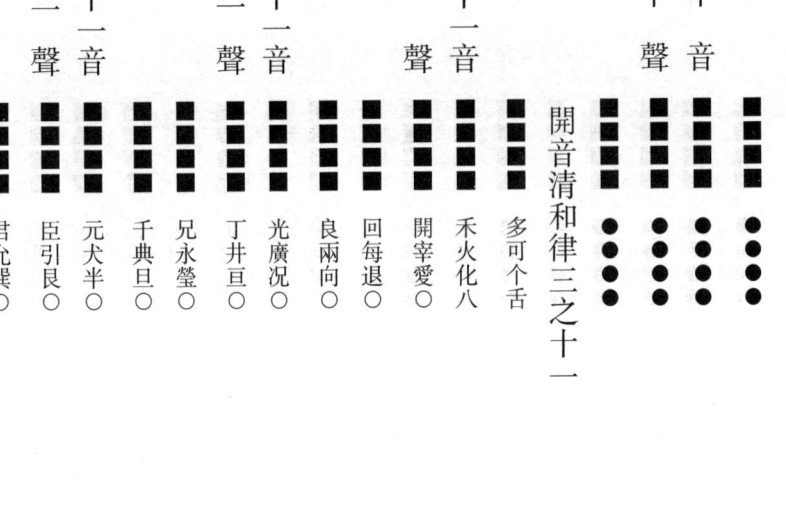

■■■■刀早孝岳

十一音　■■■■毛寶報霍
四聲　■■■■牛斗奏六
■■■■○○○玉
■■■■妻子四日

十一音　■■■■衰○帥骨
五聲　■■■■○○○德
■■■■龜水貴北
■■■■宮孔衆○

十一音　■■■■龍甬用○
六聲　■■■■魚鼠去○
■■■■烏虎兔○
■■■■心審禁○

十一音　■■■■○○○十
七聲　■■■■男坎欠○
■■■■○○○妾

走哉足■●●●●

八音　自在匠■●●●●
九聲　草采七■●●●●
曹才全■●●●●
思三星■●●●●

九音　寺□象■●●●●
九聲　□□□■●●●●
□□□■●●●●
■山手■●●●●

十音　■士石■●●●●
九聲　■□耳■●●●●
■□二■●●●●
■莊震■●●●●

十一音　■乍□■●●●●
九聲　■叉赤■●●●●
■崇辰■●●●●

■■■■ ●●●●
十一音 ■■■■ ●●●●
八聲 ■■■■ ●●●●
■■■■ ●●●●
■■■■ ●●●●
十一音 ■■■■ ●●●●
九聲 ■■■■ ●●●●
■■■■ ●●●●
■■■■ ●●●●
十一音 ■■■■ ●●●●
十聲 ■■■■ ●●●●
■■■■ ●●●●

■卓中■ ●●●●
十二音 ■宅直■ ●●●●
九聲 ■坼丑■ ●●●●
■茶呈■ ●●●●

平聲闢唱呂三之十

古甲九癸 ●●●●
一音 □□近揆 ●●●●
十聲 坤巧丘弃 ●●●●
□□乾虯 ●●●●
黑花香血 ●●●●
二音 黃華雄賢 ●●●●
十聲 五瓦仰□ ●●●●
吾牙月堯 ●●●●

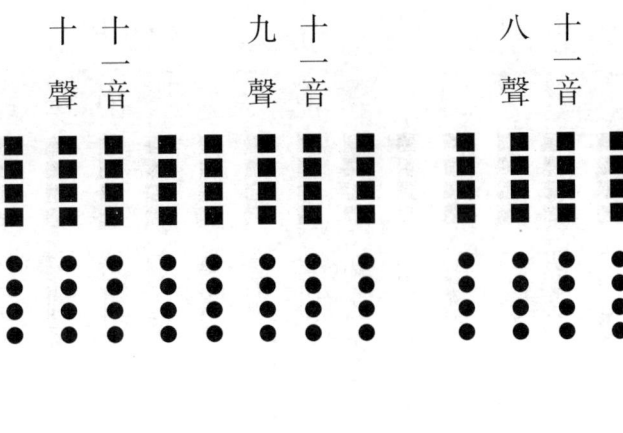

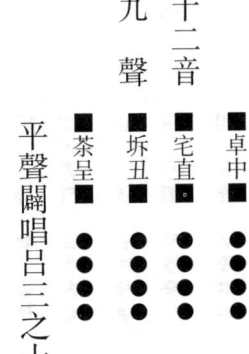

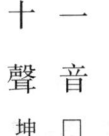

開音清和律三之十二

■■■■多可个舌

十二音 一聲

■■■■禾火化八
■■■■開宰愛○
■■■■回每退○
■■■■良兩向○

十二音 二聲

■■■■光廣況○
■■■■丁井亘○
■■■■兄永瑩○
■■■■千典旦○

十二音 三聲

■■■■元犬半○
■■■■臣引艮○
■■■■君允巽○
■■■■刀早孝岳

十二音 四聲

■■■■毛寶報霍
■■■■牛斗奏六
■■■■○○○玉

安亞乙一●●●●

三音 十聲

□爻王寅●●●●
母馬美米●●●●
目皃眉民●●●●
夫法□飛●●●●

四音 十聲

父凡□吠●●●●
武晚□尾●●●●
文万□未●●●●
卜百丙必●●●●

五音 十聲

步白葡鼻●●●●
普朴品匹●●●●
旁排平瓶●●●●
東丹帝■●●●●

六音 十聲

兌大弟■●●●●
土貪天■●●●●
同覃田■●●●●

■■■■妻子四日
十二音 ■■■■衰○帥骨
五聲 ■■■■○○○德
■■■■龜水貴北
■■■■宮孔衆○
十二音 ■■■■龍甬用○
六聲 ■■■■魚鼠去○
■■■■烏虎兔○
■■■■心審禁○
十二音 ■■■■○○○十
七聲 ■■■■男坎欠○
■■■■○○○妾
■■■■●●●●
十二音 ■■■■●●●●
八聲 ■■■■●●●●
■■■■●●●●

乃妳女■●●●●
七音 内南年■●●●●
十聲 老冷吕■●●●●
鹿犖离■●●●●
走哉足■●●●●
八音 自在匠■●●●●
十聲 草采七■●●●
曹才全■●●●●
思三星■●●●●
九音 寺□象■●●●●
十聲 □□□■●●●●
□□□■●●●●
■山手■●●●●
十音 ■士石■●●●●
十聲 ■□耳■●●●●
■□二■●●●●

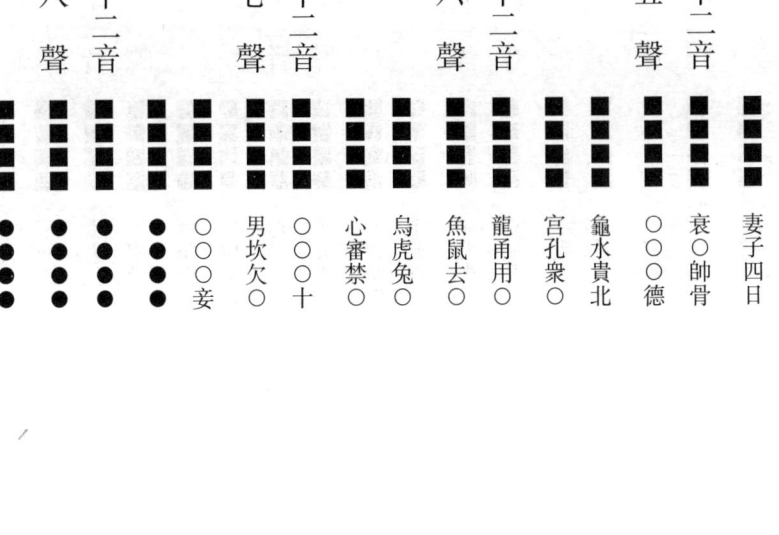

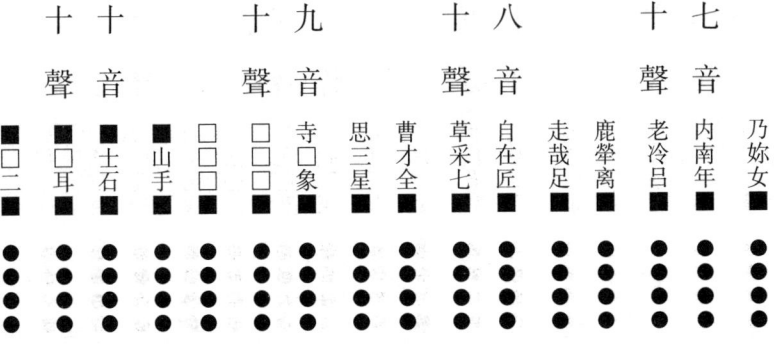

■■■■●●●●
十二音■■■■●●●●
九聲■■■■●●●●
■■■■●●●●
■■■■●●●●
十二音■■■■●●●●
十聲■■■■●●●●
■■■■●●●●

## 觀物篇之三十八

日辰聲平翕
回兄君○龜
烏●●●●

日辰聲七，下唱地之用音一百五十二，是謂平聲翕音。平聲翕音一千六十四。

■莊震■●●●●
十一音■乍□■●●●●
十聲■叉赤■●●●●
■崇辰■●●○●
■卓中■●●●●
十二音■宅直■●●●●
十聲■坼丑■●●●●
■茶呈■●●●●

水石音開濁
□吾目文旁同
鹿曹□■■■

水石音九，上和天之用聲一百一十二，是謂開音濁聲。開音濁聲一千八。

日辰聲平之四翕

開音濁和律四之一

□□□□　多可个舌

一音　□□□□　禾火化八

一聲　□□□□　開宰愛○

□□□□　回每退○

□□□□　良兩向○

一音　□□□□　光廣況○

二聲　□□□□　丁井亘○

□□□□　兄永瑩○

□□□□　千典旦○

一音　□□□□　元犬半○

三聲　□□□□　臣引艮○

□□□□　君允巽○

□□□□　刀早孝岳

一音　□□□□　毛寶報霍

四聲　□□□□　牛斗奏六

□□□□　○○○玉

水石音開之四濁

平聲翕唱呂四之一

古甲九癸　回回回回

一音　□□近揆　回回回回

一聲　坤巧丘弃　回回回回

□□乾虯　回回回回

黑花香血　回回回回

二音　黃華雄賢　回回回回

一聲　五瓦仰□　回回回回

吾牙月堯　回回回回

安亞乙一　回回回回

三音　□爻王寅　回回回回

一聲　母馬美米　回回回回

目皃眉民　回回回回

夫法□飛　回回回回

四音　父凡□吠　回回回回

一聲　武晚□尾　回回回回

文万□未　回回回回

□□□□妻子四日
一音 □□□□衰○帥骨
五聲 □□□□○○○德
□□□□龜水貴北
□□□□宮孔衆○
一音 □□□□龍甬用○
六聲 □□□□魚鼠去○
□□□□烏虎兔○
□□□□心審禁○
一音 □□□□○○○十
七聲 □□□□男坎欠○
□□□□○○○妾
□□□□●●●●
一音 □□□□●●●●
八聲 □□□□●●●●
□□□□●●●●

卜百丙必 回回回回
五音 步白葡鼻 回回回回
一聲 普朴品匹 回回回回
旁排平瓶 回回回回
東丹帝■ 回回回回
六音 兑大弟■ 回回回回
一聲 土貪天■ 回回回回
同覃田■ 回回回回
乃妳女■ 回回回回
七音 内南年■ 回回回回
一聲 老冷吕■ 回回回回
鹿犖离■ 回回回回
走哉足■ 回回回回
八音 自在匠■ 回回回回
一聲 草采七■ 回回回回
曹才全■ 回回回回

□□□□ ●●●●

一音 □□□□ ●●●●

九聲 □□□□ ●●●●

□□□□ ●●●●

□□□□ ●●●●

一音 □□□□ ●●●●

十聲 □□□□ ●●●●

□□□□ ●●●●

## 開音濁和律四之二

吾吾吾吾 多可个舌

二音 吾吾吾吾 禾火化八

一聲 吾吾吾吾 開宰愛○

吾吾吾吾 回每退○

吾吾吾吾 良兩向○

二音 吾吾吾吾 光廣況○

二聲 吾吾吾吾 丁井亘○

吾吾吾吾 兄永瑩○

思三星■ 回回回回

九音 寺□象■ 回回回回

一聲 □□□■ 回回回回

□□□■ 回回回回

■山手■ 回回回回

十音 ■士石■ 回回回回

一聲 ■□耳■ 回回回回

■□二■ 回回回回

■莊震■ 回回回回

十一音 ■乍□■ 回回回回

一聲 ■叉赤■ 回回回回

■崇辰■ 回回回回

■卓中■ 回回回回

十二音 ■宅直■ 回回回回

一聲 ■坼丑■ 回回回回

■茶呈■ 回回回回

吾吾吾吾　千典旦○

二音三聲

吾吾吾吾　元犬半○
吾吾吾吾　臣引艮○
吾吾吾吾　君允巽○
吾吾吾吾　刀早孝岳

二音四聲

吾吾吾吾　毛寶報霍
吾吾吾吾　牛斗奏六
吾吾吾吾　○○○玉
吾吾吾吾　妻子四日

二音五聲

吾吾吾吾　衰○帥骨
吾吾吾吾　○○○德
吾吾吾吾　龜水貴北
吾吾吾吾　宮孔衆○

二音六聲

吾吾吾吾　龍甬用○
吾吾吾吾　魚鼠去○
吾吾吾吾　烏虎兔○

## 平聲翕唱呂四之二

古甲九癸　兄兄兄兄

一音二聲

□□近揆　兄兄兄兄
坤巧丘弃　兄兄兄兄
□□乾虯　兄兄兄兄
黑花香血　兄兄兄兄

二音二聲

黃華雄賢　兄兄兄兄
五瓦仰□　兄兄兄兄
吾牙月堯　兄兄兄兄
安亞乙一　兄兄兄兄

三音二聲

□爻王寅　兄兄兄兄
母馬美米　兄兄兄兄
目皃眉民　兄兄兄兄
夫法□飛　兄兄兄兄

四音二聲

父凡□吠　兄兄兄兄
武晚□尾　兄兄兄兄
文万□未　兄兄兄兄

吾吾吾吾 心審禁○

二音 吾吾吾吾 ○○○十

七聲 吾吾吾吾 男坎欠○

吾吾吾吾 ○○○妾

吾吾吾吾 ●●●●

二音 吾吾吾吾 ●●●●

八聲 吾吾吾吾 ●●●●

吾吾吾吾 ●●●●

吾吾吾吾 ●●●●

二音 吾吾吾吾 ●●●●

九聲 吾吾吾吾 ●●●●

吾吾吾吾 ●●●●

吾吾吾吾 ●●●●

二音 吾吾吾吾 ●●●●

十聲 吾吾吾吾 ●●●●

吾吾吾吾 ●●●●

卜百丙必 兄兄兄兄

五音 步白葡鼻 兄兄兄兄

二聲 普朴品匹 兄兄兄兄

旁排平瓶 兄兄兄兄

東丹帝■ 兄兄兄兄

六音 兑大弟■ 兄兄兄兄

二聲 土貪天■ 兄兄兄兄

同覃田■ 兄兄兄兄

乃妳女■ 兄兄兄兄

七音 内南年■ 兄兄兄兄

二聲 老冷吕■ 兄兄兄兄

鹿犖离■ 兄兄兄兄

走哉足■ 兄兄兄兄

八音 自在匠■ 兄兄兄兄

二聲 草采七■ 兄兄兄兄

曹才全■ 兄兄兄兄

開音濁和律四之三

目目目目 多可个舌
三音 目目目目 禾火化八
一聲 目目目目 開宰愛○
目目目目 回每退○
目目目目 良兩向○
三音 目目目目 光廣況○
二聲 目目目目 丁井亘○
目目目目 兄永瑩○
目目目目 千典旦○
三音 目目目目 元犬半○
三聲 目目目目 臣引艮○
目目目目 君允巽○
目目目目 刀早孝岳
三音 目目目目 毛寶報霍
四聲 目目目目 牛斗奏六
目目目目 ○○○玉

思三星■ 兄兄兄兄
九音 寺□象■ 兄兄兄兄
二聲 □□□■ 兄兄兄兄
□□□■ 兄兄兄兄
■山手■ 兄兄兄兄
十音 ■士石■ 兄兄兄兄
二聲 ■□耳■ 兄兄兄兄
■□二■ 兄兄兄兄
■莊震■ 兄兄兄兄
十一音 ■乍□■ 兄兄兄兄
二聲 ■叉赤■ 兄兄兄兄
■崇辰■ 兄兄兄兄
■卓中■ 兄兄兄兄
十二音 ■宅直■ 兄兄兄兄
二聲 ■坼丑■ 兄兄兄兄
■茶呈■ 兄兄兄兄

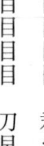

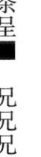

目目目目 妻子四日
三音 目目目目 衰○帥骨
五聲 目目目目 ○○○德
目目目目 龜水貴北
目目目目 宮孔衆○
三音 目目目目 龍甬用○
六聲 目目目目 魚鼠去○
目目目目 烏虎兔○
目目目目 心審禁○
三音 目目目目 ○○○十
七聲 目目目目 男坎欠○
目目目目 ○○○妾
目目目目 ●●●●
三音 目目目目 ●●●●
八聲 目目目目 ●●●●
目目目目 ●●●●

## 平聲翕唱呂四之三

古甲九癸 君君君君
一音 □□近揆 君君君君
三聲 坤巧丘弃 君君君君
□□乾虯 君君君君
黑花香血 君君君君
二音 黃華雄賢 君君君君
三聲 五瓦仲□ 君君君君
吾牙月堯 君君君君
安亞乙一 君君君君
三音 □爻王寅 君君君君
三聲 母馬美米 君君君君
目皃眉民 君君君君
夫法□飛 君君君君
四音 父凡□吠 君君君君
三聲 武晚□尾 君君君君
文万□未 君君君君

目目目目　●●●●
三音　目目目目　●●●●
九聲　目目目目　●●●●
目目目目　●●●●
目目目目　●●●●
三音　目目目目　●●●●
十聲　目目目目　●●●●
目目目目　●●●●

## 開音濁和律四之四

文文文文　多可个舌
四音　文文文文　禾火化八
一聲　文文文文　開宰愛○
文文文文　回每退○
文文文文　良兩向○
四音　文文文文　光廣況○
二聲　文文文文　丁井亘○
文文文文　兄永瑩○

卜百丙必　君君君君
五音　步白着鼻　君君君君
三聲　普朴品匹　君君君君
旁排平瓶　君君君君
東丹帝■　君君君君
六音　兑大弟■　君君君君
三聲　土貪天■　君君君君
同覃田■　君君君君

乃妳女■　君君君君
七音　内南年■　君君君君
三聲　老冷吕■　君君君君
鹿犖离■　君君君君
走哉足■　君君君君
八音　白在匠■　君君君君
三聲　草采七■　君君君君
曹才全■　君君君君

文文文文　千典旦○

四音　文文文文　元犬半○

三聲　文文文文　臣引艮○

文文文文　君允巽○

文文文文　刀早孝岳

四音　文文文文　毛寶報霍

四聲　文文文文　牛斗奏六

文文文文　○○○玉

文文文文　妻子四日

四音　文文文文　衰○帥骨

五聲　文文文文　○○○德

文文文文　龜水貴北

文文文文　宮孔衆○

四音　文文文文　龍甬用○

六聲　文文文文　魚鼠去○

文文文文　烏虎兔○

思三星■　君君君君

九音　寺□象■　君君君君

三聲　□□□■　君君君君

□□□■　君君君君

■山手■　君君君君

十音　■士石■　君君君君

三聲　■□耳■　君君君君

■□二■　君君君君

■莊震■　君君君君

十一音　■乍□■　君君君君

三聲　■叉赤■　君君君君

■崇辰■　君君君君

■卓中■　君君君君

十二音　■宅直■　君君君君

三聲　■坼丑■　君君君君

■茶呈■　君君君君

文文文文　心審禁○

四音　七聲

文文文文　○○○十
文文文文　男坎欠○
文文文文　○○○妾
文文文文　●●●●

四音　八聲

文文文文　●●●●
文文文文　●●●●
文文文文　●●●●
文文文文　●●●●

四音　九聲

文文文文　●●●●
文文文文　●●●●
文文文文　●●●●
文文文文　●●●●

四音　十聲

文文文文　●●●●
文文文文　●●●●
文文文文　●●●●

## 平聲翕唱呂四之四

古甲九癸　○○○○

一音　四聲

□□近揆　○○○○
坤巧丘弃　○○○○
□□乾虯　○○○○
黑花香血　○○○○

二音　四聲

黃華雄賢　○○○○
五瓦仰□　○○○○
吾牙月堯　○○○○
安亞乙一　○○○○

三音　四聲

□爻王寅　○○○○
母馬美米　○○○○
目皃眉民　○○○○
夫法□飛　○○○○

四音　四聲

父凡□吠　○○○○
武晚□尾　○○○○
文万□未　○○○○

## 開音濁和律四之五

旁旁旁旁　多可个舌

五音　旁旁旁旁　禾火化八

一聲　旁旁旁旁　開宰愛○

旁旁旁旁　回每退○

旁旁旁旁　良兩向○

五音　旁旁旁旁　光廣況○

二聲　旁旁旁旁　丁井亘○

旁旁旁旁　兄永瑩○

旁旁旁旁　千典旦○

五音　旁旁旁旁　元犬半○

三聲　旁旁旁旁　臣引艮○

旁旁旁旁　君允巽○

旁旁旁旁　刀早孝岳

五音　旁旁旁旁　毛寶報霍

四聲　旁旁旁旁　牛斗奏六

旁旁旁旁　○○○玉

卜百丙必　○○○○

五音　步白葡鼻　○○○○

四聲　普朴品匹　○○○○

旁排平瓶　○○○○

東丹帝■　○○○○

六音　兌大弟■　○○○○

四聲　土貪天■　○○○○

同覃田■　○○○○

乃妳女■　○○○○

七音　内南年■　○○○○

四聲　老冷吕■　○○○○

鹿犖离■　○○○○

走哉足■　○○○○

八音　自在匠■　○○○○

四聲　草采七■　○○○○

曹才全■　○○○○

旁旁旁旁　妻子四日
五音　旁旁旁旁　衰○帥骨
五聲　旁旁旁旁　○○○德
旁旁旁旁　龜水貴北
旁旁旁旁　宮孔衆○
五音　旁旁旁旁　龍甬用○
六聲　旁旁旁旁　魚鼠去○
旁旁旁旁　烏虎兔○
旁旁旁旁　心審禁○
五音　旁旁旁旁　○○○十
七聲　旁旁旁旁　男坎欠○
旁旁旁旁　○○○妾
旁旁旁旁　●●●●
五音　旁旁旁旁　●●●●
八聲　旁旁旁旁　●●●●
旁旁旁旁　●●●●

■思三星■　○○○○
九音　寺□象■　○○○○
四聲　□□□■　○○○○
□□□■　○○○○
■山手■　○○○○
十音　■士石■　○○○○
四聲　■□耳■　○○○○
■□二■　○○○○
■莊震■　○○○○
十一音　■乍□■　○○○○
四聲　■叉赤■　○○○○
■崇辰■　○○○○
■卓中■　○○○○
十二音　■宅直■　○○○○
四聲　■坼丑■　○○○○
■茶呈■　○○○○

旁旁旁旁 ●●●●

五音九聲

旁旁旁旁 ●●●●
旁旁旁旁 ●●●●
旁旁旁旁 ●●●●
旁旁旁旁 ●●●●

五音十聲

旁旁旁旁 ●●●●
旁旁旁旁 ●●●●
旁旁旁旁 ●●●●

## 開音濁和律四之六

同同同同 多可个舌

六音一聲

同同同同 禾火化八
同同同同 開宰愛○
同同同同 回每退○
同同同同 良兩向○

六音二聲

同同同同 光廣況○
同同同同 丁井亘○
同同同同 兄永瑩○

## 平聲翕唱呂四之五

古甲九癸 龜龜龜龜

一音五聲

□□近揆 龜龜龜龜
坤巧丘弃 龜龜龜龜
□□乾虯 龜龜龜龜
黑花香血 龜龜龜龜

二音五聲

黃華雄賢 龜龜龜龜
五瓦仰□ 龜龜龜龜
吾牙月堯 龜龜龜龜
安亞乙一 龜龜龜龜

三音五聲

□爻王寅 龜龜龜龜
母馬美米 龜龜龜龜
目皃眉民 龜龜龜龜
夫法□飛 龜龜龜龜

四音五聲

父凡□吠 龜龜龜龜
武晚□尾 龜龜龜龜
文万□未 龜龜龜龜

同同同同　千典旦○
六音　同同同同　元犬半○
三聲　同同同同　臣引艮○
同同同同　君允巽○
同同同同　刀早孝岳
六音　同同同同　毛寶報霍
四聲　同同同同　牛斗奏六
同同同同　○○○玉
同同同同　妻子四日
六音　同同同同　衰○帥骨
五聲　同同同同　○○○德
同同同同　龜水貴北
同同同同　宮孔衆○
六音　同同同同　龍甬用○
六聲　同同同同　魚鼠去○
同同同同　烏虎兔○

卜百丙必　龜龜龜龜
五音　步白葡鼻　龜龜龜龜
五聲　普朴品匹　龜龜龜龜
旁排平瓶　龜龜龜龜
東丹帝■　龜龜龜龜
六音　兑大弟■　龜龜龜龜
五聲　土貪天■　龜龜龜龜
同覃田■　龜龜龜龜
乃妳女■　龜龜龜龜
七音　内南年■　龜龜龜龜
五聲　老冷吕■　龜龜龜龜
鹿犖离■　龜龜龜龜
走哉足■　龜龜龜龜
八音　自在匠■　龜龜龜龜
五聲　草采七■　龜龜龜龜
曹才全■　龜龜龜龜

同同同同　心審禁○
六音　同同同同　○○○十
七聲　同同同同　男坎欠○
同同同同　○○○妾
同同同同　●●●●
六音　同同同同　●●●●
八聲　同同同同　●●●●
同同同同　●●●●
同同同同　●●●●
六音　同同同同　●●●●
九聲　同同同同　●●●●
同同同同　●●●●
同同同同　●●●●
六音　同同同同　●●●●
十聲　同同同同　●●●●
同同同同　●●●●

思三星■　龜龜龜龜
九音　寺□象■　龜龜龜龜
五聲　□□□■　龜龜龜龜
□□□■　龜龜龜龜
■山手■　龜龜龜龜
十音　■士石■　龜龜龜龜
五聲　■□耳■　龜龜龜龜
■□二■　龜龜龜龜
■莊震■　龜龜龜龜
十一音　■乍□■　龜龜龜龜
五聲　■叉赤■　龜龜龜龜
■崇辰■　龜龜龜龜
■卓中■　龜龜龜龜
十二音　■宅直■　龜龜龜龜
五聲　■坼丑■　龜龜龜龜
■茶呈■　龜龜龜龜

## 開音濁和律四之七

鹿鹿鹿鹿 多可个舌
七音 鹿鹿鹿鹿 禾火化八
一聲 鹿鹿鹿鹿 開宰愛○
鹿鹿鹿鹿 回每退○
鹿鹿鹿鹿 良兩向○
七音 鹿鹿鹿鹿 光廣況○
二聲 鹿鹿鹿鹿 丁井亘○
鹿鹿鹿鹿 兄永瑩○
鹿鹿鹿鹿 千典旦○
七音 鹿鹿鹿鹿 元犬半○
三聲 鹿鹿鹿鹿 臣引艮○
鹿鹿鹿鹿 君允巽○
鹿鹿鹿鹿 刀早孝岳
七音 鹿鹿鹿鹿 毛寶報霍
四聲 鹿鹿鹿鹿 牛斗奏六
鹿鹿鹿鹿 ○○○玉

## 平聲翕唱呂四之六

古甲九癸 烏烏烏烏
一音 □□近揆 烏烏烏烏
六聲 坤巧丘弃 烏烏烏烏
□□乾虯 烏烏烏烏
黑花香血 烏烏烏烏
二音 黃華雄賢 烏烏烏烏
六聲 五瓦仰□ 烏烏烏烏
吾牙月堯 烏烏烏烏
安亞乙一 烏烏烏烏
三音 □爻王寅 烏烏烏烏
六聲 母馬美米 烏烏烏烏
目皃眉民 烏烏烏烏
夫法□飛 烏烏烏烏
四音 父凡□吠 烏烏烏烏
六聲 武晚□尾 烏烏烏烏
文万□未 烏烏烏烏

鹿鹿鹿鹿　妻子四日
七音　鹿鹿鹿鹿　衰○帥骨
五聲　鹿鹿鹿鹿　○○○德
鹿鹿鹿鹿　龜水貴北
鹿鹿鹿鹿　宫孔衆○
七音　鹿鹿鹿鹿　龍甬用○
六聲　鹿鹿鹿鹿　魚鼠去○
鹿鹿鹿鹿　烏虎兔○
鹿鹿鹿鹿　心審禁○
七音　鹿鹿鹿鹿　○○○十
七聲　鹿鹿鹿鹿　男坎欠○
鹿鹿鹿鹿　○○○妾
鹿鹿鹿鹿　●●●●
七音　鹿鹿鹿鹿　●●●●
八聲　鹿鹿鹿鹿　●●●●
鹿鹿鹿鹿　●●●●

卜百丙必■　烏烏烏烏
五音　步白葡鼻■　烏烏烏烏
六聲　普朴品匹■　烏烏烏烏
旁排平瓶■　烏烏烏烏
東丹帝■　烏烏烏烏
六音　兑大弟■　烏烏烏烏
六聲　土貪天■　烏烏烏烏
同覃田■　烏烏烏烏
乃妳女■　烏烏烏烏
七音　内南年■　烏烏烏烏
六聲　老冷吕■　烏烏烏烏
鹿犖离■　烏烏烏烏
走哉足■　烏烏烏烏
八音　自在匠■　烏烏烏烏
六聲　草采七■　烏烏烏烏
曹才全■　烏烏烏烏

鹿鹿鹿鹿 ●●●●

七音 鹿鹿鹿鹿 ●●●●

九聲 鹿鹿鹿鹿 ●●●●

鹿鹿鹿鹿 ●●●●

鹿鹿鹿鹿 ●●●●

七音 鹿鹿鹿鹿 ●●●●

十聲 鹿鹿鹿鹿 ●●●●

鹿鹿鹿鹿 ●●●●

## 開音濁和律四之八

曹曹曹曹 多可个舌

八音 曹曹曹曹 禾火化八

一聲 曹曹曹曹 開宰愛○

曹曹曹曹 回每退○

曹曹曹曹 良兩向○

八音 曹曹曹曹 光廣況○

二聲 曹曹曹曹 丁井亘○

曹曹曹曹 兄永瑩○

思三星■ 烏烏烏烏

九音 寺□象■ 烏烏烏烏

六聲 □□□■ 烏烏烏烏

□□□■ 烏烏烏烏

■山手■ 烏烏烏烏

十音 ■士石■ 烏烏烏烏

六聲 ■□耳■ 烏烏烏烏

■□二■ 烏烏烏烏

■莊震■ 烏烏烏烏

十一音 ■乍□■ 烏烏烏烏

六聲 ■叉赤■ 烏烏烏烏

■崇辰■ 烏烏烏烏

■卓中■ 烏烏烏烏

十二音 ■宅直■ 烏烏烏烏

六聲 ■坼丑■ 烏烏烏烏

■茶呈■ 烏烏烏烏

曹曹曹曹 千典旦○

八音 曹曹曹曹 元犬半○
三聲 曹曹曹曹 臣引艮○
曹曹曹曹 君允巽○
曹曹曹曹 刀早孝岳

八音 曹曹曹曹 毛寶報霍
四聲 曹曹曹曹 牛斗奏六
曹曹曹曹 ○○○玉
曹曹曹曹 妻子四日

八音 曹曹曹曹 衰○帥骨
五聲 曹曹曹曹 ○○○德
曹曹曹曹 龜水貴北
曹曹曹曹 宮孔衆○

八音 曹曹曹曹 龍甬用○
六聲 曹曹曹曹 魚鼠去○
曹曹曹曹 烏虎兔○

## 平聲翕唱呂四之七

古甲九癸 ○○○○

一音 □□近揆 ○○○○
七聲 坤巧丘弃 ○○○○
□□乾虯 ○○○○
黑花香血 ○○○○

二音 黃華雄賢 ○○○○
七聲 五瓦仰□ ○○○○
吾牙月堯 ○○○○
安亞乙一 ○○○○

三音 □爻王寅 ○○○○
七聲 母馬美米 ○○○○
目皃眉民 ○○○○
夫法□飛 ○○○○

四音 父凡□吠 ○○○○
七聲 武晚□尾 ○○○○
文万□末 ○○○○

曹曹曹曹　心審禁○
八音　曹曹曹曹　○○○十
七聲　曹曹曹曹　男坎欠○
曹曹曹曹　○○○妾
曹曹曹曹　●●●●
八音　曹曹曹曹　●●●●
八聲　曹曹曹曹　●●●●
曹曹曹曹　●●●●
曹曹曹曹　●●●●
八音　曹曹曹曹　●●●●
九聲　曹曹曹曹　●●●●
曹曹曹曹　●●●●
曹曹曹曹　●●●●
八音　曹曹曹曹　●●●●
十聲　曹曹曹曹　●●●●
曹曹曹曹　●●●●

卜百丙必　○○○○
五音　步白𤰞鼻　○○○○
七聲　普朴品匹　○○○○
旁排平瓶　○○○○
東丹帝■　○○○○
六音　兑大弟■　○○○○
七聲　土貪天■　○○○○
同覃田■　○○○○
乃妳女■　○○○○
七音　内南年■　○○○○
七聲　老冷吕■　○○○○
鹿犖离■　○○○○
走哉足■　○○○○
八音　自在匠■　○○○○
七聲　草采七■　○○○○
曹才全■　○○○○

## 開音濁和律四之九

□□□□　多可个舌

九音一聲
□□□□　禾火化八
□□□□　開宰愛○
□□□□　回每退○
□□□□　良丙向○

九音二聲
□□□□　光廣況○
□□□□　丁井亘○
□□□□　兄永瑩○
□□□□　千典旦○

九音三聲
□□□□　元犬半○
□□□□　臣引艮○
□□□□　君允巽○
□□□□　刀早孝岳

九音四聲
□□□□　毛寶報霍
□□□□　牛斗奏六
□□□□　○○○玉

■思三星■　○○○○

九音七聲
■寺□象■　○○○○
■□□□■　○○○○
■□□□■　○○○○
■山手■　○○○○

十音七聲
■士石■　○○○○
■□耳■　○○○○
■□二■　○○○○
■莊震■　○○○○

十一音七聲
■乍□■　○○○○
■叉赤■　○○○○
■崇辰■　○○○○
■卓中■　○○○○

十二音七聲
■宅直■　○○○○
■坼丑■　○○○○
■茶呈■　○○○○

□□□□ 妻子四日
九音 □□□□ 衰○帥骨
五聲 □□□□ ○○○德
□□□□ 龜水貴北
□□□□ 宮孔衆○
九音 □□□□ 龍甬用○
六聲 □□□□ 魚鼠去○
□□□□ 烏虎兔○
□□□□ 心審禁○
九音 □□□□ ○○○十
七聲 □□□□ 男坎欠○
□□□□ ○○○妾
□□□□ ●●●●
九音 □□□□ ●●●●
八聲 □□□□ ●●●●
□□□□ ●●●●

平聲翕唱呂四之八

古甲九癸 ●●●●
一音 □□近揆 ●●●●
八聲 坤巧丘弃 ●●●●
□□乾虯 ●●●●
黑花香血 ●●●●
二音 黃華雄賢 ●●●●
八聲 五瓦仰□ ●●●●
吾牙月堯 ●●●●
安亞乙一 ●●●●
三音 □爻王寅 ●●●●
八聲 母馬美米 ●●●●
目皃眉民 ●●●●
夫法□飛 ●●●●
四音 父凡□吠 ●●●●
八聲 武晚□尾 ●●●●
文万□未 ●●●●

□□□□●●●●
九音 □□□□●●●●
九聲 □□□□●●●●
□□□□●●●●
□□□□●●●●
九音 □□□□●●●●
十聲 □□□□●●●●
□□□□●●●●

開音濁和律四之十

■■■■多可个舌
十音 ■■■■禾火化八
一聲 ■■■■開宰愛○
■■■■四每退○
■■■■良兩向○
十音 ■■■■光廣況○
二聲 ■■■■丁井亘○
■■■■兄永瑩○

卜百丙必●●●●
五音 步白精鼻●●●●
八聲 普朴品匹●●●●
旁排平瓶●●●●
東丹帝■●●●●
六音 兑大弟■●●●●
八聲 土貪天■●●●●
同覃田■●●●●
乃妳女■●●●●
七音 内南年■●●●●
八聲 老冷吕■●●●●
鹿犖离■●●●●
走哉足■●●●●
八音 自在匠■●●●●
八聲 草采七■●●●●
曹才全■●●●●

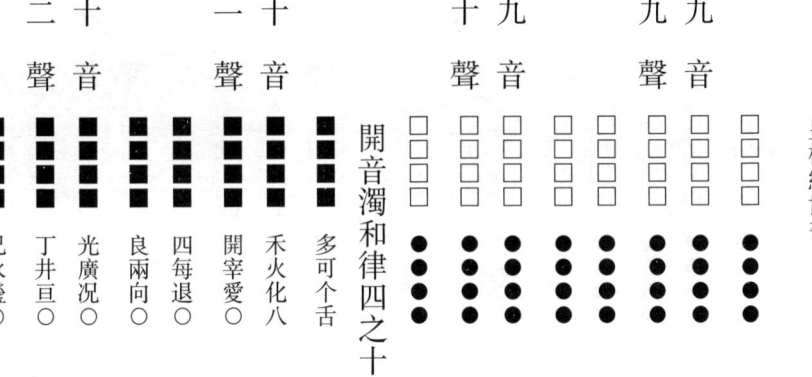

十音三聲

■■■■千典旦○
■■■■元犬半○
■■■■臣引艮○
■■■■君允巽○

十音四聲

■■■■刀早孝岳
■■■■毛寶報霍
■■■■牛斗奏六
■■■■○○○玉

十音五聲

■■■■妻子四日
■■■■衰○帥骨
■■■■○○○德
■■■■龜水貴北

十音六聲

■■■■宮孔衆○
■■■■龍甬用○
■■■■魚鼠去○
■■■■烏虎兔○

九音八聲

■思三星■●●●●
寺□象■●●●●
□□□■●●●●
□□□■●●●●

十音八聲

■山手■●●●●
■士石■●●●●
■□耳■●●●●
■□二■●●●●

十一音八聲

■莊震■●●●●
■乍□■●●●●
■叉赤■●●●●
■崇辰■●●●●

十二音八聲

■卓中■●●●●
■宅直■●●●●
■坼丑■●●●●
■茶呈■●●●●

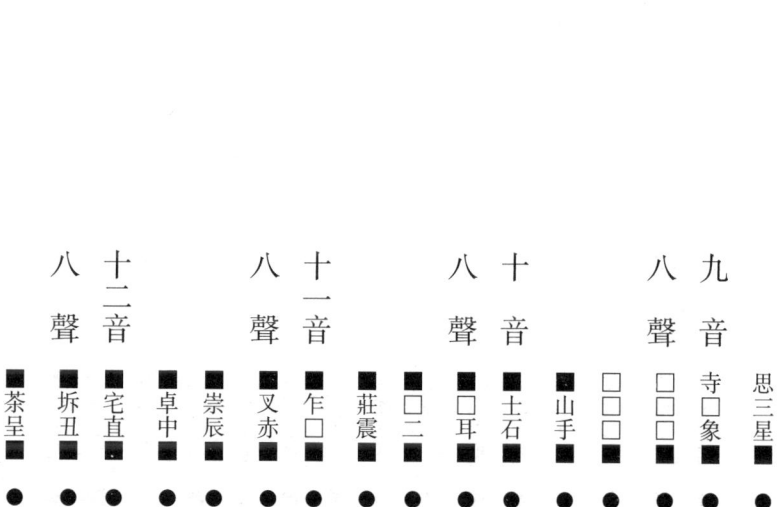

■■■■ 心審禁○
十音 ■■■■ ○○○十
七聲 ■■■■ 男坎欠○
■■■■ ○○○妾
■■■■ ●●●●
十音 ■■■■ ●●●●
八聲 ■■■■ ●●●●
■■■■ ●●●●
■■■■ ●●●●
十音 ■■■■ ●●●●
九聲 ■■■■ ●●●●
■■■■ ●●●●
■■■■ ●●●●
十音 ■■■■ ●●●●
十聲 ■■■■ ●●●●
■■■■ ●●●●

## 平聲翕唱呂四之九

古甲九癸 ●●●●
一音 □□近揆 ●●●●
九聲 坤巧丘弃 ●●●●
□□乾虯 ●●●●
黑花香血 ●●●●
二音 黃華雄賢 ●●●●
九聲 五瓦仰□ ●●●●
吾牙月堯 ●●●●
安亞乙一 ●●●●
三音 □爻王寅 ●●●●
九聲 母馬美米 ●●●●
目皃眉民 ●●●●
夫法□飛 ●●●●
四音 父凡□吠 ●●●●
九聲 武晚□尾 ●●●●
文万□未 ●●●●

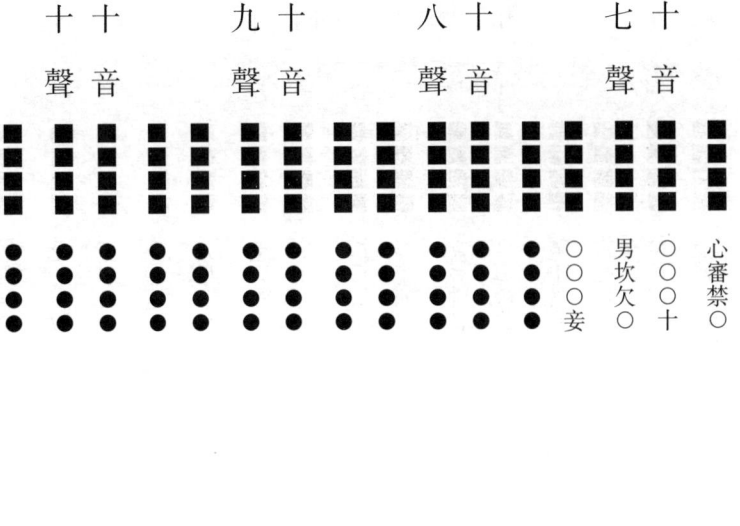

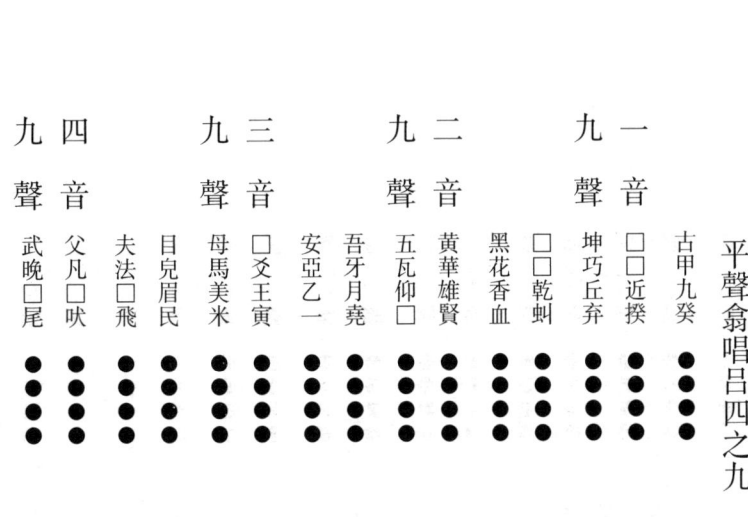

## 開音濁和律四之十一

十一音　一聲

■■■■多可个舌
■■■■禾火化八
■■■■開宰愛○
■■■■回每退○
■■■■良兩向○

十一音　二聲

■■■■光廣況○
■■■■丁井亘○
■■■■兄永瑩○
■■■■千典旦○

十一音　三聲

■■■■元犬半○
■■■■臣引艮○
■■■■君允巽○
■■■■刀早孝岳

十一音　四聲

■■■■毛寶報霍
■■■■牛斗奏六
■■■■○○○玉

五音　九聲

卜百丙必●●●●
步白葡鼻●●●●
普朴品匹●●●●
旁排平瓶●●●●
東丹帝■●●●●

六音　九聲

兑大弟■●●●●
土貪天■●●●●
同覃田■●●●●
乃妳女■●●●●

七音　九聲

內南年■●●●●
老冷吕■●●●●
鹿犖离■●●●●
走哉足■●●●●

八音　九聲

自在匠■●●●●
草采七■●●●●
曹才全■●●●●

十一音　五聲

■■■■妻子四日
■■■■衰○帥骨
■■■■○○○德
■■■■龜水貴北
■■■■宮孔衆○

十一音　六聲

■■■■龍甬用○
■■■■魚鼠去○
■■■■烏虎兔○
■■■■心審禁○

十一音　七聲

■■■■○○○十
■■■■男坎欠○
■■■■○○○妾
■■■■●●●●

十一音　八聲

■■■■●●●●
■■■■●●●●
■■■■●●●●

思三星■●●●●

九音　九聲

寺□象■●●●●
□□□■●●●●
□□□■●●●●
■山手■●●●●

十音　九聲

■士石■●●●●
■□耳■●●●●
■□二■●●●●
■莊震■●●●●

十一音　九聲

■乍□■●●●●
■叉赤■●●●●
■崇辰■●●●●
■卓中■●●●●

十二音　九聲

■宅直■●●●●
■坼丑■●●●●
■茶呈■●●●●

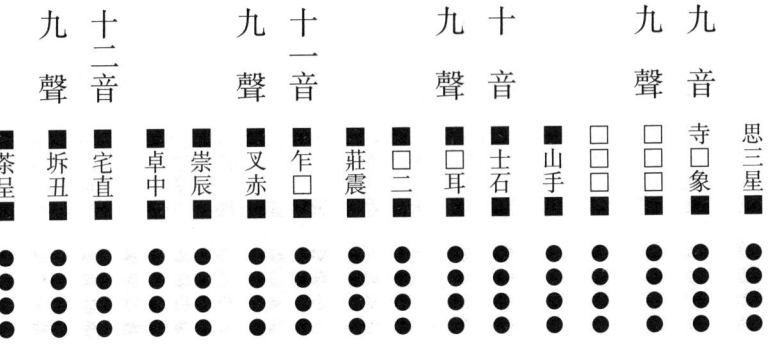

十一音九聲 ■■■■●●●●
■■■■●●●●

十一音十聲 ■■■■●●●●
■■■■●●●●
■■■■●●●●
■■■■●●●●
■■■■●●●●

開音濁和律四之十二

十二音一聲
■■■■多可个舌
■■■■禾火化八
■■■■開宰愛○
■■■■回每退○

十二音二聲
■■■■良兩向○
■■■■光廣況○
■■■■丁井亘○
■■■■兄永瑩○

平聲翕唱呂四之十

一音十聲
古甲九癸●●●●
□□近揆●●●●
坤巧丘弃●●●●
□□乾虯●●●●

二音十聲
黑花香血●●●●
黄華雄賢●●●●
五瓦仰□●●●●
吾牙月堯●●●●

三音十聲
安亞乙一●●●●
□爻王寅●●●●
母馬美米●●●●
目皃眉民●●●●

四音十聲
夫法□飛●●●●
父凡□吠●●●●
武晚□尾●●●●
文万□未●●●●

十二音　三聲

■■■■千典旦○
■■■■元犬半○
■■■■臣引艮○
■■■■君允巽○
■■■■刀早孝岳

十二音　四聲

■■■■毛寶報霍
■■■■牛斗奏六
■■■■○○○玉
■■■■妻子四日

十二音　五聲

■■■■衰○帥骨
■■■■○○○德
■■■■龜水貴北
■■■■宮孔衆○

十二音　六聲

■■■■龍甬用○
■■■■魚鼠去○
■■■■烏虎兔○

五音　十聲

卜百丙必●●●●
步白葡鼻●●●●
普朴品匹●●●●
旁排平瓶●●●●
東丹帝■●●●●

六音　十聲

兑大弟■●●●●
土貪天■●●●●
同覃田■●●●●
乃妳女■●●●●

七音　十聲

内南年■●●●●
老冷吕■●●●●
鹿犖离■●●●●
走哉足■●●●●

八音　十聲

自在匠■●●●●
草采七■●●●●
曹才全■●●●●

■■■■心審禁○
十二音 ■■■■○○○十
七聲 ■■■■男坎欠○
■■■■○○○妾
■■■■●●●●
十二音 ■■■■●●●●
八聲 ■■■■●●●●
■■■■●●●●
■■■■●●●●
十二音 ■■■■●●●●
九聲 ■■■■●●●●
■■■■●●●●
■■■■●●●●
十二音 ■■■■●●●●
十聲 ■■■■●●●●
■■■■●●●●

■思三星■●●●●
九音 寺□象■●●●●
十聲 □□□■●●●●
□□□■●●●●
■山手■●●●●
十音 ■士石■●●●●
十聲 ■□耳■●●●●
■□二■●●●●
■莊震■●●●●
十一音 ■乍□■●●●●
十聲 ■叉赤■●●●●
■崇辰■●●●●
■卓中■●●●●
十二音 ■宅直■●●●●
十聲 ■坼丑■●●●●
■茶呈■●●●●

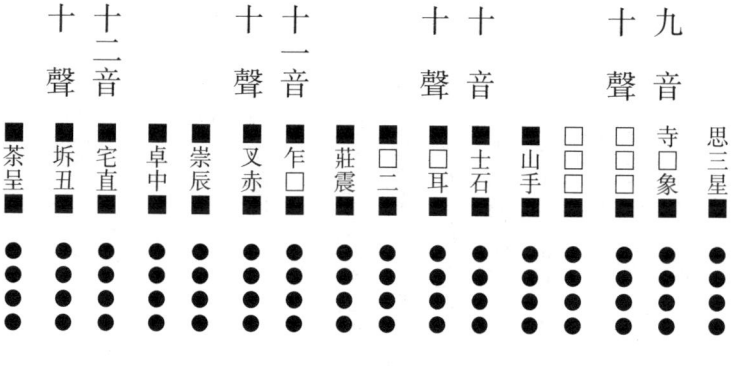

# 皇極經世卷第八

## 觀物篇之三十九

月日聲上闢
可兩典早子
孔審●●●

月日聲七，下唱地之用音一百五十二，是謂上聲闢音。上聲闢音一千六十四。

月日聲上之一闢
發音清和律一之一

一音　甲甲甲甲　多可个舌
　　　甲甲甲甲　禾火化八
一聲　甲甲甲甲　開宰愛○
　　　甲甲甲甲　回每退○

火水音發清
甲花亞法百丹
如哉三山莊卓

火水音十二，上和天之用聲一百一十二，是謂發音清聲。發音清聲一千三百四十四。

火水音發之一清
上聲闢唱呂一之一

一音　古甲九癸　可可可可
　　　□□近揆　可可可可
一聲　坤巧丘弃　可可可可
　　　□□乾虯　可可可可

甲甲甲甲　良兩向○
一音　甲甲甲甲　光廣況○
二聲　甲甲甲甲　丁井亘○
甲甲甲甲　兄永瑩○
甲甲甲甲　千典旦○
一音　甲甲甲甲　元犬半○
三聲　甲甲甲甲　臣引艮○
甲甲甲甲　君允巽○
甲甲甲甲　刀早孝岳
一音　甲甲甲甲　毛寶報霍
四聲　甲甲甲甲　牛斗奏六
甲甲甲甲　○○○玉
甲甲甲甲　妻子四日
一音　甲甲甲甲　衰○帥骨
五聲　甲甲甲甲　○○○德
甲甲甲甲　龜水貴北

黑花香血　可可可可
二音　黃華雄賢　可可可可
一聲　五瓦仰□　可可可可
吾牙月堯　可可可可
安亞乙一　可可可可
三音　□爻王寅　可可可可
一聲　母馬美米　可可可可
目皃眉民　可可可可
夫法□飛　可可可可
四音　父凡□吠　可可可可
一聲　武晚□尾　可可可可
文万□未　可可可可
卜百丙必　可可可可
五音　步白𤰞鼻　可可可可
一聲　普朴品匹　可可可可
旁排平瓶　可可可可

一音六聲

甲甲甲甲　宮孔衆○

甲甲甲甲　龍甬用○

甲甲甲甲　魚鼠去○

甲甲甲甲　烏虎兔○

甲甲甲甲　心審禁○

一音七聲

甲甲甲甲　○○○十

甲甲甲甲　男坎欠○

甲甲甲甲　○○○妾

甲甲甲甲　●●●●

一音八聲

甲甲甲甲　●●●●

甲甲甲甲　●●●●

甲甲甲甲　●●●●

甲甲甲甲　●●●●

一音九聲

甲甲甲甲　●●●●

甲甲甲甲　●●●●

甲甲甲甲　●●●●

六音一聲

東丹帝■　可可可可

兑大弟■　可可可可

土貪天■　可可可可

同覃田■　可可可可

乃妳女■　可可可可

七音一聲

内南年■　可可可可

老冷吕■　可可可可

鹿犖离■　可可可可

走哉足■　可可可可

八音一聲

自在匠■　可可可可

草采七■　可可可可

曹才全■　可可可可

思三星■　可可可可

九音一聲

寺□象■　可可可可

□□□■　可可可可

□□□■　可可可可

甲甲甲甲　●●●●
一音　甲甲甲甲　●●●●
十聲　甲甲甲甲　●●●●
甲甲甲甲　●●●●

## 發音清和律一之二

花花花花　多可个舌
二音　花花花花　禾火化八
一聲　花花花花　開宰愛○
花花花花　回每退○
花花花花　良兩向○
二音　花花花花　光廣況○
二聲　花花花花　丁井亘○
花花花花　兄永瑩○

■山手■　可可可可
十音　■士石■　可可可可
一聲　■□耳■　可可可可
■□二■　可可可可

■莊震■　可可可可
十一音　■乍□■　可可可可
一聲　■叉赤■　可可可可
■崇辰■　可可可可
■卓中■　可可可可
十二音　■宅直■　可可可可
一聲　■坼丑■　可可可可
■茶呈■　可可可可

花花花花　千典旦○
二音　花花花花　元犬半○
三聲　花花花花　臣引艮○
花花花花　君允巽○
花花花花　刀早孝岳
二音　花花花花　毛寶報霍
四聲　花花花花　牛斗奏六
花花花花　○○○玉
花花花花　妻子四日
二音　花花花花　衰○帥骨
五聲　花花花花　○○○德
花花花花　龜水貴北
花花花花　宮孔衆○
二音　花花花花　龍甬用○
六聲　花花花花　魚鼠去○
花花花花　烏虎兔○

## 上聲闢唱呂一之二

古甲九癸　兩兩兩兩
一音　□□近揆　兩兩兩兩
二聲　坤巧丘弃　兩兩兩兩
□□乾虯　兩兩兩兩
黑花香血　兩兩兩兩
二音　黃華雄賢　兩兩兩兩
二聲　五瓦仰□　兩兩兩兩
吾牙月堯　兩兩兩兩
安亞乙一　兩兩兩兩
三音　□爻王寅　兩兩兩兩
二聲　母馬美米　兩兩兩兩
目皃眉民　兩兩兩兩
夫法□飛　兩兩兩兩
四音　父凡□吠　兩兩兩兩
二聲　武晚□尾　兩兩兩兩
文万□未　兩兩兩兩

花花花花　心審禁○

二音　七聲

花花花花　○○○十
花花花花　男坎欠○
花花花花　○○○妾
花花花花　●●●●

二音　八聲

花花花花　●●●●
花花花花　●●●●
花花花花　●●●●
花花花花　●●●●

二音　九聲

花花花花　●●●●
花花花花　●●●●
花花花花　●●●●
花花花花　●●●●

二音　十聲

花花花花　●●●●
花花花花　●●●●
花花花花　●●●●

卜百丙必　兩兩兩兩

五音　二聲

步白葡鼻　兩兩兩兩
普朴品匹　兩兩兩兩
旁排平瓶　兩兩兩兩
東丹帝■　兩兩兩兩

六音　二聲

兑大弟■　兩兩兩兩
土貪天■　兩兩兩兩
同覃田■　兩兩兩兩
乃妳女■　兩兩兩兩

七音　二聲

內南年■　兩兩兩兩
老冷吕■　兩兩兩兩
鹿犖离■　兩兩兩兩
走哉足■　兩兩兩兩

八音　二聲

自在匠■　兩兩兩兩
草采七■　兩兩兩兩
曹才全■　兩兩兩兩

## 發音清和律一之三

亞亞亞亞 多可个舌
三音 亞亞亞亞 禾火化八
一聲 亞亞亞亞 開宰愛○
亞亞亞亞 回每退○
亞亞亞亞 良兩向○
三音 亞亞亞亞 光廣況○
二聲 亞亞亞亞 丁井亘○
亞亞亞亞 兄永瑩○
亞亞亞亞 千典旦○
三音 亞亞亞亞 元犬半○
三聲 亞亞亞亞 臣引艮○
亞亞亞亞 君允巽○
亞亞亞亞 刀早孝岳
三音 亞亞亞亞 毛寶報霍
四聲 亞亞亞亞 牛斗奏六
亞亞亞亞 ○○○玉

思三星■ 兩兩兩兩
九音 寺□象■ 兩兩兩兩
二聲 □□□■ 兩兩兩兩
□□□■ 兩兩兩兩
■山手■ 兩兩兩兩
十音 ■士石■ 兩兩兩兩
二聲 ■□耳■ 兩兩兩兩
■□二■ 兩兩兩兩
■莊震■ 兩兩兩兩
十一音 ■乍□■ 兩兩兩兩
二聲 ■叉赤■ 兩兩兩兩
■崇辰■ 兩兩兩兩
■卓中■ 兩兩兩兩
十二音 ■宅直■ 兩兩兩兩
二聲 ■坼丑■ 兩兩兩兩
■茶呈■ 兩兩兩兩

亞亞亞亞 妻子四日
三音 亞亞亞亞 衰○帥骨
五聲 亞亞亞亞 ○○○德
亞亞亞亞 龜水貴北
亞亞亞亞 宮孔衆○
三音 亞亞亞亞 龍甬用○
六聲 亞亞亞亞 魚鼠去○
亞亞亞亞 烏虎兔○
亞亞亞亞 心審禁○
三音 亞亞亞亞 ○○○十
七聲 亞亞亞亞 男坎欠○
亞亞亞亞 ○○○妾
亞亞亞亞 ●●●●
三音 亞亞亞亞 ●●●●
八聲 亞亞亞亞 ●●●●
亞亞亞亞 ●●●●

上聲闢唱呂一之二

古甲九癸 典典典典
一音 □□近揆 典典典典
三聲 坤巧丘弃 典典典典
□□乾虯 典典典典
黑花香血 典典典典
二音 黄華雄賢 典典典典
三聲 五瓦仰□ 典典典典
吾牙月堯 典典典典
安亞乙一 典典典典
三音 □爻王寅 典典典典
三聲 母馬美米 典典典典
目皃眉民 典典典典
夫法□飛 典典典典
四音 父凡□吠 典典典典
三聲 武晚□尾 典典典典
文万□未 典典典典

亞亞亞亞 ●●●●
三音 亞亞亞亞 ●●●●
九聲 亞亞亞亞 ●●●●
亞亞亞亞 ●●●●
亞亞亞亞 ●●●●
三音 亞亞亞亞 ●●●●
十聲 亞亞亞亞 ●●●●
亞亞亞亞 ●●●●

## 發音清和律一之四

法法法法 多可个舌
四音 法法法法 禾火化八
一聲 法法法法 開宰愛○
法法法法 回每退○
法法法法 良兩向○
四音 法法法法 光廣况○
二聲 法法法法 丁井亘○
法法法法 兄永瑩○

卜百丙必 典典典典
五音 步白葡鼻 典典典典
三聲 普朴品匹 典典典典
旁排平瓶 典典典典
東丹帝■ 典典典典
六音 兑大弟■ 典典典典
三聲 土貪天■ 典典典典
同覃田■ 典典典典

乃妳女■ 典典典典
七音 内南年■ 典典典典
三聲 老冷吕■ 典典典典
鹿犖离■ 典典典典
走哉足■ 典典典典
八音 自在匠■ 典典典典
三聲 草采七■ 典典典典
曹才全■ 典典典典

法法法法　千典旦○
四音　法法法法　元犬半○
三聲　法法法法　臣引艮○
法法法法　君允巽○
法法法法　刀早孝岳
四音　法法法法　毛寶報霍
四聲　法法法法　牛斗奏六
法法法法　○○○玉
法法法法　妻子四日
四音　法法法法　衰○帥骨
五聲　法法法法　○○○德
法法法法　龜水貴北
法法法法　宮孔衆○
四音　法法法法　龍甬用○
六聲　法法法法　魚鼠去○
法法法法　烏虎兔○

思三星■　典典典典
九音　寺□象■　典典典典
三聲　□□□■　典典典典
□□□■　典典典典
■山手■　典典典典
十音　■士石■　典典典典
三聲　■□耳■　典典典典
■□二■　典典典典
■莊震■　典典典典
十一音　■乍□■　典典典典
三聲　■叉赤■　典典典典
■崇辰■　典典典典
■卓中■　典典典典
十二音　■宅直■　典典典典
三聲　■坼丑■　典典典典
■茶呈■　典典典典

法法法法 心審禁○

四音七聲

法法法法 ○○○十

法法法法 男坎欠○

法法法法 ○○○妾

法法法法 ●●●●

四音八聲

法法法法 ●●●●

法法法法 ●●●●

法法法法 ●●●●

法法法法 ●●●●

四音九聲

法法法法 ●●●●

法法法法 ●●●●

法法法法 ●●●●

法法法法 ●●●●

四音十聲

法法法法 ●●●●

法法法法 ●●●●

法法法法 ●●●●

## 上聲闢唱呂一之四

古甲九癸 早早早早

一音四聲

□□近揆 早早早早

坤巧丘弃 早早早早

□□乾虯 早早早早

黑花香血 早早早早

二音四聲

黄華雄賢 早早早早

五瓦仰□ 早早早早

吾牙月堯 早早早早

安亞乙一 早早早早

三音四聲

□爻王寅 早早早早

母馬美米 早早早早

目皃眉民 早早早早

夫法□飛 早早早早

四音四聲

父凡□吠 早早早早

武晚□尾 早早早早

文万□未 早早早早

# 發音清和律一之五

百百百百　多可个舌

五音一聲
百百百百　禾火化八
百百百百　開宰愛○
百百百百　回每退○
百百百百　良兩向○

五音二聲
百百百百　光廣況○
百百百百　丁井亘○
百百百百　兄永瑩○
百百百百　千典旦○

五音三聲
百百百百　元犬半○
百百百百　臣引艮○
百百百百　君允巽○
百百百百　刀早孝岳

五音四聲
百百百百　毛寶報霍
百百百百　牛斗奏六
百百百百　○○○玉

卜百丙必　早早早早

五音四聲
步白葡鼻　早早早早
普朴品匹　早早早早
旁排平瓶　早早早早
東丹帝■　早早早早

六音四聲
兑大弟■　早早早早
土貪天■　早早早早
同覃田■　早早早早
乃妳女■　早早早早

七音四聲
内南年■　早早早早
老冷吕■　早早早早
鹿犖离■　早早早早
走哉足■　早早早早

八音四聲
自在匠■　早早早早
草采七■　早早早早
曹才全■　早早早早

百百百百 妻子四日
五音 百百百百 衰○帥骨
五聲 百百百百 ○○○德
百百百百 龜水貴北
百百百百 宮孔衆○
五音 百百百百 龍甬用○
六聲 百百百百 魚鼠去○
百百百百 烏虎兔○
百百百百 心審禁○
五音 百百百百 ○○○十
七聲 百百百百 男坎欠○
百百百百 ○○○妾
百百百百 ●●●●
五音 百百百百 ●●●●
八聲 百百百百 ●●●●
百百百百 ●●●●

思三星■ 早早早早
九音 寺□象■ 早早早早
四聲 □□□■ 早早早早
□□□■ 早早早早
■山手■ 早早早早
十音 ■士石■ 早早早早
四聲 ■□耳■ 早早早早
■□二■ 早早早早
■莊震■ 早早早早
十一音 ■乍□■ 早早早早
四聲 ■叉赤■ 早早早早
■崇辰■ 早早早早
■卓中■ 早早早早
十二音 ■宅直■ 早早早早
四聲 ■坼丑■ 早早早早
■茶呈■ 早早早早

百百百百 ●●●●
五音 百百百百 ●●●●
九聲 百百百百 ●●●●
百百百百 ●●●●
百百百百 ●●●●
五音 百百百百 ●●●●
十聲 百百百百 ●●●●
百百百百 ●●●●

## 發音清和律一之六

丹丹丹丹 多可个舌
六音 丹丹丹丹 禾火化八
一聲 丹丹丹丹 開宰愛○
丹丹丹丹 回每退○
丹丹丹丹 良兩向○
六音 丹丹丹丹 光廣況○
二聲 丹丹丹丹 丁井亘○
丹丹丹丹 兄永瑩○

## 上聲闢唱呂一之五

古甲九癸 子子子子
一音 □□近揆 子子子子
五聲 坤巧丘弃 子子子子
□□乾虬 子子子子
黑花香血 子子子子
二音 黃華雄賢 子子子子
五聲 五丸仰□ 子子子子
吾牙月堯 子子子子
安亞乙一 子子子子
三音 □爻王寅 子子子子
五聲 母馬美米 子子子子
目皃眉民 子子子子
夫法□飛 子子子子
四音 父凡□吠 子子子子
五聲 武晚□尾 子子子子
文万□未 子子子子

丹丹丹丹　千典旦○

六音　丹丹丹丹　元犬半○

三聲　丹丹丹丹　臣引艮○

丹丹丹丹　君允巽○

丹丹丹丹　刀早孝岳

六音　丹丹丹丹　毛寶報霍

四聲　丹丹丹丹　牛斗奏六

丹丹丹丹　○○○玉

丹丹丹丹　妻子四日

六音　丹丹丹丹　衰○帥骨

五聲　丹丹丹丹　○○○德

丹丹丹丹　龜水貴北

丹丹丹丹　宮孔衆○

六音　丹丹丹丹　龍甬用○

六聲　丹丹丹丹　魚鼠去○

丹丹丹丹　烏虎兔○

卜百丙必　子子子子

五音　步白葡鼻　子子子子

五聲　普朴品匹　子子子子

旁排平瓶　子子子子

東丹帝■　子子子子

六音　兑大弟■　子子子子

五聲　土貪天■　子子子子

同覃田■　子子子子

乃妳女■　子子子子

七音　内南年■　子子子子

五聲　老冷吕■　子子子子

鹿犖离■　子子子子

走哉足■　子子子子

八音　自在匠■　子子子子

五聲　草采七■　子子子子

曹才全■　子子子子

丹丹丹丹　心審禁○
六音　丹丹丹丹　○○○十
七聲　丹丹丹丹　男坎欠○
丹丹丹丹　○○○妾
丹丹丹丹　●●●●
六音　丹丹丹丹　●●●●
八聲　丹丹丹丹　●●●●
丹丹丹丹　●●●●
丹丹丹丹　●●●●
六音　丹丹丹丹　●●●●
九聲　丹丹丹丹　●●●●
丹丹丹丹　●●●●
丹丹丹丹　●●●●
六音　丹丹丹丹　●●●●
十聲　丹丹丹丹　●●●●
丹丹丹丹　●●●●

思三星■　子子子子
九音　寺□象■　子子子子
五聲　□□□■　子子子子
□□□■　子子子子
■山手■　子子子子
十音　■士石■　子子子子
五聲　■□耳■　子子子子
■□二■　子子子子
■莊震■　子子子子
十一音　■乍□■　子子子子
五聲　■叉赤■　子子子子
■崇辰■　子子子子
■卓中■　子子子子
十二音　■宅直■　子子子子
五聲　■坼丑■　子子子子
■茶呈■　子子子子

## 發音清和律一之七

妳妳妳妳　多可个舌
七音　妳妳妳妳　禾火化八
一聲　妳妳妳妳　開宰愛○
妳妳妳妳　回每退○
妳妳妳妳　良兩向○
七音　妳妳妳妳　光廣況○
二聲　妳妳妳妳　丁井亘○
妳妳妳妳　兄永瑩○
妳妳妳妳　千典旦○
七音　妳妳妳妳　元犬半○
三聲　妳妳妳妳　臣引艮○
妳妳妳妳　君允巽○
妳妳妳妳　刀早孝岳
七音　妳妳妳妳　毛寶報霍
四聲　妳妳妳妳　牛斗奏六
妳妳妳妳　○○○玉

## 上聲闢唱呂一之六

古甲九癸　孔孔孔孔
一音　□□近揆　孔孔孔孔
六聲　坤巧丘弃　孔孔孔孔
□□乾虯　孔孔孔孔
黑花香血　孔孔孔孔
二音　黃華雄賢　孔孔孔孔
六聲　五瓦仰□　孔孔孔孔
吾牙月堯　孔孔孔孔
安亞乙一　孔孔孔孔
三音　□爻王寅　孔孔孔孔
六聲　母馬美米　孔孔孔孔
目皃眉民　孔孔孔孔
夫法□飛　孔孔孔孔
四音　父凡□吠　孔孔孔孔
六聲　武晚□尾　孔孔孔孔
文万□未　孔孔孔孔

妳妳妳妳　妻子四日
七音　妳妳妳妳　衰○帥骨
五聲　妳妳妳妳　○○○德
妳妳妳妳　龜水貴北
妳妳妳妳　宮孔衆○
七音　妳妳妳妳　龍甬用○
六聲　妳妳妳妳　魚鼠去○
妳妳妳妳　烏虎兔○
妳妳妳妳　心審禁○
七音　妳妳妳妳　○○○十
七聲　妳妳妳妳　男坎欠○
妳妳妳妳　○○○妾
妳妳妳妳　●●●●
七音　妳妳妳妳　●●●●
八聲　妳妳妳妳　●●●●
妳妳妳妳　●●●●

卜百丙必　孔孔孔孔
五音　步白葡鼻　孔孔孔孔
六聲　普朴品匹　孔孔孔孔
旁排平瓶　孔孔孔孔
東丹帝■　孔孔孔孔
六音　兑大弟■　孔孔孔孔
六聲　土貪天■　孔孔孔孔
同覃田■　孔孔孔孔
乃妳女■　孔孔孔孔
七音　内南年■　孔孔孔孔
六聲　老冷吕■　孔孔孔孔
鹿犖离■　孔孔孔孔
走哉足■　孔孔孔孔
八音　自在匠■　孔孔孔孔
六聲　草采七■　孔孔孔孔
曹才全■　孔孔孔孔

妳妳妳妳　●●●●

七音九聲

妳妳妳妳　●●●●
妳妳妳妳　●●●●
妳妳妳妳　●●●●
妳妳妳妳　●●●●

七音十聲

妳妳妳妳　●●●●
妳妳妳妳　●●●●
妳妳妳妳　●●●●

## 發音清和律一之八

哉哉哉哉　多可个舌

八音一聲

哉哉哉哉　禾火化八
哉哉哉哉　開宰愛○
哉哉哉哉　回每退○
哉哉哉哉　良兩向○

八音二聲

哉哉哉哉　光廣況○
哉哉哉哉　丁井亘○
哉哉哉哉　兄永瑩○

思三星■　孔孔孔孔

九音六聲

寺□象■　孔孔孔孔
□□□■　孔孔孔孔
□□□■　孔孔孔孔
■山手■　孔孔孔孔

十音六聲

■士石■　孔孔孔孔
■□耳■　孔孔孔孔
■□二■　孔孔孔孔
■莊震■　孔孔孔孔

十一音六聲

■乍□■　孔孔孔孔
■叉赤■　孔孔孔孔
■崇辰■　孔孔孔孔
■卓中■　孔孔孔孔

十二音六聲

■宅直■　孔孔孔孔
■坼丑■　孔孔孔孔
■茶呈■　孔孔孔孔

哉哉哉哉　千典旦○
八音　哉哉哉哉　元犬半○
三聲　哉哉哉哉　臣引艮○
哉哉哉哉　君允巽○
哉哉哉哉　刀早孝岳
八音　哉哉哉哉　毛寶報霍
四聲　哉哉哉哉　牛斗奏六
哉哉哉哉　○○○玉
哉哉哉哉　妻子四日
八音　哉哉哉哉　衰○帥骨
五聲　哉哉哉哉　○○○德
哉哉哉哉　龜水貴北
哉哉哉哉　宮孔眾○
八音　哉哉哉哉　龍甬用○
六聲　哉哉哉哉　魚鼠去○
哉哉哉哉　烏虎兔○



## 上聲闢唱呂一之七

古甲九癸　審審審審
一音　□□近揆　審審審審
七聲　坤巧丘弃　審審審審
□□乾虯　審審審審
黑花香血　審審審審
二音　黃華雄賢　審審審審
七聲　五瓦仰□　審審審審
吾牙月堯　審審審審
安亞乙一　審審審審
三音　□爻王寅　審審審審
七聲　母馬美米　審審審審
目皃眉民　審審審審
夫法□飛　審審審審
四音　父凡□吠　審審審審
七聲　武晚□尾　審審審審
文万□未　審審審審

哉哉哉哉　心審禁○

八音

哉哉哉哉　○○○十

七聲

哉哉哉哉　男坎欠○

哉哉哉哉　○○○妾

哉哉哉哉　●●●●

八音

哉哉哉哉　●●●●

八聲

哉哉哉哉　●●●●

哉哉哉哉　●●●●

哉哉哉哉　●●●●

八音

哉哉哉哉　●●●●

九聲

哉哉哉哉　●●●●

哉哉哉哉　●●●●

哉哉哉哉　●●●●

八音

哉哉哉哉　●●●●

十聲

哉哉哉哉　●●●●

哉哉哉哉　●●●●

卜百丙必　審審審審

五音

步白葡鼻　審審審審

七聲

普朴品匹　審審審審

旁排平瓶　審審審審

東丹帝■　審審審審

六音

兑大弟■　審審審審

七聲

土貪天■　審審審審

同覃田■　審審審審

乃妳女■　審審審審

七音

内南年■　審審審審

七聲

老冷吕■　審審審審

鹿犖离■　審審審審

走哉足■　審審審審

八音

自在匠■　審審審審

七聲

草采七■　審審審審

曹才全■　審審審審

## 發音清和律一之九

三三三三三　多可个舌

九音　三三三三三　禾火化八
一聲　三三三三三　開宰愛○
三三三三三　回每退○
三三三三三　良兩向○

九音　三三三三三　光廣況○
二聲　三三三三三　丁井亘○
三三三三三　兄永瑩○
三三三三三　千典旦○

九音　三三三三三　元犬半○
三聲　三三三三三　臣引艮○
三三三三三　君允巽○
三三三三三　刀早孝岳

九音　三三三三三　毛寶報霍
四聲　三三三三三　牛斗奏六
三三三三三　○○○玉

思三星■　審審審審

九音　寺□象■　審審審審
七聲　□□□■　審審審審
□□□■　審審審審
■山手■　審審審審

十音　■士石■　審審審審
七聲　■□耳■　審審審審
■□二■　審審審審
■莊震■　審審審審

十一音　■乍□■　審審審審
七聲　■叉赤■　審審審審
■崇辰■　審審審審
■卓中■　審審審審

十二音　■宅直■　審審審審
七聲　■坼丑■　審審審審
■茶呈■　審審審審

三三三三三三三 妻子四日

九音 三三三三三三三 衰○帥骨

五聲 三三三三三三三 ○○○德

三三三三三三三 龜水貴北

三三三三三三三 宮孔衆○

九音 三三三三三三三 龍甬用○

六聲 三三三三三三三 魚鼠去○

三三三三三三三 烏虎兔○

三三三三三三三 心審禁○

九音 三三三三三三三 ○○○十

七聲 三三三三三三三 男坎欠○

三三三三三三三 ○○○妾

三三三三三三三 ●●●●

九音 三三三三三三三 ●●●●

八聲 三三三三三三三 ●●●●

三三三三三三三 ●●●●

# 上聲闢唱呂一之八

古甲九癸 ●●●●

一音 □□近揆 ●●●●

八聲 坤巧丘弃 ●●●●

□□乾虯 ●●●●

黑花香血 ●●●●

二音 黃華雄賢 ●●●●

八聲 五瓦仰□ ●●●●

吾牙月堯 ●●●●

安亞乙一 ●●●●

三音 □爻王寅 ●●●●

八聲 母馬美米 ●●●●

目皃眉民 ●●●●

夫法□飛 ●●●●

四音 父凡□吠 ●●●●

八聲 武晚□尾 ○●●●

文万□未 ●●●●

九音 九聲

三三三三 ●●●●
三三三三 ●●●●
三三三三 ●●●●
三三三三 ●●●●
三三三三 ●●●●

九音 十聲

三三三三 ●●●●
三三三三 ●●●●
三三三三 ●●●●

發音清和律一之十

十音 一聲

山山山山 多可个舌
山山山山 禾火化八
山山山山 開宰愛○
山山山山 回每退○
山山山山 良兩向○

十音 二聲

山山山山 光廣況○
山山山山 丁井亘○
山山山山 兄永瑩○



五音 八聲

卜百丙必 ●●●●
步白精鼻 ●●●●
普朴品匹 ●●●●
旁排平瓶 ●●●●

六音 八聲

東丹帝■ ●●●●
兑大弟■ ●●●●
土貪天■ ●●●●
同覃田■ ●●●●

七音 八聲

乃妳女■ ●●●●
内南年■ ●●●●
老冷吕■ ●●●●
鹿犖离■ ●●●●

八音 八聲

走哉足■ ●●●●
自在匠■ ●●●●
革采七■ ●●●●
曹才全■ ●●●●

山山山山　千典旦○

十音　山山山山　元犬半○
三聲　山山山山　臣引艮○
　　　山山山山　君允巽○
　　　山山山山　刀早孝岳

十音　山山山山　毛寶報霍
四聲　山山山山　牛斗奏六
　　　山山山山　○○○玉
　　　山山山山　妻子四日

十音　山山山山　衰○帥骨
五聲　山山山山　○○○德
　　　山山山山　龜水貴北
　　　山山山山　宮孔衆○

十音　山山山山　龍甬用○
六聲　山山山山　魚鼠去○
　　　山山山山　烏虎兔○

■思三星■　●●●●

九音　寺□象■　●●●●
八聲　□□□■　●●●●
　　　□□□■　●●●●
　　　■山手■　●●●●

十音　■士石■　●●●●
八聲　■□耳■　●●●●
　　　■□二■　●●●●
　　　■莊震■　●●●●

十一音　■乍□■　●●●●
八聲　　■叉赤■　●●●●
　　　　■崇辰■　●●●●
　　　　■卓中■　●●●●

十二音　■宅直■　●●●●
八聲　　■坼丑■　●●●●
　　　　■茶呈■　●●●●

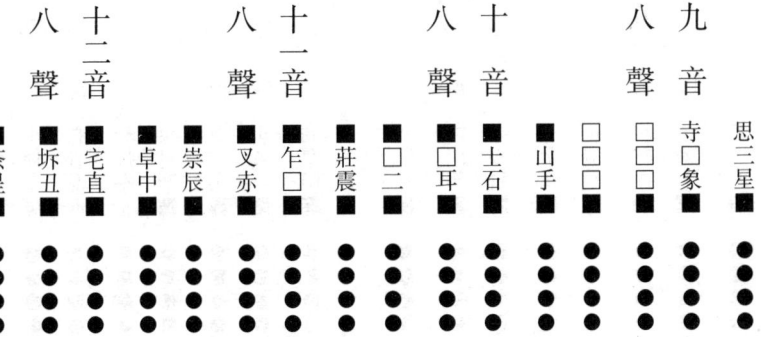

十音
七聲
心審禁○ 山山山山
○○○十 山山山山
男坎欠○ 山山山山
○○○妾 山山山山

十音
八聲
●●●● 山山山山
●●●● 山山山山
●●●● 山山山山
●●●● 山山山山

十音
九聲
●●●● 山山山山
●●●● 山山山山
●●●● 山山山山
●●●● 山山山山

十音
十聲
●●●● 山山山山
●●●● 山山山山
●●●● 山山山山
●●●● 山山山山

## 上聲闢唱吕一之九

一音
九聲
古甲九癸 ●●●●
□□近揆 ●●●●
坤巧丘弃 ●●●●
□□乾虯 ●●●●

二音
九聲
黑花香血 ●●●●
黃華雄賢 ●●●●
五瓦仰□ ●●●●
吾牙月堯 ●●●●

三音
九聲
安亞乙一 ●●●●
□爻王寅 ●●●●
母馬美米 ●●●●
目皃眉民 ●●●●

四音
九聲
夫法□飛 ●●●●
父凡□吠 ●●●●
武晚□尾 ●●●●
文万□未 ●●●●

發音清和律一之十一

莊莊莊莊　多可个舌
十一音　莊莊莊莊　禾火化八
一聲　莊莊莊莊　開宰愛○
莊莊莊莊　回每退○
莊莊莊莊　良兩向○
十一音　莊莊莊莊　光廣況○
二聲　莊莊莊莊　丁井亘○
莊莊莊莊　兄永瑩○
莊莊莊莊　千典旦○
十一音　莊莊莊莊　元犬半○
三聲　莊莊莊莊　臣引艮○
莊莊莊莊　君允巽○
莊莊莊莊　刀早孝岳
十一音　莊莊莊莊　毛寶報霍
四聲　莊莊莊莊　牛斗奏六
莊莊莊莊　○○○玉

卜百丙必●●●●
五音　步白葡鼻●●●●
九聲　普朴品匹●●●●
旁排平瓶●●●●
東丹帝■●●●●
六音　兑大弟■●●●●
九聲　土貪天■●●●●
同覃田■●●●●
乃妳女■●●●●
七音　内南年■●●●●
九聲　老冷吕■●●●●
鹿犖离■●●●●
走哉足■●●●●
八音　自在匠■●●●●
九聲　草采七■●●●●
曹才全■●●●●

莊莊莊莊　妻子四日
十一音　莊莊莊莊　衰○帥骨
五聲　莊莊莊莊　○○○德
莊莊莊莊　龜水貴北
莊莊莊莊　宮孔衆○
十一音　莊莊莊莊　龍甬用○
六聲　莊莊莊莊　魚鼠去○
莊莊莊莊　烏虎兔○
莊莊莊莊　心審禁○
十一音　莊莊莊莊　○○○十
七聲　莊莊莊莊　男坎欠○
莊莊莊莊　○○○妾
莊莊莊莊　●●●●
十一音　莊莊莊莊　●●●●
八聲　莊莊莊莊　●●●●
莊莊莊莊　●●●●

思三星■　●●●●
九音　寺□象■　●●●●
九聲　□□□■　●●●●
□□□■　●●●●
■山手■　●●●●
十音　■士石■　●●●●
九聲　■□耳■　●●●●
■□二■　●●●●
■莊震■　●●●●
十一音　■乍□■　●●●●
九聲　■叉赤■　●●●●
■崇辰■　●●●●
■卓中■　●●●●
十二音　■宅直■　●●●●
九聲　■拆丑■　●●●●
■茶呈■　●●●●

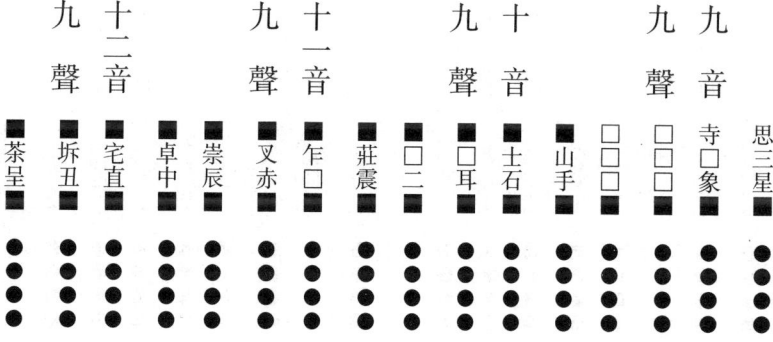

莊莊莊莊 ●●●●

十一音九聲

莊莊莊莊 ●●●●
莊莊莊莊 ●●●●
莊莊莊莊 ●●●●
莊莊莊莊 ●●●●

十一音十聲

莊莊莊莊 ●●●●
莊莊莊莊 ●●●●
莊莊莊莊 ●●●●

## 發音清和律一之十二

卓卓卓卓 多可个舌

十二音一聲

卓卓卓卓 禾火化八
卓卓卓卓 開宰愛○
卓卓卓卓 回每退○
卓卓卓卓 良兩向○

十二音二聲

卓卓卓卓 光廣況○
卓卓卓卓 丁井亘○
卓卓卓卓 兄永瑩○

## 上聲闢唱呂一之十

古甲九癸 ●●●●

十一音十聲

□□近揆 ●●●●
坤巧丘弃 ●●●●
□□乾虬 ●●●●
黑花香血 ●●●●

十二音十聲

黃華雄賢 ●●●●
五瓦仰□ ●●●●
吾牙月堯 ●●●●

安亞乙一 ●●●●

十三音十聲

□爻王寅 ●●●●
母馬美米 ●●●●
目皃眉民 ●●●●
夫法□飛 ●●●●

十四音十聲

父凡□吠 ●●●●
武晚□尾 ●●●●
文万□未 ●●●●

卓卓卓卓 千典旦○

十二音

卓卓卓卓 元犬半○

三聲

卓卓卓卓 臣引艮○
卓卓卓卓 君允巽○
卓卓卓卓 刀早孝岳

十二音

卓卓卓卓 毛寶報霍

四聲

卓卓卓卓 牛斗奏六
卓卓卓卓 ○○○玉
卓卓卓卓 妻子四日

十二音

卓卓卓卓 衰○帥骨

五聲

卓卓卓卓 ○○○德
卓卓卓卓 龜水貴北
卓卓卓卓 宮孔衆○

十二音

卓卓卓卓 龍甬用○

六聲

卓卓卓卓 魚鼠去○
卓卓卓卓 烏虎兔○

卜百丙必 ●●●●

五音

步白荀鼻 ●●●●

十聲

普朴品匹 ●●●●
旁排平瓶 ●●●●
東丹帝■ ●●●●

六音

兑大弟■ ●●●●

十聲

土貪天■ ●●●●
同覃田■ ●●●●
乃妳女■ ●●●●

七音

内南年■ ●●●●

十聲

老冷吕■ ●●●●
鹿犖离■ ●●●●
走哉足■ ●●●●

八音

自在匠■ ●●●●

十聲

草采七■ ●●●●
曹才全■ ●●●●

卓卓卓卓 心審禁○
十二音 卓卓卓卓 ○○○十
七聲 卓卓卓卓 男坎欠○
卓卓卓卓 ○○○妾
卓卓卓卓 ●●●●
十二音 卓卓卓卓 ●●●●
八聲 卓卓卓卓 ●●●●
卓卓卓卓 ●●●●
卓卓卓卓 ●●●●
十二音 卓卓卓卓 ●●●●
九聲 卓卓卓卓 ●●●●
卓卓卓卓 ●●●●
卓卓卓卓 ●●●●
十二音 卓卓卓卓 ●●●●
十聲 卓卓卓卓 ●●●●
卓卓卓卓 ●●●●

思三星■ ●●●●
九音 寺□象■ ●●●●
十聲 □□□■ ●●●●
□□□■ ●●●●
■山手■ ●●●●
十音 ■士石■ ●●●●
十聲 ■□耳■ ●●●●
■□二■ ●●●●
■莊震■ ●●●●
十一音 ■乍□■ ●●●●
十聲 ■叉赤■ ●●●●
■崇辰■ ●●●●
■卓中■ ●●●●
十二音 ■宅直■ ●●●●
十聲 ■坼丑■ ●●●●
■茶呈■ ●●●●

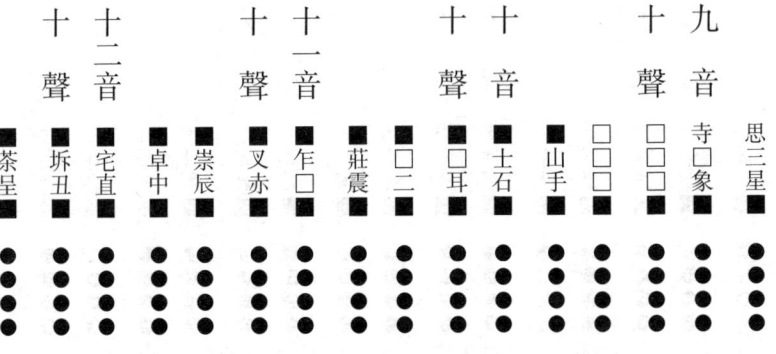

# 觀物篇之四十

月月聲上翕

火廣犬寶○

甬○●●●

月月聲七，下唱地之用音一百五十二，是謂上聲翕音。上聲翕音一千六十四。

月月聲上之二翕

發音濁和律二之一

□□□□ 多可个舌

一音 □□□□ 禾火化八

一聲 □□□□ 開宰愛○

□□□□ 回每退○

□□□□ 良兩向○

一音 □□□□ 光廣況○

二聲 □□□□ 丁井亘○

□□□□ 況永瑩○

火火音發濁

□華爻凡白大

南在□士乍宅

火火音十二，上和天之用聲一百一十二，是謂發音濁聲。發音濁聲一千三百四十四。

火火音發之二濁

上聲翕唱呂二之一

古甲九癸 火火火火

一音 □□近揆 火火火火

一聲 坤巧丘弃 火火火火

□□乾虯 火火火火

黑花香血 火火火火

二音 黃華雄賢 火火火火

一聲 五瓦仰□ 火火火火

吾牙月堯 火火火火

□□□□　千典旦○
一音
□□□□　元犬半○
三聲
□□□□　臣引艮○
□□□□　君允巽○
□□□□　刀早孝岳
一音
□□□□　毛寶報霍
四聲
□□□□　牛斗奏六
□□□□　○○○玉
□□□□　妻子四日
一音
□□□□　衰○帥骨
五聲
□□□□　○○○德
□□□□　龜水貴北
□□□□　宮孔衆○
一音
□□□□　龍甬用○
六聲
□□□□　魚鼠去○
□□□□　烏虎兔○

安亞乙一　火火火火
三音
□爻王寅　火火火火
一聲
母馬美米　火火火火
目皃眉民　火火火火
夫法□飛　火火火火
四音
父凡□吠　火火火火
一聲
武晚□尾　火火火火
文万□未　火火火火
卜百丙必　火火火火
五音
步白葡鼻　火火火火
一聲
普朴品匹　火火火火
旁排平瓶　火火火火
東丹帝■　火火火火
六音
兑大弟■　火火火火
一聲
土貪天■　火火火火
同覃田■　火火火火

□□□□心審禁○

一音 □□□□○○○十
七聲 □□□□男坎欠○
□□□□○○○妾
□□□□●●●●

一音 □□□□●●●●
八聲 □□□□●●●●
□□□□●●●●
□□□□●●●●

一音 □□□□●●●●
九聲 □□□□●●●●
□□□□●●●●
□□□□●●●●

一音 □□□□●●●●
十聲 □□□□●●●●
□□□□●●●●

乃妳女■火火火火

七音 內南年■火火火火
一聲 老冷吕■火火火火
鹿犖离■火火火火
走哉足■火火火火

八音 自在匠■火火火火
一聲 草采七■火火火火
曹才全■火火火火
思三星■火火火火

九音 寺□象■火火火火
一聲 □□□■火火火火
□□□■火火火火
■山手■火火火火

十音 ■士石■火火火火
一聲 ■□耳■火火火火
■□二■火火火火

## 發音濁和律二之二

華華華華 多可个舌
二音一聲 華華華華 禾火化八
華華華華 開宰愛○
華華華華 回每退○
華華華華 良兩向○
二音二聲 華華華華 光廣況○
華華華華 丁井亘○
華華華華 兄永瑩○
二音三聲 華華華華 千典旦○
華華華華 元犬半○
華華華華 臣引艮○
華華華華 君允巽○
華華華華 刀早孝岳
二音四聲 華華華華 毛寶報霍
華華華華 牛斗奏六
華華華華 ○○○玉

■莊震■ 火火火火
十一音一聲 ■乍□■ 火火火火
■叉赤■ 火火火火
■崇辰■ 火火火火
■卓中■ 火火火火
十二音一聲 ■宅直■ 火火火火
■坼丑■ 火火火火
■茶呈■ 火火火火

## 上聲翕唱呂二之二

古甲九癸 廣廣廣廣
一音二聲 □□近揆 廣廣廣廣
坤巧丘弃 廣廣廣廣
□□乾虬 廣廣廣廣
黑花香血 廣廣廣廣
二音二聲 黃華雄賢 廣廣廣廣
五瓦仰□ 廣廣廣廣
吾牙月堯 廣廣廣廣

華華華華　妻子四日
二音　華華華華　衰○帥骨
五聲　華華華華　○○○德
華華華華　龜水貴北
華華華華　宮孔衆○
二音　華華華華　龍甬用○
六聲　華華華華　魚鼠去○
華華華華　烏虎兔○
華華華華　心審禁○
二音　華華華華　○○○十
七聲　華華華華　男坎欠○
華華華華　○○○妾
華華華華　●●●●
二音　華華華華　●●●●
八聲　華華華華　●●●●
華華華華　●●●●

安亞乙一　廣廣廣廣
三音　□爻王寅　廣廣廣廣
二聲　母馬美米　廣廣廣廣
目皃眉民　廣廣廣廣
夫法□飛　廣廣廣廣
四音　父凡□吠　廣廣廣廣
二聲　武晚□尾　廣廣廣廣
文万□未　廣廣廣廣
卜百丙必　廣廣廣廣
五音　步白葡鼻　廣廣廣廣
二聲　普朴品匹　廣廣廣廣
旁排平瓶　廣廣廣廣
東丹帝■　廣廣廣廣
六音　兑大弟■　廣廣廣廣
二聲　土貪天■　廣廣廣廣
同覃田■　廣廣廣廣

華華華華　●●●●

二音　華華華華　●●●●

九聲　華華華華　●●●●

華華華華　●●●●

華華華華　●●●●

二音　華華華華　●●●●

十聲　華華華華　●●●●

華華華華　●●●●

## 發音濁和律二之三

爻爻爻爻　多可个舌

三音　爻爻爻爻　禾火化八

一聲　爻爻爻爻　開宰愛○

爻爻爻爻　回每退○

爻爻爻爻　良兩向○

三音　爻爻爻爻　光廣况○

二聲　爻爻爻爻　丁井亘○

爻爻爻爻　兄永瑩○

乃妳女■　廣廣廣廣

七音　内南年■　廣廣廣廣

二聲　老冷吕■　廣廣廣廣

鹿犖离■　廣廣廣廣

走哉足■　廣廣廣廣

八音　自在匠■　廣廣廣廣

二聲　草采七■　廣廣廣廣

曹才全■　廣廣廣廣

思三星■　廣廣廣廣

九音　寺□象■　廣廣廣廣

二聲　□□□■　廣廣廣廣

□□□■　廣廣廣廣

■山手■　廣廣廣廣

十音　■士石■　廣廣廣廣

二聲　■□耳■　廣廣廣廣

■□二■　廣廣廣廣

三音　三聲

爻爻爻爻　千典旦○
爻爻爻爻　元犬半○
爻爻爻爻　臣引艮○
爻爻爻爻　君允巽○
爻爻爻爻　刀早孝岳

三音　四聲

爻爻爻爻　毛寶報霍
爻爻爻爻　牛斗奏六
爻爻爻爻　○○○玉

三音　五聲

爻爻爻爻　妻子四日
爻爻爻爻　衰○師骨
爻爻爻爻　○○○德
爻爻爻爻　龜水貴北
爻爻爻爻　宮孔衆○

三音　六聲

爻爻爻爻　龍甬用○
爻爻爻爻　魚鼠去○
爻爻爻爻　烏虎兔○

■莊震■　廣廣廣廣

十一音　二聲

■乍□■　廣廣廣廣
■叉赤■　廣廣廣廣
■崇辰■　廣廣廣廣
■卓中■　廣廣廣廣

十二音　二聲

■宅直■　廣廣廣廣
■坼丑■　廣廣廣廣
■茶呈■　廣廣廣廣

## 上聲翕唱呂二之三

古甲九癸　犬犬犬犬

一音　三聲

□□近揆　犬犬犬犬
坤巧丘弃　犬犬犬犬
□□乾虯　犬犬犬犬
黑花香血　犬犬犬犬

二音　三聲

黃華雄賢　犬犬犬犬
五瓦仰□　犬犬犬犬
吾牙月堯　犬犬犬犬

爻爻爻爻　心審禁○
三音　爻爻爻爻　○○○十
七聲　爻爻爻爻　男坎欠○
爻爻爻爻　○○○妾
爻爻爻爻　●●●●
三音　爻爻爻爻　●●●●
八聲　爻爻爻爻　●●●●
爻爻爻爻　●●●●
爻爻爻爻　●●●●
三音　爻爻爻爻　●●●●
九聲　爻爻爻爻　●●●●
爻爻爻爻　●●●●
爻爻爻爻　●●●●
三音　爻爻爻爻　●●●●
十聲　爻爻爻爻　●●●●
爻爻爻爻　●●●●

安亞乙一　犬犬犬犬
三音　□爻王寅　犬犬犬犬
三聲　母馬美米　犬犬犬犬
目皃眉民　犬犬犬犬
夫法□飛　犬犬犬犬
四音　父凡□吠　犬犬犬犬
三聲　武晚□尾　犬犬犬犬
文万□未　犬犬犬犬
卜百丙必　犬犬犬犬
五音　步白葡鼻　犬犬犬犬
三聲　普朴品匹　犬犬犬犬
旁排平瓶　犬犬犬犬
東丹帝■　犬犬犬犬
六音　兑大弟■　犬犬犬犬
三聲　土貪天■　犬犬犬犬
同覃田■　犬犬犬犬

## 發音濁和律二之四

四音 一聲

凡凡凡凡 多可个舌
凡凡凡凡 禾火化八
凡凡凡凡 開宰愛○
凡凡凡凡 回每退○
凡凡凡凡 良兩向○

四音 二聲

凡凡凡凡 光廣况○
凡凡凡凡 丁井亘○
凡凡凡凡 兄永瑩○
凡凡凡凡 千典旦○

四音 三聲

凡凡凡凡 元犬半○
凡凡凡凡 臣引艮○
凡凡凡凡 君允巽○
凡凡凡凡 刀早孝岳

四音 四聲

凡凡凡凡 毛寶報霍
凡凡凡凡 牛斗奏六
凡凡凡凡 ○○○玉

七音 三聲

乃妳女■ 犬犬犬犬
内南年■ 犬犬犬犬
老冷吕■ 犬犬犬犬
鹿犖离■ 犬犬犬犬
走哉足■ 犬犬犬犬

八音 三聲

自在匠■ 犬犬犬犬
草采七■ 犬犬犬犬
曹才全■ 犬犬犬犬
思三星■ 犬犬犬犬

九音 三聲

寺□象■ 犬犬犬犬
□□□■ 犬犬犬犬
□□□■ 犬犬犬犬
■山手■ 犬犬犬犬

十音 三聲

■士石■ 犬犬犬犬
■□耳■ 犬犬犬犬
■□二■ 犬犬犬犬

凡凡凡凡　妻子四日
四音　凡凡凡凡　衰○帥骨
五聲　凡凡凡凡　○○○德
凡凡凡凡　龜水貴北
凡凡凡凡　宮孔衆○
四音　凡凡凡凡　龍甬用○
六聲　凡凡凡凡　魚鼠去○
凡凡凡凡　烏虎兔○
凡凡凡凡　心審禁○
四音　凡凡凡凡　○○○十
七聲　凡凡凡凡　男坎欠○
凡凡凡凡　○○○妾
凡凡凡凡　●●●●
四音　凡凡凡凡　●●●●
八聲　凡凡凡凡　●●●●
凡凡凡凡　●●●●

■莊震■　犬犬犬犬
十一音　■乍□■　犬犬犬犬
三聲　■叉赤■　犬犬犬犬
■崇辰■　犬犬犬犬
■卓中■　犬犬犬犬
十二音　■宅直■　犬犬犬犬
三聲　■拆丑■　犬犬犬犬
■茶呈■　犬犬犬犬

## 上聲翕唱呂二之四

古甲九癸　寶寶寶寶
一音　□□近揆　寶寶寶寶
四聲　坤巧丘弃　寶寶寶寶
□□乾虯　寶寶寶寶
黑花香血　寶寶寶寶
二音　黃華雄賢　寶寶寶寶
四聲　五瓦仰□　寶寶寶寶
吾牙月堯　寶寶寶寶

凡凡凡凡　●●●●
四音　凡凡凡凡　●●●●
九聲　凡凡凡凡　●●●●
凡凡凡凡　●●●●
凡凡凡凡　●●●●
四音　凡凡凡凡　●●●●
十聲　凡凡凡凡　●●●●
凡凡凡凡　●●●●

發音濁和律二之五

白白白白　多可个舌
五音　白白白白　禾火化八
一聲　白白白白　開宰愛○
白白白白　回每退○
白白白白　良兩向○
五音　白白白白　光廣況○
二聲　白白白白　丁井亘○
白白白白　兄永瑩○

安亞乙一　寶寶寶寶
三音　□爻王寅　寶寶寶寶
四聲　母馬美米　寶寶寶寶
目皃眉民　寶寶寶寶
夫法□飛　寶寶寶寶
四音　父凡□吠　寶寶寶寶
四聲　武晚□尾　寶寶寶寶
文万□未　寶寶寶寶
卜百丙必　寶寶寶寶
五音　步白葡鼻　寶寶寶寶
四聲　普朴品匹　寶寶寶寶
旁排平瓶　寶寶寶寶
東丹帝■　寶寶寶寶
六音　兑大弟■　寶寶寶寶
四聲　土貪天■　寶寶寶寶
同覃田■　寶寶寶寶

白白白白　千典旦○
五音　白白白白　元犬半○
三聲　白白白白　臣引艮○
白白白白　君允巽○
白白白白　刀早孝岳
五音　白白白白　毛寶報霍
四聲　白白白白　牛斗奏六
白白白白　○○○玉
白白白白　妻子四日
五音　白白白白　衰○帥骨
五聲　白白白白　○○○德
白白白白　龜水貴北
白白白白　宮孔衆○
五音　白白白白　龍甬用○
六聲　白白白白　魚鼠去○
白白白白　烏虎兔○

乃妳女■　寶寶寶寶
七音　内南年■　寶寶寶寶
四聲　老冷吕■　寶寶寶寶
鹿犖离■　寶寶寶寶
走哉足■　寶寶寶寶
八音　自在匠■　寶寶寶寶
四聲　草采七■　寶寶寶寶
曹才全■　寶寶寶寶
思三星■　寶寶寶寶
九音　寺□象■　寶寶寶寶
四聲　□□□■　寶寶寶寶
□□□■　寶寶寶寶
■山手■　寶寶寶寶
十音　■士石■　寶寶寶寶
四聲　■□耳■　寶寶寶寶
■□二■　寶寶寶寶

白白白白　心審禁○
五音　白白白白　○○○十
七聲　白白白白　男坎欠○
白白白白　○○○妾
白白白白　●●●●
五音　白白白白　●●●●
八聲　白白白白　●●●●
白白白白　●●●●
白白白白　●●●●
五音　白白白白　●●●●
九聲　白白白白　●●●●
白白白白　●●●●
白白白白　●●●●
五音　白白白白　●●●●
十聲　白白白白　●●●●
白白白白　●●●●

■莊震■　賨賨賨賨
十一音　■乍□■　賨賨賨賨
四聲　■叉赤■　賨賨賨賨
■崇辰■　賨賨賨賨
■卓中■　賨賨賨賨
十二音　■宅直■　賨賨賨賨
四聲　■拆丑■　賨賨賨賨
■茶呈■　賨賨賨賨

## 上聲翕唱呂二之五

古甲九癸　○○○○
一音　□□近揆　○○○○
五聲　坤巧丘弃　○○○○
□□乾虯　○○○○
黑花香血　○○○○
二音　黃華雄賢　○○○○
五聲　五瓦仰□　○○○○
吾牙月堯　○○○○

## 發音濁和律二之六

大大大大 多可个舌
六音 大大大大 禾火化八
一聲 大大大大 開宰愛○
大大大大 回每退○
大大大大 良兩向○
六音 大大大大 光廣況○
二聲 大大大大 丁井亘○
大大大大 兄永瑩○
大大大大 千典旦○
六音 大大大大 元犬半○
三聲 大大大大 臣引艮○
大大大大 君允巽○
大大大大 刀早孝岳
六音 大大大大 毛寶報霍
四聲 大大大大 牛斗奏六
大大大大 ○○○玉

安亞乙一 ○○○○
三音 冂爻王寅 ○○○○
五聲 毋馬美米 ○○○○
目皃眉民 ○○○○
夫法□飛 ○○○○
四音 父凡□吠 ○○○○
五聲 武晚□尾 ○○○○
文万□未 ○○○○
卜百丙必 ○○○○
五音 步白葡鼻 ○○○○
五聲 普朴品匹 ○○○○
旁排平瓶 ○○○○
東丹帝■ ○○○○
六音 兑大弟■ ○○○○
五聲 土貪天■ ○○○○
同覃田■ ○○○○

大大大大　妻子四日
六音　大大大大　衰○帥骨
五聲　大大大大　○○○德
大大大大　龜水貴北
大大大大　宮孔衆○
六音　大大大大　龍甬用○
六聲　大大大大　魚鼠去○
大大大大　烏虎兔○
大大大大　心審禁○
六音　大大大大　○○○十
七聲　大大大大　男坎欠○
大大大大　○○○妾
大大大大　●●●●
六音　大大大大　●●●●
八聲　大大大大　●●●●
大大大大　●●●●

乃妳女■　○○○○
七音　內南年■　○○○○
五聲　老冷吕■　○○○○
鹿犖离■　○○○○
走哉足■　○○○○
八音　自在匠■　○○○○
五聲　草采七■　○○○○
曹才全■　○○○○
思三星■　○○○○
九音　寺□象■　○○○○
五聲　□□□■　○○○○
□□□■　○○○○
■山手■　○○○○
十音　■士石■　○○○○
五聲　■□耳■　○○○○
■□二■　○○○○

大大大大　●●●●
六音　大大大大　●●●●
九聲　大大大大　●●●●
大大大大　●●●●
大大大大　●●●●
六音　大大大大　●●●●
十聲　大大大大　●●●●
大大大大　●●●●

發音濁和律一之七

南南南南　多可个舌
七音　南南南南　禾火化八
一聲　南南南南　開宰愛○
南南南南　回每退○
南南南南　良兩向○
七音　南南南南　光廣況○
二聲　南南南南　丁井亘○
南南南南　兄永瑩○

■莊震■　○○○○
十一音　■乍□■　○○○○
五聲　■叉赤■　○○○○
■崇辰■　○○○○
■卓中■　○○○○
十二音　■宅直■　○○○○
五聲　■坼丑■　○○○○
■茶呈■　○○○○

上聲翕唱呂一之六

古甲九癸　甬甬甬甬
一音　□□近揆　甬甬甬甬
六聲　坤巧丘弃　甬甬甬甬
□□乾虯　甬甬甬甬
黑花香血　甬甬甬甬
二音　黃華雄賢　甬甬甬甬
六聲　五瓦仰□　甬甬甬甬
吾牙月堯　甬甬甬甬

南南南南　千典旦○
七音　南南南南　元犬半○
三聲　南南南南　臣引艮○
南南南南　君允巽○
南南南南　刀早孝岳
七音　南南南南　毛寶報霍
四聲　南南南南　牛斗奏六
南南南南　○○○玉
南南南南　妻子四日
七音　南南南南　衰○帥骨
五聲　南南南南　○○○德
南南南南　龜水貴北
南南南南　宮孔衆○
七音　南南南南　龍甬用○
六聲　南南南南　魚鼠去○
南南南南　烏虎兔○

安亞乙一　甬甬甬甬
三音　□爻王寅　甬甬甬甬
六聲　母馬美米　甬甬甬甬
目皃眉民　甬甬甬甬
夫法□飛　甬甬甬甬
四音　父凡□吠　甬甬甬甬
六聲　武晚□尾　甬甬甬甬
文万□未　甬甬甬甬
卜百丙必　甬甬甬甬
五音　步白葡鼻　甬甬甬甬
六聲　普朴品匹　甬甬甬甬
旁排平瓶　甬甬甬甬
東丹帝■　甬甬甬甬
六音　兑大弟■　甬甬甬甬
六聲　土貪天■　甬甬甬甬
同覃田■　甬甬甬甬

南南南南 心審禁○
七音 南南南南 ○○○十
七聲 南南南南 男坎欠○
南南南南 ○○○妾
南南南南 ●●●●
七音 南南南南 ●●●●
八聲 南南南南 ●●●●
南南南南 ●●●●
南南南南 ●●●●
七音 南南南南 ●●●●
九聲 南南南南 ●●●●
南南南南 ●●●●
南南南南 ●●●●
七音 南南南南 ●●●●
十聲 南南南南 ●●●●
南南南南 ●●●●

乃妳女■ 甬甬甬甬
七音 内南年■ 甬甬甬甬
六聲 老冷吕■ 甬甬甬甬
鹿犖离■ 甬甬甬甬
走哉足■ 甬甬甬甬
八音 自在匠■ 甬甬甬甬
六聲 草采七■ 甬甬甬甬
曹才全■ 甬甬甬甬
思三星■ 甬甬甬甬
九音 寺□象■ 甬甬甬甬
六聲 □□□■ 甬甬甬甬
□□□■ 甬甬甬甬
■山手■ 甬甬甬甬
十音 ■士石■ 甬甬甬甬
六聲 ■□耳■ 甬甬甬甬
■□二■ 甬甬甬甬

## 發音濁和律二之八

八音一聲
在在在在 多可个舌
在在在在 禾火化八
在在在在 開宰愛○
在在在在 回每退○

八音二聲
在在在在 良兩向○
在在在在 光廣况○
在在在在 丁井亘○
在在在在 兄永瑩○

八音三聲
在在在在 千典旦○
在在在在 元犬半○
在在在在 臣引艮○
在在在在 君允巽○

八音四聲
在在在在 刀早孝岳
在在在在 毛寶報霍
在在在在 牛斗奏六
在在在在 ○○○玉

十一音六聲
■莊震■ 甬甬甬甬
■乍□■ 甬甬甬甬
■叉赤■ 甬甬甬甬
■崇辰■ 甬甬甬甬

十二音六聲
■卓中■ 甬甬甬甬
■宅直■ 甬甬甬甬
■坼丑■ 甬甬甬甬
■茶呈■ 甬甬甬甬

## 上聲翕唱吕二之七

一音七聲
古甲九癸 ○○○○
□□近揆 ○○○○
坤巧丘弃 ○○○○
□□乾虯 ○○○○

二音七聲
黑花香血 ○○○○
黃華雄賢 ○○○○
五瓦仰□ ○○○○
吾牙月堯 ○○○○

在在在在　妻子四日

八音　五聲

在在在在　衰○帥骨
在在在在　○○○德
在在在在　龜水貴北
在在在在　宮孔衆○

八音　六聲

在在在在　龍甬用○
在在在在　魚鼠去○
在在在在　烏虎兔○
在在在在　心審禁○

八音　七聲

在在在在　○○○十
在在在在　男坎欠○
在在在在　○○○妾
在在在在　●●●●

八音　八聲

在在在在　●●●●
在在在在　●●●●
在在在在　●●●●

安亞乙一　○○○○

三音　七聲

□爻王寅　○○○○
母馬美米　○○○○
目皃眉民　○○○○
夫法□飛　○○○○

四音　七聲

父凡□吠　○○○○
武晚□尾　○○○○
文万□未　○○○○
卜百丙必　○○○○

五音　七聲

步白葡鼻　○○○○
普朴品匹　○○○○
旁排平瓶　○○○○
東丹帝■　○○○○

六音　七聲

兌大弟■　○○○○
土貪天■　○○○○
同覃田■　○○○○

在在在在 ●●●●

八音 九聲

在在在在 ●●●●
在在在在 ●●●●
在在在在 ●●●●
在在在在 ●●●●

八音 十聲

在在在在 ●●●●
在在在在 ●●●●
在在在在 ●●●●

## 發音濁和律二之九

□□□□ 多可个舌

九音 一聲

□□□□ 禾火化八
□□□□ 開宰愛○
□□□□ 回每退○
□□□□ 良兩向○

九音 二聲

□□□□ 光廣況○
□□□□ 丁井亘○
□□□□ 兄永瑩○

乃妳女■ ○○○○

七音 七聲

内南年■ ○○○○
老冷吕■ ○○○○
鹿犖离■ ○○○○
走哉足■ ○○○○

八音 七聲

自在匠■ ○○○○
草采七■ ○○○○
曹才全■ ○○○○
思三星■ ○○○○

九音 七聲

寺□象■ ○○○○
□□□■ ○○○○
□□□■ ○○○○
■山手■ ○○○○

十音 七聲

■士石■ ○○○○
■□耳■ ○○○○
■□二■ ○○○○

□□□□千典旦○
九音
三聲
□□□□元犬半○
□□□□臣引艮○
□□□□君允巽○
□□□□刀早孝岳
九音
四聲
□□□□毛寶報霍
□□□□牛斗奏六
□□□□○○○玉
□□□□妻子四日
九音
五聲
□□□□衰○帥骨
□□□□○○○德
□□□□龜水貴北
□□□□宮孔衆○
九音
六聲
□□□□龍甬用○
□□□□魚鼠去○
□□□□烏虎兔○

■莊震■○○○○
十一音
七聲
■乍□■○○○○
■叉赤■○○○○
■崇辰■○○○○
■卓中■○○○○
十二音
七聲
■宅直■○○○○
■坼丑■○○○○
■茶呈■○○○○

## 上聲翕唱吕二之八

古甲九癸●●●●
一音
八聲
□□近揆●●●●
坤巧丘弃●●●●
□□乾虯●●●●
黑花香血●●●●
二音
八聲
黄華雄賢●●●●
五瓦仰□●●●●
吾牙月堯●●●●

□□□□ 心審禁○ ●●●●

九音

□□□□ ○○○十 ●●●●

七聲

□□□□ 男坎欠○ ●●●●

□□□□ ○○○妾 ●●●●

□□□□ ●●●●

九音

□□□□ ●●●●

八聲

□□□□ ●●●●

□□□□ ●●●●

□□□□ ●●●●

九音

□□□□ ●●●●

九聲

□□□□ ●●●●

□□□□ ●●●●

□□□□ ●●●●

九音

□□□□ ●●●●

十聲

□□□□ ●●●●

□□□□ ●●●●

安亞乙一 ●●●●

三音

□爻王寅 ●●●●

八聲

母馬美米 ●●●●

目皃眉民 ●●●●

夫法□飛 ●●●●

四音

父凡□吠 ●●●●

八聲

武晚□尾 ●●●●

文万□未 ●●●●

卜百丙必 ●●●●

五音

步白精鼻 ●●●●

八聲

普朴品匹 ●●●●

旁排平瓶 ●●●●

東丹帝■ ●●●●

六音

兑大弟■ ●●●●

八聲

土貪天■ ●●●●

同覃田■ ●●●●

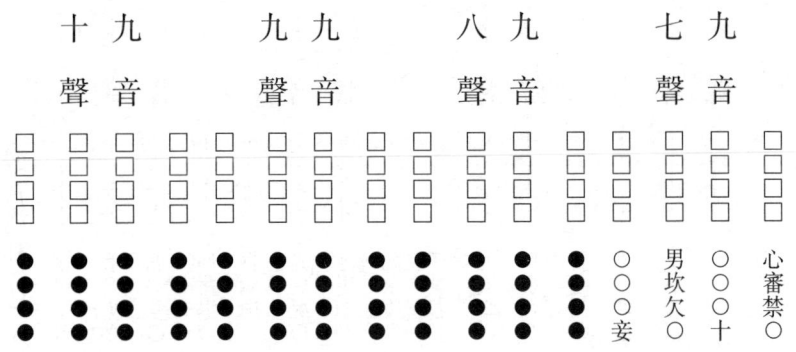

## 發音濁和律一之十

士士士士 多可个舌
十音 士士士士 禾火化八
一聲 士士士士 開宰愛○
士士士士 回每退○
士士士士 良兩向○
十音 士士士士 光廣況○
二聲 士士士士 丁井亘○
士士士士 兄永瑩○
士士士士 千典旦○
十音 士士士士 元犬半○
三聲 士士士士 臣引艮○
士士士士 君允巽○
士士士士 刀早孝岳
十音 士士士士 毛寶報霍
四聲 士士士士 牛斗奏六
士士士士 ○○○玉

乃妳女■ ●●●●
七音 內南年■ ●●●●
八聲 老冷呂■ ●●●●
鹿犖离■ ●●●●
走哉足■ ●●●●
八音 自在匠■ ●●●●
八聲 草采七■ ●●●●
曹才全■ ●●●●
思三星■ ●●●●
九音 寺□象■ ●●●●
八聲 □□□■ ●●●●
□□□■ ●●●●
■山手■ ●●●●
十音 ■士石■ ●●●●
八聲 ■□耳■ ●●●●
■□二■ ●●●●

十音五聲

士士士士　妻子四日
士士士士　衰○帥骨
士士士士　○○○德
士士士士　龜水貴北

十音六聲

士士士士　宮孔衆○
士士士士　龍甬用○
士士士士　魚鼠去○
士士士士　烏虎兔○

十音七聲

士士士士　心審禁○
士士士士　○○○十
士士士士　男坎欠○
士士士士　○○○妾

十音八聲

士士士士　●●●●
士士士士　●●●●
士士士士　●●●●
士士士士　●●●●

十一音八聲

■莊震■　●●●●
■乍□■　●●●●
■叉赤■　●●●●
■崇辰■　●●●●

十二音八聲

■卓中■　●●●●
■宅直■　●●●●
■坼丑■　●●●●
■茶呈■　●●●●

## 上聲翕唱呂二之九

一音九聲

古甲九癸　●●●●
□□近揆　●●●●
坤巧丘弃　●●●●
□□乾虯　●●●●

二音九聲

黑花香血　●●●●
黃華雄賢　●●●●
五瓦仰□　●●●●
吾牙月堯　●●●●

十音　九聲

士士士士 ●●●●
士士士士 ●●●●
士士士士 ●●●●
士士士士 ●●●●

十音　十聲

士士士士 ●●●●
士士士士 ●●●●
士士士士 ●●●●
士士士士 ●●●●

## 發音濁和律二之十一

乍乍乍乍 多可个舌

十一音　一聲

乍乍乍乍 禾火化八
乍乍乍乍 開宰愛〇
乍乍乍乍 回每退〇
乍乍乍乍 良兩向〇

十二音　二聲

乍乍乍乍 光廣況〇
乍乍乍乍 丁井亘〇
乍乍乍乍 兄永瑩〇

安亞乙一 ●●●●

三音　九聲

□爻王寅 ●●●●
母馬美米 ●●●●
目皃眉民 ●●●●
夫法□飛 ●●●●

四音　九聲

父凡□吠 ●●●●
武晚□尾 ●●●●
文万□未 ●●●●

卜百丙必 ●●●●

五音　九聲

步白葡鼻 ●●●●
普朴品匹 ●●●●
旁排平瓶 ●●●●
東丹帝■ ●●●●

六音　九聲

兑大弟■ ●●●●
土貪天■ ●●●●
同覃田■ ●●●●

乍乍乍乍　千典旦○

十一音　乍乍乍乍　元犬半○
三聲　乍乍乍乍　臣引艮○
乍乍乍乍　君允巽○
乍乍乍乍　刀早孝岳

十一音　乍乍乍乍　毛寶報霍
四聲　乍乍乍乍　牛斗奏六
乍乍乍乍　○○○玉
乍乍乍乍　妻子四日

十一音　乍乍乍乍　衰○帥骨
五聲　乍乍乍乍　○○○德
乍乍乍乍　龜水貴北
乍乍乍乍　宮孔衆○

十一音　乍乍乍乍　龍甬用○
六聲　乍乍乍乍　魚鼠去○
乍乍乍乍　烏虎兔○

乃妳女■　●●●●

七音　内南年■　●●●●
九聲　老冷吕■　●●●●
鹿犖离■　●●●●
走哉足■　●●●●

八音　自在匠■　●●●●
九聲　草采七■　●●●●
曹才全■　●●●●
思三星■　●●●●

九音　寺□象■　●●●●
九聲　□□□■　●●●●
□□□■　●●●●
■山手■　●●●●

十音　■士石■　●●●●
九聲　■□耳■　●●●●
■□二■　●●●●

乍乍乍乍　心審禁○
十一音　乍乍乍乍　○○○十
七聲　乍乍乍乍　男坎欠○
乍乍乍乍　○○○妾
乍乍乍乍　●●●●
十一音　乍乍乍乍　●●●●
八聲　乍乍乍乍　●●●●
乍乍乍乍　●●●●
乍乍乍乍　●●●●
十一音　乍乍乍乍　●●●●
九聲　乍乍乍乍　●●●●
乍乍乍乍　●●●●
乍乍乍乍　●●●●
十一音　乍乍乍乍　●●●●
十聲　乍乍乍乍　●●●●
乍乍乍乍　●●●●

■莊震■　●●●●
十一音　■乍□■　●●●●
九聲　■叉赤■　●●●●
■崇辰■　●●●●
■卓中■　●●●●
十二音　■宅直■　●●●●
九聲　■坼丑■　●●●●
■茶呈■　●●●●

上聲翕唱呂二之十

古甲九癸　●●●●
一音　□□近揆　●●●●
十聲　坤巧丘弃　●●●●
□□乾虯　●●●●
黑花香血　●●●●
二音　黃華雄賢　●●●●
十聲　五瓦仰□　●●●●
吾牙月堯　●●●●

# 發音濁和律二之十二

宅宅宅宅　多可个舌

十二音　一聲
宅宅宅宅　禾火化八
宅宅宅宅　開宰愛○
宅宅宅宅　回每退○
宅宅宅宅　良兩向○

十二音　二聲
宅宅宅宅　光廣況○
宅宅宅宅　丁井亘○
宅宅宅宅　兄永瑩○
宅宅宅宅　千典旦○

十二音　三聲
宅宅宅宅　元犬半○
宅宅宅宅　臣引艮○
宅宅宅宅　君允巽○
宅宅宅宅　刀早孝岳

十二音　四聲
宅宅宅宅　毛寶報霍
宅宅宅宅　牛斗奏六
宅宅宅宅　○○○玉

安亞乙一　●●●●

三音　十聲
□爻王寅　●●●●
母馬美米　●●●●
目皃眉民　●●●●
夫法□飛　●●●●

四音　十聲
父凡□吠　●●●●
武晚□尾　●●●●
文万□未　●●●●
卜百丙必　●●●●

五音　十聲
步白葡鼻　●●●●
普朴品匹　●●●●
旁排平瓶　●●●●
東丹帝■　●●●●

六音　十聲
兑大弟■　●●●●
土貪天■　●●●●
同覃田■　●●●●

宅宅宅宅　妻子四日

十二音　宅宅宅宅　衰○帥骨

五聲　宅宅宅宅　○○○德

宅宅宅宅　龜水貴北

宅宅宅宅　宮孔衆○

十二音　宅宅宅宅　龍甬用○

六聲　宅宅宅宅　魚鼠去○

宅宅宅宅　烏虎兔○

宅宅宅宅　心審禁○

十二音　宅宅宅宅　○○○十

七聲　宅宅宅宅　男坎欠○

宅宅宅宅　○○○妾

宅宅宅宅　●●●●

十二音　宅宅宅宅　●●●●

八聲　宅宅宅宅　●●●●

宅宅宅宅　●●●●

乃妳女■　●●●●

七音　內南年■　●●●●

十聲　老冷呂■　●●●●

鹿犖离■　●●●●

走哉足■　●●●●

八音　自在匠■　●●●●

十聲　草采七■　●●●●

曹才全■　●●●●

思三星■　●●●●

九音　寺□象■　●●●●

十聲　□□□■　●●●●

□□□■　●●●●

■山手■　●●●●

十音　■士石■　●●●●

十聲　■□耳■　●●●●

■□二■　●●●●

■莊震■●●●●
十一音 ■乍□■●●●●
十聲 ■叉赤■●●●●
■崇辰■●●●●
■卓中■●●●●
十二音 ■宅直■●●●●
十聲 ■坼丑■●●●●
■茶呈■●●●●

火土音發清
巧瓦馬晚朴貪
冷采□□叉坼

火土音十二，上和天之用聲一百一十二，是謂發音清聲。發音清聲一千三百四十四。

宅宅宅宅●●●●
十二音 宅宅宅宅●●●●
九聲 宅宅宅宅●●●●
宅宅宅宅●●●●
宅宅宅宅●●●●
十二音 宅宅宅宅●●●●
十聲 宅宅宅宅●●●●
宅宅宅宅●●●●

## 觀物篇之四十一

月星聲上闢
辛井引斗●
鼠坎●●●

月星聲七，下唱地之用音一百五十二，是謂上聲闢音。上聲闢音一千六十四。

## 月星聲上之三闢

## 發音清和律三之一

巧巧巧巧　多可个舌

一音　巧巧巧巧　禾火化八

一聲　巧巧巧巧　開宰愛○

巧巧巧巧　回每退○

巧巧巧巧　良兩向○

一音　巧巧巧巧　光廣況○

二聲　巧巧巧巧　丁井亙○

巧巧巧巧　兄永瑩○

巧巧巧巧　千典旦○

一音　巧巧巧巧　元犬半○

三聲　巧巧巧巧　臣引艮○

巧巧巧巧　君允巽○

巧巧巧巧　刀早孝岳

一音　巧巧巧巧　毛寶報霍

四聲　巧巧巧巧　牛斗奏六

巧巧巧巧　○○○玉

## 火土音發之三清

## 上聲闢唱呂三之一

古甲九癸　宰宰宰宰

一音　□□近揆　宰宰宰宰

一聲　坤巧丘弃　宰宰宰宰

□□乾虯　宰宰宰宰

黑花香血　宰宰宰宰

二音　黃華雄賢　宰宰宰宰

一聲　五瓦仰□　宰宰宰宰

吾牙月堯　宰宰宰宰

安亞乙一　宰宰宰宰

三音　□爻王寅　宰宰宰宰

一聲　母馬美米　宰宰宰宰

目皃眉民　宰宰宰宰

夫法□飛　宰宰宰宰

四音　父凡□吠　宰宰宰宰

一聲　武晚□尾　宰宰宰宰

文万□未　宰宰宰宰

一音五聲

巧巧巧巧　妻子四日
巧巧巧巧　衰○帥骨
巧巧巧巧　○○○德
巧巧巧巧　龜水貴北

一音六聲

巧巧巧巧　宮孔衆○
巧巧巧巧　龍甬用○
巧巧巧巧　魚鼠去○
巧巧巧巧　烏虎兔○

一音七聲

巧巧巧巧　心審禁○
巧巧巧巧　○○○十
巧巧巧巧　男坎欠○
巧巧巧巧　○○○妾

一音八聲

巧巧巧巧　●●●●
巧巧巧巧　●●●●
巧巧巧巧　●●●●
巧巧巧巧　●●●●

五音一聲

卜百丙必　宰宰宰宰
步白葡鼻　宰宰宰宰
普朴品匹　宰宰宰宰
旁排平瓶　宰宰宰宰

六音一聲

東丹帝■　宰宰宰宰
兑大弟■　宰宰宰宰
土貪天■　宰宰宰宰
同覃田■　宰宰宰宰

七音一聲

乃妳女■　宰宰宰宰
内南年■　宰宰宰宰
老冷吕■　宰宰宰宰
鹿犖离■　宰宰宰宰

八音一聲

走哉足■　宰宰宰宰
自在匠■　宰宰宰宰
草采七■　宰宰宰宰
曹才全■　宰宰宰宰

巧巧巧巧 ●●●●
一音 巧巧巧巧 ●●●●
九聲 巧巧巧巧 ●●●●
巧巧巧巧 ●●●●
巧巧巧巧 ●●●●
一音 巧巧巧巧 ●●●●
十聲 巧巧巧巧 ●●●●
巧巧巧巧 ●●●●

## 發音清和律三之二

瓦瓦瓦瓦 多可个舌
二音 瓦瓦瓦瓦 禾火化八
一聲 瓦瓦瓦瓦 開宰愛○
瓦瓦瓦瓦 回每退○
瓦瓦瓦瓦 良兩向○
二音 瓦瓦瓦瓦 光廣況○
二聲 瓦瓦瓦瓦 丁井亘○
瓦瓦瓦瓦 兄永瑩○

思三星■ 辛辛辛辛
九音 寺□象■ 辛辛辛辛
一聲 □□□■ 辛辛辛辛
□□□■ 辛辛辛辛
■山手■ 辛辛辛辛
十音 ■士石■ 辛辛辛辛
一聲 ■□耳■ 辛辛辛辛
■□二■ 辛辛辛辛

■莊震■ 辛辛辛辛
十一音 ■乍□■ 辛辛辛辛
一聲 ■叉赤■ 辛辛辛辛
■崇辰■ 辛辛辛辛
■卓中■ 辛辛辛辛
十二音 ■宅直■ 辛辛辛辛
一聲 ■拆丑■ 辛辛辛辛
■茶呈■ 辛辛辛辛

瓦瓦瓦瓦　千典旦○
二音　瓦瓦瓦瓦　元犬半○
三聲　瓦瓦瓦瓦　臣引艮○
瓦瓦瓦瓦　君允巽○

瓦瓦瓦瓦　刀早孝岳
二音　瓦瓦瓦瓦　毛寶報霍
四聲　瓦瓦瓦瓦　牛斗奏六
瓦瓦瓦瓦　○○○玉

瓦瓦瓦瓦　妻子四日
二音　瓦瓦瓦瓦　衰○帥骨
五聲　瓦瓦瓦瓦　○○○德
瓦瓦瓦瓦　龜水貴北

瓦瓦瓦瓦　宮孔衆○
二音　瓦瓦瓦瓦　龍甬用○
六聲　瓦瓦瓦瓦　魚鼠去○
瓦瓦瓦瓦　烏虎兎○

## 上聲闢唱呂三之二

古甲九發　井井井井
一音　□□近揆　井井井井
二聲　坤巧丘弃　井井井井
□□乾虯　井井井井

黑花香血　井井井井
二音　黃華雄賢　井井井井
二聲　五瓦仰□　井井井井
吾牙月堯　井井井井

安亞乙一　井井井井
三音　□爻王寅　井井井井
二聲　母馬美米　井井井井
目皃眉民　井井井井

夫法□飛　井井井井
四音　父凡□吠　井井井井
二聲　武晚□尾　井井井井
文万□未　井井井井

瓦瓦瓦瓦　心審禁○

二音　瓦瓦瓦瓦　○○○十
七聲　瓦瓦瓦瓦　男坎欠○
瓦瓦瓦瓦　○○○妾
瓦瓦瓦瓦　●●●●

二音　瓦瓦瓦瓦　●●●●
八聲　瓦瓦瓦瓦　●●●●
瓦瓦瓦瓦　●●●●
瓦瓦瓦瓦　●●●●

二音　瓦瓦瓦瓦　●●●●
九聲　瓦瓦瓦瓦　●●●●
瓦瓦瓦瓦　●●●●
瓦瓦瓦瓦　●●●●

二音　瓦瓦瓦瓦　●●●●
十聲　瓦瓦瓦瓦　●●●●
瓦瓦瓦瓦　●●●●

卜百丙必　井井井井

五音　步白葡鼻　井井井井
二聲　普朴品匹　井井井井
旁排平瓶　井井井井
東丹帝■　井井井井

六音　兑大弟■　井井井井
二聲　土貪天■　井井井井
同覃田■　井井井井
乃妳女■　井井井井

七音　內南年■　井井井井
二聲　老冷吕■　井井井井
鹿犖离■　井井井井
走哉足■　井井井井

八音　自在匠■　井井井井
二聲　草采七■　井井井井
曹才全■　井井井井

## 發音清和律三之三

馬馬馬馬 多可个舌
三音 馬馬馬馬 禾火化八
一聲 馬馬馬馬 開宰愛○
馬馬馬馬 回每退○
馬馬馬馬 良兩向○
三音 馬馬馬馬 光廣況○
二聲 馬馬馬馬 丁井亘○
馬馬馬馬 兄永瑩○
馬馬馬馬 千典旦○
三音 馬馬馬馬 元犬半○
三聲 馬馬馬馬 臣引艮○
馬馬馬馬 君允巽○
馬馬馬馬 刀早孝岳
三音 馬馬馬馬 毛寶報霍
四聲 馬馬馬馬 牛斗奏六
馬馬馬馬 ○○○玉

思三星■ 井井井井
九音 寺□象■ 井井井井
二聲 □□□■ 井井井井
□□□■ 井井井井
■山手■ 井井井井
十音 ■士石■ 井井井井
二聲 ■□耳■ 井井井井
■□二■ 井井井井
■莊震■ 井井井井
十一音 ■乍□■ 井井井井
二聲 ■叉赤■ 井井井井
■崇辰■ 井井井井
■卓中■ 井井井井
十二音 ■宅直■ 井井井井
二聲 ■坼丑■ 井井井井
■茶呈■ 井井井井

馬馬馬馬 妻子四日
三音 馬馬馬馬 衰○帥骨
五聲 馬馬馬馬 ○○○德
馬馬馬馬 龜水貴北
馬馬馬馬 宫孔衆○
三音 馬馬馬馬 龍甬用○
六聲 馬馬馬馬 魚鼠去○
馬馬馬馬 烏虎兔○
馬馬馬馬 心審禁○
三音 馬馬馬馬 ○○○十
七聲 馬馬馬馬 男坎欠○
馬馬馬馬 ○○○妾
馬馬馬馬 ●●●●
三音 馬馬馬馬 ●●●●
八聲 馬馬馬馬 ●●●●
馬馬馬馬 ●●●●

## 上聲闢唱呂三之三

古甲九癸 引引引引
一音 □□近揆 引引引引
三聲 坤巧丘弃 引引引引
□□乾虯 引引引引
黑花香血 引引引引
二音 黄華雄賢 引引引引
三聲 五瓦仰□ 引引引引
吾牙月堯 引引引引
安亞乙一 引引引引
三音 □爻王寅 引引引引
三聲 母馬美米 引引引引
目皃眉民 引引引引
夫法□飛 引引引引
四音 父凡□吠 引引引引
三聲 武晚□尾 引引引引
文万□未 引引引引

馬馬馬馬　●●●●
三音　馬馬馬馬　●●●●
九聲　馬馬馬馬　●●●●
馬馬馬馬　●●●●
馬馬馬馬　●●●●
三音　馬馬馬馬　●●●●
十聲　馬馬馬馬　●●●●
馬馬馬馬　●●●●

## 發音清和律三之四

晚晚晚晚　多可个舌
四音　晚晚晚晚　禾火化八
一聲　晚晚晚晚　開宰愛○
晚晚晚晚　回每退○
晚晚晚晚　良兩向○
四音　晚晚晚晚　光廣況○
二聲　晚晚晚晚　丁井亘○
晚晚晚晚　兄永瑩○

卜百丙必　引引引引
五音　步白葡鼻　引引引引
三聲　普朴品匹　引引引引
旁排平瓶　引引引引
東丹帝■　引引引引
六音　兑大弟■　引引引引
三聲　土貪天■　引引引引
同覃田■　引引引引

乃妳女■　引引引引
七音　内南年■　引引引引
三聲　老冷吕■　引引引引
鹿犖离■　引引引引
走哉足■　引引引引
八音　自在匠■　引引引引
三聲　草采七■　引引引引
曹才全■　引引引引

晚晚晚晚　千典旦○

四音　三聲

晚晚晚晚　元犬半○
晚晚晚晚　臣引艮○
晚晚晚晚　君允巽○
晚晚晚晚　刀早孝岳

四音　四聲

晚晚晚晚　毛寶報霍
晚晚晚晚　牛斗奏六
晚晚晚晚　○○○玉
晚晚晚晚　妻子四日

四音　五聲

晚晚晚晚　衰○帥骨
晚晚晚晚　○○○德
晚晚晚晚　龜水貴北
晚晚晚晚　宮孔衆○

四音　六聲

晚晚晚晚　龍甬用○
晚晚晚晚　魚鼠去○
晚晚晚晚　烏虎兔○

思三星■　引引引引

九音　三聲

寺□象■　引引引引
□□□■　引引引引
□□□■　引引引引
■山手■　引引引引

十音　三聲

■士石■　引引引引
■□耳■　引引引引
■□二■　引引引引
■莊震■　引引引引

十一音　三聲

■乍□■　引引引引
■叉赤■　引引引引
■崇辰■　引引引引
■卓中■　引引引引

十二音　三聲

■宅直■　引引引引
■坼丑■　引引引引
■茶呈■　引引引引

晚晚晚晚　心審禁○

四音七聲

晚晚晚晚　○○○十
晚晚晚晚　男坎欠○
晚晚晚晚　○○○妾
晚晚晚晚　●●●●

四音八聲

晚晚晚晚　●●●●
晚晚晚晚　●●●●
晚晚晚晚　●●●●
晚晚晚晚　●●●●

四音九聲

晚晚晚晚　●●●●
晚晚晚晚　●●●●
晚晚晚晚　●●●●
晚晚晚晚　●●●●

四音十聲

晚晚晚晚　●●●●
晚晚晚晚　●●●●
晚晚晚晚　●●●●

## 上聲闢唱呂三之四

古甲九癸　斗斗斗斗

一音四聲

□□近揆　斗斗斗斗
坤巧丘弃　斗斗斗斗
□□乾虯　斗斗斗斗
黑花香血　斗斗斗斗

二音四聲

黄華雄賢　斗斗斗斗
五瓦仰□　斗斗斗斗
吾牙月堯　斗斗斗斗
安亞乙一　斗斗斗斗

三音四聲

□爻王寅　斗斗斗斗
母馬美米　斗斗斗斗
目皃眉民　斗斗斗斗
夫法□飛　斗斗斗斗

四音四聲

父凡□吠　斗斗斗斗
武晚□尾　斗斗斗斗
文万□未　斗斗斗斗

## 發音清和律三之五

朴朴朴朴　多可个舌
五音　朴朴朴朴　禾火化八
一聲　朴朴朴朴　開宰愛○
朴朴朴朴　回每退○
朴朴朴朴　良兩向○
五音　朴朴朴朴　光廣況○
二聲　朴朴朴朴　丁井亘○
朴朴朴朴　兄永瑩○
朴朴朴朴　千典旦○
五音　朴朴朴朴　元犬半○
三聲　朴朴朴朴　臣引艮○
朴朴朴朴　君允巽○
朴朴朴朴　刀早孝岳
五音　朴朴朴朴　毛寶報霍
四聲　朴朴朴朴　牛斗奏六
朴朴朴朴　○○○玉

卜百丙必　斗斗斗斗
五音　步白葡鼻　斗斗斗斗
四聲　普朴品匹　斗斗斗斗
旁排平瓶　斗斗斗斗
東丹帝■　斗斗斗斗
六音　兑大弟■　斗斗斗斗
四聲　土貪天■　斗斗斗斗
同覃田■　斗斗斗斗
乃妳女■　斗斗斗斗
七音　内南年■　斗斗斗斗
四聲　老冷吕■　斗斗斗斗
鹿犖离■　斗斗斗斗
走哉足■　斗斗斗斗
八音　自在匠■　斗斗斗斗
四聲　草采七■　斗斗斗斗
曹才全■　斗斗斗斗

朴朴朴朴　妻子四日
五音　朴朴朴朴　衰○帥骨
五聲　朴朴朴朴　○○○德
朴朴朴朴　龜水貴北
朴朴朴朴　宮孔衆○
五音　朴朴朴朴　龍甬用○
六聲　朴朴朴朴　魚鼠去○
朴朴朴朴　烏虎兔○
朴朴朴朴　心審禁○
五音　朴朴朴朴　○○○十
七聲　朴朴朴朴　男坎欠○
朴朴朴朴　○○○妾
朴朴朴朴　●●●●
五音　朴朴朴朴　●●●●
八聲　朴朴朴朴　●●●●
朴朴朴朴　●●●●

思三星■　斗斗斗斗
九音　寺□象■　斗斗斗斗
四聲　□□□■　斗斗斗斗
□□□■　斗斗斗斗
■山手■　斗斗斗斗
十音　■士石■　斗斗斗斗
四聲　■□耳■　斗斗斗斗
■□二■　斗斗斗斗
■莊震■　斗斗斗斗
十一音　■乍□■　斗斗斗斗
四聲　■叉赤■　斗斗斗斗
■崇辰■　斗斗斗斗
■卓中■　斗斗斗斗
十二音　■宅直■　斗斗斗斗
四聲　■坼丑■　斗斗斗斗
■茶呈■　斗斗斗斗

朴朴朴朴 ●●●●

五音 朴朴朴朴 ●●●●
九聲 朴朴朴朴 ●●●●
朴朴朴朴 ●●●●
朴朴朴朴 ●●●●

五音 朴朴朴朴 ●●●●
十聲 朴朴朴朴 ●●●●
朴朴朴朴 ●●●●

## 發音清和律三之六

貪貪貪貪 多可个舌

六音 貪貪貪貪 禾火化八
一聲 貪貪貪貪 開宰愛○
貪貪貪貪 回每退○
貪貪貪貪 良兩向○

六音 貪貪貪貪 光廣況○
二聲 貪貪貪貪 丁井亘○
貪貪貪貪 兄永瑩○

## 上聲闢唱呂三之五

古甲九癸 ○○○○

一音 □□近揆 ○○○○
五聲 坤巧丘弃 ○○○○
□□乾虯 ○○○○
黑花香血 ○○○○

二音 黃華雄賢 ○○○○
五聲 五瓦仰□ ○○○○
吾牙月堯 ○○○○

安亞乙一 ○○○○

三音 □爻王寅 ○○○○
五聲 母馬美米 ○○○○
目皃眉民 ○○○○
夫法□飛 ○○○○

四音 父凡□吠 ○○○○
五聲 武晚□尾 ○○○○
文万□未 ○○○○

千典旦○ 貪貪貪貪

六音 元犬半○ 貪貪貪貪

三聲 臣引艮○ 貪貪貪貪

君允巽○ 貪貪貪貪

刀早孝岳 貪貪貪貪

六音 毛寶報霍 貪貪貪貪

四聲 牛斗奏六 貪貪貪貪

○○○玉 貪貪貪貪

妻子四日 貪貪貪貪

六音 衰○帥骨 貪貪貪貪

五聲 ○○○德 貪貪貪貪

龜水貴北 貪貪貪貪

宮孔衆○ 貪貪貪貪

六音 龍甬用○ 貪貪貪貪

六聲 魚鼠去○ 貪貪貪貪

烏虎兔○ 貪貪貪貪

卜百丙必 ○○○○

五音 步白葡鼻 ○○○○

五聲 普朴品匹 ○○○○

旁排平瓶 ○○○○

東丹帝■ ○○○○

六音 兑大弟■ ○○○○

五聲 土貪天■ ○○○○

同覃田■ ○○○○

乃妳女■ ○○○○

七音 内南年■ ○○○○

五聲 老冷吕■ ○○○○

鹿犖离■ ○○○○

走哉足■ ○○○○

八音 自在匠■ ○○○○

五聲 草采七■ ○○○○

曹才全■ ○○○○

貪貪貪貪　心審禁○

六音　貪貪貪貪　○○○十

七聲　貪貪貪貪　男坎欠○

貪貪貪貪　○○○妾

貪貪貪貪　●●●●

六音　貪貪貪貪　●●●●

八聲　貪貪貪貪　●●●●

貪貪貪貪　●●●●

貪貪貪貪　●●●●

六音　貪貪貪貪　●●●●

九聲　貪貪貪貪　●●●●

貪貪貪貪　●●●●

貪貪貪貪　●●●●

六音　貪貪貪貪　●●●●

十聲　貪貪貪貪　●●●●

貪貪貪貪　●●●●

思三星■　○○○○

九音　寺□象■　○○○○

五聲　□□□■　○○○○

□□□■　○○○○

■山手■　○○○○

十音　■士石■　○○○○

五聲　■□耳■　○○○○

■□二■　○○○○

■莊震■　○○○○

十一音　■乍□■　○○○○

五聲　■叉赤■　○○○○

■崇辰■　○○○○

■卓中■　○○○○

十二音　■宅直■　○○○○

五聲　■坼丑■　○○○○

■茶呈■　○○○○

## 發音清和律三之七

冷冷冷冷　多可个舌

七音一聲

冷冷冷冷　禾火化八
冷冷冷冷　開宰愛○
冷冷冷冷　回每退○
冷冷冷冷　良兩向○

七音二聲

冷冷冷冷　光廣況○
冷冷冷冷　丁井亘○
冷冷冷冷　兄永瑩○
冷冷冷冷　千典旦○

七音三聲

冷冷冷冷　元犬半○
冷冷冷冷　臣引艮○
冷冷冷冷　君允巽○
冷冷冷冷　刀早孝岳

七音四聲

冷冷冷冷　毛寶報霍
冷冷冷冷　牛斗奏六
冷冷冷冷　○○○玉

## 上聲闢唱呂三之六

古甲九癸　鼠鼠鼠鼠

一音六聲

□□近揆　鼠鼠鼠鼠
坤巧丘弃　鼠鼠鼠鼠
□□乾虯　鼠鼠鼠鼠
黑花香血　鼠鼠鼠鼠

二音六聲

黃華雄賢　鼠鼠鼠鼠
五瓦仰□　鼠鼠鼠鼠
吾牙月堯　鼠鼠鼠鼠
安亞乙一　鼠鼠鼠鼠

三音六聲

□爻王寅　鼠鼠鼠鼠
母馬美米　鼠鼠鼠鼠
目皃眉民　鼠鼠鼠鼠
夫法□飛　鼠鼠鼠鼠

四音六聲

父凡□吠　鼠鼠鼠鼠
武晚□尾　鼠鼠鼠鼠
文万□未　鼠鼠鼠鼠

冷冷冷冷　妻子四日
七音　冷冷冷冷　衰○帥骨
五聲　冷冷冷冷　○○○德
冷冷冷冷　龜水貴北
冷冷冷冷　宮孔衆○
七音　冷冷冷冷　龍甬用○
六聲　冷冷冷冷　魚鼠去○
冷冷冷冷　烏虎兔○
冷冷冷冷　心審禁○
七音　冷冷冷冷　○○○十
七聲　冷冷冷冷　男坎欠○
冷冷冷冷　○○○妾
冷冷冷冷　●●●●
七音　冷冷冷冷　●●●●
八聲　冷冷冷冷　●●●●
冷冷冷冷　●●●●

卜百丙必　鼠鼠鼠鼠
五音　步白葡鼻　鼠鼠鼠鼠
六聲　普朴品匹　鼠鼠鼠鼠
旁排平瓶　鼠鼠鼠鼠
東丹帝■　鼠鼠鼠鼠
六音　兑大弟■　鼠鼠鼠鼠
六聲　土貪天■　鼠鼠鼠鼠
同覃田■　鼠鼠鼠鼠
乃妳女■　鼠鼠鼠鼠
七音　内南年■　鼠鼠鼠鼠
六聲　老冷吕■　鼠鼠鼠鼠
鹿犖离■　鼠鼠鼠鼠
走哉足■　鼠鼠鼠鼠
八音　自在匠■　鼠鼠鼠鼠
六聲　草采七■　鼠鼠鼠鼠
曹才全■　鼠鼠鼠鼠

七音 冷冷冷冷 ●●●●
九聲 冷冷冷冷 ●●●●
冷冷冷冷 ●●●●
冷冷冷冷 ●●●●
冷冷冷冷 ●●●●
七音 冷冷冷冷 ●●●●
十聲 冷冷冷冷 ●●●●
冷冷冷冷 ●●●●

發音清和律三之八

采采采采 多可个舌
八音 采采采采 禾火化八
一聲 采采采采 開宰愛○
采采采采 回每退○
采采采采 良兩向○
八音 采采采采 光廣況○
二聲 采采采采 丁井亘○
采采采采 兄永瑩○

思三星■ 鼠鼠鼠鼠
九音 寺□象■ 鼠鼠鼠鼠
六聲 □□□■ 鼠鼠鼠鼠
□□□■ 鼠鼠鼠鼠
■山手■ 鼠鼠鼠鼠
十音 ■士石■ 鼠鼠鼠鼠
六聲 ■□耳■ 鼠鼠鼠鼠
■□二■ 鼠鼠鼠鼠
■莊震■ 鼠鼠鼠鼠
十一音 ■乍□■ 鼠鼠鼠鼠
六聲 ■叉赤■ 鼠鼠鼠鼠
■崇辰■ 鼠鼠鼠鼠
■卓中■ 鼠鼠鼠鼠
十二音 ■宅直■ 鼠鼠鼠鼠
六聲 ■坼丑■ 鼠鼠鼠鼠
■茶呈■ 鼠鼠鼠鼠

采采采采　千典旦○

八音　采采采采　元犬半○
三聲　采采采采　臣引艮○
采采采采　君允巽○
采采采采　刀早孝岳

八音　采采采采　毛寶報霍
四聲　采采采采　牛斗奏六
采采采采　○○○玉
采采采采　妻子四日

八音　采采采采　衰○帥骨
五聲　采采采采　○○○德
采采采采　龜水貴北
采采采采　宮孔衆○

八音　采采采采　龍甬用○
六聲　采采采采　魚鼠去○
采采采采　烏虎兔○

## 上聲闢唱呂三之七

古甲九癸　坎坎坎坎

一音　□□近揆　坎坎坎坎
七聲　坤巧丘弃　坎坎坎坎
□□乾虯　坎坎坎坎
黑花香血　坎坎坎坎

二音　黄華雄賢　坎坎坎坎
七聲　五瓦仰□　坎坎坎坎
吾牙月堯　坎坎坎坎
安亞乙一　坎坎坎坎

三音　□爻王寅　坎坎坎坎
七聲　母馬美米　坎坎坎坎
目皃眉民　坎坎坎坎
夫法□飛　坎坎坎坎

四音　父凡□吠　坎坎坎坎
七聲　武晚□尾　坎坎坎坎
文万□未　坎坎坎坎

八音　七聲
采采采采　心審禁○
采采采采　○○○十
采采采采　男坎欠○
采采采采　○○○妾
采采采采　●●●●

八音　八聲
采采采采　●●●●
采采采采　●●●●
采采采采　●●●●
采采采采　●●●●

八音　九聲
采采采采　●●●●
采采采采　●●●●
采采采采　●●●●
采采采采　●●●●

八音　十聲
采采采采　●●●●
采采采采　●●●●
采采采采　●●●●

五音　七聲
卜百丙必　坎坎坎坎
步白葡鼻　坎坎坎坎
普朴品匹　坎坎坎坎
旁排平瓶　坎坎坎坎
東丹帝■　坎坎坎坎

六音　七聲
兑大弟■　坎坎坎坎
土貪天■　坎坎坎坎
同覃田■　坎坎坎坎
乃妳女■　坎坎坎坎

七音　七聲
内南年■　坎坎坎坎
老冷吕■　坎坎坎坎
鹿犖离■　坎坎坎坎
走哉足■　坎坎坎坎

八音　七聲
自在匠■　坎坎坎坎
草采七■　坎坎坎坎
曹才全■　坎坎坎坎

# 發音清和律三之九

□□□□ 多可个舌
九音 □□□□ 禾火化八
一聲 □□□□ 開宰愛○
□□□□ 回每退○
□□□□ 良兩向○
九音 □□□□ 光廣況○
二聲 □□□□ 丁井亘○
□□□□ 兄永瑩○
□□□□ 千典亘○
九音 □□□□ 元犬半○
三聲 □□□□ 臣引艮○
□□□□ 君允巽○
□□□□ 刀早孝岳
九音 □□□□ 毛寶報霍
四聲 □□□□ 牛斗奏六
□□□□ ○○○玉

思三星■ 坎坎坎坎
九音 寺□象■ 坎坎坎坎
七聲 □□□■ 坎坎坎坎
□□□■ 坎坎坎坎
■山手■ 坎坎坎坎
十音 ■士石■ 坎坎坎坎
七聲 ■□耳■ 坎坎坎坎
■□二■ 坎坎坎坎
■莊震■ 坎坎坎坎
十一音 ■乍□■ 坎坎坎坎
七聲 ■叉赤■ 坎坎坎坎
■崇辰■ 坎坎坎坎
■卓中■ 坎坎坎坎
十二音 ■宅直■ 坎坎坎坎
七聲 ■坼丑■ 坎坎坎坎
■茶呈■ 坎坎坎坎

□□□□ 妻子四日
九音 □□□□ 衰○帥骨
五聲 □□□□ ○○○德
□□□□ 龜水貴北
□□□□ 宮孔衆○
九音 □□□□ 龍甬用○
六聲 □□□□ 魚鼠去○
□□□□ 烏虎兔○
□□□□ 心審禁○
九音 □□□□ ○○○十
七聲 □□□□ 男坎欠○
□□□□ ○○○妾
□□□□ ●●●●
九音 □□□□ ●●●●
八聲 □□□□ ●●●●
□□□□ ●●●●

## 上聲闢唱呂三之八

古甲九癸 ●●●●
一音 □□近揆 ●●●●
八聲 坤巧丘弃 ●●●●
□□乾虯 ●●●●
黑花香血 ●●●●
二音 黃華雄賢 ●●●●
八聲 五瓦仰□ ●●●●
吾牙月堯 ●●●●
安亞乙一 ●●●●
三音 □爻王寅 ●●●●
八聲 母馬美米 ●●●●
目皃眉民 ●●●●
夫法□飛 ●●●●
四音 父凡□吠 ●●●●
八聲 武晚□尾 ●●●●
文万□未 ●●●●

□□□□ ●●●●
九音 □□□□ ●●●●
九聲 □□□□ ●●●●
□□□□ ●●●●
□□□□ ●●●●
九音 □□□□ ●●●●
十聲 □□□□ ●●●●
□□□□ ●●●●

## 發音清和律三之十

□□□□ 多可个舌
十音 □□□□ 禾火化八
一聲 □□□□ 開宰愛○
□□□□ 回每退○
□□□□ 良兩向○
十音 □□□□ 光廣況○
二聲 □□□□ 丁井亘○
□□□□ 兄永瑩○

卜百丙必 ●●●●
五音 步白葡鼻 ●●●●
八聲 普朴品匹 ●●●●
旁排平瓶 ●●●●
東丹帝■ ●●●●
六音 兑大弟■ ●●●●
八聲 土貪天■ ●●●●
同覃田■ ●●●●
乃妳女■ ●●●●
七音 內南年■ ●●●●
八聲 老冷吕■ ●●●●
鹿犖离■ ●●●●
走哉足■ ●●●●
八音 自在匠■ ●●●●
八聲 草采七■ ●●●●
曹才全■ ●●●●

□□□□ 千典旦○
十音 □□□□ 元犬半○
三聲 □□□□ 臣引艮○
□□□□ 君允巽○

□□□□ 刀早孝岳
十音 □□□□ 毛寶報霍
四聲 □□□□ 牛斗奏六
□□□□ ○○○玉

□□□□ 妻子四日
十音 □□□□ 衰○帥骨
五聲 □□□□ ○○○德
□□□□ 龜水貴北

□□□□ 宮孔衆○
十音 □□□□ 龍甬用○
六聲 □□□□ 魚鼠去○
□□□□ 烏虎兔○

思三星■ ●●●●
九音 寺□象■ ●●●●
八聲 □□□■ ●●●●
□□□■ ●●●●

■山手■ ●●●●
十音 ■士石■ ●●●●
八聲 ■□耳■ ●●●●
■□二■ ●●●●

■莊震■ ●●●●
十一音 ■乍□■ ●●●●
八聲 ■叉赤■ ●●●●
■崇辰■ ●●●●

■卓中■ ●●●●
十二音 ■宅直■ ●●●●
八聲 ■坼丑■ ●●●●
■茶呈■ ●●●●

□□□□　心審禁○
十音　□□□□　○○○十
七聲　□□□□　男坎欠○
□□□□　○○○妾
□□□□　●●●●
十音　□□□□　●●●●
八聲　□□□□　●●●●
□□□□　●●●●
□□□□　●●●●
十音　□□□□　●●●●
九聲　□□□□　●●●●
□□□□　●●●●
□□□□　●●●●
十音　□□□□　●●●●
十聲　□□□□　●●●●
□□□□　●●●●

## 上聲闢唱呂三之九

古甲九癸　●●●●
一音　□□近揆　●●●●
九聲　坤巧丘弃　●●●●
□□乾虯　●●●●
黑花香血　●●●●
二音　黃華雄賢　●●●●
九聲　五瓦仰□　●●●●
吾牙月堯　●●●●
安亞乙一　●●●●
三音　□爻王寅　●●●●
九聲　母馬美米　●●●●
目皃眉民　●●●●
夫法□飛　●●●●
四音　父凡□吠　●●●●
九聲　武晚□尾　●●●●
文万□未　●●●●

## 發音清和律三之十一

十一音 一聲
乂乂乂乂 多可个舌
乂乂乂乂 禾火化八
乂乂乂乂 開宰愛○
乂乂乂乂 回每退○
乂乂乂乂 良兩向○

十一音 二聲
乂乂乂乂 光廣況○
乂乂乂乂 丁井亘○
乂乂乂乂 兄永瑩○
乂乂乂乂 千典旦○

十一音 三聲
乂乂乂乂 元犬半○
乂乂乂乂 臣引艮○
乂乂乂乂 君允巽○
乂乂乂乂 刀早孝岳

十一音 四聲
乂乂乂乂 毛寶報霍
乂乂乂乂 牛斗奏六
乂乂乂乂 ○○○玉

五音 九聲
卜百丙必 ●●●●
步白葡鼻 ●●●●
普朴品匹 ●●●●
旁排平瓶 ●●●●
東丹帝■ ●●●●

六音 九聲
兑大弟■ ●●●●
土貪天■ ●●●●
同覃田■ ●●●●
乃妳女■ ●●●●

七音 九聲
内南年■ ●●●●
老冷吕■ ●●●●
鹿犖离■ ●●●●
走哉足■ ●●●●

八音 九聲
自在匠■ ●●●●
草采七■ ●●●●
曹才全■ ●●●●

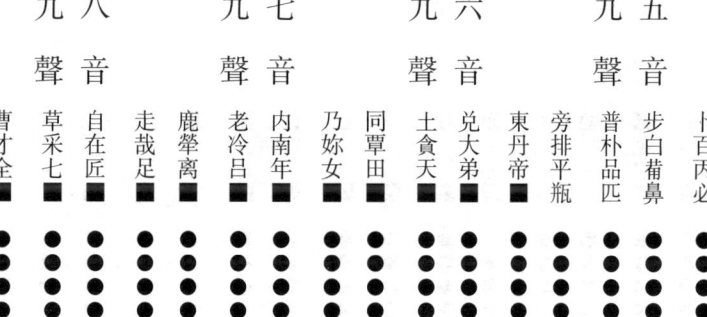

乂乂乂乂 妻子四日

十一音 乂乂乂乂 衰○帥骨

五聲 乂乂乂乂 ○○○德

乂乂乂乂 龜水貴北

乂乂乂乂 宮孔衆○

十一音 乂乂乂乂 龍甬用○

六聲 乂乂乂乂 魚鼠去○

乂乂乂乂 烏虎兔○

乂乂乂乂 心審禁○

十一音 乂乂乂乂 ○○○十

七聲 乂乂乂乂 男坎欠○

乂乂乂乂 ○○○妾

乂乂乂乂 ●●●●

十一音 乂乂乂乂 ●●●●

八聲 乂乂乂乂 ●●●●

乂乂乂乂 ●●●●

思三星■ ●●●●

九音 寺□象■ ●●●●

九聲 □□□■ ●●●●

□□□■ ●●●●

■山手■ ●●●●

十音 ■士石■ ●●●●

九聲 ■□耳■ ●●●●

■□二■ ●●●●

■莊震■ ●●●●

十一音 ■乍□■ ●●●●

九聲 ■叉赤■ ●●●●

■崇辰■ ●●●●

■卓中■ ●●●●

十二音 ■宅直■ ●●●●

九聲 ■坼丑■ ●●●●

■茶呈■ ●●●●

十一音　九聲

乂乂乂乂 ●●●●
乂乂乂乂 ●●●●
乂乂乂乂 ●●●●
乂乂乂乂 ●●●●
乂乂乂乂 ●●●●

十一音　十聲

乂乂乂乂 ●●●●
乂乂乂乂 ●●●●
乂乂乂乂 ●●●●

## 發音清和律三之十二

坼坼坼坼 多可个舌

十二音　一聲

坼坼坼坼 禾火化八
坼坼坼坼 開宰愛○
坼坼坼坼 回每退○
坼坼坼坼 良兩向○

十二音　二聲

坼坼坼坼 光廣況○
坼坼坼坼 丁井亘○
坼坼坼坼 兄永瑩○

## 上聲闢唱呂三之十

古甲九癸 ●●●●

一音　十聲

□□近揆 ●●●●
坤巧丘弃 ●●●●
□□乾虯 ●●●●
黑花香血 ●●●●

二音　十聲

黄華雄賢 ●●●●
五瓦仰□ ●●●●
吾牙月堯 ●●●●

安亞乙一 ●●●●

三音　十聲

□爻王寅 ●●●●
母馬美米 ●●●●
目皃眉民 ●●●●
夫法□飛 ●●●●

四音　十聲

父凡□吠 ●●●●
武晚□尾 ●●●●
文万□未 ●●●●

坼坼坼坼　千典旦○

十二音　坼坼坼坼　元犬半○

三聲　坼坼坼坼　臣引艮○

坼坼坼坼　君允巽○

坼坼坼坼　刀早孝岳

十二音　坼坼坼坼　毛寶報霍

四聲　坼坼坼坼　牛斗奏六

坼坼坼坼　○○○玉

坼坼坼坼　妻子四日

十二音　坼坼坼坼　衰○帥骨

五聲　坼坼坼坼　○○○德

坼坼坼坼　龜水貴北

坼坼坼坼　宮孔衆○

十二音　坼坼坼坼　龍甬用○

六聲　坼坼坼坼　魚鼠去○

坼坼坼坼　烏虎兔○

卜百丙必　●●●●

五音　步白葡鼻　●●●●

十聲　普朴品匹　●●●●

旁排平瓶　●●●●

東丹帝■　●●●●

六音　兑大弟■　●●●●

十聲　土貪天■　●●●●

同覃田■　●●●●

乃妳女■　●●●●

七音　內南年■　●●●●

十聲　老冷吕■　●●●●

鹿犖离■　●●●●

走哉足■　●●●●

八音　自在匠■　●●●●

十聲　草采七■　●●●●

曹才全■　●●●●

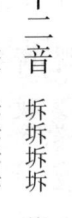

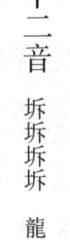

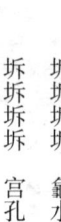

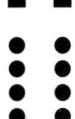

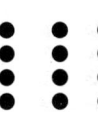

坼坼坼坼　心審禁○
十二音　坼坼坼坼　○○○十
七聲　坼坼坼坼　男坎欠○
坼坼坼坼　○○○妾
坼坼坼坼　●●●●
十二音　坼坼坼坼　●●●●
八聲　坼坼坼坼　●●●●
坼坼坼坼　●●●●
坼坼坼坼　●●●●
十二音　坼坼坼坼　●●●●
九聲　坼坼坼坼　●●●●
坼坼坼坼　●●●●
坼坼坼坼　●●●●
十二音　坼坼坼坼　●●●●
十聲　坼坼坼坼　●●●●
坼坼坼坼　●●●●

思三星■　●●●●
九音　寺□象■　●●●●
十聲　□□□■　●●●●
□□□■　●●●●
■山手■　●●●●
十音　■士石■　●●●●
十聲　■□耳■　●●●●
■□二■　●●●●
■莊震■　●●●●
十一音　■乍□■　●●●●
十聲　■叉赤■　●●●●
■崇辰■　●●●●
■卓中■　●●●●
十二音　■宅直■　●●●●
十聲　■坼丑■　●●●●
■茶呈■　●●●●

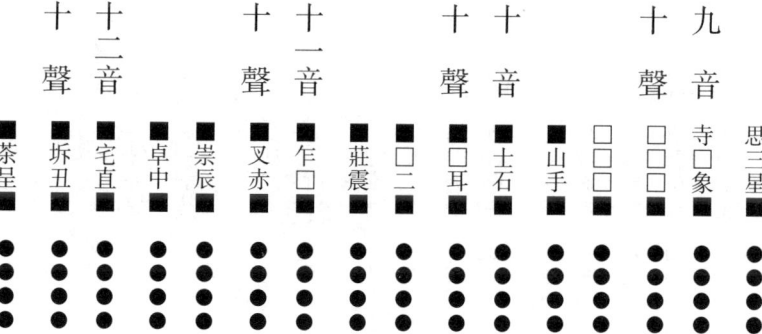

# 觀物篇之四十二

月辰聲上翕

每永允○水

虎○●●●

月辰聲七，下唱地之用音一百五十二，是謂上聲翕音。
上聲翕音一千六十四。

## 月辰聲上之四翕

### 發音濁和律四之一

□□□□　多可个舌
一音　□□□□　禾火化八
一聲　□□□□　開宰愛○
□□□□　回每退○
□□□□　良兩向○
一音　□□□□　光廣況○
二聲　□□□□　丁井亘○
□□□□　兄永瑩○

火石音發濁

□牙皃万排覃

犖才□□崇茶

火石音十二，上和天之用聲一百一十二，是謂發音濁聲。發音濁聲一千三百四十四。

## 火石音發之四濁

### 上聲翕唱呂四之一

古甲九癸　每每每每
一音　□□近揆　每每每每
一聲　坤巧丘弃　每每每每
□□乾虯　每每每每
黑花香血　每每每每
二音　黃華雄賢　每每每每
一聲　五瓦仰□　每每每每
吾牙月堯　每每每每

□□□□ 千典旦○
一音 □□□□ 元犬半○
三聲 □□□□ 臣引艮○
□□□□ 君允巽○
□□□□ 刀早孝岳
一音 □□□□ 毛寶報霍
四聲 □□□□ 牛斗奏六
□□□□ ○○○玉
□□□□ 妻子四日
一音 □□□□ 衰○帥骨
五聲 □□□□ ○○○德
□□□□ 龜水貴北
□□□□ 宮孔衆○
一音 □□□□ 龍甬用○
六聲 □□□□ 魚鼠去○
□□□□ 烏虎兔○

安亞乙一 每每每每
三音 □爻王寅 每每每每
一聲 母馬美米 每每每每
目皃眉民 每每每每
夫法□飛 每每每每
四音 父凡□吠 每每每每
一聲 武晚□尾 每每每每
文万□未 每每每每
卜百丙必 每每每每
五音 步白精鼻 每每每每
一聲 普朴品匹 每每每每
旁排平瓶 每每每每
東丹帝■ 每每每每
六音 兑大弟■ 每每每每
一聲 土貪天■ 每每每每
同覃田■ 每每每每

一音
七聲
□□□□ 心審禁○
□□□□ ○○○十
□□□□ 男坎欠○
□□□□ ○○○妾
一音
八聲
□□□□ ●●●●
□□□□ ●●●●
□□□□ ●●●●
□□□□ ●●●●
一音
九聲
□□□□ ●●●●
□□□□ ●●●●
□□□□ ●●●●
□□□□ ●●●●
一音
十聲
□□□□ ●●●●
□□□□ ●●●●
□□□□ ●●●●
□□□□ ●●●●

七音
一聲
乃妳女■ 每每每每
內南年■ 每每每每
老冷吕■ 每每每每
鹿犖离■ 每每每每
走哉足■ 每每每每
八音
一聲
自在匠■ 每每每每
草采七■ 每每每每
曹才全■ 每每每每
思三星■ 每每每每
九音
一聲
寺□象■ 每每每每
□□□■ 每每每每
□□□■ 每每每每
■山手■ 每每每每
十音
一聲
■士石■ 每每每每
■□耳■ 每每每每
■□二■ 每每每每

## 發音濁和律四之二

牙牙牙牙　多可个舌

二音一聲

牙牙牙牙　禾火化八
牙牙牙牙　開宰愛○
牙牙牙牙　回每退○
牙牙牙牙　良兩向○

二音二聲

牙牙牙牙　光廣況○
牙牙牙牙　丁井亘○
牙牙牙牙　兄永瑩○
牙牙牙牙　千典旦○

二音三聲

牙牙牙牙　元犬半○
牙牙牙牙　臣引艮○
牙牙牙牙　君允巽○
牙牙牙牙　刀早孝岳

二音四聲

牙牙牙牙　毛寶報霍
牙牙牙牙　牛斗奏六
牙牙牙牙　○○○玉

■莊震■　每每每每

十一音一聲

■乍□■　每每每每
■叉赤■　每每每每
■崇辰■　每每每每
■卓中■　每每每每

十二音一聲

■宅直■　每每每每
■坼丑■　每每每每
■茶呈■　每每每每

## 上聲翕唱呂四之二

古甲九癸　永永永永

一音二聲

□□近揆　永永永永
坤巧丘弃　永永永永
□□乾虯　永永永永
黑花香血　永永永永

二音二聲

黃華雄賢　永永永永
五瓦仰□　永永永永
吾牙月堯　永永永永

牙牙牙牙　妻子四日

二音　五聲

牙牙牙牙　衰○帥骨
牙牙牙牙　○○○德
牙牙牙牙　龜水貴北
牙牙牙牙　宮孔衆○

二音　六聲

牙牙牙牙　龍甬用○
牙牙牙牙　魚鼠去○
牙牙牙牙　烏虎兔○
牙牙牙牙　心審禁○

二音　七聲

牙牙牙牙　○○○十
牙牙牙牙　男坎欠○
牙牙牙牙　○○○妾
牙牙牙牙　●●●●

二音　八聲

牙牙牙牙　●●●●
牙牙牙牙　●●●●
牙牙牙牙　●●●●

安亞乙一　永永永永

三音　二聲

□爻王寅　永永永永
母馬美米　永永永永
目皃眉民　永永永永
夫法□飛　永永永永

四音　二聲

父凡□吠　永永永永
武晚□尾　永永永永
文万□未　永永永永
卜百丙必　永永永永

五音　二聲

步白精鼻　永永永永
普朴品匹　永永永永
旁排平瓶　永永永永

六音　二聲

東丹帝■　永永永永
兑大弟■　永永永永
土貪天■　永永永永
同覃田■　永永永永

牙牙牙牙 ●●●●
二音 牙牙牙牙 ●●●●
九聲 牙牙牙牙 ●●●●
牙牙牙牙 ●●●●
牙牙牙牙 ●●●●
二音 牙牙牙牙 ●●●●
十聲 牙牙牙牙 ●●●●
牙牙牙牙 ●●●●

## 發音濁和律四之三

皃皃皃皃 多可个舌
三音 皃皃皃皃 禾火化八
一聲 皃皃皃皃 開宰愛○
皃皃皃皃 回每退○
皃皃皃皃 良兩向○
三音 皃皃皃皃 光廣況○
二聲 皃皃皃皃 丁井亘○
皃皃皃皃 兄永瑩○

乃妳女■ 永永永永
七音 内南年■ 永永永永
二聲 老冷吕■ 永永永永
鹿犖离■ 永永永永
走哉足■ 永永永永
八音 自在匠■ 永永永永
二聲 草采七■ 永永永永
曹才全■ 永永永永
思三星■ 永永永永
九音 寺□象■ 永永永永
二聲 □□□■ 永永永永
□□□■ 永永永永
■山手■ 永永永永
十音 ■士石■ 永永永永
二聲 ■□耳■ 永永永永
■□二■ 永永永永

兒兒兒兒　千典旦○
三音　兒兒兒兒　元犬半○
三聲　兒兒兒兒　臣引艮○
兒兒兒兒　君允巽○
兒兒兒兒　刀早孝岳
三音　兒兒兒兒　毛寶報霍
四聲　兒兒兒兒　牛斗奏六
兒兒兒兒　○○○玉
兒兒兒兒　妻子四日
三音　兒兒兒兒　衰○帥骨
五聲　兒兒兒兒　○○○德
兒兒兒兒　龜水貴北
兒兒兒兒　宮孔衆○
三音　兒兒兒兒　龍甬用○
六聲　兒兒兒兒　魚鼠去○
兒兒兒兒　烏虎兔○

■莊震■　永永永永
十一音　■乍□■　永永永永
二聲　■叉赤■　永永永永
■崇辰■　永永永永
■卓中■　永永永永
十二音　■宅直■　永永永永
二聲　■坼丑■　永永永永
■茶呈■　永永永永

上聲翕唱吕四之三

古甲九癸　允允允允
一音　□□近揆　允允允允
三聲　坤巧丘弃　允允允允
□□乾蚪　允允允允
黑花香血　允允允允
二音　黄華雄賢　允允允允
三聲　五瓦仰□　允允允允
吾牙月堯　允允允允

兒兒兒兒 心審禁○

三音 七聲

兒兒兒兒 ○○○十
兒兒兒兒 男坎欠○
兒兒兒兒 ○○○妾
兒兒兒兒 ●●●●

三音 八聲

兒兒兒兒 ●●●●
兒兒兒兒 ●●●●
兒兒兒兒 ●●●●
兒兒兒兒 ●●●●

三音 九聲

兒兒兒兒 ●●●●
兒兒兒兒 ●●●●
兒兒兒兒 ●●●●
兒兒兒兒 ●●●●

三音 十聲

兒兒兒兒 ●●●●
兒兒兒兒 ●●●●
兒兒兒兒 ●●●●

安亞乙一 允允允允

三音 三聲

□爻王寅 允允允允
母馬美米 允允允允
目兒眉民 允允允允
夫法□飛 允允允允

四音 三聲

父凡□吠 允允允允
武晚□尾 允允允允
文万□未 允允允允
卜百丙必 允允允允

五音 三聲

步白精鼻 允允允允
普朴品匹 允允允允
旁排平瓶 允允允允
東丹帝■ 允允允允

六音 三聲

兑大弟■ 允允允允
土貪天■ 允允允允
同覃田■ 允允允允

## 發音濁和律四之四

万万万万 多可个舌

四音一聲 万万万万 禾火化八
万万万万 開宰愛○
万万万万 回每退○
万万万万 良兩向○

四音二聲 万万万万 光廣況○
万万万万 丁井亘○
万万万万 兄永瑩○
万万万万 千典旦○

四音三聲 万万万万 元犬半○
万万万万 臣引艮○
万万万万 君允巽○
万万万万 刀早孝岳

四音四聲 万万万万 毛寶報霍
万万万万 牛斗奏六
万万万万 ○○○玉

乃妳女■ 允允允允

七音三聲 內南年■ 允允允允
老冷呂■ 允允允允
鹿犖离■ 允允允允
走哉足■ 允允允允

八音三聲 自在匠■ 允允允允
草采七■ 允允允允
曹才全■ 允允允允
思三星■ 允允允允

九音三聲 寺□象■ 允允允允
□□□■ 允允允允
□□□■ 允允允允
■山手■ 允允允允

十音三聲 ■士石■ 允允允允
■□耳■ 允允允允
■□二■ 允允允允

万万万万 妻子四日
四音 万万万万 衰○帥骨
五聲 万万万万 ○○○德
万万万万 龜水貴北
万万万万 宮孔衆○
四音 万万万万 龍甬用○
六聲 万万万万 魚鼠去○
万万万万 烏虎兎○
万万万万 心審禁○
四音 万万万万 ○○○十
七聲 万万万万 男坎欠○
万万万万 ○○○妾
万万万万 ●●●●
四音 万万万万 ●●●●
八聲 万万万万 ●●●●
万万万万 ●●●●

■莊震■ 允允允允
十一音 ■乍□■ 允允允允
三聲 ■叉赤■ 允允允允
■崇辰■ 允允允允
■卓中■ 允允允允
十二音 ■宅直■ 允允允允
三聲 ■坼丑■ 允允允允
■茶呈■ 允允允允

## 上聲翕唱呂四之四

古甲九癸 ○○○○
一音 □□近揆 ○○○○
四聲 坤巧丘弃 ○○○○
□□乾虯 ○○○○
黑花香血 ○○○○
二音 黄華雄賢 ○○○○
四聲 五瓦仰□ ○○○○
吾牙月堯 ○○○○

万万万万　●●●●
四音　万万万万　●●●●
九聲　万万万万　●●●●
万万万万　●●●●
万万万万　●●●●
四音　万万万万　●●●●
十聲　万万万万　●●●●
万万万万　●●●●

## 發音濁和律四之五

排排排排　多可个舌
五音　排排排排　禾火化八
一聲　排排排排　開宰愛○
排排排排　回每退○
排排排排　良兩向○
五音　排排排排　光廣況○
二聲　排排排排　丁井亘○
排排排排　兄永瑩○

安亞乙一　○○○○
三音　□爻王寅　○○○○
四聲　母馬美米　○○○○
目皃眉民　○○○○
夫法□飛　○○○○
四音　父凡□吠　○○○○
四聲　武晚□尾　○○○○
文万□未　○○○○
卜百丙必　○○○○
五音　步白葡鼻　○○○○
四聲　普朴品匹　○○○○
旁排平瓶　○○○○
東丹帝■　○○○○
六音　兑大弟■　○○○○
四聲　土貪天■　○○○○
同覃田■　○○○○

排排排排 千典旦○
五音 排排排排 元犬半○
三聲 排排排排 臣引艮○
排排排排 君允巽○
排排排排 刀早孝岳
五音 排排排排 毛寶報霍
四聲 排排排排 牛斗奏六
排排排排 ○○○玉
排排排排 妻子四日
五音 排排排排 衰○帥骨
五聲 排排排排 ○○○德
排排排排 龜水貴北
排排排排 宫孔衆○
五音 排排排排 龍甬用○
六聲 排排排排 魚鼠去○
排排排排 烏虎兔○

乃妳女■ ○○○○
七音 内南年■ ○○○○
四聲 老冷吕■ ○○○○
鹿犖离■ ○○○○
走哉足■ ○○○○
八音 自在匠■ ○○○○
四聲 草采七■ ○○○○
曹才全■ ○○○○
思三星■ ○○○○
九音 寺□象■ ○○○○
四聲 □□□■ ○○○○
□□□■ ○○○○
■山手■ ○○○○
十音 ■士石■ ○○○○
四聲 ■□耳■ ○○○○
■□二■ ○○○○

排排排排　心審禁○
五音　排排排排　○○○十
七聲　排排排排　男坎欠○
排排排排　○○○妾
排排排排　●●●●
五音　排排排排　●●●●
八聲　排排排排　●●●●
排排排排　●●●●
排排排排　●●●●
五音　排排排排　●●●●
九聲　排排排排　●●●●
排排排排　●●●●
排排排排　●●●●
五音　排排排排　●●●●
十聲　排排排排　●●●●
排排排排　●●●●

■莊震■　○○○○
十一音　■乍□■　○○○○
四聲　■叉赤■　○○○○
■崇辰■　○○○○
■卓中■　○○○○
十二音　■宅直■　○○○○
四聲　■坼丑■　○○○○
■茶呈■　○○○○

## 上聲翕唱呂四之五

古甲九癸　水水水水
一音　□□近揆　水水水水
五聲　坤巧丘弃　水水水水
□□乾虯　水水水水
黑花香血　水水水水
二音　黃華雄賢　水水水水
五聲　五瓦仰□　水水水水
吾牙月堯　水水水水

## 發音濁和律四之六

覃覃覃覃　多可个舌

六音　覃覃覃覃　禾火化八

一聲　覃覃覃覃　開宰愛○

覃覃覃覃　回每退○

覃覃覃覃　良兩向○

六音　覃覃覃覃　光廣況○

二聲　覃覃覃覃　丁井亘○

覃覃覃覃　兄永瑩○

覃覃覃覃　千典旦○

六音　覃覃覃覃　元犬半○

三聲　覃覃覃覃　臣引艮○

覃覃覃覃　君允巽○

覃覃覃覃　刀早孝岳

六音　覃覃覃覃　毛寶報霍

四聲　覃覃覃覃　牛斗奏六

覃覃覃覃　○○○玉

安亞乙一　水水水水

三音　□爻王寅　水水水水

五聲　母馬美米　水水水水

目皃眉民　水水水水

夫法□飛　水水水水

四音　父凡□吠　水水水水

五聲　武晚□尾　水水水水

文万□未　水水水水

卜百丙必　水水水水

五音　步白精鼻　水水水水

五聲　普朴品匹　水水水水

旁排平瓶　水水水水

東丹帝■　水水水水

六音　兑大弟■　水水水水

五聲　土貪天■　水水水水

同覃田■　水水水水

覃覃覃覃　妻子四日
六音　覃覃覃覃　衰○帥骨
五聲　覃覃覃覃　○○○德
覃覃覃覃　龜水貴北
覃覃覃覃　宮孔衆○
六音　覃覃覃覃　龍甬用○
六聲　覃覃覃覃　魚鼠去○
覃覃覃覃　烏虎兔○
覃覃覃覃　心審禁○
六音　覃覃覃覃　○○○十
七聲　覃覃覃覃　男坎欠○
覃覃覃覃　○○○妾
覃覃覃覃　●●●●
六音　覃覃覃覃　●●●●
八聲　覃覃覃覃　●●●●
覃覃覃覃　●●●●

乃妳女■　水水水水
七音　内南年■　水水水水
五聲　老冷吕■　水水水水
鹿犖离■　水水水水
走哉足■　水水水水
八音　自在匠■　水水水水
五聲　草采七■　水水水水
曹才全■　水水水水
思三星■　水水水水
九音　寺□象■　水水水水
五聲　□□□■　水水水水
□□□■　水水水水
■山手■　水水水水
十音　■士石■　水水水水
五聲　■□耳■　水水水水
■□二■　水水水水

覃覃覃覃 ●●●●
六音 覃覃覃覃 ●●●●
九聲 覃覃覃覃 ●●●●
覃覃覃覃 ●●●●
覃覃覃覃 ●●●●
六音 覃覃覃覃 ●●●●
十聲 覃覃覃覃 ●●●●
覃覃覃覃 ●●●●

## 發音濁和律四之七

犖犖犖犖 多可个舌
七音 犖犖犖犖 禾火化八
一聲 犖犖犖犖 開宰愛○
犖犖犖犖 回每退○
犖犖犖犖 良兩向○
七音 犖犖犖犖 光廣況○
二聲 犖犖犖犖 丁井亘○
犖犖犖犖 兄永瑩○

水水水水 ■莊震■
十一音 水水水水 ■乍□■
五聲 水水水水 ■叉赤■
水水水水 ■崇辰■
水水水水 ■卓中■
十二音 水水水水 ■宅直■
五聲 水水水水 ■坼丑■
水水水水 ■茶呈■

## 上聲翕唱呂四之六

虎虎虎虎 古甲九癸
一音 虎虎虎虎 □□近揆
六聲 虎虎虎虎 坤巧丘弃
虎虎虎虎 □□乾虯
虎虎虎虎 黑花香血
二音 虎虎虎虎 黃華雄賢
六聲 虎虎虎虎 五瓦仰□
虎虎虎虎 吾牙月堯

犖犖犖犖　千典旦○
七音　犖犖犖犖　元犬半○
三聲　犖犖犖犖　臣引艮○
犖犖犖犖　君允巽○
犖犖犖犖　刀早孝岳
七音　犖犖犖犖　毛寶報霍
四聲　犖犖犖犖　牛斗奏六
犖犖犖犖　○○○玉
犖犖犖犖　妻子四日
七音　犖犖犖犖　衰○帥骨
五聲　犖犖犖犖　○○○德
犖犖犖犖　龜水貴北
犖犖犖犖　宮孔衆○
七音　犖犖犖犖　龍甬用○
六聲　犖犖犖犖　魚鼠去○
犖犖犖犖　烏虎兔○

安亞乙一　虎虎虎虎
三音　□爻王寅　虎虎虎虎
六聲　母馬美米　虎虎虎虎
目皃眉民　虎虎虎虎
夫法□飛　虎虎虎虎
四音　父凡□吠　虎虎虎虎
六聲　武晚□尾　虎虎虎虎
文万□未　虎虎虎虎
卜百丙必　虎虎虎虎
五音　步白葡鼻　虎虎虎虎
六聲　普朴品匹　虎虎虎虎
旁排平瓶　虎虎虎虎
東丹帝■　虎虎虎虎
六音　兑大弟■　虎虎虎虎
六聲　土貪天■　虎虎虎虎
同覃田■　虎虎虎虎

犖犖犖犖　心審禁○
七音　犖犖犖犖　○○○十
七聲　犖犖犖犖　男坎欠○
犖犖犖犖　○○○妾
犖犖犖犖　●●●●
七音　犖犖犖犖　●●●●
八聲　犖犖犖犖　●●●●
犖犖犖犖　●●●●
犖犖犖犖　●●●●
七音　犖犖犖犖　●●●●
九聲　犖犖犖犖　●●●●
犖犖犖犖　●●●●
犖犖犖犖　●●●●
七音　犖犖犖犖　●●●●
十聲　犖犖犖犖　●●●●
犖犖犖犖　●●●●

乃妳女■　虎虎虎虎
七音　内南年■　虎虎虎虎
六聲　老冷吕■　虎虎虎虎
鹿犖离■　虎虎虎虎
走哉足■　虎虎虎虎
八音　自在匠■　虎虎虎虎
六聲　草采七■　虎虎虎虎
曹才全■　虎虎虎虎
思三星■　虎虎虎虎
九音　寺□象■　虎虎虎虎
六聲　□□□■　虎虎虎虎
□□□■　虎虎虎虎
■山手■　虎虎虎虎
十音　■士石■　虎虎虎虎
六聲　■□耳■　虎虎虎虎
■□二■　虎虎虎虎

## 發音濁和律四之八

多可个舌 才才才才
一八 音 禾火化八 才才才才
一 聲 開宰愛○ 才才才才
回每退○ 才才才才
良兩向○ 才才才才
二八 音 光廣況○ 才才才才
二 聲 丁井亘○ 才才才才
兄永瑩○ 才才才才
千典旦○ 才才才才
三八 音 元犬半○ 才才才才
三 聲 臣引艮○ 才才才才
君允巽○ 才才才才
刀早孝岳 才才才才
四八 音 毛寶報霍 才才才才
四 聲 牛斗奏六 才才才才
○○○玉 才才才才

■莊震■ 虎虎虎虎
十一 音 ■乍□■ 虎虎虎虎
六 聲 ■叉赤■ 虎虎虎虎
■崇辰■ 虎虎虎虎
■卓中■ 虎虎虎虎
十二 音 ■宅直■ 虎虎虎虎
六 聲 ■坼丑■ 虎虎虎虎
■茶呈■ 虎虎虎虎

## 上聲翕唱呂四之七

古甲九癸 ○○○○
一 音 □□近揆 ○○○○
七 聲 坤巧丘弃 ○○○○
□□乾虯 ○○○○
黑花香血 ○○○○
二 音 黃華雄賢 ○○○○
七 聲 五瓦仰□ ○○○○
吾牙月堯 ○○○○

八音 五聲

オオオオ 妻子四日
オオオオ 衰○帥骨
オオオオ ○○○德
オオオオ 龜水貴北
オオオオ 宮孔衆○

八音 六聲

オオオオ 龍甬用○
オオオオ 魚鼠去○
オオオオ 烏虎兔○
オオオオ 心審禁○

八音 七聲

オオオオ ○○○十
オオオオ 男坎欠○
オオオオ ○○○妾
オオオオ ●●●●

八音 八聲

オオオオ ●●●●
オオオオ ●●●●
オオオオ ●●●●

三音 七聲

安亞乙一 ○○○○
□爻王寅 ○○○○
母馬美米 ○○○○
目皃眉民 ○○○○
夫法□飛 ○○○○

四音 七聲

父凡□吠 ○○○○
武晚□尾 ○○○○
文万□未 ○○○○
卜百丙必 ○○○○

五音 七聲

步白葡鼻 ○○○○
普朴品匹 ○○○○
旁排平瓶 ○○○○
東丹帝■ ○○○○

六音 七聲

兑大弟■ ○○○○
土貪天■ ○○○○
同覃田■ ○○○○

八音 九聲
ォォォォ●●●●
ォォォォ●●●●
ォォォォ●●●●
ォォォォ●●●●

八音 十聲
ォォォォ●●●●
ォォォォ●●●●
ォォォォ●●●●
ォォォォ●●●●

## 發音濁和律四之九

九音 一聲
□□□□多可个舌
□□□□禾火化八
□□□□開宰愛○
□□□□回每退○

九音 二聲
□□□□良兩向○
□□□□光廣況○
□□□□丁井亘○
□□□□兄永瑩○

七音 七聲
乃妳女■○○○○
內南年■○○○○
老冷呂■○○○○
鹿犖离■○○○○

八音 七聲
走哉足■○○○○
自在匠■○○○○
草采七■○○○○
曹才全■○○○○

九音 七聲
思三星■○○○○
寺□象■○○○○
□□□■○○○○
□□□■○○○○

十音 七聲
■山手■○○○○
■士石■○○○○
■□耳■○○○○
■□二■○○○○

九音三聲

□□□□千典旦○
□□□□元犬半○
□□□□臣引艮○
□□□□君允巽○

九音四聲

□□□□刀早孝岳
□□□□毛寶報霍
□□□□牛斗奏六
□□□□○○○玉

九音五聲

□□□□妻子四日
□□□□衰○帥骨
□□□□○○○德
□□□□龜水貴北

九音六聲

□□□□宮孔衆○
□□□□龍甬用○
□□□□魚鼠去○
□□□□烏虎兔○

十一音七聲

■莊震■○○○○
■乍□■○○○○
■叉赤■○○○○
■崇辰■○○○○

十二音七聲

■卓中■○○○○
■宅直■○○○○
■坼丑■○○○○
■茶呈■○○○○

上聲翕唱呂四之八

一音八聲

古甲九癸●●●●
□□近揆●●●●
坤巧丘弃●●●●
□□乾虯●●●●

二音八聲

黑花香血●●●●
黃華雄賢●●●●
五瓦仰□●●●●
吾牙月堯●●●●

□□□□　心審禁○
九音　□□□□　○○○十
七聲　□□□□　男坎欠○
□□□□　○○○妾
□□□□　●●●●
九音　□□□□　●●●●
八聲　□□□□　●●●●
□□□□　●●●●
□□□□　●●●●
九音　□□□□　●●●●
九聲　□□□□　●●●●
□□□□　●●●●
□□□□　●●●●
九音　□□□□　●●●●
十聲　□□□□　●●●●
□□□□　●●●●

安亞乙一　●●●●
三音　□爻王寅　●●●●
八聲　母馬美米　●●●●
目皃眉民　●●●●
夫法□飛　●●●●
四音　父凡□吠　●●●●
八聲　武晚□尾　●●●●
文万□未　●●●●
卜百丙必　●●●●
五音　步白葡鼻　●●●●
八聲　普朴品匹　●●●●
旁排平瓶　●●●●
東丹帝■　●●●●
六音　兑大弟■　●●●●
八聲　土貪天■　●●●●
同覃田■　●●●●

發音濁和律四之十

□□□□ 多可个舌
十音 □□□□ 禾火化八
一聲 □□□□ 開宰愛○
□□□□ 回每退○
□□□□ 良兩向○
十音 □□□□ 光廣況○
二聲 □□□□ 丁井亘○
□□□□ 兄永瑩○
□□□□ 千典旦○
十音 □□□□ 元犬半○
三聲 □□□□ 臣引艮○
□□□□ 君允巽○
□□□□ 刀早孝岳
十音 □□□□ 毛寶報霍
四聲 □□□□ 牛斗奏六
□□□□ ○○○玉

乃妳女■ ●●●●
七音 內南年■ ●●●●
八聲 老冷吕■ ●●●●
鹿犖离■ ●●●●
走哉足■ ●●●●
八音 自在匠■ ●●●●
八聲 草采七■ ●●●●
曹才全■ ●●●●
思三星■ ●●●●
九音 寺□象■ ●●●●
八聲 □□□■ ●●●●
□□□■ ●●●●
■山手■ ●●●●
十音 ■士石■ ●●●●
八聲 ■□耳■ ●●●●
■□二■ ●●●●

| | | |
|---|---|---|
| | □□□□ | 妻子四日 |
| 十音 五聲 | □□□□ | 衰○帥骨 |
| | □□□□ | ○○○德 |
| | □□□□ | 龜水貴北 |
| | □□□□ | 宮孔衆○ |
| 十音 六聲 | □□□□ | 龍甬用○ |
| | □□□□ | 魚鼠去○ |
| | □□□□ | 烏虎兔○ |
| | □□□□ | 心審禁○ |
| 十音 七聲 | □□□□ | ○○○十 |
| | □□□□ | 男坎欠○ |
| | □□□□ | ○○○妾 |
| | □□□□ | ●●●● |
| 十音 八聲 | □□□□ | ●●●● |
| | □□□□ | ●●●● |
| | □□□□ | ●●●● |

| | | |
|---|---|---|
| | ■莊震■ | ●●●● |
| 十一音 八聲 | ■乍□■ | ●●●● |
| | ■叉赤■ | ●●●● |
| | ■崇辰■ | ●●●● |
| | ■卓中■ | ●●●● |
| 十二音 八聲 | ■宅直■ | ●●●● |
| | ■坼丑■ | ●●●● |
| | ■茶呈■ | ●●●● |

## 上聲翕唱吕四之九

| | | |
|---|---|---|
| | 古甲九癸 | ●●●● |
| 一音 九聲 | □□近揆 | ●●●● |
| | 坤巧丘弃 | ●●●● |
| | □□乾虯 | ●●●● |
| | 黑花香血 | ●●●● |
| 二音 九聲 | 黃華雄賢 | ●●●● |
| | 五瓦仰□ | ●●●● |
| | 吾牙月堯 | ●●●● |

□□□□　●●●●
十音　□□□□　●●●●
九聲　□□□□　●●●●
□□□□　●●●●
□□□□　●●●●
十音　□□□□　●●●●
十聲　□□□□　●●●●
□□□□　●●●●

安亞乙一　●●●●
三音　□爻王寅　●●●●
九聲　母馬美米　●●●●
目皃眉民　●●●●
夫法□飛　●●●●
四音　父凡□吠　●●●●
九聲　武晚□尾　●●●●
文万□未　●●●●

## 發音濁和律四之十一

崇崇崇崇　多可个舌
十一音　崇崇崇崇　禾火化八
一聲　崇崇崇崇　開宰愛○
崇崇崇崇　回每退○
崇崇崇崇　良兩向○
十一音　崇崇崇崇　光廣況○
二聲　崇崇崇崇　丁井亘○
崇崇崇崇　兄永瑩○

卜百丙必　●●●●
五音　步白備鼻　●●●●
九聲　普朴品匹　●●●●
旁排平瓶　●●●●
東丹帝■　●●●●
六音　兑大弟■　●●●●
九聲　土貪天■　●●●●
同覃田■　●●●●

崇崇崇崇　千典旦○

十一音　三聲

崇崇崇崇　元犬半○
崇崇崇崇　臣引艮○
崇崇崇崇　君允巽○
崇崇崇崇　刀早孝岳

十一音　四聲

崇崇崇崇　毛寶報霍
崇崇崇崇　牛斗奏六
崇崇崇崇　○○○玉
崇崇崇崇　妻子四日

十一音　五聲

崇崇崇崇　衰○帥骨
崇崇崇崇　○○○德
崇崇崇崇　龜水貴北
崇崇崇崇　宮孔衆○

十一音　六聲

崇崇崇崇　龍甬用○
崇崇崇崇　魚鼠去○
崇崇崇崇　烏虎兔○

乃妳女■　●●●●

七音　九聲

内南年■　●●●●
老冷吕■　●●●●
鹿犖离■　●●●●
走哉足■　●●●●

八音　九聲

自在匠■　●●●●
草采七■　●●●●
曹才全■　●●●●
思三星■　●●●●

九音　九聲

寺□象■　●●●●
□□□■　●●●●
□□□■　●●●●
■山手■　●●●●

十音　九聲

■士石■　●●●●
■□耳■　●●●●
■□二■　●●●●

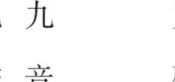

崇崇崇崇　心審禁○

十一音　七聲

崇崇崇崇　○○○十
崇崇崇崇　男坎欠○
崇崇崇崇　○○○妾
崇崇崇崇　●●●●

十一音　八聲

崇崇崇崇　●●●●
崇崇崇崇　●●●●
崇崇崇崇　●●●●
崇崇崇崇　●●●●

十一音　九聲

崇崇崇崇　●●●●
崇崇崇崇　●●●●
崇崇崇崇　●●●●
崇崇崇崇　●●●●

十一音　十聲

崇崇崇崇　●●●●
崇崇崇崇　●●●●
崇崇崇崇　●●●●

■莊震■　●●●●

十一音　九聲

■乍□■　●●●●
■叉赤■　●●●●
■崇辰■　●●●●
■卓中■　●●●●

十二音　九聲

■宅直■　●●●●
■坼丑■　●●●●
■茶呈■　●●●●

## 上聲翕唱呂四之十

古甲九癸　●●●●

一音　十聲

□□近揆　●●●●
坤巧丘弃　●●●●
□□乾虯　●●●●
黑花香血　●●●●

二音　十聲

黃華雄賢　●●●●
五瓦仰□　●●●●
吾牙月堯　●●●●

## 發音濁和律四之十二

茶茶茶茶　多可个舌

十二音一聲
茶茶茶茶　禾火化八
茶茶茶茶　開宰愛○
茶茶茶茶　回每退○
茶茶茶茶　良兩向○

十二音二聲
茶茶茶茶　光廣況○
茶茶茶茶　丁井亘○
茶茶茶茶　兄永瑩○
茶茶茶茶　千典旦○

十二音三聲
茶茶茶茶　元犬半○
茶茶茶茶　臣引良○
茶茶茶茶　君允巽○
茶茶茶茶　刀早孝岳

十二音四聲
茶茶茶茶　毛寶報霍
茶茶茶茶　牛斗奏六
茶茶茶茶　○○○玉

安亞乙一　●●●●

三音十聲
□爻王寅　●●●●
母馬美米　●●●●
目皃眉民　●●●●
夫法□飛　●●●●

四音十聲
父凡□吠　●●●●
武晚□尾　●●●●
文万□未　●●●●
卜百丙必　●●●●

五音十聲
步白葡鼻　●●●●
普朴品匹　●●●●
旁排平瓶　●●●●
東丹帝■　●●●●

六音十聲
兑大弟■　●●●●
土貪天■　●●●●
同覃田■　●●●●

茶茶茶茶　妻子四日
十二音　茶茶茶茶　衰○帥骨
五聲　茶茶茶茶　○○○德
茶茶茶茶　龜水貴北
茶茶茶茶　宮孔衆○
十二音　茶茶茶茶　龍甬用○
六聲　茶茶茶茶　魚鼠去○
茶茶茶茶　烏虎兔○
茶茶茶茶　心審禁○
十二音　茶茶茶茶　○○○十
七聲　茶茶茶茶　男坎欠○
茶茶茶茶　○○○妾
茶茶茶茶　●●●●
十二音　茶茶茶茶　●●●●
八聲　茶茶茶茶　●●●●
茶茶茶茶　●●●●

乃妳女■　●●●●
七音　內南年■　●●●●
十聲　老冷呂■　●●●●
鹿犖离■　●●●●
走哉足■　●●●●
八音　自在匠■　●●●●
十聲　草采七■　●●●●
曹才全■　●●●●
思三星■　●●●●
九音　寺□象■　●●●●
十聲　□□□■　●●●●
□□□■　●●●●
■山手■　●●●●
十音　■士石■　●●●●
十聲　■□耳■　●●●●
■□二■　●●●●

茶茶茶茶 ●●●●
十二音 茶茶茶茶 ●●●●
九聲 茶茶茶茶 ●●●●
茶茶茶茶 ●●●●
茶茶茶茶 ●●●●
十二音 茶茶茶茶 ●●●●
十聲 茶茶茶茶 ●●●●
茶茶茶茶 ●●●●

■莊震■ ●●●●
十一音 ■乍□■ ●●●●
十聲 ■叉赤■ ●●●●
■崇辰■ ●●●●
■卓中■ ●●●●
十二音 ■宅直■ ●●●●
十聲 ■坼丑■ ●●●●
■茶呈■ ●●●●

# 皇極經世卷第九

## 觀物篇之四十三

星日聲去闢

个向旦孝四

衆禁●●●

星日聲七，下唱地之用音一百五十二，是謂去聲闢音。去聲闢音一千六十四。

星日聲去之一闢

收音清和律一之一

九九九九　多可个舌

一音　九九九九　禾火化八

一聲　九九九九　開宰愛○

九九九九　回每退○

土水音收清

九香乙□丙帝

女足星手震中

土水音十二，上和天之用聲一百一十二，是謂收音清聲。收音清聲一千三百四十四。

土水音收之一清

去聲闢唱呂一之一

古甲九癸　个个个个

一音　□□近揆　个个个个

一聲　坤巧丘弃　个个个个

□□乾虯　个个个个

九九九九 良兩向○
一音 九九九九 光廣況○
二聲 九九九九 丁井亘○
九九九九 兄永瑩○
九九九九 千典旦○
一音 九九九九 元犬半○
三聲 九九九九 臣引艮○
九九九九 君允巽○
九九九九 刀早孝岳
一音 九九九九 毛寶報霍
四聲 九九九九 牛斗奏六
九九九九 ○○○玉
九九九九 妻子四日
一音 九九九九 衰○帥骨
五聲 九九九九 ○○○德
九九九九 龜水貴北

黑花香血 个个个个
二音 黃華雄賢 个个个个
一聲 五瓦仰□ 个个个个
吾牙月堯 个个个个
安亞乙一 个个个个
三音 □爻王寅 个个个个
一聲 母馬美米 个个个个
目皃眉民 个个个个
夫法□飛 个个个个
四音 父凡□吠 个个个个
一聲 武晚□尾 个个个个
文万□未 个个个个
卜百丙必 个个个个
五音 步白葡鼻 个个个个
一聲 普朴品匹 个个个个
旁排平瓶 个个个个

九九九九宮孔衆○

一音 六聲

九九九九龍甬用○
九九九九魚鼠去○
九九九九烏虎兔○
九九九九心審禁○

一音 七聲

九九九九○○○十
九九九九男坎欠○
九九九九○○○妾
九九九九●●●●

一音 八聲

九九九九●●●●
九九九九●●●●
九九九九●●●●
九九九九●●●●

一音 九聲

九九九九●●●●
九九九九●●●●
九九九九●●●●

東丹帝■个个个个

六音 一聲

兑大弟■个个个个
土貪天■个个个个
同覃田■个个个个
乃妳女■个个个个

七音 一聲

内南年■个个个个
老冷吕■个个个个
鹿犖离■个个个个
走哉足■个个个个

八音 一聲

自在匠■个个个个
草采七■个个个个
曹才全■个个个个
思三星■个个个个

九音 一聲

寺□象■个个个个
□□□■个个个个
□□□■个个个个

九九九九●●●●
一音　九九九九●●●●
十聲　九九九九●●●●
九九九九●●●●

## 收音清和律一之二

香香香香　多可个舌
二音　香香香香　禾火化八
一聲　香香香香　開宰愛○
香香香香　回每退○
香香香香　良兩向○
二音　香香香香　光廣況○
二聲　香香香香　丁井亙○
香香香香　兄永瑩○

■山手■　个个个个
十音　■士石■　个个个个
一聲　■□耳■　个个个个
■□二■　个个个个
■莊震■　个个个个
十一音　■乍□■　个个个个
一聲　■叉赤■　个个个个
■崇辰■　个个个个
■卓中■　个个个个
十二音　■宅直■　个个个个
一聲　■坼丑■　个个个个
■茶呈■　个个个个

香香香香 千典旦○
二音 香香香香 元犬半○
三聲 香香香香 臣引艮○
香香香香 君允巽○
香香香香 刀早孝岳
二音 香香香香 毛寶報霍
四聲 香香香香 牛斗奏六
香香香香 ○○○玉
香香香香 妻子四日
二音 香香香香 衰○帥骨
五聲 香香香香 ○○○德
香香香香 龜水貴北
香香香香 宮孔衆○
二音 香香香香 龍甬用○
六聲 香香香香 魚鼠去○
香香香香 烏虎兔○

## 去聲闢唱呂一之二

古甲九癸 向向向向
一音 □□近揆 向向向向
二聲 坤巧丘弃 向向向向
□□乾虯 向向向向
黑花香血 向向向向
二音 黄華雄賢 向向向向
二聲 五瓦仰□ 向向向向
吾牙月堯 向向向向
安亞乙一 向向向向
三音 □爻王寅 向向向向
二聲 母馬美米 向向向向
目皃眉民 向向向向
夫法□飛 向向向向
四音 父凡□吠 向向向向
二聲 武晚□尾 向向向向
文万□未 向向向向

香香香香　心審禁○
二音　香香香香　○○○十
七聲　香香香香　男坎欠○
香香香香　○○○妾
香香香香　●●●●
二音　香香香香　●●●●
八聲　香香香香　●●●●
香香香香　●●●●
香香香香　●●●●
二音　香香香香　●●●●
九聲　香香香香　●●●●
香香香香　●●●●
香香香香　●●●●
二音　香香香香　●●●●
十聲　香香香香　●●●●
香香香香　●●●●

卜百丙必　向向向向
五音　步白葡鼻　向向向向
二聲　普朴品匹　向向向向
旁排平瓶　向向向向
東丹帝■　向向向向
六音　兑大弟■　向向向向
二聲　土貪天■　向向向向
同覃田■　向向向向
乃妳女■　向向向向
七音　内南年■　向向向向
二聲　老冷吕■　向向向向
鹿犖离■　向向向向
走哉足■　向向向向
八音　自在匠■　向向向向
二聲　草采七■　向向向向
曹才全■　向向向向

收音清和律一之三

乙乙乙乙　多可个舌
三音　乙乙乙乙　禾火化八
一聲　乙乙乙乙　開宰愛○
乙乙乙乙　回每退○
乙乙乙乙　良兩向○
三音　乙乙乙乙　光廣況○
二聲　乙乙乙乙　丁井亘○
乙乙乙乙　兄永瑩○
乙乙乙乙　千典旦○
三音　乙乙乙乙　元犬半○
三聲　乙乙乙乙　臣引艮○
乙乙乙乙　君允巽○
乙乙乙乙　刀早孝岳
三音　乙乙乙乙　毛寶報霍
四聲　乙乙乙乙　牛斗奏六
乙乙乙乙　○○○玉

思三星■　向向向向
九音　寺□象■　向向向向
二聲　□□□■　向向向向
□□□■　向向向向
■山手■　向向向向
十音　■士石■　向向向向
二聲　■□耳■　向向向向
■□二■　向向向向
■莊震■　向向向向
十一音　■乍□■　向向向向
二聲　■叉赤■　向向向向
■崇辰■　向向向向
■卓中■　向向向向
十二音　■宅直■　向向向向
二聲　■坼丑■　向向向向
■茶呈■　向向向向

乙乙乙乙　妻子四日

三音　乙乙乙乙　衰○帥骨

五聲　乙乙乙乙　○○○德

乙乙乙乙　龜水貴北

乙乙乙乙　宮孔衆○

三音　乙乙乙乙　龍甬用○

六聲　乙乙乙乙　魚鼠去○

乙乙乙乙　烏虎兔○

乙乙乙乙　心審禁○

三音　乙乙乙乙　○○○十

七聲　乙乙乙乙　男坎欠○

乙乙乙乙　○○○妾

乙乙乙乙　●●●●

三音　乙乙乙乙　●●●●

八聲　乙乙乙乙　●●●●

乙乙乙乙　●●●●

## 去聲闢唱呂一之三

古甲九癸　旦旦旦旦

一音　□□近揆　旦旦旦旦

三聲　坤巧丘弃　旦旦旦旦

□□乾虯　旦旦旦旦

黑花香血　旦旦旦旦

二音　黃華雄賢　旦旦旦旦

三聲　五瓦仰□　旦旦旦旦

吾牙月堯　旦旦旦旦

安亞乙一　旦旦旦旦

三音　□爻王寅　旦旦旦旦

三聲　母馬美米　旦旦旦旦

目皃眉民　旦旦旦旦

夫法□飛　旦旦旦旦

四音　父凡□吠　旦旦旦旦

三聲　武晚□尾　旦旦旦旦

文万□未　旦旦旦旦

三音 九聲

乙乙乙乙●●●●
乙乙乙乙●●●●
乙乙乙乙●●●●
乙乙乙乙●●●●

三音 十聲

乙乙乙乙●●●●
乙乙乙乙●●●●
乙乙乙乙●●●●
乙乙乙乙●●●●

## 收音清和律一之四

四音 一聲

□□□□多可个舌
□□□□禾火化八
□□□□開宰愛○
□□□□回每退○

四音 二聲

□□□□良兩向○
□□□□光廣況○
□□□□丁井亘○
□□□□兄永瑩○

五音 三聲

卜百丙必旦旦旦旦
步白葡鼻旦旦旦旦
普朴品匹旦旦旦旦
旁排平瓶旦旦旦旦

六音 三聲

東丹帝■旦旦旦旦
兑大弟■旦旦旦旦
土貪天■旦旦旦旦
同覃田■旦旦旦旦

七音 三聲

乃妳女■旦旦旦旦
内南年■旦旦旦旦
老冷吕■旦旦旦旦
鹿犖离■旦旦旦旦

八音 三聲

走哉足■旦旦旦旦
自在匠■旦旦旦旦
草采七■旦旦旦旦
曹才全■旦旦旦旦

□□□□千典旦○

四音 □□□□元犬半○
三聲 □□□□臣引艮○
□□□□君允巽○
□□□□刀早孝岳

四音 □□□□毛寶報霍
四聲 □□□□牛斗奏六
□□□□○○○玉
□□□□妻子四日

四音 □□□□衰○帥骨
五聲 □□□□○○○德
□□□□龜水貴北
□□□□宮孔衆○

四音 □□□□龍甬用○
六聲 □□□□魚鼠去○
□□□□烏虎兔○

思三星■旦旦旦旦

九音 寺□象■旦旦旦旦
三聲 □□□■旦旦旦旦
□□□■旦旦旦旦
■山手■旦旦旦旦

十音 ■士石■旦旦旦旦
三聲 ■□耳■旦旦旦旦
■□二■旦旦旦旦
■莊震■旦旦旦旦

十一音 ■乍□■旦旦旦旦
三聲 ■叉赤■旦旦旦旦
■崇辰■旦旦旦旦
■卓中■旦旦旦旦

十二音 ■宅直■旦旦旦旦
三聲 ■坼丑■旦旦旦旦
■茶呈■旦旦旦旦

□□□□　心審禁○

四音七聲

□□□□　○○○十
□□□□　男坎欠○
□□□□　○○○妾
□□□□　●●●●

四音八聲

□□□□　●●●●
□□□□　●●●●
□□□□　●●●●
□□□□　●●●●

四音九聲

□□□□　●●●●
□□□□　●●●●
□□□□　●●●●
□□□□　●●●●

四音十聲

□□□□　●●●●
□□□□　●●●●

# 去聲闢唱呂一之四

古甲九癸　孝孝孝孝

一音四聲

□□近揆　孝孝孝孝
坤巧丘弃　孝孝孝孝
□□乾虯　孝孝孝孝
黑花香血　孝孝孝孝

二音四聲

黃華雄賢　孝孝孝孝
五瓦仰□　孝孝孝孝
吾牙月堯　孝孝孝孝
安亞乙一　孝孝孝孝

三音四聲

□爻王寅　孝孝孝孝
母馬美米　孝孝孝孝
目皃眉民　孝孝孝孝
夫法□飛　孝孝孝孝

四音四聲

父凡□吠　孝孝孝孝
武晚□尾　孝孝孝孝
文万□未　孝孝孝孝

# 收音清和律一之五

丙丙丙丙　多可个舌

五音　丙丙丙丙　禾火化八
一聲　丙丙丙丙　開宰愛○
丙丙丙丙　回每退○
丙丙丙丙　良兩向○

五音　丙丙丙丙　光廣況○
二聲　丙丙丙丙　丁井亘○
丙丙丙丙　兄永瑩○
丙丙丙丙　千典旦○

五音　丙丙丙丙　元犬半○
三聲　丙丙丙丙　臣引艮○
丙丙丙丙　君允巽○
丙丙丙丙　刀早孝岳

五音　丙丙丙丙　毛寶報霍
四聲　丙丙丙丙　牛斗奏六
丙丙丙丙　○○○玉

卜百丙必　孝孝孝孝

五音　步白葡鼻　孝孝孝孝
四聲　普朴品匹　孝孝孝孝
旁排平瓶　孝孝孝孝
東丹帝■　孝孝孝孝

六音　兑大弟■　孝孝孝孝
四聲　土貪天■　孝孝孝孝
同覃田■　孝孝孝孝
乃妳女■　孝孝孝孝

七音　内南年■　孝孝孝孝
四聲　老冷吕■　孝孝孝孝
鹿犖离■　孝孝孝孝
走哉足■　孝孝孝孝

八音　自在匠■　孝孝孝孝
四聲　草采七■　孝孝孝孝
曹才全■　孝孝孝孝

丙丙丙丙 妻子四日
五音 丙丙丙丙 衰○帥骨
五聲 丙丙丙丙 ○○○德
丙丙丙丙 龜水貴北
丙丙丙丙 宮孔衆○

五音 丙丙丙丙 龍甬用○
六聲 丙丙丙丙 魚鼠去○
丙丙丙丙 烏虎兔○
丙丙丙丙 心審禁○

五音 丙丙丙丙 ○○○十
七聲 丙丙丙丙 男坎欠○
丙丙丙丙 ○○○妾
丙丙丙丙 ●●●●

五音 丙丙丙丙 ●●●●
八聲 丙丙丙丙 ●●●●
丙丙丙丙 ●●●●

思三星■ 孝孝孝孝
九音 寺□象■ 孝孝孝孝
四聲 □□□■ 孝孝孝孝
□□□■ 孝孝孝孝
■山手■ 孝孝孝孝

十音 ■士石■ 孝孝孝孝
四聲 ■□耳■ 孝孝孝孝
■□二■ 孝孝孝孝
■莊震■ 孝孝孝孝

十一音 ■乍□■ 孝孝孝孝
四聲 ■叉赤■ 孝孝孝孝
■崇辰■ 孝孝孝孝
■卓中■ 孝孝孝孝

十二音 ■宅直■ 孝孝孝孝
四聲 ■坼丑■ 孝孝孝孝
■茶呈■ 孝孝孝孝

丙丙丙丙　●●●●

五音九聲
丙丙丙丙　●●●●
丙丙丙丙　●●●●
丙丙丙丙　●●●●
丙丙丙丙　●●●●

五音十聲
丙丙丙丙　●●●●
丙丙丙丙　●●●●
丙丙丙丙　●●●●

## 收音清和律一之六

帝帝帝帝　多可个舌

六音一聲
帝帝帝帝　禾火化八
帝帝帝帝　開宰愛○
帝帝帝帝　回每退○
帝帝帝帝　良兩向○

六音二聲
帝帝帝帝　光廣況○
帝帝帝帝　丁井亘○
帝帝帝帝　兄永瑩○

## 去聲闢唱呂一之五

古甲九癸　四四四四

一音五聲
□□近揆　四四四四
坤巧丘弃　四四四四
□□乾虯　四四四四
黑花香血　四四四四

二音五聲
黃華雄賢　四四四四
五瓦仰□　四四四四
吾牙月堯　四四四四

三音五聲
安亞乙一　四四四四
□爻王寅　四四四四
母馬美米　四四四四
目皃眉民　四四四四
夫法□飛　四四四四

四音五聲
父凡□吠　四四四四
武晚□尾　四四四四
文万□未　四四四四

帝帝帝帝　千典旦○
六音　帝帝帝帝　元犬半○
三聲　帝帝帝帝　臣引艮○
帝帝帝帝　君允巽○
帝帝帝帝　刀早孝岳
六音　帝帝帝帝　毛寶報霍
四聲　帝帝帝帝　牛斗奏六
帝帝帝帝　○○○玉
帝帝帝帝　妻子四日
六音　帝帝帝帝　衰○帥骨
五聲　帝帝帝帝　○○○德
帝帝帝帝　龜水貴北
帝帝帝帝　宮孔衆○
六音　帝帝帝帝　龍甬用○
六聲　帝帝帝帝　魚鼠去○
帝帝帝帝　烏虎兔○

卜百丙必　四四四四
五音　步白葡鼻　四四四四
五聲　普朴品匹　四四四四
旁排平瓶　四四四四
東丹帝■　四四四四
六音　兑大弟■　四四四四
五聲　土貪天■　四四四四
同覃田■　四四四四
乃妳女■　四四四四
七音　内南年■　四四四四
五聲　老冷吕■　四四四四
鹿犖离■　四四四四
走哉足■　四四四四
八音　自在匠■　四四四四
五聲　草采七■　四四四四
曹才全■　四四四四

帝帝帝帝 心審禁○

六音 帝帝帝帝 ○○○十

七聲 帝帝帝帝 男坎欠○

帝帝帝帝 ○○○妾

帝帝帝帝 ●●●●

六音 帝帝帝帝 ●●●●

八聲 帝帝帝帝 ●●●●

帝帝帝帝 ●●●●

帝帝帝帝 ●●●●

六音 帝帝帝帝 ●●●●

九聲 帝帝帝帝 ●●●●

帝帝帝帝 ●●●●

帝帝帝帝 ●●●●

六音 帝帝帝帝 ●●●●

十聲 帝帝帝帝 ●●●●

帝帝帝帝 ●●●●

思三星■ 四四四四

九音 寺□象■ 四四四四

五聲 □□□■ 四四四四

□□□■ 四四四四

■山手■ 四四四四

十音 ■士石■ 四四四四

五聲 ■□耳■ 四四四四

■□二■ 四四四四

■莊震■ 四四四四

十一音 ■乍□■ 四四四四

五聲 ■叉赤■ 四四四四

■崇辰■ 四四四四

■卓中■ 四四四四

十二音 ■宅直■ 四四四四

五聲 ■坼丑■ 四四四四

■茶呈■ 四四四四

## 收音清和律一之七

女女女女 多可个舌
七音 女女女女 禾火化八
一聲 女女女女 開宰愛○
女女女女 回每退○
女女女女 良兩向○
七音 女女女女 光廣況○
二聲 女女女女 丁井亘○
女女女女 兄永瑩○
女女女女 千典旦○
七音 女女女女 元犬半○
三聲 女女女女 臣引艮○
女女女女 君允巽○
女女女女 刀早孝岳
七音 女女女女 毛寶報霍
四聲 女女女女 牛斗奏六
女女女女 ○○○玉

## 去聲闢唱呂一之六

古甲九癸 衆衆衆衆
一音 □□近揆 衆衆衆衆
六聲 坤巧丘弃 衆衆衆衆
□□乾虯 衆衆衆衆
黑花香血 衆衆衆衆
二音 黄華雄賢 衆衆衆衆
六聲 五瓦仰□ 衆衆衆衆
吾牙月堯 衆衆衆衆
安亞乙一 衆衆衆衆
三音 □爻王寅 衆衆衆衆
六聲 母馬美米 衆衆衆衆
目皃眉民 衆衆衆衆
夫法□飛 衆衆衆衆
四音 父凡□吠 衆衆衆衆
六聲 武晚□尾 衆衆衆衆
文万□未 衆衆衆衆

女女女女　妻子四日

七音　女女女女　衰○帥骨

五聲　女女女女　○○○德

女女女女　龜水貴北

女女女女　宮孔衆○

七音　女女女女　龍甬用○

六聲　女女女女　魚鼠去○

女女女女　烏虎兔○

女女女女　心審禁○

七音　女女女女　○○○十

七聲　女女女女　男坎欠○

女女女女　○○○妾

女女女女　●●●●

七音　女女女女　●●●●

八聲　女女女女　●●●●

女女女女　●●●●

卜百丙必　衆衆衆衆

五音　步白葡鼻　衆衆衆衆

六聲　普朴品匹　衆衆衆衆

旁排平瓶　衆衆衆衆

東丹帝■　衆衆衆衆

六音　兑大弟■　衆衆衆衆

六聲　土貪天■　衆衆衆衆

同覃田■　衆衆衆衆

乃妳女■　衆衆衆衆

七音　内南年■　衆衆衆衆

六聲　老冷吕■　衆衆衆衆

鹿犖离■　衆衆衆衆

走哉足■　衆衆衆衆

八音　自在匠■　衆衆衆衆

六聲　草采七■　衆衆衆衆

曹才全■　衆衆衆衆

女女女女 ●●●●
七音 女女女女 ●●●●
九聲 女女女女 ●●●●
女女女女 ●●●●
女女女女 ●●●●
七音 女女女女 ●●●●
十聲 女女女女 ●●●●
女女女女 ●●●●

收音清和律一之八

足足足足 多可个舌
八音 足足足足 禾火化八
一聲 足足足足 開宰愛○
足足足足 回每退○
足足足足 良兩向○
八音 足足足足 光廣況○
二聲 足足足足 丁井亘○
足足足足 兄永瑩○

思三星■ 衆衆衆衆
九音 寺□象■ 衆衆衆衆
六聲 □□□■ 衆衆衆衆
□□□■ 衆衆衆衆
■山手■ 衆衆衆衆
十音 ■士石■ 衆衆衆衆
六聲 ■□耳■ 衆衆衆衆
■□二■ 衆衆衆衆
■莊震■ 衆衆衆衆
十一音 ■乍□■ 衆衆衆衆
六聲 ■叉赤■ 衆衆衆衆
■崇辰■ 衆衆衆衆
■卓中■ 衆衆衆衆
十二音 ■宅直■ 衆衆衆衆
六聲 ■坼丑■ 衆衆衆衆
■茶呈■ 衆衆衆衆

足足足足　千典旦○

八音　足足足足　元犬半○

三聲　足足足足　臣引艮○

足足足足　君允巽○

足足足足　刀早孝岳

八音　足足足足　毛寶報霍

四聲　足足足足　牛斗奏六

足足足足　○○○玉

足足足足　妻子四日

八音　足足足足　衰○帥骨

五聲　足足足足　○○○德

足足足足　龜水貴北

足足足足　宮孔衆○

八音　足足足足　龍甬用○

六聲　足足足足　魚鼠去○

足足足足　烏虎兔○

## 去聲闢唱呂一之七

古甲九癸　禁禁禁禁

一音　□□近揆　禁禁禁禁

七聲　坤巧丘弃　禁禁禁禁

□□乾虯　禁禁禁禁

黑花香血　禁禁禁禁

二音　黃華雄賢　禁禁禁禁

七聲　五瓦仰□　禁禁禁禁

吾牙月堯　禁禁禁禁

安亞乙一　禁禁禁禁

三音　□爻王寅　禁禁禁禁

七聲　母馬美米　禁禁禁禁

目皃眉民　禁禁禁禁

夫法□飛　禁禁禁禁

四音　父凡□吠　禁禁禁禁

七聲　武晚□尾　禁禁禁禁

文万□未　禁禁禁禁

足足足足　心審禁○
八音　足足足足　○○○十
七聲　足足足足　男坎欠○
足足足足　○○○妾
足足足足　●●●●
八音　足足足足　●●●●
八聲　足足足足　●●●●
足足足足　●●●●
足足足足　●●●●
八音　足足足足　●●●●
九聲　足足足足　●●●●
足足足足　●●●●
足足足足　●●●●
八音　足足足足　●●●●
十聲　足足足足　●●●●
足足足足　●●●●

卜百丙必　禁禁禁禁
五音　步白葡鼻　禁禁禁禁
七聲　普朴品匹　禁禁禁禁
旁排平瓶　禁禁禁禁
東丹帝■　禁禁禁禁
六音　兑大弟■　禁禁禁禁
七聲　土貪天■　禁禁禁禁
同覃田■　禁禁禁禁
乃妳女■　禁禁禁禁
七音　内南年■　禁禁禁禁
七聲　老冷吕■　禁禁禁禁
鹿犖离■　禁禁禁禁
走哉足■　禁禁禁禁
八音　自在匠■　禁禁禁禁
七聲　草采七■　禁禁禁禁
曹才全■　禁禁禁禁

# 收音清和律一之九

星星星星　多可个舌

九音一聲
星星星星　禾火化八
星星星星　開宰愛○
星星星星　回每退○
星星星星　良兩向○

九音二聲
星星星星　光廣况○
星星星星　丁井亘○
星星星星　兄永瑩○
星星星星　千典旦○

九音三聲
星星星星　元犬半○
星星星星　臣引艮○
星星星星　君允巽○
星星星星　刀早孝岳

九音四聲
星星星星　毛寶報霍
星星星星　牛斗奏六
星星星星　○○○玉

思三星■　禁禁禁禁

九音七聲
寺□象■　禁禁禁禁
□□□■　禁禁禁禁
□□□■　禁禁禁禁
■山手■　禁禁禁禁

十音七聲
■士石■　禁禁禁禁
■□耳■　禁禁禁禁
■□二■　禁禁禁禁
■莊震■　禁禁禁禁

十一音七聲
■乍□■　禁禁禁禁
■叉赤■　禁禁禁禁
■崇辰■　禁禁禁禁
■卓中■　禁禁禁禁

十二音七聲
■宅直■　禁禁禁禁
■坼丑■　禁禁禁禁
■茶呈■　禁禁禁禁

星星星星　妻子四日

九音　五聲
星星星星　衰○帥骨
星星星星　○○○德
星星星星　龜水貴北
星星星星　宮孔衆○

九音　六聲
星星星星　龍甬用○
星星星星　魚鼠去○
星星星星　烏虎兔○
星星星星　心審禁○

九音　七聲
星星星星　○○○十
星星星星　男坎欠○
星星星星　○○○妾
星星星星　●●●●

九音　八聲
星星星星　●●●●
星星星星　●●●●
星星星星　●●●●

## 去聲闢唱呂一之八

古甲九癸　●●●●

一音　八聲
□□近揆　●●●●
坤巧丘弃　●●●●
□□乾虯　●●●●
黑花香血　●●●●

二音　八聲
黄華雄賢　●●●●
五瓦仰□　●●●●
吾牙月堯　●●●●
安亞乙一　●●●●

三音　八聲
□爻王寅　●●●●
母馬美米　●●●●
目皃眉民　●●●●
夫法□飛　●●●●

四音　八聲
父凡□吠　●●●●
武晚□尾　●●●●
文万□未　●●●●

星星星星 ●●●●
九音 星星星星 ●●●●
九聲 星星星星 ●●●●
星星星星 ●●●●
星星星星 ●●●●
九音 星星星星 ●●●●
十聲 星星星星 ●●●●
星星星星 ●●●●

## 收音清和律一之十

手手手手 多可个舌
十音 手手手手 禾火化八
一聲 手手手手 開宰愛○
手手手手 回每退○
手手手手 良兩向○
十音 手手手手 光廣況○
二聲 手手手手 丁井亘○
手手手手 兄永瑩○

卜百丙必 ●●●●
五音 步白葡鼻 ●●●●
八聲 普朴品匹 ●●●●
旁排平瓶 ●●●●
東丹帝■ ●●●●
六音 兑大弟■ ●●●●
八聲 土貪天■ ●●●●
同覃田■ ●●●●
乃妳女■ ●●●●
七音 内南年■ ●●●●
八聲 老冷吕■ ●●●●
鹿犖离■ ●●●●
走哉足■ ●●●●
八音 自在匠■ ●●●●
八聲 草采七■ ●●●●
曹才全■ ●●●●

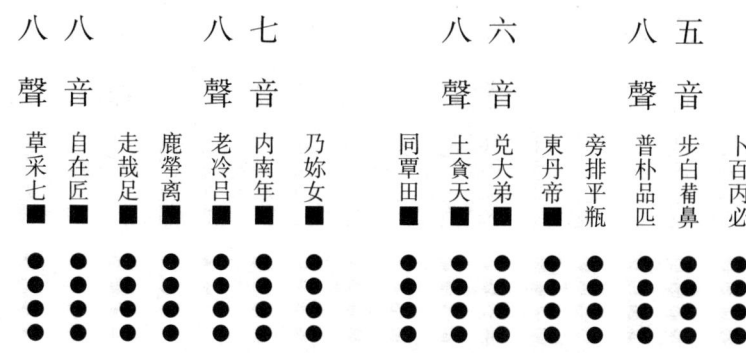

手手手手　千典旦○
十音　手手手手　元犬半○
三聲　手手手手　臣引艮○
手手手手　君允巽○
手手手手　刀早孝岳
十音　手手手手　毛寶報霍
四聲　手手手手　牛斗奏六
手手手手　○○○玉
手手手手　妻子四日
十音　手手手手　衰○帥骨
五聲　手手手手　○○○德
手手手手　龜水貴北
手手手手　宮孔衆○
十音　手手手手　龍甬用○
六聲　手手手手　魚鼠去○
手手手手　烏虎兔○

思三星■　●●●●
九音　寺□象■　●●●●
八聲　□□□■　●●●●
□□□■　●●●●
■山手■　●●●●
十音　■士石■　●●●●
八聲　■□耳■　●●●●
■□二■　●●●●
■莊震■　●●●●
十一音　■乍□■　●●●●
八聲　■叉赤■　●●●●
■崇辰■　●●●●
■卓中■　●●●●
十二音　■宅直■　●●●●
八聲　■坼丑■　●●●●
■茶呈■　●●●●

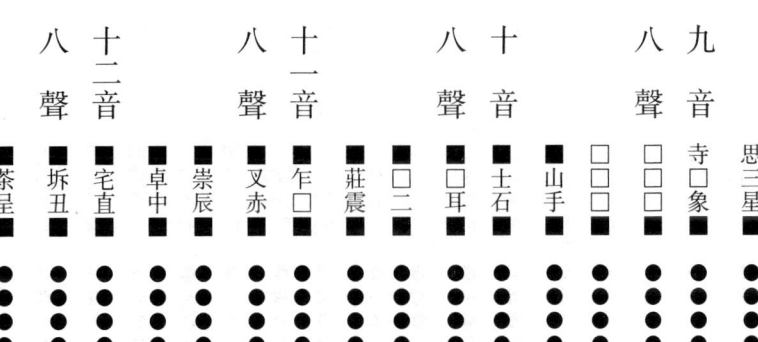

## 去聲闢唱呂一之九

一音 九聲
古甲九癸 ●●●●
□□近揆 ●●●●
坤巧丘弃 ●●●●
□□乾虯 ●●●●

二音 九聲
黑花香血 ●●●●
黃華雄賢 ●●●●
五瓦仰□ ●●●●
吾牙月堯 ●●●●

三音 九聲
安亞乙一 ●●●●
□爻王寅 ●●●●
母馬美米 ●●●●
目皃眉民 ●●●●

四音 九聲
夫法□飛 ●●●●
父凡□吠 ●●●●
武晚□尾 ●●●●
文万□未 ●●●●

十音 七聲
手手手手 心審禁○
手手手手 ○○○十
手手手手 男坎欠○
手手手手 ○○○妾

十音 八聲
手手手手 ●●●●
手手手手 ●●●●
手手手手 ●●●●
手手手手 ●●●●

十音 九聲
手手手手 ●●●●
手手手手 ●●●●
手手手手 ●●●●
手手手手 ●●●●

十音 十聲
手手手手 ●●●●
手手手手 ●●●●
手手手手 ●●●●

## 收音清和律一之十一

震震震震　多可个舌
十一音　震震震震　禾火化八
一聲　震震震震　開宰愛○
震震震震　回每退○
震震震震　良兩向○
十一音　震震震震　光廣況○
二聲　震震震震　丁井亘○
震震震震　兄永瑩○
震震震震　千典旦○
十一音　震震震震　元犬半○
三聲　震震震震　臣引艮○
震震震震　君允巽○
震震震震　刀早孝岳
十一音　震震震震　毛寶報霍
四聲　震震震震　牛斗奏六
震震震震　○○○玉

卜百丙必　●●●●
五音　步白葡鼻　●●●●
九聲　普朴品匹　●●●●
旁排平瓶　●●●●
東丹帝■　●●●●
六音　兑大弟■　●●●●
九聲　土貪天■　●●●●
同覃田■　●●●●
乃妳女■　●●●●
七音　内南年■　●●●●
九聲　老冷吕■　●●●●
鹿犖离■　●●●●
走哉足■　●●●●
八音　自在匠■　●●●●
九聲　草采七■　●●●●
曹才全■　●●●●

震震震震　妻子四日
十一音　震震震震　衰○帥骨
五聲　震震震震　○○○德
震震震震　龜水貴北
震震震震　宮孔衆○
十一音　震震震震　龍甬用○
六聲　震震震震　魚鼠去○
震震震震　烏虎兔○
震震震震　心審禁○
十一音　震震震震　○○○十
七聲　震震震震　男坎欠○
震震震震　○○○妾
震震震震　●●●●
十一音　震震震震　●●●●
八聲　震震震震　●●●●
震震震震　●●●●

思三星■　●●●●
九音　寺□象■　●●●●
九聲　□□□■　●●●●
□□□■　●●●●
■山手■　●●●●
十音　■士石■　●●●●
九聲　■□耳■　●●●●
■□二■　●●●●
■莊震■　●●●●
十一音　■乍□■　●●●●
九聲　■叉赤■　●●●●
■崇辰■　●●●●
■卓中■　●●●●
十二音　■宅直■　●●●●
九聲　■坼丑■　●●●●
■茶呈■　●●●●

十一音 九聲

震震震震 ●●●●
震震震震 ●●●●
震震震震 ●●●●
震震震震 ●●●●
震震震震 ●●●●

十一音 十聲

震震震震 ●●●●
震震震震 ●●●●
震震震震 ●●●●

收音清和律一之十二

中中中中 多可个舌

十二音 一聲

中中中中 禾火化八
中中中中 開宰愛○
中中中中 回每退○
中中中中 良兩向○

十二音 二聲

中中中中 光廣况○
中中中中 丁井亘○
中中中中 兄永瑩○

去聲闢唱吕一之十

古甲九癸 ●●●●

一音 十聲

□□近揆 ●●●●
坤巧丘弃 ●●●●
□□乾虯 ●●●●
黑花香血 ●●●●

二音 十聲

黄華雄賢 ●●●●
五瓦仰□ ●●●●
吾牙月堯 ●●●●

三音 十聲

安亞乙一 ●●●●
□叒王寅 ●●●●
母馬美米 ●●●●
目皃眉民 ●●●●
夫法□飛 ●●●●

四音 十聲

父凡□吠 ●●●●
武晚□尾 ●●●●
文万□未 ●●●●

中中中中 千典旦○

十二音 三聲

中中中中 元犬半○
中中中中 臣引艮○
中中中中 君允巽○
中中中中 刀早孝岳

十二音 四聲

中中中中 毛寶報霍
中中中中 牛斗奏六
中中中中 ○○○玉
中中中中 妻子四日

十二音 五聲

中中中中 衰○帥骨
中中中中 ○○○德
中中中中 龜水貴北
中中中中 宮孔衆○

十二音 六聲

中中中中 龍甬用○
中中中中 魚鼠去○
中中中中 烏虎兔○

卜百丙必 ●●●●

五音 十聲

步白葡鼻 ●●●●
普朴品匹 ●●●●
旁排平瓶 ●●●●
東丹帝■ ●●●●

六音 十聲

兑大弟■ ●●●●
土貪天■ ●●●●
同覃田■ ●●●●
乃妳女■ ●●●●

七音 十聲

内南年■ ●●●●
老冷吕■ ●●●●
鹿犖离■ ●●●●
走哉足■ ●●●●

八音 十聲

自在匠■ ●●●●
草采七■ ●●●●
曹才全■ ●●●●

中中中中 心審禁○
十二音 中中中中 ○○○十
七聲 中中中中 男坎欠○
中中中中 ○○○妾
中中中中 ●●●●
十二音 中中中中 ●●●●
八聲 中中中中 ●●●●
中中中中 ●●●●
中中中中 ●●●●
十二音 中中中中 ●●●●
九聲 中中中中 ●●●●
中中中中 ●●●●
中中中中 ●●●●
十二音 中中中中 ●●●●
十聲 中中中中 ●●●●
中中中中 ●●●●

思三星■ ●●●●
九音 寺□象■ ●●●●
十聲 □□□■ ●●●●
□□□■ ●●●●
■山手■ ●●●●
十音 ■士石■ ●●●●
十聲 ■□耳■ ●●●●
■□二■ ●●●●
■莊震■ ●●●●
十一音 ■乍□■ ●●●●
十聲 ■叉赤■ ●●●●
■崇辰■ ●●●●
■卓中■ ●●●●
十二音 ■宅直■ ●●●●
十聲 ■坼丑■ ●●●●
■茶呈■ ●●●●

# 觀物篇之四十四

星月聲去翕

化况半報帥

用○●●●

星月聲七，下唱地之用音一百五十二，是謂去聲翕音。去聲翕音一千六十四。

星月聲去之二翕

收音濁和律二之一

近近近近　多可个舌

一音　近近近近　禾火化八

一聲　近近近近　開宰愛○

近近近近　回每退○



土火音收濁

近雄王□肴弟

年匠象石□直

土火音十二，上和天之用聲一百一十二，是謂收音濁聲。收音濁聲一千三百四十四。

土火音收之二濁①

去聲翕唱呂二之一

古甲九癸　化化化化

一音　□□近揆　化化化化

一聲　坤巧丘弃　化化化化

□□乾虯　化化化化

①「土火」，原作「火土」，據四庫本改。

近近近近 良兩向○
一音 近近近近 光廣況○
二聲 近近近近 丁井亘○
近近近近 兄永瑩○
近近近近 千典旦○
一音 近近近近 元犬半○
三聲 近近近近 臣引艮○
近近近近 君允巽○
近近近近 刀早孝岳
一音 近近近近 毛寶報霍
四聲 近近近近 牛斗奏六
近近近近 ○○○玉
近近近近 妻子四日
一音 近近近近 衰○帥骨
五聲 近近近近 ○○○德
近近近近 龜水貴北

黑花香血 化化化化
二音 黃華雄賢 化化化化
一聲 五瓦仰□ 化化化化
吾牙月堯 化化化化
安亞乙一 化化化化
三音 □爻王寅 化化化化
一聲 母馬美米 化化化化
目皃眉民 化化化化
夫法□飛 化化化化
四音 父凡□吠 化化化化
一聲 武晚□尾 化化化化
文万□未 化化化化
卜百丙必 化化化化
五音 步白葡鼻 化化化化
一聲 普朴品匹 化化化化
旁排平瓶 化化化化

近近近近　宮孔衆○
一音　近近近近　龍甬用○
六聲　近近近近　魚鼠去○
近近近近　烏虎兔○
近近近近　心審禁○
一音　近近近近　○○○十
七聲　近近近近　男坎欠○
近近近近　○○○妾
近近近近　●●●●
一音　近近近近　●●●●
八聲　近近近近　●●●●
近近近近　●●●●
近近近近　●●●●
一音　近近近近　●●●●
九聲　近近近近　●●●●
近近近近　●●●●

東丹帝■　化化化化
六音　兑大弟■　化化化化
一聲　土貪天■　化化化化
同覃田■　化化化化
乃妳女■　化化化化
七音　内南年■　化化化化
一聲　老冷吕■　化化化化
鹿犖离■　化化化化
走哉足■　化化化化
八音　自在匠■　化化化化
一聲　草采七■　化化化化
曹才全■　化化化化
思三星■　化化化化
九音　寺□象■　化化化化
一聲　□□□■　化化化化
□□□■　化化化化

近近近近 ●●●●
一音 近近近近 ●●●●
十聲 近近近近 ●●●●
近近近近 ●●●●

## 收音濁和律二之二

雄雄雄雄 多可个舌
二音 雄雄雄雄 禾火化八
一聲 雄雄雄雄 開宰愛○
雄雄雄雄 回每退○
雄雄雄雄 良兩向○
二音 雄雄雄雄 光廣況○
二聲 雄雄雄雄 丁井亘○
雄雄雄雄 兄永瑩○
雄雄雄雄 千典旦○
二音 雄雄雄雄 元犬半○
三聲 雄雄雄雄 臣引艮○
雄雄雄雄 君允巽○



■山手■ 化化化化
十音 ■士石■ 化化化化
一聲 ■□耳■ 化化化化
■□二■ 化化化化
■莊震■ 化化化化
十一音 ■乍□■ 化化化化
一聲 ■叉赤■ 化化化化
■崇辰■ 化化化化
■卓中■ 化化化化
十二音 ■宅直■ 化化化化
一聲 ■坼丑■ 化化化化
■茶呈■ 化化化化

## 去聲翕唱呂二之二

古甲九癸 況況況況
一音 □□近揆 況況況況
二聲 坤巧丘弃 況況況況
□□乾虯 況況況況

雄雄雄雄　刀早孝岳

二音　雄雄雄雄　毛寶報霍

四聲　雄雄雄雄　牛斗奏六

雄雄雄雄　○○○玉

雄雄雄雄　妻子四日

二音　雄雄雄雄　衰○帥骨

五聲　雄雄雄雄　○○○德

雄雄雄雄　龜水貴北

雄雄雄雄　宮孔衆○

二音　雄雄雄雄　龍甬用○

六聲　雄雄雄雄　魚鼠去○

雄雄雄雄　烏虎兔○

雄雄雄雄　心審禁○

二音　雄雄雄雄　○○○十

七聲　雄雄雄雄　男坎欠○

雄雄雄雄　○○○妾

黑花香血　況況況況

二音　黃華雄賢　況況況況

二聲　五瓦仰□　況況況況

吾牙月堯　況況況況

安亞乙一　況況況況

三音　□爻王寅　況況況況

二聲　母馬美米　況況況況

目皃眉民　況況況況

夫法□飛　況況況況

四音　父凡□吠　況況況況

二聲　武晚□尾　況況況況

文万□未　況況況況

卜百丙必　況況況況

五音　步白葡鼻　況況況況

二聲　普朴品匹　況況況況

旁排平瓶　況況況況

雄雄雄雄 ●●●●
二音 雄雄雄雄 ●●●●
八聲 雄雄雄雄 ●●●●
雄雄雄雄 ●●●●
雄雄雄雄 ●●●●
二音 雄雄雄雄 ●●●●
九聲 雄雄雄雄 ●●●●
雄雄雄雄 ●●●●
雄雄雄雄 ●●●●
二音 雄雄雄雄 ●●●●
十聲 雄雄雄雄 ●●●●
雄雄雄雄 ●●●●

收音濁和律二之三

王王王王 多可个舌
三音 王王王王 禾火化八
一聲 王王王王 開宰愛○
王王王王 回每退○

東丹帝■ 况况况况
六音 兑大弟■ 况况况况
二聲 土貪天■ 况况况况
同覃田■ 况况况况
乃妳女■ 况况况况
七音 内南年■ 况况况况
二聲 老冷吕■ 况况况况
鹿犖离■ 况况况况
走哉足■ 况况况况
八音 自在匠■ 况况况况
二聲 草采七■ 况况况况
曹才全■ 况况况况
思三星■ 况况况况
九音 寺□象■ 况况况况
二聲 □□□■ 况况况况
□□□■ 况况况况

王王王王　良兩向○
三音　王王王王　光廣況○
二聲　王王王王　丁井亘○
王王王王　兄永瑩○
王王王王　千典亘○
三音　王王王王　元犬半○
三聲　王王王王　臣引艮○
王王王王　君允巽○
王王王王　刀早孝岳
三音　王王王王　毛寶報霍
四聲　王王王王　牛斗奏六
王王王王　○○○玉
王王王王　妻子四日
三音　王王王王　衰○帥骨
五聲　王王王王　○○○德
王王王王　龜水貴北

■山手■　況況況況
十音　■士石■　況況況況
二聲　■□耳■　況況況況
■□二■　況況況況
■莊震■　況況況況
十一音　■乍□■　況況況況
二聲　■叉赤■　況況況況
■崇辰■　況況況況
■卓中■　況況況況
十二音　■宅直■　況況況況
二聲　■坼丑■　況況況況
■茶呈■　況況況況

去聲翕唱呂二之三

古甲九癸　半半半半
一音　□□近揆　半半半半
三聲　坤巧丘弃　半半半半
□□乾虯　半半半半

三音　六聲

王王王王　宮孔衆○
王王王王　龍甬用○
王王王王　魚鼠去○
王王王王　烏虎兔○
王王王王　心審禁○

三音　七聲

王王王王　○○○十
王王王王　男坎欠○
王王王王　○○○妾
王王王王　●●●●

三音　八聲

王王王王　●●●●
王王王王　●●●●
王王王王　●●●●

三音　九聲

王王王王　●●●●
王王王王　●●●●

二音　三聲

黑花香血　半半半半
黃華雄賢　半半半半
五瓦仰□　半半半半
吾牙月堯　半半半半
安亞乙一　半半半半

三音　三聲

□爻王寅　半半半半
母馬美米　半半半半
目皃眉民　半半半半
夫法□飛　半半半半

四音　三聲

父凡□吠　半半半半
武晚□尾　半半半半
文万□未　半半半半
卜百丙必　半半半半

五音　三聲

步白葡鼻　半半半半
普朴品匹　半半半半
旁排平瓶　半半半半

王王王王●●●●
三音 王王王王●●●●
十聲 王王王王●●●●
王王王王●●●●

收音濁和律二之四

□□□□多可个舌
四音 □□□□禾火化八
一聲 □□□□開宰愛○
□□□□回每退○
□□□□良兩向○
四音 □□□□光廣況○
二聲 □□□□丁井亘○
□□□□兄永瑩○
□□□□千典旦○
四音 □□□□元犬半○
三聲 □□□□臣引艮○
□□□□君允巽○

東丹帝■半半半半
六音 兌大弟■半半半半
三聲 土貪天■半半半半
同覃田■半半半半
乃妳女■半半半半
七音 內南年■半半半半
三聲 老冷呂■半半半半
鹿犖离■半半半半
走哉足■半半半半
八音 自在匠■半半半半
三聲 草采七■半半半半
曹才全■半半半半
思三星■半半半半
九音 寺□象■半半半半
三聲 □□□■半半半半
□□□■半半半半

□□□□ 刀早孝岳

四音 □□□□ 毛寶報霍
四聲 □□□□ 牛斗奏六
□□□□ ○○○玉
□□□□ 妻子四日

四音 □□□□ 衰○帥骨
五聲 □□□□ ○○○德
□□□□ 龜水貴北
□□□□ 宮孔衆○

四音 □□□□ 龍甬用○
六聲 □□□□ 魚鼠去○
□□□□ 烏虎兔○
□□□□ 心審禁○

四音 □□□□ ○○○十
七聲 □□□□ 男坎欠○
□□□□ ○○○妾

■山手■ 半半半半

十音 ■士石■ 半半半半
三聲 ■□耳■ 半半半半
■□二■ 半半半半
■莊震■ 半半半半

十一音 ■乍□■ 半半半半
三聲 ■叉赤■ 半半半半
■崇辰■ 半半半半
■卓中■ 半半半半

十二音 ■宅直■ 半半半半
三聲 ■拆丑■ 半半半半
■茶呈■ 半半半半

## 去聲翕唱吕二之四

古甲九癸 報報報報

一音 □□近揆 報報報報
四聲 坤巧丘弃 報報報報
□□乾虯 報報報報

□□□□ ●●●●

四音 □□□□ ●●●●

八聲 □□□□ ●●●●

□□□□ ●●●●

□□□□ ●●●●

四音 □□□□ ●●●●

九聲 □□□□ ●●●●

□□□□ ●●●●

□□□□ ●●●●

四音 □□□□ ●●●●

十聲 □□□□ ●●●●

□□□□ ●●●●

## 收音濁和律一之五

莆莆莆莆 多可个舌

五音 莆莆莆莆 禾火化八

一聲 莆莆莆莆 開宰愛○

莆莆莆莆 回每退○

黑花香血 報報報報

二音 黃華雄賢 報報報報

四聲 五瓦仰□ 報報報報

吾牙月堯 報報報報

安亞乙一 報報報報

三音 □爻王寅 報報報報

四聲 母馬美米 報報報報

目皃眉民 報報報報

夫法□飛 報報報報

四音 父凡□吠 報報報報

四聲 武晚□尾 報報報報

文万□未 報報報報

卜百丙必 報報報報

五音 步白莆鼻 報報報報

四聲 普朴品匹 報報報報

旁排平瓶 報報報報

菁菁菁菁　良兩向○
五音　菁菁菁菁　光廣況○
二聲　菁菁菁菁　丁井亘○
菁菁菁菁　兄永瑩○
菁菁菁菁　千典旦○
五音　菁菁菁菁　元犬半○
三聲　菁菁菁菁　臣引艮○
菁菁菁菁　君允巽○
菁菁菁菁　刀早孝岳
五音　菁菁菁菁　毛寶報霍
四聲　菁菁菁菁　牛斗奏六
菁菁菁菁　○○○玉
菁菁菁菁　妻子四日
五音　菁菁菁菁　衰○帥骨
五聲　菁菁菁菁　○○○德
菁菁菁菁　龜水貴北

東丹帝■　報報報報
六音　兑大弟■　報報報報
四聲　土貪天■　報報報報
同覃田■　報報報報
乃妳女■　報報報報
七音　內南年■　報報報報
四聲　老冷呂■　報報報報
鹿犖离■　報報報報
走哉足■　報報報報
八音　自在匠■　報報報報
四聲　草采七■　報報報報
曹才全■　報報報報
思三星■　報報報報
九音　寺□象■　報報報報
四聲　□□□■　報報報報
□□□■　報報報報

萳萳萳萳　宮孔衆○
五音　萳萳萳萳　龍甬用○
六聲　萳萳萳萳　魚鼠去○
萳萳萳萳　烏虎兔○
萳萳萳萳　心審禁○
五音　萳萳萳萳　○○○十
七聲　萳萳萳萳　男坎欠○
萳萳萳萳　○○○妾
萳萳萳萳　●●●●
五音　萳萳萳萳　●●●●
八聲　萳萳萳萳　●●●●
萳萳萳萳　●●●●
萳萳萳萳　●●●●
五音　萳萳萳萳　●●●●
九聲　萳萳萳萳　●●●●
萳萳萳萳　●●●●

■山手■　報報報報
十音　■士石■　報報報報
四聲　■□耳■　報報報報
■□二■　報報報報
■莊震■　報報報報
十一音　■乍□■　報報報報
四聲　■叉赤■　報報報報
■崇辰■　報報報報
■卓中■　報報報報
十二音　■宅直■　報報報報
四聲　■拆丑■　報報報報
■茶呈■　報報報報

去聲翕唱吕二之五

古甲九癸　帥帥帥帥
一音　□□近揆　帥帥帥帥
五聲　坤巧丘弃　帥帥帥帥
□□乾虯　帥帥帥帥

五音
十聲
葡葡葡葡　●●●●
葡葡葡葡　●●●●
葡葡葡葡　●●●●
葡葡葡葡　●●●●

## 收音濁和律二之六

六音
一聲
弟弟弟弟　多可个舌
弟弟弟弟　禾火化八
弟弟弟弟　開宰愛○
弟弟弟弟　回每退○
弟弟弟弟　良兩向○

六音
二聲
弟弟弟弟　光廣況○
弟弟弟弟　丁井亘○
弟弟弟弟　兄永瑩○
弟弟弟弟　千典旦○

六音
三聲
弟弟弟弟　元犬半○
弟弟弟弟　臣引艮○
弟弟弟弟　君允巽○

二音
五聲
黑花香血　帥帥帥帥
黄華雄賢　帥帥帥帥
五瓦仰□　帥帥帥帥
吾牙月堯　帥帥帥帥

三音
五聲
安亞乙一　帥帥帥帥
□爻王寅　帥帥帥帥
母馬美米　帥帥帥帥
目皃眉民　帥帥帥帥
夫法□飛　帥帥帥帥

四音
五聲
父凡□吠　帥帥帥帥
武晚□尾　帥帥帥帥
文万□未　帥帥帥帥
卜百丙必　帥帥帥帥

五音
五聲
步白葡鼻　帥帥帥帥
普朴品匹　帥帥帥帥
旁排平瓶　帥帥帥帥

弟弟弟弟　刀早孝岳
六音　弟弟弟弟　毛寶報霍
四聲　弟弟弟弟　牛斗奏六
弟弟弟弟　○○○玉
弟弟弟弟　妻子四日
六音　弟弟弟弟　衰○帥骨
五聲　弟弟弟弟　○○○德
弟弟弟弟　龜水貴北
弟弟弟弟　宫孔衆○
六音　弟弟弟弟　龍甬用○
六聲　弟弟弟弟　魚鼠去○
弟弟弟弟　烏虎兔○
弟弟弟弟　心審禁○
六音　弟弟弟弟　○○○十
七聲　弟弟弟弟　男坎欠○
弟弟弟弟　○○○妾

東丹帝■　帥帥帥帥
六音　兑大弟■　帥帥帥帥
五聲　土貪天■　帥帥帥帥
同覃田■　帥帥帥帥
乃妳女■　帥帥帥帥
七音　内南年■　帥帥帥帥
五聲　老冷吕■　帥帥帥帥
鹿犖离■　帥帥帥帥
走哉足■　帥帥帥帥
八音　自在匠■　帥帥帥帥
五聲　草采七■　帥帥帥帥
曹才全■　帥帥帥帥
思三星■　帥帥帥帥
九音　寺□象■　帥帥帥帥
五聲　□□□■　帥帥帥帥
□□□■　帥帥帥帥

弟弟弟弟 ●●●●
六音 弟弟弟弟 ●●●●
八聲 弟弟弟弟 ●●●●
弟弟弟弟 ●●●●
弟弟弟弟 ●●●●
六音 弟弟弟弟 ●●●●
九聲 弟弟弟弟 ●●●●
弟弟弟弟 ●●●●
弟弟弟弟 ●●●●
六音 弟弟弟弟 ●●●●
十聲 弟弟弟弟 ●●●●
弟弟弟弟 ●●●●

## 收音濁和律二之七

年年年年 多可个舌
七音 年年年年 禾火化八

■山手■ 帥帥帥帥
十音 ■士石■ 帥帥帥帥
五聲 ■□耳■ 帥帥帥帥
■□二■ 帥帥帥帥
■莊震■ 帥帥帥帥
十一音 ■乍□■ 帥帥帥帥
五聲 ■叉赤■ 帥帥帥帥
■崇辰■ 帥帥帥帥
■卓中■ 帥帥帥帥
十二音 ■宅直■ 帥帥帥帥
五聲 ■坼丑■ 帥帥帥帥
■茶呈■ 帥帥帥帥

## 去聲翕唱呂二之六

古甲九癸 用用用用
一音 □□近揆 用用用用

一聲 年年年年 開宰愛○
年年年年 回每退○
年年年年 良兩向○
七音 年年年年 光廣况○
二聲 年年年年 丁井亘○
年年年年 兄永瑩○
年年年年 千典旦○
七音 年年年年 元犬半○
三聲 年年年年 臣引艮○
年年年年 君允巽○
年年年年 刀早孝岳
七音 年年年年 毛寶報霍
四聲 年年年年 牛斗奏六
年年年年 ○○○玉
年年年年 妻子四日
七音 年年年年 衰○帥骨

六聲 坤巧丘弃 用用用用
□□乾虯 用用用用
黑花香血 用用用用
二音 黃華雄賢 用用用用
六聲 五瓦仰□ 用用用用
吾牙月堯 用用用用
安亞乙一 用用用用
三音 □爻王寅 用用用用
六聲 母馬美米 用用用用
目皃眉民 用用用用
夫法□飛 用用用用
四音 父凡□吠 用用用用
六聲 武晚□尾 用用用用
文万□未 用用用用
卜百丙必 用用用用
五音 步白葡鼻 用用用用

五聲 年年年年 ○○○德
年年年年 龜水貴北
年年年年 宮孔衆○
七音 年年年年 龍甬用○
六聲 年年年年 魚鼠去○
年年年年 烏虎兔○
年年年年 心審禁○
七音 年年年年 ○○○十
七聲 年年年年 男坎欠○
年年年年 ○○○妾
年年年年 ●●●●
七音 年年年年 ●●●●
八聲 年年年年 ●●●●
年年年年 ●●●●
年年年年 ●●●●
七音 年年年年 ●●●●

六聲 普朴品匹 用用用用
旁排平瓶 用用用用
東丹帝■ 用用用用
六音 兑大弟■ 用用用用
六聲 土貪天■ 用用用用
同覃田■ 用用用用
乃妳女■ 用用用用
七音 内南年■ 用用用用
六聲 老冷吕■ 用用用用
鹿犖离■ 用用用用
走哉足■ 用用用用
八音 自在匠■ 用用用用
六聲 草采七■ 用用用用
曹才全■ 用用用用
思三星■ 用用用用
九音 寺□象■ 用用用用

九聲　年年年年　●●●●
　　　年年年年　●●●●
　　　年年年年　●●●●
七音　年年年年　●●●●
十聲　年年年年　●●●●
　　　年年年年　●●●●

## 收音濁和律二之八

　　　匠匠匠匠　多可个舌
八音　匠匠匠匠　禾火化八
一聲　匠匠匠匠　開宰愛○
　　　匠匠匠匠　回每退○
　　　匠匠匠匠　良兩向○
八音　匠匠匠匠　光廣况○
二聲　匠匠匠匠　丁井亘○
　　　匠匠匠匠　兄永瑩○

六聲　□□□■　用用用用
　　　□□□■　用用用用
　　　■山手■　用用用用
十音　■士石■　用用用用
六聲　■□耳■　用用用用
　　　■□二■　用用用用
　　　■莊震■　用用用用
十一音　■乍□■　用用用用
六聲　■叉赤■　用用用用
　　　■崇辰■　用用用用
　　　■卓中■　用用用用
十二音　■宅直■　用用用用
六聲　■坼丑■　用用用用
　　　■茶呈■　用用用用

## 去聲翕唱吕二之七

匠匠匠匠　千典旦○
八音　匠匠匠匠　元犬半○
三聲　匠匠匠匠　臣引艮○
匠匠匠匠　君允巽○
匠匠匠匠　刀早孝岳
八音　匠匠匠匠　毛寶報霍
四聲　匠匠匠匠　牛斗奏六
匠匠匠匠　○○○玉
匠匠匠匠　妻子四日
八音　匠匠匠匠　衰○帥骨
五聲　匠匠匠匠　○○○德
匠匠匠匠　龜水貴北
匠匠匠匠　宮孔衆○
八音　匠匠匠匠　龍甬用○
六聲　匠匠匠匠　魚鼠去○
匠匠匠匠　烏虎兔○

古甲九癸　○○○○
一音　□□近揆　○○○○
七聲　坤巧丘弃　○○○○
□□乾虯　○○○○
黑花香血　○○○○
二音　黃華雄賢　○○○○
七聲　五瓦仰□　○○○○
吾牙月堯　○○○○
安亞乙一　○○○○
三音　□爻王寅　○○○○
七聲　母馬美米　○○○○
目皃眉民　○○○○
夫法□飛　○○○○
四音　父凡□吠　○○○○
七聲　武晚□尾　○○○○
文万□未　○○○○

匠匠匠匠 心審禁○
八音 匠匠匠匠 ○○○十
七聲 匠匠匠匠 男坎欠○
匠匠匠匠 ○○○妾
匠匠匠匠 ●●●●
八音 匠匠匠匠 ●●●●
八聲 匠匠匠匠 ●●●●
匠匠匠匠 ●●●●
匠匠匠匠 ●●●●
八音 匠匠匠匠 ●●●●
九聲 匠匠匠匠 ●●●●
匠匠匠匠 ●●●●
匠匠匠匠 ●●●●
八音 匠匠匠匠 ●●●●
十聲 匠匠匠匠 ●●●●
匠匠匠匠 ●●●●

卜百丙必 ○○○○
五音 步白葡鼻 ○○○○
七聲 普朴品匹 ○○○○
旁排平瓶 ○○○○
東丹帝■ ○○○○
六音 兑大弟■ ○○○○
七聲 土貪天■ ○○○○
同覃田■ ○○○○
乃妳女■ ○○○○
七音 内南年■ ○○○○
七聲 老冷吕■ ○○○○
鹿犖离■ ○○○○
走哉足■ ○○○○
八音 自在匠■ ○○○○
七聲 草采七■ ○○○○
曹才全■ ○○○○

## 收音濁和律二之九

象象象象　多可个舌
九音一聲
象象象象　禾火化八
象象象象　開宰愛○
象象象象　回每退○
象象象象　良兩向○
九音二聲
象象象象　光廣況○
象象象象　丁井亘○
象象象象　兄永瑩○
象象象象　千典旦○
九音三聲
象象象象　元犬半○
象象象象　臣引艮○
象象象象　君允巽○
象象象象　刀早孝岳
九音四聲
象象象象　毛寶報霍
象象象象　牛斗奏六
象象象象　○○○玉

思三星■　○○○○
九音七聲
寺□象■　○○○○
□□□■　○○○○
□□□■　○○○○
■山手■　○○○○
十音七聲
■士石■　○○○○
■□耳■　○○○○
■□二■　○○○○
■莊震■　○○○○
十一音七聲
■乍□■　○○○○
■叉赤■　○○○○
■崇辰■　○○○○
■卓中■　○○○○
十二音七聲
■宅直■　○○○○
■坼丑■　○○○○
■茶呈■　○○○○

象象象象　妻子四日

九音　象象象象　衰○帥骨
五聲　象象象象　○○○德
象象象象　龜水貴北
象象象象　宮孔衆○

九音　象象象象　龍甬用○
六聲　象象象象　魚鼠去○
象象象象　烏虎兔○
象象象象　心審禁○

九音　象象象象　○○○十
七聲　象象象象　男坎欠○
象象象象　○○○妾
象象象象　●●●●

九音　象象象象　●●●●
八聲　象象象象　●●●●
象象象象　●●●●

## 去聲翕唱呂二之八

古甲九癸　●●●●
一音　□□近揆　●●●●
八聲　坤巧丘弃　●●●●
□□乾虯　●●●●

黑花香血　●●●●
二音　黃華雄賢　●●●●
八聲　五瓦仰□　●●●●
吾牙月堯　●●●●

安亞乙一　●●●●
三音　□爻王寅　●●●●
八聲　母馬美米　●●●●
目皃眉民　●●●●

夫法□飛　●●●●
四音　父凡□吠　●●●●
八聲　武晚□尾　●●●●
文万□未　●●●●

九音 九聲
象象象象 ●●●●
象象象象 ●●●●
象象象象 ●●●●
象象象象 ●●●●
象象象象 ●●●●

九音 十聲
象象象象 ●●●●
象象象象 ●●●●
象象象象 ●●●●

## 收音濁和律二之十

石石石石 多可个舌

十音 一聲
石石石石 禾火化八
石石石石 開宰愛○
石石石石 回每退○
石石石石 良兩向○

十音 二聲
石石石石 光廣況○
石石石石 丁井亘○
石石石石 兄永瑩○

五音 八聲
卜百丙必 ●●●●
步白𤰞鼻 ●●●●
普朴品匹 ●●●●
旁排平瓶 ●●●●

六音 八聲
東丹帝■ ●●●●
兑大弟■ ●●●●
土貪天■ ●●●●
同覃田■ ●●●●

七音 八聲
乃妳女■ ●●●●
内南年■ ●●●●
老冷吕■ ●●●●
鹿犖离■ ●●●●
走哉足■ ●●●●

八音 八聲
自在匠■ ●●●●
草采七■ ●●●●
曹才全■ ●●●●

石石石石　千典旦○

十音三聲

石石石石　元犬半○
石石石石　臣引艮○
石石石石　君允巽○
石石石石　刀早孝岳

十音四聲

石石石石　毛寶報霍
石石石石　牛斗奏六
石石石石　○○○玉
石石石石　妻子四日

十音五聲

石石石石　衰○帥骨
石石石石　○○○德
石石石石　龜水貴北
石石石石　宮孔衆○

十音六聲

石石石石　龍甬用○
石石石石　魚鼠去○
石石石石　烏虎兔○

思三星■　●●●●

九音八聲

寺□象■　●●●●
□□□■　●●●●
□□□■　●●●●
■山手■　●●●●

十音八聲

■士石■　●●●●
■□耳■　●●●●
■□二■　●●●●
■莊震■　●●●●

十一音八聲

■乍□■　●●●●
■叉赤■　●●●●
■崇辰■　●●●●
■卓中■　●●●●

十二音八聲

■宅直■　●●●●
■坼丑■　●●●●
■茶呈■　●●●●

# 去聲翕唱呂二之九

古甲九癸 ●●●●
一音 □□近揆 ●●●●
九聲 坤巧丘弃 ●●●●
□□乾虬 ●●●●
黑花香血 ●●●●
二音 黃華雄賢 ●●●●
九聲 五瓦仰□ ●●●●
吾牙月堯 ●●●●
安亞乙一 ●●●●
三音 □爻王寅 ●●●●
九聲 母馬美米 ●●●●
目皃眉民 ●●●●
夫法□飛 ●●●●
四音 父凡□吠 ●●●●
九聲 武晚□尾 ●●●●
文万□未 ●●●●

石石石石 心審禁○
十音 石石石石 ○○○十
七聲 石石石石 男坎欠○
石石石石 ○○○妾
石石石石 ●●●●
十音 石石石石 ●●●●
八聲 石石石石 ●●●●
石石石石 ●●●●
石石石石 ●●●●
十音 石石石石 ●●●●
九聲 石石石石 ●●●●
石石石石 ●●●●
石石石石 ●●●●
十音 石石石石 ●●●●
十聲 石石石石 ●●●●
石石石石 ●●●●

# 收音濁和律二之十一

□□□□ 多可个舌
十一音 □□□□ 禾火化八
一聲 □□□□ 開宰愛○
□□□□ 回每退○
□□□□ 良兩向○
十一音 □□□□ 光廣況○
二聲 □□□□ 丁井亘○
□□□□ 兄永瑩○
□□□□ 千典旦○
十一音 □□□□ 元犬半○
三聲 □□□□ 臣引艮○
□□□□ 君允巽○
□□□□ 刀早孝岳
十一音 □□□□ 毛寶報霍
四聲 □□□□ 牛斗奏六
□□□□ ○○○玉

卜百丙必 ●●●●
五音 步白精鼻 ●●●●
九聲 普朴品匹 ●●●●
旁排平瓶 ●●●●
東丹帝■ ●●●●
六音 兑大弟■ ●●●●
九聲 土貪天■ ●●●●
同覃田■ ●●●●
乃妳女■ ●●●●
七音 内南年■ ●●●●
九聲 老冷吕■ ●●●●
鹿犖离■ ●●●●
走哉足■ ●●●●
八音 自在匠■ ●●●●
九聲 草采七■ ●●●●
曹才全■ ●●●●

□□□□ 妻子四日

十一音 □□□□ 衰○帥骨

五聲 □□□□ ○○○德

□□□□ 龜水貴北

□□□□ 宮孔衆○

十一音 □□□□ 龍甬用○

六聲 □□□□ 魚鼠去○

□□□□ 烏虎兔○

□□□□ 心審禁○

十一音 □□□□ ○○○十

七聲 □□□□ 男坎欠○

□□□□ ○○○妾

□□□□ ●●●●

十一音 □□□□ ●●●●

八聲 □□□□ ●●●●

□□□□ ●●●●

思三星■ ●●●●

九音 寺□象■ ●●●●

九聲 □□□■ ●●●●

□□□■ ●●●●

■山手■ ●●●●

十音 ■士石■ ●●●●

九聲 ■□耳■ ●●●●

■□二■ ●●●●

■莊震■ ●●●●

十一音 ■乍□■ ●●●●

九聲 ■叉赤■ ●●●●

■崇辰■ ●●●●

■卓中■ ●●●●

十二音 ■宅直■ ●●●●

九聲 ■坼丑■ ●●●●

■茶呈■ ●●●●

□□□□●●●●
十一音 □□□□●●●●
九聲 □□□□●●●●
□□□□●●●●
□□□□●●●●
十一音 □□□□●●●●
十聲 □□□□●●●●
□□□□●●●●

收音濁和律二之十二

直直直直 多可个舌
十二音 直直直直 禾火化八
一聲 直直直直 開宰愛○
直直直直 回每退○
直直直直 良兩向○
十二音 直直直直 光廣況○

去聲翕唱呂二之十

古甲九癸●●●●
一音 □□近揆●●●●
十聲 坤巧丘弃●●●●
□□乾虯●●●●
黑花香血●●●●
二音 黄華雄賢●●●●
十聲 五瓦仰□●●●●
吾牙月堯●●●●
安亞乙一●●●●
三音 □爻王寅●●●●
十聲 母馬美米●●●●
目皃眉民●●●●
夫法□飛●●●●
四音 父凡□吠●●●●

二聲 直直直直 丁井亘○
直直直直 兄永瑩○
直直直直 千典旦○
十二音 直直直直 元犬半○
三聲 直直直直 臣引艮○
直直直直 君允巽○
直直直直 刀早孝岳
十二音 直直直直 毛寶報霍
四聲 直直直直 牛斗奏六
直直直直 ○○○玉
直直直直 妻子四日
十二音 直直直直 衰○帥骨
五聲 直直直直 ○○○德
直直直直 龜水貴北
直直直直 宮孔衆○
十二音 直直直直 龍甬用○

十聲 武晚□尾 ●●●●
文万□未 ●●●●
卜百丙必 ●●●●
五音 步白精鼻 ●●●●
十聲 普朴品匹 ●●●●
旁排平瓶 ●●●●
六音 東丹帝■ ●●●●
兑大弟■ ●●●●
十聲 土貪天■ ●●●●
同覃田■ ●●●●
乃妳女■ ●●●●
七音 内南年■ ●●●●
十聲 老冷吕■ ●●●●
鹿犖离■ ●●●●
走哉足■ ●●●●
八音 自在匠■ ●●●●

六聲 直直直直 魚鼠去○
直直直直 烏虎兔○
直直直直 心審禁○
十二音 直直直直 ○○○十
七聲 直直直直 男坎欠○
直直直直 ○○○妾
直直直直 ●●●●
十二音 直直直直 ●●●●
八聲 直直直直 ●●●●
直直直直 ●●●●
直直直直 ●●●●
十二音 直直直直 ●●●●
九聲 直直直直 ●●●●
直直直直 ●●●●
直直直直 ●●●●
十二音 直直直直 ●●●●

十聲 草采七■ ●●●●
曹才全■ ●●●●
思三星■ ●●●●
九音 寺□象■ ●●●●
十聲 □□□■ ●●●●
□□□■ ●●●●
■山手■ ●●●●
十音 ■士石■ ●●●●
十聲 ■□耳■ ●●●●
■□二■ ●●●●
■莊震■ ●●●●
十一音 ■乍□■ ●●●●
十聲 ■叉赤■ ●●●●
■崇辰■ ●●●●
■卓中■ ●●●●
十二音 ■宅直■ ●●●●

十聲 直直直直 ●●●●
直直直直 ●●●●

# 觀物篇之四十五

星星聲去闢
愛亘艮奏○
去欠●●●

星星聲七，下唱地之用音一百五十二，是謂去聲闢音。去聲闢音一千六十四。

星星聲去之三闢
收音清和律三之一

丘丘丘丘 多可个舌
一音 丘丘丘丘 禾火化八
一聲 丘丘丘丘 開宰愛○
丘丘丘丘 回每退○
丘丘丘丘 良兩向○
一音 丘丘丘丘 光廣況○

十聲 ■坼丑■ ●●●●
■茶呈■ ●●●●

土土音收清
丘仰美□品天
吕七□耳赤丑

土土音十二，上和天之用聲一百一十二，是謂收音清聲。收音清聲一千三百四十四。

土土音收之三清
去聲闢唱吕三之一

古甲九癸 愛愛愛愛
一音 □□近揆 愛愛愛愛
一聲 坤巧丘弃 愛愛愛愛
□□乾虯 愛愛愛愛
黑花香血 愛愛愛愛
二音 黃華雄賢 愛愛愛愛

二 聲 丘丘丘丘 丁井亘○
丘丘丘丘 兄永瑩○
丘丘丘丘 千典旦○
一 音 丘丘丘丘 元犬半○
三 聲 丘丘丘丘 臣引艮○
丘丘丘丘 君允巽○
丘丘丘丘 刀早孝岳
一 音 丘丘丘丘 毛寶報霍
四 聲 丘丘丘丘 牛斗奏六
丘丘丘丘 ○○○玉
丘丘丘丘 妻子四日
一 音 丘丘丘丘 衰○帥骨
五 聲 丘丘丘丘 ○○○德
丘丘丘丘 龜水貴北
丘丘丘丘 宮孔衆○
一 音 丘丘丘丘 龍甬用○

一 聲 五瓦仰□ 愛愛愛愛
吾牙月堯 愛愛愛愛
安亞乙一 愛愛愛愛
三 音 □爻王寅 愛愛愛愛
一 聲 母馬美米 愛愛愛愛
目皃眉民 愛愛愛愛
夫法□飛 愛愛愛愛
四 音 父凡□吠 愛愛愛愛
一 聲 武晚□尾 愛愛愛愛
文万□未 愛愛愛愛
卜百丙必 愛愛愛愛
五 音 步白葡鼻 愛愛愛愛
一 聲 普朴品匹 愛愛愛愛
旁排平瓶 愛愛愛愛
東丹帝■ 愛愛愛愛
六 音 兑大弟■ 愛愛愛愛

六聲　丘丘丘丘　魚鼠去○
丘丘丘丘　烏虎兔○
丘丘丘丘　心審禁○
一音　丘丘丘丘　○○○十
七聲　丘丘丘丘　男坎欠○
丘丘丘丘　○○○妾
丘丘丘丘　●●●●
一音　丘丘丘丘　●●●●
八聲　丘丘丘丘　●●●●
丘丘丘丘　●●●●
丘丘丘丘　●●●●
一音　丘丘丘丘　●●●●
九聲　丘丘丘丘　●●●●
丘丘丘丘　●●●●
丘丘丘丘　●●●●
一音　丘丘丘丘　●●●●

一聲　土貪天■　愛愛愛愛
同覃田■　愛愛愛愛
乃妳女■　愛愛愛愛
七音　内南年■　愛愛愛愛
一聲　老冷吕■　愛愛愛愛
鹿犖离■　愛愛愛愛
走哉足■　愛愛愛愛
八音　自在匠■　愛愛愛愛
一聲　草采七■　愛愛愛愛
曹才全■　愛愛愛愛
思三星■　愛愛愛愛
九音　寺□象■　愛愛愛愛
一聲　□□□■　愛愛愛愛
□□□■　愛愛愛愛
■山手■　愛愛愛愛
十音　■士石■　愛愛愛愛

十聲 丘丘丘丘 ●●●●
丘丘丘丘 ●●●●

## 收音清和律三之二

仰仰仰仰 多可个舌
二音 仰仰仰仰 禾火化八
一聲 仰仰仰仰 開宰愛○
仰仰仰仰 回每退○
仰仰仰仰 良兩向○
二音 仰仰仰仰 光廣況○
二聲 仰仰仰仰 丁井亘○
仰仰仰仰 兄永瑩○
仰仰仰仰 千典旦○
二音 仰仰仰仰 元犬半○
三聲 仰仰仰仰 臣引艮○
仰仰仰仰 君允巽○
仰仰仰仰 刀早孝岳
二音 仰仰仰仰 毛寶報霍

一聲 ■□耳■ 愛愛愛愛
■□二■ 愛愛愛愛
■莊震■ 愛愛愛愛
十一音 ■乍□■ 愛愛愛愛
一聲 ■叉赤■ 愛愛愛愛
■崇辰■ 愛愛愛愛
■卓中■ 愛愛愛愛
十二音 ■宅直■ 愛愛愛愛
一聲 ■坼丑■ 愛愛愛愛
■茶呈■ 愛愛愛愛

## 去聲闢唱呂三之二

古甲九癸 亘亘亘亘
一音 □□近揆 亘亘亘亘
二聲 坤巧丘弃 亘亘亘亘
□□乾虯 亘亘亘亘
黑花香血 亘亘亘亘
二音 黃華雄賢 亘亘亘亘

四聲 仰仰仰仰 牛斗奏六
仰仰仰仰 ○○○玉
仰仰仰仰 妻子四日
二音 仰仰仰仰 衰○帥骨
五聲 仰仰仰仰 ○○○德
仰仰仰仰 龜水貴北
仰仰仰仰 宮孔衆○
二音 仰仰仰仰 龍甬用○
六聲 仰仰仰仰 魚鼠去○
仰仰仰仰 烏虎兔○
仰仰仰仰 心審禁○
二音 仰仰仰仰 ○○○十
七聲 仰仰仰仰 男坎欠○
仰仰仰仰 ○○○妾
仰仰仰仰 ●●●●
二音 仰仰仰仰 ●●●●

二聲 五瓦仰□ 亘亘亘亘
吾牙月堯 亘亘亘亘
安亞乙一 亘亘亘亘
三音 □爻王寅 亘亘亘亘
二聲 母馬美米 亘亘亘亘
目皃眉民 亘亘亘亘
夫法□飛 亘亘亘亘
四音 父凡□吠 亘亘亘亘
二聲 武晚□尾 亘亘亘亘
文万□未 亘亘亘亘
卜百丙必 亘亘亘亘
五音 步白精鼻 亘亘亘亘
二聲 普朴品匹 亘亘亘亘
旁排平瓶 亘亘亘亘
東丹帝■ 亘亘亘亘
六音 兑大弟■ 亘亘亘亘

八聲　仰仰仰仰　●●●●
仰仰仰仰　●●●●
仰仰仰仰　●●●●
二音　仰仰仰仰　●●●●
九聲　仰仰仰仰　●●●●
仰仰仰仰　●●●●
仰仰仰仰　●●●●
二音　仰仰仰仰　●●●●
十聲　仰仰仰仰　●●●●
仰仰仰仰　●●●●

收音清和律三之三

美美美美　多可个舌
三音　美美美美　禾火化八
一聲　美美美美　開宰愛○
美美美美　回每退○
美美美美　良兩向○
三音　美美美美　光廣況○

二聲　土貪天■　亘亘亘亘
同覃田■　亘亘亘亘
乃妳女■　亘亘亘亘
七音　內南年■　亘亘亘亘
二聲　老冷吕■　亘亘亘亘
鹿犖离■　亘亘亘亘
走哉足■　亘亘亘亘
八音　自在匠■　亘亘亘亘
二聲　草采七■　亘亘亘亘
曹才全■　亘亘亘亘
思三星■　亘亘亘亘
九音　寺□象■　亘亘亘亘
二聲　□□□■　亘亘亘亘
□□□■　亘亘亘亘
■山手■　亘亘亘亘
十音　■士石■　亘亘亘亘

二聲　美美美美　丁井亘○
美美美美　兄永瑩○
美美美美　千典旦○
三音　美美美美　元犬半○
三聲　美美美美　臣引艮○
美美美美　君允巽○
美美美美　刀早孝岳
三音　美美美美　毛寶報霍
四聲　美美美美　牛斗奏六
美美美美　○○○玉
美美美美　妻子四日
三音　美美美美　衰○帥骨
五聲　美美美美　○○○德
美美美美　龜水貴北
美美美美　宮孔衆○
三音　美美美美　龍甬用○

二聲　■□耳■　亘亘亘亘
■□二■　亘亘亘亘
■莊震■　亘亘亘亘
十一音　■乍□■　亘亘亘亘
二聲　■叉赤■　亘亘亘亘
■崇辰■　亘亘亘亘
■卓中■　亘亘亘亘
十二音　■宅直■　亘亘亘亘
二聲　■坼丑■　亘亘亘亘
■茶呈■　亘亘亘亘

去聲闢唱呂三之三

古甲九癸　艮艮艮艮
一音　□□近揆　艮艮艮艮
三聲　坤巧丘弃　艮艮艮艮
□□乾虯　艮艮艮艮
黑花香血　艮艮艮艮
二音　黃華雄賢　艮艮艮艮

六聲 美美美美 魚鼠去○
美美美美 烏虎兔○
美美美美 心審禁○
三音 美美美美 ○○○十
七聲 美美美美 男坎欠○
美美美美 ○○○妾
美美美美 ●●●●
三音 美美美美 ●●●●
八聲 美美美美 ●●●●
美美美美 ●●●●
美美美美 ●●●●
三音 美美美美 ●●●●
九聲 美美美美 ●●●●
美美美美 ●●●●
美美美美 ●●●●
三音 美美美美 ●●●●

三聲 五瓦仰□ 艮艮艮艮
吾牙月堯 艮艮艮艮
安亞乙一 艮艮艮艮
三音 □爻王寅 艮艮艮艮
三聲 母馬美米 艮艮艮艮
目皃眉民 艮艮艮艮
夫法□飛 艮艮艮艮
四音 父凡□吠 艮艮艮艮
三聲 武晚□尾 艮艮艮艮
文万□未 艮艮艮艮
卜百丙必 艮艮艮艮
五音 步白葡鼻 艮艮艮艮
三聲 普朴品匹 艮艮艮艮
旁排平瓶 艮艮艮艮
東丹帝■ 艮艮艮艮
六音 兑大弟■ 艮艮艮艮

十聲　美美美美　●●●●
　　　美美美美　●●●●

收音清和律三之四

　　　□□□□　多可个舌
四音　□□□□　禾火化八
一聲　□□□□　開宰愛○
　　　□□□□　回每退○
　　　□□□□　良兩向○
四音　□□□□　光廣況○
二聲　□□□□　丁井亘○
　　　□□□□　兄永瑩○
　　　□□□□　千典旦○
四音　□□□□　元犬半○
三聲　□□□□　臣引艮○
　　　□□□□　君允巽○
　　　□□□□　刀早孝岳
四音　□□□□　毛寶報霍

三聲　土貪天■　艮艮艮艮
　　　同覃田■　艮艮艮艮
　　　乃妳女■　艮艮艮艮
七音　内南年■　艮艮艮艮
三聲　老冷吕■　艮艮艮艮
　　　鹿犖离■　艮艮艮艮
　　　走哉足■　艮艮艮艮
八音　自在匠■　艮艮艮艮
三聲　草采七■　艮艮艮艮
　　　曹才全■　艮艮艮艮
　　　思三星■　艮艮艮艮
九音　寺□象■　艮艮艮艮
三聲　□□□■　艮艮艮艮
　　　□□□■　艮艮艮艮
　　　■山手■　艮艮艮艮
十音　■士石■　艮艮艮艮

四聲 □□□□ 牛斗奏六
□□□□ ○○○玉
□□□□ 妻子四日
四音 □□□□ 衰○帥骨
五聲 □□□□ ○○○德
□□□□ 龜水貴北
□□□□ 宮孔衆○
四音 □□□□ 龍甬用○
六聲 □□□□ 魚鼠去○
□□□□ 烏虎兔○
□□□□ 心審禁○
四音 □□□□ ○○○十
七聲 □□□□ 男坎欠○
□□□□ ○○○妾
□□□□ ●●●●
四音 □□□□ ●●●●

三聲 ■□耳■ 艮艮艮艮
■□二■ 艮艮艮艮
■莊震■ 艮艮艮艮
十一音 ■乍□■ 艮艮艮艮
三聲 ■叉赤■ 艮艮艮艮
■崇辰■ 艮艮艮艮
■卓中■ 艮艮艮艮
十二音 ■宅直■ 艮艮艮艮
三聲 ■坼丑■ 艮艮艮艮
■茶呈■ 艮艮艮艮

## 去聲闢唱吕三之四

古甲九癸 奏奏奏奏
一音 □□近揆 奏奏奏奏
四聲 坤巧丘弃 奏奏奏奏
□□乾虯 奏奏奏奏
黑花香血 奏奏奏奏
二音 黄華雄賢 奏奏奏奏

八聲 □□□□ ●●●●
□□□□ ●●●●
四音 □□□□ ●●●●
九聲 □□□□ ●●●●
□□□□ ●●●●
□□□□ ●●●●
四音 □□□□ ●●●●
十聲 □□□□ ●●●●
□□□□ ●●●●

收音清和律三之五

品品品品 多可个舌
五音 品品品品 禾火化八
一聲 品品品品 開宰愛○
品品品品 回每退○
品品品品 良兩向○
五音 品品品品 光廣況○

四聲 五瓦仰□ 奏奏奏奏
吾牙月堯 奏奏奏奏
安亞乙一 奏奏奏奏
三音 □爻王寅 奏奏奏奏
四聲 母馬美米 奏奏奏奏
目皃眉民 奏奏奏奏
夫法□飛 奏奏奏奏
四音 父凡□吠 奏奏奏奏
四聲 武晚□尾 奏奏奏奏
文万□未 奏奏奏奏
卜百丙必 奏奏奏奏
五音 步白葡鼻 奏奏奏奏
四聲 普朴品匹 奏奏奏奏
旁排平瓶 奏奏奏奏
東丹帝■ 奏奏奏奏
六音 兑大弟■ 奏奏奏奏

二聲 品品品品 丁井亘○
品品品品 兄永瑩○
品品品品 千典旦○
五音 品品品品 元犬半○
三聲 品品品品 臣引艮○
品品品品 君允巽○
品品品品 刀早孝岳
五音 品品品品 毛寶報霍
四聲 品品品品 牛斗奏六
品品品品 ○○○玉
品品品品 妻子四日
五音 品品品品 衰○帥骨
五聲 品品品品 ○○○德
品品品品 龜水貴北
品品品品 宮孔衆○
五音 品品品品 龍甬用○

四聲 土貪天■ 奏奏奏奏
同覃田■ 奏奏奏奏
乃妳女■ 奏奏奏奏
七音 内南年■ 奏奏奏奏
四聲 老冷吕■ 奏奏奏奏
鹿犖离■ 奏奏奏奏
走哉足■ 奏奏奏奏
八音 自在匠■ 奏奏奏奏
四聲 草采七■ 奏奏奏奏
曹才全■ 奏奏奏奏
思三星■ 奏奏奏奏
九音 寺□象■ 奏奏奏奏
四聲 □□□■ 奏奏奏奏
□□□■ 奏奏奏奏
■山手■ 奏奏奏奏
十音 ■士石■ 奏奏奏奏

六聲 品品品品 魚鼠去○
品品品品 烏虎兔○
品品品品 心審禁○
五音 品品品品 ○○○十
七聲 品品品品 男坎欠○
品品品品 ○○○妾
品品品品 ●●●●
五音 品品品品 ●●●●
八聲 品品品品 ●●●●
品品品品 ●●●●
品品品品 ●●●●
五音 品品品品 ●●●●
九聲 品品品品 ●●●●
品品品品 ●●●●
品品品品 ●●●●
五音 品品品品 ●●●●

四聲 ■□耳■ 奏奏奏奏
■□二■ 奏奏奏奏
■莊震■ 奏奏奏奏
十一音 ■乍□■ 奏奏奏奏
四聲 ■叉赤■ 奏奏奏奏
■崇辰■ 奏奏奏奏
■卓中■ 奏奏奏奏
十二音 ■宅直■ 奏奏奏奏
四聲 ■坼丑■ 奏奏奏奏
■茶呈■ 奏奏奏奏

去聲闢唱呂三之五

古甲九癸 ○○○○
一音 □□近揆 ○○○○
五聲 坤巧丘弃 ○○○○
□□乾虯 ○○○○
黑花香血 ○○○○
二音 黃華雄賢 ○○○○

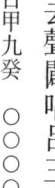

十聲　品品品品　●●●●

品品品品　●●●●

收音清和律三之六

天天天天　多可个舌

六音　天天天天　禾火化八

一聲　天天天天　開宰愛○

天天天天　回每退○

天天天天　良兩向○

六音　天天天天　光廣況○

二聲　天天天天　丁井亘○

天天天天　兄永瑩○

天天天天　千典旦○

六音　天天天天　元犬半○

三聲　天天天天　臣引艮○

天天天天　君允巽○

天天天天　刀早孝岳

六音　天天天天　毛寶報霍

五聲　五瓦仰□　○○○○

吾牙月堯　○○○○

安亞乙一　○○○○

三音　□爻王寅　○○○○

五聲　母馬美米　○○○○

目皃眉民　○○○○

夫法□飛　○○○○

四音　父凡□吠　○○○○

五聲　武晚□尾　○○○○

文万□未　○○○○

卜百丙必　○○○○

五音　步白葡鼻　○○○○

五聲　普朴品匹　○○○○

旁排平瓶　○○○○

東丹帝■　○○○○

六音　兑大弟■　○○○○

四聲 天天天天 牛斗奏六
天天天天 ○○○玉
天天天天 妻子四日
六音 天天天天 衰○帥骨
五聲 天天天天 ○○○德
天天天天 龜水貴北
天天天天 宮孔衆○
六音 天天天天 龍甬用○
六聲 天天天天 魚鼠去○
天天天天 烏虎兔○
天天天天 心審禁○
六音 天天天天 ○○○十
七聲 天天天天 男坎欠○
天天天天 ○○○妾
天天天天 ●●●●
六音 天天天天 ●●●●

五聲 土貪天■ ○○○○
同覃田■ ○○○○
乃妳女■ ○○○○
七音 内南年■ ○○○○
五聲 老冷呂■ ○○○○
鹿犖离■ ○○○○
走哉足■ ○○○○
八音 自在匠■ ○○○○
五聲 草采七■ ○○○○
曹才全■ ○○○○
思三星■ ○○○○
九音 寺□象■ ○○○○
五聲 □□□■ ○○○○
□□□■ ○○○○
■山手■ ○○○○
十音 ■士石■ ○○○○

八聲 天天天天 ●●●●
天天天天 ●●●●
天天天天 ●●●●
六音 天天天天 ●●●●
九聲 天天天天 ●●●●
天天天天 ●●●●
天天天天 ●●●●
六音 天天天天 ●●●●
十聲 天天天天 ●●●●
天天天天 ●●●●

收音清和律三之七

呂呂呂呂 多可个舌
七音 呂呂呂呂 禾火化八
一聲 呂呂呂呂 開宰愛○
呂呂呂呂 回每退○
呂呂呂呂 良兩向○
七音 呂呂呂呂 光廣況○

五聲 ■□耳■ ○○○○
■□二■ ○○○○
■莊震■ ○○○○
十一音 ■乍□■ ○○○○
五聲 ■叉赤■ ○○○○
■崇辰■ ○○○○
■卓中■ ○○○○
十二音 ■宅直■ ○○○○
五聲 ■坼丑■ ○○○○
■茶呈■ ○○○○

去聲闢唱呂三之六

古甲九癸 去去去去
一音 □□近揆 去去去去
六聲 坤巧丘弃 去去去去
□□乾虯 去去去去
黑花香血 去去去去
二音 黄華雄賢 去去去去

二聲 呂呂呂呂 丁井亘○
呂呂呂呂 兄永瑩○
呂呂呂呂 千典旦○
七音 呂呂呂呂 元犬半○
三聲 呂呂呂呂 臣引艮○
呂呂呂呂 君允巽○
呂呂呂呂 刀早孝岳
七音 呂呂呂呂 毛寶報霍
四聲 呂呂呂呂 牛斗奏六
呂呂呂呂 ○○○玉
呂呂呂呂 妻子四日
七音 呂呂呂呂 衰○帥骨
五聲 呂呂呂呂 ○○○德
呂呂呂呂 龜水貴北
呂呂呂呂 宮孔衆○
七音 呂呂呂呂 龍甬用○

六聲 五瓦仰□ 去去去去
吾牙月堯 去去去去
安亞乙一 去去去去
三音 □爻王寅 去去去去
六聲 母馬美米 去去去去
目皃眉民 去去去去
夫法□飛 去去去去
四音 父凡□吠 去去去去
六聲 武晚□尾 去去去去
文万□未 去去去去
卜百丙必 去去去去
五音 步白葡鼻 去去去去
六聲 普朴品匹 去去去去
旁排平瓶 去去去去
東丹帝■ 去去去去
六音 兌大弟■ 去去去去

六聲　呂呂呂呂　魚鼠去○
呂呂呂呂　烏虎兔○
呂呂呂呂　心審禁○
七音　呂呂呂呂　○○○十
七聲　呂呂呂呂　男坎欠○
呂呂呂呂　○○○妾
呂呂呂呂　●●●●
七音　呂呂呂呂　●●●●
八聲　呂呂呂呂　●●●●
呂呂呂呂　●●●●
呂呂呂呂　●●●●
七音　呂呂呂呂　●●●●
九聲　呂呂呂呂　●●●●
呂呂呂呂　●●●●
呂呂呂呂　●●●●
七音　呂呂呂呂　●●●●

六聲　土貪天■　去去去去
同覃田■　去去去去
乃妳女■　去去去去
七音　内南年■　去去去去
六聲　老冷吕■　去去去去
鹿犖离■　去去去去
走哉足■　去去去去
八音　自在匠■　去去去去
六聲　草采七■　去去去去
曹才全■　去去去去
思三星■　去去去去
九音　寺□象■　去去去去
六聲　□□□■　去去去去
□□□■　去去去去
■山手■　去去去去
十音　■士石■　去去去去

十聲　呂呂呂呂　●●●●
呂呂呂呂　●●●●

收音清和律三之八

七七七七　多可个舌
八音　七七七七　禾火化八
一聲　七七七七　開宰愛○
七七七七　回每退○
七七七七　良兩向○
八音　七七七七　光廣況○
二聲　七七七七　丁井亘○
七七七七　兄永瑩○
七七七七　千典旦○
八音　七七七七　元犬半○
三聲　七七七七　臣引艮○
七七七七　君允巽○
七七七七　刀早孝岳
八音　七七七七　毛寶報霍

六聲　■□耳■　去去去去
■□二■　去去去去
■莊震■　去去去去
十一音　■乍□■　去去去去
六聲　■叉赤■　去去去去
■崇辰■　去去去去
■卓中■　去去去去
十二音　■宅直■　去去去去
六聲　■坼丑■　去去去去
■茶呈■　去去去去

去聲闢唱呂三之七

古甲九癸　欠欠欠欠
一音　□□近揆　欠欠欠欠
七聲　坤巧丘弃　欠欠欠欠
□□乾虯　欠欠欠欠
黑花香血　欠欠欠欠
二音　黃華雄賢　欠欠欠欠

四聲 七七七七 牛斗奏六
七七七七 ○○○玉
七七七七 妻子四日
八音 七七七七 衰○帥骨
五聲 七七七七 ○○○德
七七七七 龜水貴北
七七七七 宮孔衆○
八音 七七七七 龍甬用○
六聲 七七七七 魚鼠去○
七七七七 烏虎兔○
七七七七 心審禁○
八音 七七七七 ○○○十
七聲 七七七七 男坎欠○
七七七七 ○○○妾
七七七七 ●●●●
八音 七七七七 ●●●●

七聲 五瓦仰□ 欠欠欠欠
吾牙月堯 欠欠欠欠
安亞乙一 欠欠欠欠
三音 □爻王寅 欠欠欠欠
七聲 母馬美米 欠欠欠欠
目皃眉民 欠欠欠欠
夫法□飛 欠欠欠欠
四音 父凡□吠 欠欠欠欠
七聲 武晚□尾 欠欠欠欠
文万□未 欠欠欠欠
卜百丙必 欠欠欠欠
五音 步白葡鼻 欠欠欠欠
七聲 普朴品匹 欠欠欠欠
旁排平瓶 欠欠欠欠
東丹帝■ 欠欠欠欠
六音 兑大弟■ 欠欠欠欠

八聲 七七七七 ●●●●
七七七七 ●●●●
七七七七 ●●●●
八音 七七七七 ●●●●
九聲 七七七七 ●●●●
七七七七 ●●●●
七七七七 ●●●●
八音 七七七七 ●●●●
十聲 七七七七 ●●●●
七七七七 ●●●●

收音清和律三之九

□□□□ 多可个舌
九音 □□□□ 禾火化八
一聲 □□□□ 開宰愛○
□□□□ 回每退○
□□□□ 良兩向○
九音 □□□□ 光廣況○

七聲 土貪天■ 欠欠欠欠
同覃田■ 欠欠欠欠
乃妳女■ 欠欠欠欠
七音 內南年■ 欠欠欠欠
七聲 老冷呂■ 欠欠欠欠
鹿犖离■ 欠欠欠欠
走哉足■ 欠欠欠欠
八音 自在匠■ 欠欠欠欠
七聲 草采七■ 欠欠欠欠
曹才全■ 欠欠欠欠
思三星■ 欠欠欠欠
九音 寺□象■ 欠欠欠欠
七聲 □□□■ 欠欠欠欠
□□□■ 欠欠欠欠
■山手■ 欠欠欠欠
十音 ■士石■ 欠欠欠欠

二聲 □□□□ 丁井亘○
□□□□ 兄永瑩○
□□□□ 千典旦○
九音 □□□□ 元犬半○
三聲 □□□□ 臣引艮○
□□□□ 君允巽○
□□□□ 刀早孝岳
九音 □□□□ 毛寶報霍
四聲 □□□□ 牛斗奏六
□□□□ ○○○玉
□□□□ 妻子四日
九音 □□□□ 衰○帥骨
五聲 □□□□ ○○○德
□□□□ 龜水貴北
□□□□ 宮孔衆○
九音 □□□□ 龍甬用○

七聲 ■□耳■ 欠欠欠欠
■□二■ 欠欠欠欠
■莊震■ 欠欠欠欠
十一音 ■乍□■ 欠欠欠欠
七聲 ■叉赤■ 欠欠欠欠
■崇辰■ 欠欠欠欠
■卓中■ 欠欠欠欠
十二音 ■宅直■ 欠欠欠欠
七聲 ■坼丑■ 欠欠欠欠
■茶呈■ 欠欠欠欠

去聲闢唱呂三之八

古甲九癸 ●●●●
一音 □□近揆 ●●●●
八聲 坤巧丘弃 ●●●●
□□乾虯 ●●●●
黑花香血 ●●●●
二音 黃華雄賢 ●●●●

六聲 □□□□ 魚鼠去○
□□□□ 烏虎兔○
□□□□ 心審禁○
九音 □□□□ ○○○十
七聲 □□□□ 男坎欠○
□□□□ ○○○妾
□□□□ ●●●●
九音 □□□□ ●●●●
八聲 □□□□ ●●●●
□□□□ ●●●●
□□□□ ●●●●
九音 □□□□ ●●●●
九聲 □□□□ ●●●●
□□□□ ●●●●
□□□□ ●●●●
九音 □□□□ ●●●●

八聲 五瓦仰□ ●●●●
吾牙月堯 ●●●●
安亞乙一 ●●●●
三音 □爻王寅 ●●●●
八聲 母馬美米 ●●●●
目皃眉民 ●●●●
夫法□飛 ●●●●
四音 父凡□吠 ●●●●
八聲 武晚□尾 ●●●●
文万□未 ●●●●
卜百丙必 ●●●●
五音 步白葡鼻 ●●●●
八聲 普朴品匹 ●●●●
旁排平瓶 ●●●●
東丹帝■ ●●●●
六音 兑大弟■ ●●●●

十聲□□□□●●●●
□□□□●●●●

收音清和律三之十

耳耳耳耳多可个舌
十音耳耳耳耳禾火化八
一聲耳耳耳耳開宰愛○
耳耳耳耳回每退○
耳耳耳耳良兩向○
十音耳耳耳耳光廣況○
二聲耳耳耳耳丁井亘○
耳耳耳耳兄永瑩○
耳耳耳耳千典旦○
十音耳耳耳耳元犬半○
三聲耳耳耳耳臣引艮○
耳耳耳耳君允巽○
耳耳耳耳刀早孝岳
十音耳耳耳耳毛寶報霍

八聲土貪天■●●●●
同覃田■●●●●
乃妳女■●●●●
七音內南年■●●●●
八聲老冷吕■●●●●
鹿犖离■●●●●
走哉足■●●●●
八音自在匠■●●●●
八聲草采七■●●●●
曹才全■●●●●
思三星■●●●●
九音寺□象■●●●●
八聲□□□■●●●●
□□□■●●●●
■山手■●●●●
十音■士石■●●●●

四聲 耳耳耳耳 牛斗奏六
耳耳耳耳 ○○○玉
耳耳耳耳 妻子四日
十音 耳耳耳耳 衰○帥骨
五聲 耳耳耳耳 ○○○德
耳耳耳耳 龜水貴北
耳耳耳耳 宮孔衆○
十音 耳耳耳耳 龍甬用○
六聲 耳耳耳耳 魚鼠去○
耳耳耳耳 烏虎兔○
耳耳耳耳 心審禁○
十音 耳耳耳耳 ○○○十
七聲 耳耳耳耳 男坎欠○
耳耳耳耳 ○○○妾
耳耳耳耳 ●●●●
十音 耳耳耳耳 ●●●●

八聲 ■□耳■ ●●●●
■□二■ ●●●●
■莊震■ ●●●●
十一音 ■乍□■ ●●●●
八聲 ■叉赤■ ●●●●
■崇辰■ ●●●●
■卓中■ ●●●●
十二音 ■宅直■ ●●●●
八聲 ■坼丑■ ●●●●
■茶呈■ ●●●●

去聲闢唱呂三之九

古甲九癸 ●●●●
一音 □□近揆 ●●●●
九聲 坤巧丘弃 ●●●●
□□乾虯 ●●●●
黑花香血 ●●●●
二音 黃華雄賢 ●●●●

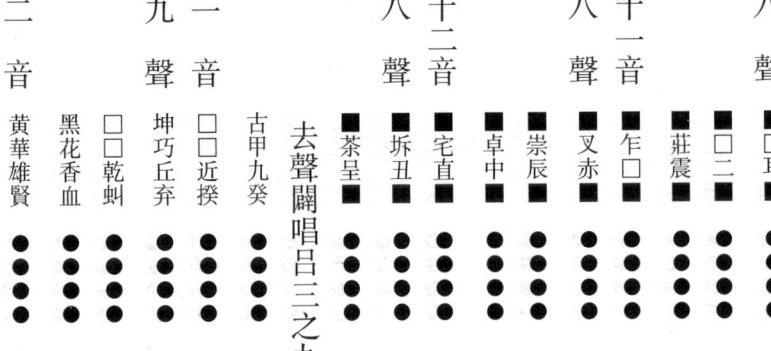

八聲 耳耳耳耳 ●●●●
耳耳耳耳 ●●●●
耳耳耳耳 ●●●●
十音 耳耳耳耳 ●●●●
九聲 耳耳耳耳 ●●●●
耳耳耳耳 ●●●●
耳耳耳耳 ●●●●
十音 耳耳耳耳 ●●●●
十聲 耳耳耳耳 ●●●●
耳耳耳耳 ●●●●

收音清和律三之十一

赤赤赤赤 多可个舌
十一音 赤赤赤赤 禾火化八
一聲 赤赤赤赤 開宰愛○
赤赤赤赤 回每退○
赤赤赤赤 良兩向○
十一音 赤赤赤赤 光廣況○

九聲 五瓦仰□ ●●●●
吾牙月堯 ●●●●
安亞乙一 ●●●●
三音 □爻王寅 ●●●●
九聲 母馬美米 ●●●●
目皃眉民 ●●●●
夫法□飛 ●●●●
四音 父凡□吠 ●●●●
九聲 武晚□尾 ●●●●
文万□未 ●●●●
卜百丙必 ●●●●
五音 步白葡鼻 ●●●●
九聲 普朴品匹 ●●●●
旁排平瓶 ●●●●
東丹帝■ ●●●●
六音 兑大弟■ ●●●●

二聲 赤赤赤赤 丁井亘○
赤赤赤赤 兄永瑩○
赤赤赤赤 千典旦○
十一音 赤赤赤赤 元犬半○
三聲 赤赤赤赤 臣引艮○
赤赤赤赤 君允巽○
赤赤赤赤 刀早孝岳
十一音 赤赤赤赤 毛寶報霍
四聲 赤赤赤赤 牛斗奏六
赤赤赤赤 ○○○玉
赤赤赤赤 妻子四日
十一音 赤赤赤赤 衰○帥骨
五聲 赤赤赤赤 ○○○德
赤赤赤赤 龜水貴北
赤赤赤赤 宮孔衆○
十一音 赤赤赤赤 龍甬用○

九聲 土貪天■ ●●●●
同覃田■ ●●●●
乃妳女■ ●●●●
七音 內南年■ ●●●●
九聲 老冷呂■ ●●●●
鹿犖离■ ●●●●
走哉足■ ●●●●
八音 自在匠■ ●●●●
九聲 草采七■ ●●●●
曹才全■ ●●●●
思三星■ ●●●●
九音 寺□象■ ●●●●
九聲 □□□■ ●●●●
□□□■ ●●●●
■山手■ ●●●●
十音 ■士石■ ●●●●

六聲 赤赤赤赤 魚鼠去○
赤赤赤赤 烏虎兔○
赤赤赤赤 心審禁○
十一音 赤赤赤赤 ○○○十
七聲 赤赤赤赤 男坎欠○
赤赤赤赤 ○○○妾
赤赤赤赤 ●●●●
十一音 赤赤赤赤 ●●●●
八聲 赤赤赤赤 ●●●●
赤赤赤赤 ●●●●
赤赤赤赤 ●●●●
十一音 赤赤赤赤 ●●●●
九聲 赤赤赤赤 ●●●●
赤赤赤赤 ●●●●
赤赤赤赤 ●●●●
十一音 赤赤赤赤 ●●●●

九聲 ■□耳■ ●●●●
■□二■ ●●●●
■莊震■ ●●●●
十一音 ■乍□■ ●●●●
九聲 ■叉赤■ ●●●●
■崇辰■ ●●●●
■卓中■ ●●●●
十二音 ■宅直■ ●●●●
九聲 ■坼丑■ ●●●●
■茶呈■ ●●●●

去聲闢唱呂三之十

古甲九癸 ●●●●
一音 □□近揆 ●●●●
十聲 坤巧丘弃 ●●●●
□□乾虯 ●●●●
黑花香血 ●●●●
二音 黃華雄賢 ●●●●

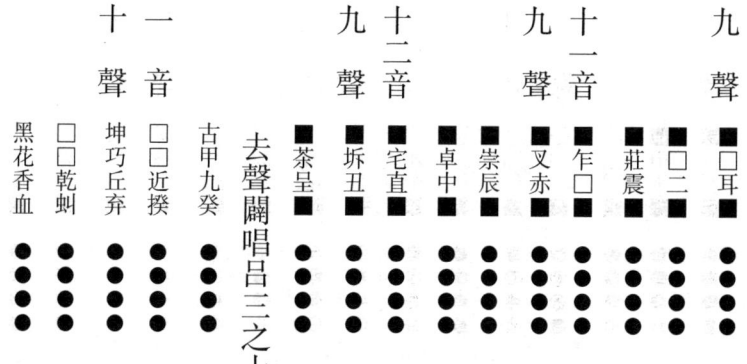

十聲 赤赤赤赤 ●●●●
赤赤赤赤 ●●●●

收音清和律三之十二

丑丑丑丑 多可个舌
十二音 丑丑丑丑 禾火化八
一聲 丑丑丑丑 開宰愛○
丑丑丑丑 回每退○
丑丑丑丑 良兩向○
十二音 丑丑丑丑 光廣況○
二聲 丑丑丑丑 丁井亘○
丑丑丑丑 兄永瑩○
丑丑丑丑 千典旦○
十二音 丑丑丑丑 元犬半○
三聲 丑丑丑丑 臣引艮○
丑丑丑丑 君允巽○
丑丑丑丑 刀早孝岳
十二音 丑丑丑丑 毛寶報霍

十聲 五瓦仰□ ●●●●
吾牙月堯 ●●●●
安亞乙一 ●●●●
三音 □爻王寅 ●●●●
十聲 母馬美米 ●●●●
目皃眉民 ●●●●
夫法□飛 ●●●●
四音 父凡□吠 ●●●●
十聲 武晚□尾 ●●●●
文万□未 ●●●●
卜百丙必 ●●●●
五音 步白葡鼻 ●●●●
十聲 普朴品匹 ●●●●
旁排平瓶 ●●●●
東丹帝■ ●●●●
六音 兑大弟■ ●●●●

四聲　丑丑丑丑　牛斗奏六
丑丑丑丑　○○○玉
丑丑丑丑　妻子四日
十二音　丑丑丑丑　衰○帥骨
五聲　丑丑丑丑　○○○德
丑丑丑丑　龜水貴北
丑丑丑丑　宮孔衆○
十二音　丑丑丑丑　龍甬用○
六聲　丑丑丑丑　魚鼠去○
丑丑丑丑　烏虎兔○
丑丑丑丑　心審禁○
十二音　丑丑丑丑　○○○十
七聲　丑丑丑丑　男坎欠○
丑丑丑丑　○○○妾
丑丑丑丑　●●●●
十二音　丑丑丑丑　●●●●

十聲　土貪天■　●●●●
同覃田■　●●●●
乃妳女■　●●●●
七音　内南年■　●●●●
十聲　老冷吕■　●●●●
鹿犖离■　●●●●
走哉足■　●●●●
八音　自在匠■　●●●●
十聲　草采七■　●●●●
曹才全■　●●●●
思三星■　●●●●
九音　寺□象■　●●●●
十聲　□□□■　●●●●
□□□■　●●●●
■山手■　●●●●
十音　■士石■　●●●●

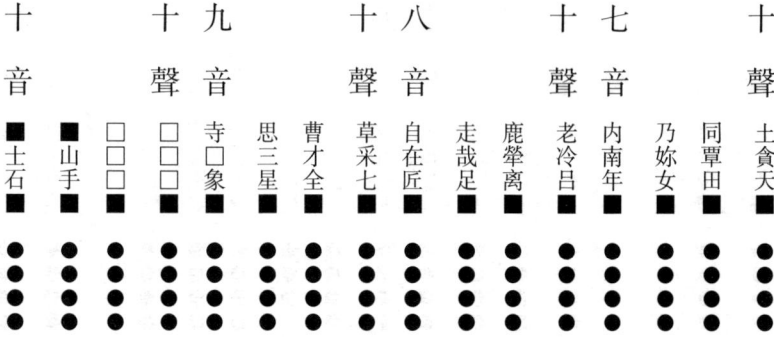

八聲 丑丑丑丑 ●●●●
丑丑丑丑 ●●●●
丑丑丑丑 ●●●●
十二音 丑丑丑丑 ●●●●
九聲 丑丑丑丑 ●●●●
丑丑丑丑 ●●●●
丑丑丑丑 ●●●●
十二音 丑丑丑丑 ●●●●
十聲 丑丑丑丑 ●●●●
丑丑丑丑 ●●●●

## 觀物篇之四十六

星辰聲去翕

退瑩巽○貴

兔○●●●

十聲 ■□耳■ ●●●●
■□二■ ●●●●
■莊震■ ●●●●
十一音 ■乍□■ ●●●●
十聲 ■叉赤■ ●●●●
■崇辰■ ●●●●
■卓中■ ●●●●
十二音 ■宅直■ ●●●●
十聲 ■拆丑■ ●●●●
■茶呈■ ●●●●

土石音收濁

乾月眉□平田

离全□二辰呈

星辰聲七，下唱地之用音一百五十二，是謂去聲翕音。去聲翕音一千六十四。

## 星辰聲去之四翕
## 收音濁和律四之一

乾乾乾乾　多可个舌
一音　乾乾乾乾　禾火化八
一聲　乾乾乾乾　開宰愛○
乾乾乾乾　回每退○
乾乾乾乾　良兩向○
一音　乾乾乾乾　光廣況○
二聲　乾乾乾乾　丁井亘○
乾乾乾乾　兄永瑩○

土石音十二，上和天之用聲一百一十二，是謂收音濁聲。收音濁聲一千三百四十四。

## 土石音收之四濁①
## 去聲翕唱呂四之一

古甲九癸　退退退退
一音　□□近揆　退退退退
一聲　坤巧丘弃　退退退退
□□乾虯　退退退退
黑花香血　退退退退
二音　黃華雄賢　退退退退
一聲　五瓦仰□　退退退退
吾牙月堯　退退退退

① 「土石」，原作「石土」，據四庫本改。

乾乾乾乾　千典旦○
一音　乾乾乾乾　元犬半○
三聲　乾乾乾乾　臣引艮○
乾乾乾乾　君允巽○
乾乾乾乾　刀早孝岳
一音　乾乾乾乾　毛寶報霍
四聲　乾乾乾乾　牛斗奏六
乾乾乾乾　○○○玉
乾乾乾乾　妻子四日
一音　乾乾乾乾　衰○帥骨
五聲　乾乾乾乾　○○○德
乾乾乾乾　龜水貴北
乾乾乾乾　宮孔衆○
一音　乾乾乾乾　龍甬用○
六聲　乾乾乾乾　魚鼠去○
乾乾乾乾　烏虎兔○

安亞乙一　退退退退
三音　□爻王寅　退退退退
一聲　母馬美米　退退退退
目皃眉民　退退退退
夫法□飛　退退退退
四音　父凡□吠　退退退退
一聲　武晚□尾　退退退退
文万□未　退退退退
卜百丙必　退退退退
五音　步白葡鼻　退退退退
一聲　普朴品匹　退退退退
旁排平瓶　退退退退
東丹帝■　退退退退
六音　兑大弟■　退退退退
一聲　土貪天■　退退退退
同覃田■　退退退退

乾乾乾乾 心審禁○

七音一聲

乾乾乾乾 ○○○十
乾乾乾乾 男坎欠○
乾乾乾乾 ○○○妾
乾乾乾乾 ●●●●

八音一聲

乾乾乾乾 ●●●●
乾乾乾乾 ●●●●
乾乾乾乾 ●●●●
乾乾乾乾 ●●●●

九音一聲

乾乾乾乾 ●●●●
乾乾乾乾 ●●●●
乾乾乾乾 ●●●●
乾乾乾乾 ●●●●

十音一聲

乾乾乾乾 ●●●●
乾乾乾乾 ●●●●
乾乾乾乾 ●●●●

退退退退 乃妳女■

七音一聲

退退退退 內南年■
退退退退 老冷呂■
退退退退 鹿犖离■
退退退退 走哉足■

八音一聲

退退退退 自在匠■
退退退退 草采七■
退退退退 曹才全■
退退退退 思三星■

九音一聲

退退退退 寺□象■
退退退退 □□□■
退退退退 □□□■
退退退退 ■山手■

十音一聲

退退退退 ■士石■
退退退退 ■□耳■
退退退退 ■□二■

收音濁和律四之二

月月月月　多可个舌
二音　月月月月　禾火化八
一聲　月月月月　開宰愛○
月月月月　回每退○
月月月月　良兩向○
二音　月月月月　光廣況○
二聲　月月月月　丁井亘○
月月月月　兄永瑩○
月月月月　千典旦○
二音　月月月月　元犬半○
三聲　月月月月　臣引艮○
月月月月　君允巽○
月月月月　刀早孝岳
二音　月月月月　毛寶報霍
四聲　月月月月　牛斗奏六
月月月月　○○○玉

■莊震■　退退退退
十一音　■乍□■　退退退退
一聲　■叉赤■　退退退退
■崇辰■　退退退退
■卓中■　退退退退
十二音　■宅直■　退退退退
一聲　■拆丑■　退退退退
■茶呈■　退退退退

去聲翕唱吕四之二

古甲九發　瑩瑩瑩瑩
一音　□□近揆　瑩瑩瑩瑩
二聲　坤巧丘弃　瑩瑩瑩瑩
□□乾虯　瑩瑩瑩瑩
黑花香血　瑩瑩瑩瑩
二音　黄華雄賢　瑩瑩瑩瑩
二聲　五瓦仰□　瑩瑩瑩瑩
吾牙月堯　瑩瑩瑩瑩

月月月月 妻子四日

二音 月月月月 衰○帥骨
五聲 月月月月 ○○○德
月月月月 龜水貴北
月月月月 宮孔衆○

二音 月月月月 龍甬用○
六聲 月月月月 魚鼠去○
月月月月 烏虎兔○
月月月月 心審禁○

二音 月月月月 ○○○十
七聲 月月月月 男坎欠○
月月月月 ○○○妾
月月月月 ●●●●

二音 月月月月 ●●●●
八聲 月月月月 ●●●●
月月月月 ●●●●

安亞乙一 瑩瑩瑩瑩

三音 □爻王寅 瑩瑩瑩瑩
二聲 母馬美米 瑩瑩瑩瑩
目皃眉民 瑩瑩瑩瑩
夫法□飛 瑩瑩瑩瑩

四音 父凡□吠 瑩瑩瑩瑩
二聲 武晚□尾 瑩瑩瑩瑩
文万□未 瑩瑩瑩瑩
卜百丙必 瑩瑩瑩瑩

五音 步白葡鼻 瑩瑩瑩瑩
二聲 普朴品匹 瑩瑩瑩瑩
旁排平瓶 瑩瑩瑩瑩
東丹帝■ 瑩瑩瑩瑩

六音 兑大弟■ 瑩瑩瑩瑩
二聲 土貪天■ 瑩瑩瑩瑩
同覃田■ 瑩瑩瑩瑩

月月月月●●●●
二音 月月月月●●●●
九聲 月月月月●●●●
月月月月●●●●
月月月月●●●●
二音 月月月月●●●●
十聲 月月月月●●●●
月月月月●●●●

收音濁和律四之三

眉眉眉眉多可个舌
三音 眉眉眉眉禾火化八
一聲 眉眉眉眉開宰愛○
眉眉眉眉回每退○
眉眉眉眉良兩向○
三音 眉眉眉眉光廣況○
二聲 眉眉眉眉丁井亘○
眉眉眉眉兄永瑩○

乃妳女■瑩瑩瑩瑩
七音 內南年■瑩瑩瑩瑩
二聲 老冷呂■瑩瑩瑩瑩
鹿犖离■瑩瑩瑩瑩
走哉足■瑩瑩瑩瑩
八音 自在匠■瑩瑩瑩瑩
二聲 草采七■瑩瑩瑩瑩
曹才全■瑩瑩瑩瑩
思三星■瑩瑩瑩瑩
九音 寺□象■瑩瑩瑩瑩
二聲 □□□■瑩瑩瑩瑩
□□□■瑩瑩瑩瑩
■山手■瑩瑩瑩瑩
十音 ■士石■瑩瑩瑩瑩
二聲 ■□耳■瑩瑩瑩瑩
■□二■瑩瑩瑩瑩

眉眉眉眉　千典旦○
三音　眉眉眉眉　元犬半○
三聲　眉眉眉眉　臣引艮○
眉眉眉眉　君允巽○
眉眉眉眉　刀早孝岳
三音　眉眉眉眉　毛寶報霍
四聲　眉眉眉眉　牛斗奏六
眉眉眉眉　○○○玉
眉眉眉眉　妻子四日
三音　眉眉眉眉　衰○帥骨
五聲　眉眉眉眉　○○○德
眉眉眉眉　龜水貴北
眉眉眉眉　宮孔衆○
三音　眉眉眉眉　龍甬用○

■莊震■　瑩瑩瑩瑩
十一音　■乍□■　瑩瑩瑩瑩
二聲　■叉赤■　瑩瑩瑩瑩
■崇辰■　瑩瑩瑩瑩
■卓中■　瑩瑩瑩瑩
十二音　■宅直■　瑩瑩瑩瑩
二聲　■坼丑■　瑩瑩瑩瑩
■茶呈■　瑩瑩瑩瑩

## 去聲翕唱呂四之三

古甲九癸　巽巽巽巽
一音　□□近揆　巽巽巽巽
三聲　坤巧丘弃　巽巽巽巽
□□乾虯　巽巽巽巽
黑花香血　巽巽巽巽
二音　黃華雄賢　巽巽巽巽

六聲　眉眉眉眉　魚鼠去○
　　　眉眉眉眉　烏虎兔○
　　　眉眉眉眉　心審禁○
三音　眉眉眉眉　○○○十
七聲　眉眉眉眉　男坎欠○
　　　眉眉眉眉　○○○妾
　　　眉眉眉眉　●●●●
三音　眉眉眉眉　●●●●
八聲　眉眉眉眉　●●●●
　　　眉眉眉眉　●●●●
　　　眉眉眉眉　●●●●
三音　眉眉眉眉　●●●●
九聲　眉眉眉眉　●●●●
　　　眉眉眉眉　●●●●
　　　眉眉眉眉　●●●●
三音　眉眉眉眉　●●●●

三聲　五瓦仰□　巽巽巽巽
　　　吾牙月堯　巽巽巽巽
　　　安亞乙一　巽巽巽巽
三音　□爻王寅　巽巽巽巽
三聲　母馬美米　巽巽巽巽
　　　目皃眉民　巽巽巽巽
　　　夫法□飛　巽巽巽巽
四音　父凡□吠　巽巽巽巽
三聲　武晚□尾　巽巽巽巽
　　　文万□未　巽巽巽巽
　　　卜百丙必　巽巽巽巽
五音　步白𤰞鼻　巽巽巽巽
三聲　普朴品匹　巽巽巽巽
　　　旁排平瓶　巽巽巽巽
　　　東丹帝■　巽巽巽巽
六音　兑大弟■　巽巽巽巽

十聲 眉眉眉眉 ●●●●

眉眉眉眉 ●●●●

## 收音濁和律四之四

□□□□ 多可个舌

四音 □□□□ 禾火化八

一聲 □□□□ 開宰愛○

□□□□ 回每退○

□□□□ 良兩向○

四音 □□□□ 光廣況○

二聲 □□□□ 丁井亘○

□□□□ 兄永瑩○

□□□□ 千典旦○

四音 □□□□ 元犬半○

三聲 □□□□ 臣引艮○

□□□□ 君允巽○

□□□□ 刀早孝岳

四音 □□□□ 毛寶報霍

三聲 土貪天■ 巽巽巽巽

同覃田■ 巽巽巽巽

乃妳女■ 巽巽巽巽

七音 內南年■ 巽巽巽巽

三聲 老冷呂■ 巽巽巽巽

鹿犖离■ 巽巽巽巽

走哉足■ 巽巽巽巽

八音 自在匠■ 巽巽巽巽

三聲 草采七■ 巽巽巽巽

曹才全■ 巽巽巽巽

思三星■ 巽巽巽巽

九音 寺□象■ 巽巽巽巽

三聲 □□□■ 巽巽巽巽

□□□■ 巽巽巽巽

■山手■ 巽巽巽巽

十音 ■士石■ 巽巽巽巽

四聲 □□□□ 牛斗奏六
□□□□ ○○○玉
□□□□ 妻子四日
四音 □□□□ 衰○帥骨
五聲 □□□□ ○○○德
□□□□ 龜水貴北
□□□□ 宮孔衆○
四音 □□□□ 龍甬用○
六聲 □□□□ 魚鼠去○
□□□□ 烏虎兔○
□□□□ 心審禁○
四音 □□□□ ○○○十
七聲 □□□□ 男坎欠○
□□□□ ○○○妾
□□□□ ●●●●
四音 □□□□ ●●●●

三聲 ■□耳■ 巽巽巽巽
■□二■ 巽巽巽巽
■莊震■ 巽巽巽巽
十一音 ■乍□■ 巽巽巽巽
三聲 ■叉赤■ 巽巽巽巽
■崇辰■ 巽巽巽巽
■卓中■ 巽巽巽巽
十二音 ■宅直■ 巽巽巽巽
三聲 ■坼丑■ 巽巽巽巽
■茶呈■ 巽巽巽巽

## 去聲翕唱呂四之四

古甲九癸 ○○○○
一音 □□近揆 ○○○○
四聲 坤巧丘弃 ○○○○
□□乾虯 ○○○○
黑花香血 ○○○○
二音 黃華雄賢 ○○○○

八 聲 □□□□ ●●●●
□□□□ ●●●●
□□□□ ●●●●
四 音 □□□□ ●●●●
九 聲 □□□□ ●●●●
□□□□ ●●●●
□□□□ ●●●●
四 音 □□□□ ●●●●
十 聲 □□□□ ●●●●
□□□□ ●●●●

## 收音濁和律四之五

平平平平 多可个舌
五 音 平平平平 禾火化八
一 聲 平平平平 開宰愛○
平平平平 回每退○
平平平平 良兩向○
五 音 平平平平 光廣況○

四 聲 五瓦仰□ ○○○○
吾牙月堯 ○○○○
安亞乙一 ○○○○
三 音 □爻王寅 ○○○○
四 聲 母馬美米 ○○○○
目皃眉民 ○○○○
夫法□飛 ○○○○
四 音 父凡□吠 ○○○○
四 聲 武晚□尾 ○○○○
文万□未 ○○○○
卜百丙必 ○○○○
五 音 步白葡鼻 ○○○○
四 聲 普朴品匹 ○○○○
旁排平瓶 ○○○○
東丹帝■ ○○○○
六 音 兑大弟■ ○○○○

二聲 平平平平 丁井亘○
平平平平 兄永瑩○
平平平平 千典旦○
五音 平平平平 元犬半○
三聲 平平平平 臣引艮○
平平平平 君允巽○
平平平平 刀早孝岳
五音 平平平平 毛寶報霍
四聲 平平平平 牛斗奏六
平平平平 ○○○玉
平平平平 妻子四日
五音 平平平平 衰○帥骨
五聲 平平平平 ○○○德
平平平平 龜水貴北
平平平平 宮孔衆○
五音 平平平平 龍甬用○

四聲 土貪天■ ○○○○
同覃田■ ○○○○
乃妳女■ ○○○○
七音 內南年■ ○○○○
四聲 老冷吕■ ○○○○
鹿犖离■ ○○○○
走哉足■ ○○○○
八音 自在匠■ ○○○○
四聲 草采七■ ○○○○
曹才全■ ○○○○
思三星■ ○○○○
九音 寺□象■ ○○○○
四聲 □□□■ ○○○○
□□□■ ○○○○
■山手■ ○○○○
十音 ■士石■ ○○○○

六聲 平平平平 魚鼠去○
平平平平 烏虎兔○
平平平平 心審禁○
五音 平平平平 ○○○十
七聲 平平平平 男坎欠○
平平平平 ○○○妾
平平平平 ●●●●
五音 平平平平 ●●●●
八聲 平平平平 ●●●●
平平平平 ●●●●
平平平平 ●●●●
五音 平平平平 ●●●●
九聲 平平平平 ●●●●
平平平平 ●●●●
平平平平 ●●●●
五音 平平平平 ●●●●

四聲 ■□耳■ ○○○○
■□二■ ○○○○
■莊震■ ○○○○
十一音 ■乍□■ ○○○○
四聲 ■叉赤■ ○○○○
■崇辰■ ○○○○
■卓中■ ○○○○
十二音 ■宅直■ ○○○○
四聲 ■坼丑■ ○○○○
■茶呈■ ○○○○

## 去聲翕唱呂四之五

古甲九癸 貴貴貴貴
一音 □□近揆 貴貴貴貴
五聲 坤巧丘弃 貴貴貴貴
□□乾虯 貴貴貴貴
黑花香血 貴貴貴貴
二音 黃華雄賢 貴貴貴貴

十聲 平平平平 ●●●●
平平平平 ●●●●

收音濁和律四之六

田田田田 多可个舌
六音 田田田田 禾火化八
一聲 田田田田 開宰愛○
田田田田 回每退○
田田田田 良兩向○
六音 田田田田 光廣況○
二聲 田田田田 丁井亘○
田田田田 兄永瑩○
田田田田 千典旦○
六音 田田田田 光廣況○
三聲 田田田田 臣引艮○
田田田田 君允巽○
田田田田 刀早孝岳
六音 田田田田 毛寶報霍

五聲 五瓦仰□ 貴貴貴貴
吾牙月堯 貴貴貴貴
安亞乙一 貴貴貴貴
三音 □爻王寅 貴貴貴貴
五聲 母馬美米 貴貴貴貴
目皃眉民 貴貴貴貴
夫法□飛 貴貴貴貴
四音 父凡□吠 貴貴貴貴
五聲 武晚□尾 貴貴貴貴
文万□未 貴貴貴貴
卜百丙必 貴貴貴貴
五音 步白葡鼻 貴貴貴貴
五聲 普朴品匹 貴貴貴貴
旁排平瓶 貴貴貴貴
東丹帝■ 貴貴貴貴
六音 兑大弟■ 貴貴貴貴

四聲 田田田田 牛斗奏六
田田田田 ○○○玉
田田田田 妻子四日
六音 田田田田 衰○帥骨
五聲 田田田田 ○○○德
田田田田 龜水貴北
田田田田 宮孔衆○
六音 田田田田 龍甬用○
六聲 田田田田 魚鼠去○
田田田田 烏虎兔○
田田田田 心審禁○
六音 田田田田 ○○○十
七聲 田田田田 男坎欠○
田田田田 ○○○妾
田田田田 ●●●●
六音 田田田田 ●●●●

五聲 土貪天■ 貴貴貴貴
同覃田■ 貴貴貴貴
乃妳女■ 貴貴貴貴
七音 内南年■ 貴貴貴貴
五聲 老冷吕■ 貴貴貴貴
鹿犖离■ 貴貴貴貴
走哉足■ 貴貴貴貴
八音 自在匠■ 貴貴貴貴
五聲 草采七■ 貴貴貴貴
曹才全■ 貴貴貴貴
思三星■ 貴貴貴貴
九音 寺□象■ 貴貴貴貴
五聲 □□□■ 貴貴貴貴
□□□■ 貴貴貴貴
■山手■ 貴貴貴貴
十音 ■士石■ 貴貴貴貴

八聲 田田田田 ●●●●
田田田田 ●●●●
田田田田 ●●●●
六音 田田田田 ●●●●
九聲 田田田田 ●●●●
田田田田 ●●●●
田田田田 ●●●●
六音 田田田田 ●●●●
十聲 田田田田 ●●●●
田田田田 ●●●●

收音濁和律四之七

离离离离 多可个舌
七音 离离离离 禾火化八
一聲 离离离离 開宰愛○
离离离离 回每退○
离离离离 良兩向○
七音 离离离离 光廣況○

五聲 ■□耳■ 貴貴貴貴
■□二■ 貴貴貴貴
■莊震■ 貴貴貴貴
十一音 ■乍□■ 貴貴貴貴
五聲 ■叉赤■ 貴貴貴貴
■崇辰■ 貴貴貴貴
■卓中■ 貴貴貴貴
十二音 ■宅直■ 貴貴貴貴
五聲 ■坼丑■ 貴貴貴貴
■茶呈■ 貴貴貴貴

去聲翕唱呂四之六

古甲九癸 兔兔兔兔
一音 □□近揆 兔兔兔兔
六聲 坤巧丘弃 兔兔兔兔
□□乾虯 兔兔兔兔
黑花香血 兔兔兔兔
二音 黃華雄賢 兔兔兔兔

二聲 离离离离 丁井亘○
离离离离 兄永瑩○
离离离离 千典旦○
七音 离离离离 元犬半○
三聲 离离离离 臣引艮○
离离离离 君允巽○
离离离离 刀早孝岳
七音 离离离离 毛寶報霍
四聲 离离离离 牛斗奏六
离离离离 ○○○玉
离离离离 妻子四日
七音 离离离离 衰○帥骨
五聲 离离离离 ○○○德
离离离离 龜水貴北
离离离离 宮孔衆○
七音 离离离离 龍甬用○

六聲 五瓦仰□ 兔兔兔兔
吾牙月堯 兔兔兔兔
安亞乙一 兔兔兔兔
三音 □爻王寅 兔兔兔兔
六聲 母馬美米 兔兔兔兔
目皃眉民 兔兔兔兔
夫法□飛 兔兔兔兔
四音 父凡□吠 兔兔兔兔
六聲 武晚□尾 兔兔兔兔
文万□未 兔兔兔兔
卜百丙必 兔兔兔兔
五音 步白葡鼻 兔兔兔兔
六聲 普朴品匹 兔兔兔兔
旁排平瓶 兔兔兔兔
東丹帝■ 兔兔兔兔
六音 兑大弟■ 兔兔兔兔

六聲 离离离离 魚鼠去○
离离离离 烏虎兔○
离离离离 心審禁○
七音 离离离离 ○○○十
七聲 离离离离 男坎欠○
离离离离 ○○○妾
离离离离 ●●●●
七音 离离离离 ●●●●
八聲 离离离离 ●●●●
离离离离 ●●●●
离离离离 ●●●●
七音 离离离离 ●●●●
九聲 离离离离 ●●●●
离离离离 ●●●●
离离离离 ●●●●
七音 离离离离 ●●●●

六聲 土貪天■ 兔兔兔兔
同覃田■ 兔兔兔兔
乃妳女■ 兔兔兔兔
七音 內南年■ 兔兔兔兔
六聲 老冷吕■ 兔兔兔兔
鹿犖离■ 兔兔兔兔
走哉足■ 兔兔兔兔
八音 自在匠■ 兔兔兔兔
六聲 草采七■ 兔兔兔兔
曹才全■ 兔兔兔兔
思三星■ 兔兔兔兔
九音 寺□象■ 兔兔兔兔
六聲 □□□■ 兔兔兔兔
□□□■ 兔兔兔兔
■山手■ 兔兔兔兔
十音 ■士石■ 兔兔兔兔

十聲　离离离离　●●●●
离离离离　●●●●

收音濁和律四之八

八音　全全全全　多可个舌
全全全全　禾火化八
一聲　全全全全　開宰愛○
全全全全　回每退○
全全全全　良兩向○
八音　全全全全　光廣況○
二聲　全全全全　丁井亘○
全全全全　兄永瑩○
全全全全　千典旦○
八音　全全全全　元犬半○
三聲　全全全全　臣引艮○
全全全全　君允巽○
全全全全　刀早孝岳
八音　全全全全　毛寶報霍

六聲　■□耳■　兔兔兔兔
■□二■　兔兔兔兔
■莊震■　兔兔兔兔
十一音　■乍□■　兔兔兔兔
六聲　■叉赤■　兔兔兔兔
■崇辰■　兔兔兔兔
■卓中■　兔兔兔兔
十二音　■宅直■　兔兔兔兔
六聲　■坼丑■　兔兔兔兔
■茶呈■　兔兔兔兔

去聲翕唱呂四之七

古甲九癸　○○○○
一音　□□近揆　○○○○
七聲　坤巧丘弃　○○○○
□□乾虯　○○○○
黑花香血　○○○○
二音　黃華雄賢　○○○○

四聲 全全全全 牛斗奏六
全全全全 ○○○玉
全全全全 妻子四日
八音 全全全全 衰○帥骨
五聲 全全全全 ○○○德
全全全全 龜水貴北
全全全全 宮孔衆○
八音 全全全全 龍甬用○
六聲 全全全全 魚鼠去○
全全全全 烏虎兔○
全全全全 心審禁○
八音 全全全全 ○○○十
七聲 全全全全 男坎欠○
全全全全 ○○○妾
全全全全 ●●●●
八音 全全全全 ●●●●

七聲 五瓦仰□ ○○○○
吾牙月堯 ○○○○
安亞乙一 ○○○○
三音 □爻王寅 ○○○○
七聲 母馬美米 ○○○○
目皃眉民 ○○○○
夫法□飛 ○○○○
四音 父凡□吠 ○○○○
七聲 武晚□尾 ○○○○
文万□未 ○○○○
卜百丙必 ○○○○
五音 步白葡鼻 ○○○○
七聲 普朴品匹 ○○○○
旁排平瓶 ○○○○
東丹帝■ ○○○○
六音 兑大弟■ ○○○○

八聲 全全全全 ●●●●
全全全全 ●●●●
全全全全 ●●●●
八音 全全全全 ●●●●
九聲 全全全全 ●●●●
全全全全 ●●●●
全全全全 ●●●●
八音 全全全全 ●●●●
十聲 全全全全 ●●●●
全全全全 ●●●●

收音濁和律四之九

□□□□ 多可个舌
九音 □□□□ 禾火化八
一聲 □□□□ 開宰愛○
□□□□ 回每退○
□□□□ 良兩向○
九音 □□□□ 光廣况○

七聲 土貪天■ ○○○○
同覃田■ ○○○○
乃妳女■ ○○○○
七音 内南年■ ○○○○
七聲 老冷吕■ ○○○○
鹿犖离■ ○○○○
走哉足■ ○○○○
八音 自在匠■ ○○○○
七聲 草采七■ ○○○○
曹才全■ ○○○○
思三星■ ○○○○
九音 寺□象■ ○○○○
七聲 □□□■ ○○○○
□□□■ ○○○○
■山手■ ○○○○
十音 ■士石■ ○○○○

二聲 □□□□ 丁井亘○
□□□□ 兄永瑩○
□□□□ 千典亘○
九音 □□□□ 元犬半○
三聲 □□□□ 臣引艮○
□□□□ 君允巽○
□□□□ 刀早孝岳
九音 □□□□ 毛寶報霍
四聲 □□□□ 牛斗奏六
□□□□ ○○○玉
□□□□ 妻子四日
九音 □□□□ 衰○帥骨
五聲 □□□□ ○○○德
□□□□ 龜水貴北
□□□□ 宮孔衆○
九音 □□□□ 龍甬用○

七聲 ■□耳■ ○○○○
■□二■ ○○○○
■莊震■ ○○○○
十一音 ■乍□■ ○○○○
七聲 ■叉赤■ ○○○○
■崇辰■ ○○○○
■卓中■ ○○○○
十二音 ■宅直■ ○○○○
七聲 ■拆丑■ ○○○○
■茶呈■ ○○○○

去聲翕唱呂四之八

古甲九癸 ●●●●
一音 □□近揆 ●●●●
八聲 坤巧丘弃 ●●●●
□□乾虯 ●●●●
黑花香血 ●●●●
二音 黃華雄賢 ●●●●

六聲 □□□□ 魚鼠去○ ●●●●
□□□□ 烏虎兔○ ●●●●
□□□□ 心審禁○ ●●●●
九音 □□□□ ○○○十 ●●●●
七聲 □□□□ 男坎欠○ ●●●●
□□□□ ○○○妾 ●●●●
□□□□ ●●●●
九音 □□□□ ●●●●
八聲 □□□□ ●●●●
□□□□ ●●●●
□□□□ ●●●●
九音 □□□□ ●●●●
九聲 □□□□ ●●●●
□□□□ ●●●●
□□□□ ●●●●
九音 □□□□ ●●●●

八聲 五瓦仰□ ●●●●
吾牙月堯 ●●●●
安亞乙一 ●●●●
三音 □爻王寅 ●●●●
八聲 母馬美米 ●●●●
目皃眉民 ●●●●
夫法□飛 ●●●●
四音 父凡□吠 ●●●●
八聲 武晚□尾 ●●●●
文万□未 ●●●●
卜百丙必 ●●●●
五音 步白葡鼻 ●●●●
八聲 普朴品匹 ●●●●
旁排平瓶 ●●●●
東丹帝■ ●●●●
六音 兑大弟■ ●●●●

十聲 □□□□ ●●●●
□□□□ ●●●●

收音濁和律四之十

三三三三 多可个舌
十音 三三三三 禾火化八
一聲 三三三三 開宰愛○
三三三三 回每退○
三三三三 良兩向○
十音 三三三三 光廣況○
二聲 三三三三 丁井亘○
三三三三 兄永瑩○
三三三三 千典旦○
十音 三三三三 元犬半○
三聲 三三三三 臣引艮○
三三三三 君允巽○
三三三三 刀早孝岳
十音 三三三三 毛寶報霍

八聲 土貪天■ ●●●●
同覃田■ ●●●●
乃妳女■ ●●●●
七音 内南年■ ●●●●
八聲 老冷吕■ ●●●●
鹿犖离■ ●●●●
走哉足■ ●●●●
八音 自在匠■ ●●●●
八聲 草采七■ ●●●●
曹才全■ ●●●●
思三星■ ●●●●
九音 寺□象■ ●●●●
八聲 □□□■ ●●●●
□□□■ ●●●●
■山手■ ●●●●
十音 ■士石■ ●●●●

四聲 二二二二 牛斗奏六
二二二二 ○○○玉
二二二二 妻子四日
十音 二二二二 衰○帥骨
五聲 二二二二 ○○○德
二二二二 龜水貴北
二二二二 宮孔衆○
十音 二二二二 龍甬用○
六聲 二二二二 魚鼠去○
二二二二 烏虎兔○
二二二二 心審禁○
十音 二二二二 ○○○十
七聲 二二二二 男坎欠○
二二二二 ○○○妾
二二二二 ●●●●
十音 二二二二 ●●●●

八聲 ■□耳■ ●●●●
■□二■ ●●●●
■莊震■ ●●●●
十一音 ■乍□■ ●●●●
八聲 ■叉赤■ ●●●●
■崇辰■ ●●●●
■卓中■ ●●●●
十二音 ■宅直■ ●●●●
八聲 ■坼丑■ ●●●●
■茶呈■ ●●●●

去聲翕唱呂四之九

古甲九癸 ●●●●
一音 □□近揆 ●●●●
九聲 坤巧丘弃 ●●●●
□□乾虯 ●●●●
黑花香血 ●●●●
二音 黃華雄賢 ●●●●

八聲 〓〓〓〓 ●●●●
〓〓〓〓 ●●●●
〓〓〓〓 ●●●●
十音 〓〓〓〓 ●●●●
九聲 〓〓〓〓 ●●●●
〓〓〓〓 ●●●●
〓〓〓〓 ●●●●
十音 〓〓〓〓 ●●●●
十聲 〓〓〓〓 ●●●●
〓〓〓〓 ●●●●

收音濁和律四之十一

辰辰辰辰 多可个舌
十一音 辰辰辰辰 禾火化八
一聲 辰辰辰辰 開宰愛○
辰辰辰辰 回每退○
辰辰辰辰 良兩向○
十一音 辰辰辰辰 光廣況○

九聲 五瓦仰□ ●●●●
吾牙月堯 ●●●●
安亞乙一 ●●●●
三音 □爻王寅 ●●●●
九聲 母馬美米 ●●●●
目皃眉民 ●●●●
夫法□飛 ●●●●
四音 父凡□吠 ●●●●
九聲 武晚□尾 ●●●●
文万□未 ●●●●
卜百丙必 ●●●●
五音 步白葡鼻 ●●●●
九聲 普朴品匹 ●●●●
旁排平瓶 ●●●●
東丹帝■ ●●●●
六音 兌大弟■ ●●●●

二聲　辰辰辰辰　丁井亘○
辰辰辰辰　兄永瑩○
辰辰辰辰　千典旦○
十一音　辰辰辰辰　元犬半○
三聲　辰辰辰辰　臣引艮○
辰辰辰辰　君允巽○
辰辰辰辰　刀早孝岳
十一音　辰辰辰辰　毛寶報霍
四聲　辰辰辰辰　牛斗奏六
辰辰辰辰　○○○玉
辰辰辰辰　妻子四日
十一音　辰辰辰辰　衰○帥骨
五聲　辰辰辰辰　○○○德
辰辰辰辰　龜水貴北
辰辰辰　宮孔衆○
十一音　辰辰辰辰　龍甬用○

九聲　土貪天■　●●●●
同覃田■　●●●●
乃妳女■　●●●●
七音　內南年■　●●●●
九聲　老冷吕■　●●●●
鹿犖离■　●●●●
走哉足■　●●●●
八音　自在匠■　●●●●
九聲　草采七■　●●●●
曹才全■　●●●●
思三星■　●●●●
九音　寺□象■　●●●●
九聲　□□□■　●●●●
□□□■　●●●●
■山手■　●●●●
十音　■士石■　●●●●

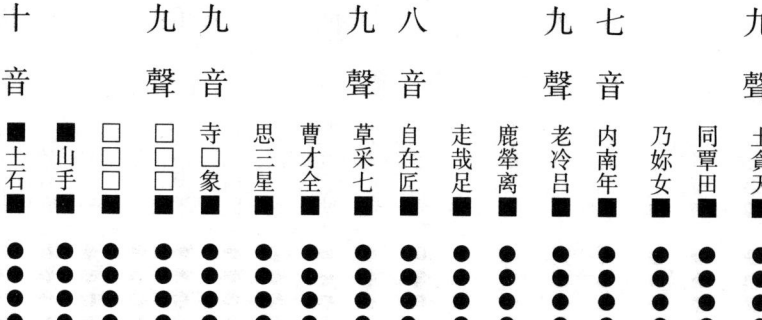

六聲 辰辰辰辰 魚鼠去○
辰辰辰辰 烏虎兔○
辰辰辰辰 心審禁○
十一音 辰辰辰辰 ○○○十
七聲 辰辰辰辰 男坎欠○
辰辰辰辰 ○○○妾
辰辰辰辰 ●●●●
十一音 辰辰辰辰 ●●●●
八聲 辰辰辰辰 ●●●●
辰辰辰辰 ●●●●
辰辰辰辰 ●●●●
十一音 辰辰辰辰 ●●●●
九聲 辰辰辰辰 ●●●●
辰辰辰辰 ●●●●

九聲 ■□耳■ ●●●●
■□二■ ●●●●
■莊震■ ●●●●
十一音 ■乍□■ ●●●●
九聲 ■叉赤■ ●●●●
■崇辰■ ●●●●
■卓中■ ●●●●
十二音 ■宅直■① ●●●●
九聲 ■拆丑■ ●●●●
■茶呈■ ●●●●

去聲翕唱呂四之十

古甲九癸 ●●●●
一音 □□近揆 ●●●●
十聲 坤巧丘弃 ●●●●
□□乾虬 ●●●●

① 「直」，原作「道」，據四庫本改。

辰辰辰辰　●●●●

十一音　辰辰辰辰　●●●●

十　聲　辰辰辰辰　●●●●

辰辰辰辰　●●●●

## 收音濁和律四之十二

呈呈呈呈　多可个舌

十二音　呈呈呈呈　禾火化八

一　聲　呈呈呈呈　開宰愛○

呈呈呈呈　回每退○

呈呈呈呈　良兩向○

十二音　呈呈呈呈　光廣況○

二　聲　呈呈呈呈　丁井亘○

呈呈呈呈　兄永瑩○

呈呈呈呈　千典旦○

十二音　呈呈呈呈　元犬半○

三　聲　呈呈呈呈　臣引艮○

呈呈呈呈　君允巽○

黑花香血　●●●●

二　音　黃華雄賢　●●●●

十　聲　五瓦仰□　●●●●

吾牙月堯　●●●●

安亞乙一　●●●●

三　音　□爻王寅　●●●●

十　聲　母馬美米　●●●●

目皃眉民　●●●●

夫法□飛　●●●●

四　音　父凡□吠　●●●●

十　聲　武晚□尾　●●●●

文万□未　●●●●

卜百丙必　●●●●

五　音　步白精鼻　●●●●

十　聲　普朴品匹　●●●●

旁排平瓶　●●●●

呈呈呈呈　刀早孝岳
十二音　呈呈呈呈　毛寶報霍
四聲　呈呈呈呈　牛斗奏六
呈呈呈呈　○○○玉
呈呈呈呈　妻子四日
十二音　呈呈呈呈　衰○帥骨
五聲　呈呈呈呈　○○○德
呈呈呈呈　龜水貴北
呈呈呈呈　宮孔衆○
十二音　呈呈呈呈　龍甬用○
六聲　呈呈呈呈　魚鼠去○
呈呈呈呈　烏虎兔○
呈呈呈呈　心審禁○
十二音　呈呈呈呈　○○○十
七聲　呈呈呈呈　男坎欠○
呈呈呈呈　○○○妾

東丹帝■　●●●●
六音　兑大弟■　●●●●
十聲　土貪天■　●●●●
同覃田■　●●●●
乃妳女■　●●●●
七音　内南年■　●●●●
十聲　老冷吕■　●●●●
鹿犖离■　●●●●
走哉足■　●●●●
八音　自在匠■　●●●●
十聲　草采七■　●●●●
曹才全■　●●●●
思三星■　●●●●
九音　寺□象■　●●●●
十聲　□□□■　●●●●
□□□■　●●●●

呈呈呈呈　●●●●

十二音　呈呈呈呈　●●●●

八　聲　呈呈呈呈　●●●●

呈呈呈呈　●●●●

呈呈呈呈　●●●●

十二音　呈呈呈呈　●●●●

九　聲　呈呈呈呈　●●●●

呈呈呈呈　●●●●

呈呈呈呈　●●●●

十二音　呈呈呈呈　●●●●

十　聲　呈呈呈呈　●●●●

呈呈呈呈　●●●●

■山手■　●●●●

十　音　■士石■　●●●●

十　聲　■□耳■　●●●●

■□二■　●●●●

■莊震■　●●●●

十一音　■乍□■　●●●●

十　聲　■叉赤■　●●●●

■崇辰■　●●●●

■卓中■　●●●●

十二音　■宅直■　●●●●

十　聲　■坼丑■　●●●●

■茶呈■　●●●●

［宋］邵雍／著

郭彧　于天寶／點校

# 皇極經世書

叁

上海古籍出版社

# 皇極經世卷第十

## 觀物篇之四十七

辰日聲入闢

舌○○岳日

○○●●●

辰日聲七，下唱地之用音一百五十二，是謂入聲闢音。

入聲闢音一千六十四。

辰日聲入之一闢

閉音清和律一之一

癸癸癸癸　多可个舌

一音　癸癸癸癸　禾火化八

一聲　癸癸癸癸　開宰愛○

癸癸癸癸　回每退○

石水音閉清

癸血一飛必■

■■■■■■

水石音五，上和天之用聲一百一十二，是謂閉音清聲。

閉音清聲五百六十。

石水音閉之一清

入聲闢唱吕一之一

古甲九癸　舌舌舌舌

一音　□□近揆　舌舌舌舌

一聲　坤巧丘弃　舌舌舌舌

□□乾虯　舌舌舌舌

癸癸癸癸　良兩向○
一音　癸癸癸癸　光廣況○
二聲　癸癸癸癸　丁井亘○
癸癸癸癸　兄永瑩○
癸癸癸癸　千典旦○
一音　癸癸癸癸　元犬半○
三聲　癸癸癸癸　臣引艮○
癸癸癸癸　君允巽○
癸癸癸癸　刀早孝岳
一音　癸癸癸癸　毛寶報霍
四聲　癸癸癸癸　牛斗奏六
癸癸癸癸　○○○玉
癸癸癸癸　妻子四日
一音　癸癸癸癸　衰○帥骨
五聲　癸癸癸癸　○○○德
癸癸癸癸　龜水貴北

黑花香血　舌舌舌舌
二音　黃華雄賢　舌舌舌舌
一聲　五瓦仰□　舌舌舌舌
吾牙月堯　舌舌舌舌
安亞乙一　舌舌舌舌
三音　□爻王寅　舌舌舌舌
一聲　母馬美米　舌舌舌舌
目皃眉民　舌舌舌舌
夫法□飛　舌舌舌舌
四音　父凡□吠　舌舌舌舌
一聲　武晚□尾　舌舌舌舌
文万□未　舌舌舌舌
卜百丙必　舌舌舌舌
五音　步白葡鼻　舌舌舌舌
一聲　普朴品匹　舌舌舌舌
旁排平瓶　舌舌舌舌

一音　六聲

癸癸癸癸　宮孔衆○
癸癸癸癸　龍甬用○
癸癸癸癸　魚鼠去○
癸癸癸癸　烏虎兔○
癸癸癸癸　心審禁○

一音　七聲

癸癸癸癸　○○○十
癸癸癸癸　男坎欠○
癸癸癸癸　○○○妾
癸癸癸癸　●●●●

一音　八聲

癸癸癸癸　●●●●
癸癸癸癸　●●●●
癸癸癸癸　●●●●
癸癸癸癸　●●●●

一音　九聲

癸癸癸癸　●●●●
癸癸癸癸　●●●●
癸癸癸癸　●●●●

六音　一聲

東丹帝■　舌舌舌舌
兑大弟■　舌舌舌舌
土貪天■　舌舌舌舌
同覃田■　舌舌舌舌
乃妳女■　舌舌舌舌

七音　一聲

内南年■　舌舌舌舌
老冷吕■　舌舌舌舌
鹿犖离■　舌舌舌舌
走哉足■　舌舌舌舌

八音　一聲

自在匠■　舌舌舌舌
草采七■　舌舌舌舌
曹才全■　舌舌舌舌
思三星■　舌舌舌舌

九音　一聲

寺□象■　舌舌舌舌
□□□■　舌舌舌舌
□□□■　舌舌舌舌

癸癸癸癸　●●●●
癸癸癸癸　●●●●
一音　癸癸癸癸　●●●●
十聲　癸癸癸癸　●●●●

## 閉音清和律一之二

血血血血　多可个舌
二音　血血血血　禾火化八
一聲　血血血血　開宰愛○
血血血血　回每退○
血血血血　良兩向○
二音　血血血血　光廣況○
二聲　血血血血　丁井亘○
血血血血　兄永瑩○
血血血血　千典旦○
二音　血血血血　元犬半○
三聲　血血血血　臣引艮○
血血血血　君允巽○

■山手■　舌舌舌舌
十音　■士石■　舌舌舌舌
一聲　■□耳■　舌舌舌舌
■□二■　舌舌舌舌
■莊震■　舌舌舌舌
十一音　■乍□■　舌舌舌舌
一聲　■叉赤■　舌舌舌舌
■崇辰■　舌舌舌舌
■卓中■　舌舌舌舌
十二音　■宅直■　舌舌舌舌
一聲　■坼丑■　舌舌舌舌
■茶呈■　舌舌舌舌

## 入聲闢唱呂一之二

古甲九癸　○○○○
一音　□□近揆　○○○○
二聲　坤巧丘弃　○○○○
□□乾虯　○○○○

血血血血 刀早孝岳
二音 血血血血 毛寶報霍
四聲 血血血血 牛斗奏六
血血血血 ○○○玉
血血血血 妻子四日
二音 血血血血 衰○帥骨
五聲 血血血血 ○○○德
血血血血 龜水貴北
血血血血 宮孔衆○
二音 血血血血 龍甬用○
六聲 血血血血 魚鼠去○
血血血血 烏虎兔○
血血血血 心審禁○
二音 血血血血 ○○○十
七聲 血血血血 男坎欠○
血血血血 ○○○妾

黑花香血 ○○○○
二音 黃華雄賢 ○○○○
二聲 五瓦仰□ ○○○○
吾牙月堯 ○○○○
安亞乙一 ○○○○
三音 □爻王寅 ○○○○
二聲 母馬美米 ○○○○
目皃眉民 ○○○○
夫法□飛 ○○○○
四音 父凡□吠 ○○○○
二聲 武晚□尾 ○○○○
文万□未 ○○○○
卜百丙必 ○○○○
五音 步白葡鼻 ○○○○
二聲 普朴品匹 ○○○○
旁排平瓶 ○○○○

血血血血●●●●
二音　血血血血●●●●
八聲　血血血血●●●●
血血血血●●●●
血血血血●●●●
二音　血血血血●●●●
九聲　血血血血●●●●
血血血血●●●●
血血血血●●●●
二音　血血血血●●●●
十聲　血血血血●●●●
血血血血●●●●

閉音清和律一之三

一一一一多可个舌
三音　一一一一禾火化八
一聲　一一一一開宰愛○
一一一一回每退○

東丹帝■○○○○
六音　兑大弟■○○○○
二聲　土貪天■○○○○
同覃田■○○○○
乃妳女■○○○○
七音　内南年■○○○○
二聲　老冷吕■○○○○
鹿犖离■○○○○
走哉足■○○○○
八音　自在匠■○○○○
二聲　草采七■○○○○
曹才全■○○○○

思三星■○○○○
九音　寺□象■○○○○
二聲　□□□■○○○○
□□□■○○○○

三音二聲

一一一一　良兩向○
一一一一　光廣況○
一一一一　丁井亘○
一一一一　兄永瑩○

三音三聲

一一一一　千典旦○
一一一一　元犬半○
一一一一　臣引艮○
一一一一　君允巽○

三音四聲

一一一一　刀早孝岳
一一一一　毛寶報霍
一一一一　牛斗奏六
一一一一　○○○玉

三音五聲

一一一一　妻子四日
一一一一　衰○帥骨
一一一一　○○○德
一一一一　龜水貴北

十音二聲

■山手■　○○○○
■士石■　○○○○
■□耳■　○○○○
■□二■　○○○○

十一音二聲

■莊震■　○○○○
■乍□■　○○○○
■叉赤■　○○○○
■崇辰■　○○○○

十二音二聲

■卓中■　○○○○
■宅直■　○○○○
■坼丑■　○○○○
■茶呈■　○○○○

入聲闢唱呂一之三

一音三聲

古甲九癸　○○○○
□□近揆　○○○○
坤巧丘弃　○○○○
□□乾虯　○○○○

一一一一　宮孔衆○
三音　一一一一　龍甬用○
六聲　一一一一　魚鼠去○
一一一一　烏虎兔○
一一一一　心審禁○
三音　一一一一　○○○十
七聲　一一一一　男坎欠○
一一一一　○○○妾
一一一一　●●●●
三音　一一一一　●●●●
八聲　一一一一　●●●●
一一一一　●●●●
一一一一　●●●●
三音　一一一一　●●●●
九聲　一一一一　●●●●
一一一一　●●●●

黑花香血　○○○○
二音　黃華雄賢　○○○○
三聲　五瓦仰□　○○○○
吾牙月堯　○○○○
安亞乙一　○○○○
三音　□爻王寅　○○○○
三聲　母馬美米　○○○○
目皃眉民　○○○○
夫法□飛　○○○○
四音　父凡□吠　○○○○
三聲　武晚□尾　○○○○
文万□未　○○○○
卜百丙必　○○○○
五音　步白葡鼻　○○○○
三聲　普朴品匹　○○○○
旁排平瓶　○○○○

一一一一●●●●
三音 一一一一●●●●
十聲 一一一一●●●●
一一一一●●●●

閉音清和律一之四

飛飛飛飛 多可个舌
四音 飛飛飛飛 禾火化八
一聲 飛飛飛飛 開宰愛○
飛飛飛飛 回每退○
飛飛飛飛 良兩向○
四音 飛飛飛飛 光廣況○
二聲 飛飛飛飛 丁井亘○
飛飛飛飛 兄永瑩○
飛飛飛飛 千典旦○
四音 飛飛飛飛 元犬半○
三聲 飛飛飛飛 臣引艮○
飛飛飛飛 君允巽○

東丹帝■○○○○
六音 兑大弟■○○○○
三聲 土貪天■○○○○
同覃田■○○○○
乃妳女■○○○○
七音 內南年■○○○○
三聲 老冷吕■○○○○
鹿犖离■○○○○
走哉足■○○○○
八音 自在匠■○○○○
三聲 草采七■○○○○
曹才全■○○○○
思三星■○○○○
九音 寺□象■○○○○
三聲 □□□■○○○○
□□□■○○○○

飛飛飛飛 刀早孝岳

四音 飛飛飛飛 毛寶報霍

四聲 飛飛飛飛 牛斗奏六

飛飛飛飛 〇〇〇玉

飛飛飛飛 妻子四日

四音 飛飛飛飛 衰〇帥骨

五聲 飛飛飛飛 〇〇〇德

飛飛飛飛 龜水貴北

飛飛飛飛 宮孔衆〇

四音 飛飛飛飛 龍甬用〇

六聲 飛飛飛飛 魚鼠去〇

飛飛飛飛 烏虎兔〇

飛飛飛飛 心審禁〇

四音 飛飛飛飛 〇〇〇十

七聲 飛飛飛飛 男坎欠〇

飛飛飛飛 〇〇〇妾

■山手■ 〇〇〇〇

十音 ■士石■ 〇〇〇〇

三聲 ■□耳■ 〇〇〇〇

■□二■ 〇〇〇〇

■莊震■ 〇〇〇〇

十一音 ■乍□■ 〇〇〇〇

三聲 ■叉赤■ 〇〇〇〇

■崇辰■ 〇〇〇〇

■卓中■ 〇〇〇〇

十二音 ■宅直■ 〇〇〇〇

三聲 ■坼丑■ 〇〇〇〇

■茶呈■ 〇〇〇〇

## 入聲闢唱呂一之四

古甲九癸 岳岳岳岳

一音 □□近揆 岳岳岳岳

四聲 坤巧丘弃 岳岳岳岳

□□乾虯 岳岳岳岳

飛飛飛飛　●●●●
四音　飛飛飛飛　●●●●
八聲　飛飛飛飛　●●●●
飛飛飛飛　●●●●
飛飛飛飛　●●●●
四音　飛飛飛飛　●●●●
九聲　飛飛飛飛　●●●●
飛飛飛飛　●●●●
飛飛飛飛　●●●●
四音　飛飛飛飛　●●●●
十聲　飛飛飛飛　●●●●
飛飛飛飛　●●●●

閉音清和律一之五

必必必必　多可个舌
五音　必必必必　禾火化八
一聲　必必必必　開宰愛○
必必必必　回每退○



黑花香血　岳岳岳岳
二音　黃華雄賢　岳岳岳岳
四聲　五瓦仰□　岳岳岳岳
吾牙月堯　岳岳岳岳
安亞乙一　岳岳岳岳
三音　□爻王寅　岳岳岳岳
四聲　母馬美米　岳岳岳岳
目皃眉民　岳岳岳岳
夫法□飛　岳岳岳岳
四音　父凡□吠　岳岳岳岳
四聲　武晚□尾　岳岳岳岳
文万□未　岳岳岳岳
卜百丙必　岳岳岳岳
五音　步白葡鼻　岳岳岳岳
四聲　普朴品匹　岳岳岳岳
旁排平瓶　岳岳岳岳

必必必必　良兩向○

五音　二聲

必必必必　光廣況○
必必必必　丁井亘○
必必必必　兄永瑩○
必必必必　千典旦○

五音　三聲

必必必必　元犬半○
必必必必　臣引艮○
必必必必　君允巽○
必必必必　刀早孝岳

五音　四聲

必必必必　毛寶報霍
必必必必　牛斗奏六
必必必必　○○○玉
必必必必　妻子四日

五音　五聲

必必必必　衰○帥骨
必必必必　○○○德
必必必必　龜水貴北

東丹帝■　岳岳岳岳

六音　四聲

兑大弟■　岳岳岳岳
土貪天■　岳岳岳岳
同覃田■　岳岳岳岳
乃妳女■　岳岳岳岳

七音　四聲

内南年■　岳岳岳岳
老冷吕■　岳岳岳岳
鹿犖离■　岳岳岳岳
走哉足■　岳岳岳岳

八音　四聲

自在匠■　岳岳岳岳
草采七■　岳岳岳岳
曹才全■　岳岳岳岳
思三星■　岳岳岳岳

九音　四聲

寺□象■　岳岳岳岳
□□□■　岳岳岳岳
□□□■　岳岳岳岳

必必必必 宮孔衆○
五音 必必必必 龍甬用○
六聲 必必必必 魚鼠去○
必必必必 烏虎兔○
必必必必 心審禁○
五音 必必必必 ○○○十
七聲 必必必必 男坎欠○
必必必必 ○○○妾
必必必必 ●●●●
五音 必必必必 ●●●●
八聲 必必必必 ●●●●
必必必必 ●●●●
必必必必 ●●●●
五音 必必必必 ●●●●
九聲 必必必必 ●●●●
必必必必 ●●●●

■山手■ 岳岳岳岳
十音 ■士石■ 岳岳岳岳
四聲 ■□耳■ 岳岳岳岳
■□二■ 岳岳岳岳
■莊震■ 岳岳岳岳
十一音 ■乍□■ 岳岳岳岳
四聲 ■叉赤■ 岳岳岳岳
■崇辰■ 岳岳岳岳
■卓中■ 岳岳岳岳
十二音 ■宅直■ 岳岳岳岳
四聲 ■坼丑■ 岳岳岳岳
■茶呈■ 岳岳岳岳

## 入聲闢唱呂一之五

古甲九癸 日日日日
一音 □□近揆 日日日日
五聲 坤巧丘弃 日日日日
□□乾虯 日日日日

必必必必 ●●●●
必必必必 ●●●●

五音十聲

必必必必 ●●●●
必必必必 ●●●●

閉音清和律一之六

■■■■ 多可个舌

六音一聲

■■■■ 禾火化八
■■■■ 開宰愛○
■■■■ 回每退○
■■■■ 良兩向○

六音二聲

■■■■ 光廣況○
■■■■ 丁井亘○
■■■■ 兄永瑩○
■■■■ 千典旦○

六音三聲

■■■■ 元犬半○
■■■■ 臣引艮○
■■■■ 君允巽○

黑花香血 日日日日

二音五聲

黄華雄賢 日日日日
五瓦仰□ 日日日日
吾牙月堯 日日日日
安亞乙一 日日日日

三音五聲

□爻王寅 日日日日
母馬美米 日日日日
目皃眉民 日日日日
夫法□飛 日日日日

四音五聲

父凡□吠 日日日日
武晚□尾 日日日日
文万□未 日日日日
卜百丙必 日日日日

五音五聲

步白葡鼻 日日日日
普朴品匹 日日日日
旁排平瓶 日日日日

六音 四聲

■■■■刀早孝岳
■■■■毛寶報霍
■■■■牛斗奏六
■■■■○○○玉
■■■■妻子四日

六音 五聲

■■■■衰○帥骨
■■■■○○○德
■■■■龜水貴北
■■■■宮孔衆○

六音 六聲

■■■■龍甬用○
■■■■魚鼠去○
■■■■烏虎兔○
■■■■心審禁○

六音 七聲

■■■■○○○十
■■■■男坎欠○
■■■■○○○妾

六音 五聲

東丹帝■日日日日
兌大弟■日日日日
土貪天■日日日日
同覃田■日日日日
乃妳女■日日日日

七音 五聲

內南年■日日日日
老冷吕■日日日日
鹿犖离■日日日日
走哉足■日日日日

八音 五聲

自在匠■日日日日
草采七■日日日日
曹才全■日日日日
思三星■日日日日

九音 五聲

寺□象■日日日日
□□□■日日日日
□□□■日日日日

■■■■●●●●
六音 ■■■■●●●●
八聲 ■■■■●●●●
■■■■●●●●
■■■■●●●●
六音 ■■■■●●●●
九聲 ■■■■●●●●
■■■■●●●●
■■■■●●●●
六音 ■■■■●●●●
十聲 ■■■■●●●●
■■■■●●●●

閉音清和律一之七

■■■■多可个舌
七音 ■■■■禾火化八
一聲 ■■■■開宰愛○
■■■■回每退○

■山手■日日日日
十音 ■士石■日日日日
五聲 ■□耳■日日日日
■□二■日日日日
■莊震■日日日日
十一音 ■乍□■日日日日
五聲 ■叉赤■日日日日
■崇辰■日日日日
■卓中■日日日日
十二音 ■宅直■日日日日
五聲 ■坼丑■日日日日
■茶呈■日日日日

入聲闢唱呂一之六

古甲九癸○○○○
一音 □□近揆○○○○
六聲 坤巧丘弃○○○○
□□乾虯○○○○

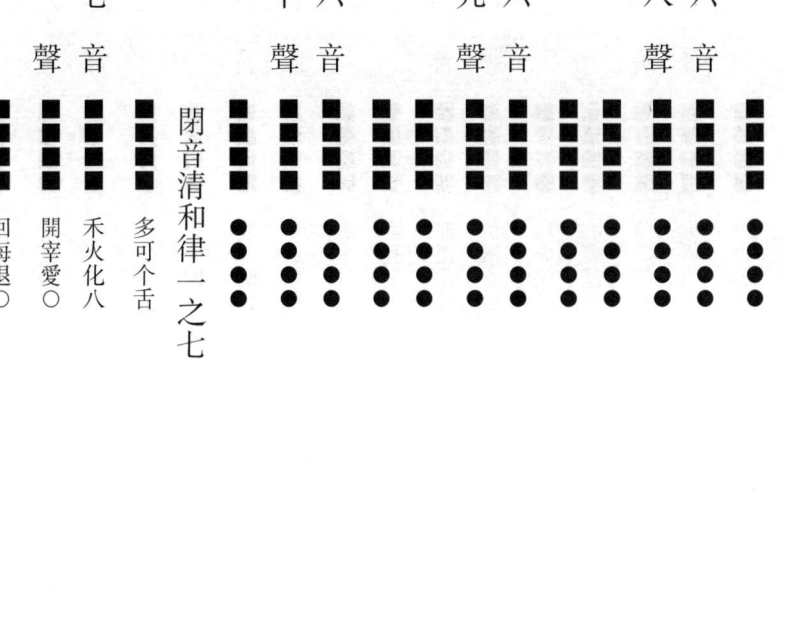

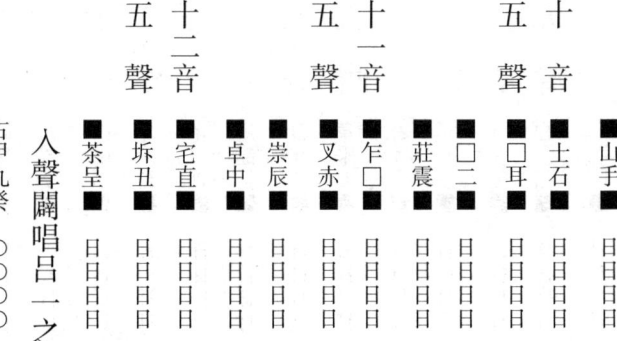

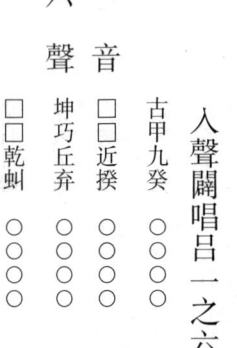

■■■■ 良兩向○
七音 ■■■■ 光廣况○
二聲 ■■■■ 丁井亘○
■■■■ 兄永瑩○
■■■■ 千典旦○
七音 ■■■■ 元犬半○
三聲 ■■■■ 臣引艮○
■■■■ 君允巽○
■■■■ 刀早孝岳
七音 ■■■■ 毛寶報霍
四聲 ■■■■ 牛斗奏六
■■■■ ○○○玉
■■■■ 妻子四日
七音 ■■■■ 衰○帥骨
五聲 ■■■■ ○○○德
■■■■ 龜水貴北

黑花香血 ○○○○
二音 黃華雄賢 ○○○○
六聲 五瓦仰□ ○○○○
吾牙月堯 ○○○○
安亞乙一 ○○○○
三音 □爻王寅 ○○○○
六聲 母馬美米 ○○○○
目皃眉民 ○○○○
夫法□飛 ○○○○
四音 父凡□吠 ○○○○
六聲 武晚□尾 ○○○○
文万□未 ○○○○
卜百丙必 ○○○○
五音 步白莆鼻 ○○○○
六聲 普朴品匹 ○○○○
旁排平瓶 ○○○○

■■■■宮孔衆○
七音 ■■■■龍甬用○
六聲 ■■■■魚鼠去○
■■■■烏虎兔○
■■■■心審禁○
七音 ■■■■○○○十
七聲 ■■■■男坎欠○
■■■■○○○妾
■■■■●●●●
七音 ■■■■●●●●
八聲 ■■■■●●●●
■■■■●●●●
■■■■●●●●
七音 ■■■■●●●●
九聲 ■■■■●●●●
■■■■●●●●

東丹帝■○○○○
六音 兑大弟■○○○○
六聲 土貪天■○○○○
同覃田■○○○○
乃妳女■○○○○
七音 内南年■○○○○
六聲 老冷吕■○○○○
鹿犖离■○○○○
走哉足■○○○○
八音 自在匠■○○○○
六聲 草采七■○○○○
曹才全■○○○○
思三星■○○○○
九音 寺□象■○○○○
六聲 □□□■○○○○
□□□■○○○○

七音 十聲

■■■■●●●●
■■■■●●●●
■■■■●●●●
■■■■●●●●

閉音清和律一之八

八音 一聲

■■■■多可个舌
■■■■禾火化八
■■■■開宰愛○

八音 二聲

■■■■回每退○
■■■■良兩向○
■■■■光廣況○
■■■■丁井亘○
■■■■兄永瑩○

八音 三聲

■■■■千典旦○
■■■■元犬半○
■■■■臣引艮○
■■■■君允巽○

十音 六聲

■山手■○○○○
■士石■○○○○
■□耳■○○○○
■□二■○○○○

十一音 六聲

■莊震■○○○○
■乍□■○○○○
■叉赤■○○○○

十二音 六聲

■崇辰■○○○○
■卓中■○○○○
■宅直■○○○○
■坼丑■○○○○
■茶呈■○○○○

入聲闢唱呂一之七

一音 七聲

古甲九癸○○○○
□□近揆○○○○
坤巧丘弃○○○○
□□乾虬○○○○

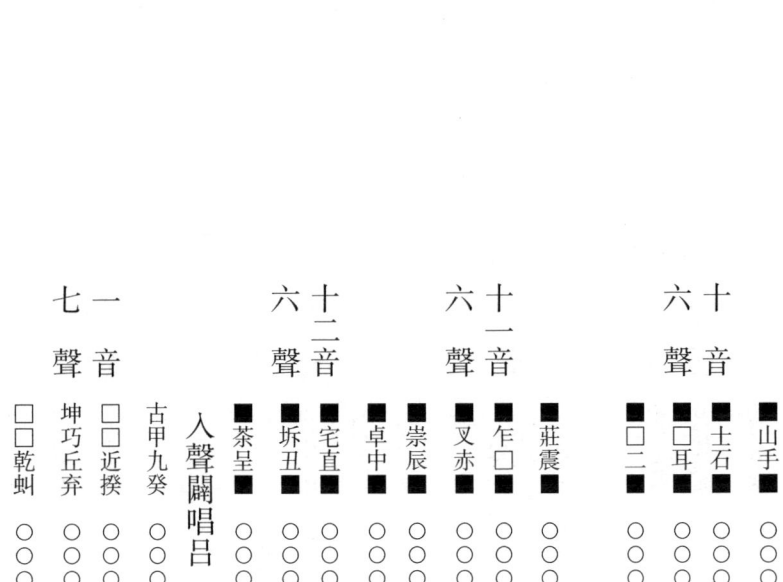

八音　四聲

■■■■ 刀早孝岳
■■■■ 毛寶報霍
■■■■ 牛斗奏六
■■■■ ○○○玉

八音　五聲

■■■■ 妻子四日
■■■■ 衰○帥骨
■■■■ ○○○德
■■■■ 龜水貴北

八音　六聲

■■■■ 宮孔衆○
■■■■ 龍甬用○
■■■■ 魚鼠去○
■■■■ 烏虎兔○

八音　七聲

■■■■ 心審禁○
■■■■ ○○○十
■■■■ 男坎欠○
■■■■ ○○○妾

二音　七聲

黑花香血 ○○○○
黃華雄賢 ○○○○
五瓦仰□ ○○○○
吾牙月堯 ○○○○

三音　七聲

安亞乙一 ○○○○
□爻王寅 ○○○○
母馬美米 ○○○○
目皃眉民 ○○○○

四音　七聲

夫法□飛 ○○○○
父凡□吠 ○○○○
武晚□尾 ○○○○
文万□未 ○○○○

五音　七聲

卜百丙必 ○○○○
步白葡鼻 ○○○○
普朴品匹 ○○○○
旁排平瓶 ○○○○

■■■■●●●●
八音 ■■■■●●●●
八聲 ■■■■●●●●
■■■■●●●●
■■■■●●●●
八音 ■■■■●●●●
九聲 ■■■■●●●●
■■■■●●●●
■■■■●●●●
八音 ■■■■●●●●
十聲 ■■■■●●●●
■■■■●●●●

閉音清和律一之九

■■■■多可个舌
九音 ■■■■禾火化八
一聲 ■■■■開宰愛○
■■■■回每退○

東丹帝■○○○○
六音 兑大弟■○○○○
七聲 土貪天■○○○○
同覃田■○○○○
乃妳女■○○○○
七音 内南年■○○○○
七聲 老冷吕■○○○○
鹿犖离■○○○○
走哉足■○○○○
八音 自在匠■○○○○
七聲 草采七■○○○○
曹才全■○○○○

思三星■○○○○
九音 寺□象■○○○○
七聲 □□□■○○○○
□□□■○○○○

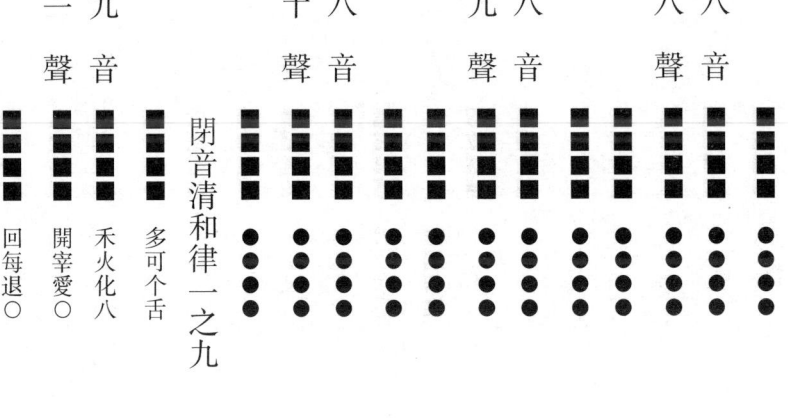

九音 二聲

■■■■良兩向○
■■■■光廣況○
■■■■丁井亘○
■■■■兄永瑩○

九音 三聲

■■■■千典旦○
■■■■元犬半○
■■■■臣引艮○
■■■■君允巽○

九音 四聲

■■■■刀早孝岳
毛寶報霍■■■■
■■■■牛斗奏六
■■■■○○○玉

九音 五聲

■■■■妻子四日
■■■■衰○帥骨
■■■■○○○德
■■■■龜水貴北

十音 七聲

■山手■○○○○
■士石■○○○○
■□耳■○○○○
■□二■○○○○
■莊震■○○○○

十一音 七聲

■乍□■○○○○
■叉赤■○○○○
■崇辰■○○○○
■卓中■○○○○

十二音 七聲

■宅直■○○○○
■坼丑■○○○○
■茶呈■○○○○

## 入聲闢唱呂一之八

一音 八聲

古甲九癸●●●●
□□近揆●●●●
坤巧丘弃●●●●
□□乾虯●●●●

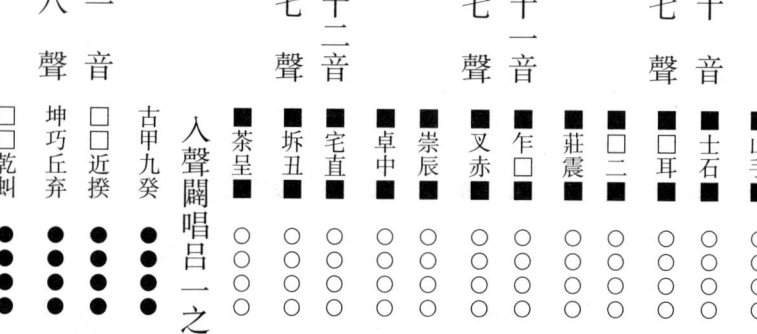

■■■■ 宮孔衆○
九音 ■■■■ 龍甬用○
六聲 ■■■■ 魚鼠去○
■■■■ 烏虎兔○
■■■■ 心審禁○
九音 ■■■■ ○○○十
七聲 ■■■■ 男坎欠○
■■■■ ○○○妾
■■■■ ●●●●
九音 ■■■■ ●●●●
八聲 ■■■■ ●●●●
■■■■ ●●●●
■■■■ ●●●●
九音 ■■■■ ●●●●
九聲 ■■■■ ●●●●
■■■■ ●●●●

黑花香血 ●●●●
二音 黃華雄賢 ●●●●
八聲 五瓦仰□ ●●●●
吾牙月堯 ●●●●
安亞乙一 ●●●●
三音 □爻王寅 ●●●●
八聲 母馬美米 ●●●●
目皃眉民 ●●●●
夫法□飛 ●●●●
四音 父凡□吠 ●●●●
八聲 武晚□尾 ●●●●
文万□未 ●●●●
卜百丙必 ●●●●
五音 步白葡鼻 ●●●●
八聲 普朴品匹 ●●●●
旁排平瓶 ●●●●

■■■■●●●●
■■■■●●●●
九音 ■■■■●●●●
十聲 ■■■■●●●●

閉音清和律一之十

■■■■多可个舌
十一音 ■■■■禾火化八
一聲 ■■■■開宰愛○
■■■■回每退○
■■■■良兩向○
十二音 ■■■■光廣況○
二聲 ■■■■丁井亘○
■■■■兄永瑩○
■■■■千典旦○
十三音 ■■■■元犬半○
三聲 ■■■■臣引良○
■■■■君允巽○

東丹帝■●●●●
六音 兑大弟■●●●●
八聲 土貪天■●●●●
同覃田■●●●●
乃妳女■●●●●
七音 内南年■●●●●
八聲 老冷吕■●●●●
鹿犖离■●●●●
走哉足■●●●●
八音 自在匠■●●●●
八聲 草采七■●●●●
曹才全■●●●●
思三星■●●●●
九音 寺□象■●●●●
八聲 □□□■●●●●
□□□■●●●●

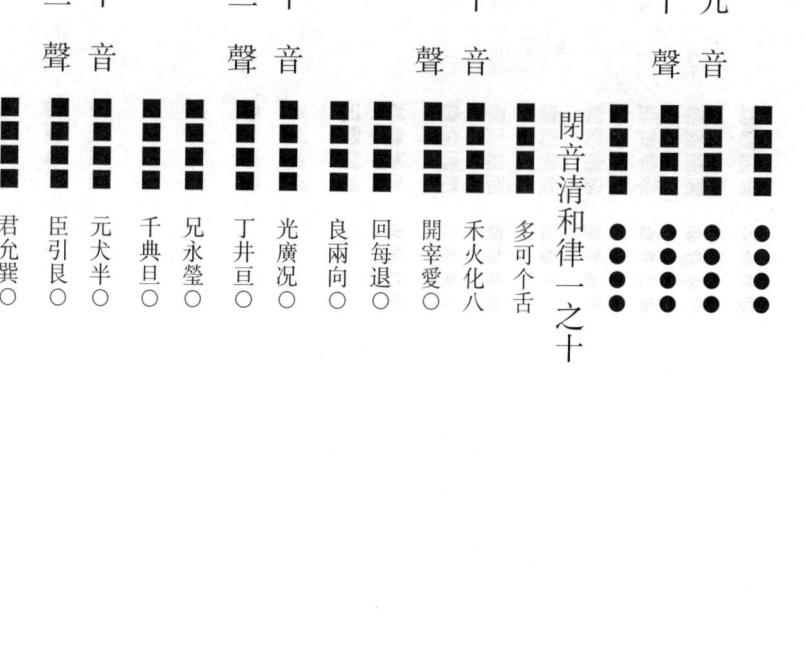

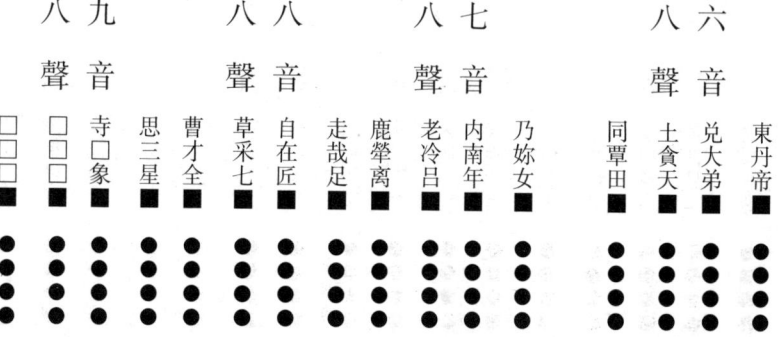

十音四聲

刀早孝岳 ■■■■
毛寶報霍 ■■■■
牛斗奏六 ■■■■
〇〇〇玉 ■■■■

十音五聲

妻子四日 ■■■■
衰〇帥骨 ■■■■
〇〇〇德 ■■■■
龜水貴北 ■■■■

十音六聲

宮孔衆〇 ■■■■
龍甬用〇 ■■■■
魚鼠去〇 ■■■■
烏虎兔〇 ■■■■

十音七聲

心審禁〇 ■■■■
〇〇〇十 ■■■■
男坎欠〇 ■■■■
〇〇〇妾 ■■■■

十音八聲

■山手■ ●●●●
■士石■ ●●●●
■□耳■ ●●●●
■□二■ ●●●●

十一音八聲

■莊震■ ●●●●
■乍□■ ●●●●
■叉赤■ ●●●●
■崇辰■ ●●●●

十二音八聲

■卓中■ ●●●●
■宅直■ ●●●●
■坼丑■ ●●●●
■茶呈■ ●●●●

## 入聲闢唱呂一之九

一音九聲

古甲九癸 ●●●●
□□近揆 ●●●●
坤巧丘弃 ●●●●
□□乾蚪 ●●●●

■■■■ ●●●●

十音八聲
■■■■ ●●●●
■■■■ ●●●●
■■■■ ●●●●
■■■■ ●●●●

十音九聲
■■■■ ●●●●
■■■■ ●●●●
■■■■ ●●●●
■■■■ ●●●●

十音十聲
■■■■ ●●●●
■■■■ ●●●●
■■■■ ●●●●

閉音清和律一之十一

■■■■ 多可个舌

十一音一聲
■■■■ 禾火化八
■■■■ 開宰愛○
■■■■ 回每退○

黑花香血 ●●●●

二音九聲
黃華雄賢 ●●●●
五瓦仰□ ●●●●
吾牙月堯 ●●●●
安亞乙一 ●●●●

三音九聲
□爻王寅 ●●●●
母馬美米 ●●●●
目皃眉民 ●●●●
夫法□飛 ●●●●

四音九聲
父凡□吠 ●●●●
武晚□尾 ●●●●
文万□未 ●●●●
卜百丙必 ●●●●

五音九聲
步白葡鼻 ●●●●
普朴品匹 ●●●●
旁排平瓶 ●●●●

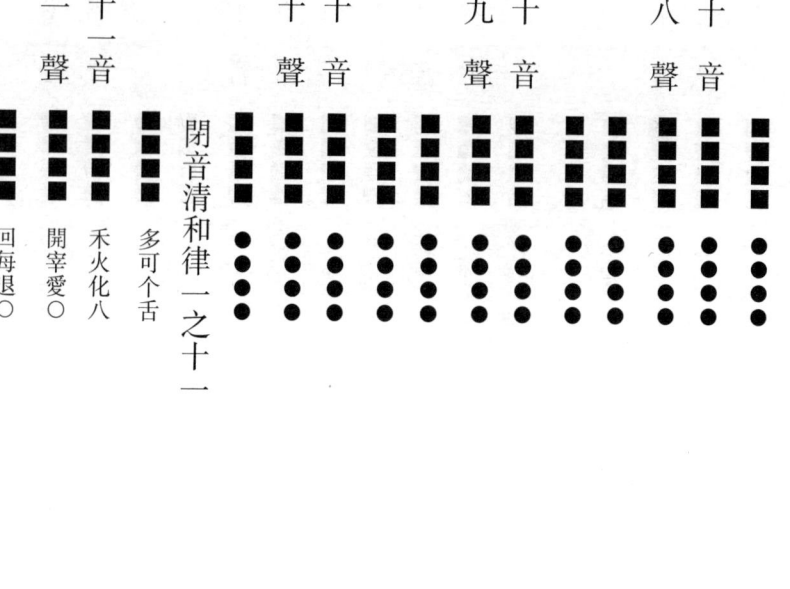

■■■■良兩向○

十一音 ■■■■光廣況○

二聲 ■■■■丁井亘○

■■■■兄永瑩○

■■■■千典旦○

十一音 ■■■■元犬半○

三聲 ■■■■臣引艮○

■■■■君允巽○

■■■■刀早孝岳

十一音 ■■■■毛寶報霍

四聲 ■■■■牛斗奏六

■■■■○○○玉

■■■■妻子四日

十一音 ■■■■衰○帥骨

五聲 ■■■■○○○德

■■■■龜水貴北

東丹帝■●●●●

六音 兑大弟■●●●●

九聲 土貪天■●●●●

同覃田■●●●●

乃妳女■●●●●

七音 内南年■●●●●

九聲 老冷吕■●●●●

鹿犖离■●●●●

走哉足■●●●●

八音 自在匠■●●●●

九聲 草采七■●●●●

曹才全■●●●●

思三星■●●●●

九音 寺□象■●●●●

九聲 □□□■●●●●

□□□■●●●●

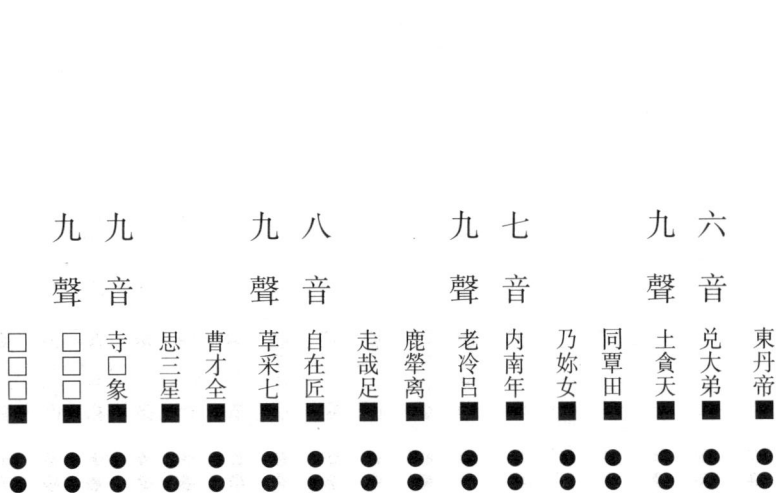

■■■■宮孔衆○
十一音 ■■■■龍甬用○
六聲 ■■■■魚鼠去○
■■■■烏虎兔○
■■■■心審禁○
十一音 ■■■■○○○十
七聲 ■■■■男坎欠○
■■■■○○○妾
■■■■●●●●
十一音 ■■■■●●●●
八聲 ■■■■●●●●
■■■■●●●●
■■■■●●●●
十一音 ■■■■●●●●
九聲 ■■■■●●●●
■■■■●●●●

■山手■●●●●
十音 ■士石■●●●●
九聲 ■□耳■●●●●
■□二■●●●●
■莊震■●●●●
十一音 ■乍□■●●●●
九聲 ■叉赤■●●●●
■崇辰■●●●●
■卓中■●●●●
十二音 ■宅直■●●●●
九聲 ■坼丑■●●●●
■茶呈■●●●●

入聲闢唱呂一之十

古甲九癸●●●●
一音 □□近揆●●●●
十聲 坤巧丘弃●●●●
□□乾虯●●●●

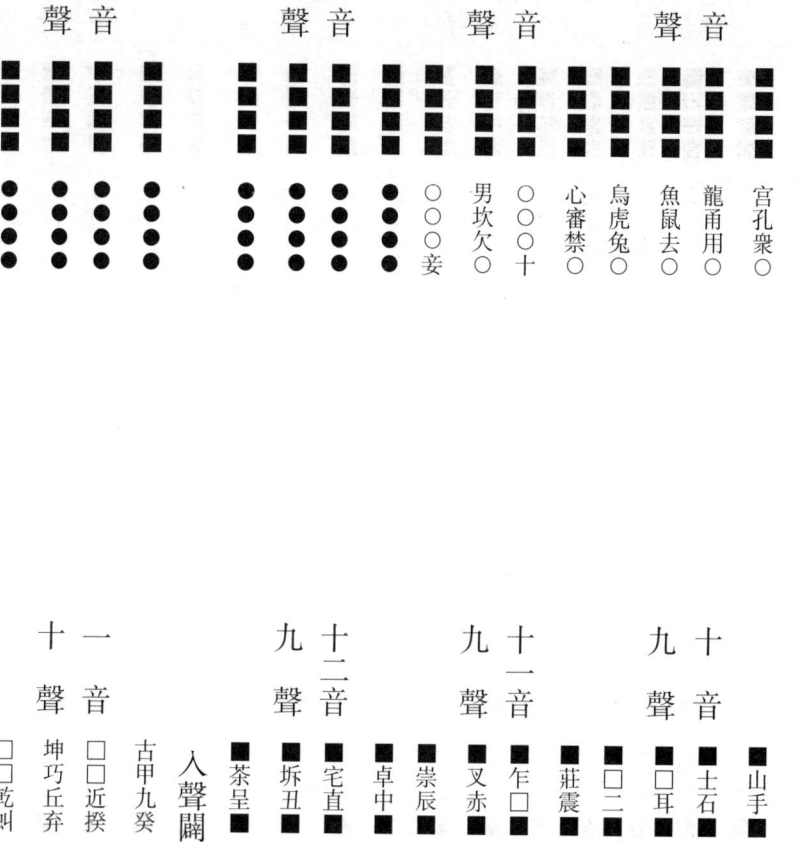

■■■■ ●●●●
十一音 ■■■■ ●●●●
十聲 ■■■■ ●●●●
■■■■ ●●●●

閉音清和律一之十二

■■■■ 多可个舌
十二音 ■■■■ 禾火化八
一聲 ■■■■ 開宰愛○
■■■■ 回每退○
■■■■ 良兩向○
十二音 ■■■■ 光廣況○
二聲 ■■■■ 丁井亘○
■■■■ 兄永瑩○
■■■■ 千典旦○
十二音 ■■■■ 元犬半○
三聲 ■■■■ 臣引艮○
■■■■ 君允巽○

黑花香血 ●●●●
十二音 黃華雄賢 ●●●●
十聲 五瓦仰□ ●●●●
吾牙月堯 ●●●●
安亞乙一 ●●●●
十三音 □爻王寅 ●●●●
十聲 母馬美米 ●●●●
目皃眉民 ●●●●
夫法□飛 ●●●●
十四音 父凡□吠 ●●●●
十聲 武晚□尾 ●●●●
文万□未 ●●●●
卜百丙必 ●●●●
十五音 步白葡鼻 ●●●●
十聲 普朴品匹 ●●●●
旁排平瓶 ●●●●

■■■■刀早孝岳

十二音 四聲
■■■■毛寶報霍
■■■■牛斗奏六
■■■■○○○玉
■■■■妻子四日

十二音 五聲
■■■■衰○帥骨
■■■■○○○德
■■■■龜水貴北
■■■■宮孔衆○

十二音 六聲
■■■■龍甬用○
■■■■魚鼠去○
■■■■烏虎兔○
■■■■心審禁○

十二音 七聲
■■■■○○○十
■■■■男坎欠○
■■■■○○○妾

東丹帝■●●●●

六音 十聲
兑大弟■●●●●
土貪天■●●●●
同覃田■●●●●
乃妳女■●●●●

七音 十聲
内南年■●●●●
老冷吕■●●●●
鹿犖离■●●●●
走哉足■●●●●

八音 十聲
自在匠■●●●●
草采七■●●●●
曹才全■●●●●
思三星■●●●●

九音 十聲
寺□象■●●●●
□□□■●●●●
□□□■●●●●

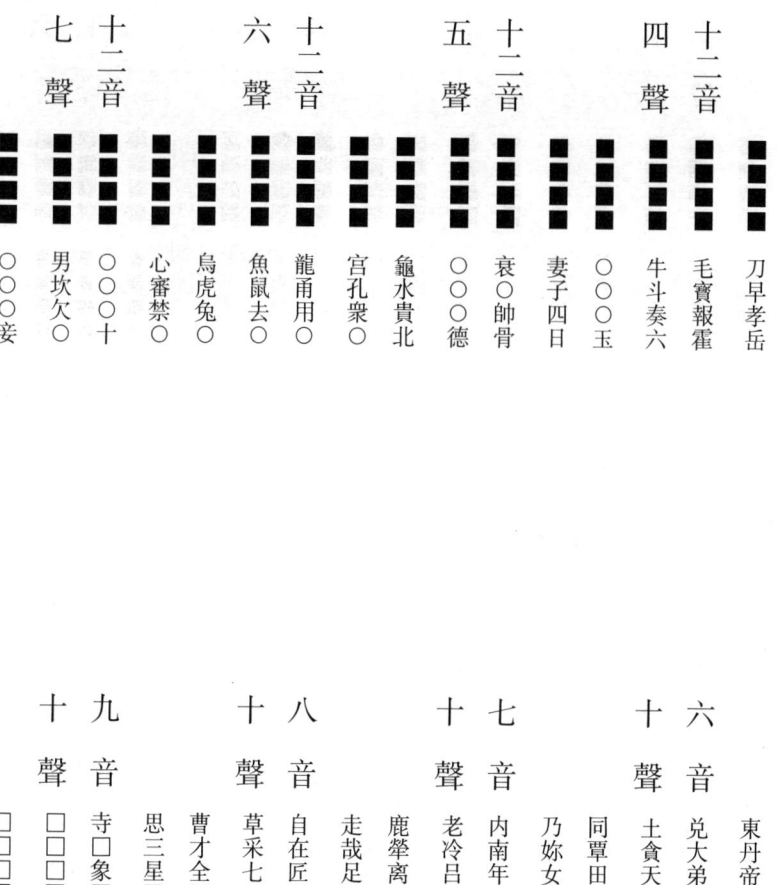

■■■■●●●● ■山手■●●●●
十二音 ■■■■●●●● 十音 ■士石■●●●●
八聲 ■■■■●●●● 十聲 ■□耳■●●●●
■■■■●●●● ■□二■●●●●
■■■■●●●● ■莊震■●●●●
十二音 ■■■■●●●● 十一音 ■乍□■●●●●
九聲 ■■■■●●●● 十聲 ■叉赤■●●●●
■■■■●●●● ■崇辰■●●●●
■■■■●●●● ■卓中■●●●●
十二音 ■■■■●●●● 十二音 ■宅直■●●●●
十聲 ■■■■●●●● 十聲 ■拆丑■●●●●
■■■■●●●● ■茶呈■●●●●

## 觀物篇之四十八

辰月聲入翕 石火音閉濁
八〇〇霍骨 揆賢寅吠鼻■

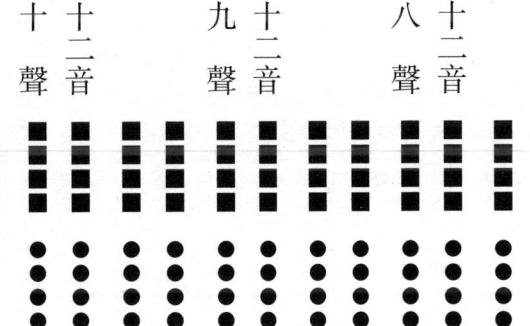

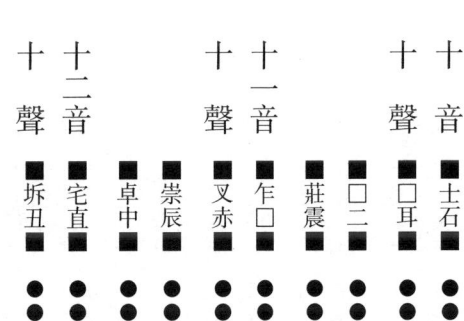

〇十●●●

辰月聲七，下唱地之用音一百五十二，是謂入聲翕音。入聲翕音一千六十四。

辰月聲入之二翕

閉音濁和律二之一

揆揆揆揆　多可个舌
一音　揆揆揆揆　禾火化八
一聲　揆揆揆揆　開宰愛〇
揆揆揆揆　回每退〇
揆揆揆揆　良兩向〇
一音　揆揆揆揆　光廣況〇
二聲　揆揆揆揆　丁井亘〇
揆揆揆揆　兄永瑩〇
揆揆揆揆　千典旦〇
一音　揆揆揆揆　元犬半〇
三聲　揆揆揆揆　臣引良〇
揆揆揆揆　君允巽〇



■■■■■■

石火音五，上和天之用聲一百一十二，是謂閉音濁聲。閉音濁聲五百六十。

石火音閉之二濁

入聲翕唱呂二之一

古甲九癸　八八八八
一音　□□近揆　八八八八
一聲　坤巧丘弃　八八八八
□□乾虯　八八八八
黑花香血　八八八八
二音　黃華雄賢　八八八八
一聲　五瓦仰□　八八八八
吾牙月堯　八八八八
安亞乙一　八八八八
三音　□爻王寅　八八八八
一聲　母馬美米　八八八八
目皃眉民　八八八八

揆揆揆揆　刀早孝岳

一音　揆揆揆揆　毛寶報霍

四聲　揆揆揆揆　牛斗奏六

揆揆揆揆　○○○玉

揆揆揆揆　妻子四日

一音　揆揆揆揆　衰○帥骨

五聲　揆揆揆揆　○○○德

揆揆揆揆　龜水貴北

揆揆揆揆　宮孔衆○

一音　揆揆揆揆　龍甬用○

六聲　揆揆揆揆　魚鼠去○

揆揆揆揆　烏虎兔○

揆揆揆揆　心審禁○

一音　揆揆揆揆　○○○十

七聲　揆揆揆揆　男坎欠○

揆揆揆揆　○○○妾

夫法□飛　八八八八

四音　父凡□吠　八八八八

一聲　武晚□尾　八八八八

文万□未　八八八八

卜百丙必　八八八八

五音　步白葡鼻　八八八八

一聲　普朴品匹　八八八八

旁排平瓶　八八八八

東丹帝■　八八八八

六音　兑大弟■　八八八八

一聲　土貪天■　八八八八

同覃田■　八八八八

乃妳女■　八八八八

七音　内南年■　八八八八

一聲　老冷吕■　八八八八

鹿犖离■　八八八八

揆揆揆揆 ●●●●
一音 揆揆揆揆 ●●●●
八聲 揆揆揆揆 ●●●●
揆揆揆揆 ●●●●
揆揆揆揆 ●●●●
一音 揆揆揆揆 ●●●●
九聲 揆揆揆揆 ●●●●
揆揆揆揆 ●●●●
揆揆揆揆 ●●●●
一音 揆揆揆揆 ●●●●
十聲 揆揆揆揆 ●●●●
揆揆揆揆 ●●●●

閉音濁和律二之二

賢賢賢賢 多可个舌
二音 賢賢賢賢 禾火化八
一聲 賢賢賢賢 開宰愛○
賢賢賢賢 回每退○

走哉足■ 八八八八
八音 自在匠■ 八八八八
一聲 草采七■ 八八八八
曹才全■ 八八八八
思三星■ 八八八八
九音 寺□象■ 八八八八
一聲 □□□■ 八八八八
□□□■ 八八八八
■山手■ 八八八八
十音 ■士石■ 八八八八
一聲 ■□耳■ 八八八八
■□二■ 八八八八
■莊震■ 八八八八
十一音 ■乍□■ 八八八八
一聲 ■叉赤■ 八八八八
■崇辰■ 八八八八

賢賢賢賢　良兩向○
二音　賢賢賢賢　光廣況○
二聲　賢賢賢賢　丁井亘○
賢賢賢賢　兄永瑩○

賢賢賢賢　千典旦○
二音　賢賢賢賢　元犬半○
三聲　賢賢賢賢　臣引艮○
賢賢賢賢　君允巽○

賢賢賢賢　刀早孝岳
二音　賢賢賢賢　毛寶報霍
四聲　賢賢賢賢　牛斗奏六
賢賢賢賢　○○○玉

賢賢賢賢　妻子四日
二音　賢賢賢賢　衰○帥骨
五聲　賢賢賢賢　○○○德
賢賢賢賢　龜水貴北

■卓中■　八八八八
十二音　■宅直■　八八八八
一聲　■坼丑■　八八八八
■茶呈■　八八八八

## 入聲翕唱呂二之二

古甲九癸　○○○○
一音　□□近揆　○○○○
二聲　坤巧丘弃　○○○○
□□乾虯　○○○○

黑花香血　○○○○
二音　黃華雄賢　○○○○
二聲　五瓦仰□　○○○○
吾牙月堯　○○○○

安亞乙一　○○○○
三音　□爻王寅　○○○○
二聲　母馬美米　○○○○
目皃眉民　○○○○

賢賢賢賢 宮孔衆○

二音 賢賢賢賢 龍甬用○

六聲 賢賢賢賢 魚鼠去○

賢賢賢賢 烏虎兎○

賢賢賢賢 心審禁○

二音 賢賢賢賢 ○○○十

七聲 賢賢賢賢 男坎欠○

賢賢賢賢 ○○○妾

賢賢賢賢 ●●●●

二音 賢賢賢賢 ●●●●

八聲 賢賢賢賢 ●●●●

賢賢賢賢 ●●●●

賢賢賢賢 ●●●●

二音 賢賢賢賢 ●●●●

九聲 賢賢賢賢 ●●●●

賢賢賢賢 ●●●●

夫法□飛 ○○○○

四音 父凡□吠 ○○○○

二聲 武晚□尾 ○○○○

文万□未 ○○○○

卜百丙必 ○○○○

五音 步白葡鼻 ○○○○

二聲 普朴品匹 ○○○○

旁排平瓶 ○○○○

東丹帝■ ○○○○

六音 兑大弟■ ○○○○

二聲 土貪天■ ○○○○

同覃田■ ○○○○

乃妳女■ ○○○○

七音 内南年■ ○○○○

二聲 老冷吕■ ○○○○

鹿犖离■ ○○○○

賢賢賢賢 ●●●●
二音 賢賢賢賢 ●●●●
十聲 賢賢賢賢 ●●●●
賢賢賢賢 ●●●●

閉音濁和律二之三

寅寅寅寅 多可个舌
三音 寅寅寅寅 禾火化八
一聲 寅寅寅寅 開宰愛○
寅寅寅寅 回每退○
寅寅寅寅 良兩向○
三音 寅寅寅寅 光廣況○
二聲 寅寅寅寅 丁井亘○
寅寅寅寅 兄永瑩○
寅寅寅寅 千典旦○
三音 寅寅寅寅 元犬半○
三聲 寅寅寅寅 臣引良○
寅寅寅寅 君允巽○

走哉足■ ○○○○
八音 自在匠■ ○○○○
二聲 草采七■ ○○○○
曹才全■ ○○○○
思三星■ ○○○○
九音 寺□象■ ○○○○
二聲 □□□■ ○○○○
□□□■ ○○○○
■山手■ ○○○○
十音 ■士石■ ○○○○
二聲 ■□耳■ ○○○○
■□二■ ○○○○
■莊震■ ○○○○
十一音 ■乍□■ ○○○○
二聲 ■叉赤■ ○○○○
■崇辰■ ○○○○

三音 四聲

寅寅寅寅 刀早孝岳
寅寅寅寅 毛寶報霍
寅寅寅寅 牛斗奏六
寅寅寅寅 ○○○玉

三音 五聲

寅寅寅寅 妻子四日
寅寅寅寅 衰○帥骨
寅寅寅寅 ○○○德
寅寅寅寅 龜水貴北

三音 六聲

寅寅寅寅 宮孔衆○
寅寅寅寅 龍甬用○
寅寅寅寅 魚鼠去○
寅寅寅寅 烏虎兔○

三音 七聲

寅寅寅寅 心審禁○
寅寅寅寅 ○○○十
寅寅寅寅 男坎欠○
寅寅寅寅 ○○○妾

十二音 二聲

■卓中■ ○○○○
■宅直■ ○○○○
■坼丑■ ○○○○
■茶呈■ ○○○○

## 入聲翕唱呂二之三

一音 三聲

古甲九癸 ○○○○
□□近揆 ○○○○
坤巧丘弃 ○○○○
□□乾虯 ○○○○

二音 三聲

黑花香血 ○○○○
黃華雄賢 ○○○○
五瓦仰□ ○○○○
吾牙月堯 ○○○○

三音 三聲

安亞乙一 ○○○○
□爻王寅 ○○○○
母馬美米 ○○○○
目皃眉民 ○○○○

寅寅寅寅　●●●●
三音　寅寅寅寅　●●●●
八聲　寅寅寅寅　●●●●
寅寅寅寅　●●●●
寅寅寅寅　●●●●
三音　寅寅寅寅　●●●●
九聲　寅寅寅寅　●●●●
寅寅寅寅　●●●●
寅寅寅寅　●●●●
三音　寅寅寅寅　●●●●
十聲　寅寅寅寅　●●●●
寅寅寅寅　●●●●

## 閉音濁和律一之四

吠吠吠吠　多可个舌
四音　吠吠吠吠　禾火化八
一聲　吠吠吠吠　開宰愛○
吠吠吠吠　回每退○

夫法□飛　○○○○
四音　父凡□吠　○○○○
三聲　武晚□尾　○○○○
文万□未　○○○○
卜百丙必　○○○○
五音　步白葡鼻　○○○○
三聲　普朴品匹　○○○○
旁排平瓶　○○○○
東丹帝■　○○○○
六音　兑大弟■　○○○○
三聲　土貪天■　○○○○
同覃田■　○○○○
乃妳女■　○○○○
七音　内南年■　○○○○
三聲　老冷吕■　○○○○
鹿犖离■　○○○○

吷吷吷吷　良兩向○
四音　吷吷吷吷　光廣況○
二聲　吷吷吷吷　丁井亘○
吷吷吷吷　兄永瑩○
吷吷吷吷　千典旦○
四音　吷吷吷吷　元犬半○
三聲　吷吷吷吷　臣引艮○
吷吷吷吷　君允巽○
吷吷吷吷　刀早孝岳
四音　吷吷吷吷　毛寶報霍
四聲　吷吷吷吷　牛斗奏六
吷吷吷吷　○○○玉
吷吷吷吷　妻子四日
四音　吷吷吷吷　衰○帥骨
五聲　吷吷吷吷　○○○德
吷吷吷吷　龜水貴北

走哉足■　○○○○
八音　自在匠■　○○○○
三聲　草采七■　○○○○
曹才全■　○○○○
思三星■　○○○○
九音　寺□象■　○○○○
三聲　□□□■　○○○○
□□□■　○○○○
■山手■　○○○○
十音　■士石■　○○○○
三聲　■□耳■　○○○○
■□二■　○○○○
■莊震■　○○○○
十一音　■乍□■　○○○○
三聲　■叉赤■　○○○○
■崇辰■　○○○○

四音六聲
吷吷吷吷　宮孔衆○
吷吷吷吷　龍甬用○
吷吷吷吷　魚鼠去○
吷吷吷吷　烏虎兔○

四音七聲
吷吷吷吷　心審禁○
吷吷吷吷　○○○十
吷吷吷吷　男坎欠○
吷吷吷吷　○○○妾

四音八聲
吷吷吷吷　●●●●
吷吷吷吷　●●●●
吷吷吷吷　●●●●
吷吷吷吷　●●●●

四音九聲
吷吷吷吷　●●●●
吷吷吷吷　●●●●
吷吷吷吷　●●●●
吷吷吷吷　●●●●

十二音三聲
■卓中■　○○○○
■宅直■　○○○○
■拆丑■　○○○○
■茶呈■　○○○○

## 入聲翕唱呂二之四

一音四聲
古甲九癸　霍霍霍霍
□□近揆　霍霍霍霍
坤巧丘弃　霍霍霍霍
□□乾虯　霍霍霍霍

二音四聲
黑花香血　霍霍霍霍
黃華雄賢　霍霍霍霍
五瓦仰□　霍霍霍霍
吾牙月堯　霍霍霍霍

三音四聲
安亞乙一　霍霍霍霍
□爻王寅　霍霍霍霍
母馬美米　霍霍霍霍
目皃眉民　霍霍霍霍

吠吠吠吠 ●●●●
四音 吠吠吠吠 ●●●●
十聲 吠吠吠吠 ●●●●
吠吠吠吠 ●●●●

閉音濁和律二之五

鼻鼻鼻鼻 多可个舌
五音 鼻鼻鼻鼻 禾火化八
一聲 鼻鼻鼻鼻 開宰愛○
鼻鼻鼻鼻 回每退○
鼻鼻鼻鼻 良兩向○
五音 鼻鼻鼻鼻 光廣況○
二聲 鼻鼻鼻鼻 丁井亘○
鼻鼻鼻鼻 兄永瑩○
鼻鼻鼻鼻 千典旦○
五音 鼻鼻鼻鼻 元犬半○
三聲 鼻鼻鼻鼻 臣引艮○
鼻鼻鼻鼻 君允巽○

夫法□飛 霍霍霍霍
四音 父凡□吠 霍霍霍霍
四聲 武晚□尾 霍霍霍霍
文万□未 霍霍霍霍
卜百丙必 霍霍霍霍
五音 步白葡鼻 霍霍霍霍
四聲 普朴品匹 霍霍霍霍
旁排平瓶 霍霍霍霍
東丹帝■ 霍霍霍霍
六音 兑大弟■ 霍霍霍霍
四聲 土貪天■ 霍霍霍霍
同覃田■ 霍霍霍霍
乃妳女■ 霍霍霍霍
七音 内南年■ 霍霍霍霍
四聲 老冷吕■ 霍霍霍霍
鹿犖离■ 霍霍霍霍

鼻鼻鼻鼻　刀早孝岳
五音　鼻鼻鼻鼻　毛寶報霍
四聲　鼻鼻鼻鼻　牛斗奏六
鼻鼻鼻鼻　〇〇〇玉
鼻鼻鼻鼻　妻子四日
五音　鼻鼻鼻鼻　衰〇帥骨
五聲　鼻鼻鼻鼻　〇〇〇德
鼻鼻鼻鼻　龜水貴北
鼻鼻鼻鼻　宮孔衆〇
五音　鼻鼻鼻鼻　龍甬用〇
六聲　鼻鼻鼻鼻　魚鼠去〇
鼻鼻鼻鼻　烏虎兔〇
鼻鼻鼻鼻　心審禁〇
五音　鼻鼻鼻鼻　〇〇〇十
七聲　鼻鼻鼻鼻　男坎欠〇
鼻鼻鼻鼻　〇〇〇妾

走哉足■　霍霍霍霍
八音　自在匠■　霍霍霍霍
四聲　草采七■　霍霍霍霍
曹才全■　霍霍霍霍
思三星■　霍霍霍霍
九音　寺□象■　霍霍霍霍
四聲　□□□■　霍霍霍霍
□□□■　霍霍霍霍
■山手■　霍霍霍霍
十音　■士石■　霍霍霍霍
四聲　■□耳■　霍霍霍霍
■□二■　霍霍霍霍
■莊震■　霍霍霍霍
十一音　■乍□■　霍霍霍霍
四聲　■叉赤■　霍霍霍霍
■崇辰■　霍霍霍霍

鼻鼻鼻鼻●●●●

五音
八聲

鼻鼻鼻鼻●●●●
鼻鼻鼻鼻●●●●
鼻鼻鼻鼻●●●●
鼻鼻鼻鼻●●●●

五音
九聲

鼻鼻鼻鼻●●●●
鼻鼻鼻鼻●●●●
鼻鼻鼻鼻●●●●
鼻鼻鼻鼻●●●●

五音
十聲

鼻鼻鼻鼻●●●●
鼻鼻鼻鼻●●●●
鼻鼻鼻鼻●●●●
鼻鼻鼻鼻●●●●

閉音濁和律二之六

六音
一聲

■■■■多可个舌
■■■■禾火化八
■■■■開宰愛○
■■■■回每退○

■卓中■霍霍霍霍

十二音
四聲

■宅直■霍霍霍霍
■坼丑■霍霍霍霍
■茶呈■霍霍霍霍

入聲翕唱呂二之五

古甲九癸骨骨骨骨

一音
五聲

□□近揆骨骨骨骨
坤巧丘弃骨骨骨骨
□□乾虯骨骨骨骨
黑花香血骨骨骨骨

二音
五聲

黄華雄賢骨骨骨骨
五瓦仰□骨骨骨骨
吾牙月堯骨骨骨骨

三音
五聲

安亞乙一骨骨骨骨
□爻王寅骨骨骨骨
母馬美米骨骨骨骨
目皃眉民骨骨骨骨

■■■■ 良兩向○
六音 ■■■■ 光廣况○
二聲 ■■■■ 丁井亘○
■■■■ 兄永瑩○
■■■■ 千典旦○
六音 ■■■■ 元犬半○
三聲 ■■■■ 臣引艮○
■■■■ 君允巽○
■■■■ 刀早孝岳
六音 ■■■■ 毛寶報霍
四聲 ■■■■ 牛斗奏六
■■■■ ○○○玉
■■■■ 妻子四日
六音 ■■■■ 衰○帥骨
五聲 ■■■■ ○○○德
■■■■ 龜水貴北

夫法□飛 骨骨骨骨
四音 父凡□吠 骨骨骨骨
五聲 武晚□尾 骨骨骨骨
文万□未 骨骨骨骨
卜百丙必 骨骨骨骨
五音 步白葡鼻 骨骨骨骨
五聲 普朴品匹 骨骨骨骨
旁排平瓶 骨骨骨骨
東丹帝■ 骨骨骨骨
六音 兑大弟■ 骨骨骨骨
五聲 土貪天■ 骨骨骨骨
同覃田■ 骨骨骨骨
乃妳女■ 骨骨骨骨
七音 内南年■ 骨骨骨骨
五聲 老冷吕■ 骨骨骨骨
鹿犖离■ 骨骨骨骨

■■■■宮孔衆○
六音 ■■■■龍甬用○
六聲 ■■■■魚鼠去○
■■■■烏虎兔○
■■■■心審禁○
六音 ■■■■○○○十
七聲 ■■■■男坎欠○
■■■■○○○妾
■■■■●●●●
六音 ■■■■●●●●
八聲 ■■■■●●●●
■■■■●●●●
■■■■●●●●
六音 ■■■■●●●●
九聲 ■■■■●●●●
■■■■●●●●

走哉足■ 骨骨骨骨
八音 自在匠■ 骨骨骨骨
五聲 草采七■ 骨骨骨骨
曹才全■ 骨骨骨骨
思三星■ 骨骨骨骨
九音 寺□象■ 骨骨骨骨
五聲 □□□■ 骨骨骨骨
□□□■ 骨骨骨骨
■山手■ 骨骨骨骨
十音 ■士石■ 骨骨骨骨
五聲 ■□耳■ 骨骨骨骨
■□二■ 骨骨骨骨
■莊震■ 骨骨骨骨
十一音 ■乍□■ 骨骨骨骨
五聲 ■叉赤■ 骨骨骨骨
■崇辰■ 骨骨骨骨

■■■■●●●●
六音 ■■■■●●●●
十聲 ■■■■●●●●
■■■■●●●●

## 閉音濁和律二之七

■■■■多可个舌
七音 ■■■■禾火化八
一聲 ■■■■開宰愛○
■■■■回每退○
■■■■良兩向○
七音 ■■■■光廣況○
二聲 ■■■■丁井亘○
■■■■兄永瑩○
■■■■千典旦○
七音 ■■■■元犬半○
三聲 ■■■■臣引艮○
■■■■君允巽○

■卓中■ 骨骨骨骨
十二音 ■宅直■ 骨骨骨骨
五聲 ■坼丑■ 骨骨骨骨
■茶呈■ 骨骨骨骨

## 入聲翕唱呂二之六

古甲九癸 ○○○○
一音 □□近揆 ○○○○
六聲 坤巧丘弃 ○○○○
□□乾虯 ○○○○
黑花香血 ○○○○
二音 黃華雄賢 ○○○○
六聲 五瓦仰□ ○○○○
吾牙月堯 ○○○○
安亞乙一 ○○○○
三音 □爻王寅 ○○○○
六聲 母馬美米 ○○○○
目皃眉民 ○○○○

■■■■刀早孝岳

七音 ■■■■毛寶報霍

四聲 ■■■■牛斗奏六

■■■■○○○玉

■■■■妻子四日

七音 ■■■■衰○帥骨

五聲 ■■■■○○○德

■■■■龜水貴北

■■■■宮孔衆○

七音 ■■■■龍甬用○

六聲 ■■■■魚鼠去○

■■■■烏虎兔○

■■■■心審禁○

七音 ■■■■○○○十

七聲 ■■■■男坎欠○

■■■■○○○妾

夫法□飛○○○○

四音 父凡□吠○○○○

六聲 武晚□尾○○○○

文万□未○○○○

卜百丙必○○○○

五音 步白精鼻○○○○

六聲 普朴品匹○○○○

旁排平瓶○○○○

東凡帝■○○○○

六音 兑大弟■○○○○

六聲 土貪天■○○○○

同覃田■○○○○

乃妳女■○○○○

七音 内南年■○○○○

六聲 老冷吕■○○○○

鹿犖离■○○○○

■■■■●●●●
七音 ■■■■●●●●
八聲 ■■■■●●●●
■■■■●●●●
■■■■●●●●
七音 ■■■■●●●●
九聲 ■■■■●●●●
■■■■●●●●
■■■■●●●●
七音 ■■■■●●●●
十聲 ■■■■●●●●
■■■■●●●●

閉音濁和律二之八

■■■■多可个舌
八音 ■■■■禾火化八
一聲 ■■■■開宰愛○
■■■■回每退○

走哉足■○○○○
八音 自在匠■○○○○
六聲 草采七■○○○○
曹才全■○○○○
思三星■○○○○
九音 寺□象■○○○○
六聲 □□□■○○○○
□□□■○○○○
■山手■○○○○
十音 ■士石■○○○○
六聲 ■□耳■○○○○
■□二■○○○○
■莊震■○○○○
十一音 ■乍□■○○○○
六聲 ■叉赤■○○○○
■崇辰■○○○○

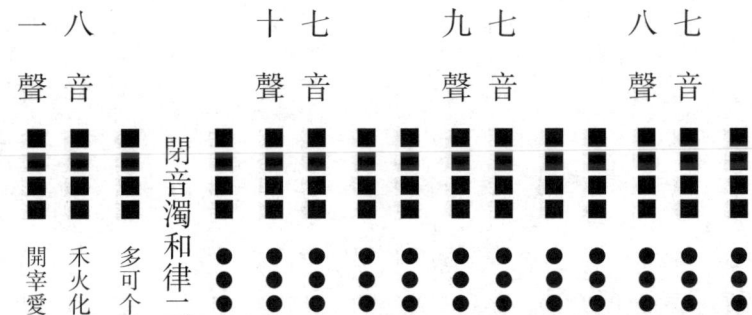

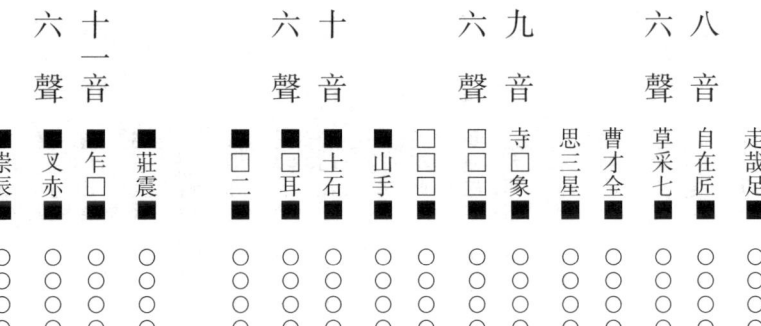

■■■■良兩向○
八音 ■■■■光廣況○
二聲 ■■■■丁井亘○
■■■■兄永瑩○

■■■■千典旦○
八音 ■■■■元犬半○
三聲 ■■■■臣引艮○
■■■■君允巽○

■■■■刀早孝岳
八音 ■■■■毛寶報霍
四聲 ■■■■牛斗奏六
■■■■○○○玉

■■■■妻子四日
八音 ■■■■衰○帥骨
五聲 ■■■■○○○德
■■■■龜水貴北

■卓中■○○○○
十二音 ■宅直■○○○○
六聲 ■坼丑■○○○○
■茶呈■○○○○

## 入聲翕唱吕二之七

古甲九癸十十十十
一音 □□近揆十十十十
七音 坤巧丘弃十十十十
□□乾虯十十十十

黑花香血十十十十
二音 黄華雄賢十十十十
七音 五无仰□十十十十
吾牙月堯十十十十

安亞乙一十十十十
三音 □爻王寅十十十十
七聲 母馬美米十十十十
目皃眉民十十十十

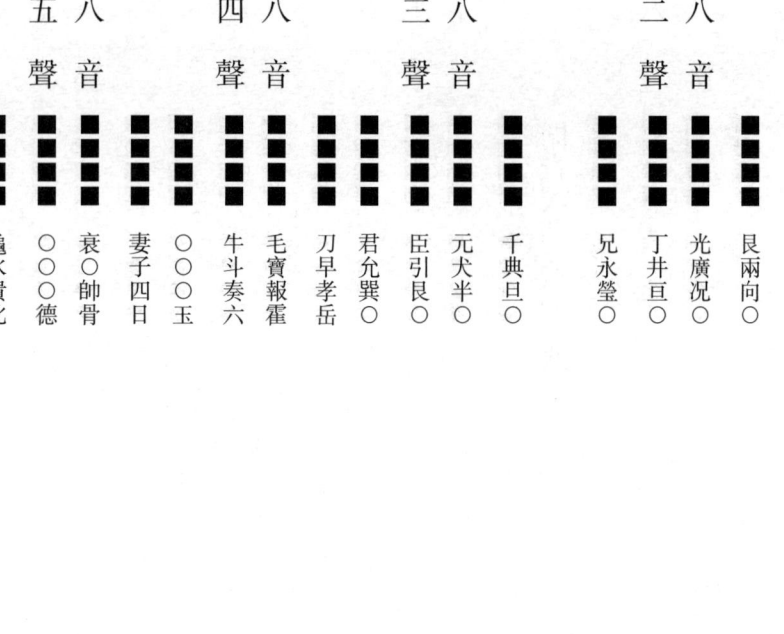

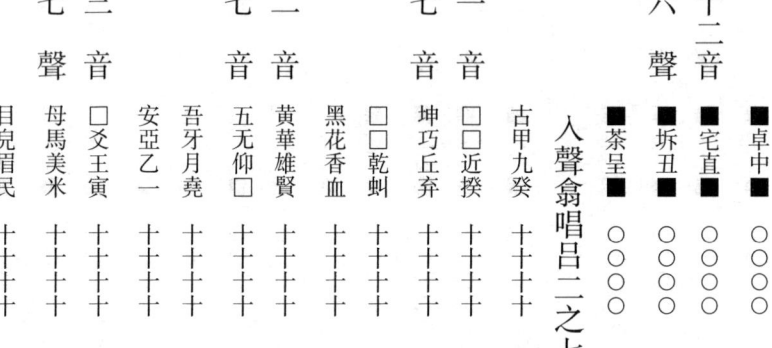

八音
■■■■宮孔衆○
■■■■龍甬用○
六聲
■■■■魚鼠去○
■■■■烏虎兎○
■■■■心審禁○

八音
■■■■○○○十
七聲
■■■■男坎欠○
■■■■○○○妾
■■■■●●●●

八音
■■■■●●●●
八聲
■■■■●●●●
■■■■●●●●
■■■■●●●●

八音
■■■■●●●●
九聲
■■■■●●●●

四音
夫法□飛十十十十
父凡□吠十十十十
七聲
武晚□尾十十十十
文万□未十十十十
卜百丙必十十十十

五音
步白葡鼻十十十十
七聲
普朴品匹十十十十
旁排平瓶十十十十
東丹帝■十十十十

六音
兑六弟■十十十十
七聲
土貪天■十十十十
同覃田■十十十十
乃妳女■十十十十

七音
内南年■十十十十
七聲
老冷吕■十十十十
鹿犖离■十十十十

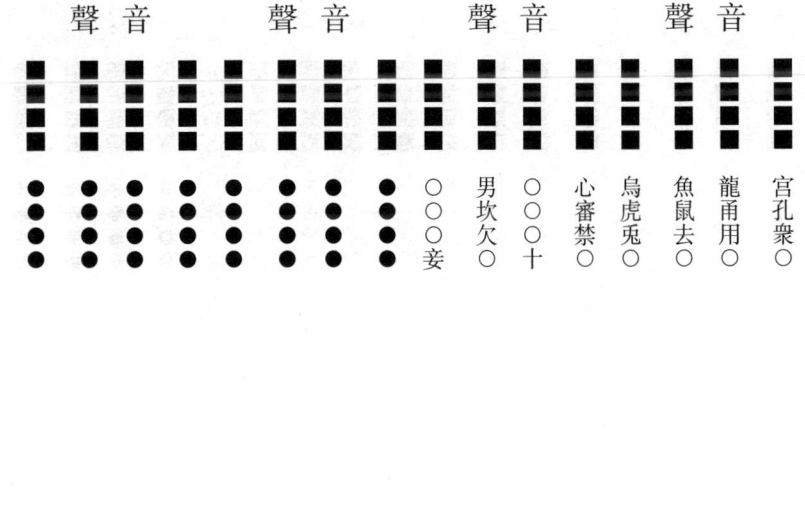

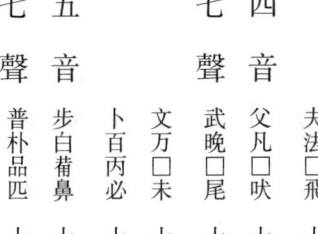

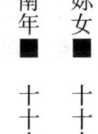

八音 十聲

■■■■●●●●
■■■■●●●●
■■■■●●●●
■■■■●●●●

閉音濁和律二之九

九音 一聲

■■■■多可个舌
■■■■禾火化八
■■■■開宰愛○
■■■■回每退○

九音 二聲

■■■■良兩向○
■■■■光廣況○
■■■■丁井亘○
■■■■兄永瑩○

九音 三聲

■■■■千典旦○
■■■■元犬半○
■■■■臣引良○
■■■■君允巽○

八音 七聲

走哉足■十十十十
自在匠■十十十十
草采七■十十十十
曹才全■十十十十

九音 七聲

思三星■十十十十
寺□象■十十十十
□□□■十十十十
□□□■十十十十

十音 七聲

■山手■十十十十
■士石■十十十十
■□耳■十十十十
■□二■十十十十

十一音 七聲

■莊震■十十十十
■乍□■十十十十
■叉赤■十十十十
■崇辰■十十十十

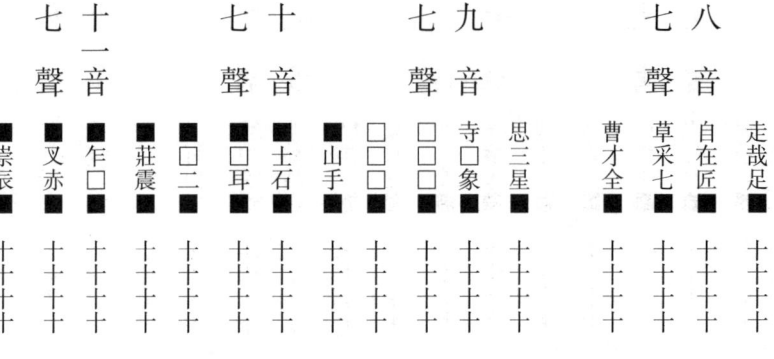

九音四聲

■■■■刀早孝岳
■■■■毛寶報霍
■■■■牛斗奏六
■■■■○○○玉

九音五聲

■■■■妻子四日
■■■■衰○帥骨
■■■■○○○德
■■■■龜水貴北
■■■■宮孔衆○

九音六聲

■■■■龍甬用○
■■■■魚鼠去○
■■■■烏虎兎○
■■■■心審禁○

九音七聲

■■■■○○○十
■■■■男坎欠○
■■■■○○○妾

十二音七聲

■卓中■＋＋＋＋
■宅直■＋＋＋＋
■坼丑■＋＋＋＋
■茶呈■＋＋＋＋

## 入聲翕唱呂二之八

一音八聲

古甲九癸●●●●
□□近揆●●●●
坤巧丘弃●●●●
□□乾虯●●●●
黑花香血●●●●

二音八聲

黃華雄賢●●●●
五瓦仰□●●●●
吾牙月堯●●●●
安亞乙一●●●●

三音八音

□爻王寅●●●●
母馬美米●●●●
目皃眉民●●●●

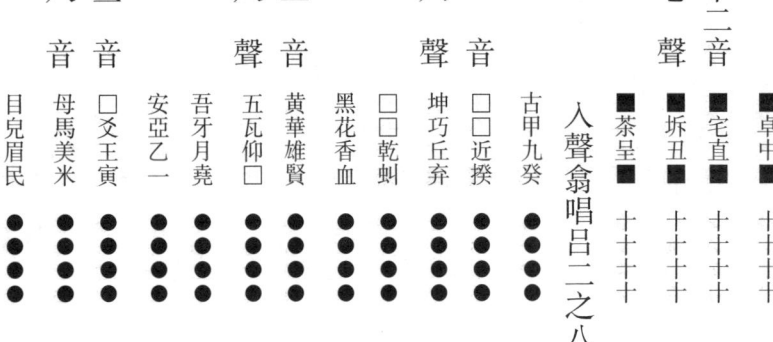

■■■■●●●●
九音 ■■■■●●●●
八聲 ■■■■●●●●
■■■■●●●●
■■■■●●●●
九音 ■■■■●●●●
九聲 ■■■■●●●●
■■■■●●●●
■■■■●●●●
九音 ■■■■●●●●
十聲 ■■■■●●●●
■■■■●●●●

閉音濁和律二之十

■■■■多可个舌
十音 ■■■■禾火化八
一聲 ■■■■開宰愛○
■■■■回每退○

夫法□飛●●●●
四音 父凡□吠●●●●
八聲 武晚□尾●●●●
文万□未●●●●
卜百丙必●●●●
五音 步白葡鼻●●●●
八聲 普朴品匹●●●●
旁排平瓶●●●●
東丹帝■●●●●
六音 兑大弟■●●●●
八聲 土貪天■●●●●
同覃田■●●●●
乃妳女■●●●●
七音 内南年■●●●●
八聲 老冷吕■●●●●
鹿犖离■●●●●

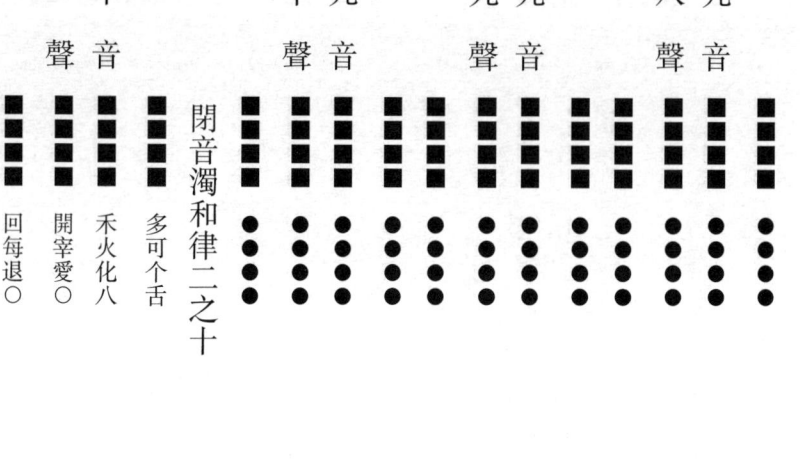

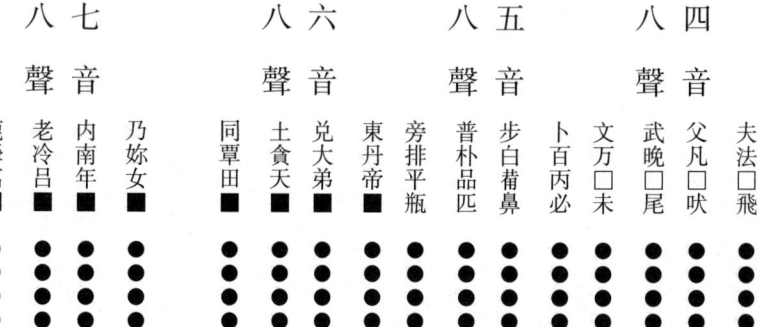

十音
二聲
■■■■良兩向○
■■■■光廣况○
■■■■丁井亘○
■■■■兄永瑩○
■■■■千典旦○

十音
三聲
■■■■元犬半○
■■■■臣引艮○
■■■■君允巽○
■■■■刀早孝岳

十音
四聲
■■■■毛寶報霍
■■■■牛斗奏六
■■■■○○○玉
■■■■妻子四日

十音
五聲
■■■■衰○帥骨
■■■■○○○德
■■■■龜水貴北

八音
八聲
走哉足■●●●●
自在匠■●●●●
草采七■●●●●
曹才全■●●●●
思三星■●●●●

九音
八聲
寺□象■●●●●
□□□■●●●●
□□□■●●●●

十音
八聲
■山手■●●●●
■士石■●●●●
■□耳■●●●●
■□二■●●●●

十一音
八聲
■莊震■●●●●
■乍□■●●●●
■叉赤■●●●●
■崇辰■●●●●

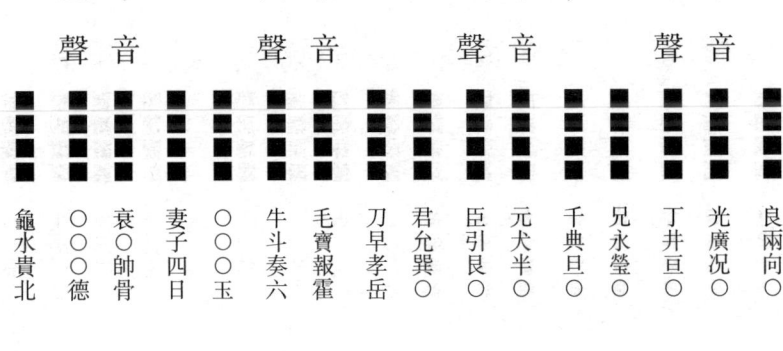

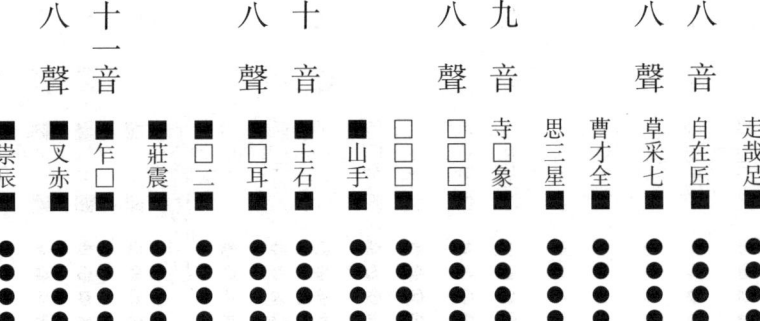

■■■■宮孔衆○
十音　■■■■龍甬用○
六聲　■■■■魚鼠去○
■■■■烏虎兎○
■■■■心審禁○
十音　■■■■○○○十
七聲　■■■■男坎欠○
■■■■○○○妾
■■■■●●●●
十音　■■■■●●●●
八聲　■■■■●●●●
■■■■●●●●
■■■■●●●●
十音　■■■■●●●●
九聲　■■■■●●●●
■■■■●●●●

■卓中■●●●●
十二音　■宅直■●●●●
八聲　■坼丑■●●●●
■茶呈■●●●●

入聲翕唱呂二之九

古甲九癸●●●●
一音　□□近揆●●●●
九聲　坤巧丘弃●●●●
□□乾虯●●●●
黑花香血●●●●
二音　黃華雄賢●●●●
九聲　五瓦仰□●●●●
吾牙月堯●●●●
安亞乙一●●●●
三音　□爻王寅●●●●
九聲　母馬美米●●●●
目皃眉民●●●●

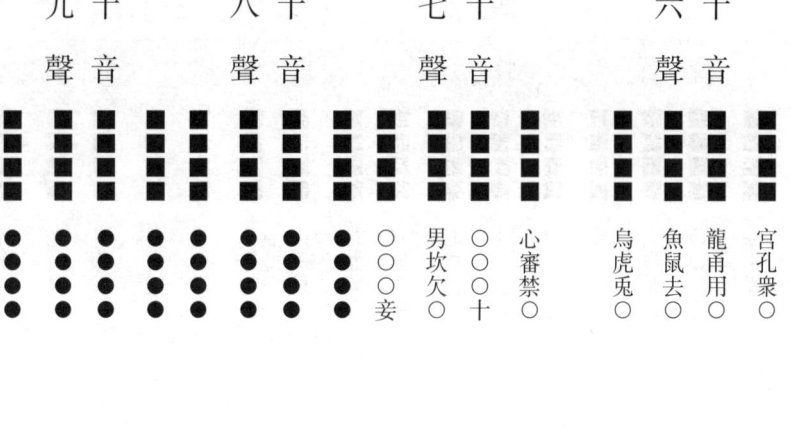

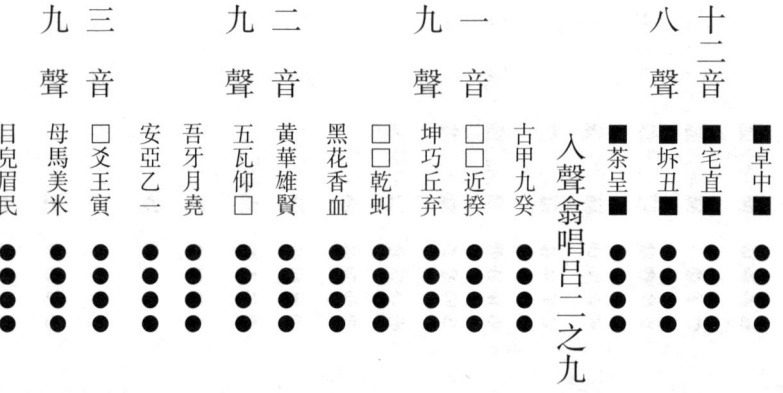

十音　■■■■●●●●
　　　■■■■●●●●
十聲　■■■■●●●●
　　　■■■■●●●●

閉音濁和律二之十一

　　　■■■■多可个舌
十一音　■■■■禾火化八
一聲　■■■■開宰愛○
　　　■■■■回每退○
　　　■■■■良兩向○
十一音　■■■■光廣況○
二聲　■■■■丁井亘○
　　　■■■■兄永瑩○
　　　■■■■千典旦○
十一音　■■■■元犬半○
三聲　■■■■臣引艮○
　　　■■■■君允巽○

　　　夫法□飛●●●●
四音　父凡□吠●●●●
九聲　武晚□尾●●●●
　　　文万□未●●●●
　　　卜百丙必●●●●
五音　步白葡鼻●●●●
九聲　普朴品匹●●●●
　　　旁排平瓶●●●●
　　　東丹帝■●●●●
六音　兑大弟■●●●●
九聲　土貪天■●●●●
　　　同覃田■●●●●
　　　乃妳女■●●●●
七音　内南年■●●●●
九聲　老冷吕■●●●●
　　　鹿犖离■●●●●

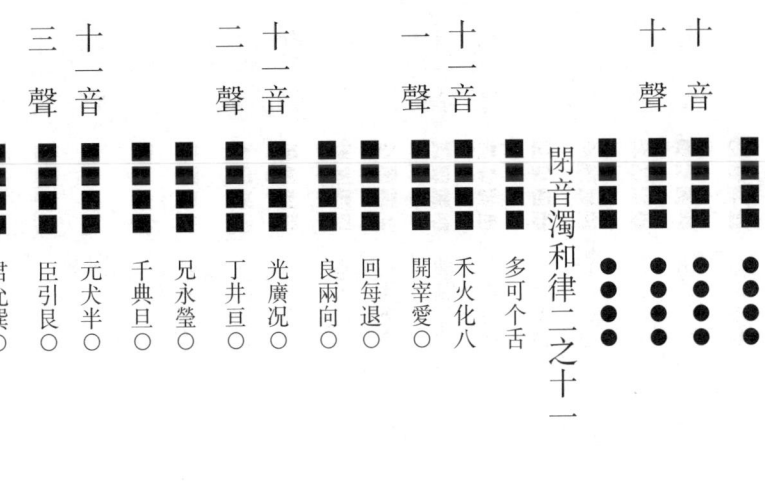

■■■■刀早孝岳
十一音　■■■■毛寶報霍
四聲　■■■■牛斗奏六
■■■■○○○玉
■■■■妻子四日
十一音　■■■■衰○帥骨
五聲　■■■■○○○德
■■■■龜水貴北
■■■■宮孔衆○
十一音　■■■■龍甬用○
六聲　■■■■魚鼠去○
■■■■烏虎兎○
■■■■心審禁○
十一音　■■■■○○○十
七聲　■■■■男坎欠○
■■■■○○○妾

走哉足■●●●●
八音　自在匠■●●●●
九聲　草采七■●●●●
曹才全■●●●●
思三星■●●●●
九音　寺□象■●●●●
九聲　□□□■●●●●
□□□■●●●●
■山手■●●●●
十音　■士石■●●●●
九音　■□耳■●●●●
■□二■●●●●
■莊震■●●●●
十一音　■乍□■●●●●
九聲　■叉赤■●●●●
■崇辰■●●●●

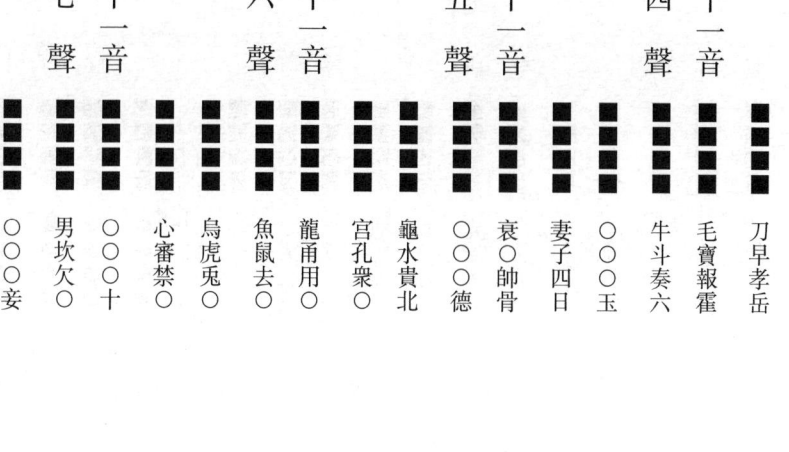

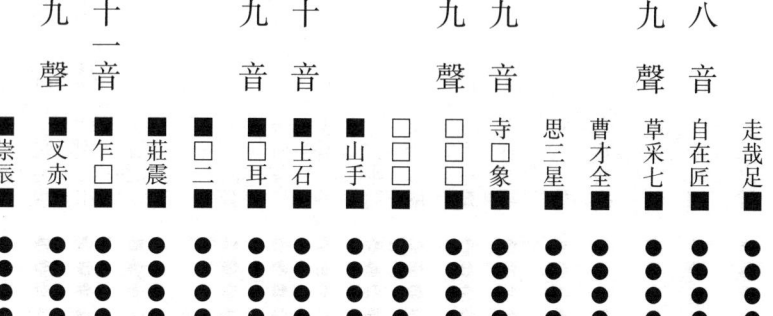

十一音八聲

■■■■●●●●
■■■■●●●●
■■■■●●●●
■■■■●●●●

十一音九聲

■■■■●●●●
■■■■●●●●
■■■■●●●●
■■■■●●●●

十一音十聲

■■■■●●●●
■■■■●●●●
■■■■●●●●
■■■■●●●●

閉音濁和律二之十二

十二音一聲

■■■■多可个舌
■■■■禾火化八
■■■■開宰愛○
■■■■回每退○

十二音九聲

■卓中■●●●●
■宅直■●●●●
■拆丑■●●●●
■茶呈■●●●●

入聲翕唱呂二之十

一音十聲

古甲九癸●●●●
□□近揆●●●●
坤巧丘弃●●●●
□□乾虯●●●●

二音十聲

黑花香血●●●●
寅華雄賢●●●●
五瓦仰□●●●●
吾牙月堯●●●●

三音十聲

安亞乙一●●●●
□爻王寅●●●●
母馬美米●●●●
目皃眉民●●●●

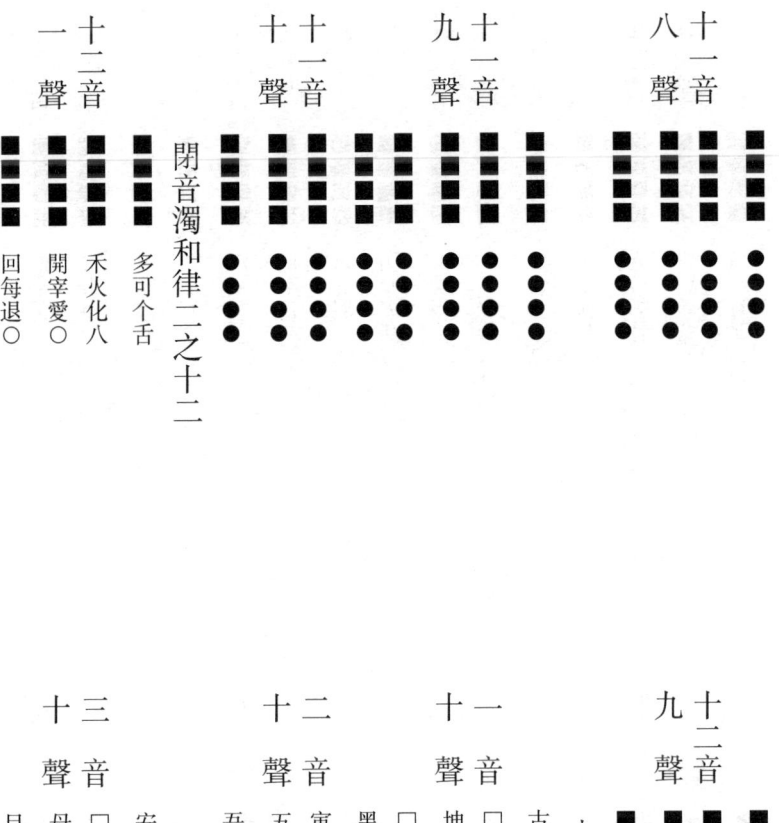

十二音二聲

■■■■良兩向○
■■■■光廣況○
■■■■丁井亘○
■■■■兄永瑩○

十二音三聲

■■■■千典旦○
■■■■元犬半○
■■■■臣引艮○
■■■■君允巽○

十二音四聲

■■■■刀早孝岳
■■■■毛寶報霍
■■■■牛斗奏六
■■■■○○○玉

十二音五聲

■■■■妻子四日
■■■■衰○帥骨
■■■■○○○德
■■■■龜水貴北

十四音十聲

夫法□飛●●●●
父凡□吠●●●●
武晚□尾●●●●
文万□未●●●●

十五音十聲

卜百丙必●●●●
步白葡鼻●●●●
普朴品匹●●●●
旁排平瓶●●●●

十六音十聲

東丹帝■●●●●
兑大弟■●●●●
土貪天■●●●●
同覃田■●●●●

十七音十聲

乃妳女■●●●●
内南年■●●●●
老冷吕■●●●●
鹿犖离■●●●●

■■■■宮孔衆○
十二音 ■■■■龍甬用○
六聲 ■■■■魚鼠去○
■■■■烏虎兎○
■■■■心審禁○
十二音 ■■■■○○○十
七聲 ■■■■男坎欠○
■■■■○○○妾
■■■■●●●●
十二音 ■■■■●●●●
八聲 ■■■■●●●●
■■■■●●●●
■■■■●●●●
十二音 ■■■■●●●●
九聲 ■■■■●●●●
■■■■●●●●

走哉足■●●●●
八音 自在匠■●●●●
十聲 草采七■●●●●
曹才全■●●●●
思三星■●●●●
九音 寺□象■●●●●
十聲 □□□■●●●●
□□□■●●●●
■山手■●●●●
十音 ■士石■●●●●
十聲 ■□耳■●●●●
■□二■●●●●
■莊震■●●●●
十一音 ■乍□■●●●●
十聲 ■叉赤■●●●●
■崇辰■●●●●

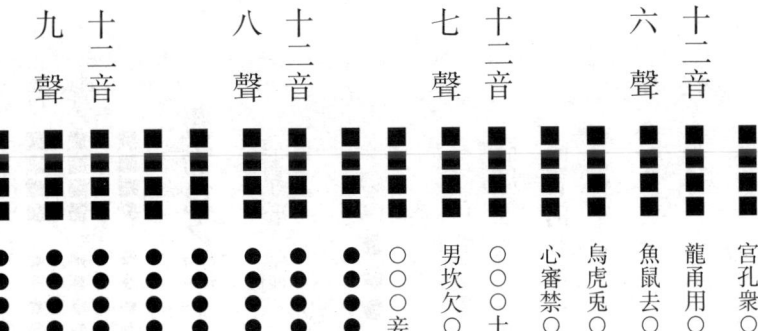

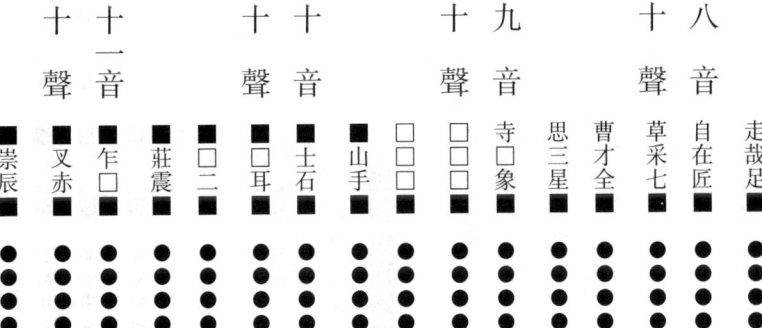

■■■■●●●●

十二音 ■■■■●●●●

十聲 ■■■■●●●●

■■■■●●●●

# 觀物篇之四十九

辰星聲入闢

○○○六德

○○●●●

辰星聲七，下唱地之用音一百五十二，是謂入聲闢音。入聲闢音一千六百六十四。

辰星聲入之三闢

閉音清和律三之一

一音 奔奔奔奔 多可个舌

奔奔奔奔 禾火化八

一聲 奔奔奔奔 開宰愛○

奔奔奔奔 回每退○

■卓中■ ●●●●

十二音 ■宅直■ ●●●●

十聲 ■坼丑■ ●●●●

■茶呈■ ●●●●

石土音閉清

奔□米尾匹■

■■■■■■

石土音五，上和天之用聲一百一十二，是謂閉音清聲。閉音清聲五百六十。

石土音閉之三清

入聲闢唱呂三之一

古甲九癸 ○○○○

一音 □□近揆 ○○○○

坤巧丘弃 ○○○○

一聲 □□乾虯 ○○○○

弃弃弃弃 良兩向○

一音 弃弃弃弃 光廣況○

二聲 弃弃弃弃 丁井亘○

弃弃弃弃 兄永瑩○

弃弃弃弃 千典旦○

一音 弃弃弃弃 元犬半○

三聲 弃弃弃弃 臣引艮○

弃弃弃弃 君允巽○

弃弃弃弃 刀早孝岳

一音 弃弃弃弃 毛寶報霍

四聲 弃弃弃弃 牛斗奏六

弃弃弃弃 ○○○玉

弃弃弃弃 妻子四日

一音 弃弃弃弃 衰○帥骨

五聲 弃弃弃弃 ○○○德

弃弃弃弃 龜水貴北

黑花香血 ○○○○

二音 黃華雄賢 ○○○○

一聲 五瓦仰□ ○○○○

吾牙月堯 ○○○○

安亞乙一 ○○○○

三音 □爻王寅 ○○○○

一聲 母馬美米 ○○○○

目皃眉民 ○○○○

夫法□飛 ○○○○

四音 父凡□吠 ○○○○

一聲 武晚□尾 ○○○○

文万□未 ○○○○

卜百丙必 ○○○○

五音 步白葡鼻 ○○○○

一聲 普朴品匹 ○○○○

旁排平瓶 ○○○○

一音　六聲

弃弃弃弃　宮孔衆○
弃弃弃弃　龍甬用○
弃弃弃弃　魚鼠去○
弃弃弃弃　烏虎兎○
弃弃弃弃　心審禁○

一音　七聲

弃弃弃弃　○○○十
弃弃弃弃　男坎欠○
弃弃弃弃　○○○妾
弃弃弃弃　●●●●

一音　八聲

弃弃弃弃　●●●●
弃弃弃弃　●●●●
弃弃弃弃　●●●●
弃弃弃弃　●●●●

一音　九聲

弃弃弃弃　●●●●
弃弃弃弃　●●●●
弃弃弃弃　●●●●

六音　一聲

東丹帝■　○○○○
兑大弟■　○○○○
土貪天■　○○○○
同覃田■　○○○○
乃妳女■　○○○○

七音　一聲

内南年■　○○○○
老冷吕■　○○○○
鹿犖离■　○○○○
走哉足■　○○○○

八音　一聲

自在匠■　○○○○
草采七■　○○○○
曹才全■　○○○○
思三星■　○○○○

九音　一聲

寺□象■　○○○○
□□□■　○○○○
□□□■　○○○○

弃弃弃弃●●●●
一音 弃弃弃弃●●●●
十聲 弃弃弃弃●●●●
弃弃弃弃●●●●

閉音清和律三之二

□□□□多可个舌
二音 □□□□禾火化八
一聲 □□□□開宰愛○
□□□□回每退○
□□□□良兩向○
二音 □□□□光廣況○
二聲 □□□□丁井亘○
□□□□兄永瑩○
□□□□千典旦○
二音 □□□□元犬半○
三聲 □□□□臣引良○
□□□□君允巽○

■山手■○○○○
十音 ■士石■○○○○
一聲 ■□耳■○○○○
■□二■○○○○
■莊震■○○○○
十一音 ■乍□■○○○○
一聲 ■叉赤■○○○○
■崇辰■○○○○
■卓中■○○○○
十二音 ■宅直■○○○○
一聲 ■坼丑■○○○○
■茶呈■○○○○

入聲闢唱呂三之二

古甲九癸○○○○
一音 □□近揆○○○○
二聲 坤巧丘弃○○○○
□□乾虯○○○○

□□□□ 刀早孝岳
二音 □□□□ 毛寶報霍
四聲 □□□□ 牛斗奏六
□□□□ ○○○玉
□□□□ 妻子四日
二音 □□□□ 衰○帥骨
五聲 □□□□ ○○○德
□□□□ 龜水貴北
□□□□ 宮孔衆○
二音 □□□□ 龍甬用○
六聲 □□□□ 魚鼠去○
□□□□ 烏虎兎○
□□□□ 心審禁○
二音 □□□□ ○○○十
七聲 □□□□ 男坎欠○
□□□□ ○○□妾

黑花香血 ○○○○
二音 黃華雄賢 ○○○○
二聲 五瓦仰□ ○○○○
吾牙月堯 ○○○○
安亞乙一 ○○○○
三音 □爻王寅 ○○○○
二聲 母馬美米 ○○○○
目皃眉民 ○○○○
夫法□飛 ○○○○
四音 父凡□吠 ○○○○
二聲 武晚□尾 ○○○○
文万□未 ○○○○
卜百丙必 ○○○○
五音 步白葡鼻 ○○○○
二聲 普朴品匹 ○○○○
旁排平瓶 ○○○○

□□□□●●●●
二音□□□□●●●●
八聲□□□□●●●●
□□□□●●●●
□□□□●●●●
二音□□□□●●●●
九聲□□□□●●●●
□□□□●●●●
□□□□●●●●
二音□□□□●●●●
十聲□□□□●●●●
□□□□●●●●

閉音清和律三之三

米米米米　多可个舌
三音　米米米米　禾火化八
一聲　米米米米　開宰愛○
米米米米　回每退○

東丹帝■○○○○
六音　兑大弟■○○○○
二聲　土貪天■○○○○
同覃田■○○○○
乃妳女■○○○○
七音　內南年■○○○○
二聲　老冷吕■○○○○
鹿犖离■○○○○
走哉足■○○○○
八音　自在匠■○○○○
二聲　草采七■○○○○
曹才全■○○○○
思三星■○○○○
九音　寺□象■○○○○
二聲　□□□■○○○○
□□□■○○○○

米米米米　良兩向○
三音　米米米米　光廣況○
二聲　米米米米　丁井亘○
米米米米　兄永瑩○
米米米米　千典旦○
三音　米米米米　元犬半○
三聲　米米米米　臣引艮○
米米米米　君允巽○
米米米米　刀早孝岳
三音　米米米米　毛寶報霍
四聲　米米米米　牛斗奏六
米米米米　○○○玉
米米米米　妻子四日
三音　米米米米　衰○帥骨
五聲　米米米米　○○○德
米米米米　龜水貴北

■山手■　○○○○
十音　■士石■　○○○○
二聲　■□耳■　○○○○
■□二■　○○○○
■莊震■　○○○○
十一音　■乍□■　○○○○
二聲　■叉赤■　○○○○
■崇辰■　○○○○
■卓中■　○○○○
十二音　■宅直■　○○○○
二聲　■坼丑■　○○○○
■茶呈■　○○○○

入聲闢唱呂三之三

古甲九癸　○○○○
一音　□□近揆　○○○○
三聲　坤巧丘弃　○○○○
□□乾虯　○○○○

米米米米 宮孔衆○
三音 米米米米 龍甬用○
六聲 米米米米 魚鼠去○
米米米米 烏虎兎○
米米米米 心審禁○
三音 米米米米 ○○○十
七聲 米米米米 男坎欠○
米米米米 ○○○妾
米米米米 ●●●●
三音 米米米米 ●●●●
八聲 米米米米 ●●●●
米米米米 ●●●●
米米米米 ●●●●
三音 米米米米 ●●●●
九聲 米米米米 ●●●●
米米米米 ●●●●

黑花香血 ○○○○
二音 黃華雄賢 ○○○○
三聲 五瓦仰□ ○○○○
吾牙月堯 ○○○○
安亞乙一 ○○○○
三音 □爻王寅 ○○○○
三聲 母馬美米 ○○○○
目皃眉民 ○○○○
夫法□飛 ○○○○
四音 父凡□吠 ○○○○
三聲 武晚□尾 ○○○○
文万□未 ○○○○
卜百丙必 ○○○○
五音 步白葡鼻 ○○○○
三聲 普朴品匹 ○○○○
旁排平瓶 ○○○○

三音　十聲

米米米米　●●●●
米米米米　●●●●
米米米米　●●●●
米米米米　●●●●

閉音清和律三之四

尾尾尾尾　多可个舌

四音　一聲

尾尾尾尾　禾火化八
尾尾尾尾　開宰愛○
尾尾尾尾　回每退○
尾尾尾尾　良兩向○

四音　二聲

尾尾尾尾　光廣況○
尾尾尾尾　丁井亘○
尾尾尾尾　兄永瑩○
尾尾尾尾　千典旦○

四音　三聲

尾尾尾尾　元犬半○
尾尾尾尾　臣引艮○
尾尾尾尾　君允巽○

六音　三聲

東丹帝■　○○○○
兑大弟■　○○○○
土貪天■　○○○○
同覃田■　○○○○

乃妳女■　○○○○

七音　三聲

内南年■　○○○○
老冷吕■　○○○○
鹿犖离■　○○○○
走哉足■　○○○○

八音　三聲

自在匠■　○○○○
草采七■　○○○○
曹才全■　○○○○
思三星■　○○○○

九音　三聲

寺□衆■　○○○○
□□□■　○○○○
□□□■　○○○○

尾尾尾尾　刀早孝岳
四音　尾尾尾尾　毛寶報霍
四聲　尾尾尾尾　牛斗奏六
尾尾尾尾　○○○玉
尾尾尾尾　妻子四日
四音　尾尾尾尾　衰○帥骨
五聲　尾尾尾尾　○○○德
尾尾尾尾　龜水貴北
尾尾尾尾　宮孔衆○
四音　尾尾尾尾　龍甬用○
六聲　尾尾尾尾　魚鼠去○
尾尾尾尾　烏虎兔○
尾尾尾尾　心審禁○
四音　尾尾尾尾　○○○○
七聲　尾尾尾尾　男坎欠○
尾尾尾尾　○○○妾

■山手■　○○○○
十音　■士石■　○○○○
三聲　■□耳■　○○○○
■□二■　○○○○
■莊震■　○○○○
十一音　■乍□■　○○○○
三聲　■叉赤■　○○○○
■崇辰■　○○○○
■卓中■　○○○○
十二音　■宅直■　○○○○
三聲　■坼丑■　○○○○
■茶呈■　○○○○

## 入聲闢唱呂三之四

古甲九癸　六六六六
一音　□□近揆　六六六六
四聲　坤巧丘弃　六六六六
□□乾虯　六六六六

尾尾尾尾 ●●●●
四音 尾尾尾尾 ●●●●
八聲 尾尾尾尾 ●●●●
尾尾尾尾 ●●●●
尾尾尾尾 ●●●●
四音 尾尾尾尾 ●●●●
九聲 尾尾尾尾 ●●●●
尾尾尾尾 ●●●●
尾尾尾尾 ●●●●
四音 尾尾尾尾 ●●●●
十聲 尾尾尾尾 ●●●●
尾尾尾尾 ●●●●

閉音清和律三之五

匹匹匹匹 多可个舌
五音 匹匹匹匹 禾火化八
一聲 匹匹匹匹 開宰愛○
匹匹匹匹 回每退○

黑花香血 六六六六
二音 黃華雄賢 六六六六
四聲 五瓦仰□ 六六六六
吾牙月堯 六六六六
安亞乙一 六六六六
三音 □爻王寅 六六六六
四聲 母馬美米 六六六六
目皃眉民 六六六六
夫法□飛 六六六六
四音 父凡□吠 六六六六
四聲 武晚□尾 六六六六
文万□未 六六六六
卜百丙必 六六六六
五音 步白葡鼻 六六六六
四聲 普朴品匹 六六六六
旁排平瓶 六六六六

匹匹匹匹 良兩向○
五音 匹匹匹匹 光廣況○
二聲 匹匹匹匹 丁井亘○
匹匹匹匹 兄永瑩○
匹匹匹匹 千典旦○
五音 匹匹匹匹 元犬半○
三聲 匹匹匹匹 匹引艮○
匹匹匹匹 君允巽○
匹匹匹匹 刀早孝岳
五音 匹匹匹匹 毛寶報霍
四聲 匹匹匹匹 牛斗奏六
匹匹匹匹 ○○○玉
匹匹匹匹 妻子四日
五音 匹匹匹匹 衰○帥骨
五聲 匹匹匹匹 ○○○德
匹匹匹匹 龜水貴北

東丹帝■ 六六六六
六音 兑大弟■ 六六六六
四聲 王貪天■ 六六六六
同覃田■ 六六六六
乃妳女■ 六六六六
七音 内南年■ 六六六六
四聲 老冷吕■ 六六六六
鹿犖离■ 六六六六
走哉足■ 六六六六
八音 自在匠■ 六六六六
四聲 草采七■ 六六六六
曹才全■ 六六六六
思三星■ 六六六六
九音 寺□象■ 六六六六
四聲 □□□■ 六六六六
□□□■ 六六六六

五音　匹匹匹匹　宮孔衆○
　　　匹匹匹匹　龍甬用○
六聲　匹匹匹匹　魚鼠去○
　　　匹匹匹匹　烏虎兎○
　　　匹匹匹匹　心審禁○

五音　匹匹匹匹　○○○十
七聲　匹匹匹匹　男坎欠○
　　　匹匹匹匹　○○○妾

五音　匹匹匹匹　●●●●
八聲　匹匹匹匹　●●●●
　　　匹匹匹匹　●●●●
　　　匹匹匹匹　●●●●

五音　匹匹匹匹　●●●●
九聲　匹匹匹匹　●●●●
　　　匹匹匹匹　●●●●
　　　匹匹匹匹　●●●●

十音　六六六六　■山手■
四聲　六六六六　■士石■
　　　六六六六　■□耳■
　　　六六六六　■□二■
　　　六六六六　■莊震■

十一音　六六六六　■乍□■
四聲　　六六六六　■叉赤■
　　　　六六六六　■崇辰■
　　　　六六六六　■卓中■

十二音　六六六六　■宅直■
四聲　　六六六六　■坼丑■
　　　　六六六六　■茶呈■

## 入聲闢唱吕三之五

一音　古甲九癸　德德德德
五聲　□□近揆　德德德德
　　　坤巧丘弃　德德德德
　　　□□乾虯　德德德德

匹匹匹匹 ●●●●
五音 匹匹匹匹 ●●●●
十聲 匹匹匹匹 ●●●●
匹匹匹匹 ●●●●

閉音清和律三之六

■■■■ 多可个舌
六音 ■■■■ 禾火化八
一聲 ■■■■ 開宰愛○
■■■■ 回每退○
■■■■ 良兩向○
六音 ■■■■ 光廣況○
二聲 ■■■■ 丁井亘○
■■■■ 兄永瑩○
■■■■ 千典旦○
六音 ■■■■ 元犬半○
三聲 ■■■■ 臣引艮○
■■■■ 君允巽○

黑花香血 德德德德
二音 黃華雄賢 德德德德
五聲 五瓦仰□ 德德德德
吾牙月堯 德德德德
安亞乙一 德德德德
三音 □爻王寅 德德德德
五聲 母馬美米 德德德德
目皃眉民 德德德德
夫法□飛 德德德德
四音 父凡□吠 德德德德
五聲 武晚□尾 德德德德
文万□未 德德德德
卜百丙必 德德德德
五音 步白葡鼻 德德德德
五聲 普朴品匹 德德德德
旁排平瓶 德德德德

■■■■刀早孝岳
六音 ■■■■毛寶報霍
四聲 ■■■■牛斗奏六
■■■■○○○玉
■■■■妻子四日
六音 ■■■■衰○帥骨
五聲 ■■■■○○○德
■■■■龜水貴北
■■■■官孔衆○
六音 ■■■■龍甬用○
六聲 ■■■■魚鼠去○
■■■■烏虎兔○
■■■■心審禁○
六音 ■■■■○○○十
七聲 ■■■■男坎欠○
■■■■○○○妾

東丹帝■德德德德
六音 兑大弟■德德德德
五聲 土貪天■德德德德
同覃田■德德德德
乃妳女■德德德德
七音 内南年■德德德德
五聲 老冷吕■德德德德
鹿犖离■德德德德
走哉足■德德德德
八音 自在匠■德德德德
五聲 草采七■德德德德
曹才全■德德德德
思三星■德德德德
九音 寺□象■德德德德
五聲 □□□■德德德德
□□□■德德德德

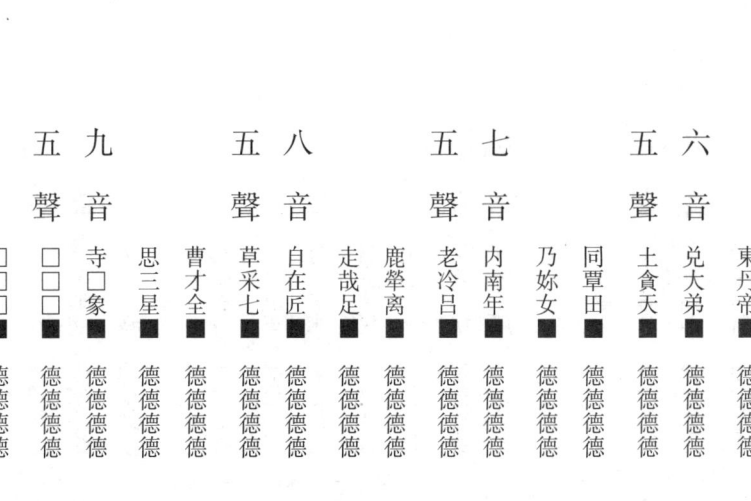

■■■■ ●●●●

六音 ■■■■ ●●●●

八聲 ■■■■ ●●●●

■■■■ ●●●●

■■■■ ●●●●

六音 ■■■■ ●●●●

九聲 ■■■■ ●●●●

■■■■ ●●●●

■■■■ ●●●●

六音 ■■■■ ●●●●

十聲 ■■■■ ●●●●

■■■■ ●●●●

## 閉音清和律三之七

■■■■ 多可个舌

七音 ■■■■ 禾火化八

一聲 ■■■■ 開宰愛○

■■■■ 回每退○

■山手■ 德德德德

十音 ■士石■ 德德德德

五聲 ■□耳■ 德德德德

■□二■ 德德德德

■莊震■ 德德德德

十一音 ■乍□■ 德德德德

五聲 ■叉赤■ 德德德德

■崇辰■ 德德德德

■卓中■ 德德德德

十二音 ■宅直■ 德德德德

五聲 ■拆丑■ 德德德德

■茶呈■ 德德德德

## 入聲闢唱呂三之六

古甲九癸 ○○○○

一音 □□近揆 ○○○○

六聲 坤巧丘弃 ○○○○

□□乾虯 ○○○○

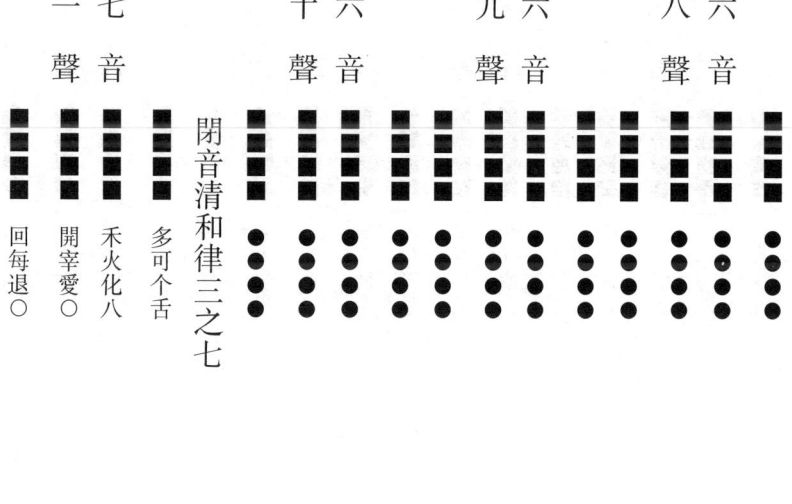

■■■■良兩向○
七音 ■■■■光廣況○
二聲 ■■■■丁井亘○
■■■■兄永瑩○
■■■■千典旦○
七音 ■■■■元犬半○
三聲 ■■■■臣引艮○
■■■■君允巽○
■■■■刀早孝岳
七音 ■■■■毛寶報霍
四聲 ■■■■牛斗奏六
■■■■○○○玉
■■■■妻子四日
七音 ■■■■衰○帥骨
五聲 ■■■■○○○德
■■■■龜水貴北

黑花香血○○○○
二音 黃華雄賢○○○○
六聲 五瓦仰□○○○○
吾牙月堯○○○○
安亞乙一○○○○
三音 □爻王寅○○○○
六聲 母馬美米○○○○
目皃眉民○○○○
夫法□飛○○○○
四音 父凡□吠○○○○
六聲 武晚□尾○○○○
文万□未○○○○
卜百丙必○○○○
五音 步白葡鼻○○○○
六聲 普朴品匹○○○○
旁排平瓶○○○○

■■■■宮孔衆○
七音 ■■■■龍甬用○
六聲 ■■■■魚鼠去○
■■■■烏虎兎○
■■■■心審禁○
七音 ■■■■○○○十
七聲 ■■■■男坎欠○
■■■■○○○妾
■■■■●●●●
七音 ■■■■●●●●
八聲 ■■■■●●●●
■■■■●●●●
■■■■●●●●
七音 ■■■■●●●●
九聲 ■■■■●●●●
■■■■●●●●

東丹帝■○○○○
六音 兑大弟■○○○○
六聲 土貪天■○○○○
同覃田■○○○○
乃妳女■○○○○
七音 内南年■○○○○
六聲 老冷吕■○○○○
鹿犖离■○○○○
走哉足■○○○○
八音 自在匠■○○○○
六聲 草采七■○○○○
曹才全■○○○○
思三星■○○○○
九音 寺□象■○○○○
六聲 □□□■○○○○
□□□■○○○○

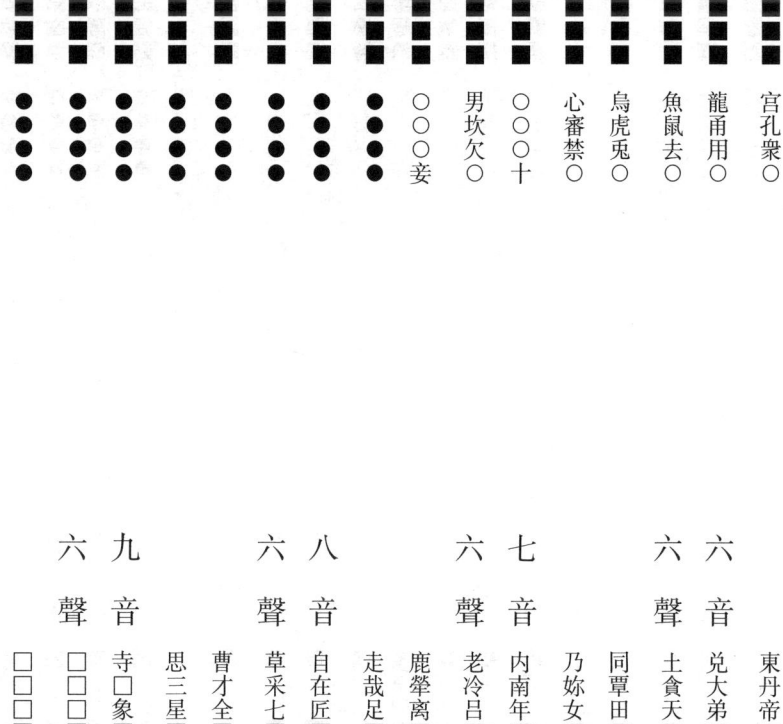

七音十聲
■■■■●●●●
■■■■●●●●
■■■■●●●●
■■■■●●●●

閉音清和律三之八

八音一聲
■■■■多可个舌
■■■■禾火化八
■■■■開宰愛○
■■■■回每退○

八音二聲
■■■■良兩向○
■■■■光廣況○
■■■■丁井亘○
■■■■兄永瑩○

八音三聲
■■■■千典旦○
■■■■元犬半○
■■■■臣引艮○
■■■■君允巽○

十音六聲
■山手■○○○○
■士石■○○○○
■□耳■○○○○
■□二■○○○○

十一音六聲
■莊震■○○○○
■乍□■○○○○
■叉赤■○○○○
■崇辰■○○○○

十二音六聲
■卓中■○○○○
■宅直■○○○○
■坼丑■○○○○
■茶呈■○○○○

入聲闢唱呂三之七

一音七聲
古甲九癸○○○○
□□近揆○○○○
坤巧丘弃○○○○
□□乾虯○○○○

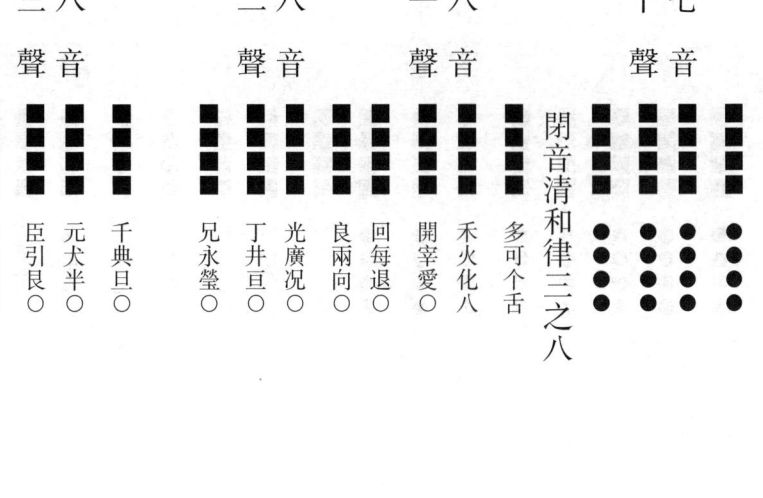

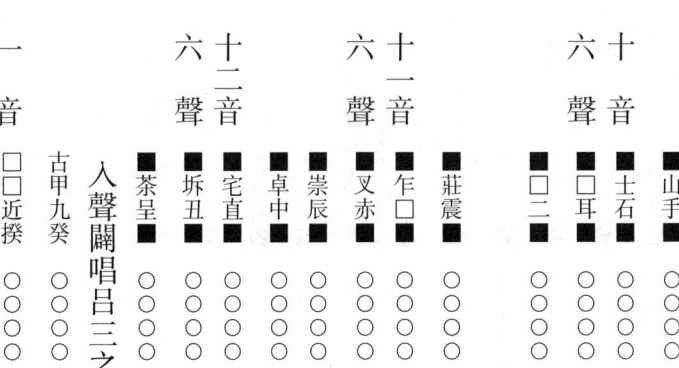

■■■■　刀早孝岳
八音　■■■■　毛寶報霍
四聲　■■■■　牛斗奏六
■■■■　○○○玉
■■■■　妻子四日
八音　■■■■　衰○帥骨
五聲　■■■■　○○○德
■■■■　龜水貴北
■■■■　宮孔衆○
八音　■■■■　龍甬用○
六聲　■■■■　魚鼠去○
■■■■　烏虎兎○
■■■■　心審禁○
八音　■■■■　○○○十
七聲　■■■■　男坎欠○
■■■■　○○○妾

黑花香血　○○○○
二音　黃華雄賢　○○○○
七聲　五瓦仰□　○○○○
吾牙月堯　○○○○
安亞乙一　○○○○
三音　□爻王寅　○○○○
七聲　母馬美米　○○○○
目皃眉民　○○○○
夫法□飛　○○○○
四音　父凡□吠　○○○○
七聲　武晚□尾　○○○○
文万□未　○○○○
卜百丙必　○○○○
五音　步白葡鼻　○○○○
七聲　普朴品匹　○○○○
旁排平瓶　○○○○

■■■■●●●●

八音 ■■■■●●●●

八聲 ■■■■●●●●

■■■■●●●●

■■■■●●●●

八音 ■■■■●●●●

九聲 ■■■■●●●●

■■■■●●●●

■■■■●●●●

八音 ■■■■●●●●

十聲 ■■■■●●●●

■■■■●●●●

閉音清和律三之九

多可个舌

九音 禾火化八

一聲 開宰愛○

回每退○

東丹帝■○○○○

六音 兑大弟■○○○○

七聲 土貪天■○○○○

同覃田■○○○○

乃妳女■○○○○

七音 内南年■○○○○

七聲 老冷吕■○○○○

虎犖离■○○○○

走哉足■○○○○

八音 自在匠■○○○○

七聲 草采七■○○○○

曹才全■○○○○

思三星■○○○○

九音 寺□象■○○○○

七聲 □□□■○○○○

□□□■○○○○

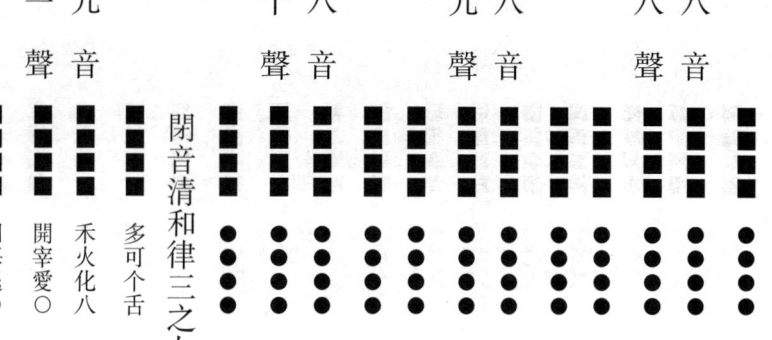

■■■■良兩向○

九音 ■■■■光廣況○
二聲 ■■■■丁井亘○
■■■■兄永瑩○
■■■■千典旦○

九音 ■■■■元犬半○
三聲 ■■■■臣引艮○
■■■■君允巽○
■■■■刀早孝岳

九音 ■■■■毛寶報霍
四聲 ■■■■牛斗奏六
■■■■○○○玉
■■■■妻子四日

九音 ■■■■衰○帥骨
五聲 ■■■■○○○德
■■■■龜水貴北

■山手■○○○○

十音 ■士石■○○○○
七聲 ■□耳■○○○○
■□二■○○○○
■莊震■○○○○

十一音 ■乍□■○○○○
七聲 ■叉赤■○○○○
■崇辰■○○○○
■卓中■○○○○

十二音 ■宅直■○○○○
七聲 ■坼丑■○○○○
■茶呈■○○○○

## 入聲闢唱呂三之八

古甲九癸●●●●

一音 □□近揆●●●●
八聲 坤巧丘弃●●●●
□□乾虯●●●●

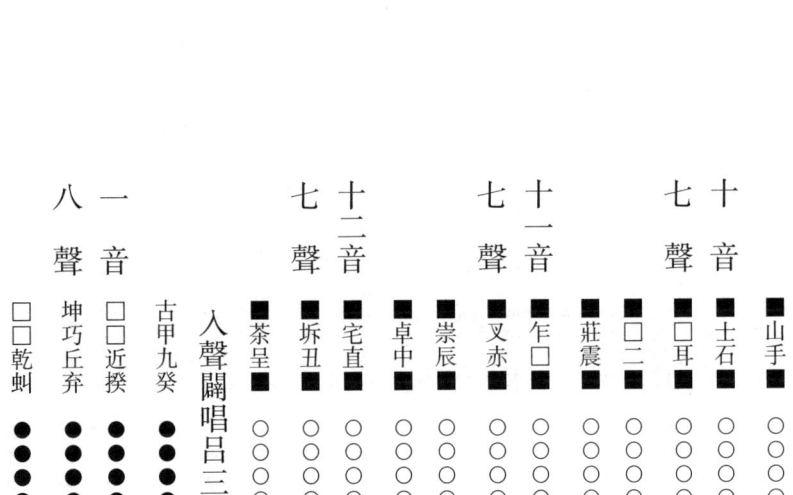

九音 六聲

■■■■ 宮孔衆○
■■■■ 龍甬用○
■■■■ 魚鼠去○
■■■■ 烏虎兎○
■■■■ 心審禁○

九音 七聲

■■■■ ○○○十
■■■■ 男坎欠○
■■■■ ○○○妾
■■■■ ●●●●

九音 八聲

■■■■ ●●●●
■■■■ ●●●●
■■■■ ●●●●
■■■■ ●●●●

九音 九聲

■■■■ ●●●●
■■■■ ●●●●
■■■■ ●●●●

二音 八聲

黑花香血 ●●●●
黃華雄賢 ●●●●
五瓦仰□ ●●●●
吾牙月堯 ●●●●

三音 八聲

安亞乙一 ●●●●
□爻王寅 ●●●●
母馬美米 ●●●●
目皃眉民 ●●●●

四音 八聲

夫法□飛 ●●●●
父凡□吠 ●●●●
武晚□尾 ●●●●
文万□未 ●○●●

五音 八聲

卜百丙必 ●●●●
步白葡鼻 ●●●●
普朴品匹 ●●●●
旁排平瓶 ●●●●

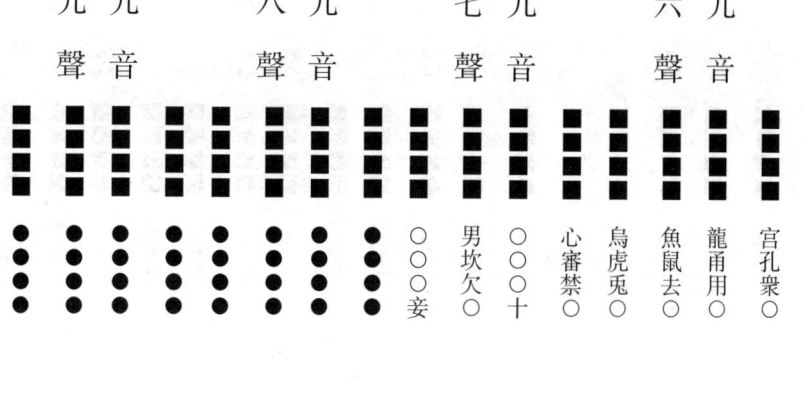

九音十聲

■■■■●●●●
■■■■●●●●
■■■■●●●●
■■■■●●●●

閉音清和律三之十

十音一聲

■■■■多可个舌
■■■■禾火化八
■■■■開宰愛○
■■■■回每退○
■■■■良兩向○

十音二聲

■■■■光廣況○
■■■■丁井亘○
■■■■兄永瑩○
■■■■千典旦○

十音三聲

■■■■元犬半○
■■■■臣引良○
■■■■君允巽○

六音八聲

東丹帝■●●●●
兑大弟■●●●●
土貪天■●●●●
同覃田■●●●●

七音八聲

乃妳女■●●●●
内南年■●●●●
老冷吕■●●●●
鹿犖离■●●●●
走哉足■●●●●

八音八聲

自在匠■●●●●
草采七■●●●●
曹才全■●●●●
思三星■●●●●

九音八聲

寺□象■●●●●
□□□■●●●●
□□□■●●●●

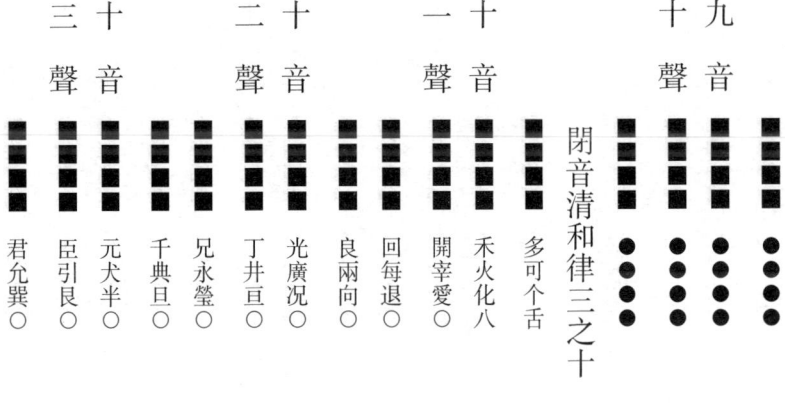

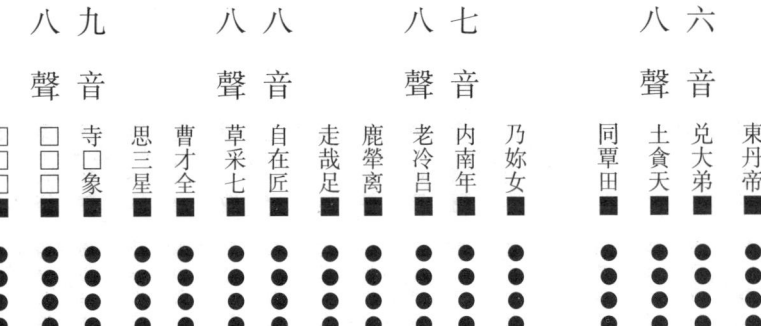

刀早孝岳 ■■■■
十音 毛寶報霍 ■■■■
四聲 牛斗奏六 ■■■■
○○○玉 ■■■■
妻子四日 ■■■■
十音 衰○帥骨 ■■■■
五聲 ○○○德 ■■■■
龜水貴北 ■■■■
宮孔衆○ ■■■■
十音 龍甬用○ ■■■■
六聲 魚鼠去○ ■■■■
烏虎兔○ ■■■■
心審禁○ ■■■■
十音 ○○○十 ■■■■
七聲 男坎欠○ ■■■■
○○○妾 ■■■■

■山手■ ●●●●
十音 ■士石■ ●●●●
八聲 ■□耳■ ●●●●
■□二■ ●●●●
■莊震■ ●●●●
十一音 ■乍□■ ●●●●
八聲 ■叉赤■ ●●●●
■崇辰■ ●●●●
■卓中■ ●●●●
十二音 ■宅直■ ●●●●
八聲 ■拆丑■ ●●●●
■茶呈■ ●●●●

入聲闢唱呂三之九

古甲九癸 ●●●●
一音 □□近揆 ●●●●
九聲 坤巧丘弃 ●●●●
□□乾虬 ●●●●

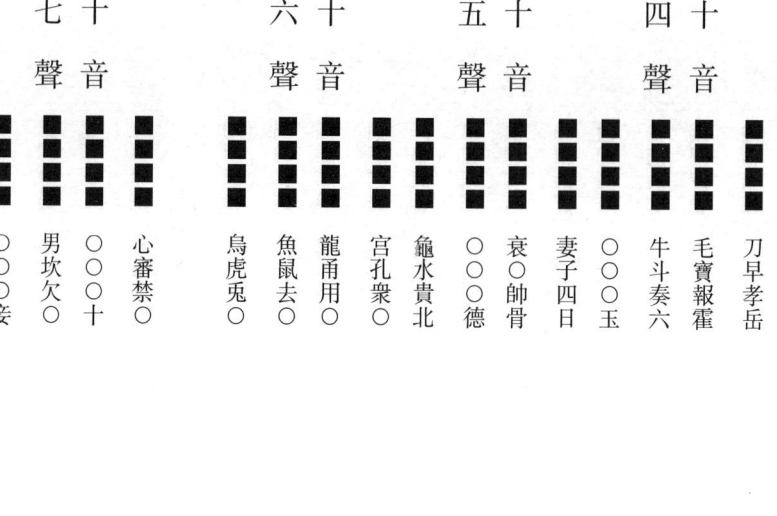

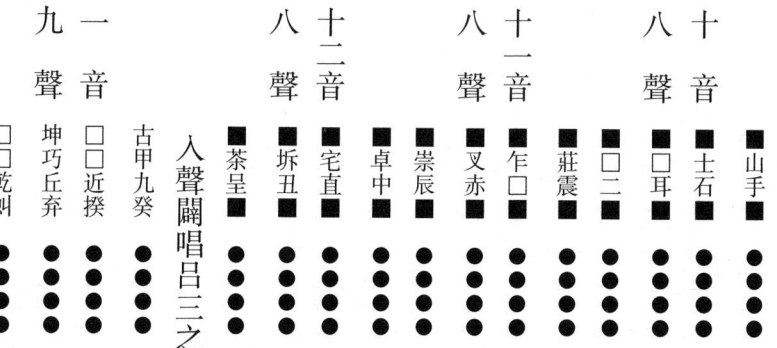

■■■■●●●●
十音 八聲 ■■■■●●●●
■■■■●●●●
■■■■●●●●
■■■■●●●●
十音 九聲 ■■■■●●●●
■■■■●●●●
■■■■●●●●
■■■■●●●●
十音 十聲 ■■■■●●●●
■■■■●●●●
■■■■●●●●

閉音清和律三之十一

■■■■多可个舌
十一音 一聲 ■■■■禾火化八
■■■■開宰愛○
■■■■回每退○

黑花香血●●●●
二音 九聲 黃華雄賢●●●●
五瓦仰□●●●●
吾牙月堯●●●●
安亞乙一●●●●
三音 九聲 □爻王寅●●●●
母馬美米●●●●
目皃眉民●●●●
夫法□飛●●●●
四音 九聲 父凡□吠●●●●
武晚□尾●●●●
文万□未●●●●
卜百丙必●●●●
五音 九聲 步白葡鼻●●●●
普朴品匹●●●●
旁排平瓶●●●●

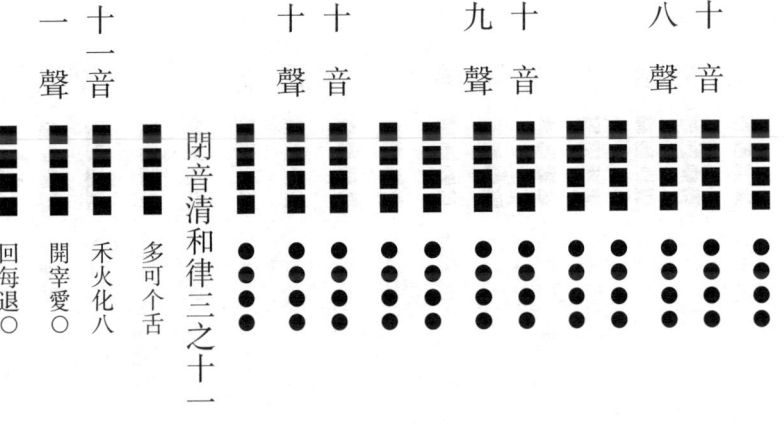

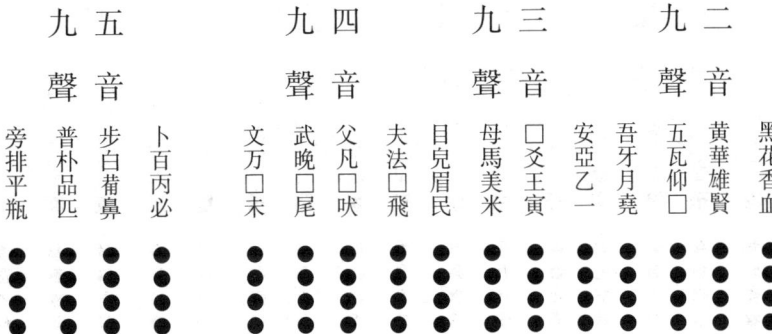

■■■■良兩向○

十一音 二聲

■■■■光廣況○
■■■■丁井亘○
■■■■兄永瑩○
■■■■千典旦○

十一音 三聲

■■■■元犬半○
■■■■臣引艮○
■■■■君允巽○
■■■■刀早孝岳

十一音 四聲

■■■■毛寶報霍
■■■■牛斗奏六
■■■■○○○玉
■■■■妻子四日

十一音 五聲

■■■■衰○帥骨
■■■■○○○德
■■■■龜水貴北

東丹帝■●●●●

六音 九聲

兌大弟■●●●●
土貪天■●●●●
同覃田■●●●●
乃妳女■●●●●

七音 九聲

內南年■●●●●
老冷吕■●●●●
鹿犖离■●●●●
走哉足■●●●●

八音 九聲

自在匠■●●●●
草采七■●●●●
曹才全■●●●●
思三星■●●●●

九音 九聲

寺□象■●●●●
□□□■●●●●
□□□■●●●●

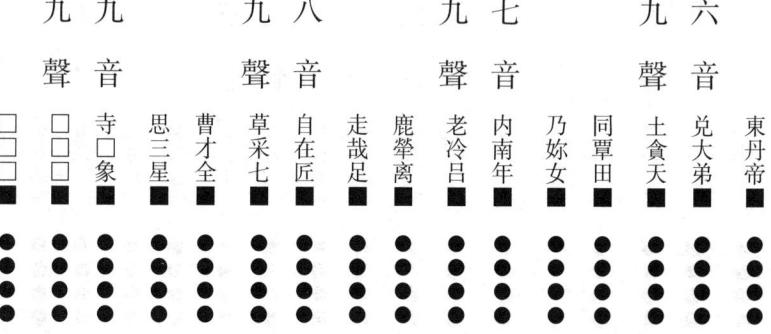

■■■■宫孔衆○

十一音

■■■■龍角用○

六聲

■■■■魚鼠去○

■■■■烏虎兎○

■■■■心審禁○

十一音

■■■■○○○十

七聲

■■■■男坎欠○

■■■■○○○妾

■■■■●●●●

十一音

■■■■●●●●

八聲

■■■■●●●●

■■■■●●●●

■■■■●●●●

十一音

■■■■●●●●

九聲

■■■■●●●●

■■■■●●●●

■山手■●●●●

十音

■士石■●●●●

九聲

■□耳■●●●●

■□二■●●●●

■莊震■●●●●

十一音

■乍□■●●●●

九聲

■叉赤■●●●●

■崇辰■●●●●

■卓中■●●●●

十二音

■宅直■●●●●

九聲

■坼丑■●●●●

■茶呈■●●●●

入聲闢唱吕三之十

古甲九癸●●●●

一音

□□近揆●●●●

十聲

坤巧丘弃●●●●

□□乾虯●●●●

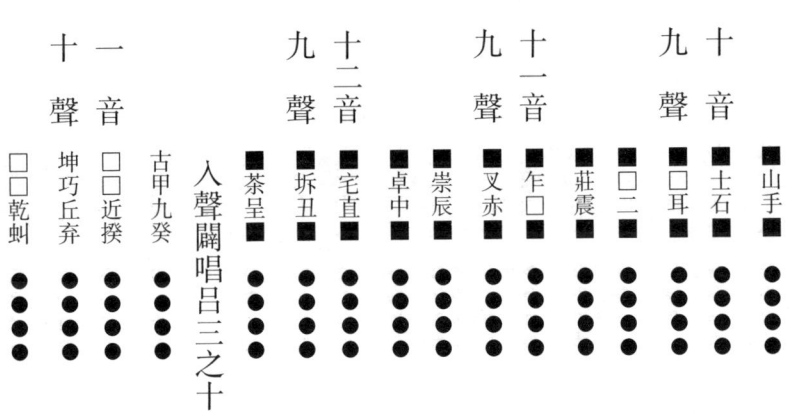

■■■■ ●●●●

十一音 ■■■■ ●●●●

十聲 ■■■■ ●●●●

■■■■ ●●●●

閉音清和律三之十二

■■■■ 多可个舌

十二音 ■■■■ 禾火化八

一聲 ■■■■ 開宰愛○

■■■■ 回每退○

■■■■ 良兩向○

十二音 ■■■■ 光廣況○

二聲 ■■■■ 丁井亘○

■■■■ 兄永瑩○

■■■■ 千典旦○

十二音 ■■■■ 元犬半○

三聲 ■■■■ 臣引艮○

■■■■ 君允巽○

黑花香血 ●●●●

二音 黃華雄賢 ●●●●

十聲 五瓦仰□ ●●●●

吾牙月堯 ●●●●

安亞乙一 ●●●●

三音 □爻王寅 ●●●●

十聲 母馬美米 ●●●●

目皃眉民 ●●●●

夫法□飛 ●●●●

四音 父凡□吠 ●●●●

十聲 武晚□尾 ●●●●

文万□未 ●●●●

卜百丙必 ●●●●

五音 步白葡鼻 ●●●●

十聲 普朴品匹 ●●●●

旁排平瓶 ●●●●

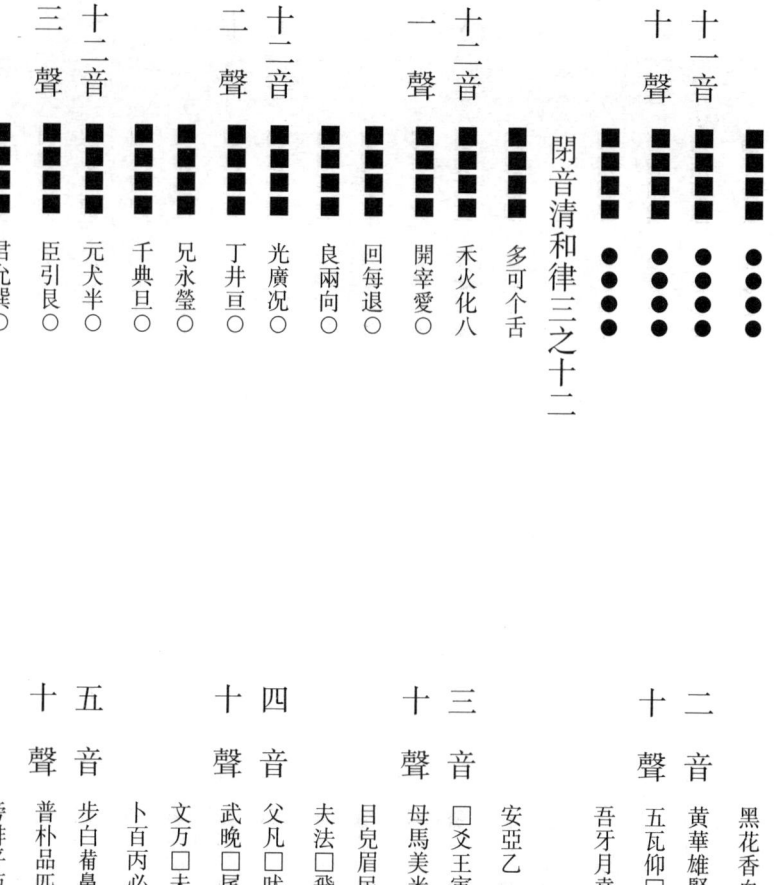

■■■■ 刀早孝岳

十二音 ■■■■ 毛寶報霍

四聲 ■■■■ 牛斗奏六

■■■■ ○○○玉

■■■■ 妻子四日

十二音 ■■■■ 衰○帥骨

五聲 ■■■■ ○○○德

■■■■ 龜水貴北

■■■■ 宮孔衆○

十二音 ■■■■ 龍甬用○

六聲 ■■■■ 魚鼠去○

■■■■ 烏虎兎○

■■■■ 心審禁○

十二音 ■■■■ ○○○十

七聲 ■■■■ 男坎欠○

■■■■ ○○○妾

東丹帝■ ●●●●

六音 兑大弟■ ●●●●

十聲 土貪天■ ●●●●

同覃田■ ●●●●

乃妳女■ ●●●●

七音 内南年■ ●●●●

十聲 老冷吕■ ●●●●

鹿犖离■ ●●●●

走哉足■ ●●●●

八音 自在匠■ ●●●●

十聲 草采七■ ●●●●

曹才全■ ●●●●

思三星■ ●●●●

九音 寺□象■ ●●●●

十聲 □□□■ ●●●●

□□□■ ●●●●

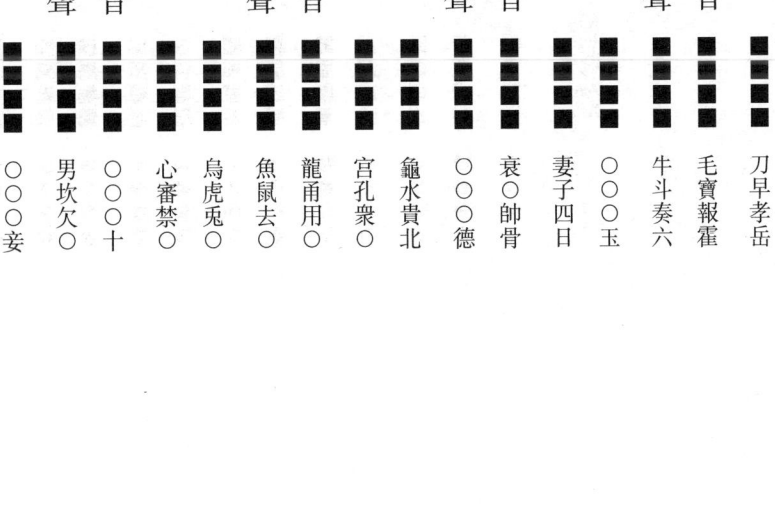

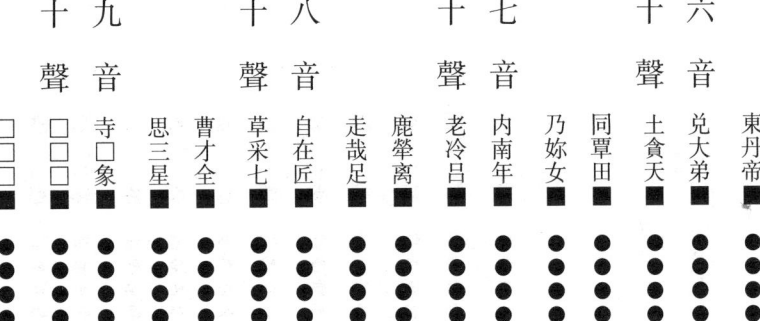

■■■■●●●●
十二音 ■■■■●●●●
八聲 ■■■■●●●●
■■■■●●●●
■■■■●●●●
十二音 ■■■■●●●●
九聲 ■■■■●●●●
■■■■●●●●
■■■■●●●●
十二音 ■■■■●●●●
十聲 ■■■■●●●●
■■■■●●●●

# 觀物篇之五十

辰辰聲入翕
○○○玉北

■山手■●●●●
十音 ■土石■●●●●
十聲 ■□耳■●●●●
■□二■●●●●
■莊震■●●●●
十一音 ■乍□■●●●●
十聲 ■叉赤■●●●●
■崇辰■●●●●
■卓中■●●●●
十二音 ■宅直■●●●●
十聲 ■坼丑■●●●●
■茶呈■●●●●

石石音閉濁
蚪堯民未瓶■

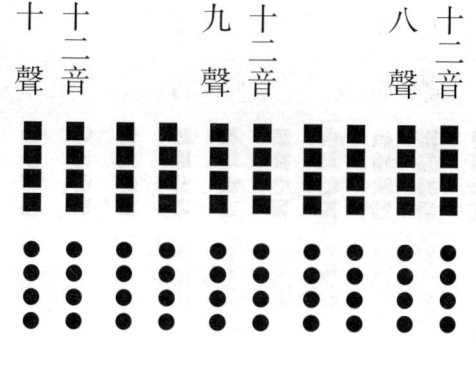

○妾●●○

辰辰聲七，下唱地之用音一百五十二，是謂入聲翕音。入聲翕音一千六十四。

辰辰聲入之四翕

閉音濁和律四之一

虯虯虯虯　多可个舌

一音　虯虯虯虯　禾火化八

一聲　虯虯虯虯　開宰愛○

虯虯虯虯　回每退○

虯虯虯虯　良兩向○

一音　虯虯虯虯　光廣况○

二聲　虯虯虯虯　丁井亘○

虯虯虯虯　兄永瑩○

虯虯虯虯　千典旦○

一音　虯虯虯虯　元犬半○

三聲　虯虯虯虯　臣引艮○

虯虯虯虯　君允巽○

■■■■■■

石石音五，上和天之用聲一百一十二，是謂閉音濁聲。閉音濁聲五百六十。

石石音閉之四濁

入聲翕唱呂四之一

古甲九癸　○○○○

一音　□□近揆　○○○○

一聲　坤巧丘弃　○○○○

□□乾虯　○○○○

黑花香血　○○○○

二音　黃華雄賢　○○○○

一聲　五瓦仰□　○○○○

吾牙月堯　○○○○

安亞乙一　○○○○

三音　□爻王寅　○○○○

一聲　母馬美米　○○○○

目皃眉民　○○○○

蚪蚪蚪蚪　刀早孝岳

一音　四聲

蚪蚪蚪蚪　毛寶報霍
蚪蚪蚪蚪　牛斗奏六
蚪蚪蚪蚪　○○○玉
蚪蚪蚪蚪　妻子四目

一音　五聲

蚪蚪蚪蚪　衰○帥骨
蚪蚪蚪蚪　○○○德
蚪蚪蚪蚪　龜水貴北
蚪蚪蚪蚪　宮孔衆○

一音　六聲

蚪蚪蚪蚪　龍甬用○
蚪蚪蚪蚪　魚鼠去○
蚪蚪蚪蚪　烏虎兎○
蚪蚪蚪蚪　心審禁○

一音　七聲

蚪蚪蚪蚪　○○○十
蚪蚪蚪蚪　男坎欠○
蚪蚪蚪蚪　○○○妾

夫法□飛　○○○○

四音　一聲

父凡□吠　○○○○
武晚□尾　○○○○
文万□未　○○○○
卜百丙必　○○○○

五音　一聲

步白莆鼻　○○○○
普朴品匹　○○○○
旁排平瓶　○○○○
東丹帝■　○○○○

六音　一聲

兑大弟■　○○○○
土貪天■　○○○○
同覃田■　○○○○
乃妳女■　○○○○

七音　一聲

内南年■　○○○○
老冷吕■　○○○○
鹿犖离■　○○○○

一音 蚪蚪蚪蚪 ●●●●
八聲 蚪蚪蚪蚪 ●●●●
蚪蚪蚪蚪 ●●●●
蚪蚪蚪蚪 ●●●●
蚪蚪蚪蚪 ●●●●
一音 蚪蚪蚪蚪 ●●●●
九聲 蚪蚪蚪蚪 ●●●●
蚪蚪蚪蚪 ●●●●
蚪蚪蚪蚪 ●●●●
一音 蚪蚪蚪蚪 ●●●●
十聲 蚪蚪蚪蚪 ●●●●
蚪蚪蚪蚪 ●●●●

閉音濁和律四之二

堯堯堯堯 多可个舌
二音 堯堯堯堯 禾火化八
一聲 堯堯堯堯 開宰愛○
堯堯堯堯 回每退○

走哉足■ ○○○○
八音 自在匠■ ○○○○
一聲 草采七■ ○○○○
曹才全■ ○○○○
思三星■ ○○○○
九音 寺□象■ ○○○○
一聲 □□□■ ○○○○
□□□■ ○○○○
■山手■ ○○○○
十音 ■士石■ ○○○○
一聲 ■□耳■ ○○○○
■□二■ ○○○○

■莊震■ ○○○○
十一音 ■乍□■ ○○○○
一聲 ■叉赤■ ○○○○
■崇辰■ ○○○○

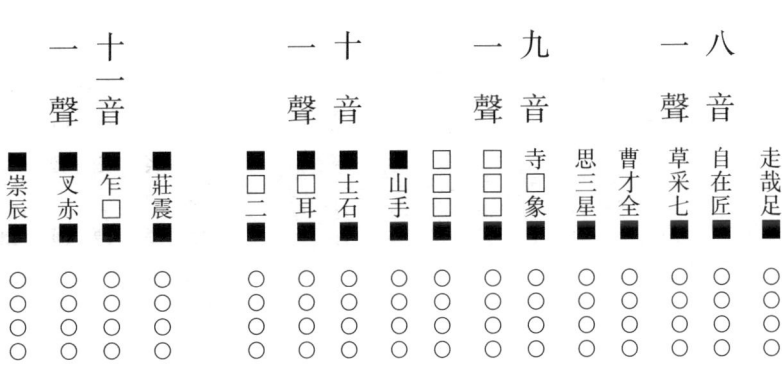

堯堯堯堯　庚兩向○
二音　堯堯堯堯　光廣況○
二聲　堯堯堯堯　丁井亘○
堯堯堯堯　兄永瑩○

堯堯堯堯　千典旦○
二音　堯堯堯堯　元犬半○
三聲　堯堯堯堯　臣引艮○
堯堯堯堯　君允巽○

堯堯堯堯　刀早孝岳
二音　堯堯堯堯　毛寶報霍
四聲　堯堯堯堯　牛斗奏六
堯堯堯堯　○○○玉

堯堯堯堯　妻子四日
二音　堯堯堯堯　衰○帥骨
五聲　堯堯堯堯　○○○德
堯堯堯堯　龜水貴北

■卓中■　○○○○
十二音　■宅直■　○○○○
一聲　■坼丑■　○○○○
■茶呈■　○○○○

## 入聲翕唱呂四之二

古甲九癸　○○○○
一音　□□近揆　○○○○
二聲　坤巧丘弃　○○○○
□□乾虯　○○○○

黑花香血　○○○○
二音　黃華雄賢　○○○○
二聲　五瓦仰□　○○○○
吾牙月堯　○○○○

安亞乙一　○○○○
三音　□爻王寅　○○○○
二聲　母馬美米　○○○○
目皃眉民　○○○○

堯堯堯堯　宮孔衆○
二音　堯堯堯堯　龍甬用○
六聲　堯堯堯堯　魚鼠去○
堯堯堯堯　烏虎兎○
堯堯堯堯　心審禁○
二音　堯堯堯堯　○○○十
七聲　堯堯堯堯　男坎欠○
堯堯堯堯　○○○妾
堯堯堯堯　●●●●
二音　堯堯堯堯　●●●●
八聲　堯堯堯堯　●●●●
堯堯堯堯　●●●●
堯堯堯堯　●●●●
二音　堯堯堯堯　●●●●
九聲　堯堯堯堯　●●●●
堯堯堯堯　●●●●

夫法□飛　○○○○
四音　父凡□吠　○○○○
二聲　武晚□尾　○○○○
方万□未　○○○○
卜百丙必　○○○○
五音　步白葡鼻　○○○○
二聲　普朴品匹　○○○○
旁排平瓶　○○○○
東丹帝■　○○○○
六音　兑大弟■　○○○○
二聲　土貪天■　○○○○
同覃田■　○○○○
乃妳女■　○○○○
七音　内南年■　○○○○
二聲　老冷吕■　○○○○
鹿犖离■　○○○○

堯堯堯堯 ●●●●
二音 堯堯堯堯 ●●●●
十聲 堯堯堯堯 ●●●●
堯堯堯堯 ●●●●

閉音濁和律四之三

民民民民 多可个舌
三音 民民民民 禾火化八
一聲 民民民民 開宰愛○
民民民民 回每退○
民民民民 良兩向○
三音 民民民民 光廣況○
二聲 民民民民 丁井亘○
民民民民 兄永瑩○
民民民民 千典旦○
三音 民民民民 元犬半○
三聲 民民民民 臣引艮○
民民民民 君允巽○

走哉足■ ○○○○
八音 自在匠■ ○○○○
二聲 草采七■ ○○○○
曹才全■ ○○○○
思三星■ ○○○○
九音 寺□象■ ○○○○
二聲 □□□■ ○○○○
□□□■ ○○○○
■山手■ ○○○○
十音 ■士石■ ○○○○
二聲 ■□耳■ ○○○○
■□二■ ○○○○
■莊震■ ○○○○
十一音 ■乍□■ ○○○○
二聲 ■叉赤■ ○○○○
■崇辰■ ○○○○

民民民民　刀早孝岳
三音　民民民民　毛寶報霍
四聲　民民民民　牛斗奏六
民民民民　○○○玉

民民民民　妻子四日
三音　民民民民　衰○帥骨
五聲　民民民民　○○○德
民民民民　龜水貴北

民民民民　宮孔衆○
三音　民民民民　龍甬用○
六聲　民民民民　魚鼠去○
民民民民　烏虎兎○

民民民民　心審禁○
三音　民民民民　○○○十
七聲　民民民民　男坎欠○
民民民民　○○○妾

■卓中■　○○○○
十二音　■宅直■　○○○○
二聲　■坼丑■　○○○○
■茶呈■　○○○○

入聲翕唱呂四之三

古甲九癸　○○○○
一音　□□近揆　○○○○
三聲　坤巧丘弃　○○○○
□□乾虯　○○○○

黑花香血　○○○○
二音　黃華雄賢　○○○○
三聲　五瓦仰□　○○○○
吾牙月堯　○○○○

安亞乙一　○○○○
三音　□爻王寅　○○○○
三聲　母馬美米　○○○○
目皃眉民　○○○○

三音八聲

民民民民 ●●●●
民民民民 ●●●●
民民民民 ●●●●
民民民民 ●●●●

三音九聲

民民民民 ●●●●
民民民民 ●●●●
民民民民 ●●●●
民民民民 ●●●●

三音十聲

民民民民 ●●●●
民民民民 ●●●●
民民民民 ●●●●
民民民民 ●●●●

## 閉音濁和律四之四

四音一聲

未未未未 多可个舌
未未未未 禾火化八
未未未未 開宰愛○
未未未未 回每退○

四音三聲

夫法□飛 ○○○○
父凡□吠 ○○○○
武晚□尾 ○○○○
文万□未 ○○○○

五音三聲

卜百丙必 ○○○○
步白精鼻 ○○○○
普朴品匹 ○○○○
旁排平瓶 ○○○○

六音三聲

東丹帝■ ○○○○
兑大弟■ ○○○○
土貪天■ ○○○○
同覃田■ ○○○○

七音三聲

乃妳女■ ○○○○
内南年■ ○○○○
老冷吕■ ○○○○
鹿犖离■ ○○○○

未未未未 良兩向○
四音 未未未未 光廣況○
二聲 未未未未 丁井亘○
未未未未 兄永瑩○
未未未未 千典旦○
四音 未未未未 元犬半○
三聲 未未未未 臣引艮○
未未未未 君允巽○
未未未未 刀早孝岳
四音 未未未未 毛寶報霍
四聲 未未未未 牛斗奏六
未未未未 ○○○玉
未未未未 妻子四日
四音 未未未未 衰○帥骨
五聲 未未未未 ○○○德
未未未未 龜水貴北

走哉足■ ○○○○
八音 自在匠■ ○○○○
三聲 草采七■ ○○○○
曹才全■ ○○○○
思三星■ ○○○○
九音 寺□象■ ○○○○
三聲 □□□■ ○○○○
□□□■ ○○○○
■山手■ ○○○○
十音 ■士石■ ○○○○
三聲 ■□耳■ ○○○○
■□二■ ○○○○
■莊震■ ○○○○
十一音 ■乍□■ ○○○○
三聲 ■叉赤■ ○○○○
■崇辰■ ○○○○

四音 六聲

未未未未 官孔衆○
未未未未 龍甬用○
未未未未 魚鼠去○
未未未未 烏虎兎○

四音 七聲

未未未未 心審禁○
未未未未 ○○○十
未未未未 男坎欠○
未未未未 ○○○妾

四音 八聲

未未未未 ●●●●
未未未未 ●●●●
未未未未 ●●●●
未未未未 ●●●●

四音 九聲

未未未未 ●●●●
未未未未 ●●●●
未未未未 ●●●●
未未未未 ●●●●

十二音 三聲

■卓中■ ○○○○
■宅直■ ○○○○
■坼丑■ ○○○○
■茶呈■ ○○○○

## 入聲翕唱呂四之四

一音 四聲

古甲九癸 玉玉玉玉
□□近揆 玉玉玉玉
坤巧丘弃 玉玉玉玉
□□乾虯 玉玉玉玉

二音 四聲

黑花香血 玉玉玉玉
黃華雄賢 玉玉玉玉
五瓦仰□ 玉玉玉玉
吾牙月堯 玉玉玉玉

三音 四聲

安亞乙一 玉玉玉玉
□爻王寅 玉玉玉玉
母馬美米 玉玉玉玉
目皃眉民 玉玉玉玉

未未未未 ●●●●

四音 未未未未 ●●●●

十聲 未未未未 ●●●●

未未未未 ●●●●

閉音濁和律四之五

瓶瓶瓶瓶 多可个舌

五音 瓶瓶瓶瓶 禾火化八

一聲 瓶瓶瓶瓶 開宰愛○

瓶瓶瓶瓶 回每退○

瓶瓶瓶瓶 良兩向○

五音 瓶瓶瓶瓶 光廣況○

二聲 瓶瓶瓶瓶 丁井亘○

瓶瓶瓶瓶 兄永瑩○

瓶瓶瓶瓶 千典旦○

五音 瓶瓶瓶瓶 元犬半○

三聲 瓶瓶瓶瓶 臣引艮○

瓶瓶瓶瓶 君允巽○

夫法□飛 玉玉玉玉

四音 父凡□吠 玉玉玉玉

四聲 武晚□尾 玉玉玉玉

文万□未 玉玉玉玉

卜百丙必 玉玉玉玉

五音 步白葡鼻 玉玉玉玉

四聲 普朴品匹 玉玉玉玉

旁排平瓶 玉玉玉玉

東丹帝■ 玉玉玉玉

六音 兑大弟■ 玉玉玉玉

四聲 土貪天■ 玉玉玉玉

同覃田■ 玉玉玉玉

乃妳女■ 玉玉玉玉

七音 内南年■ 玉玉玉玉

四聲 老冷吕■ 玉玉玉玉

鹿犖离■ 玉玉玉玉

瓶瓶瓶瓶　刀早孝岳
五音　瓶瓶瓶瓶　毛寶報霍
四聲　瓶瓶瓶瓶　牛斗奏六
瓶瓶瓶瓶　○○○玉
瓶瓶瓶瓶　妻子四日
五音　瓶瓶瓶瓶　衰○帥骨
五聲　瓶瓶瓶瓶　○○○德
瓶瓶瓶瓶　龜水貴北
瓶瓶瓶瓶　宮孔衆○
五音　瓶瓶瓶瓶　龍甬用○
六聲　瓶瓶瓶瓶　魚鼠去○
瓶瓶瓶瓶　烏虎兔○
瓶瓶瓶瓶　心審禁○
五音　瓶瓶瓶瓶　○○○十
七聲　瓶瓶瓶瓶　男坎欠○
瓶瓶瓶瓶　○○○妾

走哉足■　玉玉玉玉
八音　自在匠■　玉玉玉玉
四聲　草采七■　玉玉玉玉
曹才全■　玉玉玉玉
思三星■　玉玉玉玉
九音　寺□象■　玉玉玉玉
四聲　□□□■　玉玉玉玉
□□□■　玉玉玉玉
■山手■　玉玉玉玉
十音　■士石■　玉玉玉玉
四聲　■□耳■　玉玉玉玉
■□二■　玉玉玉玉
■莊震■　玉玉玉玉
十一音　■乍□■　玉玉玉玉
四聲　■叉赤■　玉玉玉玉
■崇辰■　玉玉玉玉

五音八聲

瓶瓶瓶瓶 ●●●●
瓶瓶瓶瓶 ●●●●
瓶瓶瓶瓶 ●●●●
瓶瓶瓶瓶 ●●●●

五音九聲

瓶瓶瓶瓶 ●●●●
瓶瓶瓶瓶 ●●●●
瓶瓶瓶瓶 ●●●●
瓶瓶瓶瓶 ●●●●

五音十聲

瓶瓶瓶瓶 ●●●●
瓶瓶瓶瓶 ●●●●
瓶瓶瓶瓶 ●●●●
瓶瓶瓶瓶 ●●●●

閉音濁和律四之六

六音一聲

■■■■ 多可个舌
■■■■ 禾火化八
■■■■ 開宰愛○
■■■■ 回每退○

十二音四聲

■卓中■ 玉玉玉玉
■宅直■ 玉玉玉玉
■坼丑■ 玉玉玉玉
■茶呈■ 玉玉玉玉

入聲翕唱呂四之五

一音五聲

古甲九癸 北北北北
□□近揆 北北北北
坤巧丘弃 北北北北
□□乾虯 北北北北

二音五聲

黑花香血 北北北北
黃華雄賢 北北北北
五瓦仰□ 北北北北
吾牙月堯 北北北北

三音五聲

安亞乙一 北北北北
□爻王寅 北北北北
母馬美米 北北北北
目皃眉民 北北北北

六音 ■■■■ 良兩向○
■■■■ 光廣況○
二聲 ■■■■ 丁井亘○
■■■■ 兄永瑩○
■■■■ 千典旦○

六音 ■■■■ 元犬半○
三聲 ■■■■ 臣引艮○
■■■■ 君允巽○
■■■■ 刀早孝岳

六音 ■■■■ 毛寶報霍
四聲 ■■■■ 牛斗奏六
■■■■ ○○○玉
■■■■ 妻子四日

六音 ■■■■ 衰○帥骨
五聲 ■■■■ ○○○德
■■■■ 龜水貴北

夫法□飛 北北北北
四音 父凡□吠 北北北北
五聲 武晚□尾 北北北北
文万□未 北北北北
卜百丙必 北北北北

五音 步白葡鼻 北北北北
五聲 普朴品匹 北北北北
旁排平瓶 北北北北
東丹帝■ 北北北北

六音 兑大弟■ 北北北北
五聲 土貪天■ 北北北北
同覃田■ 北北北北
乃妳女■ 北北北北

七音 内南年■ 北北北北
五聲 老冷吕■ 北北北北
鹿犖离■ 北北北北

■■■■宮孔衆○
六音■■■■龍甬用○
六聲■■■■魚鼠去○
■■■■烏虎兎○
■■■■心審禁○
六音■■■■○○○十
七聲■■■■男坎欠○
■■■■○○○妾
■■■■●●●●
六音■■■■●●●●
八聲■■■■●●●●
■■■■●●●●
■■■■●●●●
六音■■■■●●●●
九聲■■■■●●●●
■■■■●●●●

走哉足■北北北北
八音自在匠■北北北北
五聲草采七■北北北北
曹才全■北北北北
思三星■北北北北
九音寺□象■北北北北
五聲□□□■北北北北
□□□■北北北北
■山手■北北北北
十音■士石■北北北北
五聲■□耳■北北北北
■□二■北北北北
■莊震■北北北北
十一音■乍□■北北北北
五聲■叉赤■北北北北
■崇辰■北北北北

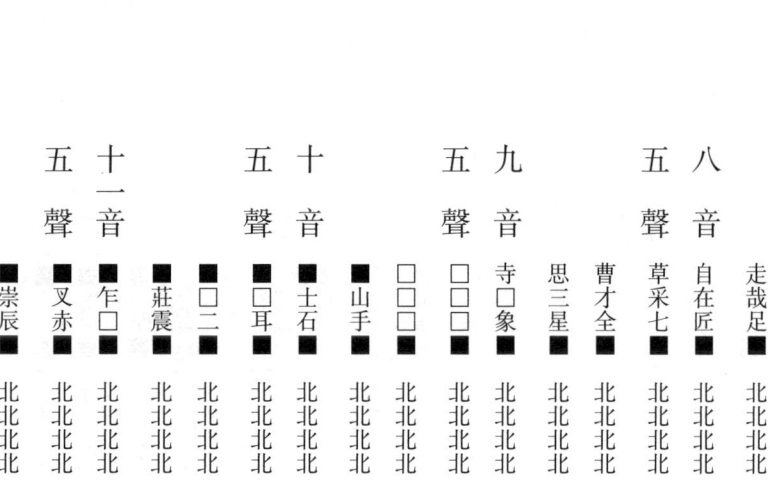

■■■■ ●●●●

六音 ■■■■ ●●●●

十聲 ■■■■ ●●●●

■■■■ ●●●●

閉音濁和律四之七

■■■■ 多可个舌

七音 ■■■■ 禾火化八

一聲 ■■■■ 開宰愛○

■■■■ 回每退○

■■■■ 良兩向○

七音 ■■■■ 光廣況○

二聲 ■■■■ 丁井亘○

■■■■ 兄永瑩○

■■■■ 千典旦○

七音 ■■■■ 元犬半○

三聲 ■■■■ 臣引艮○

■■■■ 君允巽○

■卓中■ 北北北北

十二音 ■宅直■ 北北北北

五聲 ■坼丑■ 北北北北

■茶呈■ 北北北北

入聲翕唱呂四之六

古甲九癸 ○○○○

一音 □□近揆 ○○○○

六聲 坤巧丘弃 ○○○○

□□乾虯 ○○○○

黑花香血 ○○○○

二音 黃華雄賢 ○○○○

六聲 五瓦仰□ ○○○○

吾牙月堯 ○○○○

安亞乙一 ○○○○

三音 □爻王寅 ○○○○

六聲 母馬美米 ○○○○

目皃眉民 ○○○○

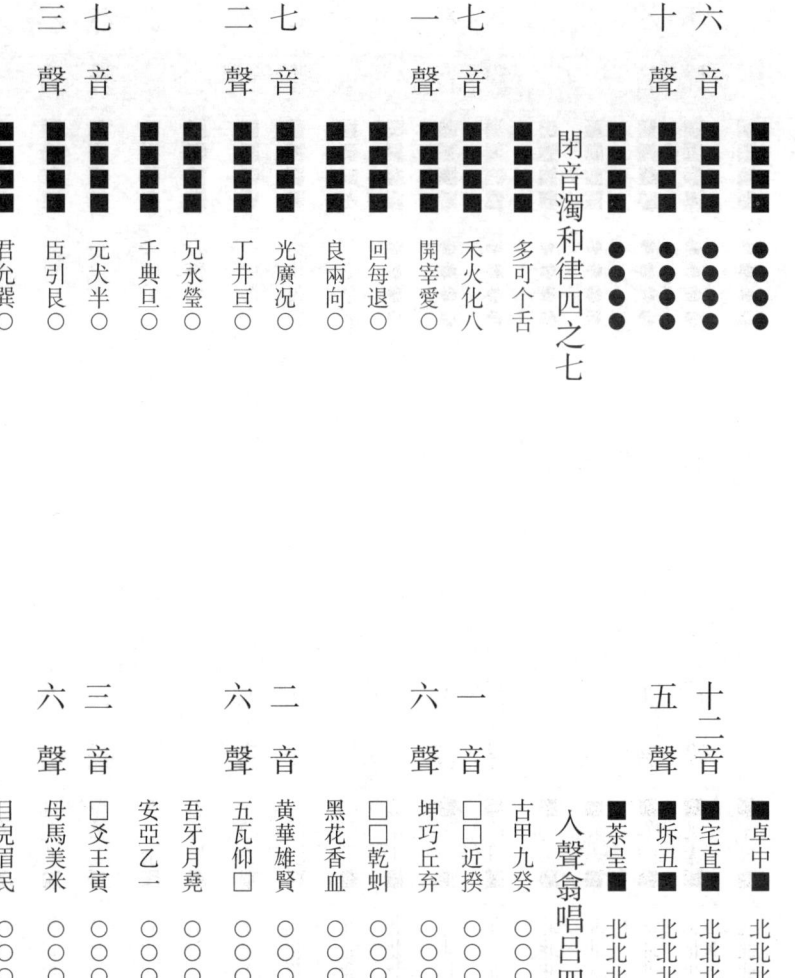

■■■■刀早孝岳
七音■■■■毛寶報霍
四聲■■■■牛斗奏六
■■■■○○○玉
■■■■妻子四日
七音■■■■衰○帥骨
五聲■■■■○○○德
■■■■龜水貴北
■■■■宮孔衆○
七音■■■■龍甬用○
六聲■■■■魚鼠去○
■■■■烏虎兎○
■■■■心審禁○
七音■■■■○○○十
七聲■■■■男坎欠○
■■■■○○○妾

夫法□飛○○○○
四音父凡□吠○○○○
六聲武晚□尾○○○○
文万□未○○○○
卜百丙必○○○○
五音步白葡鼻○○○○
六聲普朴品匹○○○○
旁排平瓶○○○○
東丹帝■○○○○
六音兑大弟■○○○○
六聲土貪天■○○○○
同覃田■○○○○
乃妳女■○○○○
七音内南年■○○○○
六聲老冷吕■○○○○
鹿犖离■○○○○

七音八聲

■■■■●●●●
■■■■●●●●
■■■■●●●●
■■■■●●●●

七音九聲

■■■■●●●●
■■■■●●●●
■■■■●●●●
■■■■●●●●

七音十聲

■■■■●●●●
■■■■●●●●
■■■■●●●●

閉音濁和律四之八

八音一聲

■■■■多可个舌
■■■■禾火化八
■■■■開宰愛○
■■■■回每退○

八音六聲

走哉足■○○○○
自在匠■○○○○
草采七■○○○○
曹才全■○○○○

九音六聲

思三星■○○○○
寺□象■○○○○
□□□■○○○○
□□□■○○○○

十音六聲

■山手■○○○○
■士石■○○○○
■□耳■○○○○
■□二■○○○○

十一音六聲

■莊震■○○○○
■乍□■○○○○
■叉赤■○○○○
■崇辰■○○○○

■■■■良兩向○
八音 ■■■■光廣況○
二聲 ■■■■丁井亘○
■■■■兄永瑩○

■■■■千典旦○
八音 ■■■■元犬半○
三聲 ■■■■臣引艮○
■■■■君允巽○

■■■■刀早孝岳
八音 ■■■■毛寶報霍
四聲 ■■■■牛斗奏六
■■■■○○○玉

■■■■妻子四日
八音 ■■■■衰○帥骨
五聲 ■■■■○○○德
■■■■龜水貴北

■卓中■ ○○○○
十二音 ■宅直■ ○○○○
六聲 ■坼丑■ ○○○○
■茶呈■ ○○○○

入聲翕唱呂四之七

古甲九癸 妾妾妾妾
一音 □□近揆 妾妾妾妾
七聲 坤巧丘弃 妾妾妾妾
□□乾虯 妾妾妾妾

黑花香血 妾妾妾妾
二音 黃華雄賢 妾妾妾妾
七聲 五瓦仰□ 妾妾妾妾
吾牙月堯 妾妾妾妾

安亞乙一 妾妾妾妾
三音 □爻王寅 妾妾妾妾
七聲 母馬美米 妾妾妾妾
目皃眉民 妾妾妾妾

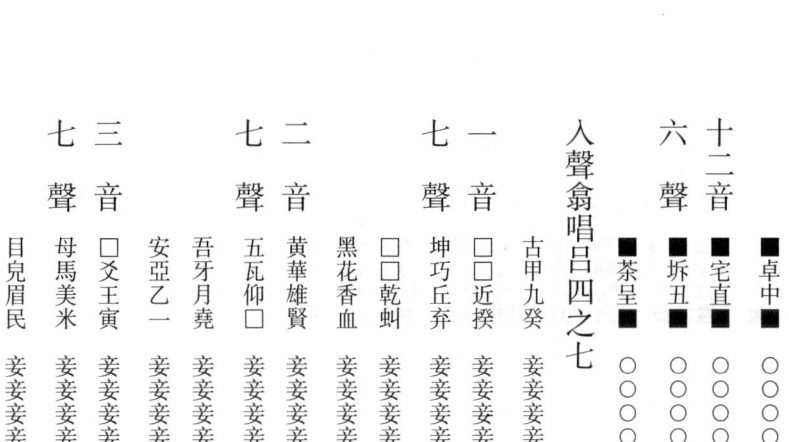

八音　六聲

■■■■　宮孔衆○
■■■■　龍甬用○
■■■■　魚鼠去○
■■■■　烏虎兎○
■■■■　心審禁○

八音　七聲

■■■■　○○○十
■■■■　男坎欠○
■■■■　○○○妾

八音　八聲

■■■■　●●●●
■■■■　●●●●
■■■■　●●●●
■■■■　●●●●
■■■■　●●●●

八音　九聲

■■■■　●●●●
■■■■　●●●●
■■■■　●●●●

四音　七聲

夫法□飛　妾妾妾妾
父凡□吠　妾妾妾妾
武晚□尾　妾妾妾妾
文万□未　妾妾妾妾
卜百丙必　妾妾妾妾

五音　七聲

步白葡鼻　妾妾妾妾
普朴品匹　妾妾妾妾
旁排平瓶　妾妾妾妾

六音　七聲

東丹帝■　妾妾妾妾
兑大弟■　妾妾妾妾
土貪天■　妾妾妾妾
同覃田■　妾妾妾妾
乃妳女■　妾妾妾妾

七音　七聲

内南年■　妾妾妾妾
老冷吕■　妾妾妾妾
鹿犖离■　妾妾妾妾

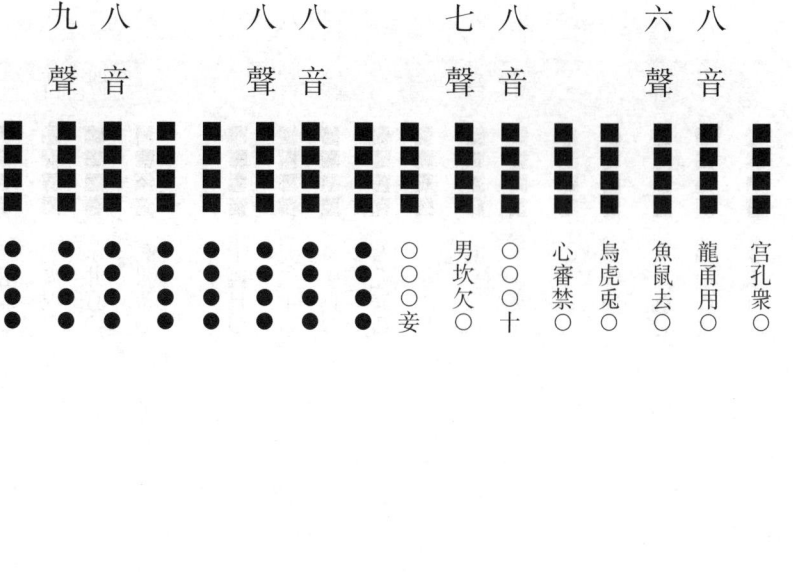

■■■■●●●●

八音 ■■■■●●●●

十聲 ■■■■●●●●

■■■■●●●●

閉音濁和律四之九

■■■■多可个舌

九音 ■■■■禾火化八

一聲 ■■■■開宰愛○

■■■■回每退○

■■■■良兩向○

九音 ■■■■光廣況○

二聲 ■■■■丁井亘○

■■■■兄永瑩○

■■■■千典旦○

九音 ■■■■元犬半○

三聲 ■■■■臣引艮○

■■■■君允巽○

走哉足■ 妾妾妾妾

八音 自在匠■ 妾妾妾妾

七聲 草采七■ 妾妾妾妾

曹才全■ 妾妾妾妾

思三星■ 妾妾妾妾

九音 寺□象■ 妾妾妾妾

七聲 □□□■ 妾妾妾妾

□□□■ 妾妾妾妾

■山手■ 妾妾妾妾

十音 ■士石■ 妾妾妾妾

七聲 ■□耳■ 妾妾妾妾

■□二■ 妾妾妾妾

■莊震■ 妾妾妾妾

十一音 ■乍□■ 妾妾妾妾

七聲 ■叉赤■ 妾妾妾妾

■崇辰■ 妾妾妾妾

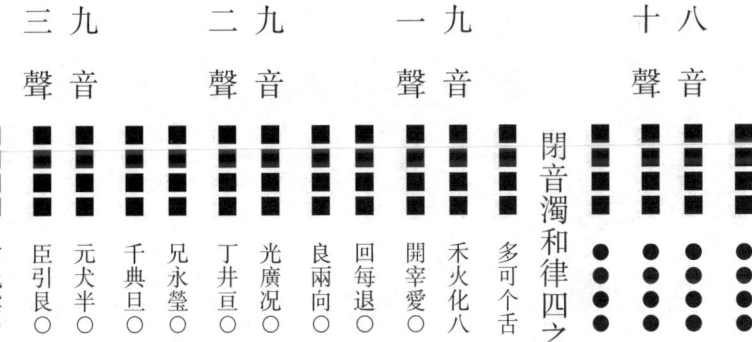

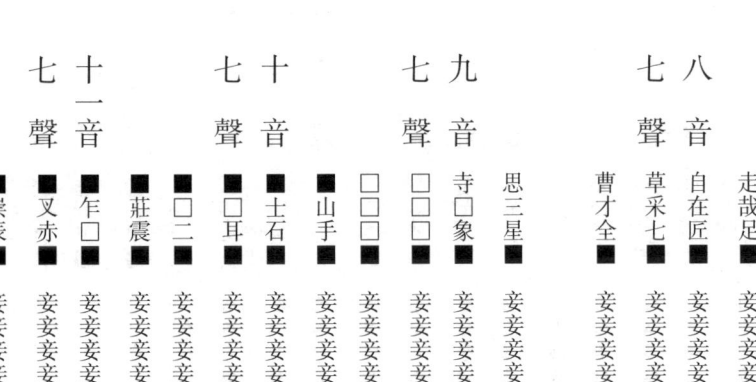

九音 四聲

■■■■ 刀早孝岳
■■■■ 毛寶報霍
■■■■ 牛斗奏六
■■■■ ○○○玉

九音 五聲

■■■■ 妻子四日
■■■■ 衰○帥骨
■■■■ ○○○德
■■■■ 龜水貴北

九音 六聲

■■■■ 宮孔衆○
■■■■ 龍甬用○
■■■■ 魚鼠去○
■■■■ 烏虎兎○

九音 七聲

■■■■ 心審禁○
■■■■ ○○○十
■■■■ 男坎欠○
■■■■ ○○○妾

十二音 七聲

■卓中■ 妾妾妾妾
■宅直■ 妾妾妾妾
■坼丑■ 妾妾妾妾
■茶呈■ 妾妾妾妾

## 入聲翕唱呂四之八

一音 八聲

古甲九癸 ●●●●
□□近揆 ●●●●
坤巧丘弃 ●●●●
□□乾虯 ●●●●

二音 八聲

黑花香血 ●●●●
黃華雄賢 ●●●●
五瓦仰□ ●●●●
吾牙月堯 ●●●●

三音 八聲

安亞乙一 ●●●●
□爻王寅 ●●●●
母馬美米 ●●●●
目皃眉民 ●●●●

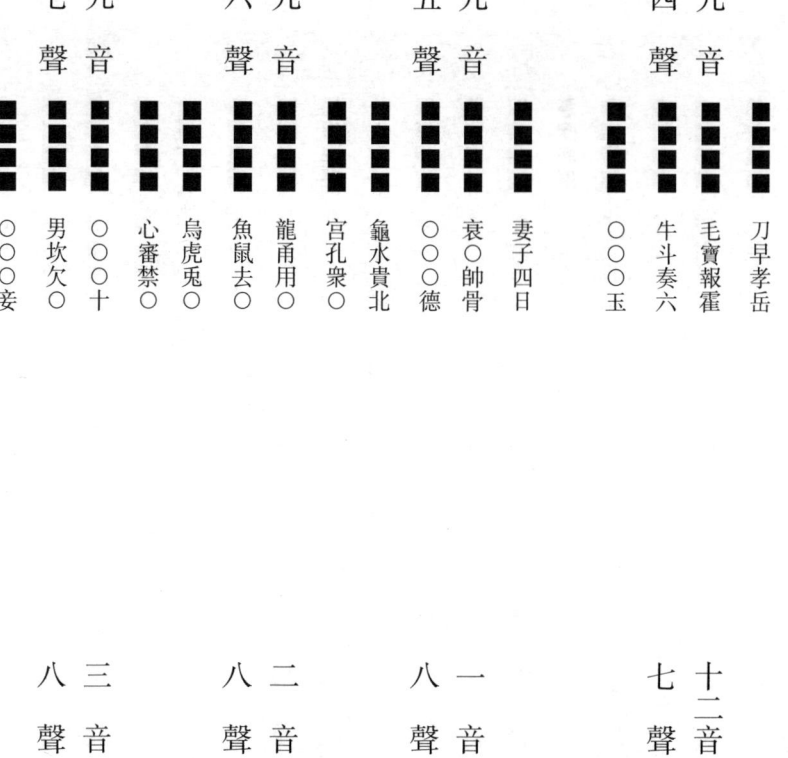

■■■■●●●●
九音 ■■■■●●●●
八聲 ■■■■●●●●
■■■■●●●●
■■■■●●●●
九音 ■■■■●●●●
九聲 ■■■■●●●●
■■■■●●●●
■■■■●●●●
九音 ■■■■●●●●
十聲 ■■■■●●●●
■■■■●●●●

閉音濁和律四之十

■■■■多可个舌
十音 ■■■■禾火化八
一聲 ■■■■開宰愛○
■■■■回每退○

夫法□飛●●●●
四音 父凡□吠●●●●
八聲 武晚□尾●●●●
文万□未●●●●
卜百丙必●●●●
五音 步白葡鼻●●●●
八聲 普朴品匹●●●●
旁排平瓶●●●●
東丹帝■●●●●
六音 兑大弟■●●●●
八聲 土貪天■●●●●
同覃田■●●●●

乃妳女■●●●●
七音 内南年■●●●●
八聲 老冷吕■●●●●
鹿犖离■●●●●

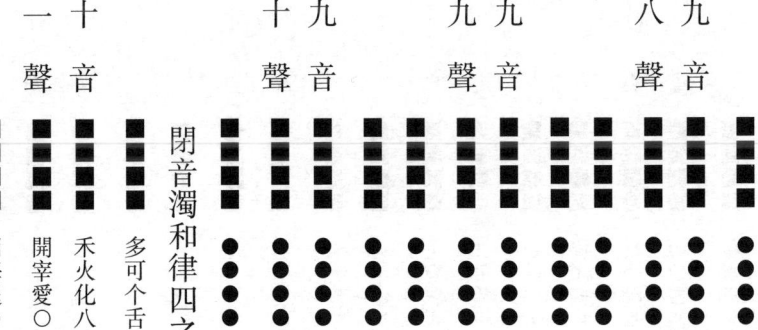

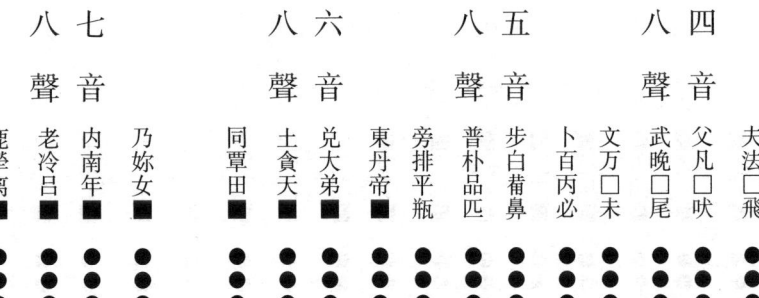

■■■■良兩向○
十音 ■■■■光廣況○
二聲 ■■■■丁井亘○
■■■■兄永瑩○
■■■■千典旦○
十音 ■■■■元犬半○
三聲 ■■■■臣引艮○
■■■■君允巽○
■■■■刀早孝岳
十音 ■■■■毛寶報霍
四聲 ■■■■牛斗奏六
■■■■○○○玉
■■■■妻子四日
十音 ■■■■衰○帥骨
五聲 ■■■■○○○德
■■■■龜水貴北

走哉足■●●●●
八音 自在匠■●●●●
八聲 草采七■●●●●
曹才全■●●●●
思三星■●●●●
九音 寺□象■●●●●
八聲 □□□■●●●●
□□□■●●●●
■山手■●●●●
十音 ■士石■●●●●
八聲 ■□耳■●●●●
■□二■●●●●
■莊震■●●●●
十一音 ■乍□■●●●●
八聲 ■叉赤■●●●●
■崇辰■●●●●

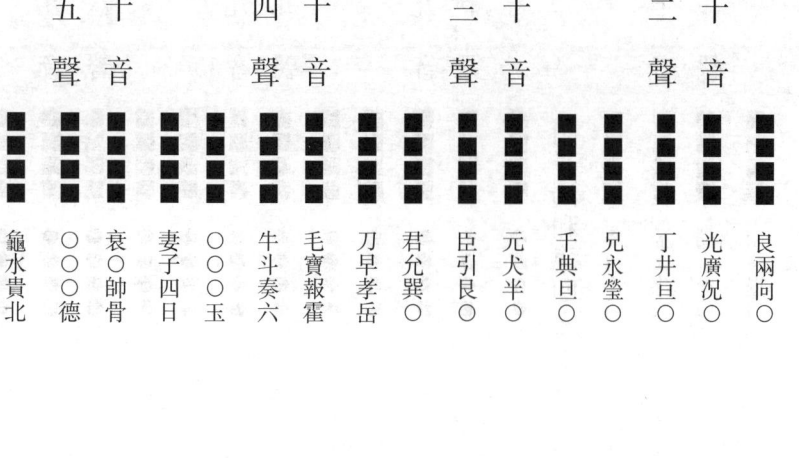

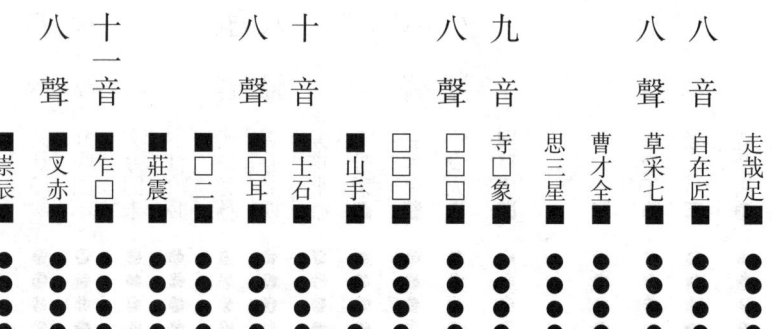

■■■■ 宮孔衆○
十音 ■■■■ 龍甬用○
六聲 ■■■■ 魚鼠去○
■■■■ 烏虎兎○
■■■■ 心審禁○
十音 ■■■■ ○○○十
七聲 ■■■■ 男坎欠○
■■■■ ○○○妾
■■■■ ●●●●
十音 ■■■■ ●●●●
八聲 ■■■■ ●●●●
■■■■ ●●●●
■■■■ ●●●●
十音 ■■■■ ●●●●
九聲 ■■■■ ●●●●
■■■■ ●●●●

■卓中■ ●●●●
十二音 ■宅直■ ●●●●
八聲 ■坼丑■ ●●●●
■茶呈■ ●●●●

## 入聲翕唱呂四之九

古甲九癸 ●●●●
一音 □□近揆 ●●●●
九聲 坤巧丘弃 ●●●●
□□乾虯 ●●●●
黑花香血 ●●●●
二音 黄華雄賢 ●●●●
九聲 五瓦仰□ ●●●●
吾牙月堯 ●●●●
安亞乙一 ●●●●
三音 □爻王寅 ●●●●
九聲 母馬美米 ●●●●
目皃眉民 ●●●●

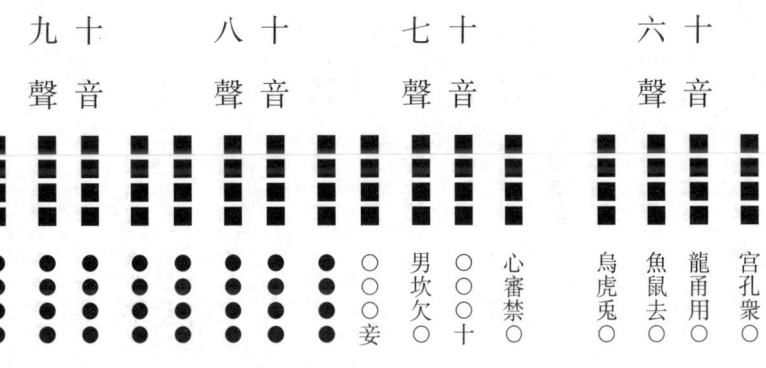

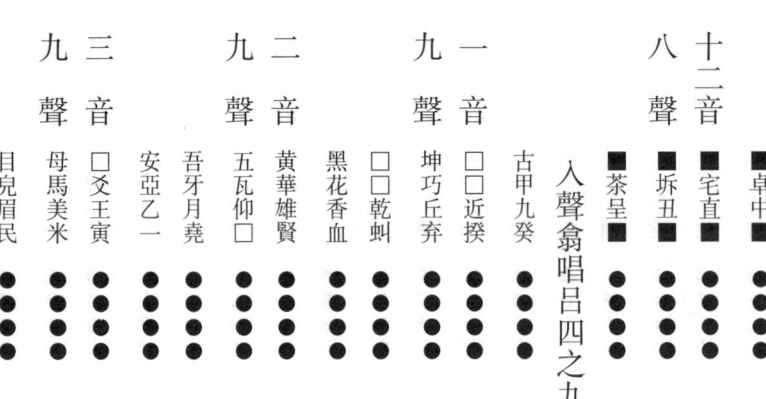

■■■■●●●●

十音 ■■■■●●●●

十聲 ■■■■●●●●

■■■■●●●●

閉音濁和律四之十一

■■■■多可个舌

十一音 ■■■■禾火化八

一聲 ■■■■開宰愛○

■■■■回每退○

■■■■良兩向○

十二音 ■■■■光廣況○

二聲 ■■■■丁井亘○

■■■■兄永瑩○

■■■■千典旦○

十三音 ■■■■元犬半○

三聲 ■■■■臣引艮○

■■■■君允巽○

夫法□飛●●●●

四音 父凡□吠●●●●

九聲 武晚□尾●●●●

文万□未●●●●

卜百丙必●●●●

五音 步白葡鼻●●●●

九聲 普朴品匹●●●●

旁排平瓶●●●●

東丹帝■●●●●

六音 兑大弟■●●●●

九聲 土貪天■●●●●

同覃田■●●●●

乃妳女■●●●●

七音 內南年■●●●●

九聲 老冷吕■●●●●

鹿犖离■●●●●

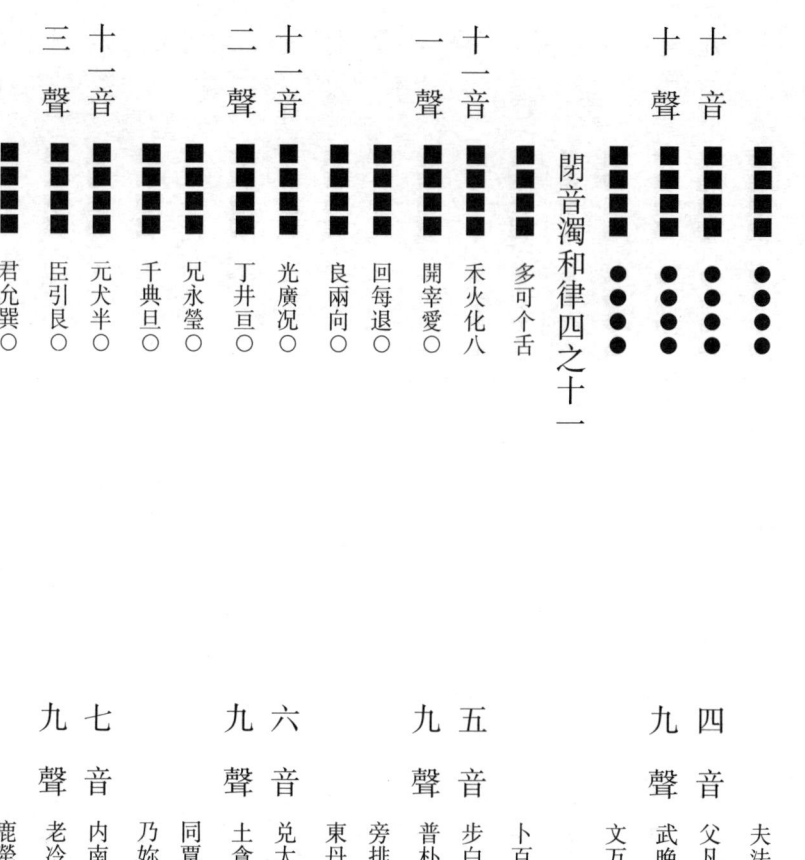

■■■■刀早孝岳
十一音■■■■毛寶報霍
四聲■■■■牛斗奏六
■■■■○○○玉
■■■■妻子四日
十一音■■■■衰○帥骨
五聲■■■■○○○德
■■■■龜水貴北
■■■■宮孔衆○
十一音■■■■龍甬用○
六聲■■■■魚鼠去○
■■■■烏虎兎○
■■■■心審禁○
十一音■■■■○○○十
七聲■■■■男坎欠○
■■■■○○○妾

走哉足■●●●●
八音自在匠■●●●●
九聲草采七■●●●●
曹才全■●●●●
思三星■●●●●
九音寺□象■●●●●
九聲□□□■●●●●
□□□■●●●●
■山手■●●●●
十音■士石■●●●●
九聲■□耳■●●●●
■□二■●●●●
■莊震■●●●●
十一音■乍□■●●●●
九聲■叉赤■●●●●
■崇辰■●●●●

十一音八聲

■■■■●●●●
■■■■●●●●
■■■■●●●●
■■■■●●●●

十一音九聲

■■■■●●●●
■■■■●●●●
■■■■●●●●
■■■■●●●●

十一音十聲

■■■■●●●●
■■■■●●●●
■■■■●●●●
■■■■●●●●

閉音濁和律四之十二

十二音一聲

■■■■多可个舌
■■■■禾火化八
■■■■開宰愛○
■■■■回每退○

十二音九聲

■卓中■●●●●
■宅直■●●●●
■坼丑■●●●●
■茶呈■●●●●

入聲翕唱呂四之十

一音十聲

古甲九癸●●●●
□□近揆●●●●
坤巧丘弃●●●●
□□乾虯●●●●

二音十聲

黑花香血●●●●
黄華雄賢●●●●
五瓦仰□●●●●
吾牙月堯●●●●

三音十聲

安亞乙一●●●●
□爻王寅●●●●
母馬美米●●●●
目皃眉民●●●●

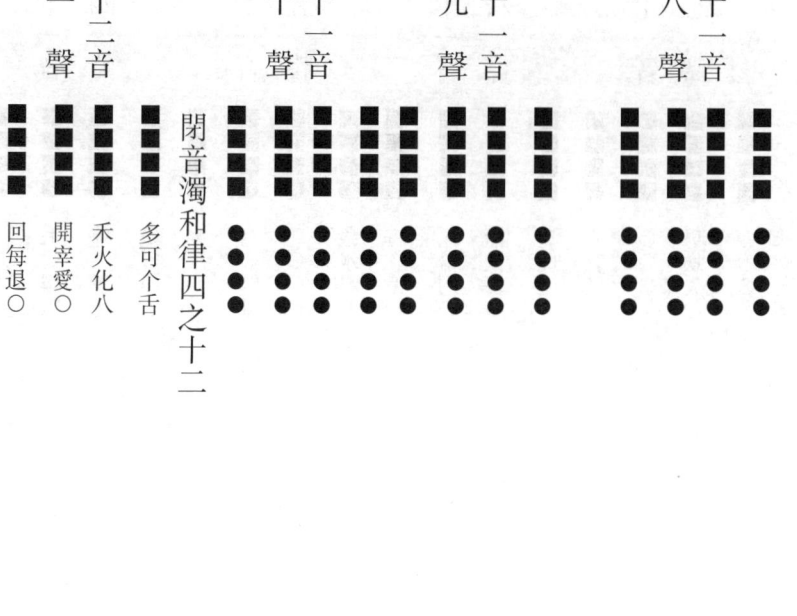

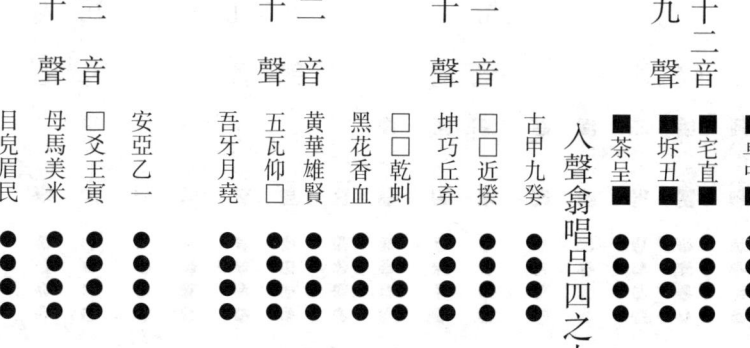

■■■■ 良兩向○

十二音二聲

■■■■ 光廣況○
■■■■ 丁井亘○
■■■■ 兄永瑩○
■■■■ 千典旦○

十二音三聲

■■■■ 元犬半○
■■■■ 臣引艮○
■■■■ 君允巽○
■■■■ 刀早孝岳

十二音四聲

■■■■ 毛寶報霍
■■■■ 牛斗奏六
■■■■ ○○○玉
■■■■ 妻子四日

十二音五聲

■■■■ 衰○帥骨
■■■■ ○○○德
■■■■ 龜水貴北

夫法□飛 ●●●●

四音十聲

父凡□吠 ●●●●
武晚□尾 ●●●●
文万□未 ●●●●
卜百丙必 ●●●●

五音十聲

步白葡鼻 ●●●●
普朴品匹 ●●●●
旁排平瓶 ●●●●
東丹帝■ ●●●●

六音十聲

兑大弟■ ●●●●
土貪天■ ●●●●
同覃田■ ●●●●
乃妳女■ ●●●●

七音十聲

内南年■ ●●●●
老冷吕■ ●●●●
鹿犖离■ ●●●●

■■■■宮孔衆○
十二音　■■■■龍甬用○
六聲　■■■■魚鼠去○
■■■■烏虎兎○
■■■■心審禁○
十二音　■■■■○○○十
七聲　■■■■男坎欠○
■■■■○○○妾
■■■■●●●●
十二音　■■■■●●●●
八聲　■■■■●●●●
■■■■●●●●
■■■■●●●●
十二音　■■■■●●●●
九聲　■■■■●●●●
■■■■●●●●

走哉足■●●●●
八音　自在匠■●●●●
十聲　草采七■●●●●
曹才全■●●●●
思三星■●●●●
九音　寺□象■●●●●
十聲　□□□■●●●●
□□□■●●●●
■山手■●●●●
十音　■士石■●●●●
十聲　■□耳■●●●●
■□二■●●●●
■莊震■●●●●
十一音　■乍□■●●●●
十聲　■叉赤■●●●●
■崇辰■●●●●

■■■■●●●●

十二音■■■■●●●●

十聲■■■■●●●●

■■■■●●●●

■卓中■●●●●

十二音■宅直■●●●●

十聲■坼丑■●●●●

■茶呈■●●●●

# 皇極經世卷第十一

## 觀物篇之五十一①

物之大者無若天地，然而亦有所盡也。天之大，陰陽盡之矣。地之大，剛柔盡之矣。陰陽盡而四時成焉，剛柔盡而四維成焉。夫四時四維者，天地至大之謂也。凡言大者，無得而過之也。亦未始以大爲自得，故能成其大，豈不謂至偉至偉者歟？天，生于動者也。地，生于静者也。一動一静交而天地之道盡之矣。動之始則陽生焉，動之極則陰生焉。一陰一陽交而天之用盡之矣。静之始則柔生焉，静之極則剛生焉。一柔一剛交而地之用盡之矣。②動之大者謂之太陽，動之小者謂之少陽，静之大者謂之太陰，静之小者謂之少陰。太陽爲日，太陰爲月，少陽爲星，少陰爲辰。日月星辰交而天之體盡之矣。③太柔爲水，太剛爲火，少柔爲土，少剛爲石。

---

① 「五十一」原作「四十一」，據四庫本改，後篇題同。

② 「一柔一剛交」，索隱本作「一剛一柔交」。

③ 四庫本此處有「静之大者謂之太柔，静之小者謂之少柔，動之大者謂之太剛，動之小者謂之少剛」三十二字。

水火土石交而地之體盡之矣。日爲暑，月爲寒，星爲晝，辰爲夜。暑寒晝夜交而天之變盡之矣。水爲雨，火爲風，土爲露，石爲雷。雨風露雷交而地之化盡之矣。暑變物之性，寒變物之情，晝變物之形，夜變物之體。性情形體交而動植之感盡之矣。雨化物之走，風化物之飛，露化物之草，雷化物之木。走飛草木交而動植之應盡之矣。走：感暑而變者性之走也，感寒而變者情之走也，感晝而變者形之走也，感夜而變者體之走也。飛：感暑而變者性之飛也，感寒而變者情之飛也，感晝而變者形之飛也，感夜而變者體之飛也。草：感暑而變者性之草也，感寒而變者情之草也，感晝而變者形之草也，感夜而變者體之草也。木：感暑而變者性之木也，感寒而變者情之木也，感晝而變者形之木也，感夜而變者體之木也。性：應雨而化者走之性也，應風而化者飛之性也，應露而化者草之性也，應雷而化者木之性也。情：應雨而化者走之情也，應風而化者飛之情也，應露而化者草之情也，應雷而化者木之情也。形：應雨而化者走之形也，應風而化者飛之形也，應露而化者草之形也，應雷而化者木之形也。體：應雨而化者走之體也，應風而化者飛之體也，應露而化者草之體也，應雷而化者木之體也。性之走善色，情之走善聲，形之走善氣，體之走善味。性之飛善色，情之飛善聲，形之飛善氣，體之飛善味。性之草善色，情之草善聲，形之草善氣，體之草善味。性之木善色，情之木善聲，形之木善氣，體之木善味。走之性善耳，飛之性善目，草之性善口，木之性善鼻。走之情善耳，飛之情善目，草之情善口，木之情善鼻。走之形善耳，飛之形善目，草之形善口，木之形善鼻。走之體善耳，飛之體善目，草之體善口，木之體善鼻。夫人也者，暑寒晝夜無不變，雨風露雷無不化，性情形體無不感，走飛草木無不應。所以目善萬物之色，耳善萬物之聲，鼻善萬物之氣，口善萬物之味。靈于萬物，不亦宜乎。

## 觀物篇之五十二

人之所以能靈于萬物者，謂其目能收萬物之色，耳能收萬物之聲，鼻能收萬物之氣，口能收萬物之味。聲色氣味者，萬物之體也；目耳鼻口者，萬人之用也。體無定用，惟變是用；用無定體，惟化是體。體用交而人物之道于是乎備矣。然則人亦物也，①聖亦人也。有一物之物，有十物之物，有百物之物，有千物之物，有萬物之物，有億物之物，有兆物之物。爲兆物之物，②豈非人乎？有一人之人，有十人之人，有百人之人，有千人之人，有萬人之人，有億人之人，有兆人之人。爲兆人之人，③豈非聖乎？是知人也者，物之至者也；聖也者，人之至者也。物之至者始

---

① 「人」原作「天」，據四庫本、索隱本改。
② 「爲兆物之物」，索隱本作「生一一之人當兆人之人者」。
③ 「爲兆人之人」，索隱本作「生一一之人當兆人之人者」。

得謂之物之物也，人之至者始得謂之人之人也。夫物之物者，至物之謂也；人之人者，至人之謂也。以一至物而當一至人，則非聖人而何？①人謂之不聖，則吾不信也。何哉，謂其能以一心觀萬心，一身觀萬身，一物觀萬物，一世觀萬世者焉。又謂其能以心代天意，口代天言，手代天功，②身代天事者焉。又謂其能以上順天時，③下應地理，④中徇物情，⑤通盡人事者焉。⑥又謂其能以彌綸天地，出入造化，進退今古，表裏時事者焉。⑦噫，聖人者，非世世而效聖焉，吾不得而目見之也。雖然，吾不得而目見之，察其心，觀其跡，探其體，潛其用，雖億萬千年亦可以理知之也。⑧人或告我曰：「天地之外別有天地萬物，異乎此天地萬物。」則吾不得而知之也。⑨非唯吾不得而知之也，聖人亦不得而知之也。凡言知者，謂其心得而知之也；言言者，謂其口得而

① 「聖」下，索隱本無「人」字。
② 「功」，索隱本作「工」。
③ 「順」，四庫本作「識」。
④ 「應」，四庫本作「盡」。
⑤ 「徇」，四庫本作「盡」。
⑥ 「盡」，四庫本作「照」。
⑦ 「時事」，四庫本作「人物」。
⑧ 「萬千」，四庫本作「千萬」。
⑨ 「之」下，索隱本無「也」字。

言之也。既心尚不得而知之，口又惡得而言之乎？以心不可得知而知之，①是謂妄知也。以口不可得言而言之，②是謂妄言也。吾又安能從妄人而行妄知妄言者乎？

## 觀物篇之五十三

《易》曰：「窮理盡性，以至于命。」所以謂之理者，物之理也。所以謂之性者，天之性也。所以謂之命者，處理性者也。所以能處理性者，非道而何？是知道爲天地之本，天地爲萬物之本。以天地觀萬物，則萬物爲萬物，③以道觀天地，則天地亦爲萬物。道之道盡之于天矣，天之道盡之于地矣，天地之道盡之于萬物矣，④天地萬物之道盡之于人矣。人能知其天地萬物之道所以盡于人者，然後能盡民也。天之能盡物，則謂之曰昊天。人之能盡民，則謂之曰聖人。謂昊天能異乎萬物，則非所以謂之昊天也。謂聖人能異乎萬民，則非所以謂之聖人也。萬民與萬物同，則聖人固不異乎昊天者矣。然則聖人與昊天爲一道，聖人與昊天爲一道，則萬民與萬物

① 「心」，原脱，據四庫本、索隱本補。
② 「口」，原脱，據四庫本、索隱本補。
③ 「爲萬物」，《性理大全書》本（以下簡稱大全本）作「爲物」。
④ 「于」後，大全本無「萬」字。

亦可以爲一道。①一世之萬民與一世之萬物亦可以爲一道，②則萬世之萬民與萬世之萬物亦可以爲一道也，明矣。夫昊天之盡物，聖人之盡民，皆有四府焉。昊天之四府者，春夏秋冬之謂也，陰陽升降于其間矣。聖人之四府者，《易》《書》《詩》《春秋》之謂也，禮樂污隆于其間矣。春爲生物之府，夏爲長物之府，秋爲收物之府，冬爲藏物之府。號物之庶謂之萬，雖曰萬之又萬，其庶能出此昊天之四府者乎？《易》爲生民之府，《書》爲長民之府，《詩》爲收民之府，《春秋》爲藏民之府。號民之庶謂之萬，雖曰萬之又萬，其庶能出此聖人之四府者乎？昊天之四府者，時也。聖人之四府者，經也。昊天以時授人，聖人以經法天。天人之事，當如何哉？

## 觀物篇之五十四

觀春則知《易》之所存乎，觀夏則知《書》之所存乎，觀秋則知《詩》之所存乎，觀冬則知《春秋》之所存乎。《易》之《易》者，生生之謂也。《易》之《書》者，生長之謂也。《易》之《詩》者，生收之謂也。《易》之《春秋》者，生藏之謂也。《書》之《易》者，長生之謂也。《書》之《書》者，長長之謂也。《書》之《詩》者，長收之謂也。《書》之《春秋》者，長藏之謂也。《詩》之《易》者，收

① 「道」後，大全本有「也」字。
② 「亦」，四庫本、索隱本作「既」。

生之謂也。《詩》之《書》者，收長之謂也。《詩》之《詩》者，收收之謂也。《詩》之《春秋》者，收藏之謂也。《春秋》之《易》者，藏生之謂也。《春秋》之《書》者，藏長之謂也。《春秋》之《詩》者，藏收之謂也。《春秋》之《春秋》者，藏藏之謂也。生生者，修夫意者也。生長者，修夫言者也。生收者，修夫象者也。生藏者，修夫數者也。長生者，修夫仁者也。長長者，修夫禮者也。長收者，修夫義者也。長藏者，修夫智者也。收生者，修夫性者也。收長者，修夫情者也。收收者，修夫形者也。收藏者，修夫體者也。藏生者，修夫聖者也。藏長者，修夫賢者也。藏收者，修夫才者也。藏藏者，修夫術者也。修夫意者，三皇之謂也。修夫言者，五帝之謂也。修夫象者，三王之謂也。修夫數者，五伯之謂也。①修夫仁者，有虞之謂也。修夫禮者，夏禹之謂也。②修夫義者，商湯之謂也。③修夫智者，周發之謂也。④修夫性者，文王之謂也。修夫情者，武王之謂也。修夫形者，周公之謂也。修夫體者，召公之謂也。修夫聖者，秦穆之謂也。修夫賢者，晉文之謂也。修夫才者，齊桓之謂也。修夫術者，楚莊之謂也。皇帝王伯者，《易》之體也。虞夏

---

① 「伯」，索隱本作「霸」，下同。
② 「夏禹」，四庫本、索隱本作「有夏」。
③ 「商湯」，四庫本、索隱本作「有商」。
④ 「周發」，四庫本、索隱本作「有周」。

商周者，《書》之體也。文武周召者，《詩》之體也。秦晉齊楚者，《春秋》之體也。意言象數者，《易》之用也。仁義禮智者，《書》之用也。性情形體者，《詩》之用也。聖賢才術者，《春秋》之用也。用也者，心也。體也者，跡也。心跡之間有權存焉者，聖人之事也。

三皇同意而異化，五帝同言而異教，三王同象而異勸，五伯同數而異率。同意而異化者必以道。以道化民者，民亦以道歸之，故尚自然。夫自然者，無爲無有之謂也。無爲者，非不爲也，不固爲者也，故能廣。無有者，非不有也，不固有者也，故能大。廣大悉備而不固爲固有者，其唯三皇乎！是故知能以道化天下者，天下亦以道歸焉。所以聖人有言曰：「我無爲而民自化，我無事而民自富，我好静而民自正，我無欲而民自樸。」其斯之謂歟？

三皇同仁而異化，五帝同禮而異教，三王同義而異勸，五伯同智而異率。同禮而異教者必以德。以德教民者，民亦以德歸之，故尚讓。夫讓也者，先人後己之謂也。以天下授人而不爲輕，若素無之也。受人之天下而不爲重，若素有之也。若素無素有者，謂不己無己有之也。若己無己有，則舉一毛以取與于人，猶有貪鄙之心生焉，而況天下者乎？能知其天下之天下非己之天下者，其唯五帝乎！是故知能以德教天下者，天下亦以德歸焉。所以聖人有言曰：「垂衣裳而天下治，蓋取諸乾坤。」其斯之謂歟？

三皇同性而異化，五帝同情而異教，三王同形而異勸，五伯同體而異率。同形而異勸者必以功。

以功勸民者，民亦以功歸之，故尚政。夫政也者，正也，以正正夫不正之謂也。天下之正莫如利民焉，天下之不正莫如害民焉。能利民者正，則謂之曰王矣。能害民者不正，則謂之曰賊矣。以利除害，安有去王耶？以王去賊，安有弑君耶？是故知王者正也。能以功正天下之不正者，天下亦以功歸焉。所以聖人有言曰：「天地革而四時成焉。①湯武革命，順乎天而應乎人。」其斯之謂歟？

三皇同聖而異化，五帝同賢而異教，三王同才而異勸，五伯同術而異率。同術而異率者必以力。以力率民者，民亦以力歸之，故尚争。夫争也者，争夫利者也。取與利不以義，②然後謂之争。小争交以言，大争交以兵。争夫强者也，③猶借夫名也者，④謂之曲直。名也者，命物正事之稱也。利也者，養人成務之具也。名不以仁，無以守業。利不以義，無以居功。名不以功居，⑤利不以業守，⑥則亂矣，民所以必争之也。五伯者，借虚名以争實利者也。帝不足則王，王不足則伯，伯又不足則夷狄矣。若然，則五伯不謂無功于中國，語其王則未也，過夷狄則遠矣。

---

① 「成」後，四庫本、索隱本無「焉」字。
② 「與」，四庫本作「以」，索隱本作「其」。
③ 「强」下，四庫本、索隱本有「弱」字。
④ 「也」，四庫本、索隱本作「焉」。
⑤ 「名」，四庫本、索隱本作「利」。
⑥ 「利」，四庫本、索隱本作「名」。

周之東遷，文武之功德于是乎盡矣，猶能維持二十四君，王室不絕如綫，夷狄不敢屠害中原者，由五伯借名之力也。是故知能以力率天下者，天下亦以力歸焉。所以聖人有言曰：「眇能視，跛能履。履虎尾，咥人，凶。武人爲于大君。」其斯之謂歟？

夫意也者，盡物之性也；言也者，盡物之情也；象也者，盡物之形也；數也者，盡物之體也；仁也者，盡人之聖也；禮也者，盡人之賢也；義也者，盡人之才也；智也者，盡人之術也。盡物之性者謂之道，盡物之情者謂之德，盡物之形者謂之功，盡物之體者謂之力。盡人之聖者謂之化，盡人之賢者謂之教，盡人之才者謂之勸，盡人之術者謂之率。道德功力者，存乎體者也；化教勸率者，存乎用者也；體用之間有變存焉者，聖人之業也。夫變也者，昊天生萬物之謂也。權也者，聖人生萬民之謂也。非生物非生民，而得謂之權變乎？

## 觀物篇之五十五

善化天下者，止于盡道而已。善教天下者，止于盡德而已。善勸天下者，止于盡功而已。善率天下者，止于盡力而已。以道德功力爲化者，乃謂之皇矣。以道德功力爲教者，乃謂之帝矣。以道德功力爲勸者，乃謂之王矣。以道德功力爲率者，乃謂之伯矣。以化教勸率爲道者，乃謂之《易》矣。以化教勸率爲德者，乃謂之《書》矣。以化教勸率爲功者，乃謂之《詩》矣。以化教勸率爲力者，乃謂之《春秋》矣。此四者，天地始則始焉，天地終則終焉，終始隨乎天地者也。夫古今者，在天地之間猶旦暮也。以今觀今則謂之今矣，以後觀今則今亦謂之古矣。以今觀古則謂之古矣，以古自觀則古亦謂之今矣。是知古亦未必爲古，今亦未必爲今，皆自我而觀之也。安知千古之前，萬古之後，其人不自我而觀之也。若然，則皇帝王伯者聖人之時也，《易》《書》《詩》《春秋》者聖人之經也。時有消長，經有因革。時有消長，否泰盡之矣。經有因革，損益盡之矣。否泰盡而體用分，損益盡而心跡判。體與用分，心與跡判，聖人之事業于是乎備矣。所以自古當世之君天下者，其命有四焉：一曰正命，二曰受命，三曰改命，四曰攝命。正命者，因而因者也。受命者，因而革者也。改命者，革而因者也。攝命者，革而革者也。因而因者，長而長者也。因而革者，長而消者也。革而因者，消而長者也。革而革者，消而消者也。革而革者，一世之事業也。革而因者，十世之事業也。因而革者，百世之事業也。因而因者，千世之事業也。可以因則因，可以革則革者，萬世之事業也。一世之事業者，非五伯之道而何？十世之事業者，非三王之道而何？百世之事業者，非五帝之道而何？千世之事業者，非三皇之道而何？萬世之事業者，非仲尼之道而何？是知皇帝王伯者命世之謂也，①仲尼者不世之謂也。

① 「是」後，索隱本有「故」字。

仲尼曰：「殷因于夏禮，所損益可知也。周因于殷禮，所損益可知也。其或繼周者，雖百世可知也。」如是，則何止于百世而已哉？億千萬世皆可得而知之也。人皆知仲尼之爲仲尼，不知仲尼之所以爲仲尼。不欲知仲尼之所以爲仲尼則已，如其必欲知仲尼之所以爲仲尼，則捨天地將奚之焉！人皆知天地之爲天地，不知天地之所以爲天地。不欲知天地之所以爲天地則已，如其必欲知天地之所以爲天地，則捨動静將奚之焉！夫一動一静者，天地至妙者歟！夫一動一静之間者，天地人至妙至妙者歟！是故知仲尼之所以能盡三才之道者，謂其行無轍跡也。〔故有言曰「予欲無言」，又曰「天何言哉，四時行焉，百物生焉」，其斯之謂歟？〕①

## 觀物篇之五十六

孔子贊《易》自羲軒而下，序《書》自堯舜而下，删《詩》自文武而下，修《春秋》自桓文而下。自羲軒而下，祖三皇也。自堯舜而下，宗五帝也。自文武而下，子三王也。自桓文而下，孫五伯也。祖三皇，尚賢也。宗五帝，亦尚賢也。三皇尚賢以道，五帝尚賢以德。子三王，尚親也。孫五伯，亦尚親也。三王尚親以功，五伯尚親以力。嗚呼，時之既往億萬千年，時之未來亦億萬千

① 自「故有言曰」至「其斯之謂歟」二十七字，原脱，據四庫本、索隱本補。

年，仲尼中間生而爲人，①何祖宗之寡而子孫之多耶？此所以重贊堯舜，②至禹曰：③「禹，吾無間然矣。」仲尼後禹千五百餘年，今之後仲尼又千五百餘年，雖不敢比德仲尼上贊堯舜禹，④豈不敢如孟子上贊仲尼乎？⑤人謂仲尼「惜乎無土」，吾獨以爲不然。疋夫以百畝爲土，⑥大夫以百里爲土，諸侯以四境爲土，天子以四海爲土，⑦仲尼以萬世爲土。若然，則孟子言「自生民已來，未有如夫子」，⑧斯亦不爲之過矣。⑨夫人不能自富，必待天與其富，然後能富。人不能自貴，必待天與其貴，然後能貴。若然，則富貴在天也，不在人也。有求而得之者，有求而不得者矣，是繫乎天者也。功德在人也，不在天也。可修而得之，不修則不得，是非繫乎天也，繫乎人者也。夫人之能求而得富貴者，求其可得者也。非其可得者，非所以能求之也。昧者不知，求

① 「仲尼中間生而爲人」八字，原脱，據四庫本、索隱本補。
② 索隱本無「此」字。
③ 「禹」後，四庫本有「則」字。
④ 「比德仲尼」，四庫本作「比夫仲尼」，索隱本作「比仲尼」。
⑤ 「如」，四庫本、索隱本作「比」。
⑥ 「疋」，四庫本作「匹」，索隱本、大全本作「獨」。
⑦ 「四海」，索隱本作「九州」。
⑧ 「夫子」，索隱本作「孔子」。
⑨ 「不」，四庫本、索隱本作「未」。

而得之則謂其己之能得也，故矜之；求而不得則謂其人之不與也，①故怨之。如知其己之所以能得、人之所以能與，則天下安有不知量之人邪？天下至富也，天子至貴也，豈可妄意求而得之也。雖然天命，②亦未始不由積功累行，聖君艱難以成之，庸君暴虐以壞之。是天歟？是人歟？是知人作之咎，固難逃已；天降之災，禳之奚益。積功累行，君子常分，非有求而然也。有求而然者，所以謂利乎仁者也。君子安有餘事於其間哉？然而有幸與不幸者，③始可以語命也已。夏禹以功有天下，夏桀以虐失天下。殷湯以功有天下，殷紂以虐失天下。周武以功有天下，周幽以虐失天下。三者雖時不同，其成敗之形一也。平王東遷，無功以復王業；赧王西走，無虐以喪王室。威令不逮一小國諸侯，仰存于五伯而已，此又奚足道哉？但時無真王者出焉，雖有虛名，與杞宋其誰曰少異。是時也，《春秋》之作不亦宜乎？

仲尼修經周平王之時，《書》終于晉文侯，《詩》列爲王《國風》，《春秋》始于魯隱公，《易》盡于未濟卦。予非知仲尼者，學爲仲尼者也。禮樂征伐自天子出，而出自諸侯，天子之重去矣。

---

① 「不得」，四庫本、索隱本作「失之」。
② 「然」，四庫本、索隱本作「曰」。
③ 「與」，四庫本、索隱本作「有」。

宗周之功德自文武出，而出自厲幽，①文武之基息矣。由是犬戎得以侮中國。周之諸侯非一，獨晉能攘去戎狄，徙王東都洛邑，用存王國，爲天下伯者之唱，秬鬯圭瓚之所錫，其能免乎？傳稱「子貢欲去魯告朔之餼羊」，孔子曰：「賜也，爾愛其羊，我愛其禮。」是知名存實亡者，猶愈于名實俱亡者矣。禮雖廢而羊存，則後世安知無不復行禮者矣。②晉文公尊王雖用虚名，猶能力使天下諸侯知有周天子而不敢以兵加之也。及晉之衰也，秦由是敢滅周。斯愛禮之言，信不誣矣。

齊景公嘗一日問政于孔子，孔子對曰：「君君，臣臣，父父，子子。」公曰：「善哉，信如君不君，臣不臣，父不父，子不子，雖有粟，吾得而食諸？」是時也，諸侯僭天子，陪臣執國命，禄去公室，政出私門。景公自不能上奉周天子，欲其臣下奉己，不亦難乎？厥後齊祚卒爲田氏所移。夫齊之有田氏者，亦猶晉之有三家也。晉之有三家者，亦猶周之有五伯也。③韓趙魏之于晉也，既立其功又分其地，既卑其主又奪其國。田氏之于齊也，既得其禄又專其政，既殺其君又

①「厲幽」，四庫本作「幽厲」。
②「無不復行禮者矣」，四庫本作「無復行禮者乎」，索隱本作「有不復行禮者矣」。
③「三家」，四庫本作「三卿」，下同。

移其祚。其如天下之事，豈無漸乎？履霜之戒，寧不思乎？①傳稱「王者往也」，能往天下者可以王矣。周之衰也，諸侯不朝天子久矣。及楚預中國會盟，仲尼始進爵爲之子，其于僭王也，不亦陋乎？

夫以力勝人者，人亦以力勝之。吴嘗破越而有輕楚之心，及其破楚又有驕齊之志，貪婪攻取，②不顧德義，侵侮齊晉，專以夷狄爲事，遂復爲越所滅。越又不監之，其後復爲楚所滅。楚又不監之，其後復爲秦所滅。秦又不監之，其後復爲漢所伐。③恃强淩弱，與豺虎何以異乎？④非所以謂之中國義理之師也。宋之爲國也，爵高而力卑者乎？盟不度德，會不量力，區區與諸侯并驅中原，恥居其後，其于伯也，不亦難乎？

周之同姓諸侯而克永世者，獨有燕在焉。燕處北陸之地，去中原特遠，苟不隨韓趙魏齊楚較利刃争虚名，則足以養德待時，觀諸侯之變。秦雖虎狼，亦未易加害。延十五、六年後，天下事未可知也。

① 「不」，四庫本作「無」。
② 「攻取」，四庫本作「功利」。
③ 「伐」，四庫本作「代」。
④ 「豺虎」，大全本作「虎豹」。

中原之地方九千里，古不加多而今不加少。然而有祚長祚短、地大地小者，攻守異故也。自三代以降，漢、唐爲盛，秦界于周、漢之間矣。秦始盛于穆公，中于孝公，終于始皇。起于西夷，遷于岐山，徙于咸陽。兵瀆宇内，血流天下，并吞四海，①庚革今古。②雖不能比德三代，非晉、隋可同年而語也。其祚之不永，得非用法太酷殺人之多乎？所以仲尼序《書》終于《秦誓》一事，其旨不亦遠乎？③

夫好生者生之徒也，好殺者死之徒也。周之好生也以義，漢之好生也亦以義。秦之好殺也以利，楚之好殺也亦以利。周之好生也以義，而漢且不及。秦之好殺也以利，而楚又過之。天之道人之情，又奚擇于周、秦、漢、楚哉，擇乎善惡而已。是知善也者，無敵于天下而天下共善之；惡也者，亦無敵于天下而天下亦共惡之。天之道人之情，又奚擇于周、秦、漢、楚哉，擇乎善惡而已。

## 觀物篇之五十七

昔者孔子語堯舜，則曰「垂衣裳而天下治」，語湯武，則曰「順乎天而應乎人」。斯言可以該

① 「并吞」，大全本、索隱本作「吞吐」。
② 「庚革今古」，四庫本作「更革古今」。
③ 「旨」，大全本、索隱本作「言」。

古今帝王受命之理也。堯禪舜以德，舜禪禹以功。以德帝也，以功亦帝也。然而德下一等則入于功矣。湯伐桀以放，武伐紂以殺。以放王也，以殺亦王也。然而放下一等則入于殺矣。是知時有消長，事有因革。前聖後聖，非出于一途哉！

天與人相爲表裏。天有陰陽，人有邪正。邪正之由，繫乎上之所好也。上好德則民用正，上好佞則民用邪。邪正之由，有自來矣。雖聖君在上不能無小人，是難其爲小人。雖庸君在上不能無君子，是難其爲君子。自古聖君之盛未有如唐堯之世，君子何其多耶！時非無小人也，是難其爲小人。①故君子多也，所以雖有四凶不能肆其惡。自古庸君之盛未有如商紂之世，②小人何其多耶！時非無君子也，是難其爲君子。故小人多也，所以雖有三仁不能遂其善。是知君擇臣、臣擇君者，是繫乎人也。君得臣、臣得君者，是非繫乎人也，繫乎天者也。

賢愚，人之本性；利害，民之常情。虞舜陶于河濱，傅説築于巖下，天下皆知其賢而百執事不爲之舉者，利害使之然也。吁，利害叢于中而矛戟森于外，又安知有虞舜之聖而傅説之賢哉？河濱非禪位之所，巖下非求相之方。昔也在億萬人之下，而今也在億萬人之上，相去一何遠之甚也。然而必此云者，貴有名者也。《易》曰：「坎，有孚維心，亨。行有尚。」中正行險，

① 「人」下，大全本、索隱本有「也」字。
② 「商紂」，大全本、索隱本作「殷紂」。

往且有功，雖危無咎，能自信故也，伊尹以之。是知古之人患名過實者，有之矣。其間有幸與不幸者，雖聖人，力有不及者矣。①伊尹行冢宰居責成之地，借使避放君之名，豈曰不忠乎？則天下之事去矣，又安能正嗣君成終始之大忠者乎？吁，若委寄于匪人三年之間，其如嗣君何，則天下之事亦去矣。又安有伊尹也？「坎，有孚維心，亨」，不亦近之乎？

《易》曰：「由豫，大有得，勿疑，朋盍簪。」剛健主豫，動而有應，群疑乃亡，能自强故也，周公以之。是知聖人不能使人無謗，能處謗者也。周公居總己當任重之地，借使避滅親之名，豈曰不孝乎？則天下之事去矣。又安能保嗣君成終始之大孝者乎？吁，若委寄于匪人七年之間，其如嗣君何，則天下之事亦去矣，又安有周公也？「由豫，大有得，勿疑，朋盍簪」，不亦近之乎？

夫天下將治，則人必尚行也。天下將亂，則人必尚言也。尚行，則篤實之風行焉。尚言，則詭譎之風行焉。天下將治，則人必尚義也。天下將亂，則人必尚利也。尚義，則謙讓之風行焉。尚利，則攘奪之風行焉。三王尚行者也，五伯尚言者也。尚行者必入于義也，尚言者必入于利也。義利之相去，一何遠之如是耶？是知言之于口不若行之于身，行之于身不若盡之于

① 「力」後，大全本、索隱本有「人」字，屬下讀。

心。言之于口，人得而聞之。行之于身，人得而見之。盡之于心，神得而知之。人之聰明猶不可欺，况神之聰明乎？是知無愧于口不若無愧于身，無愧于身不若無愧于心。無口過易，無身過難。無身過易，無心過難。既無心過，①何難之有？吁，安得無心過之人而與之語心哉？是故知聖人所以能立乎無過之地者，②謂其善事于心者也。

## 觀物篇之五十八

仲尼曰：「《韶》盡美矣，又盡善也。《武》盡美矣，未盡善也。」又曰：「管仲相桓公，霸諸侯，一匡天下，民到于今受其賜。微管仲，吾其被髮左衽矣。」是知武王雖不逮舜之盡善盡美，以其解天下之倒懸則下于舜一等耳。桓公雖不逮武之應天順人，以其霸諸侯一匡天下則高于狄亦遠矣。以武比舜則不能無過，比桓則不能無功。以桓比狄則不能無功，比武則不能無過。漢氏宜立乎其武、桓之間矣。③是時也，非會天下民猒秦之暴且甚，雖十劉季、百子房，其如

① 「既無心過」，四庫本作「心既無過」。
② 「乎」，四庫本脱，索隱本作「于」。
③ 「其武桓」，四庫本、索隱本作「桓武」。

人心之未易何？①且古今之時則異也，而民好生惡死之心非異也。自古殺人之多未有如秦之甚，天下安有不猒之乎？夫殺人之多不必以刃，謂天下之人無生路可趍也，②而又況以刃多殺天下之人乎？秦二世，萬乘也，求爲黔首而不能得。漢劉季，疋夫也，免爲元首而不能已。萬乘與疋夫，相去有間矣。然而有時而代之者，謂其天下之利害有所懸之耳。天之道，非禍萬乘而福疋夫也，謂其禍無道而福有道也。人之情，非去萬乘而就疋夫也，謂其去無道而就有道也。萬乘與疋夫，相去有間矣。然而有時而代之者，謂其直以天下之利害有所懸之耳。

日既没矣，月既望矣，星不能不希矣。非星之希，是星難乎爲其光矣。③能爲其光者，不亦希乎！漢、唐既創業矣，吕、武既擅權矣，臣不能不希矣！非臣之希，是臣難乎爲其忠矣。能爲其忠者，不亦希乎？是知從天下事易，④死天下事難；死天下事易，成天下事難。苟能成之，⑤又何計乎死與生也？如其不成，雖死奚益？況其有正與不正者乎？與其死于不正，孰若生于正？與其生于不正，孰若死于正？在乎忠與智者之一擇焉。死固可惜，貴

①　大全本、索隱本無「之」字。
②　「趍」，大全本作「移」，索隱本作「趨」。
③　「爲其」，大全本、索隱本作「其爲」。
④　「從」，四庫本作「成」，大全本、索隱本作「任」。
⑤　「苟」後，大全本、索隱本無「能」字。

乎成天下之事也。如其敗天下之事，一死奚以塞責？生固可愛，貴乎成天下之事也。如其敗天下之事，一生何以收功？噫，能成天下之事，又能不失其正而生者，非漢之留侯、唐之梁公而何？微斯二人，則漢、唐之祚或幾乎移矣。豈若虛生虛死者焉？夫虛生虛死者譬之蕭艾，忠于智者不由乎其間矣！①

## 觀物篇之五十九

仲尼曰：「善人爲邦百年，亦可以勝殘去殺。」②誠哉是言也。自極亂至于極治，必三變矣。三皇之法無殺，五伯之法無生。伯一變，至于王矣。王一變，至于帝矣。帝一變，至于皇矣。其于生也，非百年而何。是知三皇之世如春，五帝之世如夏，三王之世如秋，五伯之世如冬。如春，溫如也。如夏，燠如也。如秋，凄如也。如冬，冽如也。春夏秋冬者，昊天之時也。《易》《書》《詩》《春秋》者，聖人之經也。天時不差，則歲功成矣。聖經不忒，則君德成矣。天有常時，聖有常經。行之正則正矣，行之邪則邪矣。邪正之間，有道在焉。行之正則謂之正道，行之邪則謂之邪道。邪正由人乎，由天乎？天由道而生，地由道而成，物由道而形，人由道而行。

① 四庫本「于」作「與」，「由」作「遊」。
② 「殺」後，四庫本有「矣」字。

天、地、人、物則異也，其于由道一也。夫道也者，道也。道無形，行之則見于事矣。如道路之道坦然，使千億萬年行之人知其歸者也。或曰：「君子道長則小人道消，君子道消則小人道長。長者是，則消者非也；消者是，則長者非也。何以知正道、邪道之然乎？」吁，賊夫人之論也！不曰君行君事、臣行臣事、父行父事、子行子事、夫行夫事、妻行妻事、君子行君子事、小人行小人事、中國行中國事、夷狄行夷狄事，謂之正道；君行臣事、臣行君事、父行子事、子行父事、夫行妻事、妻行夫事、君子行小人事、小人行君子事、中國行夷狄事、夷狄行中國事，謂之邪道。至于三代之世治，未有不治，人倫之爲道也；三代之世亂，未有不亂，人倫之爲道也。後世之慕三代之治世者，未有不正人倫者也；後世之慕三代之亂世者，未有不亂人倫者也。自三代而下，漢、唐爲盛，未始不由治而興，亂而亡，況其不盛于漢、唐者乎？其興也，又未始不由君道盛，父道盛，夫道盛，君子之道盛，中國之道盛；其亡也，又未始不由臣道盛，子道盛，妻道盛，小人之道盛，夷狄之道盛。噫，二道對行，何故治世少而亂世多耶，君子少而小人多耶？曰：「豈不知陽一而陰二乎？天地尚由是道而生，況其人與物乎？人者，物之至靈者也。物之靈未若人之靈，尚由是道而生，又況人靈于物者乎？」是知人亦物也，以其至靈，故特謂之人也。

# 觀物篇之六十[1]

日經天之元，月經天之會，星經天之運，辰經天之世。以日經日，則元之元可知之矣。以日經月，則元之會可知之矣。以日經星，則元之運可知之矣。以日經辰，則元之世可知之矣。以月經日，則會之元可知之矣。以月經月，則會之會可知之矣。以月經星，則會之運可知之矣。以月經辰，則會之世可知之矣。以星經日，則運之元可知之矣。以星經月，則運之會可知之矣。以星經星，則運之運可知之矣。以星經辰，則運之世可知之矣。以辰經日，則世之元可知之矣。以辰經月，則世之會可知之矣。以辰經星，則世之運可知之矣。以辰經辰，則世之世可知之矣。元之元一，元之會十二，元之運三百六十，元之世四千三百二十。會之元十二，會之會一百四十四，會之運四千三百二十，會之世五萬一千八百四十。運之元三百六十，②運之會四千三百二十，運之運一十二萬九千六百，運之世一百五十五萬五千二百。世之元四千三百二十，世之會五萬一千八百四十，世之運一百五十五萬五千二百，世之世一千八百六十六萬二千四百。元之元，以春行春之時也。元之會，以春行夏之時也。元之運，以春行秋之時也。元之世，

① 「六十」原作「五十」，據四庫本改，後篇題同。
② 「運」後，大全本、索隱本有「演」字，屬下讀。

以春行冬之時也。會之元，以夏行春之時也。會之會，以夏行夏之時也。會之運，以夏行秋之時也。會之世，以夏行冬之時也。運之元，以秋行春之時也。運之會，以秋行夏之時也。運之運，以秋行秋之時也。運之世，以秋行冬之時也。世之元，以冬行春之時也。世之會，以冬行夏之時也。世之運，以冬行秋之時也。世之世，以冬行冬之時也。皇之皇，以道行道之事也。皇之帝，以道行德之事也。皇之王，以道行功之事也。皇之伯，以道行力之事也。帝之皇，以德行道之事也。帝之帝，以德行德之事也。帝之王，以德行功之事也。帝之伯，以德行力之事也。王之皇，以功行道之事也。王之帝，以功行德之事也。王之王，以功行功之事也。王之伯，以功行力之事也。伯之皇，以力行道之事也。伯之帝，以力行德之事也。伯之王，以力行功之事也。伯之伯，以力行力之事也。時有消長，事有因革，非聖人無以盡之。①所以仲尼曰：「可與共學，未可與適道。可與適道，未可與立。可與立，未可與權。」是知千萬世之時，千萬世之經，豈可畫地而輕言也哉。②三皇，春也。五帝，夏也。三王，秋也。五伯，冬也。七國，冬之餘冽也。漢，王而不足。晉，伯而有餘。三國，伯之雄者也。十六國，伯之叢者也。南五代，伯之借乘也。北五朝，伯之傳舍也。隋，晉之子也。唐，漢之弟也。隋季諸郡之伯，江漢之餘波也。唐

① 「以」，四庫本作「不」。
② 「言」後，大全本、索隱本無「也」字。

季諸鎮之伯，日月之餘光也。後五代之伯，日未出之星也。自帝堯至于今，上下三千餘年，前後百有餘世，書傳可明紀者，四海之内，九州之間，其間或合或離，或治或隳，或强或羸，或唱或隨，未始有兼世而能一其風俗者。吁，古者謂三十年爲一世，豈徒然哉？俟化之必洽，教之必浹，民之情始可一變矣。①苟有命世之人繼世而興焉，則雖民如夷狄，三變而帝道可舉。②惜乎，時無百年之世，世無百年之人。比其有代，則賢之與不肖，何止于相半也。時之難，不其然乎？人之難，不其然乎？

## 觀物篇之六十一

太陽之體數十，太陰之體數十二，少陽之體數十，少陰之體數十二。少剛之體數十，少柔之體數十二，太剛之體數十，太柔之體數十二。進太陽、少陽、太剛、少剛之體數，退太陰、少陰、太柔、少柔之體數，是謂太陽、少陽、太剛、少剛之用數。進太陰、少陰、太柔、少柔之體數，退太陽、少陽、太剛、少剛之體數，是謂太陰、少陰、太柔、少柔之用數。太陽、少陽、太剛、少剛之體數一百六十，太陰、少陰、太柔、少柔之體數一百九十二。太陽、少陽、太剛、少剛之用數一百一十二，

① 「可」後，大全本、四庫本有「以」字。
② 「可」後，大全本、索隱本有「以」字。

太陰、少陰、太柔、少柔之用數一百五十二。以太陽、少陽、太剛、少剛之用數唱太陰、少陰、太柔、少柔之用數，是謂日月星辰之變數。以太陰、少陰、太柔、少柔之用數和太陽、少陽、太剛、少剛之用數，是謂水火土石之化數。日月星辰之變數一萬七千二十四，謂之動數。水火土石之化數一萬七千二十四，謂之植數。再唱和日月星辰、水火土石之變化通數二萬八千九百八十一萬六千五百七十六，謂之動植通數。日月星辰者，變乎暑寒晝夜者也。水火土石者，化乎雨風露雷者也。暑寒晝夜者，變乎性情形體者也。雨風露雷者，化乎走飛草木者也。暑變飛走木草之性，寒變飛走木草之情，晝變飛走木草之形，夜變飛走木草之體。雨化性情形體之走，風化性情形體之飛，露化性情形體之草，雷化性情形體之木。性情形體者，本乎天者也。飛走木草者，本乎地者也。本乎天者，分陰分陽之謂也。本乎地者，分柔分剛之謂也。夫分陰分陽、分柔分剛者，天地萬物之謂也。備天地萬物者，人之謂也。

## 觀物篇之六十二

有日日之物者也，有日月之物者也，有日星之物者也，有日辰之物者也。有月日之物者也，有月月之物者也，有月星之物者也，有月辰之物者也。有星日之物者也，有星月之物者也，有星星之物者也，有星辰之物者也。有辰日之物者也，有辰月之物者也，有辰星之物者也，有辰辰之物者也。日日物者飛飛也，日月物者飛走也，日星物者飛木也，日辰物者飛草也。月日物者走飛也，月月物者走走也，月星物者走木也，月辰物者走草也。星日物者木飛也，星月物者木走也，星星物者木木也，星辰物者木草也。辰日物者草飛也，辰月物者草走也，辰星物者草木也，辰辰物者草草也。有皇皇之民者也，有皇帝之民者也，有皇王之民者也，有皇伯之民者也。有帝皇之民者也，有帝帝之民者也，有帝王之民者也，有帝伯之民者也。有王皇之民者也，有王帝之民者也，有王王之民者也，有王伯之民者也。有伯皇之民者也，有伯帝之民者也，有伯王之民者也，有伯伯之民者也。皇皇民者士士也，皇帝民者士農也，皇王民者士工也，皇伯民者士商也。帝皇民者農士也，帝帝民者農農也，帝王民者農工也，帝伯民者農商也。王皇民者工士也，王帝民者工農也，王王民者工工也，王伯民者工商也。伯皇民者商士也，伯帝民者商農也，伯王民者商工也，伯伯民者商商也。飛飛物者性性也，飛走物者性情也，飛木物者性形也，飛草物者性體也。走飛物者情性也，走走物者情情也，走木物者情形也，走草物者情體也。木飛物者形性也，木走物者形情也，木木物者形形也，木草物者形體也。草飛物者體性也，草走物者體情也，草木物者體形也，草草物者體體也。士士民者仁仁也，士農民者仁禮也，士工民者仁義也，士商民者仁智也。農士民者禮仁也，農農民者禮禮也，農工民者禮義也，農商民者禮智也。工士民者義仁也，工農民者義禮也，工工民者義義也，工商民者義智也。商士民者智仁也，商農民者智禮也，商工民者智義也，商商民者智智也。飛飛之物一之一，飛走之物一之十，飛木之物一之百，飛草之物一之千。走飛之物十之一，走走之物十之十，走木之物十之百，走草之物十之千。木飛之物百之一，木走之物百之十，木木之物百之百，木草之物百之千。草飛之物千之一，草走之物千之十，草木之物千之百，草草之物千之千。士士之民一之一，士農之民一之十，士工之民一之百，士商之民一之千。農士之民十之一，農農之民十之十，農工之民十之百，農商之民十之千。工士之民百之一，工農之民百之十，工工之民百之百，工商之民百之千。商士之民千之一，商農之民千之十，商工之民千之百，商商之民千之千。一一之飛當兆物，一十之飛當億物，一百之飛當萬物，一千之飛當千物。十一之走當億物，十十之走當萬物，十百之走當千物，十千之走當百物。百一之木當萬物，百十之木當千物，百百之木當百物，百千之木當十物。千一之草當千物，千十之草當百物，千百之草當十物，千千之草當一物。一一之士當兆民，一十之士當億民，一百之士當萬民，①一千之士當千民。十一之農當億民，十十之農當萬民，十百之農當千民，十千之農當百民。百一之工當萬民，百十之工當千民，百百之工當百民，百千之工當十民。千一之商當千民，千十之商當百民，千百之商當十民，②千千之商當一民。爲一一物之能當

① 「民」，原作「物」，據四庫本改。
② 「十民」，原作「千民」，據四庫本改。

兆物者，非巨物而何？爲一一之民能當兆民者，非巨民而何？爲千千之物能分一物者，非細物而何？爲千千之民能分一民者，非細民而何？固知物有大小，民有賢愚。移昊天生兆物之德而生兆民，則豈不謂至神者乎？移昊天養兆物之功而養兆民，則豈不謂至聖者乎？吾而今而後，知踐形爲大。①非大聖大神之人，豈有不負于天地者矣。②夫所以謂之觀物者，非以目觀之也。非觀之以目，而觀之以心也。非觀之以心，而觀之以理也。天下之物莫不有理焉，莫不有性焉，莫不有命焉。所以謂之理者，窮之而後可知也。所以謂之性者，盡之而後可知也。所以謂之命者，至之而後可知也。此三知者，天下之真知也。雖聖人無以過之也，而過之者非所以謂之聖人也。夫鑑之所以能爲明者，謂其能不隱萬物之形也。雖然鑑之能不隱萬物之形，未若水之能一萬物之形也。雖然水之能一萬物之形，又未若聖人之能一萬物之情也。③聖人之所以能一萬物之情者，謂其聖人之能反觀也。所以謂之反觀者，不以我觀物也。不以我觀物者，以物觀物之謂也。既能以物觀物，又安有我于其間哉？是知我亦人也，人亦我也，我與人皆物也。此所以能用天下之目爲己之目，其目無所不觀矣。用天下之耳爲己之耳，其耳無所不聽矣。用天下

---

① 「形」，大全本、索隱本作「跡」。
② 「矣」，四庫本作「乎」。
③ 「聖人」後，大全本、索隱本無「之」字。

之口爲己之口，其口無所不言矣。用天下之心爲己之心，其心無所不謀矣。夫天下之觀，其于見也不亦廣乎？天下之聽，其于聞也不亦遠乎？天下之言，其于論也不亦高乎？天下之謀，其于樂也不亦大乎？夫其見至廣，其聞至遠，其論至高，其樂至大，能爲至廣、至遠、至高、至大之事而中無一爲焉，豈不謂至神至聖者乎？非唯吾謂之至神至聖者乎，而天下謂之至神至聖者乎。非唯一時之天下謂之至神至聖者乎，而千萬世之天下謂之至神至聖者乎。過此以往，未之或知也已。

# 皇極經世卷第十二

## 觀物外篇上

天數五，地數五，合而爲十，數之全也。天以一而變四，地以一而變四。四者有體也，而其一者無體也，是謂有無之極也。天之體數四而用者三，不用者一也。地之體數四而用者三，不用者一也。是故無體之一以況自然也，不用之一以況道也，用之者三以況天地人也。體者八變，用者六變。是以八卦之象不易者四，反易者二，以六卦變而成八也。重卦之象不易者八，變易者二十八，①以三十六變而成六十四也。故爻止于六，卦盡于八，策窮于三十六，而重卦極于六十四也。卦成于八，重于六十四。爻成于六，策窮于三十六，而重于三百八十四也。

天有四時。一時四月，一月四十日，四四十六而各去其一，是以一時三月，一月三十日也。四時，體數也。三月、三十日，用數也。體雖具四，而其一常不用也。故用者止于三而極于九

① 「變易」，四庫本、衍義本作「反易」。

也。體數常偶，故有四有十二。用數常奇，故有三有九。

大數不足而小數常盈者，何也。以其大者不可見而小者可見也。故時止乎四，月止乎三，而日盈乎十也。是以人之肢體有四而指有十也。①

天見乎南而潛乎北，極于六而餘于七。是以人知其前，昧其後，而略其左右也。

天體數四而用三，地體數四而用三。天克地，地克天，而克者在地，猶晝之餘分在夜也。是以天三而地四，天有三辰，地有四行也。然地之大且見且隱，②其餘分之謂邪？

天有二正，地有二正，而共用二變以成八卦也。天有四正，地有四正，共用二十八變以成六十四卦也。是以小成之卦正者四，變者二，共六卦也；大成之卦正者八，變者二十八，共三十六卦也。乾坤离坎，爲三十六卦之祖也。兑震巽艮，爲二十八卦之祖也。

乾七子，兑六子，离五子，震四子，巽三子，③坎二子，艮一子，坤全陰，故無子。乾七子，坤六子，兑五子，艮四子，离三子，坎二子，震一子，巽剛，④故無子。

① 「肢體」，原作「交體」，據衍義本改。
② 「大」，衍義本注云：「舊本作火。」
③ 「三」原誤作「一」，據衍義本改。
④ 「巽」後，衍義本有「陰」字。

乾坤七變，是以晝夜之極不過七分也。兑艮六變，①是以月止于六，共爲十二也。离坎五變，是以日止于五，共爲十也。震巽四變，是以體止于四，共爲八也。

卦之正、變共三十六，而爻又有二百一十六，②則用數之策也。三十六去四則三十二也，又去四則二十八也，又去四則二十四也。故卦數三十二位，去四而言之也。天數二十八位，去八而言之也。地數二十四位，去十二而言之也。四者，乾坤离坎也。八者，并頤、孚、大、小過也。十二者，兑、震、泰、既濟也。

日有八位而用止于七，去乾而言之也。月有八位用止于六，去兑而言之也。星有八位用止于五，去離而言之也。辰有八位用止于四，去震而言之也。

日有八位而數止于七，去泰而言之。

月自兑起者，月不能及日之數也。故十二月常餘十二日也。

陽無十，故不足于後。陰無一，故不足于首。

① 「兑艮」，衍義本作「艮兑」。
② 「百」字原脱，據衍義本補。

乾，陽中陽，不可變，故一年止舉十二月也。震，陰中陰，①不可變，故一日之十二時不可見也。②兑，陽中陰，离，陰中陽，皆可變，故日月之數可分也。是陰數以十二起，陽數以三十起，常存二、六也。

舉年見月，舉月見日，舉日見時，陽統陰也。是天四變含地四變，日之變含月與星辰之變也。是以一卦含四卦也。

日一位，月一位，星一位，辰一位。日有四位，月有四位，星有四位，辰有四位。四四有十六位，此一變而日月之數窮矣。③

天有四變，地有四變。變有長也，有消也。十有六變而天地之數窮矣。

日起於一，月起於二，星起於三，辰起於四。引而伸之，陽數常六，陰數常二，十有二變而大小之運窮。④三百六十變爲十二萬九千六百。十二萬九千六百變爲一百六十七億九千六百一十六萬。一百六十七億九千六百⑤一十六萬變爲二萬八千二百一十一兆九百九十萬七千四百

---

① 「陰中陰」，後「陰」字，原作「陽」，據四庫本、衍義本改。
② 「之」，四庫本、衍義本無，性理大全本作「止」。
③ 衍義本注：「此一變上原脱一盡字。」
④ 「十有二變」四字原脱，據衍義本補。
⑤ 「百」，原作「伯」，據衍義本改。

五十六億。以三百六十爲時，以一十二萬九千六百爲日，以一百六十七億九千六百〔一十六萬爲月，以二萬八千二百一十一兆九百九十萬七千四百五十六億爲年，則大小運之數立矣。二萬八千二百一十一兆九百九十萬七千四百五十六億分而爲十二，前六限爲長，後六限爲消，以當一年十二月之數，而進退三百六十日矣。一百六十七億九千六百一十六萬分而爲三十，以當一月三十日之數，隨大運之消長而進退六十日矣。十二萬九千六百〕①分而爲十二，以當一日十二時之數，而進退六日矣。三百六十以當一時之數，隨小運之進退以當晝夜之時也。十六變之數去其交數，取其用數，得二萬八千二百一十一兆九百九十（一）②萬七千四百五十六億。二萬八千二百一十一兆九百九十（一）③萬七千四百五十六億，分而爲十二限，前六限爲長，後六限爲消，每限得十三④億九千九百六十八萬之一百六十七億九千六百一十六萬。每一百六十七億九千六百一十六萬年，開一分，進六十日也；六限開六分，進三百六十日也。猶有餘分之一，故開七分進三百六十六日也。其退亦若是矣。十二萬九千六百，去其三者，交數也，取其七者，用數也。用數三而成于六，加餘分故有七也。七之得九萬七百二十年，半之得四萬五千三百六十

---

① 自「一十六萬爲月」至「十二萬九千六百」一百四十字，原脱，據衍義本、四庫本補。

②③ 「一」字衍，當删。

④ 「十三」，原作「三十」，據衍義本改。

年，以進六日也。日有晝夜，數有朓朒，以成十有二日也。每三千六百年進一日，凡四萬三千二百年進十有二日也。餘二千一百六十年以進餘分之六，合交數之二千一百六十年，共進十有二分以爲閏也。故小運之變凡六十，而成三百六十有六日也。〔六者，三天也。四者，兩地也。天統乎體而託地以爲體，地分乎用而承天以爲用。天地相依，體用相附。〕①

乾爲一。乾之五爻分而爲大有，以當三百六十之數也。乾之四爻分而爲小畜，以當十二萬九千六百之數也。乾之三爻分而爲履，以當一百六十七億九千六百一十六萬之數也。乾之二爻分而爲同人，以當二萬八千二百一十一兆九百九十萬七千四百五十六億之數也。乾之初爻分而爲姤，②以當〔七秭九千五百八十六萬六千一百十垓九千九百四十六萬四千八京八千四百三十九萬一千九百三十六兆之數也〕。③是謂分數也。分大爲小皆自上而下，④故以陽數當之。如一分爲十二，十二分爲三百六十也。天統乎體，故八變而終于十六。地分乎用，故六變而終于十二。天起於一而終于〔七秭九千五百八十六萬六千一百一十垓九千九百四十六萬四千八京八

① 自「六者三天也」至「體用相附」三十八字，原脱，據衍義本補。
② 「初」，原作「六」，據四庫本、衍義本改。
③ 自「七秭」至「之數也」四十七字，原脱，據衍義本補。
④ 「下」，原作「六」，據大全本、衍義本改。

千四百三十九萬一千九百三十六兆〕。①地起於十二而終于二百四垓②六千九百八十萬七千三百八十一京③五千四百九十三④萬八千四百九十九兆七百二十萬億也。

一生二爲夬，當十二之數也。二生四爲大壯，當四千三百二十之數也。四生八爲泰，當五億五千九百八十七萬二千之數也。八生十六爲臨，當九百四十(四)⑤兆三千六百九十九萬六千九百一十五億二千萬之數也。十六生三十二爲復，當〔二千六百五十二萬八千八百七十垓三千六百六十四萬八千八百京二千九百四十七萬九千七百三十一兆二千萬億〕⑥之數也。三十二生六十四爲坤，當無極之數也，是謂長數也。長小爲大皆自下而上，故以陰數當之。

有地然後有二，有二然後有晝夜。二三以變，錯綜而成，故《易》以二而生數，以十二而變，⑦而一非數也，非數而數以之成也。天行不息，⑧未嘗有晝夜，人居地上以爲晝夜，故以地上之數

① 自「七秭」至「三十六兆」四十五字，原脱，據衍義本補。
② 「垓」原作「秭」，據衍義本改。
③ 「京」，原作「垓」，據衍義本改。
④ 「三」，原作「一」，據《皇極經世書解》改。
⑤ 衍義本注云：「舊本衍一『四』字。」
⑥ 自「二千六百」至「二千萬億」四十八字，原脱，據衍義本補。
⑦ 「變」，衍義本作「起」。
⑧ 「息」，大全本作「急」。

爲人之用也。

天自臨以上，地自師以上，運數也。天自同人而下，①地自遯以下，②年數也。運數則在天者也，年數則在地者也。天自賁以上，地自艮以上，用數也。天自明夷以下，地自否以下，交數也。天自震以上，地自晉以上，有數也。天自益以下，地自豫以下，無數也。

天之有數，起乾而止震。餘入于無者，天辰不見也。地去一而起十二者，地火常潛也。故天以體爲基而常隱其基，地以用爲本而常藏其用也。一時止于三月，一月止于三十日，皆去其辰數也。是以八八之卦六十四而不變者八，可變者七（七）③八五十六，其義亦由此矣。陽爻，晝數也。陰爻，夜數也。天地相銜，陰陽相交。故晝夜相離，剛柔相錯。春夏陽也，④故晝數多夜數少。秋冬陰也，⑤故晝數少夜數多。

體數之策三百八十四，去乾坤离坎之策爲用數三百六十。體數之用二百七十，去乾與离坎之策爲用數之用二百五十二也。體數之用二百七十，其一百五十六爲陽，一百一十四爲陰。去

① 「而」，衍義本作「以」。
② 「遯」，原作「剥」，據衍義本改。
③ 「七」，衍義本注云：「舊本衍『七』字。」
④ 「陽」後，衍義本有「多」字。
⑤ 「陰」後，衍義本有「多」字。

离之策得一百五十二陽、一百一十二陰，①爲實用之數也。蓋陽去离而用乾，陰去坤而用坎也。是以天之陽策一百一十二，去其陰也。地之陰策一百一十二，陽策四十，去其南北之陽也。極南大暑，極北大寒，物不能生，是以去之也。其四十，爲天之餘分邪。陽侵陰，晝侵夜，是以在地也。合之爲一百五十二陽、一百一十二陰也。陽去乾之策，陰去坎之策，得一百四十四陽、②一百八陰，爲用數之用也。陽三十六，三之爲一百八。陰三十六，三之爲一百八。三陽三陰，陰陽各半也。陽有餘分之一爲三十六，合之爲一百四十四陽、③一百八陰也。故體數之用二百七十而實用者二百六十四，用數之用二百五十二也。卦有六十四而用止乎三十六，爻有三百八十四而用止于二百一十有六也。六十四分而爲二百五十六，是以一卦去其初、上之爻亦二百五十六也，此生物之數也。故离坎爲生物之主，以离四陽、坎四陰，故生物者必四也。陽一百一十二，陰一百一十二，去其离坎之爻則二百一十六也。陰陽之四十共爲二百五十六也。是以八卦用六爻，乾坤主之也。六爻用四位，离坎主之也。故天之昏曉不生物而日中生物，地之南北不生物而中央生物也。體數何爲者也，生物者也。用數何爲者也，運行者也。運行者天也，生物者地也。天以獨運，故以用數自相乘，而以用數之用爲生物之時也。地耦而生，故以體數之用陽

① 「二」，原作「一」，據衍義本改。
②③ 後「四」，原作「六」，據衍義本改。

乘陰爲生物之數也。天數三，故六六而又六之，是以乾之策二百一十六。地數兩，①故十二而十二之，是以坤之策百四十有四也。乾用九，故三其八爲二十四而九之亦二百一十有六，兩其八爲十六而九之亦百四十有四也。坤用六，故三其十二爲三十六而六之亦二百一十有六也，兩其十二爲二十四而六之亦百四十有四也。坤以十二之三，②十六之四，六之一與半，爲乾之餘分，則乾得二百五十二，坤得一百八也。

陽四卦十二爻，八陽四陰。以三十六乘其陽，以二十四乘其陰，則三百八十四也。

卦之反對，皆六陽六陰也。在《易》則六陽六陰者十有二對也。去四正者，③八陽四陰、八陰四陽者各六對也，十陽二陰、十陰二陽者各三對也。

體有三百八十四而用止于三百六十，何也，以乾坤离坎之不用也。④乾坤离坎之不用，何也，乾坤离坎之不用，所以成三百六十之用也。故萬物變易而四者不變也。夫惟不變，是以能變也。用止于三百六十而有三百六十六，何也，數之贏也。⑤數之贏，則何用也，乾之全用也。

---

① 「地」，原作「也」，據衍義本改。
② 「三」，原作「二」，據衍義本改。
③ 「正」，原作「止」，據衍義本改。
④ 「离坎」，衍義本作「坎離」。
⑤ 「贏」，衍義本作「贏」，後同。

乾坤不用，則离坎用半也。乾全用者何也，陽主嬴也。①乾坤不用者何也，獨陽不生，寡陰不成也。②离坎用半何也，离東坎西，當陰陽之半，爲春秋晝夜之門也。或用乾或用离坎，何也，主嬴而言之故用乾也，③主嬴分而言之則陽侵陰晝侵夜故用离坎也。乾主嬴，④故全用也，⑤陰主虚，故坤全不用也。陽侵陰，陰侵陽，故离坎用半也。是以天之南全見而北全不見。東西各半見也，爲稱陰陽之限也。⑥故离當寅坎當申，而數常踰之者，蓋陰陽之溢也。然用數不過乎寅，交數不過乎申。⑦或离當卯，坎當酉。乾四十八而四分之一分爲陰所克，坤四十八而四分之一分爲所克之陽也。故乾得三十六，而坤得十二也。陽主進，是以進之爲三百六十日。陰主消，是以十二月消十二日也。順數之，乾一兑二离三震四巽五坎六艮七坤八。逆數之，震一离兑二乾三巽四坎艮五坤六也。乾四十八，兑三十，离二十四，震十，坤十二，艮二十，坎三十六，巽四十。乾

①「主」，原作「止」，據衍義本改。
②「寡」，衍義本作「專」。
③「嬴」，衍義本作「陽」。
④「乾」，衍義本作「陽」。
⑤衍義本「故」後有「乾」字。
⑥「爲稱」，衍義本作「離坎」。
⑦「交」，原作「爻」，據衍義本改。

三十六，坤十二，离兑巽二十八，坎艮震二十。兑离上正更思之。①

圓數有一，方數有二，奇偶之義也。六即一也，十二即二也。

天圓而地方。圓者數之起一而積六，②方者數之起一而積八，③變之則起四而積十二也。六者常以六變，八者常以八變，而十二者亦以八變，自然之道也。八者，天地之體也。六者，天之用也。十二者，地之用也。天變方爲圓而常存其一，地分一爲四而常執其方。天變其體而不變其用也，地變其用而不變其體也。六者并其一而爲七，十二者并其四而爲十六也。陽主進，故天并其一而爲七，陰主退，故地去其四而止於十二也。是陽常存一，而陰常晦一也。故天地之體止於八，而天之用極于七地之用止于十二也。圓者刓方以爲用。④故一變四，四去其一則三也。三變九，九去其三則六也。方者引圓以爲體。⑤故一變三，并之四也。四變十二，并之十六也。故用數成於三而極於六，體數成於四而極于十六也。是以圓者徑一而圍三，起一而積六；方者分一而爲四，分四而爲十六，皆自然之道也。

① 小注「兑离上正更思之」，大全本作「兑離巽宜更思之」。
② 「圓者數之」，大全本作「圓之數」。
③ 「方者數之」，大全本作「方之數」。
④ 「刓」，衍義本作「裁」。
⑤ 「引」，衍義本作「展」。

一役二以生三，三去其一則二也。三生九，九去其一則八也，去其三則六也。故一役三，三復役二也。三役九，九復役八與六也。是以二生四，八生十六，六生十二也。三并一則爲四，九并三則爲十二，十二又并四則爲十六。①故四以一爲本三爲用，十二以三爲本九爲用，十六以四爲本〔十〕二爲用。②更思之。

陽尊而神。尊，故役物。神，故藏用。是以道生天地萬物而不自見也。天地萬物亦取法乎道矣。

陽者道之用，陰者道之體。陽用陰，陰用陽。以陽爲用則尊陰，以陰爲用則尊陽也。陰幾於道，故以況道也。

六變而三十六矣，③八變而成六十四矣，十二變而成三百八十四矣。六六而變之，八八六十四變而成三百八十四矣。八八而變之，七七四十九變而成三百八十四矣。

圓者六變。六六而進之，故六十變而三百六十矣。方者八變，故八八而成六十四矣。陽主進，是以進之爲六十也。

① 「并」，原作「方」，據衍義本改。
② 「十」字原脱，據文義及衍義本補。
③ 衍義本「而」後有「成」字。

圓者星也，曆紀之數，其肇於此乎？方者土也，畫州井地之法，①其倣於此乎？蓋圓者河圖之數，方者洛書之文，故犧、文因之而造《易》，禹、箕叙之而作《範》也。

蓍數不以六而以七，何也，并其餘分也。去其餘分則六，故策數三十六也。是以五十者，六十四〔卦〕閏歲之策也。②其用四十有九〔者〕，③六十四卦一歲之策也。④歸奇卦一，猶一歲之閏也。卦直去四者，何也，天變而地効之。是以蓍去一則卦去四也。

圓者徑一圍三，重之則六。方者徑一圍四，重之則八也。

裁方而爲圓，天之所以運行。分大而爲小，地所生化。⑤故天用六變，地用四變也。

一八爲九，裁爲七，八裁爲六，十六裁爲十二，二十四裁爲十八，三十二裁爲二十四，四十裁爲三十，四十八裁爲三十六，五十六裁爲四十二，六十四裁爲四十八也。一分爲四，八分爲三十二，十六分爲六十四，以至九十六分爲三百八十四也。

一生六，六生十二，十二生十八，十八生二十四，二十四生三十，三十生三十六，引而伸之，

① 「地」，衍義本作「土」。
② 「卦」字，原脱，據衍義本補。
③ 「者」字，原脱，據衍義者補。
④ 「六十四卦」，衍義本作「六十卦」。
⑤ 「地所生化」，衍義本作「地所以生化」，大全本作「地之所以生化」。

六十變而生三百六十矣，此運行之數也。四生十二，十二生二十，二十生二十八，二十八生三十六，此生物之數也。故乾之陽策三十六，兑离巽之陽策二十八，震坎艮之陽策二十，坤之陽策十二也。

圓者一變則生六，去一則五也。二變則生十二，去二則十也。三變則生十八，去三則十五也。四變則二十四，去四則二十也。五變則三十，去五則二十五也。六變則三十六，去六則三十也。是以存之則六六，去之則五五也。五則四而存一也，四則三而存一也，〔三則二而存一也，〕①二則一而存一也。故一生二，去一則一也。二生三，去一則二也。三生四，去一則三也。四生五，去一則四也。是故二以一爲本，三以二爲本，四以三爲本，五以四爲本，六以五爲本也。更思之。

方者一變而爲四。四生八，并四而爲十二。八生十二，并八而爲二十。十二生十六，并十二而爲二十八。十六生二十，并十六而爲三十六也。一生三，并而爲四也。十二生二十，并而爲三十二也。二十八生三十六，并而爲六十四也。更思之。

《易》之大衍何數也，聖人之倚數也。天數二十五，合之爲五十。地數三十，合之爲六十。

① 「三則二而存一也」七字，原脱，據衍義本補。

故曰「五位相得而各有合」也。五十者，蓍之數也。六十者，卦數也。五者蓍之小衍也，數五十爲大衍也。①八者卦之小成也，六十四爲大成也。蓍德圓以況天之數，故七七四十九也。五十者，存一而言之也。卦德方以況地之數，故八八六十四也。六十者，去四而言之也。蓍者，用數也。卦者，體數也。用以體爲基，故存一也。體以用爲本，故去四也。圓者本一，方者本四，故蓍存一而卦去四也。蓍之用數七，若其餘分，②亦存一之義也。掛其一，亦去一之義也。蓍之用數掛一以象三，其餘四十八，則一卦之策也。四其十二爲四十八也。十二去三而用九，四(八)③三十二所去之策也，四九三十六所用之策也，以當乾之三十六陽爻也。十二去五而用七，四五二十所去之策也，四七二十八所用之策也，以當兑离之二十八陽爻也。十二去六而用六，四六二十四所去之策也，四六二十四所用之策也，以當坤之(半)二十四陰爻也。④十二去四而用八，四四十六所去之策也，四八三十二所用之策也，以當艮坎之二十四爻并上卦之八陰爲三十二爻也。⑤是故七九爲陽，六八爲陰也。九者陽之極數，六者陰之極數。數極則反，故爲卦之變也。

① 「數」，衍義本、大全本作「故」。
② 「若」，大全本作「并」。
③ 「八」字衍，當删。
④ 衍義本無「半」字，當删。
⑤ 「三十二爻」，「二」，原作「四」，據衍義本改。

震巽無策者，以當不用之數。天以剛爲德，故柔者不見。地以柔爲體，故剛者不生。是震巽不用也。〔或先艮離，後兑離。〕①乾用九，故其策九也。四之者以應四時，一時九十日也。坤用六，故其策亦六也。

奇數四，有一有二有三有四也；策數四，有六有七有八有九。合而爲八數，以應方數之八變也。歸奇合卦之數有六，謂五與四四也，九與八八也，五與四八也，九與四八也，五與八八也，九與四四也，以應圓數之六變也。

奇數極於四而五不用，策數極于九而十不用。五則一也，十則二也。故去五十而用四十九也。②奇不用五，策不用十，有無之極也，以況自然之數也。

卦有六十四而用止六十者何也，六十卦者，三百六十爻也，故甲子止于六十也，六甲而天道窮矣。是以策數應之，三十六與二十四合之則六十也，三十二與二十八合之亦六十也。

乾四十八、坤十二，震二十、巽四十，离兑三十二、坎艮二十八，合之爲六十。蓍數全，故陽策（也）③三十六與二十八合之爲六十四也。卦數去其四，故陰策二十四與三十二合之爲五十

① 小注「或先艮離，後兑離」，原脱，據大全本補。
② 「四十九」，四本同。按：「十」字疑衍。
③ 「也」字衍，當删。

六也。

九進之爲三十六，皆陽數也，故爲陽中之陽。七進之爲二十八，先陽而後陰也，故爲陽中之陰。六進之爲二十四，皆陰數也，故爲陰中之陰。八進之爲三十二，先陰而後陽也，故爲陰中之陽。

蓍四，進之則百。卦四，進之則百二十。百則十也，百二十則十二也。

歸奇合卦之數，得五與四四，則策數四九也。得九與八〔八〕，①則策數四六也。得五與八八，得九與四八，則策數皆四七也。得九與四四，得五與四八，則策數皆四八也。爲九者，一變以應乾也。爲六者，一變以應坤也。爲七者，二變以應兑與离也。爲八者，二變以應艮與坎也。五與四四去卦一之數，則四（八）②三十二也。九與八八去卦一之數，則四六二十四也。五與八八、九與四八去卦一之數，則四五二十也。九與四四、五與四八去卦一之數，則四四十六也。故去其三四五六之數，以成九八七六之策也。

天一地二，天三地四，天五地六，天七地八，天九地十。參伍以變，錯綜其數也。如天地之相衔，晝夜之相交也。一者數之始而非數也。故二二爲四，三三爲九，四四爲十六，五五爲二十

① 「八」字原脱，據衍義本補。
② 「八」字衍，據衍義本删。

五，六六爲三十六，七七爲四十九，八八爲六十四，九九爲八十一，而一不可變也。百則十也，十則一也，亦不可變也。是故數去其一而極于九，皆用其變者也。五五二十五，天數也。六六三十六，乾之策數也。七七四十九，大衍之用數也。八八六十四，卦數也。九九八十一，《玄》《範》之數也。

大衍之數，其筭法之源乎？是以筭數之起，不過乎方圓曲直也。

陰無一，陽無十。

乘數，生數也。除數，消數也。筭法雖多，不出乎此矣。

陽得陰而生，陰得陽而成。故蓍數四而九，卦數六而十也。①猶榦支之相錯，榦以六終而支以五終也。

三四十二也，二六亦十二也。二其十二二十四也，三八亦二十四也，四六亦二十四也。三其十二三十六也，四九亦三十六也，六六亦三十六也。四其十二四十八也，三其十六亦四十八也，六八亦四十八也。五其十二六十也，三其二十亦六十也②，六其十亦六十也。〔皆自然〕③之

① 「六」，原作「四」，據衍義本改。
② 「二十」，原作「十二」，據衍義本改。
③ 「皆自然」三字原脱，據衍義本補。

相符也。①

四九三十六也，六六三十六也。陽六而又兼陰六之半，是以九也。故六者言之，②陰陽各三也。以六爻言之，③天地人各二也。④陰陽之中各有天地人，天地人之中各有陰陽，故「參天兩地而倚數」也。

太極既分，兩儀立矣。陽下交於陰，陰上交於陽，四象生矣。陽交於陰陰交於陽而生天之四象，剛交於柔柔交於剛而生地之四象，於是八卦成矣。八卦相錯，然後萬物生焉。是故一分爲二，二分爲四，四分爲八，八分爲十六，十六分爲三十二，三十二分爲六十四。故曰「分陰分陽，迭用柔剛，《易》六位而成章」也。十分爲百，百分爲千，千分爲萬。猶根之有榦，榦之有枝，枝之有葉。愈大則愈少，⑤愈細則愈繁。合之斯爲一，衍之斯爲萬。是故乾以分之，坤以翕之，震以長之，巽以消之。長則分，分則消，消則翕也。

---

① 大全本注云：「此蓋陰數分其陽數耳，是以相應也。如月初一全作十二也。二十四氣七十二候之數，亦可因以明之。」

② 「六者」，衍義本作「以二卦」，大全本作「以數」。

③ 「六」，原作「三」，據衍義本改。

④ 「二」，原作「三」，據衍義本改。

⑤ 「少」，衍義本作「小」。

乾坤，定位也。震巽，一交也。兑离坎艮，再交也。故震陽少而陰尚多也，巽陰少而陽尚多也，兑离陽浸多也，坎艮陰浸多也，是以辰與火不見也。

一氣分而陰陽判。①得陽之多者爲天，得陰之多者爲地。是故陰陽半而形質具焉，陰陽偏而性情分焉。形質各分，②則多陽者爲剛也，多陰者爲柔也。性情又分，則多陽者陽之極也，多陰者陰之極也。

兑离巽，得陽之多者也。艮坎震，得陰之多者也。〔是〕以爲天地用也。③乾陽極，坤陰極，是以不用也。

乾四分取一以與坤，坤四分取一以奉乾。乾坤合而生六子，三男皆陽也，三女皆陰也。兑分一陽以與艮，坎分一陰以奉离，震巽以二相易。合而言之，陰陽各半，是以水火相生而相克，然後既成萬物也。

乾坤之名位不可易也，坎离名可易而位不可易也，震巽位可易而名不可易也，兑艮名與位

① 「而」下，大全本有「爲」字。
② 「各」，衍義本、性理大全本作「又」。
③ 「是」字，原脱，據衍義本補。

皆可易也。离肖乾，①坎肖坤，中孚肖乾，頤肖离，小過肖坤，大過肖坎。是以乾坤离坎中孚頤大過小過，皆不可易者也。离在天而當夜，故陽中有陰也。坎在地而當晝，故陰中有陽也。震始交陰而陽生，巽始消陽而陰生。兑陽長也，艮陰長也。震兑在天之陰也，巽艮在地之陽也。故震兑上陰而下陽，巽艮上陽而下陰。天以始生言之，故陰上而陽下，交泰之義也。地以既成言之，故陽上而陰下，尊卑之位也。

乾坤定上下之位，离坎列左右之門。天地之所闔闢，日月之所出入。是以春夏秋冬，晦朔弦望，晝夜長短，行度盈縮，莫不由乎此矣。

無極之前，陰含陽也。有象之後，陽分陰也。陰爲陽之母，陽爲陰之父。故母孕長男而爲復，父生長女而爲姤。是以陽起於復而陰起於姤也。②

性非體不成，體非性不生。陽以陰爲體，陰以陽爲性。③動者性也，静者體也。在天則陽動而陰静，在地則陽静而陰動。性得體而静，體隨性而動，是以陽舒而陰疾也。更詳之。

陽不能獨立，必得陰而後立，故陽以陰爲基。陰不能自見，必待陽而後見，故陰以陽爲唱。

---

①「肖」，原作「艮」，據衍義本改。
②二「起」字，大全本皆作「始」。
③「性」，衍義本、大全本作「體」。

陽知其始而享其成，陰效其法而終其勞。

陽能知而陰不能知，陽能見而陰不能見也。能知能見者爲有，故陽性有而陰性無也。陽有所不偏而陰無所不偏也。陽有去〔而〕陰常居也。①無不偏而常居者爲實，故陽體虛而陰體實也。

自下而上謂之升，自上而下謂之降。升者生也，降者消也。故陽生於下而陰生於上，是以萬物皆反生。陰生陽，陽生陰，陰復生陽，陽復生陰，是以循環而無窮也。

天地之本，其起於中乎。②是以乾坤屢變而不離乎中，③人居天地之中，心居人之中，日中則盛，月中則盈，故君子貴中也。

本一氣也，生則爲陽，消則爲陰。故二者一而已矣，「四者二而已矣」，④六者三而已矣，八者四而已矣。是以言天而不言地，言君而不言臣，言父而不言子，言夫而不言婦也。然天得地而萬物生，君得臣而萬化行，父得子、夫得婦而家道成。故有一則有二，有二則有四，有三則有六，

①「去」原作「知」，據衍義本改。「而」字，原脱，據衍義本補。
②「乎」，原作「孚」，據衍義本改。
③「屢」，大全本作「交」。
④「四者二而已矣」六字，原脱，據衍義本補。

有四則有八。

陰陽生而分二儀，二儀交而生四象，四象交而成八卦，①八卦交而生萬物。故二儀生天地之類，四象定天地之體。四象生日月之類，②八卦定日月之體。八卦生萬物之類，重卦定萬物之體。類者，生之序也。體者，象之交也。推類者必本乎生，觀體者必由乎象。生則未來而逆推，象則既成而順觀。是故日月一類物，③同出而異處也，異處而同象也。推此以往，物奚逃哉。④

天變時而地應物。時則陰變而陽應，⑤物則陽變而陰應。故時可逆知，物必順成。是以陽迎而陰隨，陰逆而陽順。⑥語其體則天分而爲地，地分而爲萬物，而道不可分也。其終則萬物歸地，地歸天，天歸道。是以君子貴道也。

有變則必有應也。故變于内者應于外，變于外者應于内，變于下者應于上，變于上者應于下也。天變而日應之，故變者從天而應者法日也。是以日紀乎星，月會於辰，水生於土，火潛於

① 「成」，衍義本作「生」。
② 「日月」，原作「八卦」，據衍義本改。
③ 「物」，衍義本作「也」。
④ 「奚」，衍義本作「焉」，大全本作「曷」。
⑤ 「時」，原作「地」，據衍義本改。
⑥ 「順」，原作「變」，據衍義本、大全本改。

石，飛者棲木，走者依草，心肺之相聯，肝膽之相屬。無它，應變之道也。①

本乎天者親上，本乎地者親下。故變之與應，常反對也。陽交於陰而生，蹄角之類也。剛交於柔而生，根荄之類也。陰交於陽而生，羽翼之類也。柔交於剛而生，枝榦之類也。天交於地、地交於天，故有羽而走者、足而騰者，草中有木、木中有草也。各以類而推之，則生物之類不逃數矣。②走者便於下，飛者利於上，從其類也。陸中之物水中必具者，猶影象也。陸多走、水多飛者，交也。是故巨于陸者必細于水，巨于水者必細于陸也。

虎豹之毛，猶草也。鷹鸇之羽，猶木也。

木者星之子，是以果實象之。

葉，陰也。華實，陽也。枝葉耎而根榦堅也。③

人之骨巨而體繁，木之榦巨而葉繁，應天地之數也。

動者體横，植者體縱。人宜横而反縱也。

①「應變」，衍義本作「變應」。
②「不逃數矣」，衍義本作「不過是矣」。
③「耎」，大全本作「軟」。

飛者有翅，走者有趾。人之兩手，翅也。兩足，趾也。

飛者食木，走者食草。人皆兼之，而又食飛走也，故最貴於萬物也。

體必交而後生。故陽與剛交而生心肺，陽與柔交而生肝膽，柔與陰交而生腎與膀胱，剛與陰交而生脾胃。心生目，膽生耳，脾生鼻，腎生口，肺生骨，肝生肉，胃生髓，膀胱生血。故乾爲心，兑爲脾，离爲膽，震爲腎，坤爲血，艮爲肉，坎爲髓，巽爲骨。泰爲目，中孚爲鼻，既濟爲耳，頤爲口，大過爲肺，未濟爲胃，小過爲肝，否爲膀胱。

天地有八象，人有十六象，何也？合天地而生人，合父母而生子，故有十六象也。

心居肺，膽居肝，何也？言性者必歸之天，言體者必歸之地。地中有天，石中有火，是以心膽象之也。心膽之倒懸，①何也？草木者，地之本體也。人與草木反生，②是以倒懸也。口目横而鼻縱，③何也？體必交也。故動者宜縱而反横，植者宜横而反縱，皆交也。

天有四時，地有四方，人有四支。是以指節可以觀天，掌文可以察地。天地之理具乎指掌矣，可不貴之哉？

① 「倒懸」，衍義本作「倒垂」，下同。
② 「木」後，衍義本有「皆」字。
③ 「鼻」後，衍義本有「耳」字。

神統於心，氣統於腎，形統於首。形氣交而神主乎其中，三才之道也。

人之四支各有脉也。一脉三部，一部三候，以應天數也。

心藏神，腎藏精，脾藏魂，膽藏魄。胃受物而化之，傳氣於肺，傳血於肝，而傳水穀於脬腸矣。

天圓而地方。天南高而北下，是以望之如倚蓋焉。①地東南下、西北高，是以東南多水、西北多山也。天覆地，地載天，天地相函。故天上有地，地上有天。

天渾渾於上而不可測也，故觀斗數以占天也。斗之所建，天之行也。魁建子，杓建寅，星以寅爲晝也。斗有七星，是以晝不過乎七分也。②更詳之。

天行所以爲晝夜，日行所以爲寒暑。夏淺冬深，天地之交也。左旋右行，天日之交也。日朝在東，夕在西，隨天之行也；夏在北，冬在南，隨天之交也。天一周而超一星，應日之行也。春酉正，夏午正，秋卯正，冬子正，應日之交也。

日以遲爲進，月以疾爲退。日月一會而加半日，減半日，是以爲閏餘也。③日一大運而進六

① 「焉」，衍義本作「然」。
② 「七」，原作「十」，據文義及衍義本改。
③ 「餘」，原作「日」，據衍義本、大全本改。

日，月一大運而退六日，是以爲閏差也。

日行陽庭則盈，①行陰庭則縮，賓主之道也。月去日則明盈而遲，②近日則〔魄〕生而疾，③君臣之義也。

陽消則生陰，故日下而月西出也。陰盛則敵陽，故日望而月東出也。④天爲父，日爲子，故天左旋，日右行。日爲夫，月爲婦，故日東出，月西生也。

日月相食，⑤數之交也。日望月則月食，月掩日則日食，猶木火之相克也。是以君子用智，小人用力。

日隨天而轉，月隨日而行，星隨月而見。故星法月，月法日，日法天。天半明半晦，日半盈半縮，⑥月半盈半虧，星半動半静，陰陽之變化。⑦

① 「庭」，衍義本、大全本作「度」，下同。
② 「盈」，衍義本、大全本作「生」。
③ 「魄」字，原脱，據衍義本、性理大全本補。
④ 「日望而月東出」，衍義本作「月望而東出」。
⑤ 衍義本「月」下有「之」字。
⑥ 「盈」，衍義本、大全本作「嬴」。
⑦ 「變化」，衍義本、大全本作「義也」。

天晝夜常見，日見於晝，月見於夜，〔而半〕不見，①星半見於夜，〔貴賤〕之〔等〕也。②月，晝可見也，故爲陽中之陰。星，夜可見也，故爲陰中之陽。

天奇而地耦。是以占天文者觀星而已，察地理者觀山水而已。觀星而天體見矣，觀山水而地體見矣。天體容物，地體負物，是故體幾於道也。③

極南大暑，極北大寒，故南〔融〕而北結，④萬物之死地也。夏則日隨斗而北，冬則日隨斗而南，故天地交而寒暑和，寒暑和而物乃生也。⑤

天以剛爲德，故柔者不見。地以柔爲體，故剛者不生。是以〔震天之陰也，巽地之陽也〕。⑥地陰也，有陽而陰效之。故至陰者辰也，至陽者日也，皆在乎天，而地則水火而已，是以地上皆有質之物。陰伏陽而形質生，陽伏陰而性情生。是以陽生陰、陰生陽，陽克陰、陰克陽。陽之不可伏者不見於地，陰之不可克者不見於天。伏陽之少者其體必柔，是以畏陽而爲陽所用。伏陽

---

① 「而半」二字原脱，據衍義本補。
② 「貴賤」、「等」原脱，據衍義本補。
③ 「幾」，性理大全本作「歸」。
④ 「融」字，原脱，據衍義本補。
⑤ 「也」，衍義本作「焉」。
⑥ 「震天之陰也，巽地之陽也」原作「震巽天之陽也」，大全本同，據衍義本補改。

之多者其體必剛，是以禦陽而爲陰所用。故水火動而隨陽，土石静而隨陰也。〔一説云：陰效陽而能伏，是以辰在天，而地之四物皆有所主也。〕①

陽生陰，故水先成。陰生陽，故火後成。陰陽相生也，體性相須也，是以陽去則陰竭，陰盡則陽滅。

金火相守則流，火木相得則然，從其類也。

水遇寒則結，遇火則竭，從其所勝也。

陽得陰而爲雨，陰得陽而爲風。剛得柔而爲雲，柔得剛而爲雷。無陰則不能爲雨，無陽則不能爲雷。雨柔也，而屬陰，陰不能獨立，故待陽而後興。雷剛也，屬體，體不能自用，必待陽而後發也。

有意必有言，有言必有象，有象必有數。數立則象生，象生則言用，②言用則意顯。象數，則筌蹄也。言意，則魚兔也。得魚兔而忘筌蹄則可也，③以筌蹄而求魚兔則未見其得也。④

天變而人效之，故元亨利貞，《易》之變也。人行而天應之，故吉凶悔吝，《易》之應也。以元

---

① 小注二十四字，原脱，衍義本同，據大全本補。
② 「言用」，大全本作「言著」，衍義本作「言著彰」。
③ 「忘筌蹄則」，大全本作「謂必由筌歸」。
④ 「以」，衍義本作「捨」，大全本作「舍」。

亨爲變則利貞爲應，以吉凶爲應則悔吝爲變。元則吉，吉則利應之。亨則凶，凶則應之以貞。悔則吉，吝則凶，是以變中有應、應中有變也。變中之應，天道也。故元爲變則亨應也，利爲變則應之以貞。應中之變，人事也。故變則凶，應則吉；變則吝，應則悔也。悔者吉之兆也，①吝者凶之本，②是以君子從天，不從人。元者，春也，仁也。春者時之始，仁者德之長。時則未盛而德足以長人，故言德而不言時。亨者，夏也，禮也。夏者時之盛，禮者德之文。盛則必衰而文不足救之，③故言時而不言德。故曰「大哉乾元」而上之「有悔」也。利者，秋也，義也。秋者時之成，義者德之方。萬物方成而獲利，義者不通於利，故言時而不言德也。貞者，冬也，智也。冬者時之末，智者德之衰。貞則吉，④不貞則凶，故言德而不言時也。故曰「利貞者性情也」。

至哉，文王之作《易》也，其得天地之用乎！故乾坤交而爲泰，坎离交而爲既濟也。乾生於子，坤生於午，坎終於寅，离終於申，以應天之時也。置乾於西北，退坤於西南，長子用事而長女代母，坎离得位，兑艮爲耦，⑤以應地之方也。王者之法其盡於是矣。

① 「兆也」，衍義本、大全本作「先」。
② 衍義本、大全本「吝」前有「而」字，屬下讀。
③ 「救」，原作「兼」，據衍義本改。
④ 「貞」，大全本作「正」，下同。
⑤ 「艮」，衍義本作「震」，恐非。

乾坤天地之本，离坎天地之用。是以《易》始於乾坤，中於离坎，①終於既、未濟，而泰否爲上經之中，咸恒爲下經之首，②皆言乎其用也。

坤統三女於西南，乾統三男於東北。上經起於三，下經終於四，皆交泰之義也。故《易》者，用也。乾用九，坤用六，大衍用四十九而潛龍「勿用」也。大哉用乎，吾於此見聖人之心矣！

道生天，天生地。及其功成而身退，故子繼父禪，是以乾退一位也。

乾坤交而爲泰，變而爲雜卦也。

乾坤坎离爲上篇之用，兑艮震巽爲下篇之用也。頤中孚大過小過爲二篇之正也。③

《易》者，一陰一陽之謂也。震兑，始交者也，④故當朝夕之位。离坎，〔交〕之極也，⑤故當子午之位。巽艮雖不交，而陰陽猶雜也，故當用中之偏位。乾坤，純陰陽也，故當不用之位。

乾坤縱而六子横，《易》之本也。震兑横而六卦縱，《易》之用也。

①「离坎」，衍義本作「坎离」。
②「爲」，衍義本作「當」。
③「二」原作「三」，據文義及衍義本改。
④「交」原作「象」，據衍義本改。
⑤「交」字，原脱，據衍義本補。「極」後，衍義本有「者」字。

象起於形，數起於質。名起於言，意起於用。天下之數出於理，違乎理則入於術。世人以數而入術，故失於理也。

天下之事，皆以道致之則休戚不能至矣。

天之陽在南而陰在北，地之陰在南而陽在北。人之陽在上而陰在下，既交則陽下而陰上。

天以理盡而不可以形盡。渾天之術以形盡天，可乎？

辰數十二，日月交會謂之辰。辰，天之體也。天之體，無物之氣也。

精義入神，①以致用也。不精義則不能入神，不能入神則不能致用也。

爲治之道必通其變，不可以膠柱，猶春之時不可行冬之令也。

陽數一，衍之爲十，十干之類是也。陰數二，衍之爲十二，十二支、十二月之類是也。

元亨利貞之德，各包吉凶悔吝之事。雖行乎德，若違于時，亦或凶矣。

初與上同，然上亢不及初之進也。②二與五同，然二之陰中不及五之陽中也。三與四同，然三處下卦之上不若四之近五也。③

① 「神」，原作「坤」，據衍義本改。
② 「亢」，原作「亦」，據衍義本改。
③ 「五」，衍義本、大全本作「君」。

天之陽在南，故日處之。地之剛在北，故山處之。所以地高西北，天高東南也。

天之神棲於日，人之神棲乎目。①人之神寤則棲心，寐則棲腎，所以象天元，②晝夜之道也。

雲行雨施，電激雷震，③亦是從其類也。④

吹噴吁呵，⑤風雨雲霧，⑥皆當相須也。⑦

萬物各有太極兩儀四象八卦之次，亦有古今之象。

雲有水火土石之具，⑧化類亦然。⑨

二至相去，東西之度凡一百八十，南北之度凡六十。

冬至之月所行如夏至之日，夏至之月所行如冬至之日。四正者，乾坤坎离也。觀其象無反

---

① 「棲乎目」，衍義本、大全本作「發乎目」。
② 「元」，衍義本無，大全本作「也」。
③ 「激」，衍義本、大全本作「發」。
④ 「是」，衍義本、大全本作「各」。
⑤ 「呵」下，衍義本有「呼」字。
⑥ 「霧」下，衍義本、大全本有「雷」字。
⑦ 「須」，衍義本、大全本作「類」。
⑧ 「具」，衍義本、大全本作「異」。
⑨ 「化」，衍義本、大全本作「他」。

覆之變，①所以爲正也。

〔陽在陰中陽逆行，陰在陽中陰逆行，陽在陽中、陰在陰中則皆順行。此真至之理，按《圖》可見之矣。

自然而然不得而更者，内象、内數也。他皆外象、外數也。

草類之細入于坤。

五行之木，萬物之類也。五行之金，出乎石也。故火水土石不及金木，金木生其間也。

得天氣者動，得地氣者静。

陽之類圓，成形則方。陰之類方，成形則圓。

天道之變，王道之權也。

夫卦各有性有體，然皆不離乾坤之門，如萬物，受性于天而各爲其性也。在人則爲人之性，在禽獸則爲禽獸之性，在草木則爲草木之性。

天以氣爲主，體爲次。地以體爲主，氣爲次。在天在地者，亦如之。

氣則養性，性則乘氣。故氣存則性存，性動則氣動也。

① 「覆」，衍義本作「復」。

堯之前，先天也。堯之後，後天也。後天乃效法耳。

天之象數則可得而推，如其神用，則不可得而測也。」①

木之支榦，土石之所成，所以不易；葉花，水火之所成，故變而易也。

自然而然者，天也，唯聖人能索之。效法者，人也。若時行時止，雖人也，亦天。

生者性，天也。成者形，地也。

日入地中，構精之象也。②

體四而變六，兼神與氣也。氣變必六，故三百六十也。

凡事爲之極幾十之七，③則可止矣。若夏至之日止于六十，④兼之以晨昏分，可變色矣，⑤庶幾乎十之七也。

東赤，南白，西黄，北黑，此五色也。驗之于曉午暮夜之時，可見之矣。

---

① 自「陽在陰中陽逆行」至「則不可得而測也」二百六十七字，原脱，據大全本補。
② 「構」，衍義本作「交」。
③ 「七」，原作「十」，據衍義本、大全本改。
④ 「若」，衍義本作「蓋」。
⑤ 「可變色矣」，原作「之」，據衍義本、大全本補改。

《圖》雖無文，〔《先天圖》也。〕①吾終日言而〔未嘗離乎〕是，②蓋天地萬物之理盡在其中矣。

冬至之子中，陰之極。春分之卯中，陽之中。夏至之午中，陽之極。秋分之酉中，陰之中。凡三百六十，中分之則一百八十，此春秋二分相去之數也。③

〔陽中有陰，陰中有陽，天之道也。陽中之陽，日也，暑之道也。陽中之陰，月也，以其陽之類，故能見于晝。陰中之陽，星也，所以見于夜。陰中之陰，辰也，天壤也。

氣一而已，主之者乾也。神亦一而已，乘氣而變化，能出入于有無死生之間，④無方而不測者也。

干者幹之義，陽也。支者枝之義，陰也。干十而支十二，是陽數中有陰，陰數中有陽也。

不知乾，無以知性命之理。

「時然後言」，乃應變而言，言不在我也。

仁配天地謂之人，唯仁者真可謂之人矣。

---

① 小注「先天圖也」四字原闕，據大全本補。
② 「未嘗離乎」四字，原脱，據大全本補。
③ 「春秋」，衍義本、大全本作「二至」。
④ 「出」前，衍義本無「能」字。

生而成，成而生，《易》之道也。

氣者，神之宅也。體者，氣之宅也。

魚者，水之族也。蟲者，風之族也。

天六地四，天以氣爲質，而以神爲神。地以質爲質，而以氣爲神。唯人兼乎萬物而爲萬物之靈。如禽獸之聲，以其類而各能得其一。無所不能者，人也。推之他事，亦莫不然。唯人得天地日月交之用，他類則不能也。人之生，真可謂之貴矣。天地與其貴而不自貴，是悖天地之理，不祥莫大焉。目口舌也。凸而耳鼻竅。竅者受聲嗅氣，①物或不能閉之。凸者視色别味，物則能閉之也。四者雖象于一，而各備其四矣。〕②

燈之明暗之境，日月之象也。

月者，日之影也。情者，性之影也。心性而膽情，性神而情鬼。水者火之地，火者水之氣。黑者白之地，寒者暑之地。

心爲太極。又曰：道爲太極。

形可分，神不可分。

① 「聲」原作「臭」，據衍義本改。
② 自「陽中有陰」至「而各備其四矣」三百五十五字，原脱，據大全本補。

草伏之獸，毛如草之莖。①林棲之鳥，羽如林之葉。類使之然也。

陰事太〔半，蓋陽〕一〔而〕陰二也。②

冬至之後爲呼，夏至之後爲吸，此天地一歲之呼吸也。

〔木結實而種之，又成是木而結是實。木非舊木也，此木之神不二也。此實生生之理也。〕③

## 觀物外篇下

以物喜物，以物悲物，此發而中節者也。

石之花，鹽消之類是也。④〔水之木，珊瑚之類是也。〕⑤

水之物無異乎陸之物，各有寒熱之性。大較則陸爲陽中之陰，而水爲陰中之陽。

日月星辰共爲天，水火土石共爲地。耳目鼻口共爲首，髓血骨肉共爲身。此乃五之數也。

---

① 「毛」，原作「兎」，「莖」，原作「叢」，據大全本改。
② 「半蓋陽」、「而」四字原闕，據大全本補。
③ 自「木結實而種之」至「此實生生之理也」三十三字原脱，據大全本補。
④ 「鹽消之類是也」，原作「鹽之消之類也」，據大全本改。
⑤ 「水之木，珊瑚之類是也」九字，原脱，據大全本補。

火生于無，水生于有。

不我物則能物物。

辰至日爲生，日至辰爲用。蓋順爲生而逆爲用也。

《易》有三百八十四爻，真天文也。

鷹鵰之類食生，而雞鳧之類不專食生。虎豹之類食生，而猫犬之類食生又食穀。以類推之，從可知也。

馬牛皆陰類。細分之，則馬爲陽而牛爲陰。

飛之類，喜風而敏于飛上。走之類，喜土而利于走下。

禽蟲之卵，果穀之類也。穀之類多子，蟲之類亦然。

蠶之類，今歲蛾而子，來歲則子而蠶。蕪菁之類，今歲根而苗，來歲則苗而子。〔此皆一歲之物也。〕①

天地之氣運，北而南則治，南而北則亂，亂久則復北而南矣。天道人事皆然。推之歷代，可見消長之理也。

① 「此皆一歲之物也」七字，原脱，據衍義本補。

任我則情，情則蔽，蔽則昏矣。因物則性，性則神，神則明矣。潛天潛地不行而至不爲陰陽所攝者，神也。

在水者不瞑，在風者瞑。走之類上睫接下，飛之類下睫接上。類使之然也。

在水之鱗鬣，①飛之類也。龜獺之類，走之類也。

夫四象，若錯綜而用之。日月，天之陰陽。水火，地之陰陽。星辰，天之剛柔。土石，地之剛柔。

天之孽，十之一猶可違。人之孽，十之九不可逭。

陽主舒長，陰主慘急。日入盈度，陰從于陽。日入縮度，②陽從于陰。

飛之走，雞鳧之類是也。走之飛，龍馬之屬是也。

先天之學，心也。後天之學，迹也。出入有無死生者，道也。

神無所在，無所不在。至人與他心通者，以其本于一也。道與一，神之强名也。以神爲神者，至言也。

身地也，本乎静。所以能動者，氣血使之然也。天地生萬物，聖人生萬民。

① 「之」，衍義本、大全本作「而」。
② 「日入」，原作「月之」，據衍義本、大全本改。

生生長類，天地成功。別生分類，聖人成能。

神者，人之主。將寐在脾，熟寐在腎。將寤在肝，又言在膽。正寤在心。

以物觀物，性也。以我觀物，情也。性公而明，情偏而暗。

陽主闢而出，陰主翕而入。

日在于水則生，離則死，交與不交之謂也。

陰對陽爲二。然陽來則生，陽去則死。天地萬物生死主于陽，則歸之于一也。

神無方而性有質。

發于性則見于情，發于情則見于色，以類而應也。

天地之大寤在夏，人之神則存于心。

以天地生萬物，則以萬物爲萬物。以道生天地，則天地亦萬物也。

水之族以陰爲主，陽次之。陸之類以陽爲主，陰次之。故水類出水則死，風類入水則死。然有出入之類者，龜蟹鵝鳧之類是也。

天地之交十之三。

一變而二，二變而四，三變而八卦成矣。四變而十有六，五變而三十有二，六變而六十四卦備矣。

天火，無體之火也。地火，有體之火也。

人之貴兼乎萬類。①自重而得其貴，所以能用萬類。

凡人之善惡，形于言，發於行，人始得而知之。但萌諸心，發于慮，鬼神已得而知之矣。此君子所以慎獨也。

氣變而形化。

人之類備乎萬物之性。

火無體，因物以爲體。金石之火烈于草木之火者，因物而然也。

氣形盛則魂魄盛，氣形衰則魂魄亦從而衰矣。魂隨氣而變，魄隨形而止。故形在則魄存，形化則魄散。

人之神則天地之神。人之自欺，所以欺天地，可不慎哉？

人之畏鬼，亦猶鬼之畏人。人積善而陽多，鬼益畏之矣；②積惡而陰多，鬼弗畏之矣。③大人者與鬼神合其吉凶，夫何畏之有？

---

① 「類」，衍義本作「物」。
② 「益」，衍義本作「亦」。
③ 「弗」，衍義本作「不」。

至理之學，非至誠則不至。

物理之學既有所不通，①不可以强通。强通則有我，有我則失理而入於術矣。②

星爲日餘，辰爲月餘。

星之至微如塵沙者，隕而爲堆阜。

心一而不分，則能應弗違。③此君子所以虚心而不動也。

藏者，天行也。府者，地行也。天地並行，則配爲八卦。

聖人利物而無我。

明則有日月，幽則有鬼神。

《易》有真數，三而已。參天者，三三而九。兩地者，倍三而六。

八卦相錯者，相交錯而成六十四也。

夫《易》，根于乾坤而生於姤復。蓋剛交柔而爲復，柔交剛而爲姤，自兹而無窮矣。

① 「既」，衍義本、大全本作「或」。
② 「失理」，原作「天地」，據衍義本改。
③ 「弗違」，衍義本作「萬物」，大全本作「萬變」。

《素問》《左傳》，①七國時書也。

夫聖人大經，②渾然無跡，如天道焉。故《春秋》録實事，③而善惡形于其中矣。

中庸之法：自中者天也，自外者人也。

韻法：開閉者律天，④清濁者呂地。

韻法：⑤先閉後開者，春也。純開者，夏也。先開後閉者，秋也。冬則閉而無聲。

《素問》《密語》之類，於術之理可謂至也。

「顯諸仁，藏諸用」，孟子善藏其用乎。⑥

「寂然不動」，反本復靜，坤之時也。「感而遂通天下之故」，陽動于中，間不容髮，復之義也。

莊、荀之徒失之辯。

---

① 「左傳」，衍義本、大全本作「陰苻」。
② 「大經」，衍義本、大全本作「六經」。
③ 衍義本無「故」字。
④ 「開閉」，衍義本作「闢翕」。
⑤ 「韻法」二字，衍義本無。
⑥ 「孟子」，衍義本作「孔子」。

東爲春聲，陽爲夏聲，此見作韻者亦有所至也。嚼、凡，冬聲也。

不見動而動，妄也。動于否之時是也。①見動而動，則爲無妄。然所以有災者，陽微而無應也。

有應而動，則爲益矣。

「精氣爲物」，形也。「遊魂爲變」，神也。又曰：「精氣爲物，體也；遊魂爲變，用也。」

君子之學以潤身爲本。其治人應物，皆餘事也。

〔剸劇〕者，②才力也。明辯者，③智識也。寬弘者，④德器也。三者不可闕一。

無德者責人怨人；易滿，滿則止也。

龍能大能小。然亦有制之者，受制於陰陽之氣，得時則能變化，變變則不能也。

伯夷義不食周粟，至餓且死，止得爲仁而已。

---

① 「于」，衍義本作「乎」。
② 「剸劇」二字，原脱，據衍義本補。
③ 「辯」，衍義本作「辨」。
④ 「弘」，衍義本作「洪」。

三人行，亦有師焉。① 至于友一鄉之賢，天下之賢。以天下爲未足，又至於上論古人，②無以加焉。

義重則内重，利重則外重。

兑，説也。其他「説」皆有所害，惟「朋友講習」無説於此。故言其極者也。

能循天理動者，造化在我也。

學不際天人，不足以謂之學。

君子於《易》：玩象，玩數，玩辭，玩意。

能醫人能醫之疾，不得謂之良醫。醫人之所不能醫者，天下之良醫也。能處人所不能處之事，則能爲人所不能爲之事也。

人患乎自滿，滿則止也。故禹不自滿假，所以爲賢。雖學亦當〔常若〕不足，③不可臨深以爲高也。

人苟用心，必有所得。獨有多寡之異，智識之有淺深也。

① 「亦」，衍義本作「必」。
② 「上」，衍義本作「尚」。
③ 「常若」二字，原脱，據衍義本補。

理窮而後知性，性盡而後知命。〔命〕知而後〔知〕至。①

凡處失在得之先，則得亦不喜。若處得在失之先，則失難處矣，必至於隕穫。

人必有德器，然後喜怒皆不妄。爲卿相、爲匹夫以至學問高天下，亦若無有也。

人必内重，内重則外輕。苟内輕必外重，好利好名，無所不至。

得天理者不獨潤身，亦能潤心。不獨潤心，至於性命亦潤。

天下言讀書者不少，能讀書者少。若得天理真樂，何書不可讀？何堅不可破？何理不可精？

曆不能無差。今之學曆者但知曆法，不知曆理。能布筭者，洛下閎也。②能推步者，甘公、石公也。洛下閎但知曆法，楊雄知曆法，又知曆理。

一歲之閏，六陰六陽。三年三十六日，故三年一閏。五年六十日，故五歲再閏。天時地理人事，三者知之不易。

資性，得之天也。學問，得之人也。資性由内出者也，學問由外入者也。自誠明，性也。自明誠，學也。

① 「命」、「知」二字，原脱，據衍義本、大全本補。
② 「洛」，原作「落」，據衍義本改。

顔子不遷怒，不貳過。遷怒、貳過，皆情也，非性也。不至於性命，不足謂之好學。

伯夷、柳下惠得聖人之一端：伯夷得聖人之清，柳下惠得聖人之和。孔子時清時和，時行時止，故得聖人之時。

《太玄》九日當兩卦，餘一卦當四日半。

揚雄作《太玄》，可謂見天地之心者也。

用兵之道：必待人民富倉廩實府庫充兵强名正，天時順，地利得，然後可舉。

《易》無體也。曰「既有典常」，則是有體也。恐遂以爲有體，故曰「不可爲典要」。既有典常，常也。不可爲典要，變也。

莊周雄辯，數千年一人而已。如庖丁解牛曰「躊躇四顧」，孔子觀吕梁之水曰「蹈水之道無私」，皆至理之言也。

《老子》五千言，大抵皆明物理。

今有人登兩臺。兩臺皆等，則不見其高。一臺高，然後知其卑下者也。

學不至於樂，不可謂之學。

一國一家一身皆同。能處一身，則能處一家。能處一家，則能處一國。能處一國，則能處天下。心爲身本，家爲國本，國爲天下本。心能運身。苟心所不欲，身能行乎？

人之精神，貴藏而用之。苟衒於外，則鮮有不敗者。如利刃，物來則剸之。若恃刃之利而求割乎物，則刃與物俱傷矣。

言發于真誠，則心不勞而逸，人久而信之。作僞任數，一時或可以欺人，持久必敗。

人貴有德。小人有才者，有之矣。故才不可恃，德不可無。①

天地日月，悠久而已。故人當存乎遠，不可見其近。②

君子處畎畝則行畎畝之事，居廟堂則行廟堂之事，故無入而不自得。

智數或能施于一朝，蓋有時而窮。惟至誠表天地同久。③天地無，則至誠可息。苟天地不能無，則至誠亦不息也。

室中造車，天下可行，軌轍合故也。苟順義理，合人情，日月所照皆可行也。

中庸非天降地出，揆物之理，度人之情，行其所安，是爲得矣。

歛天下之智爲智，歛天下之善爲善，則廣矣。自用則小。

漢儒以反經合道爲權，得一端者也。權所以平物之輕重。聖人行權，酌其輕重而行之，合

① 「無」，原作「有」，據衍義本改。
② 「近」，衍義本作「邇」。
③ 「表」，衍義本、大全本作「與」。

其宜而已。故執中無權者猶爲偏也。王通言：「《春秋》王道之權。」非王通莫能及此。故權在一身則有一身之權，在一鄉則有一鄉之權，以至於天下則有天下之權。用雖不同，其權一也。

夫弓固有强弱。然一弓二人張之，則有力者以爲弓弱，無力者以爲弓强。故有力者不以己之力有餘而以爲弓弱，無力者不以己之力不足而以爲弓强，何不思之甚也？一弓非有强弱也，二人之力强弱不同也。今有食一杯在前，二人大餒而見之，若相讓則均得食矣；①相奪則争，非徒争之而已，或不得其食矣。此二者皆人情也，②知之者鮮。知此，則天下之事皆如是也。

夫《易》者，聖人長君子消小人之具也。及其長也，闢之於未然。及其消也，闔之於未然。一消一長，一闔一闢，渾渾然無跡。非天下之至神，其孰能與於此。

大過，本末弱也。必有大德大位，然後可救。常分，有可過者，有不可過者。有大德大位，③

---

① 「讓」，衍義本作「遜」。
② 「人」下，衍義本、大全本有「之」字。
③ 衍義本無「有」字。

可過者也，伊周其人也，不可僭也。①有大德無大位，不可過〔者〕也，②孔孟其人也，不可誣也。③其位不勝德邪？大哉位乎，待才用之宅也。④

復次剥，明治生於亂乎。姤次夬，明亂生於治乎。時哉時哉，未有剥而不復，未有夬而不姤者。

防乎其防，邦家其長，子孫其昌。是以聖人貴未然之防，是謂《易》之大綱。

先天學，心法也。故《圖》皆自中起。萬化萬事，生乎心也。

先天學主乎誠。至誠可以通神明，不誠則不可以得道。

先天圖中，環中也。

事必量力。量力故久。⑤

所行之路不可不寬，寬則少礙。

知《易》者不必引用講解，是爲知《易》。⑥孟子之言未嘗及《易》，⑦其間易道存焉，但人見

---

①「僭」，衍義本、大全本作「懼」。
②「者」字原闕，據衍義本補。
③「誣」，衍義本、大全本作「悶」。
④「才」，衍義本作「時」。
⑤「故」後，衍義本有「能」字。
⑥「是」，衍義本作「始」。
⑦「之言」，衍義本作「著書」。

之者鮮耳。人能用《易》，是爲知《易》。如孟子，可謂善用《易》者也。

學以人事爲大。今之經典，古之人事也。

《春秋》三傳之外，陸淳、啖助可以兼治。①

所謂皇帝王霸者，非獨謂三皇五帝三王五霸而已。但用無爲則皇也，用恩信則帝也，用公正則王也，用智力則霸也。霸以下則夷狄，夷狄而下是禽獸也。

季札之才近伯夷。

叔向、子産、晏子之才相等〔埒〕。②

管仲用智數，晚識物理，大抵才力過人也。

五霸者，功之首、罪之魁也。《春秋》者，孔子之刑書也。功過不相掩，聖人先褒其功，後貶其罪。故罪人有功亦必録之，不可不恕也。

「始作兩觀。」③始者，貶之也，誅其舊無也。「初獻六羽。」初者，褒之也，以其舊僭八佾也。

① 「啖」，原作「琰」，據衍義本、大全本改。
② 「埒」字，原脱，據衍義本、大全本補。
③ 「始」，衍義本作「新」，後同。

某人受《春秋》於尹師魯，師魯受於穆伯長。某人後復攻伯長曰：「《春秋》無褒，皆是貶也。」田述古曰：「孫復亦云《春秋》有貶而無褒。」曰：「《春秋》禮法廢，君臣亂。其間有能爲小善者，安得不進之也。況五霸實有功於天下。且五霸固不及於王，不猶愈於夷狄〔乎〕，①安得不與之也。治《春秋》者不辨名實，不定五霸之功過，則未可言治《春秋》。先定五霸之功過而治《春秋》，則大意立，若事事求之，則無緒矣。」

凡人爲學，失於自主張太過。

平王名雖王，實不及一小國之諸侯。齊、晉雖侯，而實僭王。此《春秋》之名實也。子貢欲去告朔之餼羊。羊，名也。禮，實也。名存而實亡猶愈於名實俱亡。苟存其名，安知後世無王者作？是以有所待也。

秦繆公有功於周，能遷善改過，爲霸者之最。晉文侯世世勤王，遷平王於洛，次之。齊桓公六合諸侯不以兵車，②又次之。楚莊强大，又次之。宋襄公雖霸而力微，會諸侯而爲楚所執，不足論也。治《春秋》者不先定四國之功過，則事無統理，不得聖人之心矣。《春秋》之間，有功者未見大於四國者，有過者亦未見大於四國者也。故四者功之首、罪之魁也。人言《春秋》非性命

---

① 「乎」字，原脱，據衍義本、大全本補。
② 「六」，衍義本、大全本作「九」。

書，非也。至于書「郊牛之口傷，改卜牛，牛死，〔乃不郊，〕猶三望」，①此因魯事而貶之也。聖人何容心哉？無我故也。豈非由性命而發言也。又云：「《春秋》皆因事而褒貶，豈容人特立私意哉？」又曰《春秋》聖人之筆削，爲天下之至公，不知聖人之所以爲公也。如因「牛傷」，則知魯之僭郊；因「初獻六羽」，則知舊僭八佾；因「新作雉門」，則知舊無雉門。皆非聖人有意於其間，故曰《春秋》盡性之書也。

《春秋》爲君弱臣强而作，故謂之名分之書。聖人之難，在不失仁義忠信而成事業。何如則可？在於「絶四」。

有馬者借人乘之，舍己以從人也。

或問：「『才難』，何謂也？」曰：「臨大事，然後見才之難也。」曰：「何獨言才？」曰：「才者，天之良質也。學者，所以成其才也。」曰：「古人有不由學問而能立功業者，何必曰學？」曰：「周勃、霍光能成大事，唯其無學，故未盡善也。人而無學，則不能燭理。不能燭理，則固執而不通。人有出人之才，必以剛克。②中剛則足以立事業，處患難。若用於他，反爲邪惡。故孔子以申棖爲『焉得剛』。既有慾心，必無剛也。」

① 「改」，原作「敗」，「牛」，原作「乃」，「乃不郊」原闕，據衍義本改補。
② 「以」，衍義本作「有」。

君子喻於義，賢人也。小人喻於利而已。義利兼忘者，唯聖人能之。君子畏義而有所不爲，小人直不畏耳。聖人則動不踰矩，何義之畏乎？

顔子不貳過。孔子曰「有不善未嘗不知，知之未嘗復行」是也，是一而不再也。韓愈以爲將發於心而便能絶去，是過與顔子也。過與是爲私意，焉能至於道哉？或曰：「與善不亦愈於與惡乎？」曰：「聖人則不如是。私心過與，善惡同矣。」

爲學養心，患在不由直道，去利欲。由直道，任至誠，則無所不通。天地之道直而已，當以直求之。若用智數由逕以求之，是屈天地而循人欲也，①不亦難乎？

事無巨細，皆有天人之理。修身，人也。遇不遇，天也。〔得失不動心，所以順天也。行險僥倖，是逆天也。〕②求之者人也，得之與否天也。得失不動心，所以順天也。强取必得，是逆天理也。逆天理者，患禍必至。

魯之「兩觀」、「郊天」、「大禘」，皆非禮也。諸侯苟有四時之禘，以爲常祭可也。至於五年大禘，不可爲也。

「仲弓可使南面」，可使從政也。

---

① 「循」，衍義本、大全本作「狥」。
② 自「得失不動心」至「是逆天也」十八字，原脱，據衍義本、大全本補。

「誰能出不由户。」户，道也。未有不由道而能濟者也。不由户者，開穴隙之類是也。①

「多聞，擇其善者而從之。」雖多聞，必擇善而從之。「多見而識之。」識，别也。雖多見，必有以别之。或問「顯諸仁，藏諸用」，曰：「若日月之照臨，四時之成歲，是『顯諸仁』也。其度數之然而不知其所以然，是『藏諸用』也。」

洛下閎改《顓頊曆》爲《太初曆》。②子雲準太初而作《太玄》，凡八十一卦，九分共二卦，凡一五隔一四。細分之，則四分半當一卦。氣起於中心，故首中卦。

「參天兩地而倚數」，非天地之正數也。倚者，擬也，擬天地正數而生也。

元亨利貞，變易不常，天道之變也。吉凶悔吝，變易不定，人道之應也。

鬼神者無形而有用，其情狀可得而知也。於用可見之矣。若人之耳目鼻口手足，草木之枝葉華實顔色，皆鬼神之所爲也。福善禍淫，主之者誰邪？聰明正直，有之者誰邪？不疾而速，不行而至，任之者誰邪？皆是鬼神之情狀也。

《易》有意、象。立意皆所以明象，統下三者：有言象，不擬物而直言以明事；有像象，③擬

---

① 「開」，衍義本作「鎖」。
② 「洛」，原作「落」，「爲太」，原作「子雲」，據大全本改。
③ 「像象」，原作「象像」，據衍義本改。

一物以明意；有數象，七日八月三年十年之類是也。

《易》之數窮天地終始。①或曰：「天地亦有終始乎？」曰：「既有消長，豈無終始。天地雖大，是亦形器，乃二物也。」

《易》有內象，理致是也；有外象，指定一物而不變者是也。

在人則乾道成男，坤道成女。在物則乾道成陽，坤道成陰。

神無方而《易》無體。滯於一方則不能變化，非神也。有定體則不能變通，非《易》也。

《易》雖有體，體者，象也。假象以見體而本無體也。

一陰一陽之謂道。道無聲無形，不可得而見者也。故假道路之道而爲名。人之有行，必由乎道。一陰一陽，天地之道也。物由是而生，由是而成者也。

事無大小，皆有道在其間。能安分則謂之道，不能安分謂之非道。「顯諸仁」者，天地生萬物之功，則人可得而見也。所以造萬物，則人不可得而見，是「藏諸用」也。

正音律數行至于七而止者，以夏至之日出於寅而入於戌。亥子丑三時則日入于地而目無所見，此三數不行者，所以比於三時也。故生物之數亦然。非數之不行也，有數而不見也。

① 「終始」，衍義本作「始終」。

月體本黑，受日之光而白。

水在人之身爲血，土在人之身爲肉。

經綸天下之謂才，①遠舉必至之謂志，并包含容之謂量。

六虚者，六位也。虚以待變動之事也。

有形則有體，有性則有情。

天主用，地主體。聖人主用，百姓主體。故「日用而不知」。

膽與腎同陰，心與脾同陽。心主目，脾主鼻。

陽中陽，日也。陽中陰，②月也。陰中陽，星也。陰中陰，③辰也。柔中柔，水也。柔中剛，火也。剛中柔，土也。剛中剛，石也。

法始乎伏犧，成乎堯，革於三王，極於五霸，絶於秦。萬世治亂之迹，無以逃此矣。

日爲心，月爲膽，星爲脾，辰爲腎，藏也。石爲肺，土爲肝，火爲胃，水爲膀胱，府也。

---

① 「天下」，大全本作「天地」。
② 「陽」，原作「陰」，據衍義本改。
③ 上「陰」，原作「陽」，據衍義本改。

《易》之生數一十二萬九千六百，總爲四千三百二十世，①此消長之大數。演三十年之辰數，即其數也。歲三百六十日，得四千三百二十辰。以三十乘之，得其數矣。凡甲子、甲午爲世首。此爲經世之數，始于日甲，月子，星甲，辰子。又云：「此經世日甲之數，月子、星甲、辰子從之也。」

鼻之氣目見之，口之言耳聞之，以類應也。

倚蓋之説，崑崙四垂而爲海。推之理則不然。夫地直方而静，豈得如圓動之天乎？

海潮者，地之喘息也。所以應月者，從其類也。十干，天也。十二支，地也。支干配天地之用也。動物自首生，植物自根生。自首生，命在首。自根生，命在根。

神者，《易》之主也，所以無方。《易》者，神之用也，所以無體。

循理則爲常。理之外則爲異矣。

風類水類，小大相反。

震爲龍。一陽動於二陰之下，震也。重淵之下有動物〔者〕，②豈非龍乎？

---

① 「三」原作「二」，「世」，原作「四」，據衍義本改。
② 「者」字，原脱，據衍義本補。

一、十、百、千、萬、億爲奇，天之數。十二、百二十、千二百、萬二千、億二萬爲偶，①地之數也。

天之陽在東南，日月居之。地之陰在西北，火石處之。

身，地也，本乎静。所以能動者，氣血使之然也。

火以性爲主，體次之。〔水〕以體爲主，②性次之。

陽性而陰情。性神而情鬼。

「起震終艮」一節，明文王八卦也。「天地定位」一節，明伏犧八卦也。八卦相錯者，明交錯而成六十四也。

「數往者順。」若順天而行，是左旋也。皆已生之卦也，故云「數往」也。「知來者逆。」若逆天而行，是右行也。皆未生之卦也，故云「知來」也。夫《易》之數，由逆而成矣。此一節直解《圖》意，若逆知四時之謂也。③

《堯典》：「朞三百六旬有六日。」夫日之餘盈也六，則月之餘縮也亦六。若去日月之餘十

① 「十二」原作「二十」，「萬二千」原作「萬二十」，據衍義本改。
② 「水」字，原脱，據衍義本補。
③ 「若」前，衍義本有「逆」字。

二，則有三百五十四，乃日行之數。以十二除之，則得二十九日。

五十分之則爲十。若三天兩之則爲六，兩地又兩之則爲四，此天地分太極之數也。天之變六。六其六得三十六，爲乾一爻之數也。積六爻之策共得二百一十有六，爲乾之策。六其四得二十四，爲坤一爻之策。積六爻之數共得一百四十有四，爲坤之策。積二篇之策，乃萬有一千五百二十也。

《素問》：「肺主皮毛，心脉，脾肉，肝筋，腎骨。」上而下，外而内也。「心血，腎骨」，交法也。交即用也。

《易》始于三皇。《書》始于二帝。《詩》始于三王。《春秋》始于五霸。

「乾爲天」之類，本象也；「爲金」之類，列象也。

《易》之首于乾坤，中于坎离，終于水火之交、不交，皆至理也。

天地並行則藏府配。四藏天，四府地也。

自乾坤至坎离，以天道也。自咸恒至既濟未濟，①以人事也。

太極一也，不動；生二，二則神也。

① 「恒」，原作「常」，據衍義本改。

火生濕，水生燥。

神生數，數生象，象生器。

太極不動，性也。發則神，神則數，數則象，象則器。器之變，復歸於神也。

復至乾凡百有十二陽，①姤至坤凡八十陽。姤至坤凡百有十二陰，②復至乾凡八十陰。

乾，奇也，〔陽也，〕③健也，故天下之健莫如天。坤，耦也，陰也，順也，故天下之順莫如地，所以順天也。震，起也，一陽起也。起，動也。故天下之動莫如雷。坎，陷也，一陽陷於二陰。陷，下也。故天下之下莫如水。艮，止也，一陽於是而止也，故天下之止莫如山。巽，入也，一陰入二陽之下，故天下之入莫如風。离，麗也，一陰離於二陽，其卦錯然成文而華麗也。天下之麗莫如火，故又爲附麗之麗。兑，説也，一陰出於外而説於物，故天下之説莫如澤。

火内暗而外明，故离陽在外。火之用，用外也。水外暗而内明，故坎陽在内。水之用，用内也。「三天兩地而倚數」，非天地之正數也。倚者，擬也，擬天地正數而生也。④

人謀，人也。鬼謀，天也。天人同謀而皆可，則事成而吉也。

①②「十二」原作「二十」，據衍義本改。
③「陽也」二字原脱，據衍義本補。
④此一節不見于衍義本、大全本。

湯放桀、武王伐紂而不以爲弒者，若孟子言「男女授受不親禮也，嫂溺則援之以手權也」。故孔子既尊夷、齊，亦與湯、武。夷、齊，仁也。湯、武，義也。唯湯、武則可，非湯、武是篡也。

諸卦不交於乾坤者，則生於否泰。否泰，乾坤之交也。乾坤起自奇偶，奇偶生自太極。

自泰至否，其間則有蠱矣。自否至泰，其間則有隨矣。

天使我有是之謂命。命之在我之謂性。性之在物之謂理。

變從時而便天下之事不失禮之大經，變從時而順天下之理不失義之大權者，君子之道也。

朔易之陽氣自北方而生，①至北方而盡，謂變易循環也。

春陽得權，故多旱。秋陰得權，故多雨。

元有二：有生天地之始，太極也；有萬物之中各有始者，生之本也。

五星之說，自甘公、石公始也。

天地之心者，生萬物之本也。天地之情者，情狀也，與鬼神之情狀同。

天有五辰，日月星辰與天而爲五。地有五行，金木水火與土而爲五。

有温泉而無寒火，陰能從陽而陽不能從陰也。

① 「之」，大全本作「以」。

有雷則有電，有電則有風。

木之堅，非雷不能震。草之柔，非露不能潤。

人智强則物智弱。

陽數於三百六十上盈，陰數於三百六十上縮。

人爲萬物之靈，寄類於走。走，陰也，故百有二十。

雨生於水，露生於土，雷生於石，電生於火。電與風同爲陽之極，故有電必有風。

莊子與惠子遊於濠梁之上，莊子曰：「儵魚出游從容，是魚樂也。」此盡己之性能盡物之性也。非魚則然，天下之物皆然。若莊子者，可謂善通物矣。

莊子著《盜跖》篇，所以明至惡雖至聖亦莫能化，蓋上智與下愚不移故也。

魯國之儒一人者，謂孔子也。

老子，知《易》之體者也。

天下之事，始過於重，猶卒於輕；始過於厚，猶卒於薄。况始以輕，始以薄者乎？故鮮失之重，多失之輕；鮮失之厚，多失之薄。是以君子不患過乎重，常患過乎輕；不患過乎厚，常患過乎薄也。

莊子《齊物》，未免乎較量。較量則争，争則不平，不平則不和。

無思無爲者，神妙致一之地也。所謂「一以貫之」。聖人以此洗心，退藏於密。

當仁不讓於師者，進人之道也。

秦穆公伐鄭，敗而有悔過自誓之言，此非止霸者之事，幾於王道、能悔則無過矣。①此聖人所以録於《書》末也。

劉絢問無爲，對曰：「時然後言，人不厭其言。樂然後笑，人不厭其笑。義然後取，人不厭其取。」此所謂無爲也。瞽瞍殺人，舜視棄天下猶棄敝屣也，竊負而逃，遵海濱而處，終身訢然樂而忘天下。聖人，雖天下之大，不能易天性之愛。

文中子曰：「易樂者必多哀，輕施者必好奪。」或曰：「天下皆争利棄義，吾獨若之何？」子曰：「舍其所争，取其所棄，不亦君子乎？」若此之類，禮義之言也。「心迹之判久矣」，若此之類，造化之言也。

莊子氣豪。若呂梁之事，言之至者也。《盗跖》言事之無可奈何者，雖聖人亦莫如之何。《漁父》言事之不可强者，雖聖人亦不可强。此言有爲無爲之理，順理則無爲，强則有爲也。

金須百鍊然後精，人亦如此。

①「過」，衍義本作「失」。

佛氏棄君臣父子夫婦之道，豈自然之理哉？「志於道」者，統而言之。志者，潛心之謂也。德者，得於己。有形故可據。①德主於仁，故曰依。

莊子曰：「庖人雖不治庖，尸祝不越樽俎而代之。」此「君子思不出其位，素位而行」之意也。

晉狐射姑殺陽處父，《春秋》書：「晉殺大夫陽處父。」上漏言也。君不密則失臣，故書「國殺」。

人得中和之氣則剛柔均。陽多則偏剛，陰多則偏柔。

人之爲道，當至於鬼神不能窺處，是爲至矣。作《易》者其知盜乎，聖人知天下萬物之理而一以貫之。

大羹可和，玄酒可灕，則是造化亦可和、可灕也。

有一日之物，有一月之物，有一時之物，有一歲之物，有十歲之物，至於百千萬皆有之。天地亦物也，亦有數焉。雀三年之物，馬三十年之物，凡飛走之物皆可以數推。人百有二十年之物。

太極，道之極也。《太玄》，道之玄也。太素，色之本也。太一，數之始也。太初，事之初也。其成功則一也。

① 「可」，衍義本作「有」。

易地而處，則無我也。

陰者陽之影，鬼者人之影也。

氣以六變，體以四分。

以尊降卑曰臨，①以上觀下曰觀。

「毋意、毋必、毋固、毋我」，合而言之則一，分而言之則二。合而言之則二，分而言之則四。始於有意，成於有我。有意然後有必，必生於意。有固然後有我，我生於固。意有心，〔必先期〕，②固不化，我有己也。

記問之學，未足以爲事業。

智哉留侯，善藏其用。

思慮一萌，鬼神得而知之矣，故君子不可不慎獨。

「時然後言」，言不在我也。

學在不止。故王通云「没身而已」。

誠者主性之具，無端無方者也。

---

① 「降」，衍義本作「臨」。
② 「必先期」三字，原脱，據衍義本補。

# 附録

# 皇極經世系述

邵伯温

至大之謂皇，至中之謂極，至正之謂經，至變之謂世。大中至正，應變無方之謂道。以道明道，道非可明。以物明道，道斯見矣。物者，道之形體也。故善觀道者必以物，善觀物者必以道。謂得道而忘物則可矣，必欲遠物而求道，不亦妄乎？有物之大，莫若天地。然則天地安從生？道生天地，而太極者，道之全體也。太極生兩儀，兩儀生四象，四象生而後天地之道備焉。立天之道曰陰與陽，立地之道曰柔與剛，陰陽變於上而日月星辰生焉，剛柔化於下而水火土石成焉。日月星辰成象於天，水火土石成體於地。象動於上而四時生焉，體交於下而萬物成焉。時有消長盈虛，物有動植飛走。消長盈虛者，時之變也；動植飛走者，物之類也。時以變起，物以類應，時之與物有數存焉。數者何也？道之運也，理之會也，陰陽之度也，萬物之紀也，定於幽而驗於明，藏於微而顯於著，所以成變化而行鬼神者也。道生一，一爲太極，一生二，二爲兩儀，二生四，四爲四象，四生八，八爲八卦，八生六十四，六十四具而後天地萬物之道備矣。天地萬物莫不以一爲本，原於一而衍之以爲萬，窮天下之數而復歸於一。一者何也？天地之心也，造化之源也。日爲元，元者氣之始也，其數一。月爲會，會者數之交也，其數十二。星爲運，運者時之行也，其數三百六十。辰爲世，世者變之終也，其數四千三百二十。觀一歲之數，則一元之數覩矣。以大運而觀一元，則一元，一歲之大者也。以一元而觀一歲，則一歲，一元之小者也。一元統十二會三百六十運四千三百二十世，歲月日時各有數焉。一歲統十二月三百六十日四千三百二十時，刻分毫氂，絲忽眇没，亦有數焉，皆統於元而宗於一，終始往來而不窮。在天則爲消長盈虚，在人則爲治亂興廢，皆不能逃乎數也。太陽爲日，太陰爲月，少陽爲星，少陰爲辰，太剛爲火，太柔爲水，少剛爲石，少柔爲土。陽之數十，陰之數十二，剛之數十，柔之數十二。太陽少陽太剛少剛之本數凡四十，太陰少陰太柔少柔之本數凡四十有八。四而因之，得一百六十，是謂太陽少陽太剛少剛之體數；得一百九十有二，是謂太陰少陰太柔少柔之體數。以陰陽剛柔之體數互相進退，是謂太陽少陽太剛少剛太陰少陰太柔少柔之用數。太陽少陽太剛少剛之用數一百一十二，太陰少陰太柔少柔之用數一百五十二。以陰陽剛柔之用數更唱迭和，各得萬有七千二十四，是謂日月星辰水火木石變化之數。日月星辰之變數，水火土石之化數，是謂動植之數。以日月星辰水火土石變化之數再相唱和，得二萬八千九百八十一萬六千五百七十六，是謂動植之通數。本數者，數之始也。體數者，數之成也。用數者，數之變也。致用則體數退矣，體數退則本數藏矣。體退而本藏，則變化見矣。變化者，生生不窮之謂也。有數則有物，數盡則物窮矣。有物則有數，物窮則數盡矣。然數無終盡，數盡則復。物無終窮，物窮則變。變故能通，復故能久。日月星辰，變乎暑寒晝夜者也。水火土石，化乎雨風露雷者也。暑寒晝夜，天之變而唱乎地者也。雨風露雷，地之化而和乎天者也。一唱一和，而後物生焉。暑寒晝夜，變乎性情形體者也。雨風露雷，化乎走飛草木者也。性情形體，本乎天而感乎地者也。走飛草木，本乎地而應乎天者也。一感一應，而後物成焉。一唱一和一感一應者，天地之道萬物之情也。凡在天地之間，蠻夷華夏，皆人也。動植飛走，皆物也。人各有品，物各有類。品類之間，有理有數存焉。推之於天地，而後萬物之理昭焉。賾之於陰陽，而後萬物之數覩焉。天地有至美，陰陽有至精。物之得者，或粹或駁，或淳或漓。故萬物之類或巨或細，或惡或良，或正或邪，或柔或剛，皆其自取之也。至於聲色形氣，各以其類而得焉，可考而知。聲音爲甚，聲者陽也，而生於天，音者陰也，而出乎地。知聲音之數，而後萬物之數睹矣。知聲音之理，而後萬物之理得矣。人之有類，亦猶物之有類也。人類之數，亦猶物類之數也。備天地兼萬物而合德於太極者，其惟人乎！日用而不知者，百姓也。反身而誠之者，君子也。因性而由之者，聖人也。故聖人以天地爲一體，萬物爲一身，善救而不棄，曲成而不遺，以成能其中焉。生物之道，天類屬陽，地類屬陰。陽爲動，陰爲植。陽之陽爲飛，陰之陰爲走。動而飛者親上，走而植者親下。天有至粹，地有至精。人類得之，則爲明哲。飛類得之，則爲鸞鳳。走類得之，則爲麒麟。介類得之，則爲龜龍。草類得之，則爲芝蘭。木類得之，則爲松栢。石類得之，則爲金玉。萬物莫不以其類而有得者焉。天有至戾，地有至幽。人類得之，則爲妖孽。飛類得之，則爲梟鴆。走類得之，則爲虎狼。介類得之，則爲虺蜴。草類得之，則爲至毒。木類得之，則爲不材。石類得之，則爲礓礫。萬物亦莫不以其類而有得者焉。致治之世，則賢人衆多，龜龍游於沼，鳳凰翔於庭，天降甘露，地出醴泉，百穀用成，庶草蕃廡，順氣之應也。衰亂之世，則反此，逆氣之應也。逆順之應，由人心之感焉。天人之際，安可忽哉！大哉，時之與事乎！聖人所以極深而研幾也。時者天也，事者人也。時動而事起，天運而人從，猶形行而影會，聲發而響應歟。時行而不留，天運而不停，違之則害，逆之則凶。故聖人與天並行而不逆，與時俱逝而不違。是以自天祐之，吉無不利。時不能違天，物不能違時，聖人不能違物。時不能違天，故天運而必變。物不能違時，故時變而必化。聖人不能違物，故物化而必順。聖人惟不能違物，故天亦不能違聖人。是以先天而天弗違，後天而奉天時。天之時由人之事乎，人之事由天之時乎！興事而應時者，其惟人乎。有其時而無其人，則時不足以應。有其人而無其時，則事不足以興。有其人而無其時，則有之矣。有其時而無其人，蓋未之有也。故消長盈虛者，天之時也。治亂興廢者，人之事也。有消長盈虛，而後有春夏秋冬，有治亂興廢，而後有皇帝王伯。唐虞者，其中天而興乎？堯舜者，其應運而生乎？何天時人事之相驗歟？先之者則未之或至，後之者則無以尚之，其猶夏之將至、日之向中乎。故聖人刪《書》斷自唐虞，時之盛也。修經始於周平，道之衰也。故聖人懼之，以二百四十二年之事繫之以萬世之法。法者何也？君臣父子夫婦人道之大倫也。性之者聖人也，誠之者君子也，違之者小人也，亡之者禽獸也。興之則爲治，廢之則爲亂，用之則爲帝王，舍之則爲亂賊。微聖人之生，《春秋》之作，則天下後世之人其亂賊接踵矣。《春秋》，有天道焉，有地道焉，有人道焉。王者舉而用之，則帝王之功豈難致哉！

（録自清王植《皇極經世書解》卷八）

# 皇極經世觀物外篇衍義

張行成

## 卷一　觀物外篇上之上

先生詩云：「若無揚子天人學，安有莊生内外篇。」以此知《外篇》亦是先生之文，門人蓋編集之爾。

天數五，地數五，合而爲十，數之全也。天以一而變四，地以一而變四。四者有體也，而其一者無體也，是謂有無之極也。天之體數四而用者三，不用者一也。地之體數四而用者三，不用者一也。是故無體之一以況自然也，不用之一以況道也，用之者三以況天地人也。

天數五，地數五。以奇偶言，則一三五七九爲天，二四六八十爲地。以生成言，則一二三四五爲天，六七八九十爲地。故曰：「數之全也。」天生乎動，得太極之奇。一氣之動靜始終，分而爲陽陰太少，故曰「天以一而變四」也。地生乎靜，得太極之偶。一氣之靜動始終，分而爲柔剛太少，故曰「地以一而變四」也。太陽爲日，太陰爲月，少陽爲星，少陰爲辰。以成天體，四時行焉。太極之奇，退藏四者之間而不自見，所以日月星辰與天而五，除日月星辰則無天，故曰「四者有體，一者無體」也。太柔爲水，太剛爲火，少柔爲土，少剛爲石。以成地體，四維具焉。

太極之偶，退藏四者之間而不自見，所以水火土石與地而五，除水火土石則無地，故曰「四者有體，一者無體」也。日月星辰，天之體盡矣。水火土石，地之體盡矣。八象既全，萬物咸備。是謂有之極者，謂天地之四也。天以奇變四，四成則一退居五。地以偶變四，四成則二退居十。以一統四，除四無一。是謂無之極者，謂天地之一也。大抵太極居一，萬化之本。功成藏密，用故不窮。雖天地之大，亦須藏一。惟數無定象，隨理圓通，故或指一爲一，或指五爲一，或指十爲一。指一爲一者，原天地之始生也。指十爲一者，總天地之既成也。指五爲一者，分天分地各以一而變四，故揚雄謂「五五爲土」也。然言五者，必歸之天。言十者，必歸之地。五當爲無之極，十當爲有之極。五爲太虛冲氣，十爲大物元形。有之極亦曰無者，除四無一也。天之體數四不用者一，故天辰不見。地之體數四不用者一，故地火常潛。天有四時，冬不用。地有四方，北不用。人有四體，背不用。雖不用，而用以之生。故無體之一以況自然，不用之一以況道。用之者三，以況天地人。「人法地，地法天，天法道，道法自然。」生出之序，由乎自然之理也。凡物未生之初，必因無體之一以爲本。既生之後，當存不用之一以爲本。不用之一即無體之一，降而在我者也。人皆有之，賢者能勿喪爾。是故一止不動則三用無窮。揚子雲以北爲玄而統三方，以三方爲天地人，北方有罔有冥，亦五數也。冥當不用之一，三者之所息藏乎密也。罔當無體之一，四者之所生出乎虛也。冥終罔始，息而復生，有本者如是也。二者皆係乎北，别之則冥當爲北，罔當爲中。天之中在北，是爲辰極，萬物之所生也。故水土同包，元冑相養。而以數言之,一即五,五即一。是故陽用雖一,裂之則三。陰體雖兩,通之則一也。

體者八變,用者六變。是以八卦之象,不易者四,反易者二,以六卦變而成八也。

老陽九,少陽七,共十六。少陰八,老陰六,共十四。陽與陽偶,失之太過。陰與陰偶,失之不及。九而六、七而八皆成十五者,太極三五之中也。九六七八,是謂四象。九六之數各止一變,揲蓍數。故乾一坤一爲二也。七八之數一少一壯一究,陰陽各有三變,故男三女三爲六也。是謂八卦。六變之中止有四變,其二變大同小異,故六卦反復視之,亦共四卦而已。不易者四,乾坤坎離。反易者二,震巽艮兑。體有八而用有六,卦有八而爻有六,所以天統乎體則八變而終于十六,地分乎用則六變而終于十二也。此造化之端倪,天地之妙用也。

重卦之象,不易者八,反易者二十八,以三十六變而成六十四也。

十者形之一,一之數至十而後足。十者坤之一,而百者坤之十也。《卦數圖》坤之位上得三十六、下得六十四者,體用足乎百數也。易者變也,足則無變矣。故百數之中以六十四爲卦體,十之八也。以三十六爲爻用。八之六也。六十四卦反復視之,三十六卦而已,此則八中藏六,體中藏用也。三十六者,四九也。二十八者,四七也。天道盈于七而極于九,極則退變。故乾雖用九,《易》不用九而用七。其三十六卦之中,不變者八,變者二十八。變者反復視之乃爲五十六用,此則九中藏七,用之中亦以體藏用也。以體藏用,用必存本,每使有餘以爲變化之地。是故自六十四而言,常有二十八不用。自三十六而言,常有八數不變也。《易》用七者,蓍自七起,從天盈數。每一卦重爲八卦凡七變，自乾之六畫至坤之十二畫凡七數，故一卦六爻直六日七分而成七日也。

故爻止于六，卦盡于八，策窮于三十六，而重卦極于六十四也。卦成于八，重于六十四，爻成于六，策窮于三十六，而重于三百八十四也。

爻止于六，用者六變也。卦盡于八，體者八變也。策三十六者，六六也，用自變也。卦六十四者，八八也，體自變也。爻重于三百八十四者，六十四卦各用六也。用因體變，體用合一。如四時，各用三月也。《周易》上經三十，下經三十四，反復視之，各十八卦。此三十六卦成六十四卦之理，自漢以來，未有言之者，而文王、孔子實先示之，觀上下經用卦與所分陰陽之數則可知矣。《太玄》、《潛虚》或以四十五變八十一，或以五十五變一百，其數亦然，而用各不同。

天有四時，一時四月，一月四十日，四四十六而各去其一，是以一時三月，一月三十日也。四時，體數也。三月、三十日，用數也。體雖具四，而其一常不用也。故用者止于三而極于九也。體數常偶，故有四有十二。用數常奇，故有三有九。

用止于三，故四時八節用皆以三變。以十爲一曰旬，三旬而一月，九旬而一時，三十六旬而四時畢矣。以五爲一曰候，三候而一氣，九候而一節，七十二候而八節周矣。四時者天包地，故以十數。八節者分天地，故有五數。天地相偶，乃有八體。分至屬天，四立屬地也。體數有四、有十二者，四時、十二月也。用數有三、有九者，三月、九十日也。蓋十者一之足數，六十四卦析一爲十得六百四十，以應天之四時。時當有四月，月當有四十日，四四十六各去其一，每時三月已。先去其四月之數一百六十，所餘四百八十，則四十八之析，故八卦之爻四十有八也。每月三旬，又再去其十二旬之數一百二十，所餘三百六十，則三十六之析，故老陽之策三十有六也。大率皆天三地四、四爲體三爲用之理也。一年分爲四時，析一爲四，成體之全也。一時分三月，三月分九十日，三三而九，致用之極也。凡數，皆祖乎大衍。細究揲蓍之法之理，則先生之言爲不誕矣。說具《述衍》中。

大數不足而小數常盈者，何也？以其大者不可見而小者可見也。故時止乎四，月止乎三，而日盈乎十也。是以人之肢體有四而指有十也。

月止于三，孟仲季也。三月而時革，故不曰十二月也。日盈乎十者，甲乙丙丁戊己庚辛壬癸也，故一旬十日。大者不足，天地數也。小者常盈，人物數也。大者不可見、小者可見，故年包乎時，除時無年。時包乎月，除月無時。月包乎日，除日無月。大者統，而小者分也。

天見乎南而潛乎北，極于六而餘于七。是以人知其前，昧其後，而略其左右也。

周天三百六十五度，南北各分其半。北極出地三十六度，餘則皆潛。南極入地三十六度，餘則皆見。天與人皆背北面南，故南見北潛也。用數三，成于六，兼餘分，故有七也。

天體數四而用三，地體數四而用三。天克地，地克天，而克者在地，猶晝之餘分在夜也。是以天三而地四，天有三辰，地有四行也。然地之大舊本作火。且見且隱，其餘分之謂耶？

日十二時，晝夜各半。昏曉之際雖名陰陽相侵，而皆爲晝之餘分，則所侵者實在夜也。天地相克之數亦然。餘分本地數，故以火況之，實不及一分，故火且見且隱。天之辰全不見，地之火半見半隱，故曰「天有三辰，地有四行」，合之則七也。

乾七子，兑六子，離五子，震四子，巽三子，坎二子，艮一子，坤至陰，故無子。乾七子，坤六子，兑五子，艮四子，離三子，坎二子，震一子，巽剛，故無子。

自「乾七子」至「坤無子」者，以乾爲主而言也。自「乾七子」至「巽無子」者，以坤配乾而言也。共五十六子，則用卦之數也。自爻而言，一卦六爻，總三百三十六，則八變之體數也。自數而言，一卦九數，總五百有四，則十二變之用數也。以乾爲主者，天數也。以坤配乾者，地數也。體用之變，半以前則屬乎天，半以後則分于地也。坤、巽無子者，天以陽爲德，陰過者窮，地以柔爲質，剛過者窮也。天地之體四，用者三，不用者一。天兼餘分，不過乎七。自陰陽言之，則震、巽不用，故爲無策。自一陽言之，則坤、震不用，故爲無數。自天地言之，則坤、巽不用，故爲無子。以功成無爲而言，則乾坤退藏，六子用事，故文王八卦以乾坤居不用之位也。詳解具《通變》圖中。

天有二正，地有二正，而共用二變以成八卦也。天有四正，地有四正，共用二十八變以成六十四卦也。是以小成之卦正者四，變者二，共六卦也。大成之卦正者八，變者二十八，共三十六卦也。乾坤離坎爲三十六卦之祖也，兑震巽艮爲二十八卦之祖也。

天二正，乾離。地二正，坤坎。二變者，天用兑震，地用艮巽。天四正兼頤、中孚；地四正兼大、小過。二十八變者，餘二十八卦反復爲五十六卦也。小成八卦，大成六十四卦。二正共一變者，一變而三，并之則四體也。二正共七變者，三變而九，并之則十六體也。乾坤坎離爲三十六卦之祖，體之祖也。艮震巽兑爲二十八卦之祖，用之祖也。故《周易》上經用乾坤坎離，下經用震巽艮兑也。

乾坤七變，是以晝夜之極不過七分也。艮兑六變，是以月止于六，共爲十二也。離坎五變，是以日止于五，共爲十也。震巽四變，是以體止于四，共爲八也。

乾爲日，主年。兑爲月，主月。離爲星，主日。震爲辰，主時。辰，天體也。故七變以求年，六變以求月，五變以求日，而四變以求體，先天本以乾兑離震主日月星辰，而兼坤艮坎巽者，天四變含地四變也。先天以偶卦當月之十二，奇卦當日之三十。每兩卦得六七四十二，共爲天之一變。七變者二百九十四，六變者二百五十二，五變者二百一十，四變者一百六十八也。卦以一卦爲一變者，六辰也。七六五四之變共四十四卦二百六十四爻，則實用之數也。七卦之爻四十二，六卦之爻三十六，五卦之爻三十，四卦之爻二十四，各隨天而用七變焉。然後與兩卦當一變之數合者，日月與卦變大小之用不同，卦變屬物，日月之變屬天也。

卦之正、變共三十六，而爻又有二百一十六，則用數之策也。三十六去四則三十二也，又去四則二十八也，又去四則二十四也。故卦數三十二位，去四而言之也。天數二十八位，去八而言之也。地數二十四位，去十二而言之也。四者，乾坤離坎也。八者，并頤、中孚、大、小過也。十二者，并兑、震、泰、既濟也。

卦之正、變共三十六，每卦六爻則二百一十六爻。揲蓍法乾之策二百一十六，坤之策一百四十四，共三百六十。陽主用，故二百一十六爲用數之策，并爻與卦得二百五十二，爲用數之用也。三十六者，老陽四九，乾之策數也。去四則少陰四八，巽離兑之策數也。又去四則少陽四七，震坎艮之策數也。又去四則老陰四六，坤之策數也。卦數三十二位者，《先天圖》六十四卦分爲左右，左爲天，右爲地，每方三十二卦，故應去四之數也。乾坤坎離四卦不變，與太極並存。卦之去四以當蓍之去一，故卦之位不用也。天數二十八位者，《先天圖》天自益以下、地自豫以下爲無數，每方有數二十八，故應去八之數也。震巽艮兑肖乾坤坎離則爲頤、中孚、大、小過，亦常存而不變，故天之位不用也。地數二十四位者，每方四位，不用者一，用之者三，每位八卦三位二十四卦，故應去十二之數也。兑與巽、震與艮、泰與否、既濟與未濟，皆反復互用之卦，兑、震、泰、既濟屬天，故地之位不用也。三十二卦而四卦入于無。四體而一不用者，天地所同。然二十八者屬之天，二十四者屬之地，豈非「天數七，地數六，「天兼餘分」之謂耶？夫去乾坤坎離爲三十二位，通反對數則六十卦而已。老陽三十六位，通反對數則六十四卦而已。是故地數二十四偶之而四十八，天數二十八偶之而五十六，皆爲實數。乃若三十二位偶之而六十四，于六十卦之外虛加四卦，二十四策通三百八十四者，應二十四氣之閏數也。三十六卦偶之而七十二，于六十四卦之外又虚加八卦，四十八策通四百三十二者，應七十二候之閏數也。是故六當地，七當天，八當坤，九當乾。天地爲實，乾坤爲虚。天地有窮，乾坤無極也。

日有八位而用止于七，去乾而言之也。月有八位而用止于六，去兑而言之也。星有八位而用止于五，去離而言之也。辰有八位而用止于四，去震而言之也。

日月星辰各備八卦之數，故有八位。存本而用用，其用每減者，上得兼下，下不得兼上，貴賤之等也。日七位，其數百三十三。月六位，其數一百二十。星五位，其數一百五。辰四位，其數八十八。與七六五四之變理同而數異，變以天爲主，位以地爲主也。日月星辰或用四位，或用八位，何也？用四位者，四四而十六，主陰陽而言，蓋天之變也。用八位者，八八而六十四，兼剛柔而言，蓋地之物也。變在天而分于兩地，物在地而宗于一天。十六位者，用十五位爲五變。總二百七十數餘乾之一不用，以當九十，散則爲辰數也。六十四位者用四十四位，得數四百四十六，則四百五十而虚四，餘二十位不用，得數百三十，則一百二十六而盈四也。餘詳解具《通變》圖中。

日有八位而數止于七，去泰而言之也。

日去泰則月當去損，星當去既濟，辰當去益，舉一隅也。以《先天方圖》觀之，其位與數皆可見矣。

月自兑起者，月不能及日之數也，故十二月常餘十二日也。

日起于一者，乾也。月起于二者，兑也。月不及日之數，故日一年三百六十六日，月一年三百五十四日也。兑艮六變，月之用數也。易之變，兩卦共四十二，兑艮變數當得二百五十二，而數止用百二十、偶之而二百四十者，亦餘十二日也。餘十二日者，日一年盈六日，月一年縮六日，共十二日以爲閏。

乾，陽中陽，不可變，故一年止舉十二月也。震，陰中陰，舊本作陽。不可變，故一日之十二時不可見也。兑，陽中陰，離，陰中陽，皆可變，故月日之數可分也。是以陰數以十二起，陽數以三十起，而常存二、六也。

乾位奇中奇，震位偶中偶，陰陽純，故不可變。兑位奇中偶，離位偶中奇，陰陽雜，故可變。不可變則不可分，可變則可分也。故日月爲易。月一變十二，日一變三十，共四十二，爲天一變之數也。十二、三十，其法以三因、二因而算之。二因者二六，故十二。三因則進位，故三十也。陰數起十二者，以月數起也。陽數起三十者，以日數起也。如一元十二會，一會三十運，一運十二世，一世三十年。陰偶數，常自十二起者，得太極之二而二六也。陽奇數，常自三十起者，得太極之三而三十也。陰二而二六者，六用數、地分乎用也。陽三而三十者，十全數、天統其全也。亦「三天兩地而倚數」之義也。《皇極經世》因數法以二因者，加十二而常終于二數。以三因者，加三十而常終于六數。累至于溝澗正載，莫不皆然。月之自變二而四矣，必反于二。日之自變六而八矣，必反于六。故曰常存二、六。二、六者，日月相錯，天變之本數也。此法亦如河圖奇偶之數，以三以二而數，累至無極而終不失其本。信乎，數之不可逃也。

舉年見月，舉月見日，舉日見時，陽統陰也。是天四變含地四變，日之變含月與星辰之變也。是以一卦含四卦也。

尊統乎卑，大統乎小，是故陽統乎陰。陰則分陽數而已，分年爲月，分月爲日，分日爲辰。天四變含地四變者，乾兑離震包巽坎艮坤也。所以元會運世十六位止用日月星辰。律呂之數則兼水火土石之四變，而先天運數分用其半也。日之變含月與星辰之變者，乾包兑離震也。所以十六位之中，元之會運世、十二與三百六十與四千三百二十之數，實爲會運世之元也。一卦含四卦者，乾兑離震巽坎艮坤之變，四卦互相爲用也。故六畫之卦，中爻互體，復含三畫二卦，與上下一體則四卦也。皆陽統乎陰之義。

日一位，月一位，星一位，辰一位。日有四位，月有四位，星有四位，辰有四位。四四十有六位。盡此一變而日月之數窮矣。「此一變」上原脱二「盡」字。

自日之日至日之辰，自辰之日至辰之辰，凡十六位。每三位五十四爲一變，五變而二百七十。辰之辰得一千八百六十六萬二千四百爲世之世。每世三十辰得二日半，則四千六百六十五萬六千日者，大畜一元之日數也。「盡此一變而日月數窮」者，體數之用二百七十，地以四體分天三用也。十六位之中猶有一焉。正一無盡，以當九十，爲不用之一，則以天辰不見，去其辰數也。故算法用算二百七十一枝。

天有四變，地有四變。變，有長也，有消也。十有六變而天地之數窮矣。

天以震離兑乾爲長、巽坎艮坤爲消，地則反是。一長一消共十六變，此分天分地，各以八卦之位而言變也。蓋月一變十二、日一變三十，共得四十二爲一變，則一卦變七卦之爻數也。一卦重爲八卦，得四十八爻，去一用七者，存本而言，所謂地上之數起于二，故六十四卦止用五十六卦者，八七也。天地十六變共六百七十二，分消長而數各三百三十六，即五十六用卦之爻數也。若乃天統乎體，八變而終于十六，以乾爲主，自天而行，兩卦當一變，則同人當乎八變，姤當乎十六變。比卦位之數四之一者，天一則地四也。别而言之，天統乎體，地分乎用。合而言之，則天地皆有體用也。

日起于一，月起于二，星起于三，辰起于四。引而伸之，陽數常六，陰數常二，十有二變而大小之運窮矣。「陰數常二」下原脱「十有二變」一句。

日起于一者，起一元也。月起于二者，起十二會也。星起于三者，起三百六十，則運數也。辰起于四者，起四千三百二十，則世數也。此以運行變數而言，當乾、夬、大有、大壯四卦之數。引而伸之，陽數常六，則小畜之年數也。陰數常二，則需之月數也。運數在天，故常六、常二。自小畜至臨，六變得二百五十二。自同人至震，又六變得五百有四。所謂地分乎用，六變而終于十二，此大小運極數也。故曰大小之運窮矣，體數有十六變而運數十二變，用者三，不用者一也。

三百六十變爲十二萬九千六百。

三百六十者，乾之五爻分而爲大有之數，則一元之運數也。十二萬九千六百者，乾之四爻分而爲小畜之數，得三百六十之三百六十，則一元之年數也。

十二萬九千六百變爲一百六十七億九千六百一十六萬。

一百六十七億九千六百一十六萬者，乾之三爻分而爲履之數，得十二萬九千六百之十二萬九千六百，則元之元也。

一百六十七億九千六百一十六萬變爲二萬八千二百一十一兆九百九十萬七千四百五十六億。

二萬八千二百一十一兆九百九十萬七千四百五十六億者，乾之二爻分而爲同人之數，得一百六十七億九千六百一十六萬之一百六十七億九千六百一十六萬，則元之元之元之元。存一與十二之外，天之第四變也，此分數也。分大爲小，乾道運行，散爲萬物。四變當乾之中爻即坎離，用四位生物之數也。夫乾之分數六爻，大小運數去初上而不用者，六而用四也。同人之數分爲十二會，而用數之用以開物八會爲主者，亦六而用四也。是故八卦用六爻者，四而用三主天，而用則乾坤主之。六爻用四位者，三而用二主地，而用則坎離主之也。

以三百六十爲時，

此立時數，時即世也。一爲一杪，十二杪爲一分，三十分計三百六十杪爲一時。若以時當世，一世三十年，計三百六十月，則三百六十之數一當一月矣。

以十二萬九千六百爲日，

此立日數，日即運也。自一而進積三十以當一杪，十二杪計三百六十當一分，三十分計一萬八百得三百六十杪當一時，十二時計一十二萬九千六百得四千三百二十杪當一日。若以日當運，一運三百六十年計一十二萬九千六百日，則一十二萬九千六百之數一當一日矣。

以一百六十七億九千六百一十六萬爲月，舊本脱自「一十六萬爲月」至「十二萬九千六百爲日」一節。

此立月數，月即會也。自十而四進積十二萬九千六百以當一杪，十二杪計一百五十五萬五千二百當一分，三十分計四千六百六十五萬六千當一時，十二時計五億五千九百八十七萬二千當一日，三十日計一百六十七億九千六百一十六萬當一月。若以月當會，一會一萬八百年計四千六百六十五萬六千時，每時三十分計一十三億九千九百六十八萬分，每分十二杪計一百六十七億九千六百一十六萬杪，則一百六十七億九千六百一十六萬之數一爲一杪矣。

以二萬八千二百一十一兆九百九十一①萬七千四百五十六億爲年，

此立年數，年即元也。自三十而十進積一會一萬八百之元之元以當一杪，十二杪計十二會十二萬九千六百之元之元當一分，三十分計三十元之元之元當一時，十二時計三百六十元之元

① 「九十」，此下原有「一」字，四庫本同，據上文删。後同。

之元當一日，三十日計一萬八百元之元之元當一月，十二月計十二萬九千六百元之元之元當一年。若以年當元，一元十二萬九千六百年計五億五千九百八十七萬二千時，一百六十七億九千六百一十六萬分，二千一十五億五千三百九十二萬杪。每杪得一十三億九千九百六十八萬，則二萬八千二百一十一兆九百九十萬七千四百五十六億當二千一十五億五千三百九十二萬杪矣。故先生以一十三億九千九百六十八萬爲一年以當一杪，十二杪計一百六十七億九千六百一十六萬以當一分，每一百六十七億九千六百一十六萬杪以進三十運計一萬八百年，即當一十三億九千九百六十八萬分也。以分于一萬八百年之間，每年得四千三百二十時，計一十二萬九千六百分，而一百五十五萬五千二百杪矣。天之一時得三十分，每分得十二杪，每杪當一年計三百六十年。每年得一十三億九千九百六十八萬，則三百六十杪計五千三十八億八千四百八十萬者，物之分數也。先生不立杪之名者，天之長數以乾爲元，自夬四變凡一百六十八，至履爲分而止。若消數復以履爲元，自兑四變亦一百六十八，至同人爲分而止也。

則大小運之數立矣。

立大小運數者，以明用也。體數有三百八十四而用數止于三百六十，體數之用有二百七十而用數之用止于二百五十二，所以一元十二會有三百六十運，而開物八會止用二百四十運，加閏數不過二百五十二也。自一至極天地之大數十六，乾當一，坤當二，載總六十四卦之變得其十五。而此運數用止于七者，用其天數也。蓋天變贏于七，物數盈于兆，是故謂天子之民爲兆民也。後天之數五，則《易》二篇之策，其用至萬物。先天之數七，則《經世》大小運之數，其用至兆物也。自一至萬兆大數則七，細别之則二十一，蓋三七之變也。其起運之法用《卦氣圖》，天而地也。觀物之法用《律吕圖》，地而物也。會分十二，位分十六。在天，有生物之時。在地，有生物之數。元會運世得數之多寡不同，故一十百千萬億兆有七等之物，不同也。二者，天地萬物之數、歷律之數也。

二萬八千二百一十一兆九百九十萬七千四百五十六億分而爲十二，前六限爲長，後六限爲消，以當一年十二月之數，而進退三百六十日矣。

此當以元經會之數也。十二月即十二會，三百六十日即三百六十運。以元之元數爲一分，每會得一萬八百元分，每運得三百六十元分，總一元之分數計得十二萬九千六百元之元之元。陽三百六十爲進，陰三百六十爲退，三百六十乃成七百二十矣。陰陽之分在年則以消長，在月則以朓朒，在日則以晝夜而分也。

一百六十七億九千六百一十六萬分而爲三十，以當一月三十日之數，隨大運消長而進退六十日矣。

此當以會經運之數也。一月三十日，即一會三十運也。自月言之，朓朒分用一進一退消長各數，則成六十運。自日言之，晝夜又分用一進一退朓朒各數，則一月之數成百二十日，一會之數成百二十運也。

十二萬九千六百舊本脱至此。分而爲十二，以當一日十二時之數，而進退六日矣。

此當以運經世之數也。以元經會則年卦月卦會，經運則氣卦候卦運，經世則日卦時卦之數也。一日十二時，即一運十二世也。一爲一杪，十二杪爲一分，三十分爲一時。總一日得四千三百二十杪，十二萬九千六百則三十日之杪也。積一運之年凡得五億五千九百八十七萬二千杪，則泰之數也。曰「進退六日」者，舉一變之數也。以日當年則六日爲六年，進之而六十年。在小運爲十變，在大運爲一變。蓋天道以六而變，必有餘分。小則六日者，歷六辰也。大則六十年者，甲子、甲午各一世也。是故大運六十年而一變者，五運之數也。小運六年而一變者，六氣之數也。自五運言之，天始于甲臨于子，地始于己臨于卯。甲己之間，中見土運。土金水木火，以次相傳。天終于癸亥，地終于戊寅。别而言之，各有六、十，合而言之，共爲六十也。如是，六變而一周天矣。自六氣言之，天始于子而終于巳，地應之則始于卯而終于申；天始于午而終于亥，地應之則始于酉而終于寅。司天司地，通爲六氣，别之則十二而二十四，合之則十二而六也。如是六十變，亦一周天矣。是故大運以六十而變，六變通餘分得三百六十六；小運以六而變，六十變通餘分亦成三百六十六也。

三百六十以當一時之數，隨小運之進退，以當晝夜之時也。

一時即一世。自時言之，則三百六十爲杪數。自世言之，則三百六十爲月數也。三百六十月，則一世之年矣。當晝夜之時則一時成二時，一時得百八十杪，積一日實得二千一百六十杪者，分用其半也。曰「隨大運之消長」者，子以後六月爲長，午以後六月爲消。「隨小運之進退」者，子以後六時爲進，午以後六時爲退。大運有消長、進退，小運有進退，無消長。消長者，進退之積也。

十六變之數，去其交數，取其用數，得二萬八千二百一十一兆九百九十萬七千四百五十六億。

天統乎體，八變而終于十六。月之變十二，日之變三十，凡四十二共爲一變。天起于一，去乾而數自夬而行，八變三百三十六得十六卦至同人，又八變十六卦至姤，則地之交數也。同人之數即二萬八千二百一十一兆九百九十萬七千四百五十六億也。

分爲十二限，前六限爲長，後六限爲消，每限得十三億九千九百六十八萬之一百六十七億九千六百一十六萬。

自子至巳爲長，自午至亥爲消，此盡舉一年之數，包退數、閏數在其間矣。若月日，則消長之中各有進退也。

每一百六十七億九千六百一十六萬年，

元會運世年，天之五也。月日時分杪，地之五也。元以年爲年，會以月爲年，運以日爲年，世以時爲年，年以分爲年，月以杪爲年。月之一杪當元之一年，故稱杪爲年。此即一百六十七億九千六百一十六萬之一十三億九千九百六十八萬也。每年當一十二萬九千六百會，每月當一萬八百會，每日當三百六十會，每時當三十會。總百六十七億之數得十二年爲十二秒也。

開一分，進六十日也。六限開六分，進三百六十日也。

總一元之數析爲十二大分，一大分則十三億九千九百六十八萬之一百六十八萬之一百六十七億九千六百一十六萬也。以進六十日，則每日開落一百八十元。分于全數止用其半者，分其半以爲退數也。元會運世體四用三。元之用至世，會之用至年，運之用，至月而止。故此分數用至月之年，若自泰之辰數，復爲元而起至同人之數，亦當月之年也。

猶有餘分之一，故開七分，進三百六十六日也。

天以六變，故《象圖》天卦去乾坤坎離，餘三百六十爻以當天之用數。天實有三百六旬六日，故每卦六爻當六日，必加餘分焉，亦《後天卦氣圖》六日七分之法也。餘分亦當一日六十卦，則餘六十矣。總餘分之用雖實得六日，計浮數之名則虛加十倍。故先生立大運之數，正數以六十日得一分，而閏數以六日得一分也。閏數之分一萬八百元之元之元得六十運之數。先生但云「六日」者，實數則六運故也。地之承天，析一爲四。故在《卦氣圖》則分于二十四氣，中盈朔虛各十二，而有二十四運也。夫十六變之數，用數當十二會，則交數亦當十二會。大運進數兼閏用七會，則退數亦當七會，通之爲十四會，則交數之中侵其二會矣，所謂陽侵陰也。二十四而用十四者，十二分用七也。小運十二萬九千六百而用九萬七百二十者，十分用七也。蓋十用七者，主十日而用天之用也。故律呂聲數陽剛四十又四之百六十、而用一百十二者，十用七也。

十二用七者，主十二辰而用地之用也。故揲蓍少陽數每用四十八又六之二百八十八，而用一百六十八者，十二用七也。大小運之用，用數用十之七而體數用十二之七者，日法本四千三百二十秒，用數以三千六百秒進一日，則十二之十爾，日數從天、辰數從地也。先生于小運舉用數十用七而止用八會又十分會之四，于大運舉體數十二用七而用十四會者，陽一而陰二。體者有兩，虛實各半。用者合一，全用其實也。蓋一年止有七百三十晝夜。《太玄》以一晝一夜爲一日，通踦贏二贊爲三百六十五日，《經世》以晝夜各爲一日，又以零三時亦爲二日，故一年進退用十四會數共七百三十二日，餘分每一日用十日之數則成八百四十日也。實數三百六十日成七百二十日者，陰分乎陽，析一爲二也。餘分六日成百二十日者，天地既析一爲二，人物又析一爲十也。若計其實，則用數二百五十二之中取二百四十，而日用八時，成三百六十爲一年之用，餘分六日散於六甲，得六十甲子，閏數六日合之，而百二十爲人物之用也。夫卦六十四者，十六之四也。天用三分，以一分與地，故地有十六位，而八卦用四十八爻也。四十八者，十二之四也。地用三分，以二分與物，故年有三十六旬，而人爲百二十年之物也。是故一年四時，時本有四月，月本有四十日，各去其一，用三百六十日，而人在天地間，當閏餘之扐、氣朔之虛也。

其退亦若是矣。

此立大運法也。前法以前六限爲長，後六限爲消，盡取十二限數，進退三百六十日。此乃六限進三百六十日，又以一限進六日，而曰「退亦若是」者，細別而言之也。一元運數止有三百六十，陽爲進，陰爲退，所謂陰者分陽而已。陰陽賡續，①分治一元。別而言之，各有三百六十者，陰分乎陽，析半數也。合而言之，共成三百六十者，陽包乎陰，總全數也。故此大運法，別退數閏數而言，以明天地之數陰陽相須，分半而通用，正閏相生，同本而異名也。

十二萬九千六百，去其三者，交數也。取其七者，用數也。用數三而成于六，加餘分故有七也。

此立小運法也。大運法專明體則小運之體可知，小運法專明用則大運之用可知，互見也。運者，用也。在體爲體之用者，用數三百六十也。在用爲用之用者，用數之用二百五十二也。交數則不用之數也。用數顯陽也，交數幽陰也。天統乎體，自十六變之數而言。用數八，交數八。陰敵乎陽者，天之消長各四變，地之消長亦各四變，主乾坤子午，而言冬夏之分也。陰陽相生，冬夏相配。君臣相須，天五、地五之理也。地分乎用，自一元之數而言，用數七，交數三。陽勝乎陰者，天在地上者七，交而在地下者三。主坎離卯酉而言，晝夜之分也。陽侵乎陰，晝侵乎夜，君侵乎臣，三天兩地之理也。先天八卦用六爻，乾坤主之者，體也。六爻用四位，坎離主之者，用也。所以體數實統三百六十運之全，用數止當二百四十運，則六之四也。先生《經世》以元經會備述一元而止載帝王之當世首者，總其大數，天之體數也。以會經運自開物至閉物止述

---

① 「賡」原作「賡」，據四庫本改。

二百四十運而兼載餘分閏位者，別其分數，地之用數也。以運經世起堯之世至五代而終，備載君臣治亂之迹者，析其細數人物之世數也。

七之得九萬七百二十年，

十二萬九千六百之中十而取七，是其數也。地數十二，開物于寅中，閉物于戌中。故八爲用，四爲交。天數十，陽六陰四。天兼餘分，獨用其七，故七爲用，三爲交。交數之中，猶有用數存焉者，天以餘分與物，地必有合。是故三百六十以二百五十二爲用數之用，二百六十四爲實用之數也。

半之得四萬五千三百六十年，以進六日也。

用數之中取其半者，又自分陰陽，以明消長之用也。此數六而十二、十二而二十四者，坎離迭緯，消長朓朒，一晝一夜，用必有合也。此包合數、閏數而言，故曰「以進六日」。下別合數、閏數而言，故以四萬三千二百年進十二日，又以餘數二千一百六十年各進六分也。

日有晝夜，數有朓朒，以成十有二日也。

此明陰陽之運，日月之變。一長一消，一進一退，數必有合。六數之中，日分乎晝夜，數分乎朓朒，則各成十二也。故一以爲二。既一以爲二，各兼消數，則以二爲四可知矣。所以進退六十日、進退六日與夫當晝夜之時，皆用半數也。

每三千六百年進一日，凡四萬三千二百年進十有二日也。餘舊本衍一「有」字。二千一百六十年以進餘分之六，合交數之二千一百六十年，共進十有二分以爲閏也。

《卦氣圖》以乾兑離震包坤艮坎巽者，乾坤之體數主天一而言，則陽爲進，陰爲退。《律呂圖》以坤艮坎巽匹乾兑離震者，坎離之用數主地二而言，則陰陽互爲進退。是故小運之用，不言其退也。以十二萬九千六百年分爲十二，以當一日十二時之數者，小運體數也。一時當一世，一萬八百年進一世，一元之年共進十二世則一運之全數也。此云「每三千六百年進一日」者，用數也。進十二日積之則百二十年。有進必有退，合之而二百四十年則一運用數之八世也。閏數以四千三百二十年進十二分，比正數則十二年也。蓋以時法推日法一萬八百當得三十時，十二萬九千六百當得三十日，一變十二當需之數爲一年，再變三十當大畜之數爲一世，又變十二當泰之數爲一運，則一運三百六十年而一年三百六十日之全數也。用數于十二萬九千六百之中取九萬七百二十，以進退六日合之而二十四，加閏數十二分共二十五日二分，積三千六百之九萬七百二十得三億二千六百五十九萬二千，當泰之數，十二分之七爲三百六十之二百五十二，則一運之用數也。若準大運法以一十三億九千九百六十八萬爲一年，則自泰七進至損之數得一十三億九千九百六十八萬之三億二千六百五十九萬二千，以當一運之日。又一進至臨則十二運之數。其積數于臨九百兆之數，亦用十二分之七也。又三十分之爲同人，則三百六十運而每運用二百五十二年矣。此大小運用數之合也。同人者，八變之體數也，計三百三十六。臨者，六變之用數也，計二百五十二。六變之數自小畜十二萬九千六百之年數而行，八變之數自夬十二之會數而行。先生於大小運數，大運舉同人數者，要其終，小運舉小畜數者，原其始也。反覆互舉，使學者思而得之爾。夫三百六十之中十用其七，得二百五十有二日。小運法進十二日爲百有二十，則退十二日亦爲百有二十，共二百有四十矣。餘分之六則陽之盈六日，氣之餘分也，交數之六則陰之縮六日，朔之虚分也，共爲十二。以正數論之，此十二數朓朒晝夜分用，亦偶之爲二十四矣。故用數之用二百五十二，而實用之數二百六十四也。

故小運之變，凡六十而成三百六十有六日也。

先生於小運法專言其用。未有此語者，以明小運之體亦有三百六十六，與大運之體不殊也。小運之體既同於大運，則大運之用無異于小運，復何疑哉。是故先生大運正數六分用六會，得六萬四千八百元之元之元，閏數一分用一會，得一萬八百元之元之元，併正閏之數則十二萬九千六百年，每年得七萬五千六百元之元之元。元之元者，大運一小分之數也。一分析爲十二秒，則二年得九十萬七千二百秒矣。若準日法之體，以四千三百二十秒進一日而用其半，則正數六會共進三百六十日，閏數一會共進六十日，凡六日而加閏一日。并正閏之數以七日爲六日，則每二千五百二十秒而進一日，總計九十萬七千二百秒以進三百六十日，而餘分六日則藏乎三百六十日之中。若準小運之用，以三千六百秒而進一日，總九十萬七千二百秒共得二百五十二日，而閏數十二日則顯乎二百四十日之外。若用數亦以閏數十二包于正數二百四十之中，則每正數三千六百年必加閏數一百八十年，總計三千七百八十年而後進一日也。且夫六十三者，餘分時數之所積也。若一析爲十，則爲六百三十矣。故積其數而與加閏之數合三千七百八十者，六百三十之六也。又積其數而年得二百五十二日，則六十之四而加閏之日也。二千五百二十者，六百三十之四也。①又積其數而年得三百六十六日，則六十之六而加餘分之日也。

六者，三天也。四者，兩地也。天統乎體而託地以爲體，地分乎用而承天以爲用。天地相依，體用相附。

《經世·卦氣圖》體數以四爻直一日，總之而一年通閏得三百八十四日者，兩地而三天也。故大小運體之用數，亦用兩地而成于三天也。用數以六爻直一日，總之而一年通閏得二百五十六日者，三天而兩地也。故大小運用之用數，亦用三天而成于兩地。是故用數之用二百五十二，自物數言之則自草木萌動至地始凍爲開物八月而加閏之日，自人數言之則日用八時四分七時二分爲正年得二百一十六日。當乾之策一時二分爲閏年得三十六，當坤奉乾一分之策也。所以然者，人爲天之用，其用無冬夏而有晝夜。以日計雖用十分之七，總于一年則十用其全者，是謂兩地而三天，故天統乎體也。物者地之用，其用無晝夜而有冬夏。以日計雖用十分之全，

① 「三」原作「二」，四庫本同，據文意改。

總于一年則十用其七者，是謂三天而兩地，故地分乎用也。夫天地變化，體用不同。要之，天以地爲用，用數實在乎坤。是故乾坤三男三女、七八九六之策二百四十者，坤之策二十四而十析之也。一卦六爻均之用策各三十，并二卦十二爻共三百六十者，乾之策三十六而析之也。數有十，乾之策十之而用爲十二者，陽進二也。坤之策十之而用爲八者，陰退二也。所以日有十，辰有十二，而卦止有八。八卦用六爻，乾坤主之。六爻用四位，坎離主之。乾坤雖用六爻，初上無位，實用不過乎八。是故用數三百六十，用數之用二百五十二。主天而言一年用十二月，主地而言一年止用開物之八月也。夫用數有三百六十，用數之用有二百五十二，生物之數有二百五十六，而實用之數二百六十四，其别何也？蓋用之用，生物之時也。數止有二百五十二，地加其一體不過二百五十六，物又加天地各一體不過二百六十四。二百六十四者，實用之物數也。然運行之數三百六十，皆爲天之用。一歲必期三百六十日，而此實用之物數布于其間。所以律呂用數二百六十四布于元會運世十六位之中，每位二百四十，計三千八百四十小位，以應三百八十四爻，則閏歲三百八十四日之數也。餘分之六在其中矣。是故《卦氣圖》在日數則三百八十四日，在時數則二百五十六日者，止有三千七十二時故也。

## 卷二　觀物外篇上之中

乾爲一，乾之五爻分而爲大有，以當三百六十之數也。乾之四爻分而爲小畜，以當十二萬九千六百之數也。乾之三爻分而爲履，以當一百六十七億九千六百一十六萬之數也。乾之二爻分而爲同人，以當二萬八千二百一十一兆九百九十萬七千四百五十六億之數也。乾之初舊本作「六」。爻分而爲姤，以當七秭九千五百八十六萬六千一百十垓九千九百四十六萬四千八京八千四百三十九萬一千九百三十六兆之數也。舊本闕此一節。是謂分數也。分大爲小皆自上而下，故以陽數當之。如一分爲十二，十二分爲三百六十也。

乾五爻分爲大有，當三百六十之數，四爻分爲小畜，則三百六十之三百六十也。三爻分爲履，則十二萬九千六百之十二萬九千六百也。二爻分爲同人，則一百六十七億九千六百一十六萬之一百六十七億九千六百一十六萬也。初爻分爲姤，倍數亦然。大有初分乾，得二卦爲辰。小畜再分乾，倍二得四卦爲日。履三分乾，倍四得八卦爲月。同人四分乾，倍八得十六卦爲年。姤五分乾，倍十六得三十二卦爲世。一世之辰，當一運之日、一會之月、一元之年。以世推之，至于一元，皆可知也。《易》卦六爻，一爻不變，生則一居下，以命出性也。成則一居上，以性出命也。故六十四卦陰陽皆自初生，而八純之卦世爻皆在乎上。先生分乾之數自五而起，惟上不動，世爻故也。所以人之命門在下，性門在上。養生者保精，養性者保神。剥之上九：「碩果不食。」降而反生，剥則爲復，性乃生命也。

一生二爲夬，當十二之數也。二生四爲大壯，當四千三百二十之數也。四生八爲泰，當五億五千九百八十七萬二千之數也。八生十六爲臨，當九百四十四兆舊本衍一「四」字。三千六百九十九萬六千九百一十五億二千〔萬〕之數也。①十六生三十二爲復，當二千六百五十二萬八千八百七十垓三千六百六十四萬八千八百京二千九百四十七萬九千七百三十一兆二千萬億舊本闕此一節。之數也。三十二生六十四爲坤，當無極之數也。

乾坤互變，九變主一子，七九六十三卦而窮，餘六爻不盡。蓋八變而三百三十六，體數極矣。餘八卦四十八爻，當坤之一位，所謂無數也。《易》曰「坤以藏之」，坤非真無也。藏而不見，所謂密也。故先天坤當無數而先生謂「當無極之數」者，既往之數未盡于明，方生之數已潛于幽，此之謂無極也。若夫九變各有六爻不盡，則乾坤自存其本也。乾不盡而復生焉，坤不盡而姤生焉。故八變五十六卦餘八卦不盡，體不可盡也。九變三百七十八爻餘六爻不盡，用不可盡也。體者物也，用者氣也。是故數起于一，二十變而至萬兆，同人當之。又二十變而至秭，姤當之。又四十變，而至載，坤當之。是故九九，老陽之變也。坤當無極之數者，雖八十一變未至于極。亦如《太玄》八十一首七百二十九贊，而天度尚餘九辰也。

是謂長數也。長小爲大皆自下而上，故以陰數當之。

所謂分數、長數者，有地而後有二。故地上之數起于二、十二者，二、六也。二、六者，地二之用，用之體也。有地之後，用已成體。故天地之變化，氣感于形，形應于氣。陽先分之以立其

① 「萬」字，原闕，據道藏本補。

大限，陰乃長之以充其細數也。陽分則虚，虚爲陰。故自上而下者，陰生于上，爲陽中之陰也。陰長則實，實爲陽。故自下而上者，陽生于下，爲陰中之陽也。自陰之形數言之則爲長，自陽之氣數言之則爲消。蓋一分之初，多少已定。故人壽百歲，自陰之長數而言，一年爲增一歲。若自陽之分數而言，則一年爲減一歲也。此蓋陰陽並行，相爲終始。天以一三五七九而造始，地以二四六八十而續終。所謂「乾知大始，坤作成物」者也。若迭爲消長，則此長而彼消，彼長而此消。故由子至巳、自六至九、自少至多，爲陽長陰消；由午至亥、自九至六、自多至少，爲陰長陽消。此陰陽分兩，各爲主者也。陰陽並行者，天之一而二也。陰陽分兩者，地之二而四也。

天統乎體，故八變而終于十六。地分乎用，故六變而終于十二。天起于一，而終于七秭九千五百八十六萬六千一百一十垓九千九百四十六萬四千八京八千四百三十九萬一千九百三十六兆。舊本闕此一節。地起于十二，而終于二百四垓舊本「垓」作「秭」。六千九百八十萬七千三百八十一京舊本「京」作「垓」。五千四百九十一①萬八千四百九十九兆七百二十萬億也。

天圓主用，用以體立，故統乎體。地方主體，體以用行，故分乎用。八者，體數也。十六者，八之偶也。天統乎體，故得體之數，八變而終于十六。六者，用數也。十二者，六之偶也。地分乎用，故得用之數，六變而終于十二。數體者，存乾之一。自夬八變至同人則三百三十六，又八

① 此「一」字當作「三」。

變至姤而終則六百七十有二也。數用者，存大壯之四。自小畜六變至臨則二百五十有二，又六變至震而終則五百有四也。天從體起用，故由二歷六，以六而終。其數總二十二，則五、六之合而偶之者，物數也。故曰天終爲萬物也。地攝用歸體，故由六歷二，以二而終。其數總十有九，則九、十之終而合之者，閏數也。故曰地歸于天也。天去一而數，地去四而數，故蓍去一而卦去四也。天之有數起于乾而止于震，餘入于無者，天辰不見也。天數至震而不用，地之體雖在而無用，故先終也。又曰「天起于一而終于七秭，地起于十二而終于二百四垓」者，一乾數也，七秭即姤數也。起于一者，體數以乾爲主，自夬而行至姤則十六變也。十二，夬數也。二百四垓，即震數也。起于十二者，用數以夬爲主。一分而三十爲大有之運數，一長而十二爲大壯之世數。先得一變足地之體，然後自小畜而用行，至震則十二變也。地之前六變，先存一變得二百九十四者，蓍六用之全數也。地者天之用，所謂天變其體不變其用，故陽常存一而乾坤用七變也。

有地，然後有二。有二，然後有晝夜。

寒暑屬天，所謂分陰分陽。晝夜在地，所謂迭用柔剛。故曰剛柔者，晝夜之象也。寒暑者，乾坤之用。晝夜者，坎離之用也。

二三以變，錯綜而成。故《易》以二而生，數以十二而起。而一非數也，非數而數以之成也。天行不息，未嘗有晝夜。人居地上以爲晝夜，故以地上之數爲人之用也。

二三以變者，二與三奇偶相參以變，蓋五數也。地分其二，故二因十二；天分其三，故三因三十，亦參天兩地而倚數之理也。後天參兩爲衍數五十，先天二三爲變數四十二。後天先虚其一以爲七，七之蓍數又掛其一乃合八卦之爻數。先天一卦變八卦一以爲本，七以爲用，故日月以四十二爲一變也。後天用乾坤九六之變者，陰陽寒暑之變也。先天用坎離日月之變者，剛柔晝夜之變也。以二生者，變易也。以十二起者，用數自夬而起，其位則二，其數則十二也。蓍數揲一，卦則存六，再一卦又存六者，二六爲地之用數，故兩卦偶而後用，在年則十二月，在日則十二時，以當天之十二次、地之十二野、人之十二物也。天無晝夜，此之謂一。一非數者，以其不變也。以地上數爲人之用，故大數則一元統十二會，自十二而分，小數則一分統十二杪，自十二而積也。

天自臨以上，地自師以上，運數也。天自同人以下，地自遯舊本「遯」誤作「剥」。以下，年數也。運數則在天者也，年數則在地者也。天自賁以上，地自艮以上，用數也。天自明夷以下，地自否以下，交數也。天自震以上，地自晉以上，有數也。天自益以下，地自豫以下，無數也。

《先天圖》以左右數之，則乾兑離震爲冬至迄夏至爲陽屬天，巽坎艮坤爲夏至迄冬至爲陰屬地。以上下數之，則乾兑巽坎爲晝屬天，艮坤離震爲夜屬地。故師、臨以上各十六卦爲天之天、地之天之元會運世之數而在天，同人、遯以下各十六卦爲天之地、地之地之年月日時之數而在地。運數少而年數多，天數統而地數分。臨當九百兆之數，同人當二萬兆之數，師當七千溝之數，遯當二十三萬溝之數也。賁艮以上爲用者，四十六卦二百七十六爻則體數之用而加餘分之數也。明夷、否以下爲交者，四分之中三分爲用，一分爲交。交數主剛柔言，以復爲主。自明夷至頤，自否至坤，皆八也。震晉以上爲有者，有數，主乾而言。自晉至姤，自震至夬，皆二十七卦，其爻三百二十四。并乾五十有五，則三百三十爻也。益豫以下爲無者，無數，存坤以爲主。自益至復，自豫至剥各四，則無數之四十八也。地之交數不數謙者，用數增賁以存乾，故交數減謙以存坤也。用數四十五卦存乾以當陽盈之六日，交數十五卦存坤以當陰虛之六日。地之無數起于豫者，天數存乾以主有，故地數存坤以主無也。月以十二、日以三十而變。自一至萬萬極，凡九十七數。自乾之一至坤之二載以當無極之數，六十四卦得八十一數，具細算在極數中。

天之有數起乾而止震，餘入于無者，天辰不見也。地去一而起十二者，地火常潛也。故天以體爲基而常隱其基，地以用爲本而常藏其用也。

地，二也。去一而數起十二者，二六即二也。《皇極經世》日起于乾，月起于夬。夬之數即十二，位即第二也。起乾而止震者，所謂天數二十八位也。若從用數去四，自小畜而起至震則二十四而已，所謂六變而終于十二也。地之用在天，故藏一于始；天之體在地，故隱四于終，亦蓍去一而卦去四之義也。用或去四者，以地爲用，體成而後用行。《經世》起于會者，用至于年則其用在年，故年數在地也。

一時止于三月，一月止于三十日，皆去其辰數也。是以八八之卦六十四而不變者八，可變者(七)舊本衍「七」字。七八五十六，其義亦由此矣。

一時本四月，而用三月。一月本四十日，而用三十日。皆爲去其辰數者，三用而一不用也。不變者八，七變而一不變。天三地四，天有三辰、地有四行也。天辰不見，地火常潛。天地各三，本當用六而用七者，天侵地以爲餘分也。

陽爻，晝數也。陰爻，夜數也。天地相銜，陰陽相交。故晝夜相雜，舊本「雜」誤作「離」。剛柔相錯。春夏陽多也，故晝數多，夜數少。秋冬陰多也，故晝數少，夜數多。

《先天圖》左有一百十二陽，八十陰，上亦然，右有一百十二陰，八十陽，下亦然。陰中有陽，陽中有陰。陰陽相交，未嘗相無。故應于人世，則晝夜相雜，剛柔相錯。離兑當春，有五十六陽四十陰。坎艮當秋，故反之。乾巽當夏，有六十四陽三十二陰。坤震當冬，故反之。春秋晝夜等而陰陽數不等者，春主陽生，秋主陰殺。在日月則晝夜之數同，在天地則陰陽之分異。故春晝多明，秋晝多暗也。

體數之策三百八十四，

《卦數圖》坤得一百，上卦三十六者，六六爲用之全；下卦六十四者，八八爲體之全。故六十四卦三百八十四爻，應天地之全體。

去乾坤坎離之策爲用數三百六十。

乾坤坎離四正之卦，反復不變，六十卦賴之以立，故去之以存太極之體。餘三百六十爻當一期之日，以爲元氣之用。

體數之用二百七十，

用數三百六十，天以之而運行，天之用也。天地之體四，其用者三，故爻數有三百八十四而四卦之數有二百八十八，則四分之三也。爻去二十四而用三百六十，則數去一十八而用二百七十，所以二百七十爲體數之用也。自爻數而言，則天不用震之八卦，地不用坤之八卦也。

去乾與坎離之策爲用數之用二百五十二也。

其言二百七十者，已去乾離坎之策矣。又云「去乾與坎離之策」，何也？蓋用數之中，仍自存體。其曰「用數之用」，則所存「乾與坎離之數」當爲用數之體也。天下之理，體用無常，當時爲是。自三百八十四言之，則三百六十爲用。自二百七十言之，則所存之十八策又爲體矣。體中有用，用中有體，未嘗離也。存太極之體，餘爲天之用。存天之體，餘爲地之用。存地之體，餘爲人物之用。常存其本，用之不盡，是故生生不窮。

體數之用二百七十，其一百五十六爲陽，一百十四爲陰。去離之策得一百五十二陽、一百一十二陰，爲實用之數也。蓋陽去離而用乾，陰去坤而用坎也。

乾兑離巽坎艮六卦之變共二百八十八爻，陽一百六十，去乾六坎二離四，則所餘者一百四十有八也。陰一百二十八，去坎四離二，則所餘者一百二十有二也。其曰「一百五十六爲陽，一百十四爲陰」者，陽去離之陰而用乾，陰用坎之陽而去坤，乾坎二卦用者八陽，坤離二卦去者八陰，克陰之八，增陽之數。所以應陰陽剛柔四象之用也。「去離之策得一百五十二陽、一百十二陰」者，陽去四陽爻，陰去二陰爻也。

是以天之陽策一百十二，去其陰也。地之陰策一百十二，陽策四十，去其南北之陽也。極南大暑，極北大寒，物不能生，是以去之也。其四十，爲天之餘分耶。陽侵陰，晝侵夜，是以在地也。合之爲一百五十二陽，一百十二陰也。

取《先天圖》中陰陽之策，應天地實用之數也。乾兑離震一百九十二爻，陽一百十二，陰八十，坤艮坎巽一百九十二爻，陰一百十二，陽八十。天之陰盡去矣，地之陽止去其不能生物者，故存坎艮四十陽，以爲天之餘分也。乾坤之策三百六十，當期之日。先、後天皆以六十卦三百六十爻當期之日，故雍稱一爻當一策也。

陽去乾之策，陰去坎之策，得一舊本作「二」。百四十四舊本作「六」。陽，一百八陰，爲用數之用也。

三百八十四者，體數也。三百六十者，用數也。二百七十者，體數之用也。二百六十四者，實用之數也。二百五十二者，用數之用也。三百八十四者，具六十四卦也。三百六十者，去乾、坤、坎、離也。二百七十者，天去復、頤、屯、益、震、噬嗑、隨、无妄，地去否、萃、晉、豫、觀、比、剥不言去坤者，坤已在四正中去之矣。也。二百六十四者，再去離也。二百五十二者，再去乾坎也。

陽三十六，三之爲一百八。陰三十六，三之爲一百八。三陽三陰，陰陽各半也。陽有餘分之一爲三十六，合之爲一百四十四舊本作「六」。陽，一百八陰也。故體數之用二百七十，而實用者二百六十四，用數之用二百五十二也。

此以明用數之用也。用策三百六十分而爲十，乾得六，其策二百一十六；坤得四，其策百四十有四。故晝日之極不過六分，四常不用。天有餘分，晝常侵夜，故七用三不用也。二百七十者，天地之用。二百六十四者，人物之用。二百五十二者，天生物之時，天之用也。

卦有六十四而用止乎三十六，爻有三百八十四而用止乎二百一十六也。

卦，地也，爻，天也。卦用三十六，爻用二百一十六，合之即用數之用二百五十二也。周天之度環北極七十二度，常見不隱，謂之上規。環南極七十二度，常隱不見，謂之下規。雖陰中自分陰陽，要之常隱常見者爲靜數，故坤之策應之也。其東西循環爲用者，二百一十六度。雖陽中亦自分陰陽，要之循環迭用者爲動數，故乾之策應之也。卦以六六變爲八八，三百八十四則六十四卦之爻也。老陽二百一十六則用卦之策，乾盡包之，陰已無有矣。所以用乎地上者，皆一陽之氣，陰則分陽而已。何以言之？陽三十六，三之爲一百八，此三陰三陽分二百一十六之數也。一日十二時，一年十二月，自寅至午一百八，自午至戌一百八。陽中三陽、陽中三陰皆爲晝，爲開物之時。其餘百四十四雖屬坤矣，寅之末一十八，戌之初一十八，猶爲陽之餘分所克。用者常七，不用者止于三也。陰陽之體名爲匹敵，至于用數陽常有餘者，天地、君臣、父子、夫婦之道也。陰之三不用者，一不用之理。故天地息于冬，人息于夜。然人不息于夜，則晝不能應事。天地不息于冬，則春不能生物。用者以不用爲基，故曰陽以陰爲基也。

六十四分而爲二百五十六，是以一卦去其初、上之爻，亦二百五十六也，此生物之數也。故離坎爲生物之主，以離四陽、坎四陰，故生物者必四也。陽一百一十二，陰一百一十二，去其離坎之爻則二百一十六也。陰陽之四十共爲二百五十六也。

生物之數即實用之數二百六十四而除離四陽、坎四陰以爲物體者也。乾坤定位于上下，坎離交垢于其中。坎離，精神也，故爲生物之主。離不存四陽無以受坤之陰，坎不存四陰無以納乾之陽，故各去四以立體。去四者，常存而不用也。陰陽之爻皆以當乾策者，生物用事，陽之陰也。陰陽之四十則坤遜乾之陽，故以當餘分也。

是以八卦用六爻，乾坤主之也。六爻用四位，離坎主之也。故天之昏曉不生物，而日中生物，地之南北不生物，而中央生物也。

用六爻者，三百八十四之數也。用四位者，二百五十六之數也。夫一六相虛，初上無位，故坎離生物用四位，而初上不用也。四位者，四體也。初者，地之氣，命之根也。上者，天之神，性之原也。六十四卦三十二陽三十二陰，不變者，初不用也，人物之命也。八純卦五世而遊魂者，上不用也，聖賢之性也。

體數何爲者也，生物者也。用數何爲者也，運行者也。運行者天也，生物者地也。

體數三百八十四，用數之體二百八十八，其實用者二百六十四，又去坎離之八爲二百五十六，地以之而生物，地之用也。用數三百六十，體數之用二百七十，去乾與坎離爲二百五十二，天以之而運行，天之用也。二者皆用也。

天以獨運，故以用數自相乘，而以用數之用爲生物之時也。天一也，無借乎陰。用數自相乘者，用數三百六十也。以三百六十乘三百六十得一十二萬九千六百，則一元之年數也。用數之用爲生物之時者，二百五十二也。以一年觀之，自草木萌動至地始凍而物不生，凡二百五十二，故地分乎用，自小畜至臨，六變而二百五十二也。

地偶而生，故以體數之用陽乘陰爲生物之數也。體數之用二百七十者，陽也。地析一爲四，析四爲十六，析十六爲六十四，析六十四爲二百五十六者，陰也。陽乘陰者，以二百七十乘二百五十六得六萬九千一百二十，爲六倍萬物之數。故元之世四千三百二十以十六位析之，即應其數也。若又以二百七十乘之，得一千八百六十六萬二千四百，當皇極十六位世之世數，爲生物之極數也。是故運行之數以一萬八百爲一會，生物之數以萬一千五百二十當一會也。

天數三，故六六而又六之，是以乾之策二百一十有六。地數兩，故十二而十二之，是以坤之策百四十有四也。乾用九，故三其八爲二十四，而九之亦二百一十六；兩其八爲十六，而九之亦百四十有四。坤用六，故三其十二爲三十六，而六之亦二百一十六；兩其十二爲二十四，而六之亦百四十有四也。

乾用九者，三三也。八者，四之兩，三而兩也。坤用六者，二三也。十二者，四之三，兩而三也。天數三地數兩者，天地本用也。三而兩、兩而三者，乾坤通用也。且一二三爲六，四五爲九，一三五爲九，二四爲六，皆三天兩地。自大數言之，天無非三，地無非兩。故天地各用則天數三、地數兩也。自細數言之，天亦有六，地亦有九。故乾坤互用則三而兩、兩而三也。蓋陽生于陰中，自六而進，至九而老。陰生于陽中，自九而退，至六而老。方其互用，所謂「不可爲典要」。及其定體，所謂「既有典常」也。大抵天道六變而窮，止于三百六十。天三地兩，乾九坤六，變化不同。凡宇宙間物之千態萬狀，古與今時之千秋萬祀，皆不出乎此矣。

坤以十二之三，十六之四，六之一與半，爲乾之餘分，則乾得二百五十二，坤得一百八也。此乾得七、坤得三之義也。三天兩地，正數也。天七地三，天克地以爲餘分也。故坤一百四十四之數，或以十六而析，或以十二而析，或以六而析，皆四分之中以一分奉乾而爲餘分也。餘分在實用之數有四十，在用數之用止三十六者，在物則兼地四之體，在天則存地四之體也。《太玄》三十三蓍掛一以存玄，餘八十一首之策，以日法約之得一百四十四日，以一百八日爲家體，以三十六日爲歸奇。故爲地承天之數也。

陽四卦十二爻，八陽四陰，以三十六乘其陽，以二十四乘其陰，則三百八十四也。

六六三十六卦變爲八八六十四卦。乾、坤、坎、離、頤、中孚、大、小過八卦不變，餘二十八卦，反復視之爲五十六卦。八者不變，體也，常存乎天地間，爲群用之宗。其五十六卦半往則半來者，陰陽屈信升降之用也。八卦位乎八方，一卦統八卦得六十四卦三百八十四爻。其陰陽變化、盈縮顯晦之用，三畫之初數已具乎其中矣。信乎，一麗于數，終不可逃也。何以言之？陽四卦八陽四陰，以三十六乘其陽得二百八十八，則六位四十八卦之爻也，以二十四乘其陰得九十六，則二位十六卦之爻也。合之而三百八十四，則六十四全卦之爻也。陰四卦八陰四陽，以二十四乘其陰得一百九十二則四位三十二卦之爻也，以三十六乘其陽得一百四十四則三位二十四卦之爻也。合之而三百三十六，則五十六用卦之爻也。陽卦之爻得六十四卦之全，陰卦之爻得五十六卦之用。不變之八，常屬乎陽。是故陰陽雖均用于天地間，而凡見者皆係乎陽也。陽于三百六十盈二十四，如乾之策得七月之日而餘六也。陰于三百六十縮二十四，如坤之策得五月之日而虧六也。合之得七百二十，以二爻當一晝一夜則三百六十之日。陽贏陰縮，故晝常侵夜五刻也。陽卦三百八十四，陽得六位、陰得二位者，天之體數四用者三不用者一，地之體數四用者三不用者一，天盡兼之也。陰卦所得存四陰位者，示天地匹敵也。三陽位者，陽在地上則地從而有用，在地下則地爲無用。故天統乎體，地分乎用，天有八變，地有六變也。合之則陰陽共三百八十四，分之則陽數之外復有陰數，猶夜之于晝，故曰陰分陽也。康節所謂四陽卦者，謂乾兑離震屬天，四陰卦者，謂巽坎艮坤屬地，伏羲八卦也。上下左右數之，四陽八陰，四陰八陽，其數皆不等。若夫文王八卦，乾坎艮震爲四陽，一父三男也，巽離坤兑爲四陰，一母三女也。六陰六陽，其數皆等。至于分陰分陽，則坤兑乾坎自西南至北，艮震巽離自東北至南，其數亦等。伏羲之《易》，《易》之體也。體必致用，陰陽偏者，用之所以生也。文王之《易》，《易》之用也。

用必立體，陰陽等者，體之所以成也。故曰陰陽半而形質具焉，陰陽偏而性情生焉。深哉，真天地自然之理，自然之數也。

體有三百八十四而用止于三百六十，何也？以乾坤坎離之不用也。乾坤坎離之不用，何也？乾坤坎離之不用，所以成三百六十之用也。故萬物變易，而四者不變也。夫惟不變，是以能變也。用止于三百六十而有三百六十六，何也？數之贏也。數之贏則何用也？乾之全用也。乾坤不用，則離坎用半也。乾全用者，何也？陽主贏也。乾坤不用者，何也？獨陽不生，專陰不成也。離坎用半，何也？離東坎西，當陰陽之半，爲春秋晝夜之門也。或用乾，或用離坎，何也？主陽而言之，故用乾也。主贏分而言之，則陽侵陰、晝侵夜，故用離坎也。陽主贏，故乾全用也。陰主虛，故坤全不用也。陽侵陰、陰侵陽，故坎離用半也。是以天之南全見而北全不見，東西各半見也。離坎，陰陽之限也。故離當寅，坎當申。而數常踰之者，蓋陰陽之溢也。然用數不過乎寅，交舊本作「爻」。數不過乎申。或離當卯，坎當酉。

乾坤列上下者，天地也。坎離分東西者，日月也。去四正之外，六十卦變三百六十。故天道窮于六甲，三十六旬爲一年。然天有三百六十五度四分度之一，而一年除小月又止有三百五十四日。餘六度者，氣之贏，是爲陽之盈。虧六日者，月行疾，五十九日而再會，是爲陰之縮也。夫物之不齊，物之情也。天地日月猶不能齊，惟其不齊，所以變化不窮，若齊則止矣。乾全用者，主歲而言，三百六十六日而後一歲足。故曰十九年而七閏，天之償也。以其每年不足，以閏償之也。坎離用半者，主日月晝夜而言，所謂陰陽之溢者是也。夫數之贏者，掛一之蓍，歸奇之扐，生物之氣也。乾雖主一歲之功，坎離實分生物之任。故乾全用，坎離用半也。地道無成，故坎得分離，坤不得分乾也。是以乾坤分上下者，君臣之義。坎離分東西者，賓主之禮。坎離得相敵，乾坤不得相敵也。離當卯而終于申，晝之分也。坎當酉而終于寅，夜之分也。離或當寅、坎或當申者，卯者離之分，寅則與坎共之，酉者坎之分，申則與離共之。寅申之間，坎離交而相侵。昏曉之際，陰陽侵而相溢。自坎離之分言之，以離爲陽，以坎爲陰。故曰陰侵陽、陽侵陰也。然離當寅，未卯而已明，坎當申，已酉而未昏。天克地以爲餘分，晝常多夜五刻。自晝夜之分言之，以晝爲陽，以夜爲陰，故又曰「陽侵陰、晝侵夜」也。夫用數無有未寅而用，交數無有未申而交者，坎離之限也。陰陽之溢者，坎離之相勝也。陽常侵陰者，天道之常也。若以大數言之，則開物于驚蟄後、閉物于立冬前者，陰陽互相侵也。用數多、不用數少者，陽侵陰、晝侵夜也。故乾全用，坤全不用，而坎離用半也。

乾四十八而四分之一分爲陰所克，坤四十八而四分之一分爲所克之陽也。故乾得三十六，而坤得十二也。陽主進，是以進之爲三百六十日。陰主消，是以十二月消十二日也。

八卦每位八十四爻，①六分之則每分八爻者，用之體也。八分之則每分六爻者，體之用也。

① 「八十四爻」，據文意疑當作「四十八爻」。

離兑巽各得二十八陽二十陰，坎艮震各得二十八陰二十陽，乾得三十六陽十二陰，坤得三十六陰十二陽。陽主用，自用數言之，乾得其六，爲三十六陽，主進。進之爲三百六十者，一年之日數也。坤得其二，爲十二陰，主消。故十二月消十二日，積閏之數也。周天三百六十五度有奇，三十六旬爲一年者，正數也。六日者，數之羸也。月行疾，五十九日而再會，則兩月之間消二日，故十二月消十二日也。其言進之爲三百六十者，包餘分而言也。其言消十二日，别餘而言也。正數六日，餘分六日。《皇極經世》之數，一元三百六十運，一會三百六十世，一運三百六十年，一世三百六十月，一年三百六十日，一月三百六十辰，無非三百六十也。一元十二會，一運十二世，一歲十二月，一日十二辰，無非十二也。陽得三百六十者六，陰得十二者四，亦天三地二、陽六陰四之義也。乾之陽數三百六十中三分用二爲開物數，坤之陽數十二爲閏數，故用數之用二百五十有二也。

順數之，乾一，兑二，離三，震四，巽五，坎六，艮七，坤八。逆數之，震一，離兑二，乾三，巽四，坎艮五，坤六也。

易逆數者，以右行者爲逆，左行者爲順也。此所謂逆順者，以自上分者爲順，自下起者爲逆也。順數者，體也，故有八。逆數者，用也，故有六。用止有六者，離與兑、坎與艮陰陽之數同于一數也。順數者若分而實合，所以起用也。逆數者若合而實分，所以成體也。左右而數，皆自上而下分也，始乾終坤合也。數震至坤，如環之圓，合也。四而成乾，四而成坤，分也。

乾四十八，兑三十，離二十四，震十。坤十二，艮二十，坎三十六，巽四十。

震十，艮二十，兑三十，巽四十。一二三四，地之四卦。四維。用干數，地從天也。坤十二，離二十四，坎三十六，乾四十八。一二三四，天之四卦。四方。用支數，天從地也。震艮兑巽合之則一百，坤離坎乾合之則百二十。一百則十也，百二十則十二也。是故天數二十五，合之而五十，進之而一百。地數三十，合之而六十，進之而百二十。天統乎體，地分乎用。故天得百二十，地得一百也。風后太一式九宫皆右差一位，則四方用偶數、四維用奇數者，從地也。與天九宫不同。

乾三十六，坤十二，離兑巽二十八，坎艮震二十。

此數于《先天圖》中，皆取其陽數者也。蓍去掛一而四十八策，七九者，陽數也。九之象用策三十六，歸奇十二。七之象用策二十八，歸奇二十。乾三十六陽、坤十二陽與九之策合，三女二十八陽、三男二十陽與七之策相反者，體用不同也。先天，易之體也。以多者致用，故三女從乾，三男從坤。後天，易之用也。以少者立體，故三男從乾，三女從坤也。

圓數有一，方數有二，奇偶之義也。六即一也，十二即二也。

天體數四，用者三，不用者一。地體數四，用者三，不用者一。是故天地各有四象，而乾坤各用三爻也。用者重之則六，故六爲用數。然圓數奇，故天之數一而用六。方數偶，故地之數二而用十二。六則一之變而重之也。十二則一之變重之而又偶之也。

天圓而地方。圓者數之，起一而積六。方者數之，起一而積八。變之則起四而積十二也。六者常以六變，八者常以八變。而十二者亦以八變，自然之道也。八者，天地之體也。六者，天之用也。十二者，地之用也。天變方爲圓而常存其一，地分一爲四而常執其方。天變其體而不變其用也，地變其用而不變其體也。六者并其一而爲七，十二者并其四而爲十六也。陽主進，故天并其一而爲七。陰主退，故地去其四而止於十二也。是陽常存一而陰常晦一也，故天地之體止於八而天之用極於七，地之用止於十二也。圓者裁方以爲用，故一變四，四去其一則三也，三變九，九去其三則六也。方者展圓以爲體，故一變三并之四也，四變十二并之十六也。故用數成于三而極于六，體數成于四而極于十六也。是以圓者徑一而圍三，起一而積六，方者分一而爲四，分四而爲十六，皆自然之道也。

圓者之形上下兼四旁，徑一圍三積之而六，應三才六位，故卦具六爻者，用數也。方者之形上下各四隅，徑一圍四積之而八，應四方八維。故象分八卦者，體數也。起四而積十二者，地之體四，每一用三。故四方分爲十二次、四時分爲十二月者，體之用也。天地均有體用。天圓，以用爲主，體則託乎地。地方，以體爲主，用則從乎天。一變而四，地之體也。天偶之而八，八者天地之體也。一析爲四，四四而十六，四者地之一，十六者地之四也。一變爲三者，四之用也。重之而六者，八之用也。四之而十二者，十六之用也。皆體四用三、三用一不用之理也。六者以六變，六六三十六句是也。八者以八變，八八六十四卦是也。十二者亦以八變，兩卦十二爻變爲九十六，十二月之氣亦以八節而變是也。六以六變，用自變也。八以八變，體自變也。十二以八變，用託體以變也。天地相偶，體止于八，用止于六。十二者地之用，非天本用，故天止于十干而十二支在地。十二之變以八者，不出乎十數，皆自然之理也。天變其體者，變方爲圓也。不變其用者，常存其一也，謂六變之用存一而七也。地變其用者，併一于三也。不變其體者，常執其方也。謂析四爲十六其用十二，不離乎四也。六從一起，去本則六，存本則七。陽常存一者，主進也，故天之用并餘分而七也。四方之星與北斗日月五星皆七，天之用無非七也。十二從四起，去本則十二，存本則十六。陰常晦一者，主退也。故地之用止于十二也。一年四時，一時三月，一月三十日。地雖執其方，至于用則去一爲三，從天之用也。圓則行，圓者用也。方則止，方者體也。變體爲用皆去一者，裁方爲圓之義也。變用爲體皆并一者，展圓爲方之義也。方者言一變三，并而四，四變十二，并而十六。則圓者當言一變四，去一則三，三變十二，去三則九。而云三變九，去三則六者，蓋天以一變四者，初自方數而來，從體生用也，去一爲三裁方爲圓矣。以用爲主，故再變即從圓數起，非若地之常執其方也。地以一變三者，初自圓數而來，從用生體也。并一爲四展圓爲方矣。以體爲主，故去再并之數，不去初并之數者，所謂常執其方也。體數成于四而極于十六，故《皇極經世》元會運世有十六位。用數成于三而極于六，故《皇極經世》用數之用不過六變。用主天言，故不及十二；體主地言，故不止于八也。

一役二以生三，三去其一則二也。三生九，九去其一則八也，去其三則六也。故一役三、三復役二也，三役九、九復役八與六也。是以二生四，八生十六，六生十二也。三并一則爲四，九并三則爲十二也。十二又并四則爲十六。故四以一爲本、三爲用，十二以三爲本、九爲用，十六以四爲本、十二爲用。

一役二以生三，去一則二者，太極生兩儀，兩儀見而太極隱。兩儀既位乎天地，人在其中以當太極，則實列于三矣。是故以位言之，上乾下坤，人爲虚位；以數言之，一奇二偶，三爲真數也。三生九，九去一則八、去三則六者，三列爲左右，以横而變，應地之體。去一則八者，八方而中虚也。故《河圖》九數，五居中央而八卦應其八位也。三列于上下，以從而變，應天之用。去三則六者，兩儀各三位中去其三者，虚人以爲用也。故《易》之重卦上下二體，應乎天地而虚人也。三才存二位各去其一者，虚中以爲用也。故《易》之六爻兼三才而兩之，應乎陰陽剛柔仁義也。去三役九者，一役三也。三復役二，九復役八與六者，有體，然後用行其中。故三爲一之役者，以二爲之役也。九爲三之役者，以八與六爲之役也。二爲三役，故生四。八與六爲九役，故八生十六，六生十二。天役地，陽役陰，以奇布偶，隨寓而生。故偶者，再偶而成體也。體者用之所寓，偶者奇之所生。故四體之中，常存一焉以爲之本，而三爲之用也。是故三并一則四，四以一爲本、三爲用者，體有四，用者三、不用者一也。九并三爲十二，十二以三爲本、九爲用者，自十二會而言，亦用者三、不用者一也。十二并四爲十六，十六以四爲本、十二爲用者，自十六位而言，亦用者三、不用者一也。十六以十二爲用者，體之用也。十二以九爲用者，用之用也。并之者，體也。通本而言，體兼用與不用也。去之者，用也。去本而言，用成則本退也。天下之理，不過體用而已。自然之數如是，《易》因而用之。所以《觀物》以一元包會運世，而十六位中，去元之四數則十有二；十二位中，各去其元數則九也。圓者六變，六六而進之，故六十變而三百六十矣。方者八變，故八八而成六十四矣。陽主進，是以進之爲六十也。

六爲用數，用者陽也。八爲體數，體者陰也。用屬乎爻，體屬乎卦。蓍以求爻，積而成卦，則用在體後也。夫陽以三變，陰以兩變，三天兩地之義也。陽得其三，陽主進也。六六而三十六，進之爲三百六十，故天度與爻數應之也。八八得六十四而止，故卦數應之也。先生曰「天數三，故六六而又六之，是以乾之策二百一十六。地數兩，故十二而十二之，是以坤之策百四十有四」，與此同義。夫坤數一百，上位三十六，天也；下位六十四，地也。六十四卦反復視之而三十六，六六之卦隱于八八之中者，天以六而藏諸用，地以八而顯諸仁也。天託地以爲體，用乃隨體而顯。地因天以爲用，體亦隨用而藏。是故天之太極從地而右轉，地之元氣從天而左行，斗日相錯。去乾坤離坎不用，用其六十卦之爻以成一期之日，則三百六十者顯而六十四者藏也。

## 卷三　觀物外篇上之下

蓍數不以六而以七，何也？并其餘分也。去其餘分則六，故策數三十六也。是以五十者，六十四卦閏歲之策也；其用四十有九者，六十卦一歲之策也。歸奇掛一，猶一歲之閏也。卦直去四者，何也？天變而地效之，是以蓍去一則卦去四也。

體數八，用數六。故八八之卦反覆視之，六六而已。蓍用七者，并其餘分象天度之羸，去其餘分則老陽之策不過乎三十六也。大數先去一，六七又每七去一，共去十三，餘三十六，造之爲三百六十，即當六十卦之爻數。大衍之數五十，天之全數也。其用四十有九，天之用數也。天數二十五，合之而五十，故爲數之全。真一不見而用七七，故爲數之用。蓍圓而神，天數也。卦方以智，地數也。以蓍求卦，卦自蓍起。因天生地，地隨天變，故曰「天變而地效之」。所以閏歲之策應乎五十之全，一歲之策應乎去一之用也。夫五十者蓍之全，六十四亦卦之全。四十九者蓍之用，六十亦卦之用也。天以氣爲質，以神爲神。地以體爲質，以氣爲神。天之一不可見者，神也。地之一可見者，氣也。是故天數又以歸奇掛一之數代貞一而象一歲之閏，地數即以乾坤坎離之爻存四正而爲閏歲之策也。先生既曰「五十者閏歲之策」，又曰「歸奇掛一猶一歲之閏」者，蓋以此也。天下之理，用必存本。用而喪本，其用必窮。五十以一爲本，四十九爲用。六十四以四爲本，六十爲用。蓍之一者，太極之體，四十九之未動者也。卦之四者，乾坤坎離，常存以起用者也。天起于一，地成于四，故蓍去一而卦去四也。

圓者徑一圍三，重之則六；方者徑一圍四，重之則八也。

《易》始三畫，圓者之用，徑一圍三也。重之則六，故有六爻。《易》始四象，方者之體，徑一圍四也。重之則八，故有八卦。天地萬物，體皆有四，用皆有三。聖人作《易》，以自然之理而示諸人爾。

裁方而爲圓，天所以運行。分大而爲小，地所以生化。故天用六變，地用四變也。

天裁方爲圓者，裁四爲三也。重地則六，天得兼地，故用六變。地分大爲小者，析一爲四也。偶天則八。地不得兼天，故用四變。一變六十，六變而三百六十，此天之六變也。一變而四，二變而十六，三變而六十四，四變而二百五十六，此地之四變也。是故八卦用六爻，乾坤主之者，運行之數也。六爻用四位，坎離主之者，生物之數也。運行者天也，生物者地也。故天六地四，天有六氣，地有四維也。

一八爲九，裁爲七，八裁爲六，十六裁爲十二，二十四裁爲十八，三十二裁爲二十四，四十裁爲三十，四十八裁爲三十六，五十六裁爲四十二，六十四裁爲四十八也。一分爲四，八分爲三十二，十六分爲六十四，以至九十六分爲三百八十四也。

天裁方爲圓，故用數皆四分去一。八裁爲六者，言一卦本應八爻，裁而用六。故天地各四位，用者三，不用者一也。十六裁爲十二者，言二卦用十二爻。故一時四月，四四而十六，時去一月則十二也。二十四裁爲十八者，言三卦用十八爻。故未重之卦其爻二十四，巽震與艮兑互用三爻則十八也。三十二裁爲二十四者，言四卦用二十四爻。故天地各三十二卦，一位不用則二十四也。四十裁爲三十者，言五卦用三十爻。故一年四時，一時四月，一月四十日，去十日則三十也。四十八裁爲三十六者，言六卦用三十六爻。故已重之卦其爻四十八，震巽與艮兑互用六爻則三十六也。五十六裁爲四十二者，言七卦用四十二爻。故天地各四位位去一正不用，天去乾、離、中孚、頤，地去坤、坎、大、小過，餘五十六變每位用七，二位不用則四十二也。六十四裁爲四十八者，言八卦用四十八爻。故天地各四位，位有八卦，二位不用則四十八也。此皆圓者之形，裁四爲三，運行之用，三之用也。先云「一八爲九，裁爲七」者，言一位八卦共得九數。一卦變七卦，以一爲本，以七爲用。蓋用雖從三，首必存一，以明并餘分存太極，所謂「天變其體，不變其用」也。地分大爲小，故體數皆析一爲四。一分爲四，四分爲十六，十六分爲六十四者，地之本體方圓之析數也。先曰「八分爲三十二」者，乾兑離震坤艮坎巽八象各自交止成三十二，八象又相交乃成六十四，此自卦象而言也。九十六分爲三百八十四者，十六卦九十六爻周歷四方則三百八十四，此自爻畫而言也。此皆方者之形析一爲四，生物之用四之用也。

一生六，六生十二，十二生十八，十八生二十四，二十四生三十，三十生三十六，引而伸之，六十變而生三百六十矣，此運行之數也。四生十二，十二生二十，二十生二十八，二十八生三十六，此生物之數也。故乾之陽策三十六，兑離巽之陽策二十八，震坎艮之陽策二十，坤之陽策十二也。

運行之數以一爲本，自六至三十六，天之六變也。陽主進，故引而伸之，六十變生三百六十也。生物之數以四爲本，自十二至三十六，地之四變也。《先天圓圖》陰自乾數而起于夬，陽自坤數而起于剥。乾自夬變一陰，二變大壯成四陰，三變至泰又得八陰，并之則十二。兑離巽各增八陰，并之則二十。震坎艮各增八陰，并之則二十八。坤又增八陰，并之則三十六。由坤數陽亦然，此地之四變也。若天之六變，則去四正卦之外，每卦而一變也。用數十二每變以六者，天以獨運，無藉乎地也。地數本四，每變以八者，地偶而生，必資乎天也。陰陽共爲八變，其曰「地用四變」者，地從乎天，物生乎陽，故獨數陽策以應生物之數也。乾三十六，兌離巽共八十四，坤十二，震坎艮共六十，凡八位陽爻總一百九十二，并本生四數六十四爲二百五十六，則生物之數也。蓋坎離用四位以爲生物之主，八八之卦去上下而存中爻，則二百五十六也。所以去上下者，地之南北不生物，天之昏曉不生物也。

圓者一變則生六，去一則五也。二變則生十二，去二則十也。三變則生十八，去三則十五也。四變則二十四，去四則二十也。五變則三十，去五則二十五也。六變則三十六，去六則三十也。是以存之則六六，去之則五五也。五則四而存一也，四則三而存一也，三則二而存一也，二則一而存一也。故一生二，去一則一也。二生三，去一則二也。三生四，去一則三也。四生五，去一則四也。是故二以一爲本，三以二爲本，四以三爲本，五以四爲本，六以五爲本。

「存之則六六，去之則五五」者，六變之中先去一六以爲本，五變之中又各去一以爲本。是故以十二支數則卦以六日一變，以十干數則候以五日一變。用數三百六十，而用數之用二百五十二。期之日三百六十，而生物之時自草木萌動至地始凍，凡二百五十日也。「五則四而存一」者，中虛爲四方，實則有五行也。「四則三而存一」者，去一不用法三才，存之則有四象也。「三則二而存一」者，中虛爲兩儀，實則有三才也。「二則一而存一」者，元氣一統爲天，有地則有二也。「去一則一」者，言一天。「去一則二」者，言兩儀。「去一則三」者，用止于三。「去一則四」者，體止于四。此明太一分布，以成天五也。「二以一爲本」者，太極分二氣。「三以二爲本」者，陰陽交而生人。「四以三爲本」者，三用具展圓爲方則有四。「五以四爲本」者，四體具虚中待用則有五。五者天也，六者地也。天者用也，地者體也。體由用生，故六以五爲本也。《先天圖》右行，各五變生三十二陽三十二陰，則第六變也是謂五生六也，此明天五遞生以成地六也。皆奇偶相生，體用相待者也。

方者一變而爲四。四生八，并四而爲十二。八生十二，并八而爲二十。十二生十六，并十二而爲二十八。十六生二十，并十六而爲三十六也。

此分《先天圖》方數，論陰陽四變而成體也。方者一變而爲四，四者地之一也。四生八者，一生二也，併爲十二則三數也。八生十二者，二生三也，併爲二十則五數也。十二生十六者，三生四也，并爲二十八則七數也。十六生二十者，四生五也，并爲三十六則九數也。地用四，變而極于九數，地之所以生物也。是故三十六，一也。六六而數之，則天之所以運行。四九而數之，則地之所以生物也。《先天圖》天地八位，每位八卦，以前四卦之數生後四卦之數。數陽者，自坤右旋以至于姤，自復左旋以至于乾。數陰者，自乾而生巽離兑各二十陰。散一爲三，生之始也。并而爲三十二，陰陽各得八位之半。二十八生三十六者，七生九也，以巽離兑之二十八陽而生乾之三十六陽，以震坎艮之二十八陰而生坤之三十六陰。會三歸一，生之極也。并而爲六十四，陰陽各得八位之全。所以自立春至立秋，陽數并之皆六十四，陰數并之皆三十二。自立秋至于立春，陰數并之皆六十四，陽數并之皆三十二也。四八三十二者，四卦之全也。八八六十四者，八卦之全也。是故《圖》左三十二陽、右三十二陰者，分陰分陽，天地之體也。并之皆至六十四者，陰極無陽，陽極無陰也。

《易》之大衍何數也？聖人之倚數也。天數二十五，合之爲五十。地數三十，合之爲六十。故曰「五位相得而各有合」也。五十者，蓍數也。六十者，卦數也。五者蓍之小衍，故五十爲大衍也。八者卦之小成，則六十四爲大成也。

一三五七九，奇數也。合之而五十，故蓍數應之。二四六八十，偶數也。合之而六十，故卦數應之。北方七宿，二十五星。西方七宿，五十星。東方七宿，三十星。南方七宿，六十星。是知天地之數，各有合數也。五爲小衍者，一二三四五得十五數，則七八九六在其中也。八爲小成者，十有八變成一重卦，八卦具則六十四卦在其中也。是故衍五五者，半之而十五位得九十數，合之則三十位得百八十數。衍五十者，半之而二十五位得百八十數，合之則五十位得三百六十數。八卦之變八而八之極于六十四卦，六十四卦之變六十四而六十四之極于四千九十六卦也。詳解具《述衍》中。

蓍德圓以況天之數，故七七四十九也。五十者，存一而言之也。卦德方以況地之數，故八八六十四也。六十者，去四而言之也。蓍者，用數也。卦者，體數也。用以體爲基，故存一也。

體以用爲本，故去四也。圓者本一，方者本四，故蓍存一而卦去四也。蓍之用數七，并其餘分，亦存一之義也。掛其一，亦去一之義也。

天數五十，蓍用四十九，則本數之中去一。地數六十，卦分六十四，則本數之外存四。五十之中去一者，即七七之外存一也。六十之外存四者，即八八之中去四也。蓋一者天圓之體，四十九者七也。七者并餘分，天之贏也。四者地方之體，六十者六也。六者重其三，天之用也。五十之中去一者，一散爲四十九。四十九之用，無非一之體也。六十之外存四者，四分爲六十。六十之用，因乎四體而有者也。天主用言，故藏一于四十九之中。地主體言，故顯四于六十之外。所謂用以體爲基者，名曰「藏一」而五十實有一，故曰「存一」也。體以用爲本者，名曰「顯四」而六十實無四，故曰「去四」也。藏一而有一，則用無非體。顯四而無四，則體無非用。體用不測，變化無窮。此其所以神智也。蓍又掛一，猶卦之去四，而卦無虚一之義也。

蓍之用數，掛一以象三，其餘四十八則一卦之策也。四其十二爲四十八也。十二去三而用九，四舊衍「八」字。三十六，所去之策也。四九三十六，所用之策也，以當乾之三十六陽爻也。十二去五而用七，四五二十，所去之策也。四七二十八，所用之策也，以當兑離之二十八陽爻也。十二去六而用六，四六二十四，所去之策也。四六二十四，所用之策也，以當坤之二十四陰爻也。十二去四而用八，四四十六，所去之策也。四八三十二，所用之策也，以當坎艮之二十四爻，并上卦之八陰爲三十二舊本作「四」。爻也。是故七九爲陽，六八爲陰也。九者，陽之極數。六者，陰之極數。數極則反，故爲卦之變也。震巽無策者，以當不用之數。天以剛爲德，故柔者不見。地以柔爲體，故剛者不生。是以震巽與策也。

後天去掛一之蓍與先天一位之卦，爻皆四十八。後天之蓍四象陰陽分于六七八九之策者，用之體分于兩地也。先天之爻四象陰陽皆合乎七九之策者，體之用宗于一天也。蓋天本一陽，分則爲陰而已。故先天陰陽用事者，皆合乎七九之用策。其不用者，皆合乎七九之奇策也。邵雍之言以明後天之用，故取蓍策之用以當先天之爻也。先天乾兑離爲陽，以陽爲用，故後天以九之用策當乾之陽爻而以歸奇當其陰爻，以七之用策當兑離之陽爻而以歸奇當其陰爻也。先天坤艮坎爲陰，以陰爲用，後天以六之策當坤本體之陰爻，而以歸奇當其上體之爻，以八之策當艮坎本體之爻與上體之八陰爻，而以歸奇當上體之陽爻與四陽卦之陰爻者，老陰隨老陽而用，亦用三十六。若自用以爲體則二十四，故六六數中去其二用，獨用四六之體也。少陰隨少陽而用，亦用二十八。若自用以爲體則存其陽，故老陰數中餘不盡之陽共成四八之體也。震巽無策者，揲蓍之變以三多三少、兩多一少、兩少一多之餘而取六七八九之策。自策言之，三揲始成一爻；自變言之，三揲已成一象。乾坤之變各一，謂五與四四也，九與八八也。三男之變共二，謂九與四四也，五與四八也。三女之變亦共二，謂九與四八也，五與八八也。震與艮、巽與兑反覆各共一卦，而揲蓍之變蒙自上生則巽與離同，震與坎同，其全策則巽與乾同，震與坤同，故震巽無策也。以當不用之數者，震在天而陰多爲天辰不見，巽在地而剛多爲地石不生，故先天震巽不用也。此數以三十六策當乾，二十四策當坤，先後天同。四七反以當兑離，四八反以當艮坎，先後天不同，何也？純陽者陽爲體亦陽爲用，純陰者陰爲體亦陰爲用，故同也。陽多陰少者，陰爲主而用在陽。陰多陽少者，陽爲主而用在陰。卦主乎體，故以少者名卦。爻主乎用，故以多者當爻，所以不同也。文王之《易》，《易》之用也，先立乎體。伏羲之《易》，《易》之體也，先致乎用。離坎艮兑爲陽中之陰、陰中之陽，皆可變，所以義、文用之不同而《經世》陰陽剛柔之象亦錯綜而互用之也。邵雍曰「七九爲陽、六八爲陰」者，七九合之則二八，六八合之則二七，是故先天用離兑爲陽、坎艮爲陰也。

乾用九，故其策九也。四之者，以應四時，一時九十日也。坤用六，故其策亦六也。

乾用九，四之而三十六。陽主進，故進之爲三百六十日。坤用六，四之而二十四。陰主虛，故二十四氣交處虛得二十四日之名也。一三五者，三天也，故乾用九。二四者，兩地也，故坤用六。乾之數九而天以六爲用者，九自六而長也。坤之數六而地以九爲用者，六自九而消也。是故天用地，地用天。《易》有六爻，故爲天數。《玄》有九贊，故爲地數。自六而長則一二三當生數，自九而消則四五當成數也。

奇數四：有一，有二，有三，有四。策數四：有六，有七，有八，有九。合而爲八數，以應方數之八變也。歸奇合掛之數有六：謂五與四四也，九與八八也，五與四八也，九與四八也，五與八八也，九與四四也，以應圓數之六變也。

一二三四五六七八九，本數也。以應方數者，體數也。歸奇合掛，變數也。以應圓數者，用數也。五與四四，三少也。三少之餘四九三十六，乾老陽之數也。九與八八，三多也。三多之餘四六二十四，坤老陰之數也。五與四八、九與四四，兩少一多也。兩少一多之餘四八三十二，巽離兑少陰之數也。九與四八、五與八八，兩多一少也。兩多一少之餘四七二十八，震坎艮少陽之數也。老陽、老陰，變者也，各止于一數則是不變也。少陰、少陽，不變者也，各分于二數則是變也。蓋乾坤者六子之體，六子者乾坤之用。乾坤所謂變者，運而爲六子也。六子所謂不變者，合而成乾坤也。是故純陰爲坤，陰既老矣，一變而震，再變而兑，三變而乾，雖曰坤之變，實震兑之變也。純陽爲乾，陽既老矣，一變而巽，再變而艮，三變而坤，雖曰乾之變，實巽艮之變也。是故乾坤功成，無爲而爲，萬物之祖，豈非不變而能出變，屢變而實不變乎？然則六子之變乃所謂不變也，其變也爲人之用而已，豈我之能變耶？坎離不與四卦同變，何也？曰：乾坤者不變中之變也，坎離者變中之不變也。乾坤三變，坎離不動。坎離，生物之主。三變不動者，真精不摇，内心不起也。故曰「坎離者，天地之用」也，非應用之中所存之體者歟？

奇數極于四而五不用，策數極于九而十不用。五則一也，十則二也，故去五、十而用四、九也。①奇不用五，策不用十，有無之極也，以況自然之數也。

① 「四、九」，原作「四十九」，疑誤，今改。

奇數極于四者，蓍去掛一以四揲之，或奇一奇二奇三，其極不過乎四也。包四爲五，太虚也。二五爲十，大物也。去五用四，去用取體也。去十用九，去體取用也。五，天也，故去用取體。十，地也，故去體取用。先去五後去十，有體而後有用也。故策數有六者四六也，七者四七也，八者四八也，九者四九也，生乎四體而極乎九用也。是故奇數在五之前，生數也；策數在五之後，成數也。生數者，生氣生物之本也，故積以象閏。成數者，陰陽已交物之成體也，故老陽、老陰、少陽、少陰，四象自此分焉。《經世》用一二三四之位，《周易》用六七八九之策。

卦有六十四而用止于六十者，何也？六十卦者，三百六十爻也。故甲子止于六十也，六甲而天道窮矣。是以策數應之，三十六與二十四合之則六十也，三十二與二十八合之亦六十也。六甲而天道窮，故甲子止於六十。所以老陽、老陰、少陽、少陰之策合之皆成六十。然蓍除掛一之數與夫八卦之爻皆止於四十八者，以十二爲一則六十者五也。四十八者，四方立體，應乎四行；存十二者，中虚致用，應乎土五也。在甲子存十二，在蓍則掛一而已。夫八卦有二十四、二十八、三十二、三十六之數而無三十，何也？七八九六混而適中，則太極也。日以三十爲節，偶之而甲子有六十者，用中也。卦之有過不及，陰陽之性所不能免，而以時中者爲用也。是故體以四變，用以六變。乾坤包乎體用，故三十六以四變則四九，以六變則六六也，二十四以四變則四六，以六變則六四也。若二十八與三十二，以四變而已，不能以六變也。自用言之，四六二十四，極陰也。進六爲三十而陽中，又進六爲三十六而陽極。六六三十六，極陽也。退六爲三十而陰中，又退六爲二十四而陰極。自體言之，六四二十四，極陰也。進四爲二十八，又進四爲三十二，又進四爲三十六而陽老矣。九四三十六，極陽也。退四爲三十二，又退四爲二十八，又退四爲二十四而陰老矣。惟乾坤進退獨能會于七八九六之中，此所以爲陰陽之老，而易加二用也。六子不能以六變，故不言用也。

乾四十八，坤十二。震二十，巽四十。離兑三十二，坎艮二十八。合之爲六十。

乾四十八，則一位八卦之全策也。坤十二，則去其陰取其陽也。巽四十，則視乾之策去其始生之八陰也。震二十，則視坤之策增其始生之八陽也。離兑三十二，則本體二十四而用上體天之八陽也。艮坎二十八，則本體二十四而用上體地之四陽也。此以先天之爻比後天之策也。後天父母合者，陽三十六策，陰二十四策，陽九而陰六也。男女合者，陽二十八策，陰三十二策，陽七而陰八也。後天以老陰老陽爲用，以少陰少陽爲體。用中自分體用，則陽爲用之用，陰爲用之體。用數陽多，故九多於六也。體中自分體用，則陽爲體之用，陰爲體之體。體數陰多，故七少於八也。先天乾與坤、巽與震合者，陽四十八爻，陰十二爻，陽四而陰一也。坎與離、艮與兑合者，陽三十六爻，陰二十四爻，陽三而陰二也。先天以震巽從乾坤而主體，以艮兑從坎離而主用。天統乎體，體中有用，則一者爲體，四者爲用也。地分乎用，用中有體，則三者爲用，二者爲體也。先天用四象，二位之爻相合，體用通爲一數者，陰宗乎陽也。後天用八卦，二象之策相合，體用各爲一數者，陰匹乎陽也。陰陽互變，故體用無常。要之，陽必爲用，陰必爲體。

自陽數言之，先天三十六而四十八，後天二十八而三十六。後天老陽用策，得先天本卦之陽而僅當坎離之用。總之後天一百二十陽、一百二十陰，先天一百六十八陽、七十二陰，後天之陽十得其半，先天之陽十得其七也。自陽數言之，先天用八止去掛一而盡四十八蓍者，五而用四也。後天用六併去乾奇而極三十六策者，五而用三也。是故先天爲易之體，後天爲易之用也。震巽無策，故從乾坤之數而不用本數。巽爲陰生，比本數猶多八者，承乾之後也，故曰「積善之家，必有餘慶」。震爲陽生，比本數猶少八者，承坤之後也，故曰「積惡之家，必有餘殃」。

蓍數全，故陽策三十六與二十八合之爲六十四也。卦數去其四，故陰策二十四與三十二合之爲五十六也。

蓍存一，在體之外，四十九皆爲用，故曰全也。卦去四，在體之内，用者六十，故曰去四也。蓍圓象天，故以陽策應之。七七四十九，全數也。六十四，亦全卦之數也。卦方象地，故以陰策應之。六十四而去其四，用數也。五十六，亦用卦之數也。四陽卦之爻以陰陽乘之得三百八十四，四陰卦之爻以陰陽乘之得三百三十五，正合乎此。先天乾之陽合兑離之陽，皆得六十四，而坤之陰合艮坎之陰，亦得六十四者，用事之陰也。

九進之爲三十六，皆陽數也，故爲陽中之陽。七進之爲二十八，先陽後陰也，故爲陽中之陰。六進之爲二十四，皆陰數也，故爲陰中之陰。八進之爲三十二，先陰後陽也，故爲陰中之陽。

數之三九七爲陽，二八六爲陰。九陽也，四之而三十六。三亦陽也，故乾爲陽中陽。六陰也，四之而二十四。二亦陰也，故坤爲陰中陰。七陽也，四之而二十八。二則陰也，先陽後陰，故坎艮爲陽中陰。八陰也，四之而三十二。三則陽也，先陰後陽，故兑離爲陰中陽。坎艮坤，體也，陽來交之，宜爲陰中陽也，而爲陽中之陰。離兑乾，體也，陰來交之，宜爲陽中陰也，而爲陰中之陽者，乾之三男皆陽也。陽卦多陰，以陰爲用，故乾自巽變坎艮以成坤，而爲陽中之陰。坤之三女皆陰也。陰卦多陽，以陽爲用，故坤自震變離兑以成乾，而爲陰中之陽。先天主位而言，後天主爻而言。震巽不用，故爲無策也。

蓍四，進之則百。卦四，進之則百二十。百則十也，百二十則十二也。

天數二十五，蓍數也，合之則五十，四之則百。地數三十，卦數也，合之則六十，四之則百二十。十者應乎日，十二者應乎辰。十則一也，十二則二也。

歸奇合掛之數，得五與四四則策數四九也，得九與八八則策數四六也，得五與八八、得九與四八則策數皆四七也，得九與四四、得五與四八則策數皆四八也。爲九者一變，以應乾也。爲六者一變，以應坤也。爲七者二變，以應兑與離也。爲八者二變，以應艮與坎也。五與四四，去掛一之數則四舊衍「八」字。三十二也。九與八八，去掛一之數則四六二十四也。五與八八、九與四八，去掛一之數則四五二十也。九與四四、五與四八，去掛一之數則四四十六也。

四者，體之一也。四十八者，十二也。三十六者，去三用九，當自寅至戌，三用而一不用也。二十四者，去六用六，當自卯至申，用不用各半也。二十八者去五用七，三十二者去四用八，或當自寅中至戌中，或當自卯至酉，用者常多于不用，爲乾坤進退之間也。夫五以上爲生數者，地下之數天數也；六以下爲成數者，天上之數地數也。一二三四者生數，在包胎之中四體具出乎天，五則人始生、物始出地之時，故六七八九策數必四者，備四體以爲一之義也。以四爲一者，四體備而後成人物也。以八爲一者，合天地而成體也。以十二爲一者，備地之用也。以十六爲一者，備地之體也。以三十二爲一者，太極全體之半也。六十四爲一者，統太極之全也。

故去其三四五六之數，以成九八七六之策也。

揲蓍去其三四五六之數，以成九八七六之策者，用七也。六居七數之中，在去爲終，在用爲始。故秋自地而入，春自地而出也。地下三所去者，三四五以藏諸用。地上三所用者，七八九以顯諸仁。三四五者，十二也。九八七者，二十四也。合三十六，皆爲用。餘三數者，一二與十也。二與十，均之即二六也。十二爲地上祖數，空一不用，則餘分不盡之數所以生此四十八者也。故四十九之中，一爲奇分。四十八所起也，天之一也。十二爲十二次之名，地上本數，地二之用所起也。三十六爲老陽，地上之用二十四，地下之用一十二。二十四爲老陰，天在地上則隨而有用，天在地下則不用矣。大衍五十之虚一則包此四十九而爲言，虚顯一爲六則天地之數五十有五也。

天一地二，天三地四，天五地六，天七地八，天九地十，參伍以變，錯綜其數也。如天地之相衍，晝夜之相交也。一者，數之始而非數也。故二二爲四，三三爲九，四四爲十六，五五爲二十五，六六爲三十六，七七爲四十九，八八爲六十四，九九爲八十一，而一不可變也。百則十也，十則一也，亦不可變也。是故數去其一而極于九，皆用其變者也。五五二十五，天數也。六六三十六，乾之策數也。七七四十九，大衍之用數也。八八六十四，卦數也。九九八十一，《玄》、《範》之數也。

天地之數五十有五，合之而一百十。天無十，地無一，故卦有八而陰陽剛柔之本數八十有八也。自變、不變言之，則不用一與十；自奇與策言之，則不用五與十；自卦數言之，則不用九與十。要之，皆十而用八也。二二爲四者，四象數也。三三爲九者，九疇、九天數也。四四爲十六者，十六位數也。五五二十五則合乎一三五七九之奇數也。六六三十六則合乎一二三四五六七八之卦數也。天數二十五，合之而五十，蓍四十九，自然虚一于五十之中。地數三十，合之而六十，卦六十四，自然盈四于六十之外。是故蓍數去一而卦數去四也。《洪範》用九疇，《太玄》用九天，八十一者九之變，故爲《玄》、《範》數也。天地本數五十五，是故《太玄》一六爲水，二七爲火，三八爲木，四九爲金，五五爲土，併十于五，五則十而爲九，細數止于五十。《洪範》五行、五事、八政、五紀、皇極、三德、稽疑卜筮七、庶徵休咎十、①五福六極，併六極于五福亦十而爲

① 「十」字，疑當爲「八」字。

九，細數不過五十五也。《太玄》九天，九之而八十一首，《洪範》九疇，無八十一之數，何也？玄者氣之微妙也，分于三統。範者事之法則也，主于一王。玄分于三，故三玄均布，各盡三九之首，而五十之數用于九贊之中。範主于一，故《皇極》居中，以爲二四之主，而五十四之數列于八疇之内。玄雖極八十一，然太積之要終于五十四者，三分用二，虚人之一也。極無定數，位居中五，在天爲冲氣，在地爲中央，在人爲心中，斂之則真一之體，散之則三九之用，亦如卦數八八，蓍數七七，掛一之蓍即當十六之策也。夫九疇實有十事，六極附于五福則十不見也。自五事至六極皆言用，五行不言用，則一不用也。是故天數九，地數九，地不言一，天不言十也。

大衍之數，其算法之源乎？是以算數之起，不過乎方圓曲直也。乘數，生數也。除數，消數也。算法雖多，不出乎此矣。

陰陽不過消長，故算法不出乘除。乘除者，二用也。方圓曲直者，四體也。大衍用四象，故爲算法之源。陰陽升降于四象之中則六也。以先天數觀之，天之變，圓數也；地之變，方數也。天而天，地而地，直數也。天而地，地而天，曲數也。

陰無一，陽無十。

一與一偶，一遂不見，一非地上之數，以其不用也。五與五偶，五遂不行，十非天中之數，以其不變也。所以自一至九爲九天，自二至十爲九地，地不言一，天不言十也。

陽得陰而生，陰得陽而成。故蓍數四而九，卦數六舊本作「四」。而十也。猶幹支之相錯，幹以六終而支以五終也。

生蓍者用也，立卦者體也。四者成體之初九者，致用之極。六者致用之初十者，成體之極。蓍四而九者，體而用也。卦六而十者，用而體也。蓍本于七，用數也。陽得陰而生，故用生于體。四而九者，明自體以起用也。卦本于八，體數也。陰得陽而成，故體成于用。六而十者，明自用以立體也。蓍七七者，四十九也。卦八八者，六十四也。而曰六十者，蓋蓍本五十，去一則四十九，以爲用也。卦本六十四，去四則六十，亦以爲用也。文王之《易》，天地之用也，故先生之言如此。是故先天者，因用生體。伏羲之《易》，無非體也，天地之用，自此而生。後天者，因體生用。文王之《易》，無非用也。萬物之體，自此而成。體用密庸疇覺之哉，故曰猶支干之相錯也。夫生于五者終于六，生于六者終于五。凡以陰陽相資未嘗相違，故體用相須未嘗相離也。

三四十二也，二六亦十二也。二其十二二十四也，三八亦二十四也，四六亦二十四也。三其十二三十六也，四九亦三十六也，六六亦三十六也。四其十二四十八也，三其十六亦四十八也，六八亦四十八也。五其十二六十也，三其二十亦六十也，六其十亦六十也。皆自然之相符也。此蓋陰數分其陽數耳，是以相因也。如月初一全作十二也。二十四氣、七十二候之數，亦可因以明之。

地數起于十二，十二辰數，月數也。自子至巳爲陽，自午至亥爲陰，二六也，以生成而分也。自子至戌爲陽，自丑至亥爲陰，亦二六也，以奇偶而分也。二六十二者，陰陽各半、析一爲

二、分其十二也。四三十二者，四時各三、析二爲四、又分其二六也。二十四者，氣數析十二月者也。三八者，八節一節而三氣也。四六者，四時一時而六氣也。三十六者，旬數也。三其十二者，十二月一月而三旬也。四九者，四時一時而九旬也。六六者，天有六氣三陰三陽，一氣而六旬也。四十八者，蓍除掛一之數一卦一位之爻也。四其十二者，一奇一耦兩卦而數也。三其十六者，一奇一耦兩爻而數也。兩卦而數者，從地也。兩爻而數者，從天也。六八者，一卦而數也。六十者，甲子之數也。五其十二者，主支而言也。六其十者，主干而言也。地從天而用五，天從地而用六也。二其三十者，分陰陽也。三其二十者，分三才也。如卦以二體言，則陰陽各三，以六爻言，則三才各二也。所以自然相符者，以陰分陽小分大爾，非有二也。

四九三十六也，六六三十六也。陽六而又兼陰六之半，是以九也。故以二卦言之，陰陽各三也。以六爻言之，天地人各二也。陰陽之中各有天地人，天地人之中各有陰陽，故「參天兩地而倚數」也。

四九者，九之體也。六六者，六之用也。陽之四體爲陰之六用。九九八十一者，老陽之用也。六，以二數之則三偶而奇，故卦之二體陰陽各三；以三數之則二奇而偶，故卦之六爻三才各二。陰陽各三，各有三才也，兩而三也。三才各二，各有陰陽也，三而兩也。天必有地，故三而兩。地必有天，故兩而三。三無非天，兩無非地，故「參天兩地而倚數」。陽九陰六者，亦三天兩地也，故曰陽六而又兼陰六之半也。八卦四十八爻，乾坤各用其半，坤用四六，乾用四九，非兼陰六之半乎？六，陰也，兩而能三。九，陽也，三不能兩。是故坤之用六言「利永貞」者，戒也，勿使之戰也。乾之用九言「無首吉」者，教也，勿使之亢也。

陽數一，衍之而十，十干之類是也。陰數二，衍之爲十二，十二支，十二月之類是也。天統其全，故陽數一衍之爲十。地分乎用，故陰數二衍之爲十二。十者，全數也。六者，用數也。二五爲十，天之十者，一而二也。二三爲六，地之十二者，二而四也。

一變而二，二變而四，三變而八卦成矣。四變而十有六，五變而三十有二，六變而六十四卦備矣。

一變而二者，得二卦也。二變而四者，得四卦也。故三變而八卦成。四變而十有六者，得十六卦也。五變而三十二者，得三十二卦也。故六變而六十四卦備。此《先天圖》卦變也。重卦之變自乾變坤，自坤變乾，從本卦之一六變得三十二數而成六十四卦。一變得一數與本而成二卦，二變含三一變得二數而成四卦，三變含五六七之三變得四數而成八卦，四變含九至十五之七變得八數而成十六卦，五變含十七至三十一之十五變得十六數而成三十二卦，六變自然含五變之三十一變得三十二數而成六十四卦也。由坤至姤得八十陽，則自冬至迄雨水五氣而加閏之日也。于是反生復，則七十六之已開物之初矣。自復至乾得一百十二陽，則自驚蟄迄芒種爲七氣，而加閏之日即生於七氣之中也。由乾變坤得一百九十二陰，則夏至迄大雪爲十二氣，而加閏之日亦生於十二氣之中矣。

《易》有真數，三而已矣。參天者，三三而九。兩地者，倍三而六。

乾一畫、坤二畫爲三，此真數也。三天者，陽得兼陰，乾之一包坤之二也。兩地者，陰不得兼陽，坤自有其二也。乾之一所以包坤之二者，陰二而缺陽，全則三，自然之象也。伏羲初畫三，用真數也。倍三而六者，坤之六畫也。三三而九者，乾之三畫又包坤之六畫也。有九有六，而老陽老陰之數見矣。有九六則有七八，而少陰少陽之數見矣。合爲十五，偶爲三十，而一月之數見矣。四爲六十而甲子之數見矣。六而六之則乾之策二百一十六、坤之策百四十四而三百有六旬之數見矣。自兹以往，引而伸之，孔子之言止于萬一千五百二十，而《皇極》之數極于無極。然皆自一奇一偶而起，故真數應乎三才，其微則一二三，其著則十一百。是以《易》畫始于三而坤數極于百，三十六爲爻之虚用，六十四爲卦之實體也。

「參天兩地而倚數」，非天地之正數也。倚者擬也，擬天地正數而生也。

大衍之數五十者，一九二八三七四六五五也。天得其三，地得其二，所謂「參天兩地而倚數」也。天地之數五十有五者，本數也。大衍之數五十者，用數也。本數地多其五，用數天多其十。用數者，聖人倚本數而立之，所以「扶陽抑陰，輔相天地」者也。是故自一五言之則乾三坤二，自二五言之則乾六坤四，自三五言之則乾九坤六，皆參天兩地也。陽得兼陰，陰不得兼陽，天多地少，君尊臣卑，變化有宗，作《易》者之數也。故曰「昔者聖人之作《易》也，參天兩地而倚數」。倚者擬也，亦有所依而立也，蓋依擬天地正數而立之者也。

《易》之生數一十二萬九千六百，總爲四千三百二十世，此消長之大數。衍三十年之辰數，即其數也。歲三百六十日得四千三百二十辰，以三十乘之，得其數矣。凡甲子、甲午爲世首，此爲《經世》之數，始于日甲，月子，星甲，辰子。又云：此《經世》日甲之數，月子、星甲、辰子從之也。

數有十，生成各半。元會運世年者，天之生數五也。月日時分杪者，地之成數五也。故《經世》之數止於年而大小運之數極于杪也。一十二萬九千六百之數，以杪言之則一月，以分言之則一年，以辰言之則一世，以日言之則一運，以月言之則一會，以年言之則一元。曰「總爲四千三百二十世」者，主年而言此天而地之數，故爲消長大數也。《先天圖》乾之一位八卦自元至辰，宗于天之一元者，天地之大數也；餘七位每位八卦亦自元至辰，各有其元者，人物之小數也。天之八數同起甲子，造物之初也；日甲、月子、星甲、辰子從之者，《經世》日甲指一元之年數爾。其月星辰之數：月爲會，一會得十二萬九千六百月；星爲運，一運得十二萬九千六百日；辰爲世，一世得十二萬九千六百辰。總一元之辰得泰之五億數，則盡乾一位八卦之數矣。又一變三十得兑之位，履卦百六十七億之數，則一辰三十分之數也。引而伸之，至坤之無極皆可知矣。

一、十、百、千、萬、億爲奇，天之數也。十二、百二十、千二百、萬二千、億二萬爲偶，地之數也。

天統乎體，故以十爲一。地分乎用，故裁十爲六。然地數常多二者，陽一陰二也。《易》之數天多於地者，聖人參天兩地而立之也。陽得包陰，陰不得包陽，臣雖任事，歸功則君；子雖勞力，享成則父。此其理也。是故天地奇偶，地數本多，《易》則三天而兩地，九乾而六坤。陰陽消長，陰勢本敵，《易》則貴泰而賤否，喜夬而憂剥，蓋理之所存，聖人因之，立人之極以輔相天地。若任其自然而無所相焉，《易》無作可也。

五十分之則爲十，若參天兩之則爲六，兩地又兩之則爲四，此天地分太極之數也。

五十分之則爲十者，一二三四五六七八九是也。三天兩之則爲六者，一三五五七九也。兩地又兩之則爲四者，二四六八也。此天地分太極之數也。太極無十，未成體也。五必有配，故重五也。重五而十在其中矣。二篇之策積之，至於萬有一千五百二十，則萬物分乾坤之數也。

復至乾凡百有十二陽，姤至坤凡八十陽。姤至坤凡百有十二陰，①復至乾凡八十陰。

復至乾多三十二陽、姤至坤多三十二陰者，六十四卦之基本也，此之謂乾坤定矣。是故六十四卦皆不外乾坤者，以其本三十二陽三十二陰也。其上象一百六十陽一百六十陰，不同者，變化也。三百二十之變化皆出於六十四，故姤復五變，是乾坤六變之中一變之數而已。重卦之策一十四萬七千四百五十六得三百八十四之三百八十四、動植之數十二萬二千八百八十得三

① 「姤」原誤作「垢」，今改。

百二十之三百八十四者，理出乎此。

陽數於三百六十上盈，陰數於三百六十上縮。

天道六變，故極於三百六十。陰陽盈縮各六，物不齊也。不齊，所以爲變化也。

## 卷四　觀物外篇中之上

人爲萬物之靈，寄類於走。走陰也，故百二十。

人壽百二十者，人地類，應地也。百歲者天也，百二十地也。天託乎地，地託乎天。百二十者，得天之數也，故天統乎體，八變而終于十六，地分乎用，六變而終于十二。

有一日之物，有一月之物，有一時之物，有一歲之物，有十歲之物，至於百千萬皆有之。天地亦物也，亦有數焉。雀三年之物，馬三十年之物，凡飛走之物，皆可以數推。人，百有二十年之物。

一日之物，蕣華之類。一月之物，蓂莢之類。一時之物，瓜果之類。一歲之物，百穀之類。

大而天地，小而蠛蠓，莫不有類，故元會運世年月日時之卦，用數多少各不同。

卦之反對皆六陽六陰也。在《易》則六陽六陰者，十有二對也，去四正則八陽四陰、八陰四陽者，各六對也，十陽二陰、十陰二陽者，各三對也。

此李挺之所傳《變卦圖》，以三陰三陽爲主而變者也。六陽六陰十二對者，否變泰、咸恒、豐旅、漸歸妹、渙節、既未濟六對，泰變否、損益、噬嗑賁、隨蠱、困井、既未濟六對。四正者，初經則乾坤坎離，重卦則頤中孚大小過。去之則八陽四陰、八陰四陽各六對者，遯變大壯、需訟、无妄大畜、睽家人、兑巽、革鼎六對，臨變觀、明夷晉、升萃、蹇解、艮震、蒙屯六對。十陽二陰、十陰二陽各三對者，姤變夬、同人大有、履小畜三對，復變剥、師比、謙豫三對。卦之反對凡五十六，而此有三十對者，否泰、既未濟司啓閉之節，當四隅之位，故重用一卦，所以《先天卦氣圖》每於寅申巳亥一氣交處重用四爻。以圖觀之，否泰既未濟正當天門地户人路鬼方，陰陽出入變化之道也。所謂四正者乾坤坎離，八正者兼頤中孚大小過，皆取其反復不變以爲羣變之宗。後天卦氣所謂四正則坎離震兑，八風謂之八正之氣則兼乾坤艮巽以其居四方四維之正也。先天易之體應天之氣者，體先致用也，後天易之用應地之方者，用先立體也。是故先天取其卦之正，後天取其位之正。以卦而言則先天八正卦之象反復不變，以位而言則後天八正卦之數反復不變也。

圓者星也，歷紀之數其肇於此乎？方者土也，畫州井土之法其倣於此乎？

歷用四分，圓而方也。州井皆九，方而圓也。圓者以方爲體，無體不立。方者以圓爲用，無用不行。星與土皆當運。運者，天地之用也。

蓋圓者《河圖》之數，方者《洛書》之文。故羲、文因之而造《易》，禹、箕叙之而作《範》也。

《河圖》無十，散爲九位。《洛書》有十，聚爲五類。無十者，地未成形，造物之初，天之氣數也，故圓以象天。有十者，地已成形，生物之後，地之形數也，故方以應地。《易》者道之變化，《範》者事之法則。圓者爲用，非體不立，八卦數偶，用之體也。方者爲體，非用不行，九疇數奇，體之用也。《河圖》九而卦止於八，以五代九則八數方而奠位，然中虛天九以待八者之用，則體無非用矣。《洛書》十而疇止於九，去十用五則九數圓而運行，然中建皇極以幹八者之體，則用無非體矣。是故天下事物，虛之則體無非用，實之則用無非體，理之自然也。《先天圖》外圓爲天，内方爲地。圓者《河圖》之數也，方者《洛書》之文也。《繫辭》曰「河出圖，洛出書，聖人則之」，畫《易》之初，蓋兼乎河洛之數，備乎方圓之理矣。惟變易之道以天爲宗，所以大禹重衍《洪範》以地承天，正如揚雄作《玄》用贊《大易》也。夫天究于九，地盡于十。九十者，天地之終也。究則不中，盡則無變，聖人弗用也。是故《河圖》之數四十五，八卦之數三十六，一八二七三六四五，交數皆九，非不用九也，藏九於八也。《洛書》之數五十五，九疇之數四十五，始於五行，終於六極，實有十事，非不用十也，藏十於九也。藏九於八，以體藏用則用不窮。藏十於九，以用藏體則體不窮。此天地變化之機，聖人用數之法也。

太極既分，兩儀立矣。陽下交於陰，陰上交於陽，四象生矣。陽交于陰、陰交于陽而生天之四象。剛交於柔、柔交於剛而生地之四象，于是八卦成矣。八卦相錯，然後萬物生焉。是故一分爲二，二分爲四，四分爲八，八分爲十六，十六分爲三十二，三十二分爲六十四。故曰「分陰分陽，迭用柔剛，故《易》六位而成章」也。十分爲百，百分爲千，千分爲萬，猶根之有榦，榦之有枝，枝之有葉，愈大則愈少，愈細則愈繁，合之斯爲一，衍之斯爲萬。是故乾以分之，坤以翕之，震以長之，巽以消之，長則分，分則消，消則翕也。

太極判而二氣分。陽浮動趨上，天之儀也。陰沈静就下，地之儀也。静極生動，上交于陽，動之始也，是爲少陽。動極生静，下交於陰，静之始也，是爲少陰。始動静者，少也，極動静者，老也，陰陽老少四象生矣。四象，天地所同有也。天得其氣，是名陰陽。地得其形，是名柔剛。太陰太陽少陰少陽，天之四象也。太柔太剛少柔少剛，地之四象也。兩儀四象八卦生矣。四混於一則五也，八混於一則九也。四八者，其立體也。一者，其運用也。析大成小，轉往成來，在天爲生物之時，在地爲生物之數。自一至萬以至於不可數計，故曰「八卦相錯，萬物生焉」。自一分至六十四，凡六變，《先天圖》陰陽之分數也。八八六十四，體數之極也。八者體也，六者用也。八八者，盡八變，主八卦也。六變者，明六位，象六爻也。故曰「分陰分陽，迭用柔剛，《易》六位而成章」。所以體有八，而用止於六也。陰陽剛柔，分則立體，迭則致用，陰陽氣也，混而難別，分之者，卦之二體，上下分三而各立也。剛柔形也，異而難合，迭用者，爻之六位，奇偶隔一而遞遷也。其在《先天圖》，上卦皆十二陰十二陽，混而難别也，下卦八卦各一位，異而難合也。以地體天則陰陽分矣，以天用地則剛柔迭矣，是故分陰分陽爲寒暑，迭用柔剛爲晝夜也。一偶爲二而六十四在其中矣，六十四而三百八十四在其中矣。三百八十四者，閏歲之策，天地體數之極，用在其中矣。散而爲百千萬億之物則分天地之體而已，運而爲百千萬億之歲則分天地之用而已。雖變化無窮，不過乾坤震巽分翕消長而已。七以長六至九則分，八以消九至六則翕，故《易》之策數止用乎七八九六也。夫震巽雖無策，復姤實自此生。天陽也，震之陽不見則在乎地下也。地陰也，巽之陰不見則在乎天上也。以其不見故無策，以其互處故爲剛柔相交之始，此所以稱男女之長而代乾坤爲小父母也。

乾坤，定位也。震巽，一交也。兑離坎艮，再交也。故震陽少而陰尚多也，巽陰少而陽尚多也，兑離陽浸多也，坎艮陰浸多也，是以辰與火不見也。

乾坤定位於上下，以六子而相交。此言《先天圖》卦也。震，坤體也，得乾之一陽，巽，乾體也，受坤之一陰，故曰「一交也」。離兑女也，而有二陽，艮坎男也，而有二陰，故曰「再交也」。震離兑居左，天之分也，故震爲陰尚多，離兑爲陽浸多。巽坎艮居右，地之分也，故巽爲陽尚多，坎艮爲陰浸多。在天而陰多陽少則陽不見，在地而陽多陰少則陰不見，故冬至之後木行天泓，養其陽四十五日立春，而後陽用事，夏至之後金行靈府，養其陰四十五日立秋，而後陰用事，所以天辰不見，地火常潛，而震巽無策也。

一氣分而陰陽判，得陽之多者爲天，得陰之多者爲地。是故陰陽半而形質具焉，陰陽偏而性情分焉。形質又分，則多陽者爲剛也，多陰者爲柔也，性情又分，則多陽者陽之極也，多陰者陰之極也。

太極兼包動静，静則見虚，動則見氣，氣動爲陽，静復爲陰。故太極判爲陰陽，二氣相依以立而未當相無。天非獨陽也，陽多而已，所以乾三十六陽而常存十二陰也。地非獨陰也，陰多而已，所以坤三十六陰而常存十二陽也。二儀相配一體，乃成六十四卦三百八十四爻，陰陽各居其半，故曰陰陽半而形質具焉。此以天地言形質也。至於分陰分陽各致其用，乾巽兑離百二十陽七十二陰，坤震艮坎百二十陰七十二陽，天以多陽動而爲變，地以多陰静而爲常，故曰陰陽偏而性情分焉。此以天地言性情也。形質又分，多陽爲剛者，火石也，多陰爲柔者，水土也，此則以地言形質也。性情又分，多陽爲陽極者，夏之極熱也，多陰爲陰極者，冬之極寒也，此則以天言性情也。大抵形質者，其立體也，性情者，其致用也。混于一則平，分于兩則偏。不一則不合，合然後成體。不兩則不變，變然後有用。合二氣以爲形質，形質具則陰陽半。雖體之多陽者爲剛、多陰者爲柔，不得而同，合之則均，兩相待而立矣。若夫性情分於陰陽之偏，乃天地之妙用也。苟合而不偏，一而無變，天地之用息矣。惟其不能無偏，則多陽爲陽之極，雖有陰而不見故也；多陰爲陰之極，雖有陽而不用故也。陰陽雖偏，合之乃中，性情雖偏，節之則和，本自中和故也。天理必誠，人爲則妄。天之性情陰陽交而中和者，常出於自然。人之性情剛柔節而中和者，必賴於教化。是故皇極之君，中正之學者，所以用八卦九疇也。

兑離巽，得陽之多者也，艮坎震，得陰之多者也，是以爲天地用也。乾陽極，坤陰極，是以不用也。

兑離巽，乾體也，坤來交之，雖名三女而實多陽。震坎艮，坤體也，乾來交之，雖名三男而實多陰。此少陰少陽也，陰中有陽，陽中有陰，陰陽相交，故爲天地之用，四時之所以冬夏，百物之所以盈虛也。陽之長也，自七歷八至九而老，陰之消也，自八歷七至六而老，故乾坤爲陰陽之極而不用也，夫剛柔不可極也。兑離巽，陽雖多，剛雖過，有一柔以制之，震坎艮，陰雖多，柔雖過，有一剛以主之，所以爲用也。是故「平康正直」，中和也。「强弗友剛克」，過剛也。「沉潛剛克」，則用以柔也。「燮友柔克」，過柔也。「高明柔克」，則用以剛也。剛而無柔，或侮鰥寡，柔而無剛，或畏强禦，不可用也。故曰南融而北結，萬物之死地也。其不生物者，陰陽之極也，是以乾坤不用也。

乾四分取一以與坤，坤四分取一以奉乾。乾坤合而生六子，三男皆陽也，三女皆陰也。兑分舊脱「分」字。一陽以與艮，坎分一陰以奉離，震巽以二相易。合而言之，陰陽各半，是以水火相生而相克，然後既成萬物也。

陽策四十八，乾得三十六，坤得十二，故曰乾四分取一以與坤也。陰策四十八，坤得三十六，乾得十二，故曰坤四分取一以奉乾也。陽以陰爲基，乾得坤之十二而以六陽交之，是生三男。三男之卦皆四陰二陽者，以陰爲基也。陰以陽爲基，坤得乾之十二而以六陰交之，是生三女。三女之卦皆四陽二陰者，以陽爲基也。父母既老，無爲而立體。男女方少，相交而致用。震離兑居左，乾之用也。巽坎艮居右，坤之用也。多陽者附天，體本乾也，故離兑附乾。巽雖居右，亦附乾也。多陰者附地，體本坤也，故艮坎附坤。震雖居左，亦附坤也。乾坤合而生六子者，言乾坤之交也。兑以一陽與艮，坎以一陰奉離。震巽以二相易者，言六子之自相交也。一父三男，陰陽之爻各得十二，一母三女，陰陽之爻亦各得十二，體之半也。錯而用之，乾兑離震十六陽而八陰，坤艮坎巽十六陰而八陽，用之變也。雖若不同，合而陰陽有體，所謂以不同同之，如鹹酸相適而爲味也。是故五行之氣，方其不足也則相生，及其有餘也則相克。相養相制，務適平均，而後既成萬物。《河圖》之數，縱横曲折，數之皆成十五，天之示人顯矣，伏羲畫卦，信其祖于此歟。蓍除掛一之外有四十八策，乾坤各以四分之一相與，故一爻極用之策不過三十六，其三十六之中又各以六相交。故一爻用策均之不過三十也。總二爻而策九十六，以三十六爲六子之卦體，以六十爲甲子運行之用。其掛一，二蓍則奇偶二畫之體，乾坤之本也。

乾坤之名位不可易也，坎離名可易而位不可易也，震巽位可易而名不可易也，兑艮名與位皆可易也。

左右者，賓主也。上下者，君臣也。賓主無常，君臣有定。故左天而右地者，陰陽之名也，上天而下地者，陰陽之位也。乾居左而在上，坤居右而在下，故曰名位不可易也。坎居右而在上，離居左而在下，故曰名可易而位不可易也。巽居右而在上，震居左而在下，故曰位可易而名不可易也。兑居左而在上，艮居右而在下，故曰名與位皆可易也。名位者，體用也。上下爲體，左右爲用，故名虚而位實，名輕而位重也。乾坤陰陽之純，故名位皆不易，坎離陰陽之中，故易名不易位。震巽男女之長，氣之壯者也，故易位不易名。艮兑，男女之少，氣之弱者也，故名位皆可易。不易者，所以立體，易者，所以致用。坎離比乾坤則已易其名，比四子則未喪其位，變而不失乎正，故爲致用之主而能肖乎乾坤，此易所以貴中也。

離肖乾，坎肖坤，中孚肖乾，頤肖離，小過肖坤，大過肖坎。是以乾坤坎離中孚頤大小過，皆不可易者也。

乾坤陰陽之純，坎離陰陽之中。純者，有始有卒，初終如一。中者，無過不及，上下皆通。故乾坤坎離，體皆不變也。震之一陽在下，艮之一陽在上，巽之一陰在下，兑之一陰在上。視乾坤則不純，比離坎則不中，故震巽艮兑，體皆可變也。若夫合震艮爲一，上下相濟而陰體幾乎中純矣，合巽兑爲一，上下相濟而陽體幾乎中純矣。故坎離肖乾坤而不變，頤中孚大小過肖乾坤坎離而不變也。夫乾坤坎離立體不變，交而爲否泰既未濟則變，此自誠而明，聖人之分，達節者也。震巽艮兑立體則變，合而爲頤中孚大小過則不變，此自明而誠，賢人之分，守節者也。先常後變，從體起用，應世之事也。先變後常，攝用歸體，成德之事也。震巽艮兑之成德也，僅能如乾坤坎離之初，故曰「可與立，未可與權」。

離在天而當夜，故陽中有陰也，坎在地而當晝，故陰中有陽也。震始交陰而陽生，巽始消陽而陰生。兑，陽長也，艮，陰長也。震兑，在天之陰也。巽艮，在地之陽也。故震兑上陰而下陽，巽艮上陽而下陰。天以始生言之，故陰上而陽下，交泰之義也。地以既成言之，故陽上而陰下，尊卑之位也。

此言《先天圖》八卦也。以左右言之則乾兑離震爲天，巽坎艮坤爲地。以上下言之則乾兑巽坎爲晝，坤艮震離爲夜。離當卯初，夜方終而晝始，雖陽中有陰而陽見陰伏也。坎當酉初，晝將終而夜始，雖陰中有陽而陰見陽伏也。乾坤當子午，定上下之位，是爲南北，爲冬夏。坎離當卯酉，列左右之門，是爲東西，爲春秋。自復至乾爲陽長，本坤體也，陽來消之，故震之陽生、兑之陽長，皆爲在天之陰，陰盡陽純而後乾體成矣。自姤至坤爲陰長，本乾體也，陰來消之，故巽之陰生，艮之陰長，皆爲在地之陽，陽盡陰純而後坤體成矣。一定所以立體，相交所以致用。天以始生言之，陰上陽下交泰之義者，天主用也。地以既成言之，陽上陰下尊卑之位者，地主體也。是故自始生言之，則一二三之六爲三天，四五之九爲兩地。自既成言之，則一三五之九爲三天，二四之六爲兩地也。先天八卦之位與後天不同，先天之位三女附乎乾三男附乎坤，後天之位三男附乎乾三女附乎坤。陰附陽陽附陰者，相交之初也。陰附陰陽附陽者，辨分之後也。相交者，致用也。辨分者，立體也。先天，易之體也，相交致用，體由此而成也。後天，易之用也，辨分立體，用由此而生也。

乾坤定上下之位，離坎列左右之門，天地之所闔闢，日月之所出入，是以春夏秋冬、晦朔弦望、晝夜長短、行度盈縮，莫不由乎此矣。

乾坤定上下之位，上爲陽，下爲陰，故上有一百十二陽八十陰，下有一百十二陰八十陽也。坎離列左右之門，左爲陽，右爲陰，故左有一百十二陽八十陰，右有一百十二陰八十陽也。先天以乾坤坎離當子午卯酉，爲四正之卦運行之數，去而不用者，以存體也。老父老母定乎上下，萬變出焉而我無爲，體之體也。中男中女列乎左右，萬變由焉而我不易，用之體也。乾坤當子午之中，坎離當卯酉之初者，乾坤正而坎離偏也。先天，造物之初也，伏羲八卦，天位也，兼天上地下而言，所以天地闢闔，日月出入，春夏秋冬，晦朔弦望，晝夜長短，行度盈縮，莫不由此。後天，生物之後也，文王八卦，地位也，獨據地上言之，所以坎離震兑當二至二分之中，兑震位不偏者，以二分有定，非若晝夜之盈縮也。故《繫辭》論文王八卦但言春秋冬夏南北東西，言坤不過曰地，言坎不過曰水而已，不及乎地下之事也。

自下而上謂之升，自上而下謂之降。升者生也，降者消也。故陽生於下，陰生於上，是以萬物皆反生，陰生陽，陽生陰，陰復生陽，陽復生陰，是以循環而無窮也。

以天地爲一氣，主一陽而言之則自下而上謂之升。升者，生也。自上而下謂之降。降者，消也。以天地爲二氣，分陰陽而言之則自下而升者爲陽生，故陽生於下，自上而降者爲陰生，故陰生於上。以《先天圖》觀之，陽生於子，冬至之後天左旋，自頤至乾日右行，自剥至姤陽之變陰皆從下而上。陰生於午，夏至之後天左旋，自大過至坤日右行，自夬至復陰之變陽皆從上而下也。陽本上而生於下，陰本下而生於上，故萬物反生，動物生於首，植物生於根，皆反生也。天之陰陽，自復至乾受之以姤，自姤至坤受之以復。日之陰陽，自剥至乾受之以夬，自夬至坤受之以剥，陰陽相生，如環無端，此天地之所以無窮也。夫自位觀之，伏羲之卦陽生乎下之下，文王之卦陽生乎上之下，皆下生也。伏羲之卦陰生乎上之上，文王之卦陰生乎下之上，皆上生也。若自卦觀之，伏羲之卦陰陽皆自上而生，文王之卦陰陽皆自下而生。自上生者，天之陰也，無物之氣也。自下生者，地之陽也，有體之物也。蓋伏羲之卦先天也，天之氣也。文王之卦，後天也，地之物也。是故《先天圖》陽自剥起，至姤變爲復乃反生三十二陽，陰自夬起，至復變爲姤乃反生三十二陰者，太極生天地之時也，夫日之變至坤而剥復相授，至乾而夬姤相授者，天地生萬物之時也。生天地者，以乾坤爲主卦，未有一大父母也。生萬物者，以復姤爲主卦，已有一小父母也。乾坤用六變，復姤用五變。天日錯行，復姤主之。五變相交，其一不動。右旋者爲生氣以變時，左旋者爲布氣以生物。其卦逆順之行亦如方圓之象，取名有上下不同。至於卦變則皆自上而下，若乃文王之《易》，雖兩卦升降反對，言其爻位則皆自下而上也。

陰陽生而分兩儀，二儀交而生四象，四象交而生八卦，八卦交而生萬物。故二儀生天地之類，四象定天地之體。四象生日月「日月」舊誤作「八卦」。之類，八卦定日月之體。八卦生萬物之類，重卦定萬物之體。類者，生之序也。體者，象之交也。推類者必本乎生，觀體者必由乎象。生則未來而逆推，象則既成而順觀。是故日月一類也，同出而異處也，異處而同象也。推此以往，物焉逃哉？

造物之初，以氣造形，故陰陽生天地。生物之後，以形寓氣，故天地轉陰陽。陰陽生而分二儀者，静極生動，動而生陽，動極復静，静而生陰，一陰一陽，二儀分矣。二儀交而生四象者，陰始交陽而生少陽，至老而止，陽始交陰而生少陰，至老而止，陰陽老少四象生矣。四象交而成八卦者，陽體爲剛，陰體爲柔，天得其氣是名陰陽，地得其形是名剛柔，氣形相依八卦生矣。八卦交而生萬物者，一卦變八卦，重之爲六十四卦三百八十四爻，引而伸之，無窮罔極，奇偶相交萬物生矣。二儀者，太極之陰陽也。陽升而生天，陰降而生地，故生天地之類，一氣分而生也。陽交陰，陰交陽。交左右，通上下。位以神運質，以質載神。天地之體定於四象者，二氣交而成也。四象者，天之陰陽也。陽抱陰生日，陰抱陽生月，故生日月之類，一氣分而生也。陽交陰，陰交陽。陰資於陽，陽託於陰。以魄拘魂，以魂制魄。日月之體定于八卦者，二氣交而成也。八卦者，地之陰陽也。陽生動物，陰生植物，故生萬物之類，亦一氣分而生也。陰交陽，陽交陰。動中有靜，靜中有動。以氣役形，以形貯氣。萬物之體定於重卦者，亦二氣交而成也。凡自下而上進而生者爲陽，凡自上而下退而生者爲陰，故類者生之序也。生於陽者待陰而凝，生於陰者得陽而熙，故體者象之交也。推類者，未生之初也。以氣造形自虛而出實，故未來而逆推，《易》所謂「知來者逆」。所以圖違天右行而數者，皆未生之卦也。觀體者，既形之後也。以形寓氣由顯以探隱，故既成而順觀，《易》所謂「數往者順」，所以圖隨天左旋而數者，皆已生之卦也。是故日月一類者，同乎天之一氣也。同出而異處者，分而生也。異處而同象者，交而成也。人生乎太極之合一，物生乎天地之分兩，故人與人同類，而物爲異類也。

天變時而地應物，時則陰變而陽應，物則陽變而陰應。故時可逆知，物必順成。是以陽迎而陰隨，陰逆而陽順。

日之右行，所以生氣，生氣所以變時。天之左行，所以布氣，布氣所以生物。天變時者，謂右行之卦也。地應物者，謂左行之卦也。右行者坤爲變而乾爲應，故曰陰變而陽應也。左行者復爲變而姤爲應，故曰陽變而陰應也。右行者未有一，皆未生之卦也。左行者已有一，皆已生之卦也。知來者逆，故時可逆知。數往者順，故物必順成。所以主時而言，則陽之消陰爲迎，陰之消陽爲逆，陰陽皆逆行。主物而言，則陽之長爲順，陰之長爲隨，陰陽皆順行也。

語其體則天分而爲地，地分而爲萬物，而道不可分也。其終則萬物歸地，地歸天，天歸道。是以君子貴道也。

天分爲地，故蓍運而有卦。地分爲物，故卦析而有爻。其在先天則一卦變而八卦，八卦變而六十四也。所謂道不可分者，豈非老氏之「無」耶？所謂天歸道者，豈非釋氏之「空」耶？夫太極者包陰陽動静之稱，其始也虛在一元當物未開之前，虛非無也，其終也密在一元當物已閉之後，密非空也。實而顯者，體之見也。虛而密者，用之藏也。太極函三爲一，皇極居中用九，始中終上中下，無所偏滯。體雖分三，用常合一。密終虛始，無有間斷。故曰「《易》之爲書也，原始要終，以爲質也」，夫是之謂道。

有變則必有應也。故變於内者應於外，變於外者應於内，變於下者應於上，變於上者應於下也。天變而日應之，故變者從天而應者法日也。是以日紀乎星，月會於辰，水生於土，火潛於石，飛者棲木，走者依草，心肺之相聯，肝膽之相屬，無他，變應之道也。

乾兑巽坎爲上，則離震艮坤爲下。乾兑離震爲内，則巽坎艮坤爲外。陰陽消長每卦相效，未有變而不應者，故變者從天，謂天以左行而日移一度也，應者法日，謂日以右行而日應一度也。是故日紀於星，乾離也。月會於辰，兑澤也。水生於土，坤坎也。火潛於石，艮巽也。皆上下相應也。飛者棲木，離艮也。走者依草，震坤也。心肺相聯，乾巽也。肝膽相屬，兑坎也。皆内外相應也。是故變應之道陰陽之氣以類相從，自然之理也。所以《易》之六爻亦以初應四，二應五，三應上也。

本乎天者親上，本乎地者親下，故變之與應常反對也。

自已生之卦言之，六變之中一不變者，物之命也。凡物皆反生，陰生乎上，在上之三十二卦其一皆下向者，命在下也，故植物之根附地也。陽生乎下，在下之三十二卦其一皆上向者，命在上也，故動物之首附天也。

陽交於陰而生蹄角之類也，剛交於柔而生根荄之類也，陰交於陽而生羽翼之類也，柔交於剛而生支榦之類也。天交於地，地交於天，故有羽而走者，足而騰者，草中有木，木中有草也。各以類而推之，則生物之類不過是矣。走者便於下，飛者利於上，從其類也。

陽交于陰，以陰爲用，故生動物之走。陰交於陽，以陽爲用，故生動物之飛。動物屬天，故以陰陽言之。剛交於柔，以柔爲用，故生植物之草。柔交於剛，以剛爲用，故生植物之木。植物屬地，故以剛柔言之。動物屬天，自分天地，則飛爲天，走爲地矣。植物屬地，自分天地，則木爲天，草爲地矣。地交於天，故有足而騰、草而木者，本地類也，而得天之氣焉。天交於地，故有羽而走、木而草者，本天類也，而得地之氣焉。羽而走，雞鶩之類是也。足而騰，龍馬之類是也。草中木，枝幹强巨者，蘆荻甘草之類是也。木中草，枝幹纖弱者，荼蘼郁李之類是也。萬物雖多，不過六十四卦之變，盡之矣。走者便於下，本乎地者親下之義也。飛者利於上，本乎天者親上之義也。

陸中之物，水中必具者，猶影象也。陸多走、水多飛者，交也。是故巨于陸者必細於水，巨於水者必細於陸也。

飛走動植之物，凡陸中有者水中亦有之，陸爲陽而水爲陰，陽猶象而陰猶影也。陽宜飛而陸多走，陰宜走而水多飛者，陰陽相交而互用，故陽卦多陰、陰卦多陽也。巨於陸者細於水，巨於水者細於陸，陰陽相反也。

虎豹之毛猶草也，鷹鸇之羽猶木也。

虎豹，天之陰，草，地之柔也。鷹鸇，天之陽，木，地之剛也。虎豹草伏，鷹鸇木棲，從其類也。

木者星之子，是以果實象之。

天之四象，日月星辰。地之四象，水火土石。火爲日，水爲月，土爲辰，石爲星。其在物則飛屬火，走屬水，草屬土，木屬石。故木者星之子也。果實象之，以類生也。

葉陰也，華實陽也，枝葉耎而根幹堅也。

陰犓陽精，故葉爲陰，華實爲陽，陰中有陽則葉之光澤也，陽中有陰則華之蒂蕚、實之皮殼也。枝葉耎，地之柔也。根榦堅，地之剛也。枝老則堅，近榦也，如草中之木；榦少則柔，近枝也，如木中之草。有根榦而後有枝葉，陽而陰也；有枝葉而後有華實，陰而陽也。是故陽以陰爲基，陰以陽爲基也。

人之骨巨而體繁，木之榦巨而枝葉繁，應天地之數也。

陽奇陰偶，陽一陰二，故天一地二。天數起於一，地數起於十二，蓋陽渾陰分，渾則大而少，分則小而多。自然之數，亦自然之理也。人之骨屬陽，如木之榦，人之體屬陰，如木之葉，故應天地之數也。太極含三爲一，真數也。含三者，中包一二三，之六用，故乾之數一而爻有六畫。地起十二者，二六之用也，故坤有十二畫。

動者體横，植者體縱，人宜横而反縱也。

圓者性動，方者性静。圓者體縱，方者體横。天圓地方，而天縱而動，地横而静。動物屬天而體横象地者，陽以陰爲基，故坎男外陰則類坤。植物屬地而體縱象天者，陰以陽爲基，故離女外陽則類乾。是故南北爲縱一定不易，東西爲横運轉不居，縱者反静，横者反動也。動物能横不能縱，植物能縱不能横者，禀天地一偏之氣也。人爲萬物之靈，得天地日月交之用，故能縱能横。曰「宜横而反縱者」，謂其本動物也，應用則縱，圓動如天，反本則横，方静如地，是故晝則縱而夜則横，生則縱而死則横也。

飛者有翅，走者有趾。人之兩手，翅也。兩足，趾也。

動物皆天也。自分陰陽則飛爲陽，走爲陰，是故走者有趾，飛者有翅亦有趾，天兼地之義也。

然能走即短於飛，能飛即短於走。惟人，手足皆應用便利。

飛者食木，走者食草，人皆兼之而又食飛走也，故最貴於萬物也。

飛者食木，陽也。走者食草，陰也。飛亦食草實者，草之木也。走亦食木葉者，木之草也。

人無不食而無不能，太極之氣也。

體必交而後生，故陽與剛交而生心肺，陽與柔交而生肝膽，柔與陰交而生腎與膀胱，剛與陰交而生脾胃。心生目，膽生耳，脾生鼻，腎生口，肺生骨，肝生肉，胃生髓，膀胱生血。故乾爲心，兑爲脾，離爲膽，震爲腎，坤爲血，艮爲肉，坎爲髓，巽爲骨，泰爲目，中孚爲鼻，既濟爲耳，頤爲口，大過爲肺，未濟爲胃，小過爲肝，否爲膀胱。

天之陽日也，地之剛石也。天之陰月也，地之柔土也。天之柔辰也，地之陰水也。天之剛星也，地之陽火也。日月星辰，天之四象也。水火土石，地之四象也。天地交而生人，故天之四象在人爲四藏，其見於外則爲目耳鼻口者，首之四象也。地之四象在人爲四府，其見於外則爲血肉骨髓者，身之四象也。乾爲心者，生物之主。離爲膽者，應物之用。兑爲脾者，一陰悦乎重剛之上，受物而克之者也。震爲腎者，一陽動乎至柔之下，滋氣而生之者也。大過爲肺陽多者，氣也。小過爲肝陰多者，血也。未濟爲胃者，坎離不交清濁之辨也。否爲膀胱者，天地不交水轂之辨也。坤爲血者，極陰也。坎爲髓者，中陽也。艮爲肉者，柔多而外剛也。巽爲骨者，剛多而内柔也。泰爲目者，陽中陽用事，故外明也。既濟爲耳者，陰中陽用事，故内明也。中孚爲鼻者，外實而中虚也。頤爲口者，上止而下動也。在天則純卦爲四藏而生八卦者，天之天生天之地也。在地則交卦爲四府而生純卦者，地之天生地之地也。地，皆體也，而血髓近乎用，故屬坤坎。天，皆用也，而鼻口近乎體，故屬兑震。詳解在《通變圖》中。

天地有八象，人有十六象，何也？合天地而生人，合父母而生子，故有十六象也。

天有陰陽，地亦有陰陽。地有柔剛，天亦有柔剛。陰陽剛柔日月星辰，天之四象也。剛柔陰陽水火土石，地之四象也。人有十六象者，藏四首四，天也，府四身四，地也。

心居肺，膽居肝，何也？言性者必歸之天，言體者必歸之地，地中有天，石中有火，是以心膽象之也。心膽之倒垂，何也？草木者，地之體也，人與草木皆反生，是以倒垂也。

草木反生，下親乎地。心膽倒垂，上親乎天。居於肝肺，亦託乎地之意。天依地，地依天，故性依體，體依性也。人與物皆反生，動物生於首，植物生於根，反生也。心膽之倒垂，如枝葉之上嚮，反生則順也。

口目横而鼻耳舊脱「耳」字。縱，何也？體必交也。故動者宜縱而反横，植者宜横而反縱，皆交也。

天圓地方，故天體縱，地體横。動物屬天，其體宜縱。植物屬地，其體宜横。宜縱而横、宜橫而縱者，交也，是以動者之形反橫而類母，植者之形反縱而類父。人備天地陰陽，能屈能申，故宜橫而反縱。至于耳目鼻口之象，則類乎動植之形也。

天有四時，地有四方，人有四支。是以指節可以觀天，掌文可以察地。天地之理具指掌矣，可不貴之哉？

四指各三節，應十二辰，合之則二十四氣。拇指三節，二爲陰陽，隱者爲太極。掌則大物也，合之而三十二則得乎天卦，併手足而六十四則兼乎地卦，故人之兩手兩足實應四方也。地之體數極於十六，四之而六十四，然衍十六者一一而起八八而終，實數十有五焉，則以地去一而起二故也。所以一手十六數而顯見者十五，太極隱乎大物之間也。不惟此爾，自手至腕，自腕至肘，自肘至肩，自趾至脛，自脛至股，自股至胯，各三節，則人之手足又應十二次也。掌文可以察地者，後高前下，東南多水西北多山也，聚處爲川澤，掌文則川之象也。手仰者，本乎天者親上也。足俯者，本乎地者親下也。手可翻覆足不可翻覆者，陽能兼陰陰不能兼陽也。

神統於心，氣統於腎，形統於首。形氣交而神主乎其中，三才之道也。

氣統於腎，地下也，北方也。形統於首，天上也，頂連北而面當南。神統於心，南方也，太虛也，實用則人也。地，形也，而氣統於腎。形者，氣之所以生也。天，氣也，而形統於首。氣者，形之所以成也。神寓太虛，虛本無物，在天地爲人，在人爲心，則皆有物矣。是故二必有三，中虚致用，用實成體，體無非用，三才之道也。凡人之神託於氣，而氣託於形，以神對氣，神虚氣實。神者，用也。氣者，體也。以氣對形，氣虚形實。氣者，用也。形者，體也。人以形載氣則用在體内，天以形包地則用在體外。用在體内故有方而小，用在體外故無方而大。天之用雖無方，然體之無有者，形亦不能生物，故天之用實在地也。其變化不測者，是神而已。神之妙用，非惟天有之，人亦有焉，能盡乎神則用與天等，此聖人所以踐形而如天之無不覆也。形統於首，天也。日月星辰，天之用也。耳目鼻口，首之用也。天之日月星辰内照，人之耳目鼻口外役。人若能收視反聽，則神游太虚，心不役物，擴而充之，與天爲徒。

人之四肢各有脉也。一脉三部，一部三候，以應天數也。

四肢各一脉，四時也。一脉三部，一時三月也。一部三候，一月三旬也。四九三十六，乾之策天之極數也。《素問》曰十二節皆通乎天氣。十二節者，十二節氣應人之十二經脉，謂手足各三陰三陽也。三候者，亦浮沉中也，陰陽有太過不及也。

心藏神，腎藏精，脾藏魂，膽藏魄。

腎，北方之天一也，故藏精。心，南方之太虚也，故藏神。精氣爲魄，精始化也。神氣爲魂，魄生陽也。魄者精之所自出，爲精氣之佐使，故曰「並精出入之謂魄」。木，水之子也，故膽藏魄。魂者神之所自出，爲神氣之輔弼，故曰「隨神往來之謂魂」。土，火之子也，故脾藏魂。積清爲精。精則清靈之氣專一凝聚而成此氣之妙者，故惟誠能生精，惟精能生神也。精出於虚，生於誠。誠乃天德，其生精者，蓋天真自然之氣，非僞爲也，故誠運乎虚，專一不二則生精，精見於有，變化自然則生神，此精神之本也。神之盛者爲魂，精之盛者爲魄，以有氣爲之使爾。精神者，主也。魂魄者，使也。人常存誠，則心能御氣而精神爲主，其死也爲神爲靈。人常逐妄，則氣反役心而魂魄爲主，其死也爲鬼爲物矣。

胃受物而化之，傳氣於肺，傳血於肝，而傳水穀於脬腸矣。

精神魂魄，性之用也，故心膽脾腎爲藏。言性者必歸之天，藏爲天也。若夫胃受物而化之氣味，以養氣血，故傳氣於肺，傳血於肝，皆用物之精英，以助吾之魂魄者也，其苴滓濁穢則入於脬腸矣。氣血水穀，形之用也，故肺肝胃腸爲府。言形者必歸之地，府爲地也。心膽脾腎與胷中而五，皆性用也。肺肝胃腸與腹中而五，皆形體也。或曰人言五藏六府，康節獨言四，何也？天地各以一變四者，先天也，若夫天有五干故言五藏，地有六支故言六府。生於五者窮於六，生於六者周於五。地有五行，天亦有五行。天有六氣，地亦有六氣。故又言府有五、藏有六，五偶而十，六偶而十二，相交共一則爲十一，相别分兩則爲十二，故《素問》有言十一藏有言十二藏者，又如《黄庭》言六府則兼齊，《素問》言六府則指三焦，各隨事生義，皆後天之末用，非先天之本體也。先天有四者，四象也。天五冲氣寓於四者之間，不可名也。後天有五者，五行也，中虚致用，五亦自居其一數也。五不可名者，時中也。五自居於一者，執中無權，猶執一也。中央之土本以中和而養四藏，衆人脾胃反多病，則子莫之執中也。

# 卷五　觀物外篇中之中

天圓而地方，天南高而北下，是以望之如倚蓋然。地東南下西北高，是以東南多水，西北多山也。天覆地，地載天，天地相函，故天上有地，地上有天。

古之言天有三家：曰宣夜，曰蓋天，曰渾天。宣夜之學，人謂絶無師法。蓋天之學惟唐一行知其與渾天不異，蓋天之法如繪像止得其半，渾天之法如塑像能得其全。堯之歷象日星，蓋天法也。舜之璇璣玉衡，渾天法也。渾天密於蓋天，創意者尚畧，述作者愈詳也。宣夜，人雖非之，竊謂作者不無所見，但論述者失其本旨爾。郄萌記曰：「日月衆星自然浮生虛空之中，其行其止皆須氣焉。」虞喜曰：「天確乎在上，有常安之形。」數語皆有意義，而恨不究乎終始。蓋《河圖》之數，戴九履一，一起于下，是爲坎水，天象之始也；九窮于上，是爲乾金，天象之成也。故坎水柔動而乾金堅凝，動脈滋生而腦精安静。虞喜謂常安之形者，北極不動之義，天之頂也。郄萌謂日星浮於虛空，行必須氣。此則東西運轉，氣即天，虛即氣也。雍曰望之如倚蓋。此兼取蓋天之説也，其曰地東南下西北高者，天圓如虛毬，地斜隔其中，西北之高戴乎天頂，故北極出地才三十六度，愈降而及東南，履乎天末，故南極入地才三十六度，東南多水，西北多山，其高卑可見矣。地勢本傾峻，以其體大，故人居其上而弗覺。西北附實，東南面虛，人倚北而嚮南，是以天潛乎北而顯乎南，水發乎西而流于東也。天包地，地載天，天地相函，以立於太虚之中而能終古不壞，雖其理至妙不可測度，要之不過虚實相依動静相養，不即不離非一非二，故在天成象則在地成形，仰天有文則俯地有理，人能窮此，可以達性命之原，知死生之説矣。

天渾渾於上而不可測也，故觀斗數以占天也。斗之所建，天之所行也。魁建子，杓建寅，星以寅爲晝也。斗有七星，是以晝不過乎七分也。

日月五星皆從地道而右行。天道左行以辰爲體。辰者無物之氣，不可見也。觀天之行以斗建而已。斗有七星，天之數也。晝不過乎七分者，天數極乎九而盈于七也。一二三四五由五以前，生數十五也。五六七八九由五以後，成數三十五也。天數二十有五合之而五十者，天之全數，故大衍之數五十也。生數十五，其一爲太極之體大衍不用，其十四者，七爲天之本體，七爲日月五星，所以著數七七而見於象者止有三十五。名四布四方爲二十八舍，一居中央是爲北斗，是故數足于十，天得其六地得其四，天兼餘分盈于七而斗有七星也。北斗七星自一至四爲魁，自五至七爲杓，魁爲璇璣，杓爲玉衡。星以寅爲晝者，中星以寅爲旦，戌爲昏也。日以卯酉爲中則十二分而用七星，以寅戌爲限則十分而用七矣。

天行所以爲晝夜，日行所以爲寒暑。夏淺冬深，天地之交也。左旋右行，天日之交也。

日麗乎天，日行一度爲天所轉，故天一日一周，日亦隨之。夏則出寅入戌，冬則出辰入申。春秋出卯入酉，出爲晝入爲夜，晝夜雖係乎日之出入，而日之出入則係乎天之行，故曰天行所以爲晝夜也。日在地下則寒，在天上則暑。冬行北陸爲寒，夏行南陸爲暑。春行西陸，秋行東陸，爲寒暑之中，故曰日行所以爲寒暑也。夏則日行地下淺，冬則日行地下深。天道向南則自深之淺，向北則自淺之深，此天地之交也。或者謂夏則南極仰，冬則南極俯，引人首爲喻，以爲夏淺冬深之説，此不知日有黄道者也。夏至日在午而正于午，冬至日在子而正于子，隨天運而然，故以淺深爲天地之交。冬至日起星紀，右行而日移一度，天道左旋，日一周而過一度，日巡六甲與斗相逢，此天日之交也。日行黄道，其圖在《通變》中。

日朝在東，夕在西，隨天之行也。夏在北，冬在南，隨天之交也。天一周而超一星，應日之行也。春酉正，夏午正，秋卯正，冬子正，應日之交也。

冬至夜半子時，日起星紀，日右行一度，天亦左移一度，故夜半日常在子。所以朝必出於東，夕必入於西者，隨天之行，非日之行也。夏則日行在北，冬則日行在南。日最北去極最近，故影短而日長；最南去極最遠，故影長而日短。此隨天之交也。日日行行一度，天日一周而過一度一星者，星之一度也，故爲應日之行也。冬至日在子，夏至日在午，春分日在酉，秋分日在卯，天之移也。冬至子時日正在子，夏至午時日正在午，春秋二分日或正于酉或正于卯，東西迭緯，所以冬夏爲陰陽之正，春秋爲陰陽之交，故曰應日之交也。

日以遲爲進，月以疾爲退，日月一會而加半日減半日，是以爲閏餘也。日一大運而進六日，月一大運而退六日，是以爲閏差也。

日一晝夜行天一度，月一晝夜行天十三度十九分度之七。天運左旋，日月右行。月一月一周天，皆爲徒行，其及日者，在最後之二日半而常在日之後，故日遲而反爲進，月疾而反爲退也。日月三十日一會，實二十九日半，故一會而日加半日月減半日。加半日者，日一歲本多於月六日，而今又加六日。減半日者，月一歲本虧於日六日，今又減六日。以所加減積之，是爲閏餘也。日月一大運進退十二日，得三年一閏五歲再閏，是爲閏差也。又云一會而月加半日，日減半日。蓋月本得二十九日半，日本得三十日半，而時以爲三十日故也。

日行陽度則盈，行陰度則縮，賓主之道也。月去日則明生而遲，近日則魄生而疾，君臣之義也。

日自冬至以後行陽度而漸長，夏至以後行陰度而漸短。雖以陽臨陰爲客之禮，亦不敢自肆，此君所以禮臣，夫所以禮婦也。諸歷家説，月一日至四日行最疾，日夜行十四度餘；五日至八日行次疾，日夜行十三度餘；自九日至十九日其行遲，日夜行十二度餘；二十日至二十三日行又小疾，日夜行十三度餘；二十四至晦行又大疾，日夜行十四度餘。以一月均之，則日得十三度十九分度之七也。遠日則明生而行遲，近日則魄生而行疾，有君臣之義焉。故《易》「二多譽，四多懼」，《詩》曰「被之僮僮，夙夜在公。被之祁祁，薄言還歸」，夫婦之禮，君臣之義，一也。

陽消則生陰，故日下而月西出也。陰盛則敵陽，故月望而東出也。天爲父，日爲子，故天左旋，日右行。日爲夫，月爲婦，故日東出月西生也。

初三日，日初入時，月在庚上，哉生明，見西方。八日爲上弦，日初入時，月在丁上。十五日爲望，日初入時，月在甲上，盛於東方。十六日將出時，月在辛上，戴死魄，①見平旦。二十三下弦，日將出時，月在丙上。三十日爲晦，月與日合在乙上。月本無光，借日以爲光，及其盛也，遂與陽敵，爲人君者，可不慎哉？天左旋，日右行。日東出，月西生。父子夫婦之道，陰陽之義也。月望亦東出者，敵陽也，非常道也。

日月之相食，數之交也。日望月則月食，月掩日則日食，猶水火之相克也。是以君子用智，小人用力。

日月相對謂之望，日月相會謂之晦。日常食於朔，月常食於望，正如水火之相克。水之克火掩而克之，小人用力也。火之克水必隔物焉，君子用智也。月近日無光爲晦，月敵日而光盛爲望，然日食於朔，月食於望，乃知小人在外雖盛必自危，而其柔弱狎比之時多能危君。此則慮與不慮之間，所以《易》戒履霜而不懼揚庭也。日月一年十二會十二望而有食有不食者，交則食不交則不食也。所以有交與不交者，日行黄道，月行九道也。亦有交而不食者，同道而相避也。月行九道，詳見《唐·歷志》。

① 「戴」，疑當爲「哉」字，或「載」字。

日隨天而轉，月隨日而行，星隨月而見，故星法月，月法日，日法天。天半明半晦，日半嬴半縮，月半盈半虧，星半動半靜，陰陽之義也。

日雖右行，然隨天左轉。月雖行疾，然及日而會常在其後。星隨月者，見於夜也。一陰一陽之謂道。天法道，故半明半晦。日法天，故半盈半縮。月法日，故半盈半虧。星法月，故半動半靜。有一必有二，獨陰獨陽不能自立也。半盈半縮者，在陽度則盈，在陰度則縮。半動半靜者，緯星動，經星靜也。

天晝夜常見，日見於晝，月見於夜而半不見，星半見於夜，貴賤之等也。

天雖半晦半明而晝夜常見；日當晝時必在天上；月當夜時有在地下，故半不見；星又不及乎月。貴賤之分，上能兼下，大能包小也。星半見者，五緯二十八宿，皆迭見故也。

月，晝可見也，故爲陽中之陰。星，夜可見也，故爲陰中之陽。

先天以日月星辰配乾兑離震。日爲陽中陽，月爲陽中陰，星爲陰中陽，辰爲陰中陰。月，晝可見，故爲陽中陰。先生所謂以其陽之類，故能見於晝是也。星，夜可見，故爲陰中陽。星亦隨月，故與月錯綜而互用也。辰，不可見，故爲陰中陰也。辰者，天壤也，日月星託焉。辰雖不可見而天晝夜常見，故不用之一者，用之所宗也。

天奇而地耦，是以占天文者，觀星而已，察地理者，觀山水而已。觀星而天體見矣，觀山水而地體見矣。天體容物，地體負物，是故體幾於道也。

二十八宿以別分野。其餘列星，在朝象官，在野象物，故觀星可以知天文。山起西北，水聚東南，兩戒三條，五嶽四瀆，如肢體脈絡，各有倫叙，故觀山水可以知地理。天奇地偶，故星一而山水二也。辰者，天之體也。土者，地之體也。辰者無物之氣，不可見，以星觀焉知其廓然太虚，能容物也。土者有形之物，可見，以山水觀焉益知其不辭重大，能負物也。辰爲太虚，土爲大物，星與山水有量而二者無窮，故曰體幾於道也。體幾於道，用通於神。

極南大暑，極北大寒，故南融而北結，萬物之死地也。夏則日隨斗而北，冬則日隨斗而南，故天地交而寒暑和，寒暑和而物乃生焉。

天之陽在南，陰在北。地之陽在北，陰在南。天之南陽在上，故極南大暑見乎地者，融而爲水，地雖有陰不能伏陽故也。天之北陰在上，故極北大寒見乎地者，結而爲山，地雖有陽爲陰所伏故也。蓋陽性熙，其極則融，陰性凝，其極則結也。地之南宜寒而下者氣熱，北宜熱而高者氣寒，則從乎天也。地北之陽、南之陰皆伏乎内，故寒暑止從天。若夫水之柔也，以陰不勝陽，隨陽而爲陽用，故屬陰；山之剛也，以陽不勝陰，隨陰而爲陰用，故屬陽。形則從乎地，剛柔也。氣則從乎天，寒暑也。極陰極陽非中和之氣，萬物不生，故爲死地。夏至熱極，日自此隨斗而北。冬至寒極，日自此隨斗而南。天地交然後寒暑和，物乃生，故曰「致中和，天地位焉，萬物育焉」，此太極自然之理，皇極中庸之道也。

天以剛爲德，故柔者不見。地以柔爲體，故剛者不生。是以震天之陰也，巽地之陽也。舊脱誤作「震巽天之陽也」。地陰也，有陽而陰效之，故至陰者辰也，至陽者日也，皆在乎天，而地則水火而已，是以地上皆有質之物。陰伏陽而形質生，陽伏陰而性情生，是以陽生陰，陰生陽，陽克陰，陰克陽。陽之不可伏者，不見於地。陰之不可克者，不見於天。伏陽之少者其體必柔，是以畏陽而爲陽所用。伏陽之多者其體必剛，是以禦陽而爲陰所用。故水火動而隨陽，土石靜而隨陰也。

乾兑離震天之分，震陰多陽少，故爲天之陰。巽坎艮坤地之分，巽陽多陰少，故爲地之陽。辰不見者，天以剛爲德，柔者不見也。石不生者，地以柔爲體，剛者不生也。震爲辰，巽爲石。震巽無策者，自乾兑離震配坤艮坎巽而言也。若自乾兑離震巽坎艮坤爲序，則乾與巽偶，乾爲日巽當爲火，巽之無策又應地火常潛矣。是故巽爲石者，坤艮坎巽，水火土石，一二三四，從地之序也。巽爲火者，巽坎艮坤，火水石土，五六七八，從天之序也。有一則有二，有陽則有陰。天一也，陽也。地二也，陰也。故在天成象，在地成形。形者，效象而法之耳。天之至陰，辰也，地效之則有水。天之至陽，日也，地效之則有火。地上皆有質之物，地有是形，天必有是象，如形影之相隨也。陰伏陽而形質生，精之所化，剛包於柔，坎之象也。陽伏陰而性情生，神之所化，虚寓於實，離之象也。故形質可見，陽也，而體魄則是陰也；性情不可見，陰也，而神用則是陽也。陽極生陰，陰盛則還克陽。陰極生陽，陽盛則還克陰。大抵陰陽相爲生成，相爲利害，不兩不致用也。所以分天分地者，以其偏勝而已。是故陽之不可伏者不見于地而地火常潛，陰之不可克者不見于天而天辰不見也。若夫土上有質之物，皆陰伏陽而生。伏陽之少者體必柔，陰不勝陽，故畏陽而爲陽所用。伏陽之多者體必剛，陰能勝陽，故禦陽而爲陰所用。水火體柔，伏陽之少者也，故動而隨陽。土石體剛，伏陽之多者也，故静而隨陰也。是故春夏果實體多柔，伏陽之少也，秋冬果實體多剛，伏陽之多也。四月果熟而易爛，陰不勝陽而陽爲所用也。十月花開而不實，陽不勝陰而陽不爲用也。

陽生陰，故水先成。陰生陽，故火後成。陰陽相生也，體性相須也。是以陽去則陰竭，陰盡則陽滅。

天一生水，陽生陰也。地二生火，陰生陽也。論太極既判之後則陽分陰，若太極未判之前則陰含陽。故《易》先乾者如夏正建寅，《歸藏》首坤者如周正建子，此先後天之説也。人生之初精藏血中，始化曰魄，陽生陰也。既生陽曰魂，陰生陽也。大抵陰陽相生，故體性相須。精魄者，體質也。神魂者，性用也。虛實相依，動静相養，所以陰盡則陽滅，陽去則陰竭。單豹養内而虎食其外，體既亡，性何以自存？張毅養外而病攻其内，性既亡，體何以自立？故曰「有地，然後有二」，地上之數必起於二也。

金火相守則流，火木相得則然，從其類也。

火克金，故相守則金流。木生火，故相得則木然。金流則夫剛而婦順，木然則子盛而母衰。陰性趨下，故金流則就濕，陽性趨上，故木然則就燥，各從其類也。金木火，三方之用也。水土，中北之本也。水主初，土主中，水土相資，玄黄相遇，物乃生焉，故一月唯分初中二氣也。

水遇寒則結，遇火則竭，從其所勝也。

水之氣融而體柔。融爲陽，遇寒則結，陰强而勝也。柔爲陰，遇火則竭，陽强而勝也。泉水不澌，陽之生也。海水爲鹽，陰之成也。水能克火而滅之，力不勝則反竭。天下之理雖有常，然强弱多寡而變焉者，勢也。勢雖不常，亦理之所有也。

陽得陰而爲雨，陰得陽而爲風。剛得柔而爲雲，柔得剛而爲雷。無陰則不能爲雨，無陽則不能爲雷。雨柔也而屬陰，陰不能獨立，故待陽而後興。雷剛也而屬體，體不能自用，必待陽而後發也。

陽唱而陰從則流而爲雨，陰格而陽薄則散而爲風。剛唱而柔從則烝而成雲，柔蓄而剛動則激而成雷。客主後先，陰陽逆順不同也。風雨自天而降，故言陰陽。雲雷自地而升，故言柔剛。天陽也，陽必資陰，故無陰則不能爲雨，陽得陰然後聚而成體也。地陰也，陰必資陽，故無陽則不能爲雷，陰得陽然後發而成聲也。此言陰陽之相資也。雨之形柔也，屬陰者本乎天之氣也。陰不能獨立，待陽而後興者，天之陰資乎天之陽也。雷之聲剛也，屬體者，出乎地之形也。體不能自用，必待陽而後發者，地之陰資乎地之陽也。此言陰之資乎陽也，大抵陰陽匹敵，雖曰相資，然陰無能爲，必待陽而後有爲，君臣父子夫婦之義也。陽來則生，陽去則死，天地間所主者一陽而已矣。故陽一而陰二，陽尊而陰卑也。别而言之則天爲陽，地爲陰，合而言之則天有陰陽，地亦有陰陽。陰陽，氣也。剛柔，形也。既以陰陽言天則必以剛柔言地，然地有柔剛，天亦有柔剛，所以先生之言錯綜而用之也。風氣也，麗乎陽。雨形也，麗乎陰。雲象也，近乎形。雷聲也，近乎氣。氣皆可以言天，形皆可以言地。自其始而言，則風雨爲陰陽，雲雷爲柔剛。要其終而言，則雲雷亦得言陰陽，風雨亦得言柔剛。或由天而地，或由地而天，蓋以天地相交，上下同用也。

至哉，文王之作《易》也，其得天地之用乎？故乾坤交而爲泰，坎離交而爲既濟也。乾生於子，坤生於午，坎終於寅，離終於申，以應天之時也。置乾於西北，退坤於西南，長子用事而長女代母，坎離得位，兑震爲耦，以應地之方也。王者之法，其盡於是矣。

乾坤坎離者，天地日月也。分則立體，交則致用，故乾坤交爲泰，不交則爲否，坎離交爲既濟，不交則爲未濟也。乾位乎巳，而爲天生於子者，復也。坤位乎亥，而爲地生於午者，姤也。坎位乎酉而終于寅，月没則日出，既濟也，故先天若無極而有極也。離位乎卯而終于申，日没則月出，未濟也，故後天若有極而無極也。既未濟，上下之觀不同，反對卦也。是故既濟或以爲未，未濟或以爲既，亦各從其所見也。乾坤定上下之位，天地冬夏之時也。坎離列左右之門，日月晝夜之時也。故曰以應天之時，此伏羲之八卦也。若夫文王八卦，變易之體爲易之用，爲人用者，地上之易也。置乾於西北以知大始，退坤於西南以作成物，老陰老陽居無事之地，長子代父震居東方，主生物之功，長女代母巽居地户，包水土之氣，坎離得位，火南水北也，兑震爲偶，女少男長也。此不通上下，獨以地上八方言之，故曰應地之方也。堯之前先天也，堯以來後天也。後天者效法而已，故地上之易爲王者之法也。夫震巽並居者，陰陽相從同爲一用也。震兑爲偶，末乃不亂矣。此人易之用，防微謹始之深意也。先天，繼坤之後以震，陽自此生，以至於乾，即長子代父之義也；繼乾之後以巽，陰自此生，以至於坤，即長女代母之義也。代父者，復之剛也，代母者，姤之柔也，復姤所以爲小父母也。乾坤爲大父母者，生八卦也。復姤爲小父母者，生六十四卦也。先天之變，左之三十二陽，歸妹也，右之三十二陰，漸也。後天用震兑者，歸妹也。巽艮居用中之偏位者，漸也。大抵體必有用，用必有體。天地一理，聖人一心。是故先天者，後天之所自出也。

乾坤，天地之本；坎離，天地之用。是以《易》始於乾坤，中於坎離，終於既未濟。而否泰爲上經之中，咸恒當下經之首，皆言乎其用也。

乾坤者，陰陽之純，分而立體。坎離者，陰陽之中，交而致用。陰陽本以坎離而造天地，天地復以坎離而生萬物。文王作後天之《易》據人所見，自有天地而言，故曰「天尊地卑，乾坤定矣」。上經天道，言造物也，下經人道，言生物也。上經終於坎離，物生自此而始，以後天生物觀焉，先天造物從可知矣。故中於坎離者，天道之既濟，物之所以生也。終於未濟者，人道之循環，生之所以不窮也。既濟未濟者，坎離之交不交也。否泰者，乾坤之交不交也。男女少則爲感，長則爲常，皆以别者爲立體，交者爲致用。不易者體也，變易者用也，用而亡體則體弊而用竭，用而存體則體安而用利，二者皆用也，故易主用而言也。

坤統三女於西南，乾統三男於東北。上經起於三，下經終於四，皆交泰之義也。故易者，用也。乾用九，坤用六，大衍用四十九，而潛龍「勿用」也。大哉用乎，吾於此見聖人之心矣。

陽氣生於東北，陰氣成於西南。乾統東北，坤統西南，陽先而下陰也。三者天之用數，四者地之體數。上經起于三，下經終於四，天先而下地也，故曰皆交泰之義也。交者，用也。易以用爲貴，若無用焉，天地徒設矣。乾九坤六，大衍四十九，皆用也。潛龍勿用，復之一也，已見乎用，聖人於此養其用焉，故曰「勿用」也。《易》曰：「寂然不動，感而遂通天下之故。」寂然不動，其純坤之時乎？一陽動乎下已見於感矣，此易之始也。妙哉一乎，包四十九而未動者一也。動乎六之下者，亦一也。包四十九者寂然不動之一，一之一也。動乎六之下者潛龍勿用之一，二之一也。冬夏至之後各養陰陽四十五日，而震巽不用者，潛龍勿用之義也。是故一之一者乾坤之太極也，二之一者方州部家之玄也，先生所謂無體之一與不用之一是也。

乾坤交而爲泰，變而爲雜卦也。

交者順也，變者逆也。交爲泰則變爲否，變爲雜則交爲序也。序卦者，六十四卦循行無礙，流通也。雜卦者，兩兩相從，旁行不流，止塞也。初雖止塞，猶各以類相從，未至於雜亂也。及大過之下而雜亂矣。大過本末俱弱，世既顛矣。柔之遇剛，女之待男，强者爲勝，寧復其類，方是時也，惟養正焉，則能定矣。女終男窮，喪亂之極，天地不終，否也。有剛決者出焉，君子道長，小人道憂，吾知天地之心終不爲小人計也。雜卦始乾終夬，故説者以爲伏羲之《易》。

乾坤坎離爲上篇之用，兑艮震巽爲下篇之用也。頤中孚大小過，爲二篇之正也。

乾坤坎離不變者也，天之質也。震巽艮兑變者也，人之質也。上經天道，故不變者爲之用。下經人道，故變者爲之用。頤中孚大小過，變中之變者，故爲二篇之正也。頤大過肖乾坤，故爲上篇之正，中孚小過肖坎離，故爲下篇之正，此後天《易》也。

《易》者，一陰一陽之謂也。震兑，始交者也，故當朝夕之位。離坎，交之極者也，故當子午之位。巽艮，雖不交而陰陽猶雜也，故當用中之偏位。乾坤，純陰陽也，故當不用之位。

少男少女爲感，感或傷於正。長男長女爲常，常或短於情。是故三十而娶，二十而嫁，爲男女之時。而文王八卦以兑震居東西之中，爲生成之要也。震居卯朝之位，兑居酉夕之位。離居午日中之位，坎居子夜中之位。卯酉陰陽初出，震兑少長相遇。子午陰陽正中，坎離中心相與。長女少男非正偶也，然陰陽猶雜，或能致用。居東南之偏位者，猶有用也。乾坤純陽純陰，功成無爲，故居西北之偏，不用之位也。震陽動而兑陰見，故爲始交。巽陰伏而艮陽正，故爲不交。此一節論文王後天變先天八卦之位也。

乾坤縱而六子横，《易》之本也。震兑横而六卦縱，《易》之用也。

乾坤縱而六子横，伏羲先天之卦也，故曰「《易》之本」。震兑横而六卦縱，文王後天之卦也，故曰「《易》之用」。經縱而緯横，經以立體，緯以致用，經常而緯變也。六子横者，用六子也。震兑横者，用震兑也。天地定位，體也。山澤通氣，雷風相薄，水火不相射，皆用也。後天獨用震兑者，地上之《易》也。蓋南北定位東西通氣有地之後，天東西運轉晝夜以生寒暑以成，萬物由此出入死生，震兑居之，是爲致用之要，故曰「歸妹，天地之大義也」。是故雷風山澤水火之在天地，猶十三卦制作之器，用之在人也。先天之時，體皆爲用。後天以來，用已成體。故在天地者止用震兑，而在帝王者止言變通也。

天之陽在南而陰在北，地之陰在南而陽在北。人之陽在上而陰在下，既交則陽下而陰上。

天南高北下，陽在南而陰在北，故《先天圓圖》位乾於南，位坤於北也。地北高南下，陽在北而陰在南，故《先天方圖》位乾於北，位坤於南也。人之首與心肺居上，故陽在上，足與肝腎居下，故陰在下，立體然也。心在上而包血，陰實存焉。腎在下而藏精，陽實居焉。故既交則陰上陽下者，致用然也。伏羲八卦乾上坤下者，《易》之體，身首之象也。文王八卦離南坎北者，《易》之用，心腎之象也。體顯於明，用藏於幽。《易》以乾坤交爲泰不交爲否，坎離交爲既濟不交爲未濟者，體用之中又皆取其用也，故《易》者用也。

辰數十二，日月交會謂之辰。辰，天之體也。天之體，無物之氣也。

辰有十二，從地數也。無物之氣不可見，因日月之會而見。以不可見，故爲陰中之陰。天之陰者天之體，天之所以立也。從地數者，天之地也。

天之陽在南，故日處之。地之剛在北，故山處之。所以地高西北，天高東南也。日在南則中，在北則潛。西北多山，東南多水。

天之神棲乎日，人之神發乎目。人之神，寤則棲心，寐則棲腎，所以象天，此晝夜之道也。寤則神棲於心，故目用事。寐則神棲於腎，故耳用事。寐無所見，聞聲則覺，乃知耳用事也。晝能兼用耳目，夜不能於目。耳能兼用寤寐，目不能於寐。晝夜寤寐，境也，用所行也。耳目視聽，神也，用所生也。目神外顯，外境也。耳神内藏，内境也。外境有蔽，故夜則無見，寐則不用。内境無蔽，故兼乎晝夜，通乎寤寐也。夫鼻耳縱而目口横，縱者通用於晝夜，天能兼地也。

雲行雨施，電發雷震，亦各從其類也。

陰陽，和則氣烝爲雲澤流爲雨，激則光發爲電聲震爲雷。和者陽先而陰從之，激者陽盛而陰制之也。

吹噴吁呵呼，風雨雲霧雷，言相類也。

吹爲風，噴爲雨，吁爲雲，呵爲霧，呼爲雷，此人與天地相類者也。而人有言而天地無言，人有心而天地無心，此又更相爲優劣者也。取其裁成輔相則天不若人，及其機巧詐辯則人不若天矣。

萬物各有太極兩儀四象八卦之次，亦有古今之象。

太極兩儀四象八卦，體之四變也。大而天地，小而萬物，皆以四變成體，通古今爲二用，則六變也。古則已過，今則見存。由虛入實，自實返虛，皆古今也。四者，地之體數也。六者，天之用數也。四變而十五之數足矣。六變六十三則不盡六十四之一，故物之太極爲二之一。在《先天圖》則剥當陽一，夬當陰一，而祖於乾坤也。

雲有水火土石之異，他類亦然。

水火土石者，地之體也。凡物皆具地之體。先生曰：「水雨霖，火雨露，土雨濛，石雨雹。水風凉，火風熱，土風和，石風冽。水雲黑，火雲赤，土雲黄，石雲白。水雷雲，火雷虩，土雷連，石雷霹。」故一物必通四象也。髓爲火，血爲水，肉爲土，骨爲石，此動物有四象也。液爲水，華爲火，枝爲土，根爲石，此植物有四象也。先天論四象而後天論五行者，中虛亦見也。金有五方之金，穀有五方之穀，皆備五行也。果實無辛，不受克也。始淡中酸，苦終甘既。不受辛，自無鹹矣。人之身，液淡血鹹，水也；膽苦，火也；肉甘，土也；骨堅，石也。無辛酸者，乃知金木爲用，非正體也。

二至相去，東西之度凡一百八十，南北之度凡六十。

日，春分在西方奎十四度少强，秋分在東方角五度少弱。當黄赤二道之交中，相去一百八十二度半。夏至日在井二十五度，去極六十七度少强，冬至日在斗二十一度，去極一百十五度少强。去北極一百十五度，則去南極亦六十七度少强矣。二至之日東西度相去亦等，則大行本無差，惟是冬至日去南極六十七度，夏至日去北極六十七度，行天之高下、行地之淺深不同，故日夜有短長也。曰「百八十、六十」云者，舉大凡也。

冬至之月所行如夏至之日，夏至之月所行如冬至之日。

冬至之夜如夏至之日，夏至之夜如冬至之日，故日月之行相似。然冬至之夜僅如春秋分之晝者，晝常侵夜五刻故也。日出入之時本有常。所以然者，未出二刻半而明，已入二刻半而後昏爾。

四正者，乾坤坎離也。觀其象無反復之變，所以爲正也。

先天以乾坤坎離頤中孚大小過爲八正卦者，爲其爻不變，主天而言也。後天以乾坎艮震巽離坤兑爲八正卦者，爲其數不變，主地而言也。卦猶人然，有德有位。以數爲位，以爻爲德。乾坤坎離德與位皆不變者，常也。其變則在乎交卦，否泰既未濟是也。若乃震巽艮兑德變而位不變，其交之用則在乎咸恒損益矣。頤中孚大小過位變而德不變，其交之用則在漸歸妹隨蠱矣。乾坤坎離體一，而德與位兼得二用，所謂天一而二也。震巽艮兑體二，而德與位各得一用，所謂地二而一也。

陽在陰中陽逆行，陰在陽中陰逆行，陽在陽中、陰在陰中則皆順行。此真至之理，按圖可見之矣。

《先天圖》左爲陽，右爲陰。凡陽在陰中、陰在陽中者，五變之數皆逆行而生。凡陽在陽中，陰在陰中者，五變之數皆順行而生。右行爲逆，知來者逆也，皆未生之卦也。左行爲順，數往者順也，皆已生之卦也。逆，迎也。逆行則爲相感。順，從也。順行則爲守常。此君臣夫婦之義，相求之初與定分之後，實陰陽真至之理也。

草類之細入于坤。

草類之細不能自名於物，如人身之酕毛止係於皮膚。故凡物不可名者皆入乎坤，所謂無極之數也。黄帝正名百物，蓋未盡也。其他有可供藥餌者，後世智識之士，時或取之，以登於名籍。

五行之木，萬物之類也。五行之金，出乎石也。故水火土石不及金木，金木生其間也。

數生乎五，故天有五星，地有五行，人有五藏。邵雍之數止言四者，先天也。蓋氣以一而變四，至於形用，然後五者皆見，中亦自名於一。先天所論者，氣數之本原，故合日月星辰而爲天，合水火土石而爲地，合耳目鼻口而爲首，合骨肉血髓而爲身，皆四也。若夫後天貴用，於體之中取致用多者爲言，故天言五星，地言五行。然天之五行，是星中一端而已。自體言之，五行在天併於星之一名，則金木併於土石之間，亦何疑哉？是故先天之數大，後天之數小者，體兼用與不用也。東南水也，西北石也，中央土也，其氣則火，此水火土石所以共爲地也。五行取其日用，故去石而言金木，金能從革，木能曲直，而石則無變故也。若六府又言穀，則草類之養人者，亦得自名於一用矣。

# 卷六　觀物外篇中之下

得天氣者動，得地氣者靜。

動物得天氣，植物得地氣。在人則血脉爲天，形骸爲地。性有好動好静者亦然。此則動之中又自有動静也。動物有時而静，植物不能自動，陽能兼陰，陰不能兼陽，奇數能變而入偶，偶數不能變而入奇也。以理推之，植物以春夏爲動，秋冬爲静。

陽之類圓，成形則方。陰之類方，成形則圓。

類者生之序也，體者象之交也。體必交而後成，故陽之類圓，天類也。成形則方，交於地而成也。陰之類方，地類也。成形則圓，交於天而成也。故胎卵圓而形體方，根荄方而枝葉圓。

人多似舅，蓋母類也。

木之枝榦，土石之所成也，所以不易。葉花，水火之所成，故變而易也。

木之枝榦者，人之骨肉也。土石所成體，生體也，體則一定。花葉者，人之精神也。水火所成用，生用也，用則屢變。水火者，陰陽之證兆，在物爲滋潤，其發於外則爲華葉，在人則爲氣血，其發於外則爲容彩。

東赤，南白，西黄，北黑，此正色也。驗之于曉午暮夜之時，可見之矣。

東方木，木色青，故膽青。南方火，火色赤，故心赤。西方金，金色白，故肺白。北方水，水色黑，故腎黑。中央土，土色黄，故胃黄。此五行之氣色，色之分辨也。東赤南白西黄北黑者，一陽之氣色，色之遞變也。故嬰兒始生而赤，稍變而白，人病則黄，老死而黑；物生地下而赤，稍長而白，萎苶則黄，枯槁而黑也。物皆資一陽以生，此四變者無物不然。若乃禀乎五氣之不同則各有本體之色，不可變也。遞變者天之四象，不變者地之五行也。

冬至之子中，陰之極。春分之卯中，陽之中。夏至之午中，陽之極。秋分之酉中，陰之中。凡三百六十中，分之則一百八十，此二至二分相去之數也。

天度相去各一百八十二有半。在天爲度，在人爲日，故二至二分之日相去常一百八十有餘。此云一百八十者，天變本三百六十也。氣之多者爲陽之盈，年之少者爲陰之縮，此天之變化所以不測而閏之所以生也。

陽中有陰，陰中有陽，天之道也。陽中之陽，日也，暑之道也。陽中之陰，月也，以其陽之類，故能見于晝。陰中之陽，星也，所以見於夜。陰中之陰，辰也，天壤也。

日者，天之精魂。月者，天之精魄。星者，天之餘精。辰者，無物之氣天之體，故曰天壤也。

辰之於天，猶天地之體也。地有五行，天有五緯。地止有水火，天復有日月者，月爲真水，日爲真火。陰陽真精，是生五行，所以天地之數各五。陽數獨盈于七也，是故五藏之外，又有心包絡、命門而七者，真心離火，命門坎水，五藏生焉。精神之主，性命之根也。

天之七曜水火各二，金木土各一。文王八卦，震巽爲木，乾兑爲金，坤艮爲土，坎爲水，離爲火。金木土各二，水火各一，何也？巽者，生火之木，居地四君火之位。乾者，生水之金，居天六命門之位。真火不見，託言乎巽木。真水不見，託言乎乾金。君火居離之前，命門在坎之右，可以見陰陽生出之本矣。艮居東北，出土之時。坤居西南，入土之時。舉天地之一體也。辰戌丑未爲土之寄，王四季亦若是矣。七曜之與乾坤其數爲九，通大物則十。乾上坤下，大物居中，真數三也。其七者用也。

干者榦之義，陽也。支者枝之義，陰也。干十而支十二，是陽數中有陰，陰數中有陽也。

凡物皆反生，既生而復正，故動物生於首，首居上而命在首；植物生於根，根居下而命在根。十干，天氣陽也，故有榦之義。十二支，地氣陰也，故有枝之義。甲子謂之支干，而干居上支居下者，天地定位，動物之類也。十干者，一十、二五也。十二支者，二六、四三也。以五配六，天地相函，日月相交，陰陽相戀，乃能運行不窮。若陰陽離，則變化息矣。天雖得一，用必有二，故孔子「一以貫之」，而曾子曰「夫子之道，忠恕而已」。

魚者水之族也，蟲者風之族也。

在水者以水爲生，在陸者以風而化。水者精也，風者氣也，行乎二者之間者神也。大地者體也。魚之制在水，故蹈水若虛。禽之制在氣，故乘空如實。自人觀之，非神矣乎？

目口謂舌也。凸而耳鼻竅。竅者，受聲嗅氣，物或不能閉之。凸者，視色別味，物則能閉之也。四者雖象于一，而各備其四矣。

目口凸而耳鼻竅。凸者外境，用實也。色味，亦實者也，故物能閉之。竅者内境，用虚也。聲氣，亦虚者也，故物不能閉之。虚近乎神，故用之虚者無不入，體之虚者無不受。目口本竅，詰其用則凸。耳鼻本凸，詰其用則竅。禀乎陰陽者同，故凸者必竅，竅者必凸。分乎陰陽者異，故或竅而凸，或凸而竅，此之謂變化。曰各備其四者，口鼻耳目皆有奇偶竅凸，用必相關。地之體析一爲四，極於十六，故一象必兼四象也。

水者火之地，火者水之氣。黑者白之地，寒者暑之地。

虚以實爲基，陽以陰爲地。凡物之生必先有陰而後陽託焉，故陰爲道體。水氣生陽則爲火，寒氣生陽則爲暑，黑氣生陽則爲白，猶魄氣生陽則爲魂也。或曰：「黑安能變白乎？」曰「夜之變晝，鉛之變粉，非黑而白乎？」黑者玄也，玄之變白者，天一之水也。一黑而不復白者，利而不貞，不能返玄者也。「不曰白乎，涅而不緇。」涅而緇者，非真白也，一黑而不復白者也。

草伏之獸，毛如草之莖。林棲之鳥，羽如林之葉。類使之然也。

氣禀同者，自然相類，故蝨處頭而黑，處身而白。所以獸毛如草之莖，鳥羽如林之葉也。神不欸非類，豈非氣不合耶？

石之花，鹽消之類也。

物皆有八卦氣象。花者離之氣，文明之象也。木生火，本體也，故草木之花最多。石之花鹽消之類，石中有火也。石，金類也。火克金，金之中亦有火之氣象，故煆金而花飛也。世人言井花水，水亦有花者，取其氣之新嫩則兑之悦澤也。

水之物無異乎陸之物，各有寒熱之性。大較則陸爲陽中之陰，而水爲陰中之陽。

水陰也，物性宜寒，亦有熱者，陰中之陽也。陸陽也，物性宜熱，亦有寒者，陽中之陰也。大抵陰陽不相離，其所爲主不同，故天陽也而有陰陽，地柔也而有柔剛。在天成象，在地成形。地有水與陸者，天一而地二也。水土合而成地，故水土同包，一五同用，中北同方也。

日月星辰共爲天，水火土石共爲地。耳目鼻口共爲首，髓血骨肉共爲身。此乃五之數也。

數之生成各五，皆以一而變四。除四無一，除春夏秋冬則無年，除東南西北則無中也。日月星辰之與天，水火土石之與地，耳目鼻口之與首，血肉骨髓之與身，析之則四，合之則一，即一與四是名爲五。太極之數即一即五者，一能包五也。觀人物之在胎卵與其既生，天地之在混淪與其既判，則一五之理可知矣。雖然，數既有五，各致其用，則一豈容虛設，是故言四時必有閏餘，時無體，故獨於閏見五數。言四旁必有中央也。大抵一爲四之大體，及中虛致用之處。虛者，無之極也。大體，有之極也，故在地又爲六。

火生於無，水生於有。

火生於無，神也，當爲一。水生於有，精也，當爲二。以神生精，先天之學也。以精集神，後天之學也。精一而神二者，謂火托於木而木生於水，神乘於氣而氣生於精也。

辰至日爲生，日至辰爲用。蓋順爲生而逆爲用也。

辰者，天之體也。辰至日者，言天之左行也。日至辰者，言日之右行也。左行爲順，右行爲逆。順者布氣，故爲生。逆者變氣，故爲用。布氣而生者，物也。變氣而用者，時也。故時可逆推，物必順成。子雲曰「巡乘六甲，與斗相逢」，言天日之相應也。

《易》有三百八十四爻，真天文也。

物相雜，故曰文。《先天圖》六十四卦三百八十四爻，一奇一偶，經緯相錯，自然成文，粲然可觀，真天文也。觀圖之消長，可以察時變矣。

鷹鵰之類食生，而鷄鳧之類不專食生。虎豹之類食生，而猫犬之類食生，又食穀。以類推之，從可知矣。

神歆氣而鬼享血。禀肅殺之氣者食生，禀中和之氣者食滋味，故畜之近人者亦食滋味，無非類，亦是習。類係地，習係人。

馬牛皆陰類，細分之，則馬爲陽而牛爲陰。

天爲陽則地爲陰，陸爲陽則水爲陰，人爲陽則物爲陰，飛爲陽則走爲陰，馬爲陽則牛爲陰，角爲陽則尾爲陰。自一分而爲萬，陰陽無相離者，有一必有二也。

飛之類喜風而敏于飛上，走之類喜土而利於走下。陰陽之氣使然也。

禽蟲之卵，果穀之類也。穀之類多子，蟲之類亦然。

禽卵類果，蟲卵類穀。動植不同，氣數相似。大者數少，小者數多。愈大則愈寡，愈細則愈繁。理之自然，數生於理也。

蠶之類，今歲蛾而子，來歲則子而蠶。蕪菁之類，今歲根而苗，來歲則苗而子。此皆一歲之物也。

蠶者蟲之類而可以爲衣，蕪菁者草木之類而可以爲食。物之爲人日用者，必備足陰陽之氣。其生成也，亦不偶然。蠶既繭矣，不煮則復蛾。陽氣未盡，故能變化。此可明「後世聖人易之以棺槨」之理也。

天地之氣運，北而南則治，南而北則亂，亂久則復北而南矣。天道人事皆然，推之歷代，可見消長之理也。

天道之運，自子至卯爲陰中之陽，自卯至午爲陽中之陽，自午至酉爲陽中之陰，自酉至子爲陰中之陰。陰中之陽，君子之道已長而小人猶盛，亂而將治也。陽中之陰，小人之道已長而君子猶盛，治而將亂也。陽中之陽，極治之運也。陰中之陰，極亂之運也。元會運世之數一運當三百六十年，故可以消長之理推歷代之治亂。《先天圖》自泰歷蠱而至否，自否歷隨而至泰，即南北之運數也。

在水者不瞑，在風者瞑。走之類上睫接下，飛之類下睫接上。類使之然也。

陸有晝夜，水無晝夜。在水者不瞑，類使然也。魚目爲鰥，言不瞑也。人睡有露睛者，水族之氣也。走地類，上睫接下，陰有餘也。飛天類，下睫接上，陽有餘也。走者宜俯，飛者宜仰。故鳥迎風而立，順其毛也。魚泝流而行，順其鱗也。皆自然之理也。

在水而鱗鬣，飛之類也。黿獺之類，走之類也。

陸中之物水無不具，陰陽相應也。陸有飛走，水亦有飛走。陸多走、水多飛者，交也。

夫四象，若錯綜而用之，日月天之陰陽，水火地之陰陽，星辰天之剛柔，土石地之剛柔。

天有四象，地有四象。立天之道曰陰與陽，故日爲陽中陽，月爲陽中陰，星爲陰中陽，辰爲陰中陰。立地之道曰柔與剛，故水爲柔中柔，火爲柔中剛，土爲剛中柔，石爲剛中剛。此本象也。若錯綜而用之，則天亦有柔剛，地亦有陰陽。日爲陽，月爲陰，星爲剛，辰爲柔，天有地也。水爲陰，火爲陽，土爲柔，石爲剛，地有天也。先天八卦乾爲日、兑爲月，離爲星、震爲辰、巽爲石、坎爲土、艮爲火、坤爲水者，本象也。又以乾爲日、兑爲星、離爲月、震爲辰、巽爲石、坎爲火、艮爲土、坤爲水者，變象也。取星之陽爲剛以應兑，則震之辰爲柔矣。取火之剛爲陽以應坎，則坤之水爲陰矣。本象者，天地之用，一而二也。錯綜者，人物之用，二而四也。天地交而生人物故也。

飛之走，雞鳧之類是也。走之飛，龍馬之屬是也。

氣之輕疾者，陽也。飛之走者，陽之陰也。氣之重遲者，陰也。走之飛者，陰之陽也。皆交而生變化也。

陽主舒長，陰主慘急。日入盈度，陰從于陽。日入縮度，陽從于陰。

日，一日行一度。積在過半周天以上者爲縮，未及半周天以下者爲盈。蓋日一歲一周天，冬至日起斗之十三度，謂近時也。堯時起虛，漢時起牛。故行度尚少則爲盈，行度已多則爲縮。盈度，冬至已後也，日行在右而隨天入左，故陰從于陽。縮度，夏至已後也，日行在左而隨天入右，故陽從於陰。陰從於陽則舒緩，故日漸長。陽從陰則慘急，故日漸短。

神者，人之主。將寐在脾，熟寐在腎。將寤在肝，又言在膽。正寤在心。

神者陽氣之精魂，人之主也。人之有神，如天之有日。將寐在脾，日入地之初也。熟寐在腎，日潛淵之時也。將寤在膽，日出東之初也。正寤在心，日當午之時也。邵子以心膽脾腎爲四藏。膽視肝爲有神，故《太玄》以膽爲甲，《素問》以膽爲清明之府。古人亦以膽爲肝之神。

天地之大寤在夏，人之神則存于心。

午則日隨天在南，子則日隨天在北，一日之寤寐也。夏則日正在午，冬則日正在子，一年之寤寐也。故夏曰昊天，而離爲萬物相見之卦。日者，天之神也。人之神晝在心，夏也，夜在腎，冬也。晝則應用，夜則藏密。揚子雲曰：「藏心於淵，神不外也。」謂棲心氣府而不外役於物，所以存神也。

水之族以陰爲主，陽次之。陸之類以陽爲主，陰次之。故水類出水則死，風類入水則死。

然有出入之類，龜蟹鵝鳧之類是也。

凡物皆具陰陽，而所主不同。故水之物陰爲主，出水則死，畏陽也。陸之物陽爲主，入水則死，畏陰也。水陸之物相畏，如人鬼之相畏。人畏於暗，亦如鬼畏於明。人鬼之畏以神，故止于畏。水陸之畏以氣，故至于死。龜蟹鵞鳧，陰之能陽、陽之能陰者也。然龜蟹能久游，鵞鳧不能久伏。水以見陰之趨陽者易安，陽之趨陰者難安，是故治則小人易從君子，亂則君子難從小人也。

天地之交十之三。

自日言之，夏之晝在天上者七分，冬之夜在地下者七分。自天言之，在地上十之七，在地下十之三。故陽數盈于七也。日與天不同者，日行有南北道故也。

天火，無體之火也。地火，有體之火也。火無體，因物以爲體。金石之火烈于草木之火者，因物而然也。

天火者太陽之真火，無體之火也。地火潛于石，發于木，有體之火也。火本無體，因物爲體。金石之火烈于草木之火者，隨物而然也。在人之身，心之真陽爲君火者，天火也。心包絡之血爲相火者，地火也。神龍有火者，亦真陽之氣也。螢火，燐火，皆精華之餘，死火也，如死者之稱魂魄也。

氣形盛則魂魄盛，氣形衰則魂魄亦從而衰矣。

水火者，陰陽之證兆。金木者，生成之始終。水火在人則精神，金木在人則魂魄也。人生始化曰魄，精氣之物也。既生陽曰魂，遊魂之變也。魄者精之所生，在人則形也。魂者神之所生，在人則氣也。故形爲陰魄之所寓，氣爲陽魂之所托，所以形氣盛則魂魄盛，衰則亦從而衰也。

魂隨氣而變，魄隨形而止。故形在則魄存，形化則魄散。

魂隨氣變，陽也。魄隨形止，陰也。形在魄存，形化魄散，故聖人於死者卜其宅兆而安厝之，而先王以灰滅爲極刑也。

星爲日餘，辰爲月餘。

陽精之宗爲日，天之神魂也。陰精之宗爲月，天之氣魄也。星爲日餘者，陽之餘精也。辰爲月餘者，陰之餘氣也。故星爲天之神，辰爲天之體也。日月在天，如人之真心命門，陰陽之本也。星爲陽之餘，五星如人之五藏，諸星如人之四支，百骸之精血也。辰之于天，則人之體魄是也。

星之至微如沙塵者，隕而爲堆阜。

星隕爲堆阜者，精敗氣散，如人之有死也。星者，天之精神也。天之精神有隕之時，則人之精神有升之理。惟聖罔念作狂，惟狂克念作聖，此之謂也。

藏者，天行也。府者，地行也。天地並行，則配爲八卦。

乾爲心，兑爲脾，離爲膽，震爲腎，四藏應乎天者也。巽爲肺，坎爲胃，艮爲肝，坤爲膀胱，四府應乎地者也。此邵雍之論，與《素問》諸書皆不同。諸書論五行，邵雍論八卦。八卦者天地數也，先天之體也。五行者人物數也，後天之用也。

八卦相錯者，相交錯而成六十四卦也。

八卦相錯者，其象相交雜而成文。八卦相盪者，其氣相推變而生化。

夫《易》根於乾坤而生于姤復。蓋剛交柔而爲復，柔交剛而爲姤，自兹而無窮矣。

《易》者變易也，必有不易者焉，乃能萬變無極，生生不窮，是故乾坤爲《易》之根也。乾坤大父母也，統六子而無爲。①復姤小父母也，載二氣而生物。乾坤者天之陰陽，其數逆行，未有一之卦也。復姤者地之柔剛，其數順行，已有一之卦也。蓋有地之後，元氣隨天左行，復姤相生，乾坤不動。左之三十二陽，復之一剛也。右之三十二陰，姤之一柔也。乾坤存一，復姤主之，復姤得乾坤之一。地之二，二也。故《先天圖》左行之卦止于五變，其一常存，爲大物之根也。

龍能大能小，然亦有制之者，受制於陰陽之氣，得時則能變化，變變則不能也。

龍雖神，猶是物，故受制於陰陽之氣比人爲甚。能變化，故以象乾。受制於陰陽，故乾不爲

① 「而」下，原衍「而」字，今删。

龍而震爲龍。震又爲玄黄，則坤上六所謂龍戰于野，其血玄黄。玄黄之雜，陰陽之交也。變化者變其形，變變者變其氣也。

一歲之閏，六陰六陽。三年三十六日，故三年一閏。五年六十日，故五歲再閏。

三年三十六日，三天也，乾之策也。又二年二十四日，兩地也，坤之策也。十九年二百一十日七閏無餘分，則歸奇象閏之數，閏之本法也。是故老陰老陽少陰少陽歸奇之數兩卦皆得二百二十八者，閏法所起也。歷法十九年爲一章者，以七閏無餘分也。置閏之法起於日月之行不齊。日一日行天一度，月一日行天十三度十九分度之七，其十三度爲一年十三周天之數，餘七分則爲閏，故閏法以七與十九相取，以十二乘七得八十四，以十二乘十九得二百二十八，以年中取月，日中取時，則又以八十四爲七分，以二百二十八而爲十九分也。今自一時而積之，一日餘七分，以一月三十日之數乘之計二百一十分，十二月則二千五百二十分也。滿十九分爲一時，年得一百三十二時餘十二不盡，若以十九年之數乘之得四萬七千八百八十分，如法除折每年得一十一日餘十二不盡，十九年共得二百九日餘二百二十八分，則一日十二時之分數也。通爲二百十日，故十九年而七閏無餘分也。今欲求年，年置閏七分，滿十九而爲閏，則知當閏之年矣。復以十二月之數乘一年之數，年得八十四分，滿二百二十八而爲閏，則知置閏之月矣。欲求日，日置閏七分，滿十九而得閏一時，則知閏朔之日矣。復以十二時之數乘一日之數，日得八十四分，滿二百二十八分而得閏一時，則知合朔之時矣。大抵以七與十九相取者，閏法之粗也。以八十四與二百二十八而取者，閏法之密也。蓋閏本奇數，積於七滿於十九。故七與十九自相乘除，皆得一百三十三。月與時法既衍十二以乘，當衍十二以除，故得二百二十八。其一月之分一章之日，皆二百一十。所以《係辭》言「歸奇於扐以象閏」，而先天日數用一百三十三，星數用一百五也。閏本天之奇數而以月求之，故知陽以陰爲節而陰陽相爲體用也。二百二十八而十之又偶之，則四千五百六十，乃四分歷一元之數也。

《先天圖》中，環中也。

《先天圖》圓者爲天，方者爲地。人在地上，即環中也。

月體本黑，受日之光而白。

月體本黑者，陰也，受日之光而白。其甚則光者，得陽之氣也。凡聲色臭味之美處，皆屬乎陽。

水在人之身爲血，土在人之身爲肉。

水爲血，土爲肉，則石爲骨、火爲氣明矣。康節又曰：「火爲髓，陽也。」

膽與腎同陰，心與脾同陽。心主目，脾主鼻。

膽腎在下，同爲陰。心脾在上，同爲陽。心爲陽中陽，脾爲陽中陰，膽爲陰中陽，腎爲陰中陰。心主目，脾主鼻，膽主耳，腎主口。

陽中陽，日也。陽中陰，月也。陰中陽，星也。陰中陰，辰也。柔中柔，水也。柔中剛，火也。剛中柔，土也。剛中剛，石也。

日月星辰，乾兑離震也。水火土石，坤艮坎巽也。若錯綜用之，則星爲天之剛，辰爲天之柔，水爲地之陰，火爲地之陽。又在藏府，則月爲膽應乎離，星爲脾應乎兑，土爲肝應乎艮，火爲胃應乎坎。與元會運世之序不同，由乎陰中之陽、陽中之陰、剛中之柔、柔中之剛可以互變故也。

鼻之氣目見之，口之言耳聞之，以類應也。

目與鼻同陽，故見鼻之氣。耳與口同陰，故聞口之言。

倚蓋之説，崑崙四垂而爲海，推之理則不然。夫地直方而静，豈得如圓動之天乎？

堯之歷象，倚蓋之説也。舜之璿衡，渾天之説也。二説本同，惟唐一行知之。而倚蓋之末流，謂崑崙四垂爲海。遂有四神州之論，則失其本原而入於誕妄矣。《隋志》載晉劉智云：「昔聖王作圓蓋，以圖列宿，極在其中，迴之以觀天象。」此亦知蓋天之本者也。

動物自首生，植物自根生。自首生命在首，自根生命在根。

本乎天者親上，本乎地者親下。故動物之首即如植物之根，斷之則死，命所在也。動物之中飛者親上，走者親下，則又自别陰陽也。

海潮者，地之喘息也。所以應月者，從其類也。

地有喘息，於海潮見之，本陰氣也，故應月而盛衰。今水入海處皆有潮。河之決，亦潮之類也。岷江來也遠，其勢緩，故潮比浙江不顯。閩越間，海時有笑者，①亦氣息之吹噴也。河據地勢最高，其來湍悍，又北方沙地無山，所以至于決也。凡水會入處有山，禹必留之，以殺其勢，灩澦、君山、孤山、三山、金山之類是也。河無山，則爲九河以疏利之，九河既廢，故河決尤甚。江雖有山猶未免於潮，洞庭、彭蠡又爲湖，則夏秋水盛客主交争之時不免。如此，湖不可廢，則九河之類也。人氣短則喘促，氣長則舒緩，可以想二江之潮與河決之理矣。海潮正在東南者，巽爲地户也，説者謂海口，當已。

震爲龍。一陽動于二陰之下，震也。重淵之下有動物者，豈非龍乎？

震以一陽動于重陰之下，在物則龍，在氣則雷。

風類，水類，大小相反。

風類，水類，大小相反，陰陽不同也。故蟲在陸者小，而魚龍之類極大；草木在陸者大，而瓊枝、珊瑚之類極小。

天之陽在東南，日月居之。地之陰在西北，火石處之。

日月居東南者，乾兑也。石火居西北者，巽坎也。觀先天方圓二圖，可以見矣。圓圖天也，乾兑比離震則在東南。方圖地也，巽坎比坤艮則在西北。

① 「笑」，疑當作「嘯」。

「起震終艮」一節，明文王八卦也。「天地定位」一節，明伏羲八卦也。八卦相錯者，明交錯而成六十四也。數往者順，若順天而行，是左旋也，皆已生之卦也，故云數往也。知來者逆，若逆天而行，是右旋也，皆未生之卦也，故云知來也。夫《易》之數由逆而成矣。此一節直解圖意，逆若逆知四時之謂也。

天地定位者，乾與坤對。山澤通氣者，兑與艮對。雷風相薄者，震與巽對。水火不相射者，坎與離對。此《先天圖》八卦之次，即伏羲八卦也。先曰「天地定位」，乾上坤下也。次曰「山澤通氣」，坤一變爲艮，乾一變爲兑，舉逆行之變也。又曰「雷風相薄」，坤一變爲震，乾一變爲巽，舉順行之變也。末曰「水火不相射」，逆順之變，坎離皆居中也。納甲之法，蓋本諸此。山先澤、雷先風者，冬至之初日右行自艮始，天左行自震始也。水先火，則右行爲生氣、左行爲布氣故也。八卦相錯者，往來交錯而成六十四卦。乾坤震巽上下也，坎離艮兑左右也，皆相錯而對也。數往、知來之逆順，觀圖中六變之數則可知矣。《説卦》凡八卦相對者，皆從伏羲卦中有一節以坎艮離兑相從，所以邵雍謂兑陽中陰、離陰中陽、艮柔中剛、坎剛中柔而互用也。若謂陽逆數也，山澤雷風水火皆以逆數之，故無不通。

《堯典》：「朞三百六旬有六日。」夫日之餘盈也六，則月之餘縮也亦六。若去日月之餘十二，則有三百五十四，乃日行之數，以十二除之，則得二十九日。

周天三百六十五度四分度之一，故三百六旬有六日爲一朞。日月盈縮各六，則實得三百五十四，以十二月除之月得二十九日半，故曰得二十九日也。大小月者，以所得半日之多少而分之也。

《素問》，肺主皮毛，心脉，脾肉，肝筋，腎骨，上而下，外而内也。心血，腎骨，交法也。交即用也。

肺心脾肝腎，上而下也。皮毛脉肉筋骨，外而内也。南見而北藏，上顯而下隱，故上者主外，下者主内也。心陽也，主血則陰也。腎陰也，主骨則陽也。坎離之象，交法也。交者用也。

乾爲天之類，本象也，爲金之類，别舊本作「列」。象也。

八卦以八物象之，本象也。其餘别象，則《説卦》所言者猶其大凡，實未盡也。

天地並行，則藏府配。四藏天也，四府地也。

四藏四府，八卦之象也。天以神化氣，地以氣化形。府藏别居，榮衛並行。此乾坤坎離天地陰陽之至理也。

乾，奇也，陽也，健也，故天下之健莫如天。坤，耦也，陰也，順也，故天下之順莫如地，所以順天也。震，起也，一陽起也。起，動也。故天下之動莫如雷。坎，陷也，一陽陷於二陰。陷，下也。故天下之下莫如水。艮，止也，一陽於是而止也，故天下之止莫如山。巽，入也，一陰入二陽之下，故天下之入莫如風。離，麗也，一陰離於二陽，其卦錯然成文而華麗也，故天下之麗莫如火，又如附麗之麗。兑，説也，一陰出於外而説於物，故天下之説莫如澤。

以八物擬八卦，其象皆顯然者，聖人教人不示以所疑，至其委曲纖悉，則俟窮理者深造而自得之。《説卦》所言，猶是其大凡而未盡也。

火内暗而外明，故離陽在外。火之用，用外也。水外暗而内明，故坎陽在内。水之用，用内也。

火用外，目之象也。水用内，耳之象也。火以内爲體，外爲用。水以外爲體，内爲用。陽者，用也。

人寓形於走類者，何也？走類者，地之長子也。

八卦若錯綜用之，以上爲天，下爲地，則乾爲日，兑爲月，坎爲辰，巽爲星，離爲飛，震爲走，艮爲木，坤爲草。故曰：「走類者，地之長子也。」

自泰至否，其間則有蠱矣。自否至泰，其間則有隨矣。

陰方用事，陽止而陰巽入，事之所以蠱也，蠱則否矣。陽方用事，陽動而陰悦從，民之所以隨也，隨則泰矣。此陰陽變易之漸，亦人事治亂之漸也。以人事論之，理盡於言也，而有數在其間，亦猶《係辭》叙七爻、叙十一爻，三陳九卦大過之下無倫次，與夫巽「究爲躁」之類也。以《先天圖》觀之，天道左行，由泰至井存乾，大過不變則十二卦。由蠱至謙存坎，小過不變則十六卦。由否至噬嗑存坤，頤不變則十二卦。由隨至履存離，中孚不變則十六卦。十二與十六合二十八，偶之則五十六，用卦之數也。地用六變者，分乎用也。天用八變者，統乎體也。日月爲易，兩卦一變，則十二卦者六變也，十六卦者八變也。二六而用數盡，二八而體數終，蓋陰陽之變、氣數之節也。是故否泰循環，至十二而變，又十六而極也。《先天圖》右行者，反生乾坤各六十四卦，由一至極大數，九十七之變有虛數。自乾爲一而起者，四十九數而至盡。自坤爲一而起者，四十九數而至隨。若自一至萬，又加天之細數三十二爲一百二十九數，而用者無虛數，自乾坤而起每卦用一數，隨蠱各當三十九得需卦百萬之月數。蓋四十九者蓍數七七之全，天用之終當變而相交，地三十九者律數二六之半，地用之中當變而相交。需卦數雖當七位實當六，故物之分數之極與一元月數之極，會于此，析爲細，用而隨蠱當之，必有變也。夫理無不通，數無不行。《先天圖》之作，非天地自然之數之理，安能如此之妙乎？故先生曰：「吾終日言而未嘗違於圖，天地萬物之理盡在其中也。」一百二十九變與九十七變之數，具述在《通變》中與極數中。

天有五辰，日月星辰與天爲五。地有五行，金木水火與土爲五。

辰者天體。辰之於天，猶土之於地。天主用，有神焉。辰不可以盡天，非若土即可以盡地。故日月星辰與天而五，水火金木與土而五。辰之外別名天，土即以爲地也。

有温泉而無寒火，陰能從陽而陽不能從陰也。

水受火則温，火受水有滅而已，不能從陰也。所以泰則小人皆爲泰，否則君子有死而已，不能從小人而爲否也。火温水，益之也。水滅火，害之也。故泰則君子養小人，否則小人傷君子也。

有雷則有電，有電則有風。雨生於水，露生於土，雷生於石，電生於火。電與風同，爲陽之極，故有電必有風。

雷者震之氣也，電者離之氣也，風者巽之氣也。後天之象，非先天之數也。陽爲重陰所制，怒氣發而爲雷。怒而極激而爲電，陰已不能制矣。散而爲風，則又反制於陰也。故風與電皆爲陽之極。雨者水之氣，烝則爲雲，凝則爲雪。露者土之氣，升則爲霧，結而爲霜。雷出於石，電生於火，有雷則有電，火出於石也。

木之堅非雷不能震，草之柔非露不能潤。

木者地之剛，雷亦地之剛。草者地之柔，露亦地之柔。剛能相制，柔能相益。

# 卷七　觀物外篇下之上

陽尊而神，尊故役物，神故藏用，是以道生天地萬物而不自見也。天地萬物亦取法乎道矣。

天地萬物包於虛而生於氣。虛者，陰也。氣者，陽也。虛以待用，氣以致用也。氣出於虛，役物藏用，生天地萬物而不自見，是爲神也。所謂神者，自然而然，不知所以然。蓋誠性實理，中孚无妄，能生變化者也。雍謂天地萬物取法於道者，神之自然也，謂陰幾於道故以況道者，虛之容静也。

陽者道之用，陰者道之體。陽用陰，陰用陽，以陽爲用則尊陰，以陰爲用則尊陽也。

道體常盡變。陽動而變，故爲道之用，陰静而常，故爲道之體。陽動陰静，陽尊陰卑。至于隨時變通，則陽中有陰，陰中有陽。迭相爲用，故陰用陽，陽用陰，以陽爲用則尊陰，以陰爲用則尊陽也。陽盡陰純，坤爲主矣。陰爲主則陽爲使，故震之一陽復於冬至，帥萬物以出而居二陰之下也；寅卯之間離陽雖已包陰而陰猶得位；兑當辰巳陽長寖極，陰勢既微行將去矣，尚以餘氣據二陽之上者，力未盡也。故曰：「積惡之家，必有餘殃。」陽用既廣，事業大成，而後乾體足焉。陰盡陽純，乾爲主矣。陽爲主則陰爲使，故巽之一陰遇於夏至，帥萬物以入而居二陽之下也；申酉之間坎陰雖已包陽而陽猶得位；艮當戌亥陰長寖極，陽勢既微行將去矣，尚以餘氣據二陰之上者，力未盡也。故曰：「積善之家，必有餘慶。」陰用既廣，事業大成，而後坤體備焉。此伏羲八卦陰陽迭用尊卑迭主之義也。若以文王八卦言之，坎以代坤居乎冬至，一陽在中爲物之主，陽即用事矣；離以代乾居乎夏至，一陰在中爲物之主，陰即用事矣。伏羲八卦，《易》之體也。成體要終，故乾上坤下，著陰陽之已定。文王八卦，《易》之用也。致用自初，故離南坎北，取陰陽之始交。陽爲陰用，如文王率諸侯以事商也。陰爲陽用，如曹操伐群雄以安漢也。以成體言則紂當坤而獻當乾，以致用言則操當離而文當坎。周之成位雖在武王，而翦商之迹實肇乎居岐之初。魏之成位雖在曹丕，而代漢之迹已基乎遷許之際。以理求之斷可識矣。是故巽離兑本陽體也而陰來交之，震坎艮本陰體也而陽來交之。天下之理，論貴賤之分則少者貴，論强弱之勢則衆者强。文王之卦，得一陰者爲三女，得一陽者爲三男，其爲尊卑多少貴賤之理也。伏羲之卦，得陽多者屬乎陽，得陰多者屬乎陰，其爲尊卑衆寡强弱之理也。自地二言之，陰陽相爲用者如此。若夫自天一言之，陽上陰下，陽尊陰卑，蓋有不易之理。少者不必貴，多者不必賤。衆者不必强，寡者不必弱。兹乃致一之論，故康節先曰「陽尊而神」也。

陰幾於道，故以況道也。六變而成三十六矣，八變而成六十四矣，十二變而成三百八十四矣。六六而變之，八八六十四變而成三百八十四矣。八八而變之，七七四十九變而成三百八十四矣。

既曰「陽者道之用，陰者道之體」矣，又曰「陰幾於道，故以況道」，何也？太極見乎陰陽未動之初，至静而虚，當以陰名，静爲體而動爲用，體近本而用近末，故陰幾於道也。且太極在一年則純坤用事一陽將復之時，在聖人之心則退藏於密寂然不動之際，自始終而言，退藏於密者爲萬動之終，自終始而言，寂然不動者爲萬動之始。蓋寂然不動衆體具全，感而遂通群用俱應，正如六陰方純一陽已復，一静一動間不容髮，是故有冥有罔，北乃爲玄，冬雖收藏之終，實是施生之始。有體則用隨之，若無用焉，是棄物爾。天地聖人，豈棄物乎？是故孔子、孟軻處亂世汲汲行道者，急於致用也。雖然，其徒顔、閔、冉耕不仕，後世如嚴君平、龐德翁、孫登之徒亦多不仕，豈爲己而絶人，立體而無用乎？《易》曰：「元亨利貞。」《記》曰：「喜怒哀樂之未發謂之中，發而皆中節謂之和。」元而亨利必歸于貞，貞然後能返於元。未發而中，發乃能和，和然後不喪其中。蓋體成而用，用斯爲利，用既善而體復全。未成而用，用反爲害，用未終而體已喪。高士居亂世，雖有濟物之心而無應世之迹者，方求成體，未暇致用，與聖人成器而動者自當不同爾。夫豈中心空然如死灰槁木，誠絶於物乎？故康節之論，雖曰「陰幾於道」，又先曰「陽尊而神」。所以六八之變，咸自道而生也。一變三，重之則六。六者，天之用數。一變四，重之則八。八者，天地之體數。六耦爲十二。十二者，地之用數。六一爲七。七者，天之贏數。六變而三十六者，重卦六，正卦之交而三十六，正之卦數也。八變而六十四者，重卦之全數也。十二變而三百八十四者，復姤相交各得三十二，《先天圖》十二變成六十四卦之爻數也。六六而變之者，主爻之用而變也。用生乎體，則八八六十四卦成三百八十四爻也。八八而變之者，主卦之體而變也。體成乎用，七七四十九變而成三百八十四爻也。四八三百二十，八八六十四，以八而變凡四十八變而成三百八十四。言四十九變者，論揲蓍存掛一之數也。四十九變得三百九十二，每卦虚存掛一之數是爲八卦本體，餘則三百八十四爻也。六八爻卦之變，天地之體用，變化不窮，而皆始乎一，出乎虚，散乎物。故以陰况道者，虚也。謂天地變化，盡生乎其間也。以陽爲尊而神者一也，謂以變化役物而善藏其用也，虚不得一無以起用也。

無極之前，陰含陽也。有象之後，陽分陰也。陰爲陽之母，陽爲陰之父。故母孕長男而爲復，父生長女而爲姤。是以陽起於復，而陰起於姤也。

坤當無極之數，乾爲有象之祖。陰爲陽母，自然而生男，故後天以中孚生復也。陽爲陰父，相感而生女，故後天以咸生姤也。此明《先天圖》復姤生於乾坤而爲小父母也。嘗試論之，極至也，中也，理以中爲至。太極者，大中之謂也。謂太極爲無，偏係於無，非中也。謂太極爲有，偏係於有，非中也。知虛即氣，然後知太極。太極一也，指一爲虛，氣實存焉。太虛之外，寧復有氣，指一爲氣，氣猶潛焉。太虛之中，初未見氣，即氣即虛，非一非二。故太極者，兼包有無，不倚動静，其元之元歟？静則見虛，動則見氣。氣動爲陽，静復爲陰。氣静爲陰，動復爲陽。動静密庸，間不容髮。偏而各倚，一則爲二。中而相通，二乃爲一。有偏有中，象則三矣。有二有一，數則三矣。是故太極元氣，函三爲一也。天下之理，有一必有二，有二必有三，故三爲一之真數。一然後能三，三然後能一，故三爲一之用數。有上有下乃有上下之中，有内有外乃有内外之中。若各執一偏，不相爲用，是不知二也，何自而能一乎？萬古之日，一歲之日是也。萬古之物，一歲之物是也。今以萬古爲一歲，而以一歲觀太極，則至理昭然矣。無極之前，陰含陽也，坤則主之，其冬至之時乎？静極而動，動而生陽。自復至乾，動極而静始，在天正中陰又生焉。有象之後，陽分陰也，乾則主之，其夏至之時乎？動極而静，静而生陰。自姤至坤，静極而動始，在地正中陽又生焉。由静之動以陰役陽，自復至同人而中，陰陽適半，物乃滋焉。由動之静，以陽役陰。自姤至師而中，陽陰適半，物乃成焉。南北，陰陽之偏也。在天地爲中者，天地之所合也。東西，天地之偏也。在陰陽爲中者，陰陽之所合也。天地不合則不一，不一則二氣不生。陰陽不合則不一，不一則萬物不遂。故冬至爲子中，夏至爲午中，子午不同而中同。春分爲卯中，秋分爲酉中，卯酉不同而中同。乃知二之未嘗無三，中之未嘗非一也。惟是因象立數，各有指義。始若不同，終歸一致。《歸藏》首坤，以陰爲一也。《周易》先乾，以陽爲一也。陰一陽二，陰爲陽母也，故母孕長男而爲復。陽一陰二，陽爲陰父也，故父生長女而爲姤。二者不同，孔子通之。《繫辭》曰：「闔户之謂坤，闢户之謂乾。」坤先於乾，《歸藏》義也。「天尊地卑，乾坤定矣。」乾先於坤，《周易》義也。至於《序卦》：「剥受之以復，夬受之以姤。」陰陽迭用，混而爲一也。由是言之，中無常然，當時爲是。是謂時中，曾非執一。明此者無適不當，昧此者無適而當。伊尹躬耕有莘，終相湯而伐桀。仲尼歷聘列國，及返魯而著書。非不一也，以由中也。比干諫紂剖心，微子去之。太公相周伐紂，伯夷非焉。非執一也，以求中也。若夫楊氏爲我，其極無君。墨氏兼愛，其極無父。執一而偏者，若一而二。兼兩而中者，若二而一。故曰無三則無中，無中則無一也。道家者流有三一之説，心一，腎一，脾一，三也。三者合而爲用，一也。惜其立教乃不然爾。老子之得一，孔子之致一，釋氏之不二，皆一也。老子以無爲一，釋氏以空爲一，孔子以中爲一。知始終各倚一偏，而中央通于上下也，則吾道其優乎！

性非體不成，體非性不生，陽以陰爲體，陰以陽爲體。動者性也，靜者體也。在天則陽動而陰靜，在地則陽靜而陰動。性得體而靜，體隨性而動，是以陽舒而陰疾也。

别而言之，天爲陽，爲動，爲性。性者，用也。地爲陰，爲靜，爲體。體者，質也。合而言之，天有陽亦有陰，有動亦有靜，有性用亦有體質。地有陰亦有陽，有靜亦有動，有體質亦有性用。

性非體不成者，陽得陰而凝，虚賴實以立也。體非性不生者，陰待陽而發，實從虚以出也。陰至坤而成體，乾之十二陽實託焉，故陽以陰爲體。復自坤出三十一變而夬，爲春爲夏，則陰以陽爲用也。陽至乾而成體，坤之十二陰實託焉，故陰以陽爲體。姤自乾出三十一變而剥，爲秋爲冬，則陽以陰爲用也。以陰爲體，以陽爲用，在天則陽動而陰静者，陽動而消陰也。以陽爲體，以陰爲用，在地則陽静而陰動者，陰動而消陽也。此則陰陽各有體性也。性得體而静者，陽戀陰也。陽主性而以陰爲性之體，陰體静，故陽行舒遲也。體得性而動者，陰戀陽也。陰主體而以陽爲體之性，陽性動，故陰行疾速也。此則陰爲體陽爲性也。是故陰陽不相離，雖交相爲用而各有所主也。

陽不能獨立，必得陰而後立，故陽以陰爲基。陰不能自見，必待陽而後見，故陰以陽爲唱。陽知其始而享其成，陰效其法而終其勞。

動不得静而不止，故陽不能自立，陰爲基而後立。隱不託顯而不彰，故陰不能自見，陽爲唱而後見。陰陽雖相待，然見於天地間者，無非一陽。陰則分之而已。陽一陰二，陽先陰後。一如形而二如影，影則效形。先爲父而後爲子，子則代父。故陽知其始，陰效其法，陰終其勞，陽享其成也。且陽生於子，一也。伏羲之復，文王之坎，無非一也。陰生於午，二也。伏羲之姤，文王之離，無非二也。陽中於卯，生也。伏羲之離，文王之震，無非生也。陰中於酉，成也。伏羲之坎，文王之兑，無非成也。文王之八卦，坤居離兑之間位乎未申，乾居兑坎之間位乎戌亥。

居坎之前者有一未形，知大始也。居離之後者應乎坎二，效其法也。居兑之前者作成萬物，終其勞也。居兑之後者據坤之位，享其成也。坤居西南，陰土也。艮居東北，陽土也。坤爲土，而物之作成正在未申者，陽將入地之時也。艮亦爲土，而物之滋生乃在寅卯者，陽已出地之時也。陽雖生於子，實兆於亥，故十月薺麥生，西北爲天門而乾居之。陰雖生於午，實兆於巳，故四月靡草死，東南爲地户而巽居之。以坤居未申則乾宜居寅卯，乾不居震居之者，君不自爲，長子代父也。以乾居西北則坤宜居東南，坤不居巽居之者，臣不造始，長女代母也。以天地之理推君臣父子夫婦之義，不亦昭然矣乎？

陽能知而陰不能知，陽能見而陰不能見也。能知能見者爲有，故陽性有而陰性無也。陽有所不徧，而陰無所不徧也。陽有去，而陰常居也。無不徧而常居者爲實，故陽體虚而陰體實也。

陽以神爲性，陰以氣爲性。神者靈也，氣者質也，故陽有知見而陰無知見。剖心於地，血在而知亡。抉眼於槃，睛存而見滅。是以月無光，假日以爲光。魄無識，資魂以爲識。所謂陽性有而陰性無者，非無也，可以謂之無也。陽以氣爲體，陰以形爲體。氣者虚也，形者實也。自用而言，實有不徧，虚無不周。實有消亡，虚無去住。若自體言，則氣先盡而形常餘，氣内聚而形外包。所以光焰冷而灰炭存，華葉乾而根荄在，米粒小而粃粕大，果液少而苴滓多，故曰陽體虚而陰體實也。天地合而生人，兼乎陰陽之理。靈性者，天之神也。質性者，地之氣也。靈性乃有知識見聞，質性僅分剛柔清濁。若見于氣體之間，則氣已散而骨不腐，形有具而氣不周也。夫陰陽異用，體性殊科。滯有者偏於實，溺無者執於空。竊嘗論之，陰陽之分有虛實明暗，在人則爲動静語默。自夜言之，以照爲明，明有限而暗無窮。自晝言之，以蔽爲暗，暗有極而明無際。自虛言之，壘土爲山，架木爲室，實少而虛多。自實言之，鑿户爲牖，穴土爲空，虛小而實大，或者曰：「動有邇遐，静無邊際。語可窮究，默難測窺。」我將曰：「動無不之，静有所止。語行萬世，默在一身。」蓋天下之理，必有體用。體用之際，必有其中。所謂中者，當而已矣。執一非道，貫三爲道，故曰一陰一陽之謂道，有陰有陽乃有中矣。惟是兩端既立，勢必相形。形而上之器則爲道，形而下之道則爲器。亦如陰陽本自不二，去人情之妄，循天理之誠，一以貫之，無非至當矣。夫人之所爲學道者，最切莫若身。男女之愛，至情也。死生之别，至恨也。敗棺破露，或見死者之形，則厭然而惡。然則平日之愛，非愛其形也，愛其使形者也。高堂闃寂，似聞死者之聲，則惕然而驚。然則平日之愛，非愛其使形者也，愛其形也。諒以愛出妄，情非由誠性，隨性變遷，初無定是。若乃寤寐之見如平生者，想也。想且然，况誠乎？故曰誠者，物之終始也，不誠無物。誠者，天下之實理。窮是理焉，可以學矣。

天地之本其起於中乎？是以乾坤屢變而不離乎中。

太極者，大中之氣也。判爲兩儀，陽生地中，陰生天中，自子至巳而乾純，自午至亥而坤純。陰復生陽，陽復生陰，陰陽循環，萬變無極，而常本乎中。蓋陰者陽之基也，陽者陰之基也。由子而午，陽之時極矣，天方中焉，時雖極而道未極，故生陰以基陽，基成則陽復行也。由午而子，陰之時極矣，地方中焉，時雖極而道未極，故生陽以基陰，基成則陰復行也。天下之理，事不過則不濟，物不過則不盛。聖人立事，仁義不能不偏，乾坤成物，陰陽不能不勝者，將以求其至也。惟合兩爲一，道本常中，所以變而能通，其用不窮。乾初至上六，陽已亢，用九而陰姤則自八之七，自七之六，未有盡也。坤初至上六，陰已疑，用六而陽復則自七之八，自八之九，未有盡也。是故極既訓盡，亦又訓中。物偏乎一，其極則盡，以其方而不還也。道通乎兩，其極則中，以其圓而還也。所以陰陽各分十二，乾坤止用六爻，進六退六，六乃居中，在進爲終，在退爲始，晝之終者夜方始，夜之終者晝方始也。依乎中庸之人，不倚一偏。通乎晝夜之道而知一死生而不累，處吉凶而皆安。心之所存以正爲勝者，知其無盡也。是故國移者未嘗不戮，人死者不可復生；唐、虞雖禪而不滅，顔、冉雖夭而不亡也。

人居天地之中，心居人之中，日中則盛，月中則盈，故君子貴中也。

太極分爲天地。在天地則爲人，鍾而生人，在人則爲心。人者，天地之太極，故居天地之中，天地待之以爲主，亦賴之以爲用。心者，人之太極，故居人之中，人待之以爲主，亦賴之以爲用。日中則盛，月中則盈，君子貴中，不亦宜乎？天以午爲中，地以子爲中。陽以卯爲中，陰以酉爲中。日以正晝爲中，月以望日爲中。五行以土爲中，六合以虛爲中。其爲中則同，其所以中則不同。故君子之中庸也，君子而時中，執中無權，猶執一也。

本一氣也，生則爲陽，消則爲陰。故二者一而已矣，四者二而已矣，六者三而已矣，八者四而已矣。是以言天不言地，言君不言臣，言父不言子，言夫不言婦也。然天得地而萬物生，君得臣而萬化行，父得子、夫得婦而家道成，故有一則有二，有二則有四，有三則有六，有四則有八。

太極一氣也，氣生則進而爲陽，消則退而爲陰。故有一則有二也。有氣必有形，亦有一則有二也。故有陰陽則有天地。陰陽者，氣之二也。天地者，形之二也。氣自子至午爲升，自午至子爲降，二而已矣。有地以限之。自子至寅地中升於地上者爲陰中之陽，自卯至巳地上升於天中者爲陽中之陽，自午至申天中降於地上者爲陽中之陰，自酉至亥地上降於地中者爲陰中之陰，故有二則有四也。三者，天之用也。陽之生也，自少至中，自中至老。陰之生也，亦自少至中，自中至老。所以天用三畫，地用三畫，有三則有六也。四者，地之體也。形有四方，氣有四時，所以天有四卦，地有四卦，有四則有八也。二者一而已者，二氣本一元也。四者二而已者，四象本二氣也。六者三而已者，陰無用，託陽以爲用，陰陽同一用也。八者四而已者，天無體，託地以爲體，天地同一體也。一不分兩則不立，故偶數爲體。兩不合一則不通，故奇數爲用。體分乎兩，用合乎一，故曰：「兩不立則一不形，一不見則兩之用息。」

有意必有言，有言必有象，有象必有數。數立則象生，象生則言著彰，言著彰則意顯。象數，則筌蹄也。言意，則魚兔也。得魚兔而忘筌蹄可也，捨筌蹄而求魚兔則未見其得也。

因有意以至有數，謂作《易》之初也。因數立以至意顯，謂成書之後也。發於心者爲意，發於口者爲言。健順動止陷麗説入，凡可言者，皆象也。既有其象，則一二三四五六七八，其數可數矣，是故《易》起於數也。太極肇分，十數斯具。天五地五各以一而變四，其二無體，所存者八。有天而地效之，所謂八者四而已。故卦止於八而象止於四也。由四象八卦衍而推之至於千萬億兆，當此數者，必具此象，有此象者，必應此數，大而天地，小而鱗介，毫釐不差，吐於口者可得而言揚，得於心者可得而意會，此《易》之所以畫也。昔伏羲作十言之訓，曰乾坤坎離艮震巽兑消息，更三聖人無出乎此者，以象數有定不可增虧故也。由言而得意焉，魚兔既獲筌蹄可忘，故雍謂先天之學爲心法也。

天變而人效之，故元亨利貞，《易》之變也。人行而天應之，故吉凶悔吝，《易》之應也。以元亨爲變，則利貞爲應。以吉凶爲應，則悔吝爲變。元則吉，吉則利應之。亨則凶，凶則應之以貞。悔則吉，吝則凶，是以變中有應，應中有變也。變中之應，天道也，故元爲變則亨應之，利爲變則應之以貞。應中之變，人事也，故變則凶應則吉，變則吝應則悔也。悔者吉之先，而吝者凶之本，是以君子從天，不從人。

《觀物》之書衍四象，四象即四德，故此二節可以推《内篇》述作之大體。元亨利貞在天爲春夏秋冬，氣之四變也，在人爲仁義禮智，德之四變也。天變而人效之，故爲《易》之變也。吉凶悔吝因人事之是非天報之以禍福，人行而天應之，故爲《易》之應也。合而言之如此，若别而言之，則變中自有變應，故以元亨爲變則利貞爲應，天之變應也；應中亦自有變應，故以吉凶爲應則悔吝爲變，人之變應也。元有吉之道，不成不已，故秋則利應之。亨有凶之道，盛極則衰。雖天不免，惟歸根復命，應之以貞而已。此變中有應，天之道也。既曰「元則吉，吉則利應之，亨則凶，凶則應之以貞」，又曰「元爲變則亨應之，利爲變則應之以貞」者，或以元亨爲變利貞爲應，則生成之次也；或以元利爲變亨貞爲應，則奇偶之次也。蓋元則吉，以亨爲吉也，故利應之；亨則凶，以利爲凶也，故應之以貞。自貞反元，衰而復盛也，故元爲變則亨爲應。由亨得利，盛而必衰也，故利爲變則貞爲應。以理求之，斯無礙矣。本凶也，能悔則變吉。宜悔也，致吝則變凶。因悔吝以生吉凶，此應中有變，人之事也。是故變則爲凶，我能應之則吉，變則爲吝，我能應之則悔。又以凶吝皆爲變，吉悔皆爲應者，教人以避凶趨吉之道也。悔者吉之先，吝者凶之本。人有悔吝異情，故吉凶殊應。不若天道無心，一切守貞，則無非吉也。故曰：「吉凶者，貞勝者也。」是以君子從天，不從人也。

元者，春也，仁也。春者時之始，仁者德之長。時則未盛而德足以長人，故言德不言時。亨者，夏也，禮也。夏者時之盛，禮者德之文。盛則必衰而文不足救之，故言時不言德，故曰大哉乾元而上九有悔也。利者，秋也，義也。秋者時之成，義者德之方。萬物方成而獲利，義者不通於利，故言時不言德也。貞者，冬也，智也。冬者時之末，智者德之衰。貞則吉，不貞則凶，故言德而不言時也，故曰利貞者性情也。

春冬，言德不言時。秋夏，言時不言德。春冬近本，故東北爲山，藏用以崇德。夏秋近末，故西南爲地，顯仁以致用。乾元，春也，故曰大哉。上九，夏也，故曰有悔。利爲情而貞爲性，秋爲利而冬爲貞也。

道生天，天生地。

虚者，道之體。神者，道之用。神者誠也，誠則有精，精則神。變化自然，莫知其然。故道生天者，太虚之中，自然氤氲而神生氣也。天生地者，大象之中，類聚交感而氣生質也。

及其功成而身退，故子繼父禪，是以乾退一位也。

陽者一也，陰者二也。陽爲天，陰爲地。乾知太始，有一未形，故道生天。陽生陰，故天生地。道生天地，功成無爲。長子代父用事於震，乾退一位而居亥者，有一未形無爲之地也。天即是乾，乾即是道。子繼父禪，即父之體非一非二也。故《易》言虚不言無，言密不言空。

象起於形，數起於質，名起於言，意起於用。天下之數出於理，違乎理則入於術。世人以數而入術，故失於理也。

象以擬天下之形，數以定天下之質，名以出天下之言，意以盡天下之用，謂《易》之象數名意也。理者，自然也。數出於理，道法自然也。如圓者圍三徑一，方者圍四徑一。天圓，故以一起以三爲用。地方，故以一起以四成體。皆理之自然也。術者但明其數而已。不知其所以然者，理也。三連六斷，中虚中滿，仰盂覆椀，上缺下斷，象也。天地日月雷風山澤，形也。一二三四五六七八，數也。健順動止麗陷説入，質也。乾坎艮震巽離坤兑，名也。乘承應比悔吝進退，意也。言見乎文，用見于事也。氣聚爲象，凝則爲形。道運爲數，布則爲質。形麗於實，質近乎虚也。

天下之事，皆以道致之則休戚不能至矣。

道者天理之公，休戚者人情之私也。天下之事，苟任天理之公，則吉凶以貞勝，動無非利，得喪以命處，居無非安，何休戚能累其心哉？故君子無入而不自得也。

天可以理盡而不可以形盡。渾天之術以形盡天，可乎？

理者太虚之實義，孔子所謂「誠」，釋氏所謂「實際」，道家所謂「天真自然」。自然者，原其始。實際者，要其終。誠者，始終若一，舉其中也。誠者實也，氣數神用之所起也，在氣數爲命，在神用爲性，而理行乎其間矣。神無盡，理亦無盡，氣數疑若有盡，然大氣大數合乎一。四旁上下，氣不可盡也。溝澗正載，數不可盡也。天以辰爲體，無物之一氣也。與太虚相爲無極，故天不可盡也。實者有限，虚者無窮。神理不可盡者，以虚而已。聖人曰窮神窮理云者，自我窮之得其極至則爲可盡也。欲盡天者，亦當如窮神焉，以理索其至而已。康節曰：「天之大，陰陽盡之矣。」蓋天雖無窮，而不過陰陽二端，此可以理盡者也。若鄒衍之流，有九州之外自有九州之説，是欲以形盡天，比渾天之術尤爲荒唐之論也。

精義入神，以致用也。不精義則不能入神，不能入神則不能致用。

惟至誠爲能生精，惟至精爲能生神。此生出之本，有至理在其間，然不過乎專一而已。精義入神，不知所以然而然，故能致用也。津人操舟，僂者承蜩，庖丁解牛，輪扁斲輪，皆入神致用之義。在孟子，則曰：「爲仁在熟之而已。」精則熟，熟則妙。天下之事欲進乎神者，要在於熟。無他，巧也。

爲治之道必通其變，不可以膠柱，猶春之時不可行冬之令也。

春夏秋冬，皇帝王伯，道德功力，體分乎四，用歸于一。變而能通，《易》之義也。

自然而然不得而更者，内象、内數也，他皆外象、外數也。

先天陰陽二圖，内象、内數也。先後有倫，變之則亂，蓋自然而然不得而更也。其他象數，則變易無常。後天之易，孔子序之，惟以理爲次者，内象、内數立體之經，外象、外數應用之變也。故三易屢更，先天不易。

天道之變，王道之權也。

天道有變，不失其常。王道有權，不亂其經。經常者，自然之理，簡易之道也。天道不過乎陰陽，王道不過乎仁義。

卦各有性有體，然皆不離乾坤之門，如萬物受性于天而各爲其性也。其在人則爲人之性，在禽獸則爲禽獸之性，在草木則爲草木之性。

太極之虚爲乾坤之性，太極之氣爲乾坤之體。太極一也。有動有静，是爲陰陽，是爲柔剛。乾坤既分，性體斯辨。凡卦之性體雖各不同，然萬變不過乎兩端，兩端同歸于一致者，以諸卦生於乾坤，乾坤本於太極，猶人物之性不同而皆出乎天也。天爲一，靈性也。地爲二，氣性也。人爲三，種性也。數極于三，萬類斯判，故論靈性則無不同，論氣性則有不同，至於種性則物各一類，萬萬不同矣。人有人之性，禽獸有禽獸之性，草木有草木之性者，氣性質性也。人之性人人各不同，禽獸草木之性物物各不同者，習性種性也。所謂天性則一而已。虎狼有父子之仁，螻蟻有君臣之義。雖植物無知而性質順成不異於人者，至理無二故也。

天以氣爲主，體爲次。地以體爲主，氣爲次。在天在地者亦如之。

天以體爲次，故天辰不見。地以氣爲次，故地火常潛。凡在天者以用爲本，故成象，在地者以體爲本，故成形。動物屬天，亦以氣爲主。植物屬地，亦以體爲主。

氣則養性，性則乘氣。故氣存則性存，性動則氣動也。

太極者，太虛也。太虛之神用，降而在人則爲誠性。太極之中和，降而在人則爲道氣。人存其誠性以養其道氣，則神御氣，氣載神，神氣不離，當與太極並存，不隨有物俱盡。此聖人之死曰神，死而不亡之壽也。常人運動皆由血氣。血氣者，金木從火水而生，魂魄假精神而生，客氣也。客豈能久乎？其生也，志爲氣役，主爲客勝，性已失矣。客氣既盡，性安得獨存耶？

堯之前，先天也。堯之後，後天也。後天乃效法耳。

一陽生於子，至巳而成乾，天之象立矣。自午之後陰生消陽，至亥而成坤。凡陰所爲，皆效陽而法之，觀《先天圖》即可見矣。故曰：「成象之謂乾，效法之謂坤。」自有一以來，以元會運世推之，堯適當乎己未，堯之前每事皆先天而造之。三代之後，制作云爲，無非效法之事。是故先天取四象者，虚中待用，用之在人，先天而天弗違也。後天取五行者，中亦實矣。雖人事，亦由乎天命，後天而奉天時也。故先天事業，非大聖人不能爲也。子雲曰「法始乎伏羲」，其開物之初乎？「成乎堯」，其先天之極乎？所以十三卦始於離而終於夬也。

## 卷八　觀物外篇下之中

天之象數，則可得而推，如其神用，則不可得而測也。

實則有盡，虚則無窮。神用不可測者，太虚之變化也。是故象數推天有時不驗，聖人不貴乎術獨重乎理者，蓋以此也。故雍謂天可以理盡不可以形盡，而後天之用以理爲宗。

自然而然者天也，唯聖人能索之。效法者人也，若時行時止，雖人也亦天也。

自然者，理也。理之所至，混然自成，不知所以然而然者，天造也。欲知其所以然者，由窮理而始。唯聖人能索之者，窮理之至，所謂「窮神知化，德之盛也」。窮理者，猶在致知之域，我與理異。至於窮神知化，自非體之者有不能焉，與理一也。時行時止者，委身於理，私意無與焉。故行止雖人所爲而實同乎天者，天行也。

生者性，天也。成者形，地也。

生者性天，真氣靈性也。成者形地，血氣體質也。真氣靈性雖藉血氣體質而行，亦因血氣體質而亂。君子貴反本者，合二歸一也。

日入地中，交精之象。

日入地中，有男女之象，無情慾之私。男女合，精血交而後生人，故天有八象，地有八象，人有十六象。惟人備天下之美。既有美焉，則近乎末流矣。聲色臭味，味最爲末者，陰之極也。是以人能天地之所不能，而亦不能天地之所能。裁成輔相雖由才智，而行變亂戕賊亦自巧詐而始，故曰：「甚美必有甚惡。」識者寡嗜慾薄滋味，反本之道也。

體四而變六，兼神與氣也。氣變必六，故三百六十也。

體者，在天爲四時，在地爲四維，在人爲四支。神則太虛，氣則太和也。神者太虛之靈，其光爲血氣者，太和之發其液爲精。四體者，神氣所自成而復寓其間以致用，故六也。先生曰：「陽行一陰行二，一主天二主地，天行六地行四，四主形六主氣。」是三百六十日者氣變必六，運行之數也。二百五十六位者體變則四，生物之數也。

凡事爲之極，幾十之七則可止矣。蓋夏至之日止于六十，兼之以晨昏分，可辨色矣，庶幾乎十之七也。

天數五，地數五，合之而十，天包乎地得數之全體。四用二，合之而六，故氣以六變而爻畫象之。餘分侵地不過乎七，故歲有閏餘，晝極七分而蓍數法之也。以一歲而言，冬三分不用，以一日而言，夜三分不用，皆以存本也。存本不用，用乃不窮，故人作事不可盡，常留十之三可也。若爲之極，後來不可復措手矣。秦之虐，隋之奢，皆用之而盡者也。

《圖》雖無文，吾終日言未嘗離乎是，蓋天地萬物之理盡在其中矣。

先天八卦之圖圓者爲天，方者爲地，體分乎兩，用合乎一，天地萬物之理盡在其中。仁者見之謂之仁，智者見之謂之智。見有限，理無窮，宜終身玩之而不厭也。

氣一而已，主之者乾也。神亦一而已，乘氣而變化，出入于有無死生之間，無方而不測者也。

乾者天德，一氣之主也。分而稟之，有萬不同，皆原於一而返於一。天德者，誠也。至誠不息，則不爲死生間斷。剛健粹精，有氣之用，無氣之累，故能載神而與之俱也。神者太虚之靈，在乎有物之先，當爲一而應乎次。二者以虚，必寓實而顯仁，神亦乘氣而變化也。古之事神者，設木主，立尸祝，置巫覡，皆以托其虚也。惟其變化不測，出入于有無生死之間不爲實之所礙，是之謂神。凡人皆有神而不能自神者，爲實之所礙爾。惟至誠存心者，其心虚明，有心之用，無心之累，不累於物，乃能如神。

不知乾，無以知性命之理。

元亨利貞，循環無端。立本則一，應用則四，以至六爻旁通，有萬不同，其實復歸于一。此性命之理也，在釋氏爲圓，在老氏爲真，在吾儒爲誠，君子自强不息，所以體也。

時然後言，乃應變而言，言不在我也。

應變而言，言不在我，謂之無言可也。孔子與門弟子言皆隨其人資質而應答，未嘗有心也。不謂之天，可乎？

仁配天地謂之人。唯仁者，真可以謂之人矣。

數成於三，三者真數。應其數者，天地人是也，故人爲天地之配。或問管仲，曰：「人也。」以其九合諸侯，一匡天下，有仁者之功，可以配天地也。若下管仲者，是物而已。或曰：「才力有分，遇合有數，安得人人爲管仲之功乎？」曰：「仲尼之徒，羞稱管晏。君子所以配天地或在此，不在彼也。」故曰：「富貴不能淫，貧賤不能移，威武不能屈，此之謂大丈夫。」

生而成，成而生，《易》之道也。

生而成，成而生者，生生不窮也。達人以死生爲夜旦之常者，知此而已。《易》曰：「通乎晝夜之道而知。」此理人皆能言，實知者鮮。故曰「朝聞道，夕死可矣」爲「聞而知之者」言也。

氣者，神之宅也。體者，氣之宅也。

地以體爲體而宅氣，天以氣爲體而宅神。太虛無體，神自生焉。故君子貴虛心。虛非無也。《易》所謂「天地氤氳」，老子所謂「綿綿若存」，子思所謂「喜怒哀樂之未發謂之中」，孟子所謂「誠者天之道」。虛即氣，氣即虛。虛者氣之未聚，有氣之用無氣之累者也。

天六地四。天以氣爲質而以神爲神，地以質爲質而以氣爲神，唯人兼乎萬物而爲萬物之靈。如禽獸之聲，以其類而各能其一。無所不能者人也，推之他事亦莫不然。唯人得天地日月交之用，他類則不能也。人之生，真可謂之貴矣，天地與其貴而不自貴，是悖天地之理，不祥莫大焉。

三天兩地者，天地用數也。以十數之，天得六，地得四，天地分乎太極之數也。乾之策二百一十六者，三十六而六之也。坤之策百四十有四者，三十六而四之也。乾坤分乎一朞之數，亦天六地四也。四者，四體也。六者，兼神與氣也。先生曰「天行六，地行四，四主形，六主氣」，是也。天以氣爲質，以神爲神，是天無質也，故能動不能靜。地以質爲質，以氣爲神，是地無神也，故能靜不能動。惟人備乎神氣質，故兼天下之能而爲萬物之靈也。太極之數一而包五，天有五星，地有五行，故聲有五音。禽獸稟氣之偏各得其一，如牛鳴中宫、雉鳴中角之類。惟人備五行，得天地日月交之用，故獨異乎物而爲至貴也。

燈之明暗之境，日月之象也。

燈之所照，前明則後暗，不能如燭之四照，若日月之代明也。或曰，燈所以照處明，不照處暗，如月之借明於日也。

月者日之影也，情者性之影也。心性而膽情，性神而情鬼。

影者形之陰，因形而有，不能免也。影必託明而見，陰不能自見也。日者天之陽魂，月陰魄也。性者人之陽魂，情亦陰魄也。月借日以明，過則食日。情因性而生，過則亂性。性情皆虚，寓之於形，則心爲性，神靈之主也，膽爲情，血氣之使也。神本於虚，鬼近於物，故性神而情鬼。

無心者爲神，有情者爲鬼。情一也，喜怒愛惡，又有邪正焉。正者猶爲鬼之神，不正者斯爲鬼之物矣。

心爲太極，又曰道爲太極。

著合一握四十九之未分，是謂《易》有太極。太極者，太一也。包含萬有於其中，故曰道爲太極。在人則心爲太極。太極不動，應萬變而常中乃能如天，故揲著必掛一也。

形可分，神不可分。

可分者不能分，不可分者能分，猶可變者不能變，不可變者能變也。神者形之用，形者神之體。神寓於形，形有殊而神則一，故一體動而四支應者，神本一故也。人能體神致一則萬物應感，如同一形，故曰「至誠如神」，又曰「不疾而速，不行而至」。神爲主則能一，形爲主則不一。衆人以形爲主，物爲之累，安能體神而致一乎？

陰事大半，蓋陽一而陰二也。

陽一陰二者，陰分陽也。雖陽少陰多，而陰小陽大，陰之二不能敵陽之一，陰二則缺陽，全則三也。是故奇畫少而致用多，偶畫多而致用少。天地心腎與夫支幹之理，可以見矣。昔關子明言「善人少，惡人多，暗主衆，明主寡」，亦陰事大半之義，皆論體數者也。若用數則不然，是天地之數五十有五，地數本多於天。聖人作《易》三天兩地倚正數而立之，以大包小以陽役陰，小人雖多不能以衆而勝，至於黎民於變皆化乎陽，則復合於一矣。

冬至之後爲呼，夏至之後爲吸，此天地一歲之呼吸也。

冬至之後陽長陰消，舒萬物以出，故爲呼。夏至之後陰長陽消，斂萬物以入，故爲吸。若自日言，則子以後爲呼，午以後爲吸。天之一年、一日，僅如人之一息，是以一元之數十二萬九千六百年，在大化中爲一年而已。

以物喜物，以物悲物，此發而中節者也。

發而中節者無心，善應天之公理，非人之私情也。不誠者無物，至誠者無我，故曰萬物皆備于我。反身而誠，樂莫大焉。人能無我，則七情應感而和，無入不自得，無適而非樂也。蓋悲愁憂怒，不累其心。心之所存者，誠理真樂而已。

不我物，則能物物。

天之所以大者，以其體物而無私。人若有我，則我亦一物爾，安能物物？是故有我者不能我我，無我則我自我矣。敵物者不能物物，體物則物自物矣。無我而體物則萬物皆備於我，我大而物小矣。故曰：「惟天爲大，惟堯則之。」

任我則情，情則蔽，蔽則昏矣。因物則性，性則神，神則明矣。潛天潛地，不行而至，不爲陰陽所攝者，神也。

任我者一人之私意，因物者天下之公理。私者情也，情則血氣之慾。公者性也，性者精神之靈。人心爲政，血氣不能亂之，則精神内守，反乎性原，其中虚明，神而靈矣。潛天潛地，不行而至，不爲陰陽所攝者，御氣而不恃於氣故也。是故龍之變化，觸石如虛，行空如實，亦可謂神矣。猶爲陰陽所制者，以其恃於氣也。知夔蚿蛇風心目相憐之理，則可以知神矣。

天之孽，十之一猶可違；人之孽，十之九不可逭。

天之孽，數也；人之孽，理也。理之所至，無可逃者。數亦由理而生，而有逆順。循理之順者，可以回數之逆，天人之分也。循理之順可以回數之逆者，天地大數本順，其逆乃細數之紛紜錯亂者爾。觀先天與卦氣二圖可以見矣。如人脈息，初本有常，至于錯亂，或自爲之增損也。十之一、十之九者，十孽之中由天者一、由人者九，言自取者衆也。

先天之學，心也；後天之學，迹也；出入有無死生者，道也。

先天造物之初，由心出迹之學也。後天生物之後，因迹求心之學也。心虛而神，道亦虛而神。能出入於有無死生、在先天之初不爲無、在後天之後不爲有者，迹不能礙本，無間斷故也。

神無所在，無所不在。至人與他心通者，以其本于一也。

形可分，神不可分。以其不可分，故未嘗不一。天下無二心者，亦以本一而已。本一而不能一者，形爲之累，物或礙之也。至人與他心通者，其心虛明，形不能礙，盡誠之極，體物之至也。《記》曰：「天降時雨，山川出雲。耆慾將至，有開必先。」凡人吉凶禍福或得之夢寐，或見之證兆，有知先覺焉者，神之靈也。人心皆有神靈，多爲血氣外物所昏，如鑒之蒙垢，已則先暗，何以照人？

道與一，神之强名也。以神爲神者，至言也。

鬼者死之名也，神者通乎生死之稱。聖人曰：神人之學至於神者，不死之學也。神者，道與一之妙用也。

身，地也，本静。所以能動者，血氣使之然也。

血氣者，陽氣也，神氣也。所謂既生陽爲魂者，魂氣歸天，雖有死魄，無能爲矣。此地之質也。故植物亦有氣而不能動者，陰之氣、地之類也。

生生長類，天地成功。别生分類，聖人成能。

太極生兩儀，兩儀生四象，四象生八卦，生生也。一卦分八卦以至于六十四卦，一卦分六爻以至於三百八十四爻，衍而長之，以至萬有一千五百二十策，長類也。由一氣之變化，天地之所以生也，故曰天地成功。若夫别其生，分其類，使貴賤履位，賢不肖襲情，禽獸草木蟲魚各安其生，魑魅魍魎鬼神不出其靈怪者，由一理之經綸，聖人之所以治也，故曰聖人成能。

以物觀物，性也；以我觀物，情也。性公而明，情偏而暗。

性情，本一類也。性得於有生之初，近乎天理之誠，情見於有慾之後，雜乎人爲之僞，本末之異也。返乎一則用無非善，雜于二則有善有惡。若没于下流，則無非惡矣。

陽主闢而出，陰主翕而入。

陽之闢而出也，震以長之，乾以分之，觀春夏而可見矣。陰之翕而入也，巽以消之，坤以翕之，觀秋冬而可見矣。

日在于水則生，離則死，交與不交之謂也。

日在子以後爲升則向生，午以後爲降則向死。故人當保精，精全乃神王。坎離不交則天地之道否，而陰陽之功息矣。

陰對陽爲二，然陽來則生，陽去則死，天地萬物生死主于陽則歸之于一也。

陰者道之體，陽者道之用。體常存以待用，故陽來則有用而生，陽去則無用而死。天下之物歸乎用，故以陽爲主也。陽對陰爲二，如君之有臣，夫之有婦，天之有地，名雖竝立，勢不相亢，所以乾九坤六，陽能兼陰，陰不得兼陽。聖人三天兩地而倚數，蓋因自然之理而反二歸一也。

神無方而性有質。

神依於氣，性依於質。故氣清則神清，昏則神昏。質明則性明，暗則性暗。曰神無方者，主神而言也。性有質者，主受性者言之也。謂性爲萬物之一原者，以性爲神，在命之先也。謂性爲有質者，以質爲性，在命之後也。性正如精神，有精而後有神，有命而後有性。此世人所共知，後天之學也。

發於性則見於情，發於情則見於色，以類而應也。

發乎性者，内心起也。内心起則血氣應之，故見於情。血氣動於中，顔色見於面，不得而隱也。惟大姦大聖，顔色不能盡其心。

以天地生萬物，則以萬物爲萬物，以道生天地，則天地亦萬物也。道生天地者，太極生兩儀也。天地者，大物也。萬物皆爲天地之體，合天地之間一物而已。人能體物，則如天地也。

人之貴兼乎萬物，自重而得其貴，所以能用萬類。

天一地二人三，合一與二爲三，故人當虚位，天地之用也，能兼天地之能而爲天地之用也。凡萬物之類有肖乎天者，有肖乎地者，人而兼之，不亦貴乎？不知自重，終同一物。

凡人之善惡形于言，發于行，人始得而知之。但萌諸心，發于慮，鬼神已得而知之矣。此君子所以慎獨也。

天奥西北，地奥黄泉，人奥思慮，皆幽隱難知之處。而太始之初有一未形，乾已知之，况萌於象數乎？惟未發於言行者未見於形，非得一而虚明者不能知焉，故惟鬼神知之。神者先覺，彼不得而遁藏也。聖人亦如神，然廢心任誠、不逆詐、不億、不信，所以堯試鯀而周公用管、蔡也。

氣變而形化。

氣變于天則形化于地，觀四時之運可知之矣。人之少壯老死，形亦隨氣而變。聖人以仁義禮樂養人之精神血氣，而容止進退至于可觀者，亦氣變而形化也。

人之類，備乎萬物之性。

人備萬物之性，故備萬物之能，以其稟太極中氣、靈於萬物故也。

人之神則天地之神，人之自欺，所以欺天地，可不戒哉？

神一而已，人之神即天地之神也。人爲外物所蔽，不能得一，是以彼此之間不相知。天地虛明，不用耳目而無不見聞。人自欺即是欺天地，天地已知之矣。

人之畏鬼亦猶鬼之畏人，人積善而陽多，鬼亦畏之矣；積惡而陰多，鬼不畏之矣。大人者與鬼神合其吉凶，夫何畏之有？

人與鬼幽明之分不同，理一而已。故曰「未能事人，焉能事鬼」。

至理之學，非至誠則不至。物理之學，或有所不通，不可以强通，强通則有我，有我則失理而下入於術矣。

窮神知化，非口耳之學所能，當由至誠不息，躬造其境，然後實有所見。至誠者，心學也。强通者非造理而寤，有我者非循天之理。術者外學也，理者内學也。

心一而不分，則能應萬物。此君子所以虛心而不動也。

心之神其體本虛，不可分也。隨物而起，泥物而著，心始實而分矣。今人心專一於事物者，邪正各有所至，惟不能致虛，故不能應萬變也。一於實者是精，一於虛者是神。用志不分，乃凝於神。

聖人利物而無我。

聖人利物而無我，衆人有我而害物。公私一判，末如霄壤。

明則有日月，幽則有鬼神。

日月照其面目，不愧於人，可乎？鬼神伺其心意，不畏於天，可乎？

夫聖人六經，渾然無迹，如天道焉。《春秋》録實事，而善惡形于其中矣。

《春秋》書實事而善惡自見，此之謂天理之自然而非一人之私意也。後世之史善惡不明者以文而失實，不然則有私意存乎其間，如馬遷、班固，皆隨所好惡發憤而生褒貶，況其他乎？

中庸之法，自中者天也，自外者人也。

自中者天，誠也。自外者人，思誠也。

韻法，闢翕者律天，清濁者呂地。先閉後開者，春也。純開者，夏也。先開後閉者，秋也。冬則閉而無聲。東爲春聲，陽爲夏聲，此見作韻者亦有所至也。銜凡，冬聲也。

聲色臭味皆物之精英，發乎外者也。聲爲陽，色爲陰。臭爲陽，味爲陰。而各具四時之四變，則十六之數也。物有聲而不通變，惟人之靈則通之。康節以聲音各十六等推萬物之數。元會運世者氣之數，故以推天地。律呂者聲之數，故以推萬物。二者一理而已。聲音律呂，其別何也？單出爲聲，一之倡也，故爲律而屬天；雜比爲音，二之和也，故爲呂而屬地。聲以字爲主，字有平上去入四聲，有輕有重則清濁也。音以響爲主，響有開發收閉四音，有抑有揚則闢翕也。聲者體也，音者用也。天統乎體，地分乎用。以律唱呂，因平上去入之聲而見闢翕之音者，因體生用也，故闢翕爲律天。以呂和律，因開發收閉之音而見清濁之聲者，因用生體也，故清濁爲呂地也。東爲春聲，陽爲夏聲，銜凡爲冬聲，則揫收者秋聲也。東附於冬，不爲冬聲，何也？經世有二元，起於冬至者天之元也，行於春分者物之元也。是故四序之冬、五音之宫、六律之黄鍾，方皆屬北者，冬至之元、體之所起也；聲皆附東者，春分之元、用之所行也。故知作韻者，亦有所見也。

寂然不動，反本復静，坤之時也。感而遂通天下之故，陽動於中，間不容髮，復之義也。

此明《先天圖》以復次坤之義也。坤反本復静在一年則十月，在一元則太極未動之際。陽動於中而爲復，在一日則子中，在一年則冬至，在一元則太極生陽之始。欲觀萬古者，一年是也。夫太極不動有一未形，其在先天坤之時也。文王置乾於西北，而曰「乾知大始」者，以乾爲宗，明後天之用也。是故太極雖虚，其中有信，應感而動，間不容髮，若指坤爲空與無，恐失之矣。所以文王既以乾知大始，又以坎居北方，而卦氣起於中孚。《太玄》始於中首者，皆以更相發明，慮後世之溺於空而蔽於無也。

不見動而動，妄也，動乎否之時是也。見動而動則爲无妄。然所以有災者，陽微而無應也。有應而動，則爲益矣。

无妄震體，見動而動也，故爲无妄。震體之動者，初九也。無應則爲无妄，四未變也；有應則爲益，四之變也。武王觀兵孟津，諸侯不期而會者八百，可謂有應矣，猶還師焉。聖人之動，其謹如此。《雜卦》曰：「无妄，災也。」

精氣爲物，形也；遊魂爲變，神也。又曰，精氣爲物體也，遊魂爲變用也。形者體也，神者用也。言精氣則知遊魂爲神氣，言爲物則知爲變者性也。言遊魂則知精氣爲沈魄，言爲變則知爲物者常也。

君子之學，以潤身爲本。其治人應物，皆餘事也。

人之學當從根本中來。潤身者，根本也。

剸割者，才力也。明辨者，智識也。寬洪者，德器也。三者不可闕一。

三者，亦知仁勇也。

無德者責人怨人，易滿，滿則止也。

責人以嚴，待己以恕，貧賤則怨，富貴則驕，皆易滿也。

能循天理動者，造化在我也。

堯舜之爲政，孔子之行己，所謂循天理而動也。造化安得不在我乎，故天能使唐虞之亡，堯舜能使世之不亂；天能使周之不興，孔子能使道之不喪。天自行其天，人自行其人，此之謂造化在我。

學不際天人，不足謂之學。

近世之學，以高明、中庸爲兩端，故天人間斷而不一。

人必有德器，然後喜怒皆不妄。爲卿相，爲匹夫，以至學問高天下，亦若無有也。坎爲險，可以見城府，則坤爲腹可以想德器矣。養氣者所以長德器也，無德器則喜怒輕，輕則多妄。

得天理者，不獨潤身，亦能潤心。不獨潤心，至于性命亦潤。

天理者學之正位，得正位則有真樂。真樂不間於生死，故性命亦潤。

歷不能無差。今之學歷者，但知歷法，不知歷理。能布算者，落下閎也。能推步者，甘公、石公也。落下閎但知歷法，揚雄知歷法，又知歷理。

歷理者，依天地日月變化自然之數之用以置法，如顓帝《四分歷》以立體，《太初》八十一分以求閏，是也。古人有三百年改憲之説，蓋歷不能無差也。

顔子「不遷怒，不貳過」皆情也，非性也。不至於性命，不足謂之好學。

怒與過，情也。不遷怒，不貳過，制情也。制情，亦情也，制情求以復性也。「陋巷、簞瓢、不改其樂」，非有得於性命則不能也。故康節又言「學不至於樂，不可謂之學」，孟子曰「禮義之悦我心猶芻豢之悦我口」，此暫悦而已。深造自得，而後至於樂。

揚雄作《玄》，可謂「見天地之心」者也。

《易》於復言「見天地之心」，於大壯言「見天地之情」。一陽動于坤下者，復也，其萌於思慮之初乎？一陽動於乾上者大壯也，其發於顔色之際乎？然則天地之性何所見？一陽初動，爲心則萬慮俱寂，爲性當係坤之時矣。蓋坤者寂然不動，性也；復者感而遂通，心也；大壯則萬物相見，情也。所謂性者，乃真心不動之處。逐物者心包絡之血氣，妄心也。真心者君火，性之神用也。妄心者相火，血氣之役使也。子雲《太玄》始于中首，可謂知真心矣。冬至之卦復也，起于中孚，七日而復應焉。真心非空然無物，老氏所謂「其中有信」，吾儒之「誠」也。是故真心者，性之正覺也。以爲有而常虚，以爲無而善應。復則初念，去本爲未遠，可以推見真心者也。

《易》无體也，曰「既有典常」，則是有體也。恐遂以爲有體，故曰「不可爲典要」。既有典常，常也。不可爲典要，變也。

謂之《易》者，本取其變也。惟有常乃能變，無常則紛亂，何能變乎？蓋《易》本于地上之數，地上之數起於二，一陰一陽往來錯綜，以至千萬億兆而未嘗紛亂，故不窮也。《易》者二也，必有不易之者則一也。會二歸一，其太極乎？故天運四時，北極不轉，聖應萬變，中心不摇。

莊周雄辯，數千年一人而已。如庖丁解牛曰「踟躕」、「四顧」，孔子觀吕梁之水，曰「蹈水之道無私」，皆至理之言也。

蹈水之論，有是理而世無其人，則形爲之礙也。鳥翔空如實，魚泳水若虚，故知蹈水有此理。

夫《易》者，聖人長君子消小人之具也。及其長也，闢之於未然。及其消也，闔之於未然。

一消一長，一闢一闔，渾渾然無迹。非天下之至神，其孰能與於此？

天不能無陰陽，人不能無小人君子。陰陽順而相濟則物成，君子小人順而相養則世治。是故無性非善，無事非利，無動非吉，無適非樂，此致一之論也。惟陰陽有攻取之性，逆順不能相無，而兩不能合一，故陰常病陽，小人常害君子。聖人作《易》，有長君子消小人之道存焉，所以裁成輔相也。闢闔皆於未然，消長必防其漸。長陽消陰，渾然無迹。至於黎民於變，比屋可封，則至一之極也。古之用《易》者，非堯舜孰能當之？

大過，本末弱也。必有大德大位，然後可救。常分有可過者，有不可過者。大德大位，可過者也，伊周其人也，不可懼也。有大德無大位，不可過者也，孔孟其人也，不可悶也。其位不勝德耶？

遯之六二升而極于上六則爲大過，以此安於下，固志不奪，遯世無悶也。以此升于上，滅頂不悔，獨立不懼也。惟固志不奪之人乃能滅頂不悔，孟子所謂大丈夫者也。彼苟進者隨時趨利，安能過涉滅頂乎？是故大過自遯六二來，而象因初、上二陰爻以發明之也。在遯則初、二皆爲遯世無悶，在大過則上爲獨立不懼。夫以德言之其心則同，以位言之其分則異，故有可過者，有不可過者也。孔子似周公，孟子似伊尹。孔孟非不及伊周，位不勝德也。

大哉，位乎，待時用之宅也。

《易》之六爻，人也。爻之所在無間君子小人，即位也。位者待時用之宅，故六爻即六位也。爻來位見，乃有上下内外得失之别。

復次剥，明治生於亂乎？姤次夬，明亂生於治乎？時哉，時哉，未有剥而不復，未有夬而不姤者。防乎其防，邦家其長，子孫其昌。是以聖人貴未然之防，是謂《易》之大綱。

治亂循環如陰陽消長，必不能免。貴未然之防，聖人所以立人極也。後天之《易》所重在此。

先天學，心法也，故圖皆自中起，萬化萬事生乎心也。

《先天圖》自坤而生者始于復，自乾而生者始于姤，皆在天地之中。中者心也，故先天之學爲心法而主乎誠。蓋萬法出乎理，理之所至，自然而成。然理者天下之公，非我所得有。誠者，所以體公理而在我者也，是謂天德。太極之根，可以成己，可以成物。若不誠焉，妄心生而公理滅，既自喪我，安得有物？何由入道？

所行之路不可不寬，寬則少礙。

天道惟用七，物數必去本。不惟存本，亦居之以寬，爲變化之地。

知《易》者，不必引用講解，始爲知《易》。孟子著書未嘗及《易》，其間《易》道存焉，但人見之者鮮耳。人能用《易》，是爲知《易》。如孟子，可謂善用《易》者也。

孟子達道之權而不執滯，是知《易》也。其言「子莫執中，猶執一」，益見其知《易》矣。性善之論，則天之一，《易》之用數也。

所謂皇帝王伯者，非獨三皇五帝三王五伯而已。但用無爲則皇也，用恩信則帝也，用公正則王也，用知力則伯也。

《易》起於皇，《書》起於帝，《詩》起于王，《春秋》起於五伯。凡用無爲者皆皇，如高惠之世是也。用恩信者皆帝，如孝文之世是也。用公正者皆王，如孝宣之世是也。用智力者皆伯，如孝武之世是也。孝宣伯之王，孝武王之伯也。譬之春夏秋冬、東西南北，此四者之數也。

鬼神無形而有用。其情狀可得而知也，於用則可見之矣。若人之耳目鼻口手足，草木之枝葉華實顔色，皆鬼神之所爲也。福善禍淫，主之者誰耶？聰明正直，有之者誰耶？不疾而速，不行而至，任之者誰耶？皆鬼神之情狀也。

管子曰：「流行於天地之間者謂之鬼神。」鬼神者，太極之英氣、正理行乎兩間爲天地之用者也。氣，其狀也。理，其情也。人之耳目鼻口手足之運用，草木之枝葉華實顔色之精光，皆英氣之外發，鬼神之狀可得而知矣。福善禍淫，誰其主之，聰明正直，誰其有之，不疾而速，不行而至，誰其任之，皆至理之相感，自然而然而不知其所以然，鬼神之情可得而知矣。

《易》有意象，立意皆所以明象，統下三者：有言象，不擬物而直言以明事；有像象，擬一物以明意；有數象，七日、八月、三年、十年之類是也。

《易》有意言象數。意萌於心，言出於口，有氣則有象，有名則有數，此世之所知也。而不知一萌於心即有象數，況已出于言乎？是故健順動止陷麗説入皆係象數，不必至於天地日月雷風山澤之形而後有一二三四五六七八之數也。所以雍皆謂之「象」。若無象可見，天地鬼神安得而知之耶？

《易》之數，窮天地始終。或曰：「天地亦有始終乎？」曰：「既有消長，豈無終始？天地雖大，是亦形器，乃二物也。」

天地消長之運，一年是也。始必有終，終則復始，是故元會運世之數開物於寅，閉物於戌。夫法始乎伏羲，當爲寅開物之初，則戌閉物之後可想而知矣。既極於亥，當復生於子也。《易》有內象，理致是也。有外象，指定一物而不變者是也。

理致者，健而説、巽而動之類是也。指定一物者，地中生水、火在天上之類是也。雍又曰：「自然而然不得而更者，內象、內數。他皆外象、外數。」何也？內象無實象，內數無實數，存乎太虚，若可更也。而不可更者，理有必至，自然而成，雖有智巧，不能變其象而逃其數也。若外象、外數，體若一定，然爻有飛伏，卦有消長，六位八物不能自定。是故惟適變者不變，而不變者終變也。先天卦數二圖皆有序而不亂者，以天地本象、本數循自然之序而成也。後天卦氣圖及雍卦氣圖皆雜錯無定者，人情物態非僞即妄，所以孔子序《易》以理爲次而象數自從之也。

在人則乾道成男，坤道成女。在物則乾道成陽，坤道成陰。

陰陽分太極。在道則爲乾坤，在氣則爲天地。鍾於人則爲男女，散於物則爲動植。於其中又細分之，至于不可數計。無非兩也，合一則致用。

神無方則《易》無體。滯于一方則不能變化，非神也。有定體則不能變通，非《易》也。《易》雖有體，體者象也，假象以見體而本無體也。

《易》以六十四卦爲體，故曰體者象也。變於三百八十四爻之中不可指一而名，故本無體。若求於不變之時則又退藏于密矣。一陰一陽之謂道。《易》雖無體，猶有方也。陰陽不測之謂神，則無方矣。故陰陽變化、顯諸仁者《易》也，陰陽不測、藏諸用者神也。《易》猶有二，神則合一。二無定體，一無殊方。

事無大小，皆有道在其間。能安分則謂之道，不能安分謂之非道。

分者理所當然，故謂之道。人能安分則知常，久而自有變化。知常則明，明則神矣。

正音律數，行至于七而止者，以夏至之日出於寅而入於戌。亥子丑三時，則日入于地而目無所見，此三數不行者，所以比於三時也。故生物之數亦然，非數之不行也，有數而不見也。

天三地二，天地分太極之數也。天倍三而六，地倍二而四。天兼餘分，不過乎七。日有十，辰有十二。在日爲十用七，在辰爲十二用九。是故夏至之日最長，出於寅入於戌，亥子丑三時日入地而不見，乃知陽之盈數不過乎七。曰，雍以聲音律呂之數窮動植之數。正聲十，錯綜之得一百六十，下三聲有數而無聲者凡四十八，所用者一百十二而已。正音十二，錯綜之得一百九十二，水石二音有數而無音者，大數通四十，所用者一百五十二而已。合一百十二與一百五十二共得二百六十四，爲實用之數。聲音相唱和而分布于二百五十六位，每位得二百六十六，蓋以見乎用者三、不用者一之數也。凡象之在天上，形之潛地下，鬼神居幽冥之間，無不麗乎數，特人不見之爾。故曰：「非數之不行也，有數而不見也。」

六虛者，六位也。虛以待變動之事也。

《易》有六爻，即爲六位。爻來則位見，爻去則位亡。可以明實即是虛虛即是實，變者不變不變者終變之理矣。六位爲六虛，言待人而實也。高祖、太宗以匹夫而升九五，夏桀、商紂以萬乘而爲獨夫，以位爲虛，不亦信乎？

有形則有體，有性則有情。

有形則有體，體者析乎形而已。有性則有情，情者分乎性而已。形性兼該，體情偏係。拱手則足不馳、駐目則耳不聽者，體也。頭目有傷、臂指自捍者，形也。愛之欲其生、惡之欲其死者，情也。喜怒哀樂未發謂之中、發而皆中節謂之和者，性也。所以不同者，偏係之與不偏係、公則大、私則小也。

天主用，地主體。聖人主用，百姓主體，故日用而不知。

天主用，四時行焉。地主體，百物生焉。聖人主用，教化係焉。百姓主體，衣食出焉。雖二者相資，闕一不可，然無體者爲太虛，無用者爲棄物，言體者未必有用，言用者則必有體也。

法始乎伏羲，成乎堯，革於三王，極于五伯，絶於秦。萬世治亂之迹，無以逃此矣。

始乎伏羲，物開于寅也。成乎堯，陽純乎巳也。革于三王，陰生于午也。極于五伯，陽道已窮。絶于秦，則限隔矣。邵雍所謂羲黄堯舜、湯武威文、皇帝王伯、父子君臣四者之道，理限于秦，是也。堯之前亦有如五伯者，大數之中自有小數，以細別之也。特世遠無傳，惟近者可見爾。是故雍子皇帝王伯之中，各分皇帝王伯也。

神者，《易》之主也，所以無方。《易》者，神之用也，所以無體。

無思無爲，寂然不動，感而遂通天下之故，神也。變動不居，周流六虚，所以應天下之故，《易》也。故《易》爲神之用。《易》者，陰陽也。神者，陰陽不測也。

循理則爲常，理之外則爲異矣。

不循自然之理者，在天爲怪異之氣，在人爲乖戾之行。六氣有淫，八風有邪，五行有沴。怪異之氣，天地不能免。大數本順，故卒反于正。

火以性爲主，體次之。水以體爲主，性次之。

天下之理，虚實相資，動静相養，不可偏無。以性爲主者體爲次，攝用歸體也。以體爲主者性爲次，從體起用也。不惟水火，天地精神皆可以此理推之矣。

陽性而陰情，性神而情鬼。

精神者，性命之本原。血氣者，精神之佐使。血氣者，喜怒愛欲之所生，情之所起也。人端本則情復于性，逐末則性敗於情。性陽類，故爲神。情陰類，故爲鬼。《書》稱堯曰「乃聖乃神」。神者適乎死生之稱，而鬼則非所以稱人也。情静性復，陰消陽純。學至于此，死而不亡矣。若肆情縱慾，喪精失靈，其死曰「物」，豈惟鬼乎？

《易》之首于乾坤，中于坎離，終于水火之交不交，皆至理也。

自乾坤至坎離以言天道，自咸恒至既未濟以明人道，此文王之《易》也。文王之《易》，天地之用也，用從體而起。上經首于乾坤者，有天地而天之用行，坎離則其用之不窮也。下經首于咸恒者，有夫婦而人之用行，既未濟則其用之不窮也。坎離者陰陽互藏其宅，乾坤之交也。未濟者水火各反其位，坎離之不交也。不交則窮，故曰：「未濟，男之窮也。」窮則復生，變化見矣。是故天地亦有窮，則變化之本息；人物亦無窮，則變化之用息。人物之有窮，乃天地之所以無窮也。雍曰：「日在于水則生，離則死，交與不交之謂也。」未濟爲男之窮而下經終焉，誠至理也。

太極一也，不動。生二，二則神也。神生數，數生象，象生器。

太極者，一元。一元者，乾元、坤元之本，合而未離者也。寂然不動，虚則性也。感而遂通，發則神也。性者神之體，神者性之用。故太極爲一，不動；生二，二即是神。夫太極動而生陽，陽爲奇，一也。動極復静，静而生陰。陰爲偶，二也。陽奇之一，有物之一，非太一也。太一者，太極之一，非虚非氣，即氣即虚。真至之理，自然生神，神應次二，有動有静，于是生數。奇偶者，數也。數生象。乾坤者，象也。象生器。天地者，器也。生而成器，神乃寓乎其中，以顯諸仁，以藏諸用。故器之變，復歸於神者，返乎本也。

太極不動，性也。發則神，神則數，數則象，象則器。器之變，復歸于神也。

太極本静，故不動爲性。發則神者，應感而通也。神則數者，動静變化，倏陰忽陽，一奇一偶，故有數也。有數之名則有數之實。象者，實也。氣見則爲象，凝則爲形。器者，形也。形者，神之所爲而以自託焉。如蠶作繭，本自我爲，非外來也。

## 卷九　觀物外篇下之下

諸卦不交於乾坤者，則生於否泰。否泰，乾坤之交也。乾坤起自奇偶，奇偶生自太極。

太極一也，真一含三而無對。動静則有奇偶，分太極而各半，乾坤自此生矣。諸卦不交於乾坤者則生於否泰，否泰乾坤之交也。此發明李挺之《變卦圖》也。李挺之傳康節《六十四卦圖》，剛柔相易，周流變化，以乾坤二卦爲《易》之門，萬物之祖，功成無爲。凡卦一陰一陽者由復姤而來，二陰二陽者由臨遯而來，三陰三陽者由否泰而來。六十四卦不反對者八，反對者五十六，而反對之中否泰既未濟四者重見，則亦六十卦也。以三陽三陰而變者，主六爻而言，用之升降也。《元包》以五世歸魂遊魂而變者，則主八卦而言，體之飛伏也。陰陽平均，迭爲賓主，則乾坤之體變爲否泰之用，故三陰三陽之卦不交于乾坤而生於否泰也。《先天圖》否泰，在天當天門地户，在地當人路鬼方，其爲乾坤之用可知矣。

天使我有是之謂命，命之在我之謂性，性之在物之謂理。

天任理，理無不順。人受天命而成性，萬物皆備於我，我之與物同乎大順。若謂性命爲我有而横私之，不能體物則悖道而失理。理既失矣，性命何有哉？是故無我者，任理而公，不惟有物，終亦存我；有我者，任情而私，不惟無物，終亦喪我矣。

朔易以陽氣自北方而生，至北方而盡，謂變易循環也。

西北之交謂之朔，陽氣至此而盡。正北復生子，子則變易矣。地有四方，又有朔，何也？曰：日月者，陰陽之真精，是生水火。故七曜有日復有火，有月復有水。地之西北有朔方北方，天之東南有君火相火，人之五藏心有包絡、腎有命門也。水火各有二，而君火真精實相通。真火有氣無形，所以三焦無位，故心奇而腎偶，朱鳥一而龜蛇二也。夫心奇腎偶，陽一陰二，乾坤之畫象之，一者致用多，二者致用少。故君子用智，小人用力，大智存神，小智存精。

春陽得權，故多旱。秋陰得權，故多雨。

春多旱，秋多雨，所以先天離居寅、坎居申也。

元有二，有生天地之始者，太極也；有萬物之中各有始者，生之本也。

天地之元者，一之一也。萬物各有元者，二之一也。《觀物篇》以元經會、以會經運、以運經世者，天數也。一元包乎會運世，會運世見而元不見，年月日辰之喻也。一之一也，元會運世分爲十六位者，地數也。元與會運世雖大小不同而分立竝用，春夏秋冬之喻也。二之一也，一者以冬至爲元，體也；二者以春分爲元，用也。

天地之心者，生萬物之本也。天地之情者，情狀也，與鬼神之情狀同也。

天地無心，緣感而生，故於坤則寂然不動，於復則感而遂通。復之一陽，天道之所以生物也。感之男女，人道之所以生民也。於復言見天地之心者，無心而爲心也。變感爲咸者，有心而欲其無心也。大壯見天地之情，天地亦有情乎？曰，陽動於乾上，發於顔色，其情可見，故與鬼神之情狀同也。

莊子與惠子遊於濠梁之上，莊子曰：「儵魚出遊從容，是魚樂也。」此盡己之性，能盡物之性也。非魚則然，天下之物則然。若莊子者，可謂善通物矣。

莊子知魚樂者，蓋萬物各有得意處即是真樂。聖人體物，苟居位行道焉，使天下物物自得。

老子，知《易》之體者也。

老子知陰而不知陽，得《易》之體而已，不如孟軻得《易》之用。老子言「知雄守雌」、「知白守黑」、「專氣致柔」，孟子「知言集義」、「養浩然之氣」，各以《易》而反於身者也。

無思無爲者，神妙致一之地也。聖人以此洗心，退藏於密。

退藏于密者，事過念止之時。無思無爲，非若土木偶人也。神妙致一，所謂一以貫之。雍以「時然後言、樂然後笑、義然後取」爲無爲，又言「順理則無爲，强則有爲」。知此即天下何思何慮，但當委身於理一以貫之。退則藏密，感則遂通，亦豈嘗偏於好静乎？雍又曰：「時然後言，言不在我。」此尤見無爲之理矣。

太極，道之極也；太玄，道之元也；太素，色之本也。太一，數之始也。太初，事之初也。其成功則一也。

太極者，大中也。渾然圓成，兩儀之所生也。太玄者，北方深妙之地。北即天中也，故亦謂之北極，元氣始生之處也。渾淪爲極，在先天之初，罔冥爲玄，在有地之後，故極者道之父，玄者道之母，所以易爲天道，玄爲地道也。以色言之則爲太素，五色之本也。以數言之則爲太一，一，數之始也。以事言之則爲太初，萬事之初也。其來一原，故散於天地萬物而成功則一也。

太羹可和，玄酒可漓，則是造化亦可和、可漓也。

色始於素，味始於淡。大羹玄酒，味之本也。以比造化之初恬淡自然，既不可和，亦不可漓。甚美必有甚惡，若可和則可漓矣。

易地而處，則無我也。

易地而處則無我，應物而動則無爲。

誠者，主性之具，無端無方者也。

人能至誠不息、無間斷處，則生死不能隔絶，鬼神不能測窺。蓋虛則無迹可礙，無象可觀故也。

智哉留侯，善藏其用。

留侯用智，皆因其勢而利導之，不見有爲之迹。

《素問》《密語》之類，於術之理可謂至也。

《素問》注天元玉策截法《玄珠密語》，皆王砅所作。五運六氣，八司九室，律呂用十六，運氣起甲子己卯，其數與先天合。

瞽瞍殺人，舜視棄天下猶棄敝屣也，竊負而逃，遵海濱而處，終身訢然，樂而忘天下。聖人，雖天下之大，不能易天性之愛。

聖人反本而誠，衆人逐末而妄。秦人借父耒鋤，慮有德色，逐末之極也。孟子此論如孔子「去食」之言，明天下可棄、父不可棄也。

或問「顯諸仁，藏諸用」，曰：「若日月之照臨，四時之成歲，是顯仁也。其度數之然，而不知其所以然，是藏用也。」

象以見數，顯諸仁也。數以生象，藏諸用也。天下之數生于理。用雖藏，以理推之，可以探賾索隱。

君子於《易》：玩象，玩數，玩辭，玩意。

此教人學《易》之法。

兑，説也。其他皆有所害，惟朋友講習，無説於此，故言其極者也。

説於物者，有害，亦有厭。説於道者，無害，亦無厭。始也講習而説，及深造自得，則樂矣。

中庸，非天降地出，揆物之理，度人之情，行其所安，是爲得矣。

物理人情與吾心皆安處即是道。有一不安，非道也。有一言而可終身行之者，其惟恕乎？能近取譬，可謂仁之方也已。此最近中庸之道。

元亨利貞之德，各包吉凶悔吝之事。雖行乎德，若違于時，亦或凶矣。此亦一變四之數也。古之人以仁義忠信被禍者多矣，可與立未可與權也。然吉凶以貞勝，則大過滅頂可稱无咎。是故比干剖心，自世人言之則爲禍，自君子言之則爲仁也。湯放桀、武王伐紂而不以爲弑者，若孟子言「男女授受不親，禮也；嫂溺則援之以手，權也」。故孔子既尊夷齊亦與湯武。夷齊仁也，湯武義也。然唯湯武則可，非湯武則是簒也。

一經一權，道竝行而不相害。

陰者陽之影，鬼者人之影也。

雍曰：「人謂死而有知，有諸？」曰：「有之。」曰：「何以知其然？」曰：「以人知之。」曰：「何者謂之人？」曰：「耳目鼻口、心膽脾腎之氣全謂之人。」心之靈曰神，膽之靈曰魄，脾之靈曰魂，腎之靈曰精。心之神發乎目則謂之視，腎之精發乎耳則謂之聽，脾之魂發乎鼻則謂之臭，膽之魄發乎口則謂之言。八者具備，然後謂之人。夫人也者，天地萬物之秀氣也。然而亦有不中者，各求其類也。若全得，人類則謂之曰「全人之人」。夫全類者，天地萬物之中氣也，謂之曰「全德之人」也。全德之人者，人之人者也。夫人之人者，仁之謂也。唯全人，神然後能當之。人之生也謂「其氣行」，人之死也謂「其形返」。氣行則神魂交，形返則精魄存。神魂行于天，精魄返于地。行于天則謂之曰「陽行」，返于地則謂之曰「陰返」。陽行則晝見而夜伏者也，陰返則夜見而晝伏者也。是故知日者月之形也，月者日之影也；陽者陰之形也，陰者陽之影也；人者鬼之形也，鬼者人之影也。人謂鬼無形而無知者，吾不信也。

秦繆公有功于周，能遷善改過，爲伯者之最。晉文侯世世勤王，遷平王于洛，次之。齊威公九合諸侯，不以兵車，又次之。楚莊强大，又次之。宋襄公雖伯而力微，會諸侯而爲楚所執，不足論也。治《春秋》者，不先定四國之功過，則事無統理，不得聖人之心矣。春秋之間，有功者未見大於四國，有過者亦未見大於四國也。故四者功之首，罪之魁也。人言「《春秋》非性命書」，非也。至于書「郊牛之口傷，改卜牛，牛死，乃不郊，猶三望」，此因魯事而貶之也。聖人何容心哉？無我故也，豈非由性命而發言也？又云「《春秋》皆因事而褒貶」，豈容人特立私意哉？又曰「《春秋》聖人之筆削，爲天下之至公」，不知聖人之所以爲公也。如因「牛傷」則知魯之「僭郊」，因「初獻六羽」則知「舊僭八佾」，因「新作雉門」則知「舊無雉門」，皆非聖人有意于其間，故曰：「《春秋》盡性之書也。」

《易》之爲書，將以順性命之理者，循自然也。孔子絕四、從心、一以貫之，至命者也。顔子心齋屢空，好學者也。子貢多積以爲學，億度以求道，不能刳心滅見，委身於理，不受命者也。《春秋》循自然之理而不立私意，故爲盡性之書也。

初與上同，然上亢不及初之進也。二與五同，然二之陰中不及五之陽中也。三與四同，然三處下卦之上不若四之近君也。

人之貴兼乎萬類，自重而得其貴，所以能用萬類。

至理之學，非至誠則不至。

《素問》《陰符》，七國時書也。

顯諸仁，藏諸用，孔子善藏其用乎？

莊、荀之徒失之辯。

伯夷義不食周粟，至餓且死，止得爲仁而已。

三人行必有師焉，至于友一鄉之賢、天下之賢，以天下爲未足，又至于尚論古人，無以加焉。

義重則內重，利重則外重。

能醫人能醫之疾，不得謂之良醫。醫人之所不能醫者，天下之良醫也。能處人所不能處之事，則能爲人所不能爲之事也。

人患乎自滿，滿則止也。故禹不自滿假，所以爲賢。雖學，亦當常若不足，不可臨深以爲高也。

人苟用心，必有所得，獨有多寡之異，智識之有淺深也。理窮而後知性，性盡而後知命，命知而後知至。

凡處失在得之先，則得亦不喜。若處得在失之先，則失難處矣，必至於隕穫。

人必內重，內重則外輕。苟內輕，必外重，好利，好名，無所不至。

天下言讀書者不少，能讀書者少。若得天理真樂，何書不可讀？何堅不可破？何理不可精？

天時，地理，人事，三者知之不易。

資性得之天也，學問得之人也。資性由內出者也，學問由外入者也。自誠明，性也。自明誠，學也。

伯夷、柳下惠得聖人之一端，伯夷得聖人之清，柳下惠得聖人之和。孔子，時清時和，時行時止，故得聖人之時。

《太玄》九日當兩卦，餘一卦當四日半。

用兵之道，必待人民富、倉廩實、府庫充、兵强、名正、天時順、地利得，然後可舉。

《老子》五千言，大抵皆明物理。

今有人登兩臺，兩臺皆等則不見其高，一臺高，然後知其卑下者也。一國、一家、一身皆同，能處一身則能處一家，能處一家則能處一國，能處一國則能處天下。心爲身本，家爲國本，國爲天下本。心能運身，苟心所不欲，身能行乎？

人之精神貴藏而用之，苟衒於外，則鮮有不敗者。如利刃，物來則劃之，若恃刃之利而求割乎物，則刃與物俱傷矣。言發于真誠則心不勞而逸，人久而信之。作僞任數，一時或可以欺人，持久必敗。

人貴有德。小人有才者，有之矣。故才不可恃，德不可無。

天地日月，悠久而已，故人當存乎遠，不可見其邇。

君子處畎畝則行畎畝之事，居廟堂則行廟堂之事，故無入不自得。

智數或能施於一朝，蓋有時而窮，惟至誠與天地同久。天地無則至誠可息，苟天地不能無，則至誠亦不息也。

室中造車，天下可行，軌轍合故也。苟順義理，合人情，日月所照皆可行也。

歛天下之善則廣矣，自用則小。

漢儒以反經合道爲權，得一端者也。權所以平物之輕重，聖人行權，酌其輕重而行之，合其宜而已。故執中無權者，猶爲偏也。王通言：「《春秋》王道之權。」非王通莫能及此，故權在一身則有一身之權，在一鄉則有一鄉之權，以至于天下則有天下之權。用雖不同，其權一也。

夫弓固有强弱，然一弓二人張之則有力者以爲弓弱，無力者以爲弓强。故有力者不以己之力有餘而以爲弓弱，無力者不以己之力不足而以爲弓强。何不思之甚也？一弓非有强弱也，二人之力强弱不同也。今有食一杯在前，二人大餒而見之，若相遜則均得食也，相奪則争，非徒争之而已，或不得其食矣。此二者皆人之情也，知之者鮮。知此，則天下之事皆如是也。

先天學主乎誠，至誠可以通神明，不誠則不可以得道。

良藥不可以離手，善言不可以離口。

事必量力，量力故能久。

學以人事爲大，今之經典，古之人事也。

《春秋》三傳之外，陸淳、啖助可以兼治。

季札之才近伯夷，叔向、子産、晏子之才相等埒。管仲用智數，晚識物理，大抵才力過人也。

五霸者，功之首、罪之魁也。《春秋》者，孔子之刑書也。功過不相掩，聖人先褒其功，後貶其罪，故罪人有功亦必録之，不可不恕也。新作兩觀。新者，貶之也，誅其舊無也。初獻六羽。初者，褒之也，以其舊僭八佾也。

某人受《春秋》於尹師魯，師魯受於穆伯長，某人後復攻伯長，曰：「《春秋》無褒，皆是貶也。」田述古曰：「孫復亦云《春秋》有貶而無褒。」曰：「春秋禮法廢，君臣亂，其間有能爲小善者，安得不進之也？況五霸實有功于天下，且五霸固不及於王，不猶愈于僭竊乎？安得不與之也？治《春秋》者，不辯名實，不定五霸之功過，則未可言治《春秋》。先定五霸之功過而治《春秋》則大意立，若事事求之則無緒矣。」

凡人爲學，失於自主張太過。

平王名雖王，實不及一國之諸侯，齊晉雖侯而實僭王，皆《春秋》之名實也。子貢欲去告朔之餼羊。羊，名也。禮，實也。名存而實亡猶愈于名實俱亡，苟存其名，安知後世無王者作？是以有所待也。

《春秋》爲君弱臣强而作，故謂之「名分之書」。

聖人之難在不失仁義忠信而成事業，何如則可？在於「絶四」。

有馬者借人乘之，舍己從人也。

或問：「才難，何謂也？」曰：「臨大事，然後見才之難也。」曰：「何獨言才？」曰：「才者，天之良質也。學者，所以成其才也。」曰：「古人有不由學問而能立功業者，何必曰『學』？」曰：「周勃、霍光能成大事，唯其無學，故未盡善也。人而無學則不能燭理，不能燭理則固執而不通。」

人有出入之才必有「剛克」。中剛則足以立事業，處患難，若用於他，反爲邪惡。故孔子以申棖爲「焉得剛」，既有慾心，必無剛也。

君子喻于義，賢人也，小人喻於利而已。義利兼忘者，唯聖人能之。君子畏義而有所不爲，小人直不畏耳。聖人則動不踰矩，何義之畏乎？

顔子不貳過，孔子曰「有不善未嘗不知，知之未嘗復行」，是也，是一而不再也。韓愈以爲

「將發於心而便能絶去」，是過與顔子也。過與是爲私意，焉能至于道哉？或曰：「與善，不亦愈于與惡乎？」曰：「聖人則不如是，私心過與善惡同矣。」

爲學養心，患在不由直道。去利欲，由直道，任至誠，則無所不通。天地之道直而已，當以直求之。若用智數，由徑以求之，是屈天地而狥人欲也，不亦難乎？

事無巨細，皆有天人之理。修身，人也，遇不遇，天也。得失不動心，所以順天也。行險僥倖，是逆天也。求之者人也，得之與否天也。得失不動心，所以順天也。强取必得，是逆天理也。逆天理者，患禍必至。

魯之兩觀、郊天大禘，皆非禮也。諸侯苟有四時之禘，以爲常祭可也，至於五年大禘，不可爲也。

仲弓可使南面，可使從政也。

誰能出不由户。户，道也。未有不由道而能濟者也。不由户者，鎖穴隙之類是也。①

多聞，擇其善者而從之。雖多聞，必擇善而從之。多見而識之。識，別也。雖多見，必有以別之。

落下閎改顓帝歷爲《太初歷》，子雲準太初而作《太玄》，凡八十一卦，九分共二卦，凡一五隔

① 「鎖」，疑當作「鑚」。

一四，細分之則四分半當一卦，氣起于中心，故首中卦。

元亨利貞，變易不常，天道之變也。吉凶悔吝，變易不定，人道之應也。

一陰一陽之謂道。道無聲無形，不可得而見者也，故假道路之道而爲名。人之有行，必由于道。一陰一陽，天地之道也。物由是而生，由是而成也。

顯諸仁者，天地生萬物之功，則人可得而見也。所以造萬物，則人不可得而見，是藏諸用也。

十干，天也。十二支，地也。支干配天地之用也。

《易》始于三皇，《書》始于二帝，《詩》始于三王，《春秋》始于五霸。

自乾坤至坎離，以天道也。自咸恒至既濟未濟，以人事也。

人謀，人也。鬼謀，天也。天人同謀而皆可，則事成而吉也。

變從時而便天下之事，不失禮之大經，變從時而順天下之理，不失義之大權者，君子之道也。

五星之説，自甘公、石公始也。

人智强則物智弱。

莊子著《盜跖》篇，所以明至惡，雖至聖亦莫能化，蓋上智與下愚不移故也。

魯國之儒一人者，謂孔子也。

天下之事，始過於重猶卒于輕，始過于厚猶卒于薄。況始以輕、始以薄者乎？故鮮失之重，多失之輕，鮮失之厚，多失之薄。是以君子不患過乎重，常患過乎輕，不患過乎厚，常患過乎薄也。

莊子齊物，未免乎較量，較量則争，争則不平，不平則不和。無思無爲者，神妙致一之地也。所謂「一以貫之」。聖人以此洗心，退藏於密。

當仁不讓于師者，進仁之道也。

秦穆公伐鄭敗而有悔過、自誓之言，此非止霸者之事，幾于王道、能悔則無失矣。此聖人所以録于《書》末也。

劉絢問「無爲」，對曰：「時然後言，人不厭其言。樂然後笑，人不厭其笑。義然後取，人不厭其取。此所謂無爲也。」

文中子曰：「易樂者必多哀，輕施者必好奪。」或曰：「天下皆争利棄義，吾獨若之何？」子曰：「舍其所争，取其所棄，不亦君子乎？」若此之類，理義之言也。「心迹之判久矣。」若此之類，造化之言也。

莊子氣豪。若吕梁之事，言之至者也。《盜跖》，言事之無可奈何者，雖聖人亦莫如之何。《漁父》，言事之不可强者，雖聖人，亦不可强。此言有爲無爲之理，順理則無爲，强則有爲也。

金須百鍊然後精，人亦如此。

佛氏棄君臣父子夫婦之道，豈自然之理哉？

「志於道」者，統而言之，「志」者，潛心之謂也。「德」者得於己，有形，故有「據」。德主于仁，故曰「依」。

莊子曰：「庖人雖不治庖，尸祝不越樽俎而代之。」此「君子思不出其位，素位而行」之意也。

晉狐射姑殺陽處父，《春秋》書：「晉殺其大夫陽處父。」上漏言也。君不密則失臣，故書「國殺」。

人得中和之氣則剛柔均。陽多則偏剛，陰多則偏柔。

作《易》者其知盜乎？聖人知天下萬物之理而一以貫之。

以尊臨卑曰「臨」，以上觀下曰「觀」。

「毋意，毋必，毋固，毋我。」合而言之則一，分而言之則二。合而言之則二，分而言之則四。始於有意，成於有我。有意然後有必，必生於意。有固然後有我，我生於固。意有心，必先期，固不化，我有己也。

記問之學，未足以爲事業。

學在不止，故王通云：「没身而已。」

# 道藏輯要之皇極經世書

## 經世衍易圖

太陽 —
太陰 - -
少陽 —
少陰 - -
少剛 —
少柔 - -
太剛 —
太柔 - -

陽 —
陰 - -
剛 —
柔 - -

動 —
一動一靜之間
靜 - -

# 經世天地四象圖

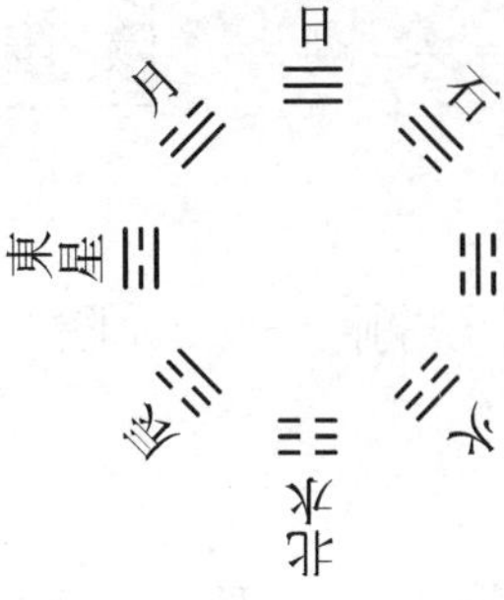


案：邵子傳先天之學者也。然伏羲卦以天地雷風水火山澤爲八卦之象，而邵子以日月星辰水火土石爲八卦之象。蓋自爲一家之學，非謂伏羲之本象如此也。

邵子以八者爲天地之體，推而至於寒暑晝夜之往來，雨風露雷之聚散，性情形體之隱顯，走飛草木之動静，在人身則有精神魂魄血氣骨肉之精粗，在人事則有耳目鼻口聲色氣味之感應。元亨利貞，天之道也。吉凶悔吝，民之故也。大運世數則有元會運世之始終，道化功烈則有皇帝王霸之升降，要統以《易》《書》《詩》《春秋》之學而盡焉。其説錯見於内外篇中，然其所推元會運世之數，非世系所可知，非星日所可步，正莊周所謂「存而不論」者。邵子之學之精蓋不在此也。故舊圖所載，今竝未録。

## 經世聲音圖

正聲

平上去入

日月星辰

正音

開發收閉

水火土石

一聲

多可个舌

禾火化八

開宰愛○

回每退○

音一

古甲九癸

□□近揆

坤巧丘弃

□□乾虯

二聲

良兩向○
光廣况○
丁井亘○
兄永瑩○
黑花香血
黄華雄賢
五瓦仰□
吾牙月堯

音二

三聲

千典旦○
元犬半○
臣引艮○
君允巽○
安亞乙一
□爻王寅
母馬美米
目皃眉民

音三

四聲

刀早孝岳
毛寶報霍
牛斗奏六
○○○玉

音四

夫法□飛
父凡□吠
武晚□尾
文萬□未

五聲

妻子四日
衰○帥骨
○○○德
龜水貴北

音五

卜百丙必
步白葡鼻
普扑品匹
旁排平瓶

六聲

宮孔衆○
龍甬用○
魚鼠去○
烏虎兔○

音六

東丹帝■
兑大弟■
土貪天■
同覃田■

七聲

心審禁○
○○○十
男坎欠○
○○○妾

音七

乃妳女■
内南年■
老冷吕■
鹿犖離■

八聲

●●●●
●●●●
●●●●
●●●●

音八

走哉足■
自在匠■
草采七■
曹才全■

九聲

●●●●
●●●●
●●●●
●●●●

音九

思三星■
寺□象■
□□□■
□□□■

十聲

●●●●
●●●●
●●●●
●●●●

音十

■山手■
■士石■
■□耳■
■□二■

音十一

■莊震■
■乍□■
■叉赤■
■崇辰■

音十二

■卓中■
■宅直■
■拆丑■
■茶呈■

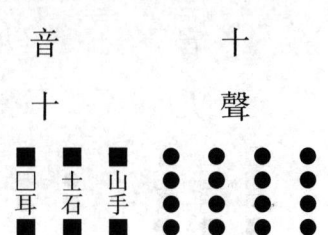

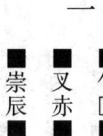

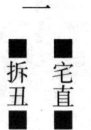

## 集説

鍾氏過曰：　右圖，天之體數四十，地之體數四十八。天數以日月星辰相因爲一百六十，地數以水火土石相因爲一百九十二。於天數内去地之體數四十八得一百一十二，是謂天之用聲；於地數内去天之體數四十得一百五十二，是謂地之用音。凡日月星辰四象爲聲，水火土石四象爲音。聲有清濁，音有闢翕。遇奇數則聲爲清，音爲闢；遇耦數則聲爲濁，音爲翕。聲皆爲律，音皆爲吕。以律倡吕，以吕和律。天之用聲别以平上去入者一百一十二，皆以開發收閉之音和之；地之用音别以開發收閉者一百五十二，皆以平上去入之聲倡之。

祝氏泌曰：　聲之位去不用之四十八止百十二，所以括《唐韻》之内外八轉而分平上去入也；音之位去不用之四十止百五十二，所以括切字母脣舌牙齒喉而分開發收閉也。謂之無聲，百六十位中有位而調不出者；謂之無音，百九十二位中有位而切不出者。以聲音統攝萬物之變及於無聲無音則備矣。

案：　上格四聲即唐人韻部，下格四音即唐人等母也。多禾四聲，歌麻韻也。開回四聲，佳灰韻也。良光四聲，陽韻也。丁兄四聲，庚青韻也。千元四聲，元寒删先韻也。臣君四聲，真文韻也。刀毛四聲，蕭肴豪韻也。牛〇四聲，尤韻也。妻衰四聲，齊韻也。〇龜四聲，支微韻也。宫龍四聲，東冬江韻也。魚烏四聲，魚虞韻也。心〇四聲，侵韻也。男〇四聲，覃鹽咸韻也。古□四音，見母也。坤□四音，溪母也。黑黄四音，曉母也。五吾四音，疑母也。安□四音，影母也。母目四音，明母也。夫父四音，非母也。武文四音，微母也。卜步四音，邦母也。普旁四音，滂母也。東兑四音，端母也。土同四音，透母也。乃内四音，泥母也。老鹿四音，來母也。走自四音，精母也。草曹四音，清母也。思寺四音，心母也。□□四音，無字，蓋對日母而取其輕齒音也。山士四音，審母也。耳二四音，日母也。莊乍四音，照母也。叉崇四音，穿母也。卓宅四音，知母也。拆茶四音，徹母也。此其大致相同者。其聲之入聲、音之清音有與唐人不同者，古今南北字韻異爾。

唐人廣韻凡五十七部，通之則只三十部。《經世》括之以七聲，又分爲十四，又别爲二十八，此聲之不同者。等韻之母凡三十六，《經世》括之以十二，又分爲二十四，又别爲四十八，此音之不同者。

韻部之法，或分或合，故門類多寡，歷代不同。惟等母則有定音，疑不可加損者，而有三十六、四十八之異，何也？蓋字母原只二十四，此圖所分二十四格是也；并清濁音則有四十八，此圖所别四十八行是也。等韻專取平聲之有字者，標題故止於三十六；《經世》兼取仄聲之有字者，標題故終於四十八，此則雖小異而實大同矣。

精於樂府者，分《唐韻》爲六部：支微齊魚虞歌麻皆直收本字喉聲，爲第一部，此天地之元聲也；佳灰與支微齊同收聲，爲第二部；蕭肴豪尤與魚虞同收聲，爲第三部；東冬江陽庚青蒸收鼻聲，爲第四部；真文元寒删先收舌齒聲，爲第五部；侵覃鹽咸收唇聲，爲第六部。其法暗與本朝字書同，但樂家未知後五部皆第一部之所生爾。《經世》四聲部分皆已得之，唯多禾與開回同部，宮龍與魚烏同部爲不合，此聲之可疑者。

見溪羣疑，鼻音也。端透定泥知徹澄孃與來字，皆舌音也。精清從心邪照穿牀審禪與日字，皆齒音也。非敷奉微邦滂竝明，皆脣音也。影喻曉匣，則喉音也。《經世》四音部分皆從其類，惟黑黄與五吾同部，安口與母目同部爲不合，此音之可疑者。

又知徹澄孃等韻本爲舌音，不知何時變入齒音，今惟閩廣間尚是舌音不改爾。等韻次於舌音之後，《經世》次於齒音之後，則疑邵子之時此音已變也。

又韻母二十四音者，見溪疑端透泥知徹孃精清心照穿審非微邦滂明影曉來日也。羣即見之清音，定即端之清音，澄即知之清音，從即精之清音，邪即心之清音，牀即照之清音，禪即審之清音，奉即非之清音，敷似亦即微之濁音，古今音不同耳，竝即邦之清音，喻即影之清音，匣即曉之清音，凡爲三十六也。《經世》二十四音則無孃字，而以其位對日字爲輕齒之音，亦如上條所云齒舌之變而誤也。

以等韻之例求之，敷字當自爲一音，與滂字對，如此則等韻有二十五母，而《經世》止於二十四，蓋此字絶少，因失此音也。

又《經世》四音分開發收閉，意亦等韻開口齊齒合口撮口之呼，然以類求之多不合者，當以等韻爲正。

《經世》以爲萬物有聲色氣味而色不可圖，氣味不可寫，惟聲出於人口，可以翻切而得。故爲《聲音圖》，以窮色氣味之變，以盡動植之數。其説雖汗漫不可窮，然正聲同文乃王政之切務，亦學者所當知。自等韻之外，惟邵子之書最有條理。故稍爲分晰其源流同異之大致，以俟知者。

## 觀物内篇

物之大者，無若天地，然而亦有所盡也。天之大，陰陽盡之矣。地之大，剛柔盡之矣。天，生於動者也。地，生於静者也。一動一静交，而天地之道盡之矣。動之始則陽生焉，動之極則陰生焉。一陰一陽交，而天之用盡之矣。静之始則柔生焉，静之極則剛生焉。一剛一柔交，而地之用盡之矣。

動之大者謂之太陽，動之小者謂之少陽，静之大者謂之太陰，静之小者謂之少陰。太陽爲日，太陰爲月，少陽爲星，少陰爲辰。日月星辰交，而天之體盡之矣。太柔爲水，太剛爲火，少柔爲土，少剛爲石。水火土石交，而地之體盡之矣。

### 集説

邵氏伯温曰：混成一體，謂之太極；太極既判，初有儀形，謂之兩儀；兩儀又判而爲陰陽剛柔，謂之四象；四象又判而爲太陽少陽太陰少陰太剛少剛太柔少柔，而成八卦。太陽少陽太陰少陰成象於天而爲日月星辰，太剛少剛太柔少柔成形於地而爲水火土石，八者具備，然後天地之體備矣，天地之體備而後變化生成萬物也。所謂八者，亦本乎四而已。在天成象，日也；在地成形，火也。陽燧取於日而得火，火與日本乎一體也。在天成象，月也；在地成形，水也。方諸取於月而得水，水與月本乎一體也。在天成象，星也；在地成形，石也。星隕而爲石，石與星本乎一體也。在天成象，辰也；在地成形，土也。自日月星之外高而蒼蒼者，皆辰也；自水火石之外廣而厚者，皆土也。辰與土，本乎一體也。天地之間，猶形影聲響之相應，象見乎上體必應乎下，皆自然之理也。蓋日月星辰猶人之有耳目口鼻，水火土石猶人之有血氣骨肉，故謂之天地之體。陰陽剛柔則猶人之精神而所以主耳目口鼻血氣骨肉者也，故謂之天地之用。夫太極者，在天地之先而不爲先，在天地之後而不爲後，終天地而未嘗終，始天地而未嘗始，與天地萬物圓融和會而未嘗有先後始終者也。有太極則兩儀四象八卦以至於天地萬物固已備矣，非謂今日有太極而明日方有兩儀後日乃有四象八卦也。雖謂之曰「太極生兩儀，兩儀生四象，四象生八卦」，其實一時具足，如有形則有影，有一則有二有三，以至於無窮皆然。是故知太極者有物之先本已混成，有物之後未嘗虧損，自古及今無時不存。萬物無所不稟則謂之曰命，萬物無所不本則謂之曰性，萬物無所不主則謂之曰天，萬物無所不生則謂之曰心，其實一也。古之聖人窮理盡性以至於命，盡心知性以知天，存心養性以事天，皆本乎此也。

或曰：舍金木水火土而用水火土石，何也？曰：日月星辰，天之四象也；水火土石，地之四體也；金木水火土者，五行也。四象四體，先天也；五行，後天也。先天，後天之所自出也。水火土石，本體也；金木水火土，致用也。以其致用，故謂之「五行」，行乎天地之間者也。水火土石，蓋五行在其間矣。金出於石而木生於土，有石而後有金，有土而後有木。金者從革而後成，木者植物之一類也。是豈舍五行而不用哉？

日爲暑，月爲寒，星爲晝，辰爲夜。暑寒晝夜交，而天之變盡之矣。水爲雨，火爲風，土爲露，石爲雷。雨風露雷交，而地之化盡之矣。

暑變物之性，寒變物之情，晝變物之形，夜變物之體。性情形體交，而動植之感盡之矣。雨化物之走，風化物之飛，露化物之草，雷化物之木。走飛草木交，而動植之應盡之矣。

夫人也者，暑寒晝夜無不變，雨風露雷無不化，性情形體無不感，飛走草木無不應。所以目善萬物之色，耳善萬物之聲，鼻善萬物之氣，口善萬物之味。靈於萬物，不亦宜乎。

人之所以能靈於萬物者，謂其目能收萬物之色，耳能收萬物之聲，鼻能收萬物之氣，口能收萬物之味。聲色氣味者，萬物之體也。耳目鼻口者，萬人之用也。

是知人也者，物之至者也。聖人者，人之至者也。物之至者，始得謂之物之物也。人之至者，始得謂之人之人也。夫物之物者，至物之謂也。人之人者，至人之謂也。以一至物而當一至人，則非聖而何？

何哉，謂其能以一心觀萬心，一身觀萬身，一物觀萬物，一世觀萬世者焉。又謂其能以心代天意，口代天言，手代天工，身代天事者焉。又謂其能以上識天時，下盡地理，中盡物情，通照人事者焉。又謂其能以彌綸天地，出入造化，進退古今，表裏人物者焉。

噫！聖人者，非世世而效聖焉。吾不得而目見之也。雖然，吾不得而目見之，察其心，觀其迹，探其體，潛其用，雖億萬千年亦可以理知之也。

《易》曰：「窮理盡性，以至於命。」所以謂之理者，物之理也。所以謂之性者，天之性也。所以謂之命者，處理性者也。所以能處理性者，非道而何？

是知道爲天地之本，天地爲萬物之本。以天地觀萬物，則萬物爲物。以道觀天地，則天地亦爲萬物。

道之道，盡之於天矣。天之道，盡之於地矣。天地之道，盡之於物矣。天地萬物之道，盡之於人矣。人能知天地萬物之道所以盡於人者，然後能盡民也。天之能盡物，則謂之曰昊天。人之能盡民，則謂之曰聖人。

夫昊天之盡物，聖人之盡民，皆有四府焉。昊天之四府者，春夏秋冬之謂也，陰陽升降於其間矣。聖人之四府者，《易》、《書》、《詩》、《春秋》之謂也，禮樂污隆於其間矣。春爲生物之府，夏爲長物之府，秋爲收物之府，冬爲藏物之府。號物之庶謂之萬，雖曰萬之又萬，其庶能出此昊天之四府者乎？《易》爲生民之府，《書》爲長民之府，《詩》爲收民之府，《春秋》爲藏民之府。號民之庶謂之萬，雖曰萬之又萬，其庶能出此聖人之四府者乎？昊天之四府者，時也；聖人之四府者，經也。昊天以時授人，聖人以經法天。天人之事，當如何哉？

孔子贊《易》自羲軒而下，序《書》自堯舜而下，删《詩》自文武而下，修《春秋》自桓文而下。自羲軒而下，祖三皇也。自堯舜而下，宗五帝也。自文武而下，子三王也。自桓文而下，孫五霸也。

人謂仲尼惜乎無土，吾獨以爲不然。獨夫以百畝爲土，大夫以百里爲土，諸侯以四境爲土，天子以九州爲土，仲尼以萬世爲土。若然，則孟子言自生民以來，未有如孔子也，斯亦未爲之過矣。

夫天下將治，則人必尚行也；天下將亂，則人必尚言也。尚行，則篤實之風行焉。尚言，則詭譎之風行焉。天下將治，則人必尚義也。天下將亂，則人必尚利也。尚義，則謙讓之風行焉。尚利，則攘奪之風行焉。

三王，尚行者也。五霸，尚言者也。尚行者必入於義也，尚言者必入於利也。義利之相去，一何遠之如是耶。

是知言之於口不若行之於身，行之於身不若盡之於心。言之於口，人得而聞之；行之於身，人得而見之；盡之於心，神得而知之。人之聰明猶不可欺，况神之聰明乎！是知無愧於口不若無愧於身，無愧於身不若無愧於心。無口過易，無身過難。無身過易，無心過難。既無心過，何難之有？吁，安得無心過之人而與之語心哉！是故知聖人所以能立於無過之地者，謂其善事於心者也。

日月星辰者，變乎暑寒晝夜者也；水火土石者，化乎雨風露雷者也。暑寒晝夜者，變乎性情形體者也；雨風露雷者，化乎走飛草木者也。暑變飛走草木之性，寒變飛走草木之情，晝變飛走草木之形，夜變飛走草木之體。雨化性情形體之走，風化性情形體之飛，露化性情形體之草，雷化性情形體之木。

性情形體者，本乎天者也；走飛草木者，本乎地者也。本乎天者，分陰分陽之謂也；本乎地者，分柔分剛之謂也。夫分陰分陽、分柔分剛者，天地萬物之謂也。備天地萬物者，人之謂也。

## 觀物外篇

張氏㠠曰：《觀物》有《内》、《外篇》，《内篇》先生所著之書也，《外篇》門弟子所記先生之言也。《内篇》理深而數畧，《外篇》數詳而理顯。學先天者當自《外篇》始。

天數五，地數五，合而爲十，數之全也。天以一而變四，地以一而變四。四者有體也，而其一者無體也，是謂有無之極也。天之體數四而用者三，不用者一也；地之體數四而用者三，不用者一也。

## 集説

張氏崏曰：一謂太極，四謂四象。天以一而變四，謂太陽太陰少陽少陰也。地以一而變四，謂太剛太柔少剛少柔也。天之體數四而用者三，三謂三陽，其不用一者，去太陰而言也。地之體數四而用者三，三謂三陰，其不用一者，去太剛而言也。由是而知十者天地之全數，包太極而言也。八者天地之體數，并交數而言也。六者天地之用數，去交數而言也。

天見乎南而潛乎北，極於六而餘於七。是以人知其前，昧其後，而畧其左右也。天之有數起乾而止震，餘入於無者，天辰不見也。地去一而起十二者，地火常潛也。故天以體爲基，而常隱其基；地以用爲本，而常藏其用也。

陽爻，晝數也。陰爻，夜數也。天地相銜，陰陽相交，故晝夜相離，剛柔相錯。春夏陽也，故晝數多夜數少。秋冬陰也，故晝數少夜數多。

圓者星也，歷紀之數，其肇於此乎！方者土也，畫州井地之法，其倣於此乎！蓋圓者《河圖》之數，方者《洛書》之文。故羲文因之而造《易》，禹箕敘之而作《範》也。

《易》之大衍，何數也？聖人之「倚數」也。天數二十五，合之爲五十。地數三十，合之爲六十。故曰「五位相得而各有合」也。五十者蓍數也，六十者卦數也。五者蓍之小衍，故五十爲大衍也。八者卦之小成，則六十四爲大成也。蓍德圓，以況天之數，故七七四十九也。五十者，存一而言之也。卦德方，以況地之數，故八八六十四也。六十者，去四而言之也。蓍者用數也，卦者體數也。用以體爲基，故存一也；體以用爲本，故去四也。圓者本一，方者本四，故蓍存一而卦去四也。

歸奇合掛之數：得五與四四，則策數四九也；得九與八八，則策數四六也；得五與八八、得九與四八，則策數皆四七也；得九與四四、得五與四八，則策數皆四八也。

五與四四，去掛一之數則四三十二也。九與八八，去掛一之數則四六二十四也。五與八八、九與四八，去掛一之數則四五二十也。九與四四、五與四八，去掛一之數則四四十六也。故去其三四五六之數，以成九八七六之策也。

太極既分，兩儀立矣。陽下交於陰，陰上交於陽，四象生矣。陽交於陰，陰交於陽，而生天之四象；剛交於柔，柔交於剛，而生地之四象，於是八卦成矣。八卦相錯，然後萬物生焉。是故一分爲二，二分爲四，四分爲八，八分爲十六，十六分爲三十二，三十二分爲六十四，猶根之有幹，幹之有枝，枝之有葉，愈大則愈小，愈細則愈繁。

乾坤定位也，震巽一交也，兑離坎艮再交也。故震陽少而陰尚多也，巽陰少而陽尚多也，兑離陽浸多也，坎艮陰浸多也，是以辰與火不見也。

震始交陰而陽生，巽始消陽而陰生。兑陽長也，艮陰長也。震兑在天之陰也，巽艮在地之陰也。故震兑上陰而下陽，巽艮上陽而下陰。天以始生言之，故陰上而陽下，交泰之義也。地以既成言之，故陽上而陰下，尊卑之位也。

乾坤定上下之位，離坎列左右之門。天地之所闔闢，日月之所出入。是以春夏秋冬，晦朔弦望，晝夜長短，行度盈縮，莫不由乎此矣。

無極之前，陰含陽也。有象之後，陽分陰也。陰爲陽之母，陽爲陰之父，故母孕長男而爲復，父生長女而爲姤。是以陽始於復，陰始於姤也。

陽不能獨立，必得陰而後立，故陽以陰爲基。陰不能自見，必待陽而後見，故陰以陽爲唱。陽知其始而享其成，陰效其法而終其勞。

陽能知而陰不能知，陽能見而陰不能見也。能知能見者爲有，故陽性有而陰性無也。陽有所不偏，而陰無所不偏也。陽有去而陰常居也。無不偏而常居者爲實，故陽體虚而陰體實也。

有變則必有應也。故變於内者應於外，變於外者應於内，變於下者應於上，變於上者應於下也。天變而日應之，故變者從天而應者法日也。是以日紀乎星，月會於辰。水生於土，火潛於石。飛者棲木，走者依草。心肺之相聯，肝膽之相屬。無他，變應之道也。

陸中之物，水中必具者，猶影象也。陸多走，水多飛者，交也。是故巨於陸者必細於水，巨於水者必細於陸也。

案：水中之飛，鱗之類也。水中之走，介之類也。在陸者牡巨而牝細，在水者牝巨而牡細。

飛者食木，走者食草。人皆兼之，而又食飛走也。故最貴於萬物也。

天有四時，地有四方，人有四支。是以指節可以觀天，掌文可以察地。天地之理，具乎指掌矣，可不貴之哉？

**集説**

吴氏澄曰：指節十二，合之二十四，有天之象焉。掌文後高前下，山峙川流，有地之法焉。

案：人有五指，巨指屬土，餘四指十二節應四時十二月，食指春也，中指夏也，無名指秋也，小指冬也。日冬短夏長而春秋平，故四指象之。

神統於心，氣統於腎，形統於首。形氣交而神主乎其中，三才之道也。

日月相食，數之交也。日望月則月食，月掩日則日食，猶水火之相尅也。是以君子用智，小人用力。

**集説**

張氏嶓曰：日月相對謂之望，相會謂之晦。日常食於朔，月常食於望。正如水火之相尅，水之尅火，掩而尅之，小人用力也；火之尅水，火隔物焉，君子用智也。

日隨天而轉，月隨日而行，星隨月而見。故星法月，月法日，日法天。天半明半晦，日半赢半縮，月半盈半虧，星半動半静，陰陽之義也。天晝夜常見，日見於晝，月見於夜而半不見，星半見於夜，貴賤之等也。

有意必有言，有言必有象，有象必有數。數立則象生，象生則言著，言著則意顯。象數，則筌蹄也。言意，則魚兔也。得魚兔而謂必由筌蹄可也，舍筌蹄而求魚兔則未見其得也。

天變而人效之，故元亨利貞，《易》之變也。人行而天應之，故吉凶悔吝，《易》之應也。以元亨爲變則利貞爲應，以吉凶爲應則悔吝爲變。元則吉，吉則利應之。亨則凶，凶則應之以貞。悔則吉，吝則凶，是以變中有應，應中有變也。變中之應，天道也。故元爲變則亨應之，利爲變則應之以貞。應中之變，人事也。故變則凶，應則吉，變則吝，應則悔也。悔者吉之先，而吝者凶之本。是以君子從天，不從人。

乾坤，天地之本；離坎，天地之用。是以《易》始於乾坤，中於離坎，終於既、未濟。

坤統三女於西南，乾統三男於東北。

天之陽在南而陰在北，地之陰在南而陽在北。人之陽在上而陰在下，既交則陽下而陰上。

初與上同，然上亢不及初之進也。二與五同，然二之陰中不及五之陽中也。三與四同，然三處下卦之上，不若四之近君也。

天之神棲乎日，人之神發乎目。人之神寤則棲心，寐則棲腎，所以象天也，晝夜之道也。

雲有水火土石之異，他類亦然。

**集説**

張氏崏曰：水火土石，地之體也。凡物皆具地之體。先生曰「水雨霖，火雨暴，土雨濛，石雨雹。水風涼，火風熱，士風和，石風烈。水雲黑，火雲赤，土雲黄，石雲白。水雷玄，火雷虩，土雷連，石雷霹」，故一物必通四象。

五行之木，萬物之類也。五行之金，出乎石也。故水火土石不及金木，金木生其間也。

氣則養性，性則乘氣。故氣存則性存，性動則氣動也。

凡事，爲之極幾十之七，則可止矣。蓋夏至之日止於六十，兼之以晨昏分，可辨色矣，庶幾乎十之七也。

東赤，南白，西黄，北黑，此正色也。驗之於曉午暮夜之時，可見之矣。

**集説**

張氏崏曰：東方木色青，南方火色赤，西方金色白，北方水色黑，中方土色黄，此五行之氣色，色之分辨也。「東赤南白西黄北黑」者，一陽之氣色，色之遞變也。故嬰兒始生而赤，稍變而白，人病則黄，老死而黑；物生地下而赤，稍長而白，萎菸則黄，枯槁而黑也。物皆資一陽以生此四變者，無物不然。

案：此乃五行之序也。始於水之黑，發於火之赤，變於木之青、金之白，終於土之黄而復交於水之黑也。

《圖》雖無文，吾終日言而未嘗離乎是。蓋天地萬物之理，盡在其中矣。

氣一而已，主之者乾也。神亦一而已，乘氣而變化，能出入於有無死生之間，無方而不測者也。

不知乾，無以知性命之理。

仁配天地謂之人。唯仁者，真可謂之人矣。

氣者神之宅也，體者氣之宅也。

月者日之影也，情者性之影也。

心爲太極。又曰，道爲太極。

草伏之獸，毛如草之莖。林棲之鳥，羽如林之葉。類使之然也。

案：以此類水中之飛走，則泳於水者鱗如水之紋，藏於石者介如石之體。

木結實而種之，又成是木而結是實。木非舊木也，此木之神不二也。此實生生之理也。

以物喜物，以物悲物，此發而中節者也。

任我則情，情則蔽，蔽則昏矣。因物則性，性則神，神則明矣。潛天潛地，不行而至，不爲陰陽所攝者，神也。

在水者不瞑，在風者瞑。走之類上睫接下，飛之類下睫接上。類使之然也。

先天之學，心也。後天之學，迹也。

神者人之主，將寐在脾，熟寐在腎；將寤在肝，正寤在心。

## 集説

張氏嶠曰：將寐在脾，猶時之秋也；熟寐在腎，猶時之冬也；將寤在肝，猶時之春也；正寤在心，猶時之夏也。

天地之交十之三。

案：上言夏至之日止於七分，故此以其三分爲交數。

凡人之善惡，形於言發於行人始得而知之，但萌諸心發於慮鬼神已得而知之矣。此君子所以慎獨也。

人之神則天地之神。人之自欺，所以欺天地，可不慎哉？

心一而不分則能應萬變。此君子所以虚心而不動也。

夫聖人六經，渾然無迹，如天道焉。故《春秋》録實事而善惡形於其中矣。

寂然不動，反本復静，坤之時也。感而遂通天下之故，陽動於中，間不容髪，復之義也。

理窮而後知性，性盡而後知命，命知而後知至。

凡處失在得之先，則得亦不喜。若處得在失之先，則失難處矣，必至於隕穫。

人必有德器，然後喜怒皆不妄，爲卿相，爲匹夫，以至學問高天下，亦若無有也。

人必内重，内重則外輕。苟内輕，必外重，好利好名，無所不至。

天下言讀書者不少，能讀書者少。若得天理真樂，何書不可讀，何堅不可破，何理不可精。

天下日月，悠久而已。故人當存乎遠，不可見其近。

智數，或能施於一朝，蓋有時而窮。惟至誠與天地同久，天地無則至誠可息。苟天地不能無，則至誠亦不息也。

漢儒以反經合道爲權，得一端者也。權，所以平物之輕重。聖人行權，酌其輕重而行之，合其宜而已。故執中無權者，猶爲偏也。王通言：「《春秋》王道之權。」非王通莫能及此。故權在一身則有一身之權，在一鄉則有一鄉之權，以至於天下則有天下之權，用雖不同，其權一也。

復次剥，明治生於亂乎！姤次夬，明亂生於治乎！時哉！時哉！未有剥而不復，未有夬而不姤者。防乎其防，邦家其長，子孫其昌。是以聖人貴未然之防，是謂《易》之大綱。

先天學，心法也。故《圖》皆自中起，萬化萬事生乎心也。

知《易》者不必引用講解，是爲知《易》。孟子之言未嘗及《易》，其間《易》道存焉，但人見之者鮮耳。人能用《易》，是爲知《易》。如孟子，可謂善用《易》者也。

五霸者，功之首、罪之魁也。《春秋》者，孔子之刑書也。功過不相掩，聖人先褒其功，後貶其罪，故罪人有功亦必録之，不可不恕也。

某人受《春秋》於尹師魯，師魯受於穆伯長。某人後復攻伯長曰：「《春秋》無褒，皆是貶也。」田述古曰：「孫復亦云《春秋》有貶而無褒。」曰：「春秋禮法廢，君臣亂，其間有能爲小善者，安得不進之也？治《春秋》者不辨名實，不定五霸之功過，則未可言治《春秋》。先定五霸之功過而治《春秋》，則大意立。若事事求之，則無緒矣。」

人言「《春秋》非性命書」，非也。至於書「郊牛之口傷，改卜牛，又死，猶三望」，此因魯事而貶之也。聖人何容心哉？無我故也，豈非由性命而發言也？又曰：《春秋》皆因事而褒貶，豈容人特立私意哉？人但知《春秋》聖人之筆削，爲天下之至公，不知聖人之所以爲公也。如因「牛傷」則知魯之僭郊，因「初獻六羽」則知舊僭八佾，因「新作雉門」則知舊無雉門。皆非聖人有意於其間，故曰《春秋》盡性之書也。

《春秋》爲君弱臣强而作，故謂之名分之書。

或問：「才難，何謂也？」曰：「臨大事，然後見才之難也。」曰：「何獨言才？」曰：「才者，天之良質也，學者所以成其才也。」曰：「古人有不由學問而能立功業者，何必曰學？」

曰：「周勃、霍光，能成大事。唯其無學，故未盡善也。人而無學則不能燭理，不能燭理則固執而不通。」

爲學養心，患在不由直道。去利欲，由直道，任至誠，則無所不通。天地之道，直而已，當以直求之。若用智數，由徑以求之，是屈天理而徇人欲也，不亦難乎。

事無巨細，皆有天人之理。修身人也，遇不遇天也。得失不動心，所以順天也。行險僥倖，是逆天也。求之者人也，得之與否天也。得失不動心，所以順天也。强取必得，是逆天理也。逆天理者，患禍必至。

鬼神者無形而有用。其情狀可得而知也，於用則可見之矣。若人之耳目鼻口手足，草木之枝葉華實顔色，皆鬼神之所爲也。福善禍淫，主之者誰耶？聰明正直，有之者誰耶？不疾而速，不行而至，任之者誰耶？皆鬼神之情狀也。

經綸天地之謂才，遠舉必至之謂志，并包含容之謂量。

法始乎伏羲，成乎堯，革於三王，極於五霸，絶於秦。萬世治亂之迹，無以逃此矣。

起震終艮一節，明文王八卦也。天地定位一節，明伏羲八卦也。八卦相錯者，明交錯而成六十四也。

數往者順，若順天而行，是左旋也，皆已生之卦也，故云數往也。知來者逆，若逆天而行，是右旋也，皆未生之卦也，故云知來也。夫《易》之數由逆而成矣。此一節直解《圖》意，若逆知四時之謂也。

天使我有是之謂命，命之在我之謂性，性之在物之謂理。

佛氏棄君臣父子夫婦之道，豈自然之理哉？

陰者陽之影，鬼者人之影也。

「毋意，毋必，毋固，毋我」，合而言之則一，分而言之則二。合而言之則二，分而言之則四。始於有意，成於有我。有意然後有必，必生於意。有固然後有我，我生於固。意有心，必先期。固不化，我有己也。

學在不止，故王通云：「没身而已。」

# 四庫全書總目皇極經世書提要



《皇極經世書》十二卷，通行本。宋邵子撰。據晁説之所作《李之才傳》，邵子數學本於之才，之才本於穆修，修本於种放，放本陳摶。蓋其術本自道家而來。當之才初見邵子於百泉，即授以義理、物理、性命之學。《皇極經世》蓋即所謂物理之學也。其書以元經會、以會經運、以運經世。起於帝堯甲辰，至後周顯德六年己未。凡興亡治亂之蹟，皆以卦象推之。厥後王湜作《易學》、祝泌作《皇極經世解起數訣》、張行成作《皇極經世索隱》，各傳其學。《朱子語録》嘗謂「自《易》以後，無人做得一物如此整齊，包括得盡」，又謂「康節《易》看了，都看別人的不得」，其推之甚至。然《語録》又謂：「《易》是卜筮之書，《皇極經世》是推步之書。《經世》以十二辟卦管十二會，綳定時節，却就中推吉凶消長，與《易》自不相干。」又謂：「康節自是《易》外別傳。」蔡季通之數學，亦傳邵氏者也。而其子沈作《洪範皇極内篇》，則曰：「以數爲象，則畸零而無用，《太玄》是也。以象爲數，則多耦而難通，《經世》是也。」是朱子師弟於此書，亦在然疑之間矣。明何瑭議其「天以日月星辰變爲寒暑晝夜，地以水火土石變爲風雨露雷，涉於牽强」，又議其「乾不爲天而爲日，離不爲日而爲星，坤反爲水，坎反爲土，與伏羲之卦象大異」。至近時黄宗炎、朱彝尊攻之尤力。夫以邵子之占驗如神，則此書似乎可信。而此書之取象配數，又往往往實不可解。據王湜《易學》所言，則此書實不盡出於邵子。流傳既久，疑以傳疑可矣。至所云「學以人事爲大」，又云「治生於亂，亂生於治，聖人貴未然之防，是謂《易》之大綱」，則粹然儒者之言，非術數家所能及。斯所以得列於周程張朱間歟？

# 四庫全書子部術數類皇極經世書提要

臣等謹案，《皇極經世書》十四卷，宋邵雍撰。邵子數學本於李挺之、穆修，而其源出於陳摶。當李挺之初見邵子於百泉，即授以義理性命之學。其作《皇極經世》，蓋出於物理之學，所謂「《易》外別傳」者是也。其書以元經會、以會經運、以運經世。起於帝堯甲辰，至後周顯德六年己未。而興亡治亂之蹟，皆以卦象推之。朱子謂「《皇極》是推步之書」，可謂能得其要領。朱子又嘗謂「自《易》以後，無人做得一物如此整齊，包括得盡」，又謂「康節《易》看了，却看別人的不得」。而張崏亦謂此書「本以天道質以人事，辭約而義廣，天下之能事畢矣」。蓋自邵子始爲此學，其後自張行成、祝泌等數家以外，能明其理者甚鮮，故世人卒莫窮其作用之所以然。其起而議之者，則曰「元會運世之分無所依據，十二萬九千餘年之説近於釋氏之刦數，水火土石本於釋氏之地水火風。且五行何以去金去木，乾在《易》爲天而《經世》爲日，兑在《易》爲澤而《經世》爲月，以至離之爲星、震之爲辰、坤之爲水、艮之爲火、坎之爲土、巽之爲石，其取象多不與《易》相同，俱難免於牽强不合」，然邵子在當日用以占驗，無不奇中，故歷代皆重其書。且其自述大旨亦不專於象數，如云「天下之事，始過於重，猶卒於輕，始過於厚，猶卒於薄」，又云「學以人事爲大」，又云「治生於亂，亂生於治，聖人貴未然之防，是謂《易》之大綱」，又云「天下將治，則人必尚義也。天下將亂，則人必尚利也。尚義則謙讓之風行焉，尚利則攘奪之風行焉」，類皆立義正大，垂訓深切。是《經世》一書，雖明天道而實責成於人事，洵粹然儒者之言，固非讖緯術數家所可同年而語也。

# 皇極經世三簡表

郭彧製

簡要概括《皇極經世》「以元經會」的内容：

子會　始公元前六七〇一七年，一——三〇運，一——三六〇世

丑會　始公元前五六二一七年，三一——六〇運，三六一——七二〇世

寅會　始公元前四五四一七年，六一——九〇運，七二一——一〇八〇世

開物始於公元前四〇〇一七年

卯會　始公元前三四六一七年，九一——一二〇運，一〇八一——一四四〇世

辰會　始公元前二三八一七年，一二一——一五〇運，一四四一——一八〇〇世

巳會　始公元前一三〇一七年，一五一——一八〇運，一八〇一——二一六〇世

（二一五七世始公元前二三三七年，爲堯二十一年）

午會　始公元前二二一七年，一八一——二一〇運，二一六一——二五二〇世

（二二七〇世始公元一〇五四年，爲宋仁宗三十二年）

未會　始公元八五八五年，二一一——二四〇運，二五二一——二八八〇世

申會　始公元一九三八四年，二四一——二七〇運，二八八一——三二四〇世

酉會　始公元三〇一八四年，二七一——三〇〇運，三二四一——三六〇〇世

戌會　始公元四〇九八四年，三〇一——三三〇運，三六〇一——三九六〇世

閉物始於公元四六三八四年

亥會　始公元五一七八四年，三三一——三六〇運，三九六一——四三二〇世

簡要概括《皇極經世》「以會經運」的内容：

寅會之中「開物」　始七六運（九〇一世公元前四〇〇一七年）——九〇運

卯會　九一運——一二〇運

辰會　一二一運——一五〇運

巳會　一五一運——一八〇運　至一八〇運二一四九世始以干支紀年，至二一五六世甲辰（公元前二三五七年）標注「唐堯」，二一五八世甲辰「洪水方割命鯀治之」、癸丑「徵舜登庸」、乙卯「薦舜於天命之位」、丙辰「虞舜正月上日舜受命於文祖」，二一五九世癸未「帝堯殂落」、丙戌「月正元日舜格於文祖」，二一六〇世丙辰「薦禹於天命之位」、丁巳（公元前二二二四年）標注「夏禹正月朔旦受命於神宗」，至二一六〇世末癸亥（公元前二二一八年）爲禹七年。

午會　一八一運——二一〇運　其中一八一運二一六一世——一九〇運二二八〇世末爲干支紀年，人事標注始二一六一世癸酉（禹十七年）「舜陟方乃死」，止二二七〇世丁巳（宋神

宗熙寧十年，公元一〇七七年，邵雍去世年）。一九一運——二一〇運只列運數。

未會　二一一運——二四〇運

申會　二四一運——二七〇運

酉會　二七一運——三〇〇運

戌會　三〇一運——三一五運（戌會之中「閉物」，始公元四六三八四年）

簡要概括《皇極經世》「以運經世」的内容：

巳會　一八〇運

- 二一四九世（公元前二五七七年——前二五四八年）
- ……
- 二一五六世（公元前二三六七年——前二三三八年）
  - 甲辰（公元前二三五七年）唐帝堯肇位於平陽
- 二一五七世——甲子（公元前二三三七年）唐帝堯二十一年
- 二一五八世
  - 甲午（公元前二三〇七年）唐帝堯五十一年
  - 癸亥（公元前二二七八年）虞舜八年
- 二一五九世（公元前二二七七年——前二二四八年）
- 二一六〇世（公元前二二四七年——前二二一八年）

午會 一八一運

二二六一世

甲子（公元前二二一七年）夏王禹八年

癸巳（公元前二一八八年）夏太康

……

二二六六世

甲午（公元九三四年）後唐閔帝從厚元年

癸亥（公元九六三年）

二二六七世（公元九六四年——九九三年）

二二六八世（公元九九四年——一〇二三年）

# 皇極經世夏商周年表

郭彧製

| 朝代 | 公元前 | 干支紀年 | 王(帝) | 在位年數 |
|---|---|---|---|---|
| 夏 | 二二二四—二一九八 | 丁巳—癸未 | 禹 | 二十七 |
| | 二一九七—二一八九 | 甲申—壬辰 | 啟 | 九 |
| | 二一八八—二一六〇 | 癸巳—辛酉 | 太康 | 二十九 |
| | 二一五九—二一四七 | 壬戌—甲戌 | 仲康 | 十三 |
| | 二一四六—二一一九 | 乙亥—壬寅 | 相 | 二十八 |
| | 二一一八—二〇五八 | 癸卯—癸卯 | 少康 | 六十一 |
| | 二〇五七—二〇四一 | 甲辰—庚申 | 杼 | 十七 |
| | 二〇四〇—二〇一五 | 辛酉—丙戌 | 槐 | 二十六 |
| | 二〇一四—一九九七 | 丁亥—甲辰 | 芒 | 十九 |
| | 一九九六—一九八一 | 乙巳—庚申 | 泄 | 十六 |
| | 一九八〇—一九二二 | 辛酉—己未 | 不降 | 五十九 |
| | 一九二一—一九〇一 | 庚申—庚辰 | 扃 | 二十一 |

續表

| 朝代 | 公元前 | 干支紀年 | 王(帝) | 在位年數 |
|---|---|---|---|---|
| 夏 | 一九〇〇—一八八〇 | 辛巳—辛丑 | 廑 | 二十一 |
| | 一八七九—一八四九 | 壬寅—壬申 | 孔甲 | 三十一 |
| | 一八四八—一八三八 | 癸酉—癸未 | 皐 | 十一 |
| | 一八三七—一八一九 | 甲申—壬寅 | 發 | 十九 |
| | 一八一八—一七六六 | 癸卯—乙未 | 癸 | 五十三 |
| 商前期 | 一七六六—一七五四 | 乙未—丁未 | 湯 | 十三 |
| | 一七五三—一七二〇 | 戊申—庚辰 | 太甲 | 三十三 |
| | 一七一九—一六九二 | 辛巳—己酉 | 沃丁 | 二十九 |
| | 一六九一—一六六七 | 庚戌—甲戌 | 太庚 | 二十五 |
| | 一六六六—一六五〇 | 乙亥—辛卯 | 小甲 | 十七 |
| | 一六四九—一六三八 | 壬辰—癸卯 | 雍己 | 十二 |
| | 一六三七—一五六三 | 甲辰—戊午 | 太戊 | 七十五 |
| | 一五六二—一五五〇 | 己未—辛未 | 仲丁 | 十三 |
| | 一五四九—一五三五 | 壬申—丙戌 | 外壬 | 十五 |
| | 一五三四—一五二六 | 丁亥—乙未 | 河亶甲 | 九 |

續　表

| 朝代 | 公元前 | 干支紀年 | 王(帝) | 在位年數 |
| --- | --- | --- | --- | --- |
| 商前期 | 一五二五—一五〇七 | 丙申—甲寅 | 祖乙 | 十九 |
| | 一五〇六—一四九一 | 乙卯—庚午 | 祖辛 | 十六 |
| | 一四九〇—一四六六 | 辛未—乙未 | 沃甲 | 二十五 |
| | 一四六五—一四三四 | 丙申—丁卯 | 祖丁 | 三十二 |
| | 一四三三—一四〇八 | 戊辰—癸巳 | 南庚 | 二十六 |
| | 一四〇七—一四〇二 | 甲午—己亥 | 陽甲 | 六 |
| 商後期 | 一四〇一—一三七四 | 庚子—丁卯 | 盤庚 | 二十八 |
| | 一三七三—一三五三 | 戊辰—戊子 | 小辛 | 二十一 |
| | 一三五二—一三二五 | 己丑—丙辰 | 小乙 | 二十八 |
| | 一三二四—一二六六 | 丁巳—乙卯 | 武丁 | 五十九 |
| | 一二六五—一二五九 | 丙辰—壬戌 | 祖庚 | 七 |
| | 一二五八—一二二六 | 癸亥—乙未 | 祖甲 | 三十三 |
| | 一二二五—一二二〇 | 丙申—辛丑 | 廩辛 | 六 |
| | 一二一九—一一九九 | 壬寅—壬戌 | 庚丁 | 二十一 |
| | 一一九八—一一九五 | 癸亥—丙寅 | 武乙 | 四 |

| 朝代 | 公元前 | 干支紀年 | 王(帝) | 在位年數 |
|---|---|---|---|---|
| 商後期 | 一一九四—一一九二 | 丁卯—己巳 | 太丁 | 三 |
| | 一一九一—一一五五 | 庚午—丙午 | 帝乙 | 三十七 |
| | 一一五四—一一二二 | 丁未—己卯 | 帝辛 | 三十三 |
| 西周 | 一一二二—一一一六 | 己卯—乙酉 | 武王 | 七 |
| | 一一一五—一〇七九 | 丙戌—壬戌 | 成王 | 三十七 |
| | 一〇七八—一〇五三 | 癸亥—戊子 | 康王 | 二十六 |
| | 一〇五二—一〇〇二 | 己丑—己卯 | 昭王 | 五十一 |
| | 一〇〇一—九四七 | 庚辰—甲戌 | 穆王 | 五十五 |
| | 九四六—九三五 | 乙亥—丙戌 | 共王 | 十二 |
| | 九三四—九一〇 | 丁亥—辛亥 | 懿王 | 二十五 |
| | 九〇九—八九五 | 壬子—丙壬 | 孝王 | 十五 |
| | 八九四—八七九 | 丁卯—壬午 | 夷王 | 十六 |
| | 八七八—八四二 | 癸未—己未 | 厲王 | 三十七 |
| | 八四一—八二八 | 庚申—癸酉 | 共和 | 十四 |
| | 八二七—七八二 | 甲戌—己未 | 宣王 | 四十六 |

續表

| 朝代 | 公元前 | 干支紀年 | 王(帝) | 在位年數 |
| --- | --- | --- | --- | --- |
| 西周 | 七八一—七七一 | 庚申—庚午 | 幽王 | 十一 |
| 東周 | 七七〇—七二〇 | 辛未—辛酉 | 平王 | 五十一 |
| | 七一九—六九七 | 壬戌—甲申 | 桓王 | 二十三 |
| | 六九六—六八二 | 乙酉—己亥 | 莊王 | 十五 |
| | 六八一—六七七 | 庚子—甲辰 | 釐王 | 五 |
| | 六七六—六五二 | 乙巳—己巳 | 惠王 | 二十五 |
| | 六五一—六一九 | 庚午—壬寅 | 襄王 | 三十三 |
| | 六一八—六一三 | 癸卯—戊申 | 頃王 | 六 |
| | 六一二—六〇七 | 己酉—甲寅 | 匡王 | 六 |
| | 六〇六—五八六 | 乙卯—乙亥 | 定王 | 二十一 |
| | 五八五—五七二 | 丙子—己丑 | 簡王 | 十四 |
| | 五七一—五四五 | 庚寅—丙辰 | 靈王 | 二十七 |
| | 五四四—五二〇 | 丁巳—辛巳 | 景王 | 二十五 |
| | 五二〇—五二〇 | 辛巳—辛巳 | 悼王 | 一 |
| | 五一九—四七六 | 壬午—乙丑 | 敬王 | 四十四 |

續表

| 朝代 | 公元前 | 干支紀年 | 王（帝） | 在位年數 |
|---|---|---|---|---|
| 東周 | 四七五—四七〇 | 丙寅—辛未 | 元王 | 六 |
| | 四六九—四四二 | 壬申—己亥 | 貞定王 | 二十八 |
| | 四四一—四四一 | 庚子—庚子 | 哀王 | 一 |
| | 四四一—四四一 | 庚子—庚子 | 思王 | 一 |
| | 四四〇—四二六 | 辛丑—乙卯 | 考王 | 十五 |
| | 四二五—四〇二 | 丙辰—己卯 | 威烈王 | 二十四 |
| | 四〇一—三七六 | 庚辰—己巳 | 安王 | 二十六 |
| | 三七五—三六九 | 丙午—壬子 | 烈王 | 七 |
| | 三六八—三二一 | 癸丑—庚子 | 顯王 | 四十八 |
| | 三二〇—三一五 | 辛丑—丙午 | 慎靚王 | 六 |
| | 三一四—二五六 | 丁未—乙巳 | 赧王 | 五十九 |

# 邵雍六十四卦易數表

郭彧製

| 分數 | | 長數 | |
|---|---|---|---|
| 乾一 | $1$ | 夬二 | $12$ |
| 大有三 | $1\times 360^{1}$ | 大壯四 | $12\times 360^{1}$ |
| 小畜五 | $1\times 360^{2}$ | 需六 | $12\times 360^{2}$ |
| 大畜七 | $1\times 360^{3}$ | 泰八 | $12\times 360^{3}$ |
| 履九 | $1\times 360^{4}$ | 兑十 | $12\times 360^{4}$ |
| 睽十一 | $1\times 360^{5}$ | 歸妹十二 | $12\times 360^{5}$ |
| 中孚十三 | $1\times 360^{6}$ | 節十四 | $12\times 360^{6}$ |
| 損十五 | $1\times 360^{7}$ | 臨十六 | $12\times 360^{7}$ |
| 同人十七 | $1\times 360^{8}$ | 革十八 | $12\times 360^{8}$ |
| 離十九 | $1\times 360^{9}$ | 豐二十 | $12\times 360^{9}$ |
| 家人二十一 | $1\times 360^{10}$ | 既濟二十二 | $12\times 360^{10}$ |
| 賁二十三 | $1\times 360^{11}$ | 明夷二十四 | $12\times 360^{11}$ |
| 無妄二十五 | $1\times 360^{12}$ | 隨二十六 | $12\times 360^{12}$ |

續表

| 分數 | | 長數 | |
|---|---|---|---|
| 噬嗑二十七 | $1\times 360^{13}$ | 震二十八 | $12\times 360^{13}$ |
| 益二十九 | $1\times 360^{14}$ | 屯三十 | $12\times 360^{14}$ |
| 頤三十一 | $1\times 360^{15}$ | 復三十二 | $12\times 360^{15}$ |
| 姤三十三 | $1\times 360^{16}$ | 大過三十四 | $12\times 360^{16}$ |
| 鼎三十五 | $1\times 360^{17}$ | 恒三十六 | $12\times 360^{17}$ |
| 巽三十七 | $1\times 360^{18}$ | 井三十八 | $12\times 360^{18}$ |
| 蠱三十九 | $1\times 360^{19}$ | 升四十 | $12\times 360^{19}$ |
| 訟四十一 | $1\times 360^{20}$ | 困四十二 | $12\times 360^{20}$ |
| 未濟四十三 | $1\times 360^{21}$ | 解四十四 | $12\times 360^{21}$ |
| 渙四十五 | $1\times 360^{22}$ | 坎四十六 | $12\times 360^{22}$ |
| 蒙四十七 | $1\times 360^{23}$ | 師四十八 | $12\times 360^{23}$ |
| 遯四十九 | $1\times 360^{24}$ | 咸五十 | $12\times 360^{24}$ |
| 旅五十一 | $1\times 360^{25}$ | 小過五十二 | $12\times 360^{25}$ |
| 漸五十三 | $1\times 360^{26}$ | 蹇五十四 | $12\times 360^{26}$ |
| 艮五十五 | $1\times 360^{27}$ | 謙五十六 | $12\times 360^{27}$ |

續　表

| 分 | 數 | 長 | 數 |
| --- | --- | --- | --- |
| 否五十七 | $1\times 360^{28}$ | 萃五十八 | $12\times 360^{28}$ |
| 晋五十九 | $1\times 360^{29}$ | 豫六十 | $12\times 360^{29}$ |
| 觀六十一 | $1\times 360^{30}$ | 比六十二 | $12\times 360^{30}$ |
| 剥六十三 | $1\times 360^{31}$ | 坤六十四 | $12\times 360^{31}$ |